무위당无爲堂 장일순張壹淳 선생은

1928년 원주에서 태어나 서울대 미학과에서 수학하던 중 6 · 25 동란으로 학업을 중단한 채 고향으로 돌아왔다. 이후 선생은 40여 년간 원주를 떠나지 않고 지역 사회에 뿌리내린 사회 운동가로 살아오셨다. 원주대성학원을 설립하고, 밝음신용협동조합의 설립에 참여하였으며, 한살림운동을 주창하여 많은 젊은이들에게 '정신적 선배', '사상적 큰 스승'으로 존경받아 왔다. 1970년대 유신독재 시절, 천주교 원주교구의 선구적 저항, 가톨릭 농민회의 민중운동, 김지하 시인의 투쟁, 1980년대에 한살림운동 등이 원주를 중심으로 일어났고, 모두 선생과 떼어서는 생각할 수 없다. 1960년대에 선생은 답답하고 우울한 날들을 서화로 달래며 지내기도 했다. 선생의 서화는 주로 뜻을 같이 하는 사람들이 나누어받거나 사회 단체의 기금 마련전에 출품되었으며, 이따금 작품 발표전도 했는데, 지금까지 다섯 번의 개인전을 원주, 춘천, 서울에서 개최했다.

선생은 1994년 5월 22일 67세를 일기로 영면했다.

이 아무개 목사는

1944년 충주에서 태어나서, 감리교신학대학교를 졸업했다. 본명은 이현주이고, 觀玉 또는 二吾라고도 부른다. 목사, 동화 작가, 번역 문학가이기도 한 글쓴이는 동 · 서양을 아우르는 글들을 집필하는 한편, 대학과 교회 등에서 강의도 하고 있다. 『알게 뭐야』, 『살구꽃 이야기』, 『날개 달린 아저씨』 등의 동화집과 『사람의 길 예수의 길』, 『한 송이 이름 없는 들꽃으로』, 『젊은 세대를 위한 신학』, 『칼아 너 갈 데로 가라』, 『무구유언』, 『성서와 민담』, 『뿌리가 나무에게』, 『나의 어머니, 나의 교회여』, 『호랑이를 뒤집어라』, 『돌아보면 발자국마다 은총이 있었네』, 『그래도 행복한 신의 피리』, 『장자 산책』, 『대학 중용 읽기』 등의 책이 있다.

안희선 목사의 소개로 무위당 선생을 만난 지 15년 되던 때 만물에서 하느님을 뵙고 세상을 보살피는 사람을 뜻하는 '觀玉牧人'이라는 이름을 받았다.

무위당 장일순의

부뉘당 장일순의

2003년 11월 25일 개정 초판 1쇄 펴냄
2020년 11월 30일 개정 초판 21쇄 펴냄
2024년 1월 15일 개정 2판 1쇄 펴냄

펴낸곳 (주)도서출판 삼인

지은이 장일순
펴낸이 신길순

등록 1996.9.16. 제 25100-2012-000046호
주소 03716 서울시 서대문구 성산로 312, 북산빌딩 1층
전화 (02) 322-1845
팩스 (02) 322-1846
전자우편 saminbooks@naver.com

표지 디자인 (주)끄레어소시에이츠
표지 글씨 · 본문 그림 이철수
인쇄 수이북스
제본 은정제책

ISBN 978-89-6436-256-3 03150

값 33,000원

무위당 장일순의

이아무개 대담 · 정리

삼인

개정판 머리말

선생님께서는 내 짧은 인생에서, 초등학교에 처음 등교하는 막내의 손을 잡아 교실 문 앞까지 데려다주는 부모 없는 집안의 맏형 같은 그런 분이셨다.

본문 어딘가에도 나오지만, 중국에서는 '노자老子'를 제대로 읽은 사람들 가운데 장자莊子와 장자방張子房을 꼽는다고 한다. 장자는 자기가 읽은 노자를 글로 표현했고 장자방은 삶으로 표현했다. 그 결과, 한 사람은 『장자莊子』라는 이름의 책을 후세에 남겼고, 다른 한 사람은 유방劉邦을 도와 천하를 통일한 뒤 흔적도 없이 사라졌다는 '전설 같은 이야기'를 남겼다.

무위당無爲堂 선생은, 굳이 말하자면 장자보다 장자방에 가까운 분이셨다. 그분은 노자의 가르침을 당신 삶으로 실현하고자 애쓰셨다. 그래서 그분의 말에는 이른바 식자 티가 묻어 있지 않았다. 그냥 물 흐르듯이, "뭐냐 하면"이라는 단어를 양념처럼 섞어가며, 쉽고 편하게 말씀하셨다.

선생께서 퇴원하신 그 다음날이던가? 병원에 계신 동안 원주 제자들이 말끔하게 수리해 놓은 봉산동 서재, 미처 가재도구를 들이지 못하여 말 그대로 "텅빈 방밖에 아무것도 없는 텅빈 방"에서 선생님과 단둘이 마주 앉아 "도가도道可道 비상도非常道"를 읽기 시작한 게 마치 어제 일인 양 이다지도 생생하다.

선생께서 우리 곁을 떠나신 지 어언 십 년 세월이 흘렀다.

그동안 세상은 참 많이 변했다. 그러나 선생께서 어리석고 둔한 내게 노자의 말씀을 통해서 보여주고자 하셨던 천도天道와 인도人道는 어제 · 내일 · 오늘을 관통하여 변함없이 여일如一하다.

뿌리 뽑힌 나무는 비가 와도 말라 죽고, 줄 끊어진 연鳶은 바람이 불어도 추락한다. 시공을 초월하여 한결같은 진리에 그 뿌리를 내리지 않는 한, 온갖 현란한 문명의 꽃들과 소위 진보된 제도라는 것들이 한갓 포장된 쓰레기일 따름이다.

이 책의 개정판을 위하여 정성스레 다시 읽으면서 지난 며칠 동안 여전히 자상하고 친근하신 선생님의 현존을 느낄 수 있었고, 그래서 나는 참으로 행복했다.

이제 다시는 이 책에 손을 대지 않겠다. 이로써 『무위당 장일순의 노자 이야기』는 십 년 만에 완결을 보는 셈이다.

출판을 맡아 수고한 삼인출판사 식구들에게 감사한다.

2003년 10월 10일

동해 바닷가에서 관옥觀玉

초판 머리말

상권에 부쳐

노자老子를 가운데 모시고 선생님과 마주 앉아 이야기를 나눔이 나에게는 분에 넘치는 영광이요 즐거움이었다. 그 즐거움을 이웃과 나누고 싶어서 이 책을 만든다. 주고받는 눈짓 하나 또는 한동안 이어지는 깊은 침묵 속에서 소리 없이 전달되던 미세한 감동까지 문자에 담을 수 없어 미안함이 크나, 어쩔 수 없는 일이다.

선생님과 나는 노자의 『도덕경道德經』을 읽어가며 그 '본문'을 주석註釋하려고 하지 않았다. 다만 그가 당신의 '말씀'으로 가리키는 것이 무엇인지, 그의 손가락이 가리키는 바가 무엇인지, 그걸 알아보고자 했다. 그리고 바로 그 자리, 그의 '말씀'이 손짓하고 있는 자리에 석가와 예수, 두 분 스승이 동석해 계심을 알게 되었다. 그분들도 같은 곳을 가리키고 있었다.

우리는 진지하고 따뜻하고 간곡한 '말씀'을 서로 나누었다. 그러면서 자리를 함께한 우리 모두가 '한 몸'이라는 사실에 문득 소름이 돋기도 했다. 아울러 현실의 두터운 어둠을 찢고 동터오는 새벽 빛 줄기를 얼핏 훔쳐볼 수도 있었다.

이 책에는 독자 여러분이 명심해 둘 만한 문장이라곤 단 한 구절도 없다. 읽으면서 동감되면 고개 한 번 끄덕이고, 이야기가 잘못됐다 싶으면 고개 한 번 젓고, 그렇게 읽은 다음 지워버리기 바란다. 다만, 우리가 '말씀의 뗏목'을 타고 가서 닿으려고 한 저편 언덕을 독자들께서도 함께 바라본다면, 그래서 우리의 이야기에 동승하여 그곳을 함께 향할 수 있다면, 번거로움을 무릅쓰고 책을 내는 마당에 더 무슨 바랄 게 없다.

道冠儒履佛袈裟
會成三家作一家

도가의 관冠 쓰고 유가의 신발 신고 불가의 옷 걸치니,
세 집안이 모여 한 집안을 이루도다

가톨릭 신자이신 선생님과 개신교 신자인 나는 결과적으로 부대사傅大士의 이 문장에서 '유儒'를 빼고 그 자리에 '기독基督'을 넣은 셈이 됐지만, 짠맛이야 어느 바닷물이 다르랴? 공자께서도 크게 웃으시리라.

세계는 하나다.
인간은 하나다.
그러므로 우리의 소망 또한 하나다.

1993년 3월 1일
관옥목인觀玉牧人 이현주

중권에 부쳐

상권이 나올 무렵의 계획대로였다면 7월에는 나왔어야 할 책이 이제서야 나오게 되었다. 선생님의 병환이 깊어져서 다시 입원하시게 된 관계로 늦어진 것이다.

처음에는 책을 내는 것 자체에 그리 큰 무게를 얹지 않았는데 막상 첫째 권이 출간되자 보이지 않는 독자들에게 빚진 자의 심정이 되는 것이었다. 선생님도 중권을 기다리는 분들에게 미안하다시면서 퇴원과 함께 쇠약해진 육신을 이끌어 최선을 다하셨다. 그 결과 이렇게 중권을 내게 되었다. 생각건대, 고맙고 고마운 일이 아닐 수 없다.

대담이 끝날 때마다, 오늘 그 대목에서는 그 이야기를 했어야 하는 건데 하는 아쉬움으로 마주보며 웃음짓는 일이 많았지만, 바다를 먹물삼아 쓴다 한들 그 깊고 넓은 세계를 모두 담아낼 수 있으랴? 아쉬움은 아쉬움으로 남겨두는 것도 괜찮은 일이지 싶다.

이 글을 쓰고 있는 지금, 선생님은 한 달 가까이 병실에 다시 누워 의사의 명을 좇아 '금식중'이시다. 어서 일어나시어 남은 『노자』를 마저 읽어주시고 그리하여 가까운 이웃들이 완간된 『노자 이야기』의 출판을 기념하는 조촐한 잔치라도 마련할 수 있게 되기를 바라는 마음 간절하다. 독자 여러분의 기도를 부탁드린다.

1993년 10월 10일

이현주

하권에 부쳐

『무위당 장일순의 노자 이야기』 하권을 탈고하고 나니 감회가 깊다. 선생님 살아계실 때 이 책이 나왔다면 얼마나 좋았을까? 어차피 이런 모양으로라도 나올 것을, 진작에 서둘렀더라면 선생님 생전에 완간을 직접 보실 수도 있었을 터인데, 후회한들 무슨 소용이랴? 딴에는 병상에서 다시 일어나실 것으로만 생각했고 그 날만 기다렸던 것이 이런 결과를 빚은 셈이다.

운명하시기 꼭 일 주일 전, 원주 기독병원 병실을 찾았을 때 나는 이미 죽음의 그늘이 드리운 듯한 선생님 얼굴을 뵙고 가슴이 철렁했다. 아아, 가시는구나. 저렇게 가시는구나. 동란 때 당신 가슴에 총부리를 겨누던 병사와 눈싸움을 벌여 끝내 지키셨다던 그 목숨을 이제는 놓으시는구나. 그래서 곁에 계신 사모님께 송구스런 마음 가눌 길 없으면서도 선생님께 말씀을 드렸다.

"선생님, 『노자 이야기』 마저 끝내야 하지 않겠습니까?"

대답이 없으셨다.

"선생님, 이대로 가셔도 제가 마치겠습니다. 선생님은 늘 제 속에 계시니까 제 속에 계신 선생님과 이야기를 계속해서 마치도록 하겠어요. 『무위당 장일순의 노자 이야기』를 완성해야 하지 않겠습니까?"

이런 내용을 몇 마디로 겨우 말씀드렸다. 눈물이 나고 음성이 떨렸다.

"그려. 그렇게 하라구. 자네가 하면 내가 하는 거지."

선생님을 큰 어머니 대지의 품에 모셔드리고 49일 지나고 또 몇 달이 지났으나 나는 원고지에 손을 댈 수 없었다. 선생님과 대담한 내용이 담긴 테이프를 녹음기에 넣고 들을 용기부터 나지 않았다. 그렇게 미루고 미루어 드디어 해를 넘겼다. 선생님이 주신 숙제인데 해야지 해야지 하면서도 시작이 그렇게 어렵기만 했다.

마침내 지난 1월 12일, 더 이상 미룰 수 없다 싶어서 녹음기를 책상 위에 올려놓고 종이를 펼쳤다. 시작을 하자 일은 생각보다 빠르게 진행되었다. 녹음된 부분(53장에서 57장까지)을 풀어쓰는 데 사흘 정도 걸렸고 그 뒤부터는 말 그대로 내 속에 계신 선생님과 대담하면서 받아적는 심정으로 계속 써내려 갔다. 그렇게 해서 보름쯤 매달린 결과 오늘에 이르렀다.

질문을 드리고 잠시 기다리면 선생님 음성이 귀에 들리는 것 같았다. 어떨 때는 그 특이한 어조와 얼굴 표정이 떠오르기도 했다. 이런 것을 영적 교감이라고 하는 걸까? 선생님은 가셨으나 가지 않으셨다. 만해의 노래에도 있듯이, 임은 가셨으나 나는 아직 임을 보내지 않은 것이다.

이 책을 읽는 이들 가운데 생전의 선생님을 아는 이들은 같은 소감이리라. 우리 모두에게 선생님은 여전히 함께 계신다.

그러나 이 책에는 분명히 잘못된 점이 있거나 모자라는 부분이 있을 터인즉 거기에 대한 꾸중은 마땅히 내 몫이다. 독자 여러분의 애정 어린 교정을 부탁드린다. 다만, 이 책에는 독자들께서 명심해 둘 만한 문장이 하나도 없다고 한 상권의 머리말을 기억해 주시고 말보다 말 저 너머 우리가 가리켜보려고 한 그곳에 눈을 돌려주시기 바란다.

세상이 갈수록 어지럽고 막막하다.

그래서 더욱 눈이 빛나는 사람이 있다. 이 책은 그런 이들을 위해서 무위당 선생이 남기신 작은 선물이다. 이 일에 참여하게 된 것이 나로서는 감당 못할 복이요 행운이다. 그저 고맙고 고마울 따름이다.

1995년 2월 17일

엄정嚴政에서 관옥觀玉 이현주

일러두기

1. 이 책은 3년에 걸쳐 세 권으로 나뉘어 출판된 것(1993~1995)을 1998년 합본으로 냈다가 이번에 무위당 선생 10주기를 앞두고, 그 내용을 손보아 다시 출판하는 것이다.
2. 손을 본 내용이란, 이아무개가 말한 부분에서 장황하게 늘어놓은 대목을 삭제하고 잘못 표기된 사람 이름을 고치고, 반복된 이야기를 정리하고, 거칠게 표현된 말투를 다듬는 선에서 그쳤다.
3. 이 책을 개정하기 이전 나온, 처음 세 권에 이아무개가 썼던 '머리말'과 무위당 선생 약력(선종완 기록)을 실어서 이 책을 펴내는 동기와 배경에 대해 독자들이 더 잘 이해할 수 있도록 하였다.
4. 본문에 자주 나오는 '도道'와 '덕德'은 한글 없이 그냥 道와 德으로 표기하였다.

차례

德

1장
일컬어 道라 하느니라

道를 말로 하면 말로 된 道가 道 그 자체는 아니다. 이름을 붙이면 이름이 곧 이름의 주인은 아니다. 이름 없는 것에서 하늘 땅이 비롯되고 이름 있는 것에서 만물이 태어난다. 그러므로 언제나 보고자 하는 마음 없이 보면 보이지 않는 것을 보고, 보고자 하는 마음으로 보면 껍데기 현상을 본다. 이 둘은 같은 것인데 겉으로 나타나매 이름을 달리한다. 그 같은 것을 일컬어 신비롭다 하니, 신비롭고도 신비로운 道야말로 온갖 알지 못할 것들이 나오고 들어가는 문이다.

道可道, 非常道. 名可名, 非常名. 無名, 天地之始. 有名, 萬物之母. 故常無欲以觀其妙, 常有欲以觀其徼. 此兩者同, 出而異命. 同謂之玄, 玄之又玄, 衆妙之門.

모두가 미쳐버린 세상에서

선생님, 선생님과 함께 노자老子를 읽고 싶어서 이렇게 찾아뵈었습니다. 노자의 말씀에 들어가기 앞서서 오늘 우리 시대에 道를 말한다는 게 뭔지, 왜 道를 생각해야 하는지, 그런 것을 여쭙고 싶습니다.

옛날 중국에 수지竪指 스님이라고 계셨는데 사람들이 와서 부처님이 어디 계십니까, 부처님이 누구십니까, 어찌 해야 부처가 될 수 있습니까, 하고 물으면 하여튼 뭘 묻든지 간에 엄지손가락을 쭉 펴서 보이는 거야. 그 얘기가 뭘 가르치는지 그동안에 잘 몰랐지. 그러던 중 얼마 전 중국의 유명한 부대사傅大士라고, 이른바 재가 승려在家僧侶인 그 사람의 게송揭頌 한 수를 읽었는데,

> 야야포불면夜夜抱佛眠에 조조환공기朝朝還共起라
> 욕지불거처欲知佛去處거든 어묵동정지語默動靜止라

이 시詩를 보는 순간, 수지 스님의 손가락 얘기가 마음에 와닿는 거라. 뭐냐 하면, 밤마다 부처를 품고 잠에 들고 아침마다 부처와 함께 일어난단 말이야. 그런데 부처님이 어디 계시는지 알려면 말을 하거나 말을 하지 않거나 행동하거나 행동을 하지 않거나 바로 그 자리를 봐라, 이거지. 부처가 어디 계시는가 하고 묻는데 손가락 하나를 쭉 펴서 보이는데 말씀이야, 그 손가락이 그게 거저 된 게 아니거든. 분명히 계시고 분명히 모든 것을 일러주시는데 그걸 볼 수도 없고 만질 수도 없고 냄새를 맡을 수도 없고 말이지. 그게 자네가 지난번에 나한테 써준 '빌 공空' 자, 바로 그거 아닌가? 그걸 어떻게 말로 나타낼 수 있겠느냐, 이 말씀이야. 그래서 노자는 "일컬어 道라 하느니라" 했던 거지. 그런데 거기까

지 가봐야만 세상 만사 이치를, 말로는 다 표현할 수 없다 해도, 알게 되는 거라. 그래서 道를 배우자고 하는 것 아닌가. 그러고 이제 그렇게 되자면, 불가佛家에 그런 말이 있는데, 체언체구滯言滯句하지 말라는 말이 있거든. 언어나 문자에 얽매이지 말라는 건데, 그렇게 돼야겠지.

말에 얽매이지 말라

그러니까 노자의 『도덕경道德經』이란 것도 말하자면 道를 말해 보겠다는 건데, 그런데 "도가도 비상도道可道 非常道"라는 말로 시작을 한다는 말씀이지요. 저는 이 한 마디가 참 재미있으면서도 아주 간곡하다고 생각합니다. 자, 이제부터 내가 道에 대하여 몇 마디 할 터인데, 내 말에 얽매이지 말아라, 그 대신 내 말이 전해주려고 하는 게 뭔가 있으니까 아무쪼록 거기에 가닿도록 해봐라 하며, 그러니까 제자들이 당신 말에 얽매여 오해하는 일이 있을까봐 미리 예방 주사부터 놓고 시작하는 그런 게 아닌가 생각합니다. 석가는 맨 끝에 가서 내가 한 말에 얽매이지 말라고 했는데 노자는 아예 첫머리에 못을 박는 것 아닙니까? 순서야 어쨌든 참 스승으로서 훌륭한 자세라는 생각이 드는군요.

그래, 그렇지. 자네 말이 옳네.

道라는 걸, 가닿아야 할 어떤 목적이면서 그리로 가게끔 하는 수단 또는 힘으로, 그렇게 아울러 보는 건 어떻습니까?

목적이라는 말을 쓰면 뭔가 그리로 가려는 의도가 내포되겠는데, "도가도 비상도"라는 말과 마찬가지로, 그게 아니라는 말을 해야겠지. 뭐냐 하면, 거 왜 노자의 글에 "위학일익爲學日益이요 위도일손爲道日損"이란 말이 있잖나? 道의 경지란 현상계에서 어떤 욕심을 버려서 가닿을 수 있는 곳이거든. 날마다 버릴 때에 가닿는다는 그런 얘기지. 그래서 도불속지부지道不屬知不知라, 道는 안다 모른다에 속하지 않는다는 거 아닌가? 그러니까 어차피 뭐냐 하면 우리가 道를 말하는데 이렇다 저렇다 하고 말하기는 하지만 그 차원에 속한 게 아니라는 걸 알아야 한다는 말씀이지.

그렇다면 "도가도 비상도"라는 말과 "명가명 비상명名可名 非常名"이란 말은 같은 내용을 다른 말로 표현한 것이라고 보면 어떨까요?

글쎄, 조금 다른 뉘앙스가 있겠지. "명가명 비상명"이란 무슨 말인고 하니, 어떤 현상에 대한 긍정이 있을 때, 그러니까 어떤 존재에 이름을 붙였을 때 그 이름은 항상 그 이름으로 있는 게 아니라는, 긍정에 대한 부정으로 얘기가 되는 거지.

그러니까 '무엇'에 대하여 우리가 어떤 이름을 붙이지 않습니까? 그런데 그 이름이 곧 그 '무엇'은 아니다, 그런 말씀이지요? 어떤 것에 이름을 붙이는 것은 그 어떤 것을 제한하는 거니까요. 그래도 이름을 붙이지 않으면 우리와 상관이 없으니까 어쩔 수 없이 이름을 붙이기는 하는데, 이름이 바로 그 이름의 주인은 아니라는 그런 얘기 아닙니까?

바로 그 얘기지. 세상에 있는 건 뭐든지 어떤 규정을 지어놔도, 일단은 변하지 않는 게 없으니까. 제행무상諸行無常 아닌가?

그렇지요. 이름을 붙이는 순간, 이미 그게 아닌 게 되니까요.

모든 사물은 상대성을 내포하지 않나? 악이 없으면 선이 없고 선이 없으면 악이 없고, 대소大小도 그렇고 빈부貧富도 그렇지. 道란 바로 그 상대성을 넘어서 있는 어떤 거고……

그러니까 '道'라는 것도 결국 '이름'에 지나지 않는 것 아닙니까?

그렇지.

우리가 '道'라는 이름으로 가리키고 있는 건 저기 따로 있지요. 그런데 그건 어떻게 인간의 말로다가는 건드릴 수가 없는 것이고, 그래도 그게 우리 인간과 어떤 상관이 있도록 하자니까 어쩔 수 없이 '道'라는 이름을 붙이는 것이고요. 따라서 "명가명 비상명"이란 말은 앞으로 道에 대해 이런저런 이름을 부를 터인데 그 이름에 얽매이지 말라는 사전 경고라도 볼 수 있겠군요?

노자가 시종일관 얘기하고 있는 게 말하자면 모순 통일이요 대립물의 자기 동일이지. 대와 소가 따로 없고 선과 악이 따로 없으니까……

그렇지요. 따로 있으면 이미 둘 다 아니니까요.

그러니까 노자는 뭐냐 하면, 모순 통일의 자리에서 모든 것을 들여다보라는 거 아닌가?

보는 자리

그 '보는 자리'가 중요하거든. 그 자리에서 세상 만사를 들여다보시는 분을 가리켜 수운水雲이나 해월海月은 '한울님'이라 했고 예수는 '아버지'라고 했지. 그러니까 뭐냐 하면 언제나 구체적으로 무슨 일을 하다가도 그 '자리'로 돌아가라는 거야. 시천주조화정영세불망만사지侍天主造化定永世不忘萬事知라든가 나무아미타불이라든가 하는 염念을 하면서 아버지의 자리로, 부처님의 자리로 돌아가자, 돌아가서 행하고, 사물을 보되 그 자리에서 보자는 그런 말씀이지. 그래서 그이는 가는 곳마다 제자리요 행하는 것마다 하느님이 행하시는 것이라, 행동거지가 그 '자리'에서 분리되지를 않지. 바로 예수가 그렇게 사셨단 말씀이야. 거 왜 살다가 곤혹스런 일을 당하면 산으로 들어가시지 않던가? 산에 들어가

임재하시는 아버지 앞에서 깊이 묵상하고 자기를 비우는 일을 계속하시거든.

예수는 결국 아버지 앞에서 끊임없이 자기를 비우는 일에 성공한 사람이었지요. '내 뜻대로 마시고 아버지 뜻대로 하십시오'를 최후 순간까지 실천한 사람 아닙니까? 그건 철저한 자기 부정 또는 자기 포기지만 그보다 더 완벽한 자기 긍정이 없다고 봅니다.

그렇지.

저는 예수라는 분의 일생을 이렇게 봅니다. 처음부터 그분은 내가 하는 말은 내 말이 아니라 나를 보내신 분 그러니까 아버지의 말이라고 하면서 아버지와 자신이 떨어져 있는 존재가 아니라는 점을 분명히 밝히셨지요. 방금 선생님께서 말씀하신 대로 모순 통일의 자리에서 세상과 사물을 보시는 바로 그분의 뜻을 실천하는 것이 당신의 삶이요 양식이라고 말씀하신 건데, 그 말을 알아듣지 못한 사람들이, 그러니까 네가 하느님이란 말이냐고 자꾸 물어대니까 나중에 가서, 그래 그렇다, 내가 바로 하느님이다, 하고 말했고 바로 그 말 때문에 십자가에 달리신 분 아닙니까?

흩어져서 하나로

그래, 그렇게 봐야겠지. 바로 그래서 예수님은 새 세상을 여는 분이 되신 거야. 그러니까 뭐냐 하면 엊그제 병철 군과 함께 얘기할 때에 지금이 문명의 대전환이 진행되는 시기인데 자칫하면 대란이 일어난다고 내가 말하잖던가? 무슨 말인고 하니, 모든 분야에서 지금까지 얽혀 있는 매듭을 한꺼번에 해결하려고 하면 그것이 바로 현상에 대한 엄청난 반역이 되지 않을 수 없고 거기서 뭐냐 하면 엄청난 비극이 오고 충돌이 일어나게 된단 말씀이야.

그렇지요. 요즘 환경 문제니 공해 문제니 하면서 많은 사람이 여기저기에서 일어나 말을 하고 있는데 그들이 만일 한 '조직'으로 결집된다면 선생님 방금 말씀하신 대로 엄청난 충돌이 일어나겠지요. 하기는 이미 그런 조짐들이 보이지 않습니까?

내 말이 그 말일세. 그러니까 이래야 한다고 여기저기서 말하고 가는 건 좋은데 그걸 하나의 조직으로 만들어 세우는 건 좋지 않다 이 말이지. 삼삼오오 산개散開해서 자기 나름대로 여태껏 지니고 있던 문명의 때를 씻고 나아가야 해. 그래야 다음번에 만났을 적에 허심탄회하게 얘기가 되고, 이쪽에서 이렇더라 하면 저쪽에서 아 그렇겠다 하고 저쪽에서 저렇더라 하면 이쪽에서 아 그렇겠다 하고, 그렇게 얘기하면서 함께 나아가게 되는 거지. 그게 서로 한 몸을 이루는 거야. 여기저기 흩어져서 걸어가는데 그 길이 알고 보면 같은 길이거든. 성경의 어디 몇 장 몇 절인지는 모르겠는데, 예수님이 하루는 당신을 찾아오신 어머니와 형제들을 문 밖에 세워두고는 제자들에게, 누가 내 형제요 어머니냐, 하느님 말씀을 듣고 그대로 살아가는 너희가 바로 내 형제요 어머니라고 말씀하신 대목 있잖은가? 아버지 한 분 안에서 만물이 한 송이 꽃(萬物一華)이라, 그분과 통하기만 하면 어디에 어떤 모양으로 있든 이미 한 몸이거든. 그래 예수도 아버지와 자기가 하나이듯이 이 사람들도 하나이게 해달라고 빌었지. 수운이나 해월 선생도 똑같은 말씀을 하고 계시더군. 한울님이 내 안에 계시니 벽을 향해 젯상을 차리지 말고 향아설위向我設位하라, 뭐냐 하면 내 안에 계신 한울님께 밥상을 차리라는 것 아닌가?

그렇지요. 그러니까 불가의 말로 하면 자기가 모시고 있는 부처에게 공양을 하라는 그런 말이겠지요. 바울로 선생도, 너희 몸이 하느님 계신 성전인 줄 모르느냐고 하셨더군요.

예수님이 나는 아브라함 이전부터 있는 자라고 말씀하셨을 때에도 그 뜻은 향아설위를 명하신 해월 선생이 뜻한 바와 조금도 차이가 없다고 생각하네.

그렇군요. 요즘이 문명의 대전환기라는 말을 하도 많이 들어놔서 정말 그런 것 같은데요, 방금 산개하라는 말씀이 그대로 마음에 와서 닿습니다. 성경에 보면 사람들이 바벨탑을 쌓다가 흩어진 이야기가 있잖습니까? 사실 중요한 것은 탑이 아니라 그 탑을 중심에 세운 도시 건설이었지요. 사람들이 도시를 건설하는데 그걸 내려다보신 하느님께서, 저것들을 그냥 두었다가는 앞으로 못할 짓이 없겠구나 하시고 내려오시어 말을 서로 알아듣지 못하게 하여 흐트러뜨리셨다는 얘긴데요, 사람들은 도시로 도시로 모여들어 하나로 뭉치겠다는데 하느님은 그러니까 우리가 '道'라는 말로 표현한 그 어떤 분은, 아니다, 그러면 모조리 죽으니까 흩어지라는 것 아닙니까?

그렇지.

누구 말대로 뭉치면 살고 흩어지면 죽는 게 아니라 반대로 뭉치면 죽고 흩어져야 산다는 건데 그러나 흩어져서 제각기 대자연의 품에 안기면, 대자연은 한 어머니의 품이니까, 거기서 모두 하나가 된다는 그런 말씀이겠지요. 땅에 뿌리를 박고 사는 데야 장소가 무슨 문제겠습니까? 원주 살든 제천 살든 아니면 저 뉴욕이나 멕시코에 살든 땅은 땅이요 한 분이신 어머니시거든요. 그러니까 굳이 말로 하자면 산지사방 흩어져서 모두가 하나로 되는, 그런 세상이 돼야겠지요. 앞으로 세상이 변한다면 그렇게 변해야 하고 그런 쪽으로 변화가 이루어지지 않는다면 깨어져버릴 수밖에 없겠구나, 그런 생각이 듭니다.

삶의 축을 자연에 두고

아무렴. 고대 자네가 말한 대로 그런 세상이 돼야 해. 이젠 뭐냐 하면 삶의 축을 '자연' 에다가 둬야지, 눈에 보이고 손에 잡히는 현상계에다가 축을 심고 살자고 한다면 더 이상 견뎌낼 방도가 없잖은가? 그런데 그 '자연' 이라는 게 뭐냐 하면 '스스로 있는 것' 인데……

그게 성경에서 말하는 하느님이지요.

그래, 그렇지. 그러니까 이제부터는 그 스스로 있는 분한테다가 삶의 뿌리를 내리고 살아야 한다, 이 말씀이지. 언제나 뭐냐 하면 '자연' 의 뜻에다가 자기 삶을 맞추며 살라는 거야.

저는 자연自然과 자유自由를, 같은 내용을 나타내는 두 가지 말로 보는데요, 자연은 스스로 그러함이고 자유는 스스로 비롯함인데, 굳이 가리자면 자연은 체體요 자유는 용用이 아닌가 생각합니다. 노자는 말하기를 "사람은 땅을 본받고(人法地) 땅은 하늘을 본받고(地法天) 하늘은 道를 본받고(天法道) 道는 자연을 본받는다(道法自然)"고 하여 자연을 맨 나중 자리에 모시지 않았습니까? 이 '자연' 이 관광객들이 즐기는 저 풍경으로서의 자연은 아니지요. 서양 사람들은 자연을 객관화해서 보고 즐기거나 그 힘을 이용할 대상으로만 보는 경향이 있는 것 같은데요, 여기서 우리가 말하는 자연은 그게 아니라 그렇게 하는 인간들의 이쪽 뒤에 있어서 인간이 그럴 수 있도록 하는 어떤 힘 아닙니까?

바로 봤네. 인간이 자네가 말하는 그 '자연' 을 볼 수는 없지. 눈이 저를 보지는 못하거든. 아버지를 본다는 게 그렇단 말씀이야. 스스로 계시는 분이니까 대상이 될 수가 없지 않나?

그렇지요. 적어도 거기에서는 주객主客의 도식이 불가능하지요. 그러니까 노자가 이어서 "무명천지지시無名天地之始요 유명만물지모有名萬物之母"라 하는데 그 말도 천지만물이 모두 하나라는 뜻을 그런 식으로 풀어 말한 게 아닐까요? 유명有名이니 무명無名이니 하는 표현이 그렇게 중요한 건 아니라고 봅니다.

다르긴 다른데 둘은 아님

재미있군. 하기는 전에 나도 그 무명無名이니 유명有名이니 하는 말이 잘 풀리지 않아 무척 헛갈렸더랬는데, 한번은 누가 조주趙州 스님께 묻기를, 스님 개한테도 불성佛性이 있습니까, 스님 대답하기를, 없지, 그런데 그 뒤에 누가 또 묻기를, 스님 개한테도 불성이 있습니까, 스님 대답이 이번에는, 있지, 그러시거든. 자, 이래 놓으니 배우는 놈은 없다 있다 그 말에 그만 헛갈릴 수밖에. 사실은 있다 없다에 얽매이지 말라는 게 스님의 뜻인데 말씀이야. 절대의 경지에서는 말씀이지, 유有다 무無다가 따로 없거든.

그렇지요. 그러니까 노자는 바로 그걸 가르쳐주려고 "무명천지지시요 유명만물지모"라고 말한 것 아닙니까? 천지와 만물을 어디서 어떻게 나눌 수 있겠습니까? 그리고 이어서, "고로 상무욕이관기묘常無欲以觀其妙하고 상유욕이관기요常有欲以觀其徼"라 했는데, 이 구절을 명明나라 감산憨山 스님은 불가의 말로, 공空에서 색色을 보고 색色에서 공空을 보고자 한다는 뜻으로 읽으셨더군요.

감산 스님이 그렇게 보셨던가? 불가에서는 사람이 무엇을 볼 때 그 보는 눈을 세 가지로 나누어 얘기하는데, 첫째가 법안法眼, 차별상差別相을 통해서 그 모든 차별상 안에 道가 있음을 보는, 말하자면 색色을 통해 공空의 세계를 보는 것이 법안이고, 다음에는 지안智眼인데 차별이 없는 세계에서, 다시 말하면 공空의 세계에서 모든 색色이 하나임을 보는 것이지. "사람이 보려고 하는 마음(意圖)이 있어가지고 보면 껍데기 차별상 그러니까 현상계를 보고(常有欲以觀其徼), 보려는 마음이 없이 보면 놀라움, 뭐라고 말할 수 없는 그러니까 공空의 세계, 무無의 세계를 본다(常無欲以觀其妙)"라는 게 노자의 말씀인데, 이어서 "차양자는 동이나 출이이명此兩者同出而異名"이라, "이 둘은 같은 것인데 겉으로 나타나매 그 이름이 다르다"라고 했거든. 앞에서, 보려는 마음이 없으면 공空의 세계를 보고, 보려는 마음이 있으면 색色의 세계를 본다고 했는데 이 둘이 하나임을 보는 것, 그러니까 색色이 공空이고 공空이 색色임을 보는 것을 불안佛眼이라고 하지. 이 불안의 세계에서는 "모두 같은 것인데 일컬어 신비(同謂之玄)"라, 보는 자와 보이는 것의 차별이 없어지니까 주主와 객客이 따로 없는, 그런 세계라는 말씀이야.

나오기(出) 전에는 하나인데 나옴으로써 그 이름이 달라진다는 그런 뜻인가요?

그렇게 봐야겠지. 서로 다른 이름을 가지고 있지만 떨어져 있는 둘은 아니라는 말인데(異而不二), 그러니까 뭐냐 하면 유有다 무無다 하고 어쩔 수 없이 말을 하지만 말로다가 모두 담아낼 수 없는 세계를 보라는 거지.

맞습니다. 아버지와 내가 한 몸이라는 말을 내가 곧 아버지라는 말로 고정시켜서는 안 된다는 것 아닙니까? 그러니까 이 노자의 말씀은, 누구든지 사람의 '말'에 사로잡혀서는 안 된다는 아주 간곡한 가르침이라고 생각되는군요. 말을 버리고 뜻을 얻으라(妄言得志)는 말이 그런 말이겠지요? 무식한 소리인지는 모르겠습니다만, 요즘 양자 물리학에 관한 입문서를 좀 들여다보다가 아주 단단한 물체도 쪼개고 쪼개어 가장 작은 알갱이(粒子)로 쪼개고 들어가면 결국 있지만 있다고 말할 수도 없고 없지만 없다고 말할 수도 없는 묘한 세계에 닿고 만다는 과학자들의 고백이, 오온이 모두 공(五蘊皆空)이요 삼라만상이 생기면서 사라지는 칼라파로 이루어져 있다는 불가의 가르침과 똑 맞아떨어지는 것을 보고 놀란 적이 있습니다. 이어지는 노자의 "동위지현同謂之玄이라 현지우현玄之又玄하니 중묘지문衆妙之門이라" 하여, "그 같은 것을 일컬어 '신비롭다' 하는데 신비롭고 또 신비로워서 뭇 알지 못할 것들이 나오고 들어간다"라는 말도 결국은 방금 선생님께서 말씀하신 대로 있다(有) 없다(無)가 따로 없는, 그러니까 그 둘이 둘이면서 하나인 절대 경지를 가리키는 것 아닐까요?

자네 말이 그럴듯하군. 그러나 그것도 어디까지나 자네의 '말'일 뿐이지.

그렇지요. 요즘 이른바 기계론적 사고방식에 대한 비판을 여기저기서 듣는데요, 그런 비판 자체도 이미 기계론적 사고방식에서 나온 것일 수 있거든요. 그러니까 누구든지 말을 하려면 자기 말이 지니고 있는 한계를 먼저 인식하고 시작해야 할 것이라고 생각합니다. 바로 며칠 전에 모교에서 학생들이 무슨 축제를 벌이는데 저보고 좀 와달라고 해서 갔더니 '고장난 교회'라는 제목을 내걸고 그 원인과 대책을 얘기해 보자는 거였어요. 그래 이런저런 얘길 하다가 자네들이 지금 교회를 두고 "고장이 났다"라는 표현을 쓰는 것 자체가 기계론적 사고방식에서 나온 것인데, 그리스도의 몸인 교회를 생명체로 보지 않고 기계로 보는 관점이 그 표현 속에 깃들어 있는 것 아니겠느냐고, 따라서 '고장난 교회' 가 아니라 '병든 교회' 라고 해야 되지 않겠느냐고 말해줬지요. 몇몇 학생이 그제야, 아하 그렇구나 하는 표정으로 고개를 끄덕이는 걸 보았습니다. 이건 한 작은 예에 지나지 않습니다만, 말하자면 우리 모두가 이런 식으로 병들어 있기 때문에 특히 '말' 의 함정에 빠지지 않도록 조심해야겠다는 생각이 드는군요.

말 없는 가르침

중요한 것은 노자가 말하는 '불언지교不言之教' 를 행하는 것인데, 그게 뭐냐 하면 道를 가르치는데 어찌 말로써 가르칠 수 있겠느냐, 그런 말인데 그게 간혹 마음에 걸리지. 그러나 삶의 이치를 깨우치자니 어쩔 수 없이 옛 어른들의 글도 읽고 또 훌륭하신 분의 말씀도 듣고 그러는 건데, 그게 말하자면 말이 필요 없는 경지에 이르기 위한 방편으로서의 말이거든. 그렇기 때문에 그 '말' 에 붙잡혀서는 안 돼. 그래서 조주趙州의 고함이나 덕산德山의 방망이가 말로 채울 수 없는 자리를 메꿔주는 것이지. 거기 보면 제자가 스승을 메다꽂기도 하고 그러잖나? 그래도 거기에는 맞았다 때렸다 하는 감각이 하나도 없거든. 지고한 깨달음의 문전에서 그런 짓들을 하는 거니까.

그래서 방금 말씀드린 대로, 말이 필요 없는 세계에 이르기 위해서 말하는 자나 듣는 자나 모두 필요한 말의 한계를 분명히 알아야 한다는 것 아닙니까?

그렇지. 그래서 자네가 아까 말했지만, 부처님 말씀하시기를 "사십구년불일설四十九年不一說"이라, 나는 한 마디도 설한 바가 없다 하셨는데,

그동안 내가 한 말은 강을 건너기 위한 나룻배처럼, 듣고 그 뜻을 얻은 뒤에는 반드시 버려야 하는 방편에 지나지 않는다는 그런 말씀이셨지. 그렇지만 아무튼 강을 건너려면 배를 타야 하듯이 사람이 말을 쓰지 않고서는 가르침을 주고받을 수 없게 돼 있거든. 그러니 노자도 여러 비유와 설명으로 道를 말하지 않을 수 없고, 그런데 사람들이 그의 말이 가리키는 道보다는 그의 말에 사로잡혀서 제자리 맴만 돌며 갈수록 더욱 헛갈리기만 할 것 같으니까 이렇게 간곡한 타이름을 주시는 거라.

'개인'은 없다

옳습니다, 선생님. 그러니까 우리가 오늘 새삼스레 道를 찾고 道를 말하고 하는 것이, 제 생각에는 이렇습니다. 그것이 그렇게 해서 이 세상을 어떻게 변혁시키겠다는 거창한 의도를 내세울 게 아니라, 세상이 이대로 가면 모두 함께 망할 것이 너무나도 뻔하니 나만이라도 살아남는 길을 찾겠다는 그런 몸부림이어야 한다고 봅니다. 성경의 노아 이야기가 바로 그런 것 아닙니까? 노아는 세상이 장차 물로 멸망할 것을 미리 안 사람이었지요. 물을 이길 수 있는 것이 배밖에 더 있겠어요? 그래서 노아는 배를 지은 겁니다. 사람들이 비웃었겠지만, 살아남기 위해서는 그 길밖에 없었지요. 그래요. 저는 노아는 세상을 바꿔보겠다는 의지보다 그저 살아남겠다는 단순한 뜻밖에 없었다고 봅니다. 선생님, 그 행위야말로 노자의 '위무위爲無爲' 아닙니까? 그런데, 그렇게 해서 노아는 살아남았고 그 살아남은 '한 사람' 때문에 결국 '인류'가 살아남게 됐다는 얘기지요. 이걸 두고, 남들은 어찌 됐든 자기 혼자 살아보자는 투의 타락한 이기주의로 매도하는 것은 그야말로 천박한 무지의 소치라고 봅니다.

간혹 소승小乘에 속하는 아라한阿羅漢을 그런 식으로 비판하는 사람들이 있지. 그러나 아라한은 깨달은 사람이거든. 아라한을 자기 구원만 생각하고 중생 제도衆生濟度에는 관심 없는 그런 사람으로 비난하는 것은 자네 말대로 잘 몰라서 그러는 거야. 왜냐하면 개체와 전체는 둘이 아니라 하나니까. 그러니까 뭐냐 하면 한 사람의 깨달음이란 그게 전우주적인 사건이거든. 아라한쯤 되면 제도해야 할 중생이 자기 몸 밖에 어디 따로 있는 게 아니란 말씀이야. 따라서 중요한 것은 성경의 말로 해서, 내가 아버지 안에 있고 아버지가 내 안에 계시는 그런 전일적 존재로 서느냐 못 서느냐, 그게 중요한 거지.

어떤 사람이 어디에 있다는 것은 어쩔 수 없이 그가 속해 있는 세계 전체와 연관되어 있는 거니까요. 여기 선생님께서 치악산 자락에 계시지 않습니까? 그냥 계시는 거지요. 그것으로 충분하다고 생각합니다. 들판에 나무가 있습니다. 서 있으면 어차피 그늘이 지게 마련이고 그러면 거기에 사람들이 앉아 땀을 식힌다든가 새가 둥지를 틀지 않겠습니까? 존재는, 어떤 존재든지 반드시 영향을 미치게 마련이니까요. 영향이 뭡니까? 그림자와 메아리지요. 보이지는 않지만 분명히 있거든요. 그러나 나무로서는 그냥 자기 자리를 지키며 그렇게 살고 있을 뿐인 겁니다.

지금 자네 잘 봤어. 깨달음이라는 게 일단은 일체에 대하여 긍정하는 것 아닌가? 그러나 그 속에서 뭐냐 하면 자신의 본바탕을 늘 찾아가는 거지. 그렇게 살아가는 것이 주님과 함께 하는 것이고, 아버지와 함께 있는 것이고, 부처님 뫼시는 거고, 그런 것 아니겠나? 그런데 기계론적 사고를 하면 말이지, 그걸 그렇게 안 본단 말씀이야.

그렇게 못 보는 거지요.

그렇지. 자네 아까 말 잘했네. 고장난 것과 병든 것은 다르지. 고장난 물건은 나와 별개의 것일 수 있지만 병든 몸은 나와 별개일 수가 없으니까. 생명을 함께하고 있는데 어떻게 나와 별개일 수 있겠나? 하기는 고장난 물건도 나와 별개의 것이 아니라는 게 노자의 가르침이지. 물아일체物我一體라고 하지 않나? 그런데 마치 개체와 전체가 별개의 어떤 것인 줄 잘못 아는 바람에, 누가 어떤 무리(衆)와 무엇을 함께 하지 않으면 틀렸다고 말하는 거야. 이미 그는 무리와 더불어 살고 있는데 말씀이야.

저는 '개인' 이라는 말도 머릿속 관념으로는 가능하지만 실제로는 불가능한 말이라고 봅니다. 어떻게 집단과 떨어진 개인이라는 게 존재할 수 있습니까?

그렇지. 개인 없는 집단 없고 집단 없는 개인 없지.

그렇기도 하지만 사실은 개인이 집단이고 집단이 개인 아닙니까?

자네 말이 맞네. 그러나 기계론적 사고로는 그게 그렇게 보이지 않아. 거기서는 개인을 얘기하는 것 자체가 치사한 이기주의일 뿐이지. 허나 깨달은 사람의 눈에는 일체 중생이 곧 나요 내가 곧 일체 중생이라, 석가가 말한 천상천하 유아독존天上天下唯我獨尊이 바로 그걸 가리키는 것 아닌가? 거기서는 모두가 아我니까. 그걸 다른 말로 하면, 나는 없고 모두 너라는 말도 되고.

돌아가는 길

옳습니다. 그런데 선생님, 이 점은 어떻습니까? 우리가 뭘 얼마만큼 노력해서 하느님과 하나로 되는 게 아니라 사실은 처음부터 하느님과 하나인데 그걸 모르고 있다가 어느 순간 깨우쳐 아는 그것이 이른바 '깨달음' 이라는 것 아닐까요? 그러니까 하느님과 하나가 아니었다가 어떻게 해서 하나로 되는 게 아니라 처음부터 하느님과 내가 하나였고 지금도 하나라는 사실을 깨닫는 거지요. 이 점을 많은 기독교인들이 착각하고 있는 것 같습니다. 구원이란 우리가 어떻게 어떻게 해서 그 대가로 얻는 것이라고 생각하거든요. 사실은 우리가 이미 구원받은 존재라는 사실을 깨닫고 구원받은 자로서 기쁘고 감사하게 살아가는 것이 '구원의 道' 인데 말씀입니다. 그걸 바울로는 하늘나라 시민으로 이 세상을 살아간다는 말로 표현했던데요. 그런데 문제는 그 '깨달음' 으로 가기 위해서 이런저런 수련과 공부가 필요하다는 점이지요. 사람들에게 말로 표현될 수 없는 道의 경지에 이르는 길을 보여주려고 노자가 『도덕경』을 썼듯이 말입니다.

그렇지. 진리는 먼 데가 아니라 가까운 데 있으니까. 그렇지만 그 가까운 데 있는 진리를 깨닫고자 때로는 지구를 몇 바퀴씩 돌기도 하지. 그런데 간혹 그렇게 돌아다니는 걸 삶의 목표로 삼는 사람이 있거든. 그래서는 안 되는 건데. 여기 누가 있다 하면 그리로 가고 저기 누가 있다 하면 또 그리로 가고…… 그러다 보면 아는 것만 자꾸 많아지고 그래서 깨달음과는 점점 더 거리가 멀어질 수가 있단 말씀이야. 그런 걸 경계하려고 노자는 "문 밖을 나서지 않고 천하를 안다(不出戶知天下)" 고 하지 않았는가?

맞습니다. 그러나 선생님, 저는 오늘 이렇게 선생님과 마주 앉아 道를 이야기하면서, 한편으로는 아직 멀었다는 생각이 들면서도, 그래도 그 쪽을 향하고 있다는 사실만큼은 보람으로 생각합니다. 글쎄요, 숨지는 순간까지 아하, 이것이로구나, 하고 대오각성大悟覺醒은 못하고 만다 하더라도 그래도 그 깨달음을 향하여 오늘 이렇게 가고 있다는 사실 하나만으로 저는 만족합니다.

좋네. 그리고 돌아간다는 게 중요하지. 성경에 탕아 이야기 있잖는가? 그게 아주 절묘하게 핵심을 얘기하고 있거든. 거기 나오는 아버지는 어떤 분이냐 하면 언제나 넉넉하고 인덕이 깊으신 분인데 아들이 그 아버지를 떠났단 말씀이야. 그랬다가 어느 순간 아버지를 생각하고, 아버지가 넉넉하시고 자비로우신 분이라는 걸 기억하고, 그 아버지에게로 돌아가지 않는가?

방금 선생님 말씀을 들으면서 떠올랐는데요, 그럼 탕아는 도대체 언제 구원을 받았을까 생각해 보면, 그가 아버지 집에 가서 좋은 옷 입고 은가락지를 낀 그때에 구원받은 게 아니라, 사실은 돼지우리에서 갑자기 아버지를 생각하게 된 바로 그 순간, 성경은 그때 탕아가 제정신을 차렸다고 했는데요, 바로 그 순간에 이미 그는 구원받은 게 아닌가, 그렇게 봅니다. 그러니까, 이건 아니다, 여기는 아니다, 돌아가야지, 하고 벌떡 자리에서 일어나 집으로 향하는 바로 그 순간이 구원받은 때라는 말씀이지요.

대자대비의 눈으로 세상을 보며

그렇지. 바로 그 속에 모든 것이 다 있잖나? 아버지를 만나러 돌아가는 길, 바로 거기에 한없는 기쁨과 한없는 감사와 한없는 영광과 그 모든 게 다 거기 있거든. 그러나 시방 이렇게 물질로 만능을 삼고 물질로 모든 걸 해결하겠다는 사고로는 백날 얘기해 봐도 그게 와닿지를 않는단 말씀이야. 예수가 빌라도 앞에서 그러잖는가? 내 나라는 너희 나라와 달라, 아무리 말해줘도 너희는 몰라. 그런데 그건 아는 사람이 모르는 사람 앞에서 뽐내는 투가 아니라 상대를 한없이 불쌍하게 여기는 투거든. 불가에서 말하는 대자대비大慈大悲가 바로 그 마음인데, 바로 그 대자대비함이 말하자면 모든 것을 판단하는 잣대가 되어야 하는 거지.

그렇겠지요. 깨달은 사람 눈에는 모든 것이 불쌍해 보일 테니까요. 이건 제가 뭘 깨달았다는 건 아닙니다만, 요즘 감리교회에서는 변선환, 홍정수 두 교수를 자격이 없다고 해서 교단에서 재판하여 출교黜教시킨 사건이 벌어졌는데요, 그 일에 앞장선 사람들이 어쩐지 제 눈에는 불쌍하게만 보이더군요. 자기네 딴에는 진리를 위해, 교리 수호에 목숨 걸고 싸운다고 합니다만, 그게 기껏 잘 봐줘야 하느님을 섬긴답시고 그리스도인 잡아죽이러 가는 사울의 처신과 다를 게 없거든요. 그러니 얼마나 불쌍한 사람들입니까? 무명無明이 그들의 눈을 가렸으니 사실은 싸워 무찌를 대상이 아니라 불쌍히 여겨 용서할 대상이라는 생각입니다. 예수님도 하느님께 기도하셨잖아요? 저들은 자기가 지금 무슨 짓을 하고 있는 건지도 모르면서 저러고 있으니 용서해 주십사고 말입니다.

그래, 그렇게 봐야지. 바로 그 대자대비의 눈으로 세상을 보면서 모자라면 모자라는 만큼 하나하나 처리하면서 그러면서 나아가는 거지.

2장
머물지 않음으로써 사라지지 않는다

세상 사람들이 모두 이것이 아름답다고 알아 아름답다고 하는데 그것이 더러움이요, 이것이 선하다고 알아 선하다고 하는데 그것이 선하지 아니함이다. 그러므로, 있음과 없음은 서로 말미암아 있고 없으며 쉬움과 어려움은 서로 말미암아 쉽고 어려우며 길과 짧음은 서로 말미암아 길고 짧으며 높음과 낮음은 서로 말미암아 높고 낮으며 내는 소리와 들리는 소리는 서로 말미암아 나고 들리며 앞과 뒤는 서로 말미암아 앞서고 뒤선다. 그래서 성인聖人은 모든 일을 무위無爲로써 하고 말 없는 가르침을 베풀며 만물을 이루어내되 그 가운데 어떤 것을 가려내어 물리치지 않으며 낳고는 그 낳은 것을 가지지 않고 하고는 그 한 것을 뽐내지 않으며 공功을 이루고는 그 자리에 머물러 있지 않는다. 머물지 않음으로써 사라지지 않는다.

天下皆知美之爲美, 斯惡已, 皆知善之爲善, 斯不善已, 故有無相生, 難易相成, 長短相形, 高下相傾, 音聲相和, 前後相隨. 是以聖人, 處無爲之事, 行不言之教, 萬物作焉而不辭, 生而不有, 爲而不恃, 功成而不居, 夫惟不居, 是以不去.

분별지를 여의라

"천하개지미지위미天下皆知美之爲美인데 사악이斯惡已요 개지선지위선皆知善之爲善인데 사불선이斯不善已라." 세상 모든 사람들이 이것이 아름다운 거고 따라서 저것은 더러운 것이라고 이른바 미美와 악惡을 가려서 한쪽을 고집하고 마찬가지로 이것은 선善이고 저것은 불선不善이라고 선과 불선을 가려서 한쪽을 고집하는데, 바로 그것이 더러움이요 선하지 못한 일이라는 말씀인가요?

그렇지. 그런 말씀이지.

사람들이 그러는 건 불가의 말로 하면 분별지分別智에 갇혀 있기 때문이겠지요? 이것과 저것을 따로 나누어서 보는, 그런 눈으로는 아름다운 건 아름다운 거고 더러운 건 더러운 거니까요. 우리 모두 그렇게 살고 있지 않습니까? 분별지를 여윈 자리에서 볼 적에야 비로소 노자 할아버지처럼 말할 수 있겠지요.

그래. 그러니까 지금 그 대목은, 상대적인 것이 하나라는 얘기지. 모순의 통일이라, 길고 짧은 건 모순이지만 그러나 짧은 게 있으니까 긴 게 있고 긴 게 있으니까 짧은 게 있거든.

그럼 그것을, 긴 게 곧 짧은 것이요 짧은 게 곧 긴 거라고 말할 수도 있겠습니까?

경우에 따라 그렇게 말할 수도 있겠지.

아하, 경우에 따라서! 그러니까 언제나 그렇다고 못박아놓으면 안 된다는 말씀이시죠? 둘도 아니지만(不二) 하나도 아닌데(非一) 그렇게 단정해버리면 '비일非一'에 걸리는군요.

말이란 언제나 경우에 따라서 쓰는 방편일 따름이지. 그걸 알아야 하는 거라. 그래서 뭐냐 하면 석가모니께서 49년간이나 그 구슬 같은 말씀을 하시고도 나는 49년 동안 한 마디도 하지 않았다고 하시잖던가? 방편에 지나지 않는 '말'에 얽매일까봐 하신 말씀이지.

그렇긴 한데요, 사람이 살다보면 판단을 안 할 수가 없잖습니까? 여기서 노자 말씀이 판단하지 말라는 건 아닌 것 같구요, 다만 판단을 하려면 무슨 기준이 있어야 하는데 그 기준이라는 게, 절대적인 것이 아니라 상대적인 것임을 늘 기억하고 따라서 자신의 판단을 절대화하지 말라는 말씀 아닐까요?

인간 세상에 절대 기준은 없다

노자는 그 기준을 道로 삼으라는 것이지. 그러니까 道를 기준으로 삼고 보면, 그게 불가의 말로 하면 불안佛眼으로 보라는 것이고, 예수님 말씀으로 하면 아버지 눈으로 보라는 건데, 그렇게 보면 길고 짧은 게 서로 다른 둘이 아니라 하나의 다른 모양이거든.

예수님이 그러시잖습니까? 하늘에 계신 아버지가 온전하신 것처럼 너희도 온전하라고 하시면서 그 아버지께서는 선한 자나 악한 자나 가리지 않고 햇빛과 비를 내려주신다고요.

나도 방금 그 대목을 생각했는데 자네가 말하는구먼. 성경에서 道를 설명하는 데에는 고대 그 말씀이 아주 대표적인 말씀이지. 이건 선이다, 저건 악이다 하고 우리가 분별을 하는데 아버지의 자리에서 보면, 대립물의 자기 동일이 이루어지니까, 그 분별이 고정돼서 이건 항상 선이고 저건 언제나 악이고, 그럴 수는 없거든. 따라서 선이 선을 고집하고 나머지를 모두 악으로 몰아버리면 바로 그 선이 악이 된단 말이지. 이른바 바리사이파의 의義라는 게 그거 아닌가? 그런 사람들 틈에는 예수의 설

자리가 없는 거라. 그러니까 뭐냐 하면 예수께서 나는 의인이 아니라 죄인을 위해서 왔다고 했을 때에는 모순의 통일을 보는 道의 문門, 중묘지문衆妙之門을 벌써 몸소 체득하시고 아버지의 자리에서 그 뜻에 맞도록 모든 것을 처리하시지 않는가? 일찍이 우리가 정의 구현이니 인권 운동이니 열심히 했잖았나?

그랬지요. 지금도 하고 있지요.

불쌍한 놈은 들어올리고 힘센 놈은 좀 누르고 그게 온전한 도리라고 생각한 것 아닌가? 그런데, 그냥 그것으로 끝내야 하는 거라. 그걸 가지고 내가 옳은 일 했느니, 내가 잘했느니 하고 떠들면서 자기를 내세웠을 때에는 뭐냐 하면 그걸 가지고자 하는 것이거든. 그랬을 적에는 벌써 오류를 범하게 되는 거지. 편집되는 거 아니겠어? 그러니까 '하나'의 관계로 모든 것을 초탈해서 평화의 자리로 가도록 하는 것이 전일적인 道의 자리 곧 하느님 아버지의 자리를 기준으로 한 행위가 되는 거라. 우리는 좋은 일 했고 너희는 나쁜 놈이었고, 이것을 계속 고집하고 갔을 적엔 말이지, 거긴 이미 아버지의 자리가 아니거든.

그러니까 노자가 끝에 가서 "부유불거夫惟不居니 시이불거是以不去"라든가 "공성이불거功成而不居"라고 한 것이 다 그런 말씀 아니겠습니까?

그렇지.

그런데 그런 자리에 서려면 먼저 아름다움이나 선한 자리를 스스로 고집해서는 안 된다는 말인데, 그 까닭은 유有와 무無가 상생相生이요 난이難易가 상성相成하고 장단長短이 상형相形이며 고하상경高下相傾하고 음성상화音聲相和하며 전前과 후後가 상수相隨하기 때문이라는 것 아닌가요? 지난번에 말씀하신 대로 유有와 무無가 떨어져서 따로 있는 게 아니니까, 그 중 어느 하나만을 잡는다는 건 다른 쪽을 버리는 거고, 한쪽을 버리는 건 다른 쪽도 버리는 거니까, 사실은 어느 하나를 잡고서 그 것만을 고집하는 것은 자기가 잡았다고 생각하는 것까지도 잃는 것이라는, 그런 말이 되겠지요. 어제도 친구들과 그런 얘길 나누었습니다만, 가장 인간을 위한다는 행동이 사실은 가장 인간을 괴롭히는 결과로 나타나거든요. 문자 그대로 인간 위주라, 인간을 주인으로 모시는 행위가 결과에 가서는 인간을 파멸시킨다는 말씀입니다. 소위 개발이라는 게 그렇잖습니까? 모든 개발이 오직 인간을 위한 것이지요. 철새를 위한 개발이라든가 한강을 위한 개발이란 말은 없으니까요. 오로지 인간을 위해서 개발을 하는 건데 그게 결국 인간을 죽인단 말씀이에요. 이게 바로 자기는 잡은 것으로 알고 있는데 사실은 아무것도 잡은 게 없다는 것 아닙니까? 이것은 결국 미美나 악惡, 유有나 무無 따위 관념이 지니는 전일적 의미를 파악하지 못하고 한쪽에 치우쳐 사로잡힌 데서 오는 오류라고 생각하는데요.

그래, 바로 그거지.

수동적 적극성의 길

노자 할아버지는 이렇게 인간이 어느 하나를 분별하여 고집하면 안 되는 까닭을 쭉 일러주신 다음에, "그래서 성인聖人은 처무위지사處無爲之事하고 행불언지교行不言之敎하며……" 하고 말씀하셨는데요, '처무위지사' 라는 말을 감산 스님은 무위지심無爲之心으로 일에 처한다고 풀었더군요. 이 구절은 어떻게 읽어야 합니까?

그건 수동적인 태도를 말하는 거지. 철저하게 수동적인 거야. 간섭하지를 않는다는 말일세. 다시 말하면 수동적 적극성이라고 할까? 철저하게 수동적 적극성으로 들어가게 되면, 그렇게 되면 일체의 근원과 합일한다는 거지. 무위無爲란 천리天理에 따라서 가는, 순천順天하는 것이거든.

그 무위에 반대되는 개념이 있다면 뭘까요?

천리를 어기고 인간의 사리私利를 도모하는, 그게 바로 작위作爲가 되는 거라. 가끔 무위라고 하면 아무것도 하지 않는 것이라고 생각하는 젊은이들이 있는데, 그게 아니지. 예수님 말을 빌리면 아버지 뜻대로 하는 것, 아버지와 함께 하는 그것이 무위라. 道와 함께 하는 것이 무위고.

인위적으로 무슨 일을 만들어 하지 않는다는 것이겠지요?

그렇지. 사욕私慾으로 무엇을 시도하지 않는다는 거라.

그럼 불가에서 말하는 업業을 쌓지 않는다는 것과 같은 말이 되겠군요? 업이라는 게 어떤 의도를 지닌 말이나 행동이나 생각을 뜻하는 거니까요.

업이라는 게 하늘의 道에서 어긋나는 것이거든.

그렇지요. 그것은 쌓으면 쌓을수록, 악업惡業은 물론이요 이른바 선업善業이라는 것까지도, 그만큼 해탈에서 거리가 멀어지는 것 아닙니까?

바로 그거야. 인간이 어떤 의도를 천리에 앞세울 때 그 모든 말과 생각과 행위가 이른바 업이요 무위의 반대 개념인 작위가 되는데, 바로 그놈이 인간을 못살게 만든단 말씀이야. 요새 특히 그런데 인간의 풍요와 안락을 위주로 했을 적에 인간의 모든 행위가 천지자연과 등지게 되는 거지. 그래서 오늘 우리가 공해니 생명이니 하고 고민하는 것 아닌가? 생명의 문제라는 게 뭐 오래 산다 어쩐다 그런 게 아니라, 천지지도天地之道라 할까 우주의 그 본연의 모습 있잖은가, 그 모습으로 함께 돌아가야 한다는 데 생명 운동의 핵이 있는 거지. 그럴려면 업을 지어서는 안 되는 거고. 뒤에 가서 노자가 "천지도天之道는 손유여이보부족損有餘而補

不足이요 인지도人之道는 손부족이봉유여損不足以奉有餘라", 하늘의 道는 남아도는 것을 덜어 모자라는 것을 채워주고 인간의 道는 모자라는 것을 덜어 남아도는 것에 보탠다고 하잖았나? 여기서도 무위와 인위의 차이를 아주 잘 보여주고 있다고 할 수 있겠지.

그럼 이 "처무위지사處無爲之事"란 말을 장자莊子의 "지인지용심至人之用心이 약경若鏡이니 부장불영不將不迎이요 응이부장應而不藏이라", 지인至人은 그 마음씀이 거울과 같아서 무엇이 떠나도 배웅하지 않고, 와도 마중하지 않으며 오면 오는 대로 맞이하되 잡아두려고 하지 않는다는 말과 그 뜻이 통한다고 볼 수 있겠군요?

그렇지. 그 말이 그 말이지.

또 감산의 노자 주석에 보니 "오직 道 있는 자(唯有道者)는 마지못하여 천하를 다스리는 자리에 앉되(不得已臨莅天下) 자기를 드러내지 아니하고(不以爲已顯) 비록 그 자리에 앉되(雖處其位) 오직 도제창생을 생각하며(但思度濟蒼生) 자신의 영예를 위하지 않는다(不以爲已榮)"고 했던데, 역시 같은 말이라고 봅니다.

내 것이라는 게 어디 있는가?

맞는 말이야. 예수님도 아주 절묘한 말씀으로 무위를 설명하신 적이 있지. 거 왜, 오른쪽 뺨을 치면 왼쪽 뺨을 내놓으라고 하시잖았는가? 또 겉옷을 요구하거든 속옷까지 주라고 하셨는데, 그게 무위로써 행할 수 있는 걸작이라고 할까, 그런 거지. 걸작이라고 하면 표현이 좀 뭣하지만, 일단은 뭐냐 하면 예수님이 하느님 아버지의 도리가 어떤 건지를 잘 일러주신 대목이란 말일세.

좀더 설명해 주시지요.

고대, 무위란 수동적 적극성이라 하지 않았는가? 그걸 다른 말로 하면 업을 짓지 않는다는 건데, 무엇을 소유하려고 하면 바로 그게 업을 짓는 것이거든. 그러니까 공생공존共生共存하는 바탕에서 조화를 이루는 생활을 안 할 적에 뭐냐 하면 업이 쌓인다는 거지. 그런데 오른 뺨 치는 놈에게 왼 뺨을 내놓으라는 건데, 그게 얼핏 보면 아주 역逆인 듯하지만, 그 자체가 뭐냐 하면 아버지가 처하시는 모습을 그대로 보여주는 것이라는 그런 말이지. 철저하게 여기서는 내 것이라는 소유를 비우고 가잖는가? 내 것이라는 게 없잖아? 다 주잖아? 다 줌으로써 뭐냐 하면 다 가지게 되는 거 있잖은가?

그러니까 저쪽에서 이만큼 가져가려고 하면 안 빼앗기려고 하는 게 아니라 아예 다 주라는 그런 말씀인가요? 그러니까 오른 뺨 치는 자에게 왼 뺨을 내어주라는 말은, 오른 뺨 치는 자에게 아예 온몸을 다 내어주라는 말로 읽어도 되겠군요?

철저히 모두 주고 말면 결국 가져가는 자도 '나' 아닌가? 사도 바울로께서 몸은 하나지만 여러 지체들이 연결되어 서로 봉사하는 것을 예로 들어 인간 사회의 일을 설명하신 걸로 아는데, 그런 안목으로 봤을 적에 뭐냐 하면 천상천하에 있는 모든 존재가 부처님 밖에 있는 것도 아니고 다 부처님 안에 있는 건데, '하나'의 속에 있는 거니까, 내 귀가 내 코하고 싸울 바도 아니고 내 입이 내 눈하고 싸울 바도 아니듯이, 너와 내가 따로 있는 게 아닌 이상 네 것 내 것이 따로 있는 것도 아니란 말이야. 필요할 적에 코가 가려우면 긁는 거고 귀가 막혔으면 뚫는 거지 거기에 뭐 소유라는 말이 자리할 곳이 없잖은가? 그렇게 움직여 나아가는 것, 그것이 바로 무위라는 거라.

어느 불경佛經에 보니, "비구여, 무위란 무엇인가? 비구여, 그것은 욕심을 여의는 것(貪盡)이며 성냄을 여의는 것(嗔盡)이며 어리석음을 여의는 것(痴盡)이다"라고 했던데요.

같은 말이지. 그 무위의 자리가 바로 절대의 자리거든. 텅 비어 있는 자리고.

'처무위지사處無爲之事'를 다른 식으로 표현해서 "행함은 있되 행하는 자는 없다"라고 하면 어떻습니까?

행하는 주체야 있지만, 자신이 행하노라는 마음이 없다는 뜻이겠지. 말 그대로 무심코 행하는 거라.

야고보 사도가 그러셨던가요? 오늘이나 내일쯤 내가 뭘 해보겠다고 말하는 사람에게 권하는데 그렇게 말하지 말고 "만일 주께서 허락하신다면" 내가 오늘이나 내일쯤 뭘 해보겠다고 말하라는 건데요, 그건 인간이 자기 행위의 주인이 될 수 없음을 바로 알라는 말씀 아니겠습니까? 그러니까 내가 뭘 한다고 하면서 행동을 하면 그건 인위가 되고, 道가 우리 안에서 행위를 한다고 하면 그건 무위가 되겠지요.

성경에 보면 바울로 선생께서도 그러시잖던가? 이제부터는 내 안에서 내가 사는 게 아니라 그리스도가 사신다고. 그게 모두 같은 말이지.

그럼, 처무위지사處無爲之事라는 말에 이어 행불언지교行不言之敎니 만물작언이불사萬物作焉而不辭니 하고 계속되는 말이 결국 같은 뜻을 여러 가지로 다르게 나타낸 것이라고 봐도 좋겠군요?

그렇지. 같은 말을 좀 다르게 한 거지.

공을 이루거든 머물지 말라

그러다가 뒷부분에 가서 "공성이불거功成而不居"라 하여 공을 이루고는 그 자리에 머물지 않는다고 했는데요, 요즘 우리 현실에서 아주 많이 부딪히는 대목이 아닌가 합니다. 대개 공을 이루고 거기에 머물러 있는 까닭은 처음부터 공을 이루고자 해서 이루었기 때문이 아니겠습니까? 곧, 의도를 앞세우고 무슨 일을 했다는 말씀입니다. 제가 바르게 생각하는 건지는 모르겠는데요, 요즘 들어 부쩍 공동체란 말이 유행하는 것 같은데요, 심지어는 공동체 운동이라는 말도 있습니다만 특수한 수도원이나 수녀원을 제외하면 '공동체를 한다'고 소문을 내면서 시작한 공동체가 제대로 잘 되는 경우를 아직까지 보지 못했어요. 역시 인위적인 의도가 앞선 때문이 아닐까 생각합니다만.

바로 그 점을 우리가 이 엄청난 격변의 시기에 잘 처리하고 넘어가야 하네. 우선 개체라는 게 어디 따로 존재하는 게 아니라 우주와 합일 속에 개체가 있다는 사실을 파악해야 하고 그 다음에는 사람들이 모여서 세勢를 이루면 큰일을 해낸다는 생각이 인류 역사에 얼마나 많은 잘못을 저질렀는지 알아야지. 종교라는 것도 처음 시작할 때는 꽤 신선하고 발랄하다가도 세월이 지나면서 굳어지고 그 껍질을 고집하면서 생명력을 잃지 않던가? 공동체라는 것도 그래. 거기 속해 있는 사람들이 저마다 道와 통하면서, 하느님 아버지와 함께 살아가는 가운데 자연스레 이루어지는 공동체라야 되겠지. 만일 우리는 이런 공동체를 한다고 하면서 정신적이든 물질적이든 어떤 소유를 고집하게 된다면, 그랬을 적에는 뭐냐 하면 얘기가 뭔가 잘못돼 가고 있는 거지. 그러니까 계속 조심하고 반성할 일은, 기독교인 말로 하면 내가 아버지와 지금 함께 가고 있는가, 아버지께서 지금 내가 하는 일에 동의를 하시는가, 불가의 말로 하면 모든 일을 내가 지금 불안佛眼으로 또는 지안智眼이나 법안法眼으로 보면서 처리해 가고 있는가, 뭐 그런 거겠지. 예수님이 사람들과 어울려 일을 하시다가도 답답하면 산에 오르시는데 그것은 아버지와 대화하시는 가운데 무위의 자리를 다시 얻어서 세상에 나오시려는 것 아니었겠나? 따라서 지금 뭐냐 하면 엄청난 격변의 소용돌이 속에 우리가 살고 있는 건데, 너나없이 하느님과 깊은 대화를 하지 않고서는 말이지, 그래 가지고서 일을 한다는 건 안 되겠지.

저에게는 뭐 이렇다할 생활 신조라는 게 따로 없습니다만 틈틈이 스스로 다짐하는 건 하나 있는데요, 뭐든지 억지로는 하지 않는다는 겁니다. 뭐든지 말입니다. 사회에 이익이 되는 일이라든가 칭찬받을 만한 일, 심지어는 사랑하는 일까지도 포함해서요, 아무튼 뭐든지 억지로는 않겠다는 게 저의 신조라면 신조입니다. 그러다 보면 너무 쉽게 포기한다든가 쉽게 살고자 한다는 비난을 받을 수도 있겠습니다만, 그래도 선악을 불문하고 이건 억지다 싶으면 그만두겠다는 게 제 생각입니다. 물론 생각대로 되는 것도 아닙니다만……

그래, 참 좋다. 성경 어디에 있는지는 모르나, 가장 작은 자에게 하느님이 함께 하신다는 말 있잖은가?

있지요.

그게 무슨 말이겠는가? 가장 작은 자는 말이지, 당장 필요한 것 말고 뭐 더 바라는 게 없거든. 배가 고픈 사람한테는 밥 한 그릇만 있으면 되고 추운 사람은 옷 한 벌로 족하고 눈비를 가릴 오두막이나 심지어는 동굴이라도 만족하니까, 그런 사람이라면 더 큰 것을 바랄래야 바랄 수도 없으니까 인위를 하라고 해도 할 수가 없단 말이야. 저절로 '처무위지사處無爲之事' 하는 거지. 그러니까 공동체를 한다 해도 거기 함께하는 이들이 道를 모시고, 부처님과 함께 하느님 아버지 안에서 살다보니 사회가 이래서는 안 되겠다 싶어서 함께 살아가는 거라면 처무위지사가 되겠지만 어떤 명성이라든가 우리는 이만큼 힘든 일을 한다는 자의식 따위가 앞선다면 그건 유위가 되는 것이요 업이 되는 거라. 그러나 이 말을 아무런 노력도 하지 말라는 말로 알아들으면 곤란하지. "위학일익爲學日益이요 위도일손爲道日損이라" 라고 했는데, 사람이 깨달으려면 배워야 하니까 배우는 동안에는 날마다 쌓이는 거라. 그런데 道를 깨달으면 그걸 모두 버리게 되거든. 배워서 알게 된 것을 쌓아두고 자랑하면 그게 모두 업장業障이라, 잘못 돼 가는 거지.

옳습니다, 선생님. 그런 뜻에서 참된 학문이 아쉬운 요즘입니다. 배운 사람은 그 배운 바 지식을 자랑으로 삼을 게 아니라 이웃에게 나눠주는 것으로 즐거움을 삼아야 할 터인데 오히려 그 지식으로 남에게 군림하는 도구를 삼으니 병이 들어도 한참 병이 들었지요. 흔히들 '지적 소유권' 이란 말을 하는데요, 참 웃기는 말이라고 생각합니다. 세상에 그런 엉터리없는 말이 어디 있습니까? 그 어떤 '지식' 이 제 것입니까? 자기 혼자서 얻은 '지식' 이 어디 있어요? 모두 역사의 산물이요 우주의 것인데 말입니다. 그걸 어째서 '내 것' 이라고 울타리를 치고 물건 팔듯이 팔아먹겠다는 겁니까?

모두가 근본에서 떨어져 있기 때문에 그런 거지. 공동체만 해도 그래. 오죽 답답하면 배운 사람들이 공동체를 만들겠다고 저러겠는가? 그걸 비난할 수는 없어. 다만 공동체를 만든다는 그 행위가, 스스로 너희는 악이니까 우리는 이렇게 선을 행한다는 식으로 하는 것이어서는 안 된다는 거지. 예를 들면, 요즘 '양 김' 으로는 안 된다면서 우리가 하겠다고 나서는 사람들이 있는가 본데, 그게 '양 김' 을 저쪽에 놓고 이쪽에 또 다른 한 패를 세우는 것이라면 틀렸다는 말씀이야. 적어도 이 시대에 정치를 말한다면 한반도 전체가 이렇게 살아야 한다든가, 나아가서 한반도는 전세계 속에서 이런 자리를 차지해야 한다든가 해서 거기에 온 국민이 승복할 때에 발전할 수 있지 않겠나?

한평생을 허깨비한테 홀려서

제가 이런 말씀을 드리긴 뭣합니다만, 저 자신이 얼마나 지독한 아상我相에 사로잡혀 있는지 모릅니다. 누가 저를 화나게 하거나 하면, 말 그대로 전광석화電光石火처럼 그를 해코지하려는 마음이 생기거든요. 그래서 화를 내고 소리를 지르다가 얼마 뒤에 가서야, 아이쿠 이거 내가 또 허깨비한테 홀려 허깨비 짓을 했구나, 하고 제정신이 드는 겁니다. 아我라는 게, 그게 허깨비라는 것이 석가의 가르침 아닙니까? 예수님도 나를 따르고자 하는 자는 '자기'를 버리라고 하셨는데요, 바로 아상을 여의라는 말씀이라고 생각됩니다. 그렇게 알아들어야 하지 않겠습니까? '자기'를 여읜 자라야 아버지의 뜻대로 움직일 수 있을 테니까요. 결국 예수님이 말씀하신 아버지 뜻에 대한 철저한 복종이 노자의 처무위지사處無爲之事와 같은 내용을 담고 있는 것 아니겠어요? 또, 바로 그 '자리'에서 석가나 공자나 예수가 모두 노자와 만날 수 있다고 봅니다. 공자님도 하늘의 명(天命)을 성性이라 하는데 그 성을 좇아 살아가는 것이 道라고 하셨으니까, 결국 아상을 비우고 천명으로 살아가라는 가르침을 주신 거지요.

자네 말대로 그 '자리'에 서서 보는 게 중요하네. 그분들은 다 그 자리에서 세상을 꿰뚫어보시는 분들이지. 가끔 혼자서 이런 생각을 해보곤 하는데 말이지, 박정희 씨가 아니었으면 내가 먹장난을 다시 시작하지 않았을 게야. 그런데 그 박정희 씨 덕에 먹장난을 하게 되니까 뭐냐 하면 난초가 나왔단 말이야. 난초란 무아無我 상태에서 처리가 되는 건데, 그것을 일컬어 미美라고 한다면, 박정희라고 하는 탄압이 없었으면 그놈의 난초가 생길 수가 없잖은가? 그래서 내 난초는 박정희 씨 덕이다, 그런 생각을 가끔 한다구. 그래 요전번에 근원近園 김양동金洋東 선생한테 난을 하나 쳐드리면서 정란유래정희공淨蘭由來正熙公이라고 화제를 써준 적이 있지. 절대선도 없고 절대악도 없는 것 아닌가? 지금 이 노자의 제2장은 모순의 통일을 얘기하고 있거든. 선善이 계속 자기를 고집할 때에는 곧장 악惡이 돼버리잖나?

그러니까 이것이 선이다 하고 보는 건 좋은데 이것만이 선이다 또는 언제까지나 선이다 하고 고집하지 말라는 것 아닙니까? 그러면 곧바로 그것이 악이 되니까요.

그래. 그게 바로 분별지分別智에 빠지는 거니까. 그래서는 안 되지.

그럼 불가에서 말하는, 보이는 대로 보라는 건 무슨 뜻입니까? 있는 그대로 본다, 그게 바로 분별지에 빠지지 않고 보는 겁니까?

한쪽에 치우침이 없이 본다는 건데, 그게 쉽지는 않지. 가끔 서양 사람들 보면 녹색 운동 좋긴 한데 문제가 있어. 뭐냐 하면 녹색 운동을 하는데 언제나 시是와 비非, 선善과 악惡을 가려서 문제를 보고 접근하거든. 그렇게 되면 또 다른 반反 생명적, 반反 생태적 행위를 저지르게 돼. 문제는 생태계가 움직이는 순환 조화의 이치에 자기를 맞추어 그렇게 변화해 가야 하는 거지. 어떤 힘을 만들어 자세藉勢하는 그런 거여서는 안 된단 말이야. 물론 하나의 과정으로 분별지가 필요 없는 건 아니지만 거기에 묶여서는 안 된다는 거지. 생태계를 보게. 풀 한 포기도 그게 바로 처무위지사處無爲之事인 거라.

자연은 항명抗命을 모르지 않습니까?

그래, 바로 그 얘길세. 그러니까 자연을 본받으라는 거라.

그게 바로 생명이지요, 저는 생명生命이라는 한자를 나름대로 풀어서, '하늘의 명命이 사는 것' 또는 '하늘의 명을 살리는 것'으로 보는데요.

그럴듯하구먼.

방금 말씀하신 대로 인간을 제외한 자연은 에누리 없이 하늘의 명을 따르는데요 유독 인간만이 거역을 한단 말입니다. 예수님이, 죽은 자는 죽은 자들한테 맡기라고 하셨을 때 나중에 말씀하신 '죽은 자들'이 바로 하늘의 명을 거역하는 자들을 가리키는 것 아니겠습니까?

그렇겠지.

잡으면 놓친다

여기, 끝부분에 가서 "공성이불거功成而不居"라고 했는데요, 공功이야 사람이 살다보면 좋은 공이든 나쁜 공이든 생겨나게 마련일 터이고, 거기에 머물지 않는다는 말은 그 공을 자기 것으로 소유하지 않는다는 말이겠지요? 자연을 보면 역시 '공성이불거'거든요. 사람이 그렇게 하지 못하는 것은 욕심 때문이기도 하겠지만요, 그보다는 어리석어서 그렇다고 봅니다. 공이란 것이 그렇게 자기 것으로 움켜잡는다고 해서 정말 자기 것이 되지는 않거든요. 오히려 잡으려고 할수록 놓쳐버리는 것 아닙니까? 그래서 "부유불거 시이불거夫惟不居 是以不去"라, 공을 세운 자리에 머물고자 하지 않으니 이로써 사라지지 않는다고 했는데 참으로 절묘한 결구가 아닐 수 없군요.

옛날에 유방劉邦을 도와서 천하를 통일한 사람으로 한신韓信하고 장자방張子房이 있었는데 한신은 남아 있고 장자방은 떠나지 않는가? 남아 있던 한신은 모략으로 인해 죽고 장자방은 떠났기 때문에 유방이 잊지 못하고 그에게 제후를 봉하거든.

그래서 감산은 노자의 道를 이어받은 사람으로 장자莊子와 장자방을 꼽더군요. 장자는 노자 철학의 체體를 받았고 장자방은 그 용用을 받았다는 겁니다.

정치판에서 일어난 일 같지만 장자방이 이래서는 안 되겠다 해서 유방을 통해 천하를 바로 세운 다음 사라지는 것, 그것이야말로 공성이불거功成而不居의 한 모습이라고 볼 수 있겠지.

공성이불거라는 게, 그게 결국은 '나'를 버린다는 것 아닙니까? 그리고요, 나를 버린다고 하는데 깨닫고 보면 결국 버릴 '나'가 없는 것 아닌가요? 처음에는 내가 나를 버리려고 애를 썼는데 깨닫고 보니 버릴 '나'가 없는 걸 가지고 버리려고 애를 썼구나, 그런 것 아닙니까?

그렇지.

두터운 업의 비늘을 벗기며

저도 말은 이렇게 합니다만, 가만히 자신을 들여다보면 참말이지 얼마나 오랜 억겁을 두고 쌓인 때인지 이 묵은 때를 어찌 다 씻어버릴꼬 한심스러울 적이 많습니다.

그래, 그게 참 어려운 일이지.

부끄럽고 우스운 얘깁니다만, 한번은 후배 목사들이 모임을 갖고 무슨 강사랍시고 저를 부르더군요. 제천 쪽 어느 시골에서 모였는데 밤길을 찾아가면서 이 친구들이 또 거마비니 사례비니 하면서 돈 봉투를 줄 텐데 가난한 시골 목사들의 주머니 돈을 내가 받아올 수는 없고, 무슨 말로 그놈을 돌려줄까 궁리하며 갔지요. 그런데 이튿날 돌아오는데, 봉투는커녕 형님 이거 먼 길 오셨는데 차비도 마련 못했습니다, 미안합니다, 말 한 마디 없이, 그냥 수고하셨습니다, 안녕히 가십시오, 하고 돌아서는 겁니다. 버스 안에 앉아서 어찌나 속이 뒤틀리던지요. 한참 부글거리다가 목행 다리를 막 건너는데 누가 제 뒤통수를 한 대 치는 거예요. 그러면서 번개처럼 떠오르는 생각이, 돈 봉투를 안 받겠다고 생각한 건 누구냐? 네가 바라는 대로 해줬는데 무슨 불만이 그리도 많고 속은 왜 끓이는 거냐? 네가 그러면 그동안 몇 번 봉투를 되돌려준 것이 모두 쇼였더란 말이냐? 그 순간 저는 깜짝 놀랐습니다. 아하, 내 몸과 생각이 이만큼 거리가 멀구나. 더러운 질병으로 아예 절어버린 이 몸뚱이를 어쩌면 좋단 말인가! 그게 바로 저의 모습이었어요. 지금도 마찬가지지요. 사도 바울로가, 오호라 나는 곤고한 자로다, 누가 나를 여기서 건져주리요, 내가 원하는 선은 행하지 않고 원하지 않는 악을 행하는구나, 하고 탄식했는데 그 탄식하는 마음이 그대로 가슴에 와서 닿는 겁니다. 어쩌면 내가 태어나기도 전에 까마득한 시절부터 이 몸뚱이에 쌓였을 때(垢)를 무엇으로 씻어낼지, 절망적인 생각이 들어요. 그렇지만 한편으로는, 그렇다고 낙심만 하고 앉아 있을 수는 없잖느냐? 걱정한다고 해서 그 걱정 덕분에 뭐가 나아질 리는 없겠고 차라리 생각만으로라도, 말만으로라도 좋으니, 할 수 있는 만큼 마음의 때를 벗기며 그렇게 살아가려고 애를 써야 하지 않겠느냐, 그러다보면 그래도 무슨 영향이 미치지 않겠느냐, 그렇게 생각하면서 자신을 스스로 위로하면서 살아가고 있습니다.

얘기가 재미있구먼 그래, 그럴 수밖에 더 있겠는가? 두터운 업장의 비늘을 그렇게 하나씩 하나씩 벗기면서 가는 거지. 그걸 어떤 기간 안에 완수하겠다고 생각하는 건 안 될 일이야. 바로 그런 의도가 또 다른 비늘로 되거든, 가짜가 되기도 쉽고.

바울로 선생께서 말년에, 내가 이제 달려갈 길을 다 달렸다, 나에게 남은 것은 면류관을 쓰는 일뿐이다 하고 말씀하셨는데요, 그렇게 말할 수 있는 사람은 참 행복한 사람이라는 생각이 들어요. 그렇지만 아마도 생애를 마칠 때까지 그는 오호라 나는 곤고한 자로다, 하는 고백을 계속 했을 겁니다. 그렇게 볼 때에, 이 양면을 함께 지니고 있었던 바울로 선생한테서 적잖은 희망과 위로를 받게 되는군요.

3장
그 마음을 비우고 그 배를 채우며

잘난 사람을 떠받들지 않음으로써 백성으로 하여금 다투지 않게 하라. 얻기 힘든 것을 귀하게 여기지 않음으로써 백성으로 하여금 도둑질을 하지 않게 하라. 욕심낼 만한 것을 보이지 않음으로써 마음을 어지럽히지 말라. 이로써, 성인聖人의 다스림은 그 마음을 비우고 그 배를 채우며 그 뜻을 약하게 하고 그 뼈를 강하게 하며 언제나 백성으로 하여금 아는 바가 따로 없어 욕심이 없게 하고 무릇 안다는 자로 하여금 감히 나서서 일을 하지 못하게 한다. 무위無爲로써 하면 다스려지지 않는 것이 없다.

不尙賢, 使民不爭, 不貴難得之貨, 使民不爲盜, 不見可欲, 使心不亂. 是以聖人之治, 虛其心, 實其腹, 弱其志, 强其骨, 常使民無知無欲, 使夫知者不敢爲也, 爲無爲則無不治.

떠받들지 말라

첫마디에 "불상현不尙賢하여 사민부쟁使民不爭하라"고 했는데요, 백성으로 하여금 이렇게저렇게 하라고 했으니 이 대목은 결국 백성에게 한 말은 아니겠고요, 다스리는 자에게 주신 말씀으로 읽어야겠지요?

그렇지. 통치자에게 주는 말씀으로 봐야겠지.

노자가 앞의 1, 2장에서는 원론이라 할까 그런 걸 얘기하고……

道의 존재와 당위를 말씀하신 거지.

그리고 3장부터는 좀더 자세한 각론으로 들어간 것이라고 볼 수 있겠지요? 그러다 보니 소위 지도자라 할까 우두머리라 할까 아무튼 그런 자리에 있는 자들한테 먼저 말씀하신 것일 텐데요, 첫마디가 "불상현不尙賢하라"인데 이 상尙을 무슨 뜻으로 새겨야 할는지요?

높인다는 뜻이지. 떠받든단 말이야.

현賢이란 글자는 어진 사람을 가리키는 건가요?

'어질 현'인데, 그보다는 잘난 사람, 재주 있는 사람, 뛰어난 사람으로들 읽지. 결국 그 모든 것을 갖춘 슬기로운 사람이라고 봐도 되겠지. 여기서는 그런 사람 또는 그런 것을 떠받들지 말라는 거야.

그런 사람이 있더라도 그냥 그대로 볼일이지 일등상을 주지는 말라는 거군요.

바로 그걸세. 그런 사람을 떠받들어 상을 주거나 하면, 그렇게 되면 전부 너나없이 상을 받으려고 다투게 되잖겠나? 게다가 노자는 처음부터 이분법적 사고나 행위를 철저하게 부정하거든.

그렇지요. 무엇인가를 떠받든다는 것은 결국 다른 무엇인가를 멸시하는 것밖에 안 될 테니까요. 그런데 세상은 뛰어난 사람이나 잘난 사람을 떠받든단 말씀입니다. 그러니까 저마다 칭찬받는 자리에 서보고 싶어서 결국 다투게 된다는, 그런 말씀이지요?

누가 이런저런 일을 잘했다 하고 떠받들어 상을 줄 것 같으면, 그러면 모두가 그렇게 하려고 한단 말이야. 그렇지만 사람이란 태어날 때부터 잘하는 게 있으면 못하는 게 있고 또 그 중간치쯤 되는 사람도 있고, 그래서 고루고루 강약이 하나로 돼 있고 우열이 하나로 돼 있고 그런 건데 이걸 그만 한쪽으로 몰아놓고 보면 모두가 그 "잘한다" 소리 듣는 놈처럼만 되려고 하거든. 지난 올림픽에서 황영조 군이 마라톤에 일등해서 월계관을 차지하지 않았나? 그것까지는 좋은데, 문제는 뭐냐 하면 너나 없이 죄다 황영조가 일등한 얘기만 한단 말이야. 그러니까 미숙한 젊은 이들이 다양하게 고르게 자라는 것을 막고 눈을 어둡게 만드는 꼴이 되고 말거든. 예를 든다면 이번 올림픽에서 일등한 황영조 군이 '현賢'에 속하지. 그런데 저마다 그 '현賢'을 위대하다 대단하다 하고 떠받드니까 부모들은 자기 자식한테 너도 그렇게 되라고 하고.

그렇게 되라고 해서 그렇게 되는 것도 아니잖습니까?

바로 그 얘기지. 역량이 부족한 놈을 자꾸 그렇게 되라고 하니까 미치고 말잖아?

옳습니다.

그렇게 되니 방법은 없고, 그래서 싸우고 속이고, 그러는 거지. 싸움이란 으레 속이는 것 아닌가? 병법兵法에 보면 "병자兵者는 궤도야詭道也라", 싸움질이란 속이는 것이거든. 비밀이 많은 게 군대 아닌가? 백성이 이렇게 저마다 다투고 속이고 하는데야 아무리 정치를 잘해보려고 해도 잘할 방도가 없는 거라. 옛말에 "쟁개비에 콩볶듯한다"라는 말 있잖나? 그 모양으로 편할 날이 없는 거지. 맨날 토닥거려서.

그렇군요. 다스리는 자에게 다스림의 도리를 일러주시는 대목인데,

왜 다스리기 어려우냐 하면 그 원인은 바로 다스리는 자, 너에게 있다는 그런 뜻이군요. 현賢의 반대쪽에 있는 게 우愚라면, 현과 우가 서로 떨어져 있는 게 아니건만, 그게 사실은 하나인데, 그 중에 하나만 추켜세우니 모두 그리 쏠리게 되고, 그런다고 해서 실제로 쏠리게 되는 것도 아니니 결국 다투고 속이고 세상은 갈수록 시끄러워지는 거지요. 저는 산수 계산에 젬병이거든요. 아무리 노력해도 안 되는데 자꾸만 좋은 점수 받으라고 하니 사람 환장하겠더군요.

자연에는 경쟁이라는 게 없지 않나? 그런데 인간 세상에서 잘난 것을 받들게 되면 저절로 다툼이 일어나게 마련인 거라.

가끔 무슨 경연 대회를 구경하는데요, 상당히 재미있게 보거든요. 그런데 그렇게 재미있게 보는 동안에 그만 저도 모르게 세뇌를 당하고 있는 거지요. 게다가 저희 세대는 아주 어렸을 때부터 온통 그런 상황 속에서 자라지 않았습니까?

그렇지. 지금 세상 틀이 그렇게 돌아가고 있는데, 이 대목은 특히 기계 문명의 허구를 아주 정곡으로 찌르고 짚어가는 얘기지.

어떤 뜻에서?……

기계 문명이라는 것 자체가 능률과 효과를 최고 가치로 치지 않는가? 기계란 빠르면 빠를수록 좋은 것이고 오로지 그쪽 방향으로만 치닫게 마련이거든. 그러나 그렇게 됐을 적에 뭐냐 하면 천리天理라든가 자연의 법도에서 멀어지게 되는 거지. 자연의 일체만상一切萬象이 서로 불가분不可分의 연대 관계 속에 있는 건데 거기서 벗어나 자꾸 멀어지게 되니까, 그런데도 그걸 좋은 것으로 여기고 자꾸만 벗어나니까, 결국은 미쳐서 자멸하게 되는 것 아닌가?

그렇군요. 그래서 사람들이 갈수록 바빠지고 바쁘니까 뛰고 그러는군요. 결국 기계 속에 묻혀서 살다가 기계를 닮은 셈이지요.

장자의 글에 나오는 기심機心으로 살아가게 된 거지. 그러니까 인간이 기계의 부속품으로 돼버리는 거라.

옛날 부싯돌로 등잔불을 켤 때에는 그런 일이 있을 수 없었겠지만, 지금은 전기를 쓰다보니까 발전소 한 군데가 고장이 나면 도무지 뭘 어떻게 할 수가 없잖은가? 사람들 살림살이 일체가 마비되고 마는 거라. 능률과 효과를 최고 가치로 삼는 기계 문명 속에서 인간이 스스로 노예가 된 셈이지. 그러나 자연의 법도는 그런 게 아니거든. 빠른 놈도 있지만 느린 놈도 있어서 그것들이 함께 어울려 하나의 '자연'을 이루어가지 않는가? 사람이 그것을 모르고 상현尙賢에 매달려 결국은 다투고 속이는 세상에서 자멸의 길을 걷고 있는 거지.

귀하게 여기지 말라

다음에 계속되는, "불귀난득지화不貴難得之貨하여 사민불위도使民不爲盜라", 얻기 힘든 것들을 귀하게 여기지 않음으로써 백성으로 하여금 도둑질을 하지 않게 하라는 대목도 역시 같은 뜻을 다른 틀에 담아 말씀하신 것으로 봐야겠지요?

같은 뜻이지. 같은 뜻인데 앞 대목이 정치적인 각도에서 말한 것이라면 이 대목은 경제적 측면에서 말한 것으로 볼 수 있겠지. 지금 세상은 화폐 경제 속에서 돈 버는 것만이 전부인 줄 아는데 그런데 그 돈이라는 게 별 것 아니거든. 내가 겪은 일이지만, 일제가 망했을 때 그들이 돌아간 뒤 잠깐 있다보니까 일정 때 쓰던 돈이 말짱 무용지물이 되고 말더군. 그러더니 6·25 때 또 이승만 정권 아래에서 쓰던 돈이 인민군이 내려오니까 휴지가 되고 그 다음에 다시 국방군이 올라오니까 인민군 시절에 쓰던 군표가 휴지가 되더란 말씀이야. 그런데 그 와중에 그래도 가장 중요한 것은 먹을 것과 입을 것, 추우니까 땔 것 등인데, 그런 것들이 귀해지니까 금은보화가 모두 소용이 없어지더라는 얘기지. 서울이 인민군 통제 아래 들어가니까 사흘 만에 동대문 시장, 남대문 시장 쌀가게에 쌀이 떨어지는 거라. 부근 농촌에서 쌀이 들어와야 하는데 길이 막혔거든. 그러니까 이제 서울 장안 사람들은 뭐냐 하면 일주일은 어떻게 버티고 견디다가 그 다음서부터는 배낭을 메고 집집마다 처음에는 십리 밖에 이십 리 밖에 삼십 리 밖에 그러다가 나중에는 팔십 리 백리 밖에까지 나가서 양식을 구해오는데, 양식이라고 해봐야 쌀이 넉넉하게 남아도는 것도 아니고 겨우 감자 한 말, 고구마 한 말 그렇게 사오는 건데, 그 값으로 금반지에 목걸이에 딸 시집 보낼 때 쓰려고 장만했던 패물이나 비단 따위를 주고 사오더라는 걸세. 평상시에는 양식이나 의복이나 땔감이 별로 귀한 줄 몰랐는데 난리가 나니까 평소에 귀한 줄 모르던 것들이 귀해지고 거꾸로 평소에 귀하게 여겨 깊숙이 보관했던 것들이 헐값이 되더라는 얘기지. 그러니까 여기서 노자가 이르신 말씀은, 남들이 귀하게 여기지 않는 것을 귀하게 여기고 남들이 귀하게 여기는 것을 귀하지 않게 여기라는 그런 뜻으로 봐야겠지.

그렇지요. 저도 같은 생각을 좀 해봤습니다. 여기 금 한 덩이와 쌀 한 줌이 있는데 둘 중에 하나를 잡아라, 하면 모두 금을 잡겠지요. 그러나 선생님 말씀대로 그때가 만일 난리중이었다면 금보다 쌀을 잡을 겁니다. 우선 한 줌이라도 먹어야 하니까요. 그런데요, 사실은 난리가 났을 때만 그런 게 아니고 평상시에도 금보다 쌀이 더 귀중한 것이라는 점을 지금 노자 할아버지가 말씀하시는 것 아닐까요? 하느님이 천지를 지으실 때 사람을 포함한 생물체가 살아가는 데 가장 기본으로 필요한 것일수록 흔하게 만드시고 반드시 있어야 하는 게 아닌 것들은 드물게 만드셨거든요. 저는 그래서 금보다 쌀이 흔하고 쌀보다 물이 흔하고 물보다 공기가 더 흔하다고 생각합니다. 그러고 보면 가장 귀하다는 다이아몬드 같은 것이야말로 우리가 살아가는 데 사실은 별로 소용없는 물건이지요.

그런데 바로 그 생명의 원천이라고 할 물이 지금 망가져가고 있잖은가? 정말로 여간 심각한 일이 아닐세. 그게 뭐냐 하면, 공산품을 만들어 가지고 외국에다 팔아서 그 돈으로 양식을 사먹으면 된다는 사고 방식에서 나온 결과거든. 참 기가 막힌 발상이지. 양식이란 게 그게 하루라도 없으면 못 사는 거 아닌가? 그런데 그걸 외국에다가 의존한다는 것은, 그게 바로 '귀난득지화貴難得之貨'라, 근본부터 뭐냐 하면 지금 망하는 짓을 하고 있는 거지. 언젠가 근 20년 전, 몇 분이 독일에 갔다가 목장을 방문했더니 소 한 마리 당 4마르크씩 적자를 보는데 그런데도 소를 키우고 있더라는 거야. 그래 여기서 가신 분들이 묻기를, 그러면 그렇게 적자를 보면서 왜 소를 기르느냐고 하니까 그들 대답이, 지금은 공산품으로 해외에 나가서 돈을 잘 벌어오니까 괜찮지만 우리 독일 안에서 농업이 망가졌을 적에는 그 공업이 소용이 없는 거라고, 그러니까 생산된 공산품을 가지고 이득을 해외에서 거두어들여 올 적에 내부에서 농사가 적자를 보는 한이 있더라도 그걸 가지고 메꿔야지, 그렇게 해서 농사를 유지시켜야지, 농사가 망하면 전체 경제가 설 곳이 없다고 그러더라는 거라. 그 얘기가 옳은 얘기지. 사람의 살림살이가 결국은 땅에 있는 건데, 그러니까 어디까지나 농업을 바탕으로 해서 공업이 서야 하는 거지. 그 농업도 자연의 순환 법칙에 순응하면서 지어야 하는 거고.

그런데 오늘 우리는 어떠한가? 전부가 거꾸로 돼 있지 않는가? 여기서 노자가 말하는 불상현不尙賢과 불귀난득지화不貴難得之貨라는 두 마디는 오늘의 이 산업 사회와 기술 문명의 허점을 아주 정확하게 짚어내고 있다고 보네.

정말 놀랍군요. 3천 년 전에 남긴 말씀이 꼭 지금 우리네 살아가는 모양을 들여다보고 하시는 말씀 같으니 말입니다.

그래서 진리요 경經 아닌가? 진리는 말이지, 언제 어디서나 한결같거든. 근본을 말하고 있으니까.

그런데 선생님, 여기서 난득지화難得之貨라고 할 때, 그 화貨를 말입니다, 그것을 눈에 보이는 무슨 보물로만 생각할 게 아니라 눈에는 보이지 않지만 사람들이 저마다 가지고 싶은데 가질 수는 없는 어떤 것을 가리키는 말로 읽으면 어떨까요? 무슨 말씀이냐 하면, 아까 물이 썩는 얘길 하셨는데요 그 물이 왜 썩느냔 말씀입니다. 그게 사람들이 그저 자연스레 평범하게 살면 되는데 자꾸만 이상하게 살려고 하는 바람에 썩는 게 아닌가 생각합니다. 기계 문명이라는 게 가능한 대로 사람을 자연스런 삶에서 멀어지게 만들고 있지 않습니까? 말하자면 사람들이 기계 문명 속에서 좀더 편하고 안락하고 쾌락을 즐기며 살고자 하는데, 바로 그 편리함이라든가 안락함 또는 쾌락이 얻기 힘든 물건(難得之貨) 아니겠느냐, 이런 말씀입니다.

그렇지. 바로 그 쾌락을 얻기 위해서 사실은 굉장한 대가를 치러야 하니까, 그렇게 볼 수도 있겠군. 기계 문명이라는 게 뭐냐 하면 자연의 힘을 이용해서 이득을 얻자는 생각에서 나온 것 아닌가? 그런데 자연이란, 인간이 이용할 대상이 아니라 거기에 순응해야 할 대상이거든. 바로 이 점이 중요한 거라.

사람이 자연에서 그게 지니고 있는 '힘' 만을 본 거지요. 그래서 그 힘을 어떻게든 이용하여 인간을 위해 써야 한다는 생각이 오늘의 기계 문명을 일으켜 세운 바탕이고요. 베이컨이 그랬다지요? 자연이란 재갈을 먹이고 멍에를 지워서 부려먹어야 할 짐승과 같다고요. 말하자면 그렇게 해서 사람이 좀더 편하고 기름지게 살겠다는 건데요, 바로 그 편리함과 풍요로움이 난득지화難得之貨의 화貨 아니겠습니까?

그 모든 게 다 돈으로 사는 것 아닌가?

아, 돈! 그렇지요, 돈이지요!

그러니까 그게 바로 화貨지. 노자 말씀은 그런 걸 귀하게 여기지 말라는 말이고.

그러면, 그런 걸 귀하게 여긴다 해서 왜 사람들은 도둑질까지 하는 걸까요?

흔하지 않은 건 숫자가 적으니 저마다 가질 수가 없단 말씀이야. 그런데 그것을 좋다고 하니까 가지고 싶은 마음이 생기고 그래서 도둑질을 하는 거지. 욕심에서 도심盜心이 생기는 것 아닌가?

하긴 흔해 빠진 풀이나 돌멩이를 훔치는 놈이야 없겠지요.

그렇지. 대개들 흔한 건 귀하지 않고 흔하지 않은 건 귀하다고 생각하는데, 그러지 말라는 거지.

사실은 그 반대 아닙니까? 가장 흔한 것이 가장 귀중한 것이고 좀처럼 구할 수 없는 것은 별로 귀중하지 않은 것이지요.

그래, 바로 그 얘기지.

욕심낼 만한 것을 보이지 말라

그 다음에 나오는 "불현가욕不見可欲하여 사심불란使心不亂하라"는 말씀은 어떻게 새겨야 할까요? 여기서 현見은 '볼 견'으로 읽어야 합니까? 아니면 '나타낼 현'으로 읽어야 합니까?

이 구절만 따로 떼어서 읽으면 '볼 견'으로 읽어도 되겠지만, 문맥으로 보면 '나타낼 현'으로 읽어야겠지. 다스리는 자에게 하는 말이니까. 욕심낼 만한 것을 백성에게 보여 그 마음을 어지럽게 하지 말라는 거야. 뜻은 그런데, '볼 견'으로 읽어서, 욕심낼 만한 것을 보지 말라는 말씀으로 읽어도 괜찮겠지. 다스리는 자가 무엇을 보고 욕심을 내면 그것을 보고 백성도 똑같이 욕심을 부리고 그러면 자연 그 마음이 어지러워지지 않겠나? 그러니까 여기서 노자는 다스리는 자에게, "이것이 좋은 것이다. 이것이 욕심을 낼 만한 것이다" 하고 어떤 것을 가려서 백성에게 내보이지 말라는 말씀을 하시는 거지. 그러려면 우선 제가, 이건 욕심낼 만한 것(可欲)이라고 가려서 보는 일을 하지 말아야 할 것 아닌가? 그런 뜻으로 보면 '볼 견'으로 읽어도 무방하겠지.

욕심낼 만한 것을 보지 말라는 말씀은, 사물을 가려서 보라는 말입니까?

가린다기보다, 사물의 진면목을 보면 다 그게 그거고 따로 뭐 소중하다고 할 것이 없으니, 그렇잖은가? 그러니 분별심에 갇혀서 보지 말라는 그런 뜻으로 봐야겠지. 이건 귀하고 이건 천하고, 이런 식으로 나눠 놓을 수 없는 게 사물의 진면목이거든. 그런데 어떤 것을 가려서, 이건 값진 것이요 귀한 것이라고 해놓으면, 아까 말한 대로 갖고 싶은 욕심이 생기게 마련이고 그러면 마음이 어지러워지는 거라. 마음이 어지러워지는 까닭은 집착에서 오는데, 그래서 훌륭한 검사는 언제나 깨어 있어 모든 것을 확연히 알고 있으면서 그 어느 것에도 마음을 빼앗기지 않는다는 것 아닌가? 그런 눈으로 모든 것을 본다면 어느 틈에 욕심이 발동할 것이며 또 어떻게 마음이 어지러워질 수 있겠나? 말 그대로 평온해지는 거지.

에디슨인가 칸트인가 아리송합니다만, 끓는 물에 달걀을 넣는다는 것이 뭔가에 골몰하여 시계를 넣었다는 얘기가 있는데, 그런 식으로 몰두하는 것은 다른 얘기겠지요?

다른 얘기고 말고! 전혀 다른 얘기지. 그건 마음을 쓰는 게 아니라 잃는 것이라고 해야겠지. 의식이 투명하게 깨어 있어서 모든 것을 보면서 그 어느 것에도 붙잡히지 않는다면, 그래서 세상 천지에 따로 가지고 싶은 것이 없다면 그 마음이 어지러워질 까닭이 없지 않겠나? 그러니까 "욕심낼 만한 것을 보지 않음으로써 마음을 어지럽히지 말라"라는 말은 무엇을 보지 말라는 게 아니라 오히려 모든 것을 제대로 보라는 그런 뜻으로 읽어야 할 게야. 제대로만 보면 어느 것을 봐도 욕심이 동할 까닭이 없거든.

그러니까 다스리는 자가 어떤 것을 보고 욕심을 내면 자연히 그것을 백성에게 '욕심낼 만한(可欲)' 것으로 보여주게 되고, 그러면 백성의 마음이 어지러워지니까, 그러지 말라는 뜻이군요?

그렇지. 일단 그래 놓으면, 아무리 재주를 부려도 이미 어지러워진 백성의 마음을 다스릴 수가 없거든.

말하자면 일을 그르쳐놓고 나서 뒤처리를 하느라고 억지를 부리지 말고 아예 잘못될 소지를 없애라는 건가요?

그래, 바로 그거지.

그런즉, 성인의 다스림은

자, 그럼 이렇게 해서 한 대목을 읽었는데요, 뒤이어 "시이是以로 성인지치聖人之治는 허기심虛其心하고 실기복實其腹하며……"로 이어지는 유명한 구절이 나옵니다. "허기심虛其心"이라면, 그 마음을 비운다는 뜻이겠는데, 마음을 비운다는 게 무엇을 말하는지요?

흔히들 '무심無心'이라는 말을 하는데 그게 말 그대로 마음을 없앤다는 뜻은 아니지. 마음을 어떻게 없앨 수 있겠는가? 여기서 마음을 비우라는 말은, 차별심을 갖지 말라는, 또는 차별심을 갖지 말게 하라는 뜻이야. 평등심을 갖도록 하라는 말이지. 고대도 말했지만, 사람이 말이지, 평등심으로 사물을 대하면 모든 것을 보고 있으면서 그 어느 하나에도 얽매이지 않는단 말씀이야. 그러니까 그 마음에 빈틈이 없지. 검사가 평등심으로 깨어 있으면 상대방이 공격할 틈이 없거든. 그런데 평등심을 놓치고 상대방의 어디를 쳐야겠다는 생각에 빠져들면 그 순간 마음이 한곳에 끄달려서 허점을 드러내고 만단 말이야. "허기심虛其心"이란 말은 마음을 어디에도 집착하지 말고 언제나 평등심으로 돌아가라는 그런 말로 읽어야 할 걸세.

이어서 "실기복實其腹"이라, 그 배를 채우라고 했는데요.

백성을 굶기지 말라는 거지. 백성을 굶주리게 하는 것은 다스리는 사람의 도리가 아니니까.

이 대목을 읽으면서, 언젠가 아메리카 인디언이 백인을 만났는데 백인이 시간을 정해놓고 식사하는 것을 보고는, "당신들은 정말 틀에 박힌 사람들이다. 시간을 정해놓고 음식을 먹다니?" 하고 놀라면서 "우리는 배가 말하는 대로 산다. 배가 고프면 먹고 고프지 않으면 안 먹는다"고 말하더란 얘기가 생각나는군요. 이른바 문명인일수록 음식을 요란하게 꾸며서 먹는 것도 배보다는 눈요기를 즐기려는 것 아닌가 생각되는데, 그것이야말로 '마음'을 비우고 '배'를 채우라는 노자의 가르침에 역행하는 것 아닐까요? 자연의 법도를 그대로 따르는 숲의 동물은 일단 배가 부르면 아무리 맛있어 보이는 먹이가 코앞에 있어도 더 이상 먹지 않는다는데요, 그게 바로 "실기복實其腹" 아닌가 생각합니다. 실제로 마음은 거짓을 잘 꾸미지만, 그래서 안 먹었으면서도 먹었다 하고 또 먹었으면서도 안 먹었다 하지만 말입니다, 배는 거짓말을 못하거든요. 그것은 그만큼 '마음'이 자연에서 거리가 떨어져 있는데 '배'는 자연 그대로이기 때문 아닐까요? 그렇다면, "허기심虛其心하여 실기복實其腹하라"라는 말은 자연의 법도, 그 순환의 도리에 순응하는 태도로 살아가라는, 그런 뜻으로 읽어도 되겠지요?

욕심이 앞서면 억지를 부리게 되고

그래야겠지. 그러니까 뒤이어서 "약기지弱其志하고 강기골强其骨하라"고 하시지 않는가? "약기지弱其志"는 뭐냐 하면 한마디로 욕심을 품게 하지 말라는 거야. 욕심 중에서도 여기서는 무슨 물건에 대한 욕심보다는 흔히들 말하는 '일 욕심'이라는 것도 있잖나? 무슨 일을 하겠다는 뜻을 세우고 어찌 됐든 그 일을 해내려고 마음을 먹는데, 그 일이 좋은 일이든 나쁜 일이든 해내고 말겠다는 욕심이 앞서면 억지를 부리게 되고, 그러면 말이지, 그게 결국 자연의 도리에서 어긋나게 만들거든. 그러면 안 된다 이 말이야. 따라서 "뜻을 약하게 하라(弱其志)"는 말은 일을 하되 욕심 없이 하라는 것이요, 달리 말하면 자연의 법도에 맡겨두라는 말이 되겠지. 그러니까 사람이 일을 만들어서 좋게 한다 어쩐다 자꾸 인위적으로 하다보면 말이지, 그러다 보면 자연의 도리를 왜곡하고 결국은 인간이 자연을 이용해 먹겠다는 꼴이 되고 말지 않겠나? 아까도 말했지만 자연이란 인간이 그 앞에 순응할 대상이지 부려먹을 대상은 아니란 말씀이야. 그러니까 일에 대한 욕심(志)을 버리고 하늘의 도리에 맞추어나가면, 그러면 '자기의 뜻' 이란 건 없는 것 아닌가? 자연을 대하여 수동적 적극성의 자세를 갖춤으로써, 자연을 이용하겠다는 게 아니라 거기에 순응하라는 거지. 그게 바로 "약기지弱其志"라. 예수님이 '아버지 뜻' 앞에서는 철저하게 약기지弱其志하신 분 아닌가? 그리고, 그 다음에 가서 "강기골强其骨하라"고 했는데, 기골을 건강하게 하라는 거지. 백성들 몸을 건강하게 만들라는 건데 그 비결이 다스리는 자의 "약기지弱其志"에서 나온다는 거라.

그렇지요. 일 욕심이건 물건 욕심이건 욕심을 너무 부리면 몸이 망가지니까요.

보게. 요즘 많은 질병의 원인이 지나친 욕심에서 나온다고 하지 않는가? 너무 많이 먹거나 과로해서 몸(骨)이 약해진단 말이야.

그러니까 "약기지"는 "강기골"로 연결되고 반대로 "강기지"는 "약기골"로 연결되는군요. 그런데 요즘 우리네 교육은 언제나 뜻을 강하게 하라는 쪽 아닙니까? 저는 "뜻 있는 곳에 길이 있다"는 서양 격언을 한때 매우 좋아했고요, 지금도 좋아해서 사람들을 격려할 때 가끔 인용하고 있습니다만, 그러나 그 격언도 다른 격언처럼 오해될 경우에는 좋지 못한 작용을 할 수 있다고 봅니다. 그렇게 가서는 안 되는 건데 뜻을 세웠으니 밀어붙이겠다고 마구 나아가는 거지요. 그래서 저는 이 격언에다가 "길 아니거든 가지 말라"는 옛 성현의 말씀을 결부해서 생각합니다. 아무리 좋은 뜻을 세웠다 해도 그 뜻이 천리를 어기도록 만든다면 그때에는 당장 그 뜻을 치워버려야지요.

그래야지. 건강의 비결은 자연의 이치를 따라 그 앞에서 자신의 욕심을 자꾸만 비우면서 가는 데 있건만, 사람들이 그걸 모르고 오히려 '건강'에다가 욕심을 부려, 요즘 보게, 별 짓 다하고 있잖는가? 그러니 갈수록 그 몸이 약해질 밖에. 요새 평균 수명이 많이 늘어났다고 하지만 저 옛날 사람들이 자연에 순응해서 살 때의 수명에 견주면 아무것도 아니지.

지금도 티벳에는 몇백 살씩 사는 사람이 있다더군요. 장수촌이라는 데가 거기가 사람들이 자연 속에서 자연에 순응하며 살아가는 데 아닙니까? 그게 진짜 건강한 삶이지요.

자연의 법도에 합일하여 순응하는 것을 "약기지弱其志"라고 봐야겠지. 전체가 뭐냐 하면 '나' 아니겠어? 땅이 없는 내가 있을 수 없고 하늘이 없는 내가 있을 수 없고 만물이 없는 내가 있을 수 없고 만인이 없는 내가 있을 수 없으니까, 무아無我의 상태가 된다고 할 것 같으면 그게 곧 "약기지弱其志"로 통하는 것이고, 그러니까 전일성全一性 속에서 문제를 봤을 적에는 말이지, 인위적인 행세를 따로 할 필요가 없잖아? 인위적인 행세를 한다고 하는 그 자체는 뭐냐 하면 자기 욕구를 채우자는 것 밖에 안 되고, 그러자면 결국 자연에서 떨어져나오게 되고 말거든. 따라서 자연의 법도를 어기게 되고, 어기게 되니까 오늘의 이 산업 문명이 결정적으로 자연의 순환 질서를 망가뜨리고 있잖는가? 그것이 파괴되면 인간 스스로 아무리 오래 살려고 해도 존재할 수조차 없게 되는 거지.

말씀을 들으면서 생각난 건데요, 공자가 말씀하시기를 "물유본말物有本末하고 사유종시事有終始하니 지소선후즉근도의知所先後則近道矣라." 물物에는 본本이 있고 말末이 있으며 일에는 시작이 있고 마침이 있으니 먼저와 나중이 어디인지를 알면 道에 가깝다고 하시지 않았습니까? 그러면 자연과 사람을 놓고 볼 때 말입니다, 자연이 본本이고 사람은 자연에서 나온 말末 아니겠어요? 그렇게 볼 적에요, 사람이 나중이고 자연이 먼저가 되니까 사람이 자연을 좇아서 살아야 할 텐데요, 시방 가만히 보면 거꾸로가 아닌가 생각됩니다. 사람이 주인이요 먼저고 자연은 종이요 나중이지요. 그러니까 이게 말하자면 본말전도本末顚倒라, 본과 말이 뒤바뀌니까 자연도 못 살게 되고 사람도 죽게 되는 거고, 그렇게 된 것 아닙니까?

자네 말이 그럴듯하네. 잘 봤어.

그러니까 여기서 "마음을 비우고 배를 채우며 뜻을 약하게 하고 뼈를 강하게 하라"라는 노자의 말씀은, 본本을 본으로 알아 앞에 세우고 말末을 말로 알아 뒤에 세우고 나아가라는 그런 뜻이라고도 볼 수 있겠군요.

그렇지. 백성의 건강이란 인위적으로 되는 게 아니라 다스리는 자가 먼저 천연天然을 좇을 때에 저절로 이루어지는 것이다, 하고 말하는 것 같구먼.

이치를 깨달으니 욕심이 생기지 않는다

그래 여기 이어서, "사민무지무욕使民無知無欲하라", 말하자면 백성으로 하여금 무지무욕無知無欲하게 하라는 건데, 여기서 '무지無知'는 아무것도 모르는 걸 말하는 게 아니라 자연에 따르는 게 그게 곧 '무지'라, 안다 모른다의 차원을 넘어선 경지를 이르는 말이지. 그 경지란 '안다'라는 말로는 도달할 수 없는 그런 곳이거든. 뭘 말이지, '안다'고 했을 적에는 결국 모르는 게 더 많아지지 않는가? 학문을 한다는 게 결국 '지

知' 를 쌓아가는 건데 그 쌓여진 앎(知)을 모두 버리지 않고서는 말이지 여기서 말하는 '무지' 의 기슭에 가서 닿을 수 없는 거라. 강을 건너려면 배가 있어야 되고……

그게 곧 위학일익爲學日益의 차원이겠지요?

그렇지, 그게 배움의 길인데 깨닫고 버리고 알고 넘어가고 그러면서 가는 거지. 그래서 '안다' 거니 '모른다' 거니 하는 차원을 넘어설 때 그걸 보고 '무지' 라고 하는 거라.

그러니까 여기서 '무지' 는 뭘 모른다는 게 아니라 제대로 안다는 말이군요?

그래, 바로 그거야. 그러니까 끝까지 통달되어 있으면서도 가진 게 없다는 말이지.

그렇다면 소크라테스가, 나는 내가 모른다는 사실밖에는 아는 게 없다고 했다는데요, 그게 같은 경지를 말한다고 볼 수 있을까요?

비슷하다고 볼 수 있겠지. 그러니까 그분은, 나는 산파 역할을 할 뿐이라고 하셨잖은가. 뭐냐 하면, 내가 가르친다는 건 상대가 모르는 무엇을 주는 게 아니라 상대가 이미 속에 가지고 있는 것을 나오게 돕는 것이라는 말이거든. 그게 노자의 불언지교不言之敎와도 통하는 거라. 내가 말로 일러줘서 뭐가 되는 게 아니라 사실은 이미 속에 있는 것을 나오도록 도와주는 게 자기의 가르침이요 역할이라고 했으니, 참 대단한 말씀일세. 그런 경지에 이르고 보면 저절로 무욕無欲이라, 뭐 따로 바랄 게 없는 거지. 그러니까 '무지무욕無知無欲' 이란 말은 아는 게 없어서 욕심을 내지 않는다는 그런 단순한 말이 아니라 사물의 이치를 바로 깨달아 道의 경지에 이르러 저절로 욕심이 발동하지 않는다는 말로 풀어야 하겠네.

옳습니다. 백성을 무식한 바보로 만들어 아무것도 넘보지 못하게 하는, 그런 우민 정책을 펴라는 말은 아니겠지요. 이제 그 뒤를 이어서, "사부지자불감위야使夫知者不敢爲也"라, 무릇 지자知者로 하여금 감히 나아가 행하지 못하게 하라는 말씀이 있는데요, 이 구절이 늘 아리송하더군요. 어떻게 읽어야 하겠습니까?

지자를 위에 앉히지 말라

스스로 뭘 좀 안다고 하는 자로 하여금 나서서 움직거리지 못하게 하라는 말이지. 그러니까 인위적인 지식으로 인위적인 행위를 하지 못하게 하란 말이야.

아, 그런 뜻이군요? 그러니까 여기서 말하는 '지자知者'란 쉽게 말해서 지식을 자랑하는, 지식을 쌓아두고 팔아먹는, 그런 식자를 뜻하는 거군요?

뭘 좀 안다고 하는 자로 하여금 감히 나서서 행하게 하지 말라는 말은 곧 욕심을 가지고 무슨 짓을 하지 못하게 하라는 말이야. 욕심으로 뭘 하다보면 도둑이 되고 다투게 되고, 그런 것 아니겠나? 그러니까 '지자'를 떠받들게 되면 세상이 어지러워지고 싸우게 되고 도둑질이나 하고 그렇게 되는 거지. 오늘날 세상을 안팎으로 내로라 하는 지자들이 다스리다 보니까, 그런 인간들로 고급 관리를 죄다 만들어놓으니까, 그러니까 세상은 도둑놈들 판이 되고 말이지 이 모양으로 아우성칠 수밖에 더 있겠나? 오늘날 테크노크라츠technocrats 있잖는가? 이 테크노크라츠가 뭐냐 하면 여기 나오는 '부지자夫知者'라. 그들을 앞세워 나라를 하게 하니까 백성들이 서로 다투기나 하고 그럴 수밖에 없는 것 아니겠는가?

요즘 테크노크라츠는 모두 전문가들이지요. 바로 이 전문가들이 문제라고 봅니다. 저마다 자기 전공 분야에서나 박사지, 다른 부분에 대해서는 거의 깡통이거든요.

당연하지. 그들한테서는 전일성을 기대할 수가 없지.

그렇지요. 그런데 바로 그런 자들을 말입니다, 이 부분은 내가 전문가다 그러니 건드리지 말아라 이러고 있는 자들을 갖다가 높은 자리에 앉혀 쓰고 있는데, 세상일이라는 게 어디 그렇습니까? 모두가 서로 연결되어 있는 게 세상인데요, 토막토막 나뉜 전문가들을 가지고……

전문가들을 함께 모아놓았어도 전일성을 상실했을 경우엔 그게 결국은 지식의 모자이크밖에는 될 수 없는 거라. 그러니까 죽은 것을 갖다가 한데 꿰매는 것과 마찬가지요, 말하자면 생태를 죽음의 무기태로 만들어버리는 거지.

아하, 그렇군요.

무위로써 하면 다스려지지 않는 게 없다

자, 이제 3장의 결구에 이르렀습니다. "위무위즉무불치爲無爲則無不治"라 해서 무위無爲로써 하면 다스려지지 않는 게 없다고 했는데요.

욕심 없이 자연을 따라서 하늘이 시키는 대로 아버지 말씀에 순종하여 행하면, 그러니까 천연天然에, 자연의 도리에, 또 道에 합당하게끔 행하는 것이 무위인데, 그렇게 행하면, 그러면 무불치無不治라, 모든 것이 다스려진다 이 말이야. 그런데, 여기 나오는 지자知者를 갖다가 '현賢'으로 받들어 모시고 또 흔하지 않은 물건을 갖다가 귀하게 여기고, 그렇게 만들어놓으면 근원에서 벗어나게 되니까 전부 다 엉망이 돼서 다투고 도둑질하고 그렇게 되니까 결국 다스릴 수가 없는 거지.

그러니까 그런 판에서는 아무리 유능한 자라 해도 옳게 다스릴 수가 없겠군요.

세상이 그 모양인데 거기서 누가 나타나, 내가 이제 정치를 이렇게 저렇게 하겠습니다 하고 나선다 해도 그건 결국 거거익산去去益山, 갈수록 태산이지. 어느 장사가 그걸 해내겠어? 그러니까 하늘의 이치, 자연의 섭리, 道의 길을 좇았을 때에 비로소 모든 것이 평화롭게 되고 다스려지는 거라. 그 밖의 얘기는 모두 결과적으로 하나의 거짓일 수밖에 없지. 오늘 읽은 불과 몇 자 안 되는 구절이 우리 삶의 꼴을 명확하게 보여주고 있지 않는가?

그래서 아까도 말씀하셨습니다만 이 글이 모든 시대에 걸쳐 경經으로 읽힐 수 있는 것이겠지요. 그런데, 앞으로 계속 읽어도 같은 얘기가 반복되지 않겠나 싶은데요. 결국 道의 자리에서 모든 일에 무위로 처하라는, 그런 말씀 아닐까요?

그렇지. 같은 것을 여러 가지 경우로 일러주시는 거지.

그런데요, 혹시 "내가 '무위'를 하겠다" 해서 한다면, 그건 안 될 말이겠지요?

그건 안 되지. 그러나 일단은 자연의 자리로 자꾸만 돌아가려는 노력 있잖은가? 여지껏은 인위적인 것에 길이 들어져 있었으니까, 자연 자세로 돌아가기 위한 자기 나름으로의 수련은 있어야겠지. 그건 있어야 하는데……

그게 바로 위학일익爲學日益의 차원 아니겠습니까? 책도 읽고 스승님 찾아뵙기도 하고 스스로 묵상도 하고 때에 따라 여행도 하고요.

아무렴 그런 노력은 있어야지. 그러나 그건 어디까지나 道의 자리로 돌아가기 위한 것이어야 해. 쌓여진 지식을 자랑하거나 명성을 얻기 위해서라면 안 되지. 그러니까 노력을 하면서도 그래서 얻은 것이 있으면 곧 버려야 한단 말이야. 위학일익爲學日益이되 위도일손爲道日損이거든.

그렇다면 위학爲學도 결국은 위도爲道의 한 과정이 되겠군요?

그렇지. 그리 가는 과정이지. 성경의 사도들이, 이것은 내가 하는 것이 아니라 주님이 하시는 것이라고 언제나 그렇게 말하면서 일을 처리해 나가고 또 예수님도 늘 이것은 내 말이 아니라 아버지가 주시는 말씀이라고 하시는데, 바로 그 자리까지 가기 위해서 우리가 지금 이런저런 과정을 밟고 있는 것 아니겠는가? 그런데 과정은 과정이라, 버릴 때가 되면 버려야지.

4장
빛을 감추어 먼지와 하나로 되고

道는 비어 있음으로 작용하여 언제나 차지 않는다. 그 깊음이여, 만물의 근원 같구나. 그 날카로움을 무디게 하여 엉클어진 것을 풀고 그 빛을 감추어 먼지와 하나로 된다. 그 깊음이여, 영원한 존재 같구나. 나는 그가 누구의 자식인 줄 모르는데, 어쩌면 하느님보다 먼저인지 모르겠다.

道沖而用之, 或不盈, 淵兮, 似萬物之宗. 挫其銳, 解其紛, 和其光, 同其塵. 湛兮, 似或存. 吾不知誰之子, 象帝之先.

형태 없는 형태

이 첫 구절을 어떻게 읽어야 합니까? 토를 어찌 달아야 할는지요?

"도충이용지道沖而用之하니 혹불영或不盈이라"로 읽어야겠지. 道는 비어 있어서 써도 언제나(或) 가득 차지 않는다……

여기서 '충沖'은 무슨 뜻인가요?

비어 있다는 뜻이지. 무無하고도 같은데, 현상계에서 있다 없다 할 때 쓰는 상대적인 의미의 무無가 아니라 현상과 절대의 세계를 다 포함하는 무無, 그러니까 불가에서 말하는 진공묘유眞空妙有의 공空과 같은 거라. 뭐가 있다가 없어져서 비어 있는 그런 것은 아니지. 도충이용지道沖而用之란 말은, 道는 무無로써 작용을 한다는 뜻인데 그러니까 언제나 불영不盈이라, 차지 않는단 말이야.

'혹或'이란 말은?……

'언제나', '항상 상常'자와 같아. 그러니까 혹불영或不盈이라고 하면 언제나 가득 차지 않는다는 뜻이 되지. 이 구절은 道의 섭리를 말한다고 볼 수 있어. 道는 비어 있어서 그 비어 있음으로 행위를 하는데 아무리 해도 가득 차지 않는다는 말씀이야. 道 그 자체가 가만히 있는 건 아니거든. 그 자체로써 행위가 있는 거지. 행위가 있는데 그것이 뭐냐 하면 가득 차는 법이 없다 이 말이야. 왜? 형태가 없는 형태니까. 있긴 있는데 형태가 없단 말이지. 그걸 보고 우리는 '무無'라고 하는 거지.

그러니까 道의 작용에는 울타리가 없다는 말과 같겠군요?

그렇게 얘기해도 되겠지. 道에는 막힘이 없으니까, 한계가 없단 말씀이야. 그러니까 결국 참(盈)이 없을 수밖에.

채우려고 해봐도 울타리가 없어놓으니 채울 수가 없지요.

그것도 그렇지만 道의 행위 자체에 형태가 없거든. 형태가 없으니 아무리 해도 찰 수가 없지 않겠는가?

자, 그럼 다음 구절을 읽어볼까요? "연혜淵兮, 사만물지종似萬物之宗"이라고 했는데요.

'연혜淵兮' 란 말은 '참 깊구나' 하는 말이고 '사만물지종似萬物之宗' 은 깊어서 만물의 근원 같다는 뜻이지. 그러니까 뭐냐 하면, 형태 있는 모든 것이 다 거기에서 오는 거란 말이야. 그리고 또 이 말씀은, 형태 있는 모든 것이 다 거기에서 나와 그렇게 있다가 돌아가는 데가 있어, 알고 보니 또한 그리로 돌아가더라, 이거지. 여기서 중요한 것은 무無의 방하放下라고 할까? 놔버림이라든가 마음을 쓰지 않음이라든가 마음의 평안함이라든가, 그것이 곧 道의 용用인데, 말하자면 무위이화無爲而化가 바로 그렇게 해서 이루어진다는 걸 알아야 해. 아무리 일을 해도 그 일에 형태가 없거든. 그러니 바닥을 알 수 없는 깊이에서 만물이 나오더라, 그 말이지.

여기서 '깊다' 는 말은 묘妙하다, 또는 현지우현玄之又玄하다는 말과 같은 뜻으로 읽어도 되겠지요?

그렇지. 우리 마음의 눈(心眼)으로나 짐작할 수 있을까? 육안으로는 볼 수가 없는 깊이지.

우리 눈에 보이는 모든 현상계가 다 거기에서 나왔다, 그러니까 종宗이다, 또 모든 현상계가 다 그리로 돌아간다, 그러니까 역시 종宗이다, 그런 말입니까?

그렇지. 우리 눈으로 볼 적에야 있던 것이 없어지고 그렇게 보이지만 사실은 없어지는 게 아니라 그냥 돌아가는 거지.

그러면 예수님을 알파와 오메가라고 했을 적에 그 말을, 그분이 바로 만물지종萬物之宗이란 말로 알아들어도 될까요?

예수님이 말씀하시기를 아버지와 내가 한 몸이라고 하시지 않았는가? 그 아버지가 바로 종宗이거든. 종宗이란 말은 근원이라는 말이지.

그렇다면, 이건 좀 다른 얘깁니다만, 종교란 말을 '근원' 으로 돌아가는 길 또는 그 가르침으로 풀어도 되겠습니까? 저는 지금까지 그냥 단순히 최고의 가르침이 곧 종교라고 생각해 왔거든요. 그런데 최고의 가르침이란 말은 어쩐지 여러 다른 가르침들 가운데 상대적으로 가장 좋은 가르침이란 뉘앙스를 풍기는데, 근원(宗)으로 돌아가는 길이라고 하면 어떤 절대적인 가르침을 말하는 느낌이 든단 말씀입니다.

종교란 최고의 경지를 가리키는 게 아니라 그 경지의 너머를 가리키는 것이지.

그렇지요. 아무리 '최고' 라는 수식어를 붙여도 역시 어떤 계界에 속하는 것이니까요.

道는 충沖이라, 거기에는 한계가 없거든. 그러니까 아무리 해도 차지 않는단 말이야. 우리가 어렸을 적에 말하기를, 천당에는 그렇게 많은 사람이 갔을 텐데 아직도 자리가 있겠느냐고 했는데 그게 다 상대적인 현상계의 관념으로 봤을 적에 그런 말을 하게 되는 거라. 道는 현상계의 모든 것들이 거기서 나오고 거기로 돌아가는 알파와 오메가, 시작이면서 끝이지.

지난 가을에 부모님 산소엘 다녀왔는데요, 어머님 시신을 거기에다 모실 적에 참 제 마음이 평안하더군요. 저 육신은 이 세상에서 말하자면 한 70년 사용을 한 건데, 저게 흙 아니냐? 그런데 저것이 지금 다시 자기 품으로 돌아가는구나. 흙이 제 품으로 돌아가는 모양을 볼 때 마치 제가 어머니 자궁 속으로 돌아가는 것처럼 평안하더란 말입니다. 어머니를 땅에 묻고 나서 마음이 아주 평안했고요. 언젠가 어머니 품으로 돌아가겠지, 내가 흙이 돼서 그 안에 들어가겠지, 그래서 결국은 분해되어 흔적을 알아볼 수 없는 것으로 사라지겠지, 그렇게 되면 땅이 있는 한 그 생명은 또 나오겠지, 무엇으로 나올는지는 모르나 무엇인가로 나오지 않겠는가? 끝나는 건 아니다, 다만 나왔으니 돌아가는 것이다, 이런 생각이 들면서요, 지금 같아서는 죽음을 별로 두려워하지 않고, 이런 기분이 계속된다면, 나 어머니한테 간다 하면서 평안하게 죽음을 맞이할 수 있을 것도 같더군요. 얼마나 좋습니까? 어머니한테로 돌아가는 건데요.

그래, 얘기가 좋군.

현상계에 머물러 상대적인 눈으로 보면 삶과 죽음, 있음과 없음, 오고 감이 나뉘어 보이지만 道의 자리에서 보면 그게 서로 별개의 것이 아니라 하나거든. 현상계와 절대계가 둘이 아니라 하나라는 사실을 보는 눈, 그걸 불안佛眼이라고 하잖았는가? 그러니까 만물지종萬物之宗이 만물과 별개의 것이 아니란 말이지.

그 날카로움을 무디게 하여

다음 구절을 읽어볼까요? "좌기예挫其銳하여 해기분解其紛하고 화기광和其光하여 동기진同其塵한다"고 했는데요, 제 생각에 이 구절은 道가 그 비어 있음(沖)으로 작용하는 모양을 설명한 말씀이 아닌가 합니다만…… '좌기예挫其銳'라고 하면 '그 날카로움을 무디게 한다'는 말일 텐데요, 무슨 뜻일까요?

그 요구하는 바, 의도하는 바, 그거를 부정한다고 할까? 道의 자기 부정이라고 할까, 그런 것을 얘기하고 있는 거지. 그러니까 여기 '좌기예挫其銳'만 그런 게 아니고 해기분解其紛이니 화기광和其光이니 동기진

同其塵이니 하는 게 모두 무無에 의한 방하放下 또는 道가 행위하는, 그 내버려두고 마음을 어디에 치우쳐 쓰지 않고 그러면서 처리하고 가는 모양을 이런저런 면으로 설명해 주는 말이라고 해야겠지. 자기 부정을 하면 결국 그것이 긍정으로 되지 않는가? 그러니까 뭐냐 하면 긍정과 부정을 초월하는 그러한 과정을 이렇게 풀이한 것이라고도 볼 수 있겠고.

'그 날카로움을 무디게 한다'는 말이 무얼 뜻하는지 아직 잘 모르겠습니다.

날카로움(銳)이란 행위의 의도를 가리키는 말 아니겠어? 이걸 꼭 처리해야겠다든가, 분명하게 결판을 내야겠다든가, 어떤 대상을 설정해 놓고서는 일방적으로 자기 주관을 관철하겠다는 태도, 뭐 그런 게 '예銳'라고 생각되는구먼. 그런데 道는 바로 그것을 놔둔다는 거지. 그 예기銳氣를 꺾는다는 말이야. 어떤 의도로 그것을 강력하게 밀고 나아간다고 했을 적에는 말이지 한쪽으로 기울게 되지 않겠나? 그러나 道는 결코 어느 한쪽에 기우는 법이 없거든. 상대적인 것들뿐만 아니라 절대적인 것까지도 섭수攝受하는 자리에 있으니까……

선생님 말씀 듣는 중에 생각이 난 건데요, 흔히들 '예리銳利하다'고 하지 않습니까? 날카롭고 뾰죽하고, 그런 것들이 대개 어디에 사용되는가 살펴보면 뭐를 가르고 쪼개고 파괴하고 그런 일에 필요하단 말씀입니다. 칼이나 창, 이런 게 모두 예리한 것들이지요. 그러니까 사회에서 뭐를 갈라 나누고, 나누니까 네 편 내 편이 생기고, 편이 생기니까 찌르고 자르고 하는데요, 그런 모든 것들을 통틀어 '예銳'라는 말로 표현할 수 있지 않을까요?

그렇지. 그러니까 그 나누는 것을 꺾으라는 얘기지. 너와 나로 나누는 일을, 그걸 그만두라는 거야. 자네가 얘길 그렇게 하니까 좀더 분명해지는구먼.

그러나 지금 세상은 만사에 예리하기를 바라고 있고 또 그런 사람을 떠받든단 말씀입니다.

그렇지. 그런데 바로 그 예리한 친구들 때문에 세상은 갈수록 분분紛紛해진단 말씀이야. 그래서 바로 뒤에 '해기분解其紛'이라, 그 엉클어진 것을 풀어버린다고 했지. 날카로운 예기銳氣를 가지고 나누고 가르고 그러다 보면 어지러워지고 일이 갈수록 엉클어지지 않는가? 그렇게 되면, 아무리 좋은 방법을 써도, 높은 수를 쓰면 쓸수록 더 어지러워지지. 그럴 때에는 놔두라는 거야. 놔둬야 풀어지거든. 지금 자연을 보호한다고 저러는데, 보호한다고 손질을 하면 할수록 더 망가뜨리기만 하는 거지. 자연은 놔두면 스스로 작용을 한단 말이야. 자연이 스스로 작용하는 것을 일컬어서 도충이용지道沖而用之라!

그러니까 그냥 놔두라는 말은 자연으로 하여금 스스로 작용하게 하라는, 그런 말이 되겠군요?

다른 말로 하면, 아버지의 뜻을 아버지가 이루시도록 모든 작위를 그만두라는 말이지. 그게 바로 예수의 길 아닌가?

"날카로움을 무디게 하여(挫其銳) 엉클어진 것을 푼다(解其紛)"는 말이 무슨 구름 잡자는 게 아니라 우리의 일상 생활에서 그런 일이 일어나고 있거든요. 오해가 생기지 않습니까? 그걸 해명하겠다고 나서서 이러쿵저러쿵 말을 가지고 따지다보면 문제가 풀어지기는커녕 갈수록 더 복잡해지지요. 해명을 한답시고 갔다가 오히려 싸움만 더 커지는 수가 있거든요. 예수가 빌라도 앞에서 아무 해명도 하지 않으신 것 역시 저들의 날카로움을 무디게 하려는 하나의 방편 아니었나 싶습니다.

철저한 자기 부정을 통해서 상대방의 날카로움을 무디게 하는 거지.

저쪽에서 아무리 창으로 찌르고 칼로 베어도 이쪽에 아무것도 없으면 결국 그 예리함이 아무짝에도 쓸모없는 게 되지 않겠는가? 예수님이 오른 빰 치는 자에게 왼 빰을 내놓으라고 하신 것도, 겉옷을 달라는 자에게 속옷까지 주라고 하신 것도, 결국은 여기서 말하는 노자의 "좌기예挫其銳하여 해기분解其紛하라"는 말씀과 아주 절묘하게 들어맞는 말씀이지.

아하, 그게 그렇군요!

그 빛을 감추고

이어지는 "화기광和其光하여 동기진同其塵한다"는 말도 붙여서 읽는 게 좋겠구먼. 이 구절을 보통 화광동진和光同塵이라고 줄여서 말하는데, 자신의 지덕知德과 재기才氣를 감추고 세속과 어울린다는 얘기거든.

그러니까 말 그대로 읽으면, 자기 빛을 짐짓 감추고(和其光) 먼지와 하나로 된다(同其塵)는 거겠지요?

자기 지혜와 재주, 이런 것을 내세우지 않고 세속과 함께 지낸다는 얘긴데, 그걸 지구와 하나가 된다는 말로 읽을 수도 있지. 땅과 하나가 된다는 거라.

물物과 더불어 하나로 된다(與物爲一)는 뜻인가요?

동기진同其塵이라는 말에는 그런 뜻도 포함될 수 있다는 거지. 예수님이, 나는 의인을 위해서가 아니라 죄인을 위해서 세상에 왔노라고 그렇게 말씀하셨잖은가? 그것도 역시 하나의 동기진同其塵이지. 그러니까 뭐냐 하면, 자기 빛을 부드럽게 해서 죄인들과 함께 삶을 나누는 거라. 다시 말하자면 자기 본색을 드러내지 않고 죄인의 세계에서 함께 어울리는 거지.

그러니까 예수님의 이른바 성육신成肉身이라는 것도 道의 화광동진和光同塵으로 볼 수 있겠군요?

그렇겠지. 그런데 그 죄인들과 어울린다는 게 말이지, 세상의 죄라는 것과 착하고 선하다는 것이 사실은 '하나'의 표리 관계라, 원인과 결과 같은 그런 관계지, 따로 떼어놓을 수는 없는 것 아닌가? 동기진同其塵이란 말은 그런 관계를 적절히 표현한 말이라고도 할 수 있지. 먼지하고 어울리려면 자신의 빛을 짐짓 감추어야 하는데, 그렇다고 해서 빛이 없어지거나 다른 무엇으로 변질되는 건 아니거든.

예수님이 자기를 세상의 티끌 같은 존재와 동일시하신 유명한 말씀이 있지요. 너희 가운데 있는 보잘것없는 '소자小者'에게 물 한 그릇을 대접하면 그것이 곧 나를 대접한 것이라고요. 그런데 이렇게 하늘빛이 내려와 세상 먼지와 하나가 되기 위해서는 먼저 자신을 비워야 하거든요. 그게 신학에서 말하는 이른바 '케노시스kenosis', 자기 비움이라는 거지요. 아까, 좌기예挫其銳하여 해기분解其紛하라는 말에서요, '예銳'라는 건 자기가 나서서 무엇을 작위하는 것이고 그러다 보면 일은 더욱 엉클어지게(紛)되고 그래서 그 엉클어진 것을 풀려면 먼저 자신의 날카로움(銳)을 무디게 하라는 건데요, 바울로 선생은 말하기를 내가 자랑할 것이 하나 있는데 그것은 나의 약함이라고, 내가 약할 때 오히려 나는 강하다고, 그렇게 역설적인 표현을 하셨지요. 사람이 자기의 '나'(我)를 먼저 내세우는 그것이 말하자면 '예銳' 아니겠습니까?

그렇지.

그렇다면 반대로 나를 뒤로 감추는 것, 그게 여기서 말하는 화기광和其光이겠지요. 바울로 선생이 하느님 앞에서 '나'를 강하게 세웠을 때 그것은 결국 그리스도인들을 잡아 죽이는 일에 앞장서도록, 말하자면 분紛을 세우는 일에 앞장서도록 만들었고요, 반대로 그분 앞에서 '나'를 약하게 했을 때, 그러니까 자기가 지금껏 자랑해 오던 자신의 모든 것들을 똥처럼 여기고 버렸을 때 말입니다, 그때 바울로 선생은 당시 유대인 사회에서 티끌만도 못하게 여기던 이방인들 세계에 스스로 뛰어들 수 있었던 것 아닐까요?

그래, 방금 자네가 얘기한, 자기가 약해짐으로써 오히려 강해지는, 그 점이 아주 중요한 거라. 道가 충沖으로써 일을 한다는 건 결국 자기를 비워가지고 그 자기 비움으로 일을 한다는 건데, 그게 바로 자기 부정으로 엄청난 긍정을 얻는다는 말이거든. 그러면서 동시에 부정과 긍정이 하나로 돼버리는 거라. 바로 그 경지에 지금 바울로 선생이 드신 거지.

「요한복음」에서 예수님도 그런 말씀을 하시지요. 나는 내 목숨을 누구에게 강제로 빼앗기는 게 아니라 스스로 바친다, 그래서 아버지가 나를 사랑하신다, 나는 목숨을 바치지만 바침으로써 다시 목숨을 얻는다, 이렇게 묘한 말씀을 하시는데요, 방금 선생님 말씀하신 대로 자기 부정을 통해서 엄청난 자기 긍정을 얻는다는 것 아닙니까? 여기서 부정된 자기라는 게 바로 이 몸뚱이지요. 불가에서 말하는 '환幻, maya'에 지나지 않는 이 집착 덩어리를 버림으로써 영생을 얻는 겁니다.

옳은 말이야. 여기서 말하는 좌기예挫其銳나 화기광和其光은 자기를 부정하는, 그러니까 자기를 무無로써 방하放下하는 모양을 일러주는 말이라고 할 수 있지.

그런데 그 자기 부정이 바로 엄청난 자기 긍정이라는 말이지요. 예수님은 십자가를 지러 가시면서, 이제 내가 영광을 받으러 간다고 하셨거든요. 그분 앞에서 우리는 수난 곧 영광이요 죽음 곧 부활이라는 사실을 보게 되지요. 그런 뜻에서 좌기예挫其銳 곧 해기분解其紛이요 화기광和其

光 곧 동기진同其塵이라고 말할 수도 있겠지요?

道의 깊음이여

자, 그 다음 구절은 어떻게 읽어야 합니까? "침혜湛兮여, 사혹존似或存이라"고 했는데요.

"깊구나, 깊어서 언제나 있는 것 같다"는 뜻인데, 그건 바로 道가 그렇다는 얘기지. 道는 깊고 깊어서 언제나 존재하는 것 같다는 거라……

여기서 '존存'이 영생이라는 뜻입니까? 그렇다면 그 '존存'은 있다 없다, 산다 죽는다는 차원을 벗어난 거겠군요?

그렇지.

성경에 예수가 구름 타고 '하늘'로 오르셨다는 얘기 있지 않습니까? 저는 그게 상당히 깊은 뜻을 지닌 말씀이라고 생각되는데요, '하늘'이 어디입니까? 거기가 바로 방금 말한 '존存'의 영역 아닐까요? 시간과 공간의 제약을 비롯한 모든 종류의 계를 벗어나 말 그대로 상존常存하는 그런 분으로 예수님이 바뀌셨다는 이야기를 신화적 표현으로 "구름 타고 하늘에 오르셨다"고 한 것인데, 그걸 저 푸른 창공 어딘가에 잠적해 버리신 것으로 오해를 하다보니 휴거 소동 같은 것도 벌어지게 되는 것이지요. 그러니까 30년간은 우리와 같은 육신을 가지고 자기를 비워 세속과 하나로 된 道의 모습을 보여주시다가, 보여주실 뿐 아니라 내가 아버지와 한 몸이듯이 너희도 모두 아버지와 한 몸이라고 가르쳐주시면서 하늘과 땅, 성聖과 속俗이 별개의 것이 아니라 하나라는 사실을 일러주시고 다시 본디 모습으로 돌아가신 것이 이를테면 예수의 승천昇天인데, 그걸 가지고 만화에 나오는 슈퍼맨이 공중으로 날아올라가는 모습을 연상하니 헛갈릴 수밖에요.

감각의 세계에 사로잡혀서는 도저히 볼 수도 없고 갈 수도 없는 경지, 혹존或存이 바로 그런 경지라……

말하자면, 말귀를 못 알아듣는 거지요.

그렇지. 말은 쉬운데 무슨 말인지 모르겠노라는, 그런 거지.

어째서 말은 쉬운데 못 알아들을까요?

생활 습성이나 잘못된 풍습에 갇혀 있기 때문 아니겠나?

자기의 전이해前理解에 갇혀 있는 것도 말귀를 못 알아듣는 이유 가운데 하나가 될 수 있겠지요.

자기의 전이해뿐만 아니라 사회와 집단의 잘못된 전이해 탓도 크겠지. 예를 들면, 개발이 곧 발전이라는 사고방식이 굳어져 있는 사회에서는 예수나 석가의 말씀이 제대로 전달되기가 어렵거든.

맞습니다. 너나없이 죄다 잘못된 가치 판단을 하고 있다면, 그 잘못된 가치 판단에서 벗어나지 않는 한 성현들의 말을 제대로 알아듣기 힘들겠지요. 자동차만 해도 그렇습니다. 소형차를 중형차로 바꾸었을 경우 우리는 아주 자연스럽게 "좋은 차로 바꿨다"고 말하거든요. 어째서 중형차가 소형차보다 좋다는 겁니까? 성능이 좋고 승차감이 좋고 모양이 좋고 기타 등등 여러 가지 좋은 점을 열거할 수 있겠습니다만, 저는 다시 묻지요. 도대체 중형차가 소형차보다 어째서 더 좋단 말이냐? 기름을 더 많이 먹어서 좋으냐? 나쁜 가스를 더 많이 내놓아서 좋으냐? 더 큰 공간을 차지해서 좋으냐? 생산비가 더 많이 들어서 좋으냐? 천연 자원을 더 많이 써서 좋으냐? 엔트로피 상승률을 더 높여서 좋으냐? 제가 보기에는 중형차가 소형차보다 '좋을' 이유가 하나도 없단 말씀입니다. 무슨 말인고 하니, 우리는 너나없이 좋다, 나쁘다를 자기 위주로 평가하는 고약한 습관에 절어 있다는 그런 말씀이지요. 자기한테 좋으면 좋은 겁니다. 내가 이만큼 안락하고 편리하기 위해서 세상에다가 얼마나 공해를 안겨주고 있느냐에 대해서는 조금도 생각하지 않지요. 선생님 말씀은 우리가 이 따위 질병에 걸려 있기 때문에, 쉬운 말인데도 알아듣지 못한다는 것 아닙니까?

그래, 바로 그런 얘기지. 그런데 문제는 우리가 그 질병을 스스로 깨닫지 못하고 있는 거라. 아픈 걸 아픈 줄 모르고 반대로 아플 것도 없는 걸 아프다고 생각하거든.

예수님이, 무거운 짐을 진 자는 모두 나에게 오라, 내가 쉬게 해주겠다, 하시고는 이어서 내 멍에를 지라고 하셨는데요, 그게 선생님 방금 말씀하신, 앓을 이유가 없는 질병을 지니고 아파하는 사람들에게, 지지 않아도 될 짐을 벗고 인생으로서 과연 질 만한 짐을 지라는, 그런 말씀 아니겠는지요. 그러고 보면 노자나 공자나 예수나 석가 모두 끝에 가서는 같은 얘기를 이런저런 방식으로 말씀하신 것 아닌가 하는 생각이 듭니다.

그게, 그럴 수밖에 더 있겠나?

道는 누구의 자식인가?

자, 이제 마지막 구절인데요, "오부지수지자吾不知誰之子인데 상제지선象帝之先이라", 나는 그가 누구의 자식인지 모르는데 어쩌면 하느님(上帝)보다 더 먼저인지도 모르겠다는 뜻입니까?

그런 말이지. 나는 道가 누구의 자식인지 모르는데 혹 그것이 신보다 더 먼저 있는 존재가 아닌지, 그렇게 생각한다는 거야.

道가 누구의 자식이라는 표현은 그의 아비가 있다는 말인데 그런데 그 아비에 대해서는 알 수 없다는 말이군요.

그렇지.

그 '아비'에 대해서는 알 수가 없다! 그런데요, 그게 알면 안 되는 것 아닙니까?

알 수가 없는 거지.

알 수 없는 건데, 그걸 안다고 하면 둘 중에 하나겠지요. 착각이거나 아니면 거짓말 사기를 치는 것이거나……

가끔 이런 생각을 해보지. 내가 누구냐? 이렇게 묻고 보니 그걸 설명할 수가 없더라구. 설명할 말이 없는 거라. 하물며 지금 道에 대하여 말을 하는 건데, 영생의 실체를 내세워놓고 지금 이렇게 저렇게 말을 하고 있는 건데 말이지, 그렇게 말하다보면 결국에 가서 사람의 관념 속에서 하든 어떤 물형物形을 만들어서 하든 간에 만들어놓은 것 이전의 것 있잖나, 그리로 귀결이 될 수밖에 없더란 말이지. 그러니까 결국 상제지선象帝之先이라, 신보다 더 앞서 있는 존재 같다고 말하는 거지.

여기 상象이란 말은, 그런 것 같다는 뜻인가요?

그래, 그런 말이지.

'그렇다'가 아니라 '그런 것 같다'고 표현하는, 바로 이것이 분명한 표현을 강조하는 독일 관념 철학에 대조를 이루는 동양 철학의 특색 같은데요, 도대체 분명하게 딱 잘라 말하는 게 없이 두루뭉수리라 할까 모호한 표현이 모호하게 이어지고 있단 말씀입니다. 그런데 저는 바로 그 모호성이야말로 동양 철학의 정신이요 나아가 장점이기도 하다는 생각입니다. 한국어로는 독일 철학을 할 수 없다는 말을 하던데요, 당연하지요. 독일 철학은 독일어로 해야 할 것이고 동양 철학은 어쩔 수 없이 동양의 언어로 해야 하는 것 아니겠습니까? 그쪽이 이건 이거고 저건 저거다 하고 분명하게 정의하는 것이 특색이라면, 이쪽 동양은 오히려 '불분명함' 이 그 특색이라고 봅니다. 그런데 최근에 이르러 사물의 불분명성을 서양에서 오히려 분명하게 입증하고 있거든요. 그러니 결국 동양의 직관이 사물을 모호하게 서술하고 있음은 사물의 실상을 저쪽보다 더 정확하게 보고 있다는 말이 되지 않겠습니까?

애기가 재미있구먼. 그러니까 서구의 관념으로는 사물을 이거다 저거다 분리를 해서 보는데, 그래서 요소론으로 보지 않는가? 그런데 존재 자체가 그렇게 서로 분리되지를 않는 거라, 그러니까 다르되 둘이 아니라고(異而不二) 하든가 수운 선생님 말씀대로 "아니다, 그렇다(不然其然)"라고 할 수밖에 없거든. 따라서 여지껏 분명하고 정확한 표현이라고 생각해 왔던 것이 오히려 정확하지 못한 것이고 여지껏 모호하고 애매한 표현이라고 생각해 왔던 것이 더욱 정확한 표현이더라는, 그런 얘기가 되겠지. 이른바 신과학이 오늘날 동양 성현들의 직관이 얼마나 과학적으로 정확한 것인지를 증명해 주고 있잖는가? 그래서 지금 서양 과학이 동양 철학과 만나고 있는 거지.

"정확하게 본다"는 말은 그 자체가 어쩐지 서구의 냄새가 나고요, 우리 식으로 말하면 "제대로 본다" 또는 "있는 대로 본다"고 해야 하지 않을까요?

그래, 있는 대로 보는 거지. 있는 대로 보면 그때 가서 뭐냐 하면, 불가에서 말하는 바, "산은 산이요 물은 물이요"가 되는 거지.

노자 할아버지가, 자기는 道의 아비가 누군지 모르겠다고 했는데요, 폴 틸리히Paul Tillich라는 신학자도 하느님을 설명하다가 "하느님 위의 하느님God above God"이라는 표현을 하거든요. 우리가 사용하는 '하느님' 이란, 그것을 있게 한 그 뒤의 '알 수 없는 하느님' 을 가리키는 이름(名)일 뿐이라는 거예요. 그러고 보면, 동서양 가릴 것 없이 깊은 사색에 들어가면 서로 비슷한 말을 하게 되나 봅니다.

그렇지. 그럴 수밖에 없지 않겠나? '신神' 이라는 한자도 그게 재미있어. 보일 시示에 아뢸 신申이라, '보여서 말하면' 그게 신神이라는 것 아닌가?

아하, 그게 또 그렇군요?

그냥 뭐 내 식으로 풀어서 생각해 본 거지.

아무튼 폴 틸리히는 하느님을 그렇게 보았기에 다른 종교와 만나는 일도 무척 자연스러웠습니다. 그는 자기 자신을 '경계에 서서 신학을 하는 사람' 이라고 했지요.

아무래도 무엇을 볼 적에는 말이지, 그 보는 자리가 중요한 거라. 노자는 결국 오늘 읽은 대목에서도, 자기 부정을 통해서 자연의 실체와 하나가 되는 길을 말해 주고 있는 거라고 봐야겠지.

자사子思가 "천명지위성天命之謂性이요 솔성지위도率性之謂道라" 하여, 하늘의 명령(天命)인 성性을 그대로 좇아서 살아가는 것이 곧 道라고 말씀하신 것도, 언어는 좀 다릅니다만 결국 만물지종萬物之宗인 근원에 몸을 두고 근원을 좇아서 살아가라는 노자의 말씀과 다를 게 없다는 생각이 드는군요.

그렇지. 문제는 道가 어디 따로 있는 게 아니라, 일미진중一微塵中에 함시방含十方이라, 티끌 하나에 시방세계十方世界가 들어 있다는 말을 불가에서 하는데, 우리가 세속이라고 말하는 바로 거기에 道가 들어 있단 말이야. 예수님이 세속 죄인과 함께 하시잖는가? 바로 거기가 천당이거든. 천당이 어디 따로 있는 게 아니라 바로 이 세속에 있는 거라. 그것을 예수님이 뭐냐 하면 공생애를 사시는 동안 보여주고 가시는 거지. 이걸 좀 더 근원까지 밀고 나아가면 물질의 세계, 그러니까 이 지구하고도 동일화가 되거든. 해월 선생께서 "천지즉 부모天地卽父母요, 부모즉 천지父母卽天地니, 천지부모天地父母는 일체야一體也라" 하셨는데 역시 동기진同其塵의 경지를 말씀하신 거라고 볼 수 있어. 지구와 하나 되는 것, 우주와 하나 되는 것, 천지만물과 하나 되는 것, 동기진同其塵이 바로 그거지.

5장
말이 많으면 자주 막히니

하늘과 땅은 치우친 사랑을 베풀지 않아서 만물을 짚으로 만든 개처럼 여긴다. 성인은 치우친 사랑을 베풀지 않아서 백성을 짚으로 만든 개처럼 여긴다. 우주는 풀무와 같아서 비어 있음으로 다함이 없고 움직일수록 더욱 나온다. 말이 많으면 자주 막히니 차라리 그 비어 있음을 지키는 것만 같지 못하다.

天地不仁, 以萬物爲芻狗. 聖人不仁, 以百姓爲芻狗, 天地之間, 其猶橐籥乎. 虛而不屈, 動而愈出. 多言數窮, 不如守中.

공평무사한 우주

"천지天地는 불인不仁하여 이만물以萬物로 위추구爲芻狗라", 천지는 인仁하지 않다고 했는데 이 인仁을 어떻게 풀어야 합니까? 말 그대로, 천지는 사랑을 하지 않는다로 읽어도 되는지요.

그걸 그렇게 읽으면 해석하기가 어려워지지. 여기서 '인仁'은 편벽되지 않다, 한쪽으로 기울지 않는다, 그렇게 읽어야 할 게야. 그러니까 문맥으로 봐서 편애라고 할까, 마음 끄달리는 애착이라 할까 뭐 그런 뜻으로 봐야지.

사적인 정情을 말한다고 봐도 되겠군요.

그래, 바로 그런 거지. 천지는 사사로운 정을 품지 않는단 말이야. 그러기 때문에 만물을 말이지, 만물을 뭐냐 하면 짚으로 만든 개처럼 여긴다는 거라. 따로 베푸는 자선이 없다, 이 말이지. 불가에서 말하는 자비심이 없다는 말은 아니고, 어떤 것을 애착하는 게 없단 말일세.

그러니까 인간들처럼 이건 좋아하고 저건 싫어하고 하면서 자기 마음대로 사사로운 정을 주거나 거두거나 그러지 않는다는 뜻이군요?

그래, 그런 말이지.

만물을 짚으로 만든 개(芻狗)처럼 여긴다고 했는데, 무슨 뜻인가요?

우리 나라에서는 제사를 지내거나 할 때 짚으로 인형을 만들어서 쓴 다음 버리잖는가? 중국에서는 아마 풀로 개를 만들어서 제물 대신 썼던 모양이라. 그런데 그 풀로 만든 개는 제사 때 한 번 쓰고 나서 버리거든. 그런 것 모양으로 천지는 만물을 버릴 때가 되면 그냥 버린다는, 그런 뜻이지. 그러니까 천지는, 우주는, 편벽됨이 없다, 어디 한 군데 끄달려 그리로 쏠리거나 기우는 일이 없다, 이거야. 이게 무슨 말이냐 하면 만물에 대하여 공평무사公平無私하다는 건데, 그러니까 사람들 눈에는 뭐냐 하면 무정해 보이는 거라.

『장자』에서 읽은 기억이 나는데요, "불이심손도不以心損道하고 불이인조천不以人助天하라", 그러니까 인간의 마음으로 道를 헐지 말고 인간의 힘으로 하늘을 돕겠다고 하지 말라는 말일 텐데요, 요컨대 인간의 편벽된 마음이라 할까 사사로운 정 따위로 하늘의 道를 어지럽히지 말라는 이 말씀이 천지는 불인不仁이라는 말과 서로 통한다고 볼 수 있겠군요?

그런 뜻이지. 천지는 공평무사하니까.

천지불인天地不仁이라는 넉 자를 대할 때 말입니다, 인간의 잔꾀라든가 집착 따위로는 어떻게 감히 건드릴 수도 없는 엄숙하고 어마어마한 법 같은 것, 그런 게 생각이 난단 말씀입니다. 그런데 바로 그 하늘의 법도를 인간이 사사로운 정으로 말하자면 헐어버린다는(損) 건데요, 그런데 사실은 천지의 법도라는 게 인간의 편벽됨 따위로 헐어지는 것일 수는 없고, 그렇게 함으로써 결국은 인간이 다칠 뿐이라는 얘기 아닙니까?

그렇지. 그래서 인간이 스스로 망가져가는 거지. 오늘날 소위 '문명'이라는 게 다 그런 거 아니겠나?

자기 딴에는 하늘을 돕는다고 한 것인데도 그게 사실은 하늘을 배역背逆하는 것이더라는 얘기지요. 성경에 보면, 예수님이 이제 나는 곧 죽을 것이다, 사람들한테 죽임을 당할 것이다, 하고 말씀하셨을 때 베드로가 나서서 말리지 않습니까? 선생님, 선생님이 사람들 손에 붙잡혀 처형을 받으시다니요? 그건 안 될 말씀입니다, 그리로는 가실 수 없습니다, 우리가 있는 한 선생님을 그리로 보내드릴 수는 없습니다. 그러면서 앞길을 가로막거든요. 저는 베드로의 이런 모습이야말로 가장 인간적인 모습이라고 생각되고요, 결코 잘못된 태도는 아니라고 봅니다. 선생님이 이제 죽임을 당하러가신다는데, 선생님, 그게 하늘의 道라면 가셔야지요, 안녕히 죽으십시오, 할 수는 없지 않겠습니까? 그런데 이 지극히 '인간다운' 베드로의 행위가 바로 '이심손도以心損道'요 '이인조천以人助天'이었기에 예수님한테서 "사탄아, 내 뒤로 물러서라. 네가 어째서 하느님의 일은 생각지 아니하고 사람의 일만 생각하느냐?" 하고 무서운 책망을 들었던 것 아닌가, 그렇게 생각되는군요.

얘기가 재미있구먼. 아주 적합한 경우를 예로 들었네. 바로 그런 거지.

이 장면에서 베드로는 말하자면 영락없이 '짚으로 만든 개'가 된 셈이지요. 그렇지만 짚으로 만든 개도 제사지낼 때는 반드시 필요한 것 아닙니까?

그렇지, 제물이니까. 그러나 쓰고 나면 버리는 거지.

그러니까 거기다가 무슨 영원한 가치 따위를 두지 않는다는, 그런 말인가요?

그래, 그런 거지.

백성을 개떡으로 알라?

그럼, 다음으로 넘어갈까요? 성인聖人은 불인不仁하여 백성을 짚으로 만든 개처럼 여긴다고 했는데요.……

성인聖人 역시 불인不仁이라, 말하자면 편벽된 마음을 쓰지 않는다는 거지. 그러니까 뭐냐 하면, 사사로운 정에 끄달리지 않고, 그렇게 되니까 모든 사람을 공평무사로 대한다 이거야. 공평무사하게 대하니까 모든 사람을 짚으로 만든 개처럼 여기는 거고, 그러니까 편애를 하거나 무슨 사적인 기대를 품은 사람들은 결국 자기네가 버림을 받았다고 여기게 되는 거라.

여기서 성인이란 천지의 道를 그대로 좇아서 사는 사람을 가리키는 거겠지요?

그렇지. 천지의 道를 실천하는 사람이지. 기독교에서 말하는, 하느님 아버지와 언제나 함께 있어서 그분의 뜻대로 살아가는 사람……

그런데요, 백성을 짚으로 만든 개처럼 여긴다는 말을 문자 그대로 읽으면 백성을 순 개떡으로 여긴다는 말로 오해할 수도 있겠는데요, 그런 뜻은 아니잖습니까?

그거야말로 큰 오해지.

그런데 말씀입니다, 이 구절을 정말 그렇게 읽었는지, 가끔 보면 정치를 한다 뭐를 한다 하면서 백성의 지도자 노릇을 하겠다는 자들이 정말로 백성을 개떡으로 여긴단 말씀입니다. 독재자가 대개 그런 자들 아닙니까?

여기서 말하는 '추구芻狗' 하고는 다른 '추구'로 여기는 거지.

도대체 그 두 가지 태도에서 다른 점은 무엇이며 어떻게 그것을 알아볼 수 있을까요?

고대 자네가 말한, 세속에서 권세를 잡고자 하는 자는 결국 사私를 도모하는 것 아닌가? 그런데 여기서는 뭐냐 하면 주님, 하느님, 우주의 본체께서는, 공평무사하시다 이거야. 다 따뜻하게 대하시거든. 모두를 한 몸으로 대하신다는 말이지. 한 몸으로 대하니까 사람 눈으로 볼 때 만물을 추구처럼 여기는 걸로 보이는 것 아니겠나?

그러니까 그 태도에 사私가 있느냐 없느냐?

그래. 바로 그 차이지.

사私가 있다는 말은 스스로 어딘가에 집착하여 끄달린다는 얘기겠지요?……

우주는 풀무와 같아서

자, 그 다음 대목이 저에게는 늘 아리송했는데요. "천지지간天地之間은 기유탁약호其猶橐籥乎인저 허이불굴虛而不屈하고 동이유출動而愈出이라", 읽기는 이렇게 읽어야겠지요?

그래. 그렇게 읽어야겠지. 그러니까 천지지간天地之間, 우주는, 뭐냐 하면 풀무와 같다 이거야. 탁약이란 풀무를 뜻하는 말이거든.

천지지간을 그냥 우주로 읽어도 되겠습니까?

그럼, 그게 그런 말이지. 바로 그 우주가 속이 비어 있는 풀무와 같다, 이 말이야.

선생님 말씀하신 그 '우주'라는 개념 속에는 이른바 삼라만상이 다 포함되는 겁니까? 그러니까 빈 공간으로서 우리 눈에 보이지 않는 것뿐만 아니라 우리 눈에 보이는 모든 사물까지 다 포함해서 '천지지간'이요 '우주'라고 말하는 건가요?

그렇지. 그 모든 것을 다 포함해서 천지지간이요 우주라고 하는 거지.

바로 그 우주가 말하자면 대장간에서 쓰는 풀무와 같다, 이 말씀이겠지요? 그래서 허이불굴虛而不屈이라.

아무것도 하지 않아서 다함이 없다는 거라. 여기서 허虛는 앞 장에서 말한 충沖과 같은 뜻이지. 뭘 따로 하는 바가 없단 말이야. 그러니까 아무리 해도 다함이 없다는 거지.

여기서 '굴屈'이란 말은 무릎 꿇는다는 뜻이 아니라 다한다는 뜻으로 읽어야 하는 건가요?

여기서는 '다할 굴屈'로 읽어야지. 텅 비어 있으니까 다함이 없단 말이야. 여기서 허虛는 앞장의 충沖과도 같은 말이고 무無하고도 같은 말이고 불가의 공空하고도 같은 말이지.

그러니까 허虛해서 불굴不屈이라는 이 말은 아무것도 하지 않아서 언제나 다함이 없다는, 그런 뜻이군요?

그렇지. 그런데 여기서 아무것도 안 한다는 말은, 사적인 도모를 일절 하지 않는다는 뜻이지.

그렇겠지요. 道 그 자체가 아무것도 안 할 수는 없으니까요. 여기서 비어 있음(虛)은 자신의 뜻을 앞세워 무엇을 사사로이 도모하지 않는다는 그런 의미란 말씀이지요?

천도天道를 좇아서 무슨 일이든 하면 다함이 없다, 끝이 없다, 이런 말이지. 천도를 따라서 하면 그게 바로 영생의 자리에서 하는 거니까.

옳습니다. 그게 그런 뜻이군요. 이어서 동이유출動而愈出이라 했는데, 무슨 뜻입니까?

움직이면 움직일수록 더욱 나온다, 이 말이야. 그러니까 뭐냐 하면, 작용을 하면 할수록 더욱더 나오게 되는 거지.

그렇다면 여기서 동이유출動而愈出은 앞의 허이불굴虛而不屈하고 대對가 되는 겁니까?

대가 되는 거지.

아하, 그렇군요.

그럼, 이 '동動' 이란 말을 무엇으로 풀어야 합니까?

인위적인 작업이라고 할까, 그런 거지.

작위 말씀인가요?

그래, 작위지. 그러니까 이쪽 허이불굴虛而不屈은 뭐냐 하면 무위를 얘기하는 거고 동이유출動而愈出은 인위를 얘기한다고 봐야겠지.

그렇다면, 더욱더 나온다(愈出)는 게 좋다는 뜻은 아니겠네요? 갈수록 더욱 복잡해진다는 말인가요?

그렇지. 그렇게 봐야지.

허虛라는 걸 방금 말씀하신 대로 무위로써 행한다(爲無爲)는 뜻으로 읽는다면, 그냥 가만히 있는 것으로만 '허虛'를 푸는 것은 잘못이겠군요?

그런 뜻으로 풀어서는 안 되지. 허虛라는 게…… 그게 마치 하늘이 뭐 하는 게 없잖나?

그런데 모든 것을 다 하잖습니까?

바로 그 얘기지. 뭘하는 게 없는데 다 하거든. 그게 위무위爲無爲라. 산이 아무것도 안 하잖아? 그렇지만 다 하잖는가?

예. 그렇군요. 말씀을 들으니 언젠가 김교신金敎臣 선생이 쓰신 일기의 한 대목을 읽은 기억이 납니다. 그분이 면도칼이라는 별명을 얻을 만큼 대쪽같이 엄격한 삶을 사신 분 아닙니까? 어느 친구분 댁에 가셔서 그 집 여식이 손님 대접하는 모습을 보게 되는데 조금도 그 아버지를 두려워하거나 어려워하는 기색 없이 자기 할 일을 다하더라는 거지요. 김교신 선생이 속으로 당신 따님과 그 친구분 따님을 비교하면서, 그날 일기에 "나는 오늘 하늘 같은 아버지의 모습을 보았다"고 기록하였는데요. 그게 곧 이래라저래라 엄격하게 다스리지 않으면서도 자식을 빈틈없이 길러내는 아버지 모습을 보고 자신을 반성하는 그런 내용이거든요. 하늘이 세상을 다스리는 방식이 그렇지 않습니까?

아무렴. 그래서 위무위즉무불치爲無爲則無不治라, 무위로써 다스리면 다스려지지 않는 게 없다고 했지. 누가 감히 하늘의 법도를 거역할 수 있겠나?

그러니까 여기서 허이불굴虛而不屈은 뭘 하는 게 없이 다 하는 걸 말하고, 다른 말로 하면 이래라저래라 잔소리하는 일 없이도 자녀를 아무 탈 없이 기르는 '하늘 같은 아버지'의 모습을 보여주고 동이유출動而愈出은 온갖 것 다 하는 것 같은데 해놓은 일은 아무것도 없고 그러니까 마치 이래라저래라 온갖 잔소리를 다 늘어놓으면서도 자식들을 제대로 기르기는커녕 갈수록 반발하게 만드는 그런 아버지의 모습을 보여준다고도 말할 수 있겠군요?

얘기로 하자면 그렇게 말할 수 있겠지.

말이 많으면 자주 막히는 법

동이유출動而愈出을 그렇게, 하면 할수록 복잡해지고 분분紛紛해지는 것으로 읽으면 곧장 다음 구절로 이어지겠습니다. "다언삭궁多言數窮이니 불여수중不如守中이라", 말이 많으면 자주 막히니 그 중中을 지킴만 같지 못하다는 뜻이겠는데요. 여기서 '중中'을 어떻게 읽어야 할는지요?

그게 '빌 중中'인데, 그러니까 여기서는 말하지 않고 가만히 있는 것만 못하다는 거지.

'가운데 중'으로 읽지 않고 '빌 중'으로 읽는 데 열쇠가 있군요. 그러니까, 말이 없는 상태로 있는 게 말이 많아서 자주 막히는 것보다 낫다는 그런 뜻인가요?

그렇게 봐야겠지.

그런데 여기서 '다언多言'이라고 할 적에 그것은 편벽된 마음이나 사사로운 어떤 뜻을 앞세우고 또는 밑바닥에 깔고서 하는 말을 가리키는 것 아닙니까?

그렇지.

그렇게 해서 말은 하면 할수록 자주 막힌다고 했는데 말씀입니다. 제가 여기저기 다니면서 말을 좀 많이 하는 편인데요, 그러다 보면 어떨 때에는, 선생님과 마주앉아 이야기를 나누고 있는 지금이 바로 그런 경우인데요, 그럴 때에는 밤이 깊도록 앉아서 얘기해도 지루하거나 피곤함을 느끼지 못하거든요. 그런가 하면 얘기가 금방 지루해지고 도무지 더 나누고 싶지 않아서 그만 말문을 닫아버리게 되는 그런 경우도 있더라는 말씀입니다. 그런 경우가 어떤 때인가 생각해 보면, 제가 속에 없는 말을 해야만 한다든가 아니면 듣기 싫은 소리를 들어야 한다든가, 그런 때지요. 그러면 말이 막히고 마는 겁니다. 말이라는 게 서로를 통하게 하려고 있는 건데 오히려 말이 둘 사이를 가로막고 말거든요. 결국 말이 많으냐 적으냐 하는 그 양에 따라서가 아니라, 무슨 말이냐 하는 그 질에 따라서 말이 통하거나 막히거나 하는 게 아닌가, 그런 생각이 듭니다.

그렇지. 그러나 대개 말이 많을 때는 뭔가 자연스럽지 못할수록 더욱 말이 많아지는 것 아니겠나? 말이 말을 낳고 새끼치고 덧붙이고, 그래서 말이 많으면 많을수록 자주 막히니, 그게 바로 여기서 말하는 다언삭궁多言數窮이라. 그런데 그게 차라리 중中을 지키는 것만 못하다는 얘긴데…… 이 '중中'이라는 말이 매우 중요한 거라. 여기서 말하는 중中은 자사子思가 『중용中庸』에서 말하는 바로 그 '중中'과 맞아떨어지는 것이라고 볼 수 있지. 자사가 중용을 설명하면서 뭐라고 말하는고 하니, 이러시거든.

"기쁨과 노여움과 슬픔과 즐거움이 아직 겉으로 드러나지 않았을 적에는 그것을 중中이라 하고, 드러나되 모자라거나 넘치거나 하지 않고 그 절도(節)에 맞으면 이를 화和라고 한다. 중中이란 천하의 큰 뿌리요 화和란 천하에 통달하는 길이다. 마침내 중화中和에 이르면 천지가 제 자리를 차지하고 만물은 무럭무럭 자란다.(喜怒哀樂, 未發, 謂之中. 發而皆中節,

謂之和. 中也者, 天下之大本也. 和也者, 天下之達道也. 致中和, 天地位焉, 萬物育焉)"

바로 이 '중中'이 여기서 노자가 말씀하시는 '수중守中'의 중中과 같은 거라. 그러니까 이것을 갖다가 『도덕경』의 말로 바꾸면, 중中은 道가 되고 화和는 德이 되겠지.

그렇다면 여기서 '중을 지킨다'(守中)는 말은 천하의 큰 뿌리를 지킨다는 말이고, 그게 달리 말해서 하느님을 모신다는 것 아닙니까?

기독교 말로 하면 바로 그거지. 같은 말이야.

설교를 할 때도 그렇습니다. 뭔가 내가 저들에게 멋진 '설교'를 해야겠다고 생각하면 말이 많아지고요, 그러면 틀림없이 안 듣는 거 있지요? 영락없이 그렇습니다. 그런데 가끔 사정이 있어서 아무 준비도 못하고 그냥 말 그대로 빈 마음만으로 하느님께 기도하면서 사람들 앞에 설 경우가 있는데요, 그럴 때는 오히려 얘기가 잘 통하는 걸 경험하게 되지요.

작위가 바탕에 깔린 말은 하면 할수록 막히게 돼 있거든.

그러니까 그런 식으로 말을 자꾸 해서 막히느니 하느님을 모시고 가만히 있으라는 얘긴데요, 여기서 중中을 지키라는 건 차라리 언표를 하지 말라는 것 아닙니까?

그렇지. 언표를 하지 않고 가만히 있는 자리에서는, 그런 자리에서는 작위가 있을 수 없잖나?

참으로 수중守中을 하면 따로 언표가 필요 없는 것 아닙니까?

필요 없지. 아주 중요한 걸 자네가 지금 말했네. 중을 지킨다는 말은 중을, 하느님을, 부처를 모신다는 건데, 그런 상태에 이른 사람이 볼 것 같으면 중을 모신 사람이 어디 따로 있는 게 아니라 모든 사람이, 사람뿐 아니라 모든 사물이 다 그분을 모시고 있는 거라. 부처의 눈으로 보면 부처 아닌 게 없거든. 다만 사람들 가운데는 자기가 하느님을 모시고 있다는 사실을 아는 사람과 그것을 모르는 사람이 있을 뿐이지.

그걸 몸으로 안다고 했을 때, 불가에서 말하는 깨달음의 경지에 이르렀다고 할 수 있을까요?

그렇지.

그런 사람이라면 편벽된 마음으로 무슨 말을 할 리가 없고, 그러니 자연 말이 많을 필요도 없고, 그래서 이른바 불언지교不言之教를 행할 수 있겠지요.

그렇겠지. 그쯤 되면 무슨 말이 더 필요하겠는가?

그렇다면, 지금 선생님과 제가 이렇게 마주앉아 '말이 많은 것'은 도대체 뭡니까?

이거? 이거는 뭐냐 하면, 즐기는 거지!

즐기는 거요?

그래, 즐기는 거야.

맞습니다. 즐기는 거지요. 숨쉬는 거나 비슷하다고 생각이 됩니다. 아닌 말로 해서, 이렇게 해가지고 나중에 책을 써서 돈이라도 벌어보겠다는 그런 욕심이 앞선다면 재미가 없을 겁니다.

재미가 없다기보다, 얘기가 우선 되지를 않겠지.

6장
아무리 써도 힘겹지 않다

곡신谷神은 죽지 않으니 이를 일컬어 현묘한 암컷이라 한다. 현묘한 암컷의 문을 일컬어 천지의 뿌리라 한다. 이어지고 이어져서 항상 존재하는 것 같으니 아무리 써도 힘겹지 않다.

谷神不死, 是謂玄牝. 玄牝之門, 是謂天地根. 綿綿若存, 用之不勤.

비어 있는 신령함

이 구절은 무슨 암호문을 읽는 기분을 느끼게 하는데요, "곡신谷神은 불사不死라", 죽지 않는다 했는데, 곡신이 뭡니까?

골짜기는 비어 있잖은가? 골짜기는 비어 있는데, 여기서 곡신谷神이라고 하면, '비어 있는 신령함'이라고 할까? 그런 거지. 말하자면 道를 가리키는 거라. 道를 얘기하는 거야. 그걸 공空이라고 해도 좋고, 그러니까 공이나 道는 죽지 않는다는 그런 얘기지. 기독교의 말로 하면, 우리 하느님 아버지는 영원하시다, 무시무종無始無終하시다는 말이 되겠지.

태어남이 없으니 죽음도 없다는, 그런 말인가요?

그래, 그런 말이지. 죽지 않는다는 말은 태어나지 않는다는 말이니까. 불생불멸不生不滅이라.

방금 곡신이 道를 가리키는 말이라고 하셨는데요, 그렇다면 여기서 노자는 道의 어떤 모습을 드러내려고 일부러 곡谷이라는 말을 사용한 걸까요?

앞 장의 '중中'과 연결시켜서 생각하는 게 좋을 거야. 비어 있음을 얘기하는 거지.

골짜기(谷)라는 게 움푹 들어가 있는 곳이고 능선은 밖으로 드러나는 곳이니까, 결국 만상萬象을 드러나게 하는 것이 곡谷 아니겠습니까? 골짜기가 없으면 산꼭대기도 없는 거니까요.

그렇지. 그러나 여기서는 정상이라든가 능선 따위와 상대적인 관계를 맺고 있는 의미에서 골짜기를 말한다고 봐서는 곤란해. 다만 道의 비어 있음, 그런 걸 얘기하려니까 골짜기라는 이미지를 빌렸다고 봐야겠지.

그렇군요. 그러면 '신령한 비어 있음'으로서의 道는 죽지 않거니와 그것을 일컬어 현빈玄牝이라 했는데요, 현빈玄牝이란 말은 현묘한 암컷이란 말입니까?

말은 그런 말인데, 뜻으로 말하자면 '신비로운 수동성' 이라고 하는 게 좋겠지. '수동적인 신비로움' 이라고 해도 되겠고.

수동성이란 자기가 나서서 무엇을 하는 게 아니라 받아들인다는 뜻이겠지요?

그렇지. 철저한 수동성이지.

만물을 받아들인다는 말은 만물을 내놓는다는 말 아닙니까?

만물을 받아들이니까, 그러니까 만물을 내놓지. 그래서 곧이어 문門이라는 말이 나오는데, 그게 무슨 문이냐 하면, 모든 걸 낳는 문이거든. 암컷의 문이라고 하면 그게 생산하는 문 아닌가?

하긴 곡신이라고 하니까 어쩐지 여자의 몸이 생각나기도 합니다만.

느낌이 그렇게끔 돼 있지.

모든 것을 생산한다는 말은 모든 것을 받아들인다는 말이고, 그러니까 지난번에 나왔던 중묘지문衆妙之門과 같은 말이 되겠군요? 모든 것이 거기서 왔다가 그리로 돌아가는, 그런 문門 말입니다.

철저한 자기 부정을 통해서 진정한 자기 긍정으로 가는 것 아닌가? 예수가 철저한 자기 부정으로 참된 자기를 얻는데 그 참된 자기라는 게 뭐냐 하면 우주의 본체와 같은 것임을 깨닫는 거라. 그러니까 여기서 '신비로운 수동성' 이란, 위대한 자기 긍정에 이르도록 하는 철저한 자기 부정을 말한다고 봐야겠지.

석가모니가 사촌 동생인 아난존자阿難尊者에게 일러준 말 있잖은가? "제가환자諸可還者는 자연비여自然非汝로되 불여환자不汝還者는 비여이수非汝而誰아." 돌아가 변할 수 있는 모든 것은 자연히 네가 아니로되 네가 돌이킬 수 없는 그것은 너 아니고 누구냐는 말인데, 네가 지금 너라고 생각하는 건 모두 돌아가서 흙도 되고 바람도 되고 그렇게 변하는 것이니 그게 어째서 너라고 말할 수 있는 것이며, 또 네가 바꿀 수 없는 것 있잖은가? 그게 바로 너 아니고 누구냐는 거라. 세상에서 '나의 것' 이라고 하는 그 모두를 철저하게 부정하고 '나' 를 비우면 끝에 가서 남는 게 진정한 '나' 인데 그것이 바로 너(汝)요, 그것이 바로 아버지다, 이 말이지. 이 말과 비슷한 내용을 담은 화두로, "여하시 부모미생전 본래면목如何是 父母未生前 本來面目"이라는 말이 있는데, 네 부모가 태어나기 전에 이미 가지고 있던 네 참모습이 어떤 것이냐는 물음이지. 그게 뭐겠는가? 그게 바로 공空이요, 그게 바로 너(汝)라는 거지.

석가가 "내가 홀로 존귀하다(唯我獨尊)" 할 때의 그 아我로군요.

그렇지. 그게 기독교인들 말로 하면 '아버지' 고 여기서 하는 말로는 道고 불가의 말로는 공空이라고 해도 좋고 부처라고 해도 좋겠지.

천지의 뿌리

그러니까 그것이 천지근天地根이라, 온 우주의 근원이라는 말이겠지요?

그래. 천지의 뿌리(天地根)란 말은, 그것이 온 우주의 자궁이란 말이지. 아까 현빈지문玄牝之門이라고 했잖나? 그게 바로 자궁이거든.

그런데 그것은 또한 "면면약존綿綿若存이어서 용지불근用之不勤이라"고 했는데요, 면면약존이라는 말은 계속 이어져서 끊임이 없으므로 항상 있는 것 같다는 그런 뜻입니까?

그렇지. 목화로 실을 자을 때 끊임없이 나오지 않는가? 끊어지면 실이 되지 않거든. 道는 얼핏 보면 거기 그냥 있는 것처럼 보이지만 사실은 끊임없이 흐른다는, 그런 뜻도 되겠지.

정중동靜中動이 그런 말이겠지요. 햇빛이 끊임없이 내려와서 우리 눈에는 그냥 환한 공간처럼 보이는 것도 비슷한 모습이 아닐까요?

그렇겠구먼. 道는 막힘도 없고 끊임도 없어서 어디에나 편만하지. 그래서 마치 항상 존재하는 어떤 것처럼, 그렇게 보인다는 거야.

아무리 써도 힘겹지 않다(用之不勤)는 말은 무슨 뜻입니까?

힘을 줘서 따로 하는 일이 없으니 아무리 한들 무슨 힘이 들겠는가? 자연 그대로니까, 아무런 작위도 없고 따라서 억지를 부리지 않으니 힘들어 고단할 이유가 없지.

그러니까 덕동 골짜기에서 자연농을 하는 원식 군 얘기가 생각나는군요. 농사일이 얼마나 힘드냐고 물으니까, 사실 그 친구 일하는 걸 보면 저 같은 사람은 도저히 반에 반도 따라할 수 없을 만큼 엄청난 노동을 하거든요. 그래서 얼마나 힘드냐고 물으니까, 자기는 왜 농사 일이 힘들다고 하는 건지 모르겠다는 겁니다. 자기가 할 수 있는 만큼, 그러니까 자기 힘으로 감당할 수 있는 만큼만 하면 힘들 까닭이 없다는 거예요. 열 관을 질 수 있는 몸으로 열 다섯, 스무 관을 지니까 힘든 거지, 자기가 넉넉히 질 수 있는 무게만큼만 진다면 어째서 힘이 드느냐는 거지요. 듣고 보니 맞는 말이더군요. 용지불근用之不勤이란 말은 그러니까, 道는 모든 일을 자연으로 하지 억지를 부리거나 작위를 하지 않기 때문에 아무리 해도 고단한 줄을 모른다는 그런 얘기 아니겠습니까? 이 구절의 주석에서 감산은 이렇게 말하고 있더군요. "道의 체體는 지극히 비어 있어서(至虛) 무심으로 쓰임에 응한다(無心而應用). 그래서 고단하지 않은 것일 따름이다(故不勤耳)."

옳은 얘기여.

7장
천지가 영원한 까닭은

천지는 영원하다. 천지가 영원한 까닭은 그 생生을 자기의 것으로 삼지 않기 때문인데, 그래서 오래 살 수 있는 것이다. 그런즉, 성인聖人은 그 몸을 앞세우지 않으므로 오히려 추대를 받고 그 몸을 도외시하므로 오히려 영원히 존재한다. 성인에게는 사욕이 없기 때문에 그렇게 되는 것이 아닐까? 그런 까닭에 능히 대아大我를 이룰 수 있는 것이다.

天長地久. 天地所以能長且久者, 以其不自生, 故能長生. 是以聖人後其身而身先, 外其身而身存. 非以其無私邪, 故能成其私.

생을 사유하지 않는다

제가 한번 부족한 대로 풀어서 읽어보겠습니다. 하늘과 땅은 영원하다. 하늘과 땅이 영원한 까닭은, '이기부자생以其不自生'이라, 스스로 나지 않아서다?

거기 부자생不自生을 그렇게 읽을 게 아니라, "생生을 내 것으로 삼지 않는다"로 읽어야 할 게야. 여기서 자自는 '스스로 자'라기보다 '사사로운 자'로 읽어야 해. 그러니까 스스로 태어나지 않기 때문에 오래간다는 게 아니라 생을 사사로이 자기 것으로 하지 않기 때문에 천지는 장구長久하다는, 그런 얘기지.

생을 사유私有하지 않는다는 뜻이군요?

그렇지.

"고故로 능장생能長生이라", 그런 까닭으로 해서 생이 오래간다, 맞습니까?

그래.

그러니까 다시 말하면, 생을 자기 것으로 삼지 않아서(不自生) 오래 산다는 그런 말이군요?

그렇지.

그렇다면, 생을 자기의 것으로 하지 않는다는 말은 무슨 뜻일까요?

욕심이라든가 사욕이라든가 그런 것으로 생을 도모하지 않는다는 거겠지.

살겠다는 의지, 그런 것도?……

그런 것도 없다는 거지. 아까 '곡신谷神'에서 道라는 게 영원한 실체임을 말하고 있잖아? 여기서도 우주가 영원히 살아 있는 까닭은 우주 자체가 "이것은 내 것이다" 하고 주장하는 바가 없어서란 말씀이야.

그러니까, "비어 있어서 다함이 없다"(虛而不屈)라는 말과 같은 뜻을 얘기하는 거라고 볼 수 있겠군요?

바로 그 얘기지.

생을 잡지 않는다, 또는 생에 집착하지 않는다, 그래서 오래 산다, 아니 영원히 산다, 그런 말입니까?

그렇지.

그럼 생이불유生而不有하고도 통하는 말이겠네요?

통하는 말이지. 그것도 영원한 우주가 존재하는 한 모습이니까.

여기서도 천지란 道를 가리키는 말로 읽어야겠군요?

道의 한 모습이라 할까, 우주의 본체를 얘기하는 거지.

앞서고 뒤서고가 따로 없는

그 다음 구절을 읽어볼까요? "시이是以로 성인聖人은 후기신이신선後其身而身先이요 외기신이신존外其身而身存이라", 성인은 그 몸을 뒤로 해서 앞으로 나선다는 뜻입니까?

성인은 앞을 다투지 않아. 앞을 다툰다는 건 사私를 도모한다는 말 아닌가? 성인은 그 몸을 道와 함께 하잖아? 앞이니 뒤니, 뭐 그런 걸 따지지도 않는단 말이지.

여기서 '후기신後其身'이 말입니다, 일부러 뒷자리를 차지하려고 하는 것이어서도 안 되지 않습니까?

안 되지. 그건 아니야. 다만 道를 따라 사는 사람이 앞을 다투지 않는다는 것을 언어로 표현하자니까 그렇게 말한 것뿐이지.

그러니까 성인은 남보다 앞서려고 하지 않는다는 말이군요.

앞서고 뒤서고가 없다는 거지. 그런 게 어디 있어?

앞서려고 하지도 않고 뒤서려고 하지도 않는다, 그런 말입니까?

후기신後其身을 그렇게 읽는 게 오히려 정확할 게야. 초연한 자세를 말하는 거니까.

결국 작위作爲를 하지 않는다……

바로 그 얘기지! 사욕을 부리지 않는단 말이야.

그래서 결국은 그 몸이 앞으로 나아간다는 말입니까?

그렇지. 그러니까 자연히 뭐냐 하면, 있게 된다는 거지. 망가지지 않는 거라. 드러나게 되는 거지.

앞으로 드러난다는 건가요?

그런 말인데, 그러나 앞이 있으면 뒤가 있지 않는가? 여기서는 그런 상대적인 의미로 말하는 앞이 아니지. 다만 세속에서 말하는 앞이니 뒤니 그런 게 없이, 자기를 앞세우는, 그러니까 사私를 도모하는, 그런 자세가 없는 거라. 그래서 결국은 뭐냐 하면 변함이 없이 존재한다는 얘기가 되겠지. 굳이 말한다면, 사람들한테 영원히 추대를 받게 된다고 할까? 그 다음에 이어지는 "외기신이신존外其身而身存"도 마찬가지 의미를 되풀이해서 조금 다르게 말한 거지. 어떤 일에 끼어들지 않고, 인간적인 일에 말이지, 어떤 일에 끼어들지 않으니까 몸을 언제나 밖에 두는 것 아닌가? 자기 몸을 도외시한다는 거야.

여기서도 밖에 두려고 해서 두는 건 아니겠지요?

물론, 당연히 그렇지. 그러니까 언제나 문제는 뭐냐 하면, 천도天道에 서서 일을 하니까 세속 사람들이 움직이는 자리의 밖에 있게 되는 거라.

작위를 부리지 않고 사욕에 끄달리지 않다 보니까 세상에서 말하자면 그 몸이 밖으로 돌게 되더라는 그런 뜻입니까?

그건 남이 볼 적에는 그렇게 보일는지 모르지만, 작위나 사욕을 떠난 것이 곧 외기신外其身이요, 그래서 언제나 존재한다(常存)는 그런 얘기지.

언젠가 예수님이 제자들에게, 높은 자리에 앉으려 하는 자는 가장 낮은 자리로 가라고 발씀하시지 않습니까? 그런데 그 말뜻을 오해하면 높은 자리에 앉으려는 꿍꿍이속을 가지고 일부러 낮은 자리를 찾는 수도 있을 거란 말입니다. 그건 아니잖습니까?

아니지. 물론 그건 안 될 말이야.

그러니 여기 후기신後其身이나 외기신外其身도 그렇게 읽어서는 곤란하지 않습니까?

그래서는 안 되지. 그래서는 안 될 수밖에 없는 것이, 여기서는 어디까지나 道의 자리에서 모든 걸 보고 말한단 말이야. 사私를 도모하는 자리에서 선先이니 후後니 외外니 내內니, 그런 걸 따지는 게 아니거든.

사욕이 없어서 대아를 이룬다

옳습니다. 그런데 바로 뒤에 이어지는 말이 묘하거든요. "비이기무사야非以其無私邪아." 그것이 어찌 사私를 도모하지 않는 게 아니겠느냐? 이렇게 읽어야 하지 않습니까? 그렇다면, 뒤이어 "고故로 능성기사能成其私라" 했으니까요, 사私를 도모하지 않아서, 그래서 결국은 사私를 이룰 수 있다는 얘길 텐데요.

무사無私하기 때문에, 사私를 도모하지 않기 때문에, 뭐냐 하면 언제나 있는 거고, 그래서 사私를 이루게 된다는 건데, 그러니까 여기서 말이지, 여기 뒤에 있는 사私는 이게 하나의 존재로서 있는 대아大我지,

일반 세속에서 말하는 상대적인 사私가 아닌 거라. 그건 말하자면, 초연의 자리인데, 여기서는 대아大我를 말하고 있는 거지.

그렇군요. 그렇다면, 예수님이 왼 뺨 치는 자에게 오른 뺨을 내놓으라고 하셨을 적에, 그렇게 함으로써 때리는 자와 맞는 자가 둘이 아니라 하나임을 확인하고 일깨워주는 것이라고 말씀하시잖았습니까? 바로 그 '하나인 몸', 그것이 여기서 말하는 '사私'가 되겠군요?

바로 그거지. 그러니까 지난번에도 말했지만, 석가가 천상천하유아독존天上天下唯我獨尊이라고 했을 적에 그 '아我'나 여기서 말하는 '사私'가 같은 거라.

알겠습니다. 그러니까 이 구절에 '사私'가 둘 있는데 앞의 사私를 도모해 가지고는 뒤의 사私를 결코 이룰 수 없다는, 그런 말이 되겠군요?

앞의 사私와 뒤의 사私는 전혀 다르니까. 앞의 것은 상대적인 사私요 뒤의 것은 절대적인 사私거든. 그런데 여기 절대적인 사私에는 유有와 무無, 공公과 사私, 절대와 상대가 모두 들어 있잖는가? 아울러 그런 모든 상대적인 것들한테서 초연한 사私지. 차별이 없는 사私니까. 바로 대아大我지.

그러니까, 앞의 사私는 말하자면, 너는 너 나는 나, 할 때의 사私요 뒤의 사私는, 너도 나 나도 나, 나도 너 너도 너, 할 때의 사私를 말하는 거겠지요?

그렇지. 그런 차이지.

예수님이, 나는 목숨을 바쳐 목숨을 얻는다고 하신 것도 비슷한 말씀을 하신 것 아닙니까?

비슷한 정도가 아니라 정확하게 그 말씀을 하신 거라고 보네. 상대적인 사私를 바쳐서 절대인 사私를 얻는, 말하자면 '진정한 나'(眞我)를 찾는 건데 그게 모든 종교의 근본이거든. 그러면 그 '진정한 나'는 누구냐? 그건 아버지요 부처님이요 여기서 말하는 道요 그런 건데 이 마지막 사私가 바로 그거라.

예수님이 언젠가 제자들에게 너희가 모르는 양식이 나에게 있는데 뭔고 하니, 나를 보내신 아버지의 뜻을 이루고 완성하는 그것이 곧 내 양식이라고 하셨거든요? 양식이란 게 없으면 죽는 것 아닙니까? 그러니 아버지의 뜻을 이루고 완성하는 그 일을 하지 않으면 당신은 살 수 없다고 하신 건데요, 자기의 뜻이 아니라 아버지의 뜻을 이룬다는 게 곧 무사無私 아니겠어요? 예수님은 바로 그 무사無私로써 영원한 생명을 얻으셨단 말씀입니다. 노자의 말투를 빌리면, 예수님은 무사無私로써 대아大我를 이루신 거지요.

바로 그거지. 그러니까 앞에 있는 '무사無私'의 사私와 뒤에 있는 '성사成私'의 사私는 전혀 다른 거라.

자기를 비우고 아버지의 자리로 돌아간다

그렇지만, 여기서 한 가지 조심할 것은 말씀입니다. 그 두 사私가 서로 다르기는 하지만 별개의 것으로 떨어져 있는 것 또한 아니라는 점이겠지요? 그 둘은 하난데, 굳이 말한다면 앞의 것은 가지(末)요 뒤의 것은 뿌리(本)라고, 그렇게 말할 수 있는 것 아닙니까?

물론! 그게 결국은 하나의 문門에서 나온 두 이름(名)이라고 해야겠지.

그러니까 앞의 사私와 뒤의 사私를 별개의 것으로 여기는 이분법적 사고를 조심해야겠군요. 그런데 말입니다, 아버지와 아들이 하나라는 걸 인식하는 건 좋은데, 그렇지만 아들이 곧 아버지는 아니거든요. 그래서 예수님도 아들의 뜻이 아니라 아버지의 뜻대로 하시라고, 그렇게 기도하시잖습니까? 그러니까, 아버지와 아들이 한 몸이라는 것을 인식하면서 동시에 아버지를 위해서 아들을 꺾는, 그런 자세가……

글쎄…… 꺾는다기보다는 그리로 돌아간다고 봐야겠지.

아하! 그리로 돌아간다? 자기를 비우고 아버지의 자리로 돌아간다는 말입니까?

그렇지, 돌아가서 하나로 되는 거지. 굳이 사람의 말로 하면 그런 거라.

옳습니다. 예수님이, 누구든지 나를 따르려거든 부모 처자를 버려야 한다고 말씀하시잖습니까? 저로서는 불가에서 말하는 출가出家를 명령하시는 건지 뭔지 확실하지 않아 늘 부담이 되어왔는데요, 한번은 문득, 이런 말씀이 들렸어요. "왜 버리라는데 버리지 않느냐? 그러면서 네가 무슨 목사 짓을 하겠다는 거냐?" 제가 대꾸했지요. "그렇지만 처자를 버리라는 말씀은 따르지 못하겠습니다. 저로서는 도저히 그럴 수가 없어요. 사람이 무슨 권리로 사람을 버린단 말입니까? 더구나 자기 구원을 위해서 남을 버리다니요. 그거야말로 해서는 안 될 짓 아닙니까?" 다시 음성이 들리더군요. "버리라는 게, 그게 사람을 무슨 쓰레기 버리듯 버리라는 건 줄 알았느냐? 네가 네 처자를 버리지 않고 그렇게 움켜쥐고 있으니 내가 그것들을 가질 수 없지 않느냐? 버리라는 건 나에게 돌려달라는 거야. 우주가 내 품인데 네가 버리면 그것들이 어디로 가겠느냐? 네가 가지고 좌지우지할 생각 말고 참 주인에게 바치란 말이다. 그래도 못 버리겠느냐?" 그 순간, 홀가분하다 할까요, 묘한 자유를 맛본 느낌이 들더군요. 예수는 처자만 버릴 게 아니라 '너 자신'까지도 버리라고 하셨지요. 그게 결국 무사無私하라는 것 아닙니까? 그럴 때 자신은 물론이요 부모 처자까지도 그분의 것으로 되는 거지요. 방금 선생님 말씀이, 돌아가서 그분과 하나로 된다고 하셨는데요, 하나로 되기 위해서는 '나' 또는 '나의 것'을 버려야 하거든요. 무사無私가 곧 성기사成其私로 가는 길이니까요.

자네 말 그대로일세. 천지天地는 불인不仁하다고 했는데, 그게 천지는 말 그대로 대자대비大慈大悲하다는 걸 바탕에 깔고서 하는 말이거든. 자네가 경험했다는 예수님 말씀대로 아주 자비심이 깊은 거라. 그러니까 사적인 정에 끌려서 사랑을 하거나 자선을 베풀거나 하는 것은, 그것은 깊은 자비심에서 나오는 게 아니지. 정말로 깊은 자비심에서 나오는 행위는 사람들 눈에 오히려 무정해 보이거든. 그래서 사람들이 진짜 자비행慈悲行에 대해서는 등을 돌리는 거라.

맞습니다, 선생님. 그리고 사욕이 없다면, 무슨 일을 하다가 뜻대로 안 돼도 크게 절망하거나 낙심할 것도 없잖겠습니까?

없지. 만사를 제 뜻대로 하지 않고 아버지의 뜻대로 하는 거니까, 그러니까 일이 안 되면 안 되는 대로 따르는 거지. 천명을 따르는 사람은 어떤 일도 억지로는 하지 않는……

억지로 해서 되는 것도 아니잖습니까?

그렇지. 그런데도 자꾸 사욕에 끄달려 억지를 부리니까 자신과 세상을 망가뜨리고 나가는 거야.

천명을 따른다는 건 자기의 사사로운 잇속을 계산하지 않는다는 말이니까요. 그러니까, 종심소욕불유구從心所慾不踰矩라, 오히려 저 하고 싶은 대로 해도 그게 하늘의 법도에서 어긋나지 않더라는 것 아닙니까?

그래, 그런 거지. 바꿔 말하면, 하늘이 저 하고 싶은 대로 하는 거니까 하늘의 법도를 벗어날 까닭이 없잖나?

8장
가장 착한 것은 물과 같다

가장 착한 것은 물과 같다. 물은 만물을 잘 이롭게 하면서 다투지 않고 뭇사람들이 싫어하는 곳에 처한다. 그러기에 道에 가깝다. 사는 데는 땅이 좋다. 마음은 깊은 것이 좋다. 벗을 사귐에는 어진 것이 좋다. 말은 성실한 것이 좋다. 정치는 자연의 도리로써 다스리는 게 좋다. 일은 잘할 줄 아는 게 좋다. 움직임은 때를 맞추는 게 좋다. 대저, 오직 다투지 않으니 그런 까닭에 탓할 바가 없다.

上善若水. 水善利萬物而不爭, 處衆人之所惡, 故幾於道. 居善地, 心善淵, 與善仁, 言善信, 政善治, 事善能, 動善時. 夫惟不爭, 故無尤.

착한 것은 물과 같다

유명한 '상선약수上善若水' 장인데요, 최고의 선善은 물과 같다는 말인가요?

그렇지. 그런 말이지. 가장 착한 것은 물과 같다는 거야.

좋습니다. 이어서, "수선리만물이부쟁水善利萬物而不爭하고 처중인지소오處衆人之所惡하니 고故로 기어도幾於道라"는 말은 어째서 가장 착한 것이 물과 같은지 그것을 설명하는 말이 될 텐데요, 첫 대목부터 풀어서 읽어주십시오.

"수선리만물이부쟁水善利萬物而不爭이라", 물은 모든 것을 잘 이롭게 하고 다투지 않는다는 말이지.

여기서는 '선善'을 '잘한다'는 뜻으로 읽어야 합니까?

그렇지. 앞에서 "상선上善은 약수若水라"고 할 때의 선善은 '착하다'는 뜻이고 여기서는 '잘한다'는 뜻이지. 물이 만물을 이롭게 하되 아주 잘 이롭게 한다는 말이야.

그 다음 대목은 어떻게 읽습니까?

"처중인지소오處衆人之所惡라", 뭇사람이 싫어하는 곳에 처한다는 말이지. 남들은 그렇게 되기를 바라지 않는 바를 감히 행하여 만물을 이롭게 한다는 거라. 남을 이롭게 한다는 건 뭐냐 하면, 그게 수고로운 것이거든. 힘든 거고. 그런데 물은 그것을 마다하지 않고 행한다, 이 말이야.

남을 이롭게 하려면 자기는 손해를 봐야 하니까요.

그럼. 그러니까 물이 어째서 그럴 수 있느냐 하면 말이지, 물은 주主와 객客이 따로 없거든. 너니 나니가 따로 없단 말이야. 아상我相이 없는 거라.

그렇지요. 물한테는 물 고유의 형태가 없지요. 모난 그릇에 담기면 모난 모양을 하고 둥근 그릇에 담기면 둥근 모양을 하고 뜨거운 곳에서는 증기가 되고 추운 곳에서는 얼음이 되고……

에고가 없는 거지. 에고가 없기 때문에 뭐냐 하면 모든 것에 도움이 되는 짓을 할 수 있단 말이야. 그런데 많은 사람들은 남에게 도움이 되는 짓을 힘들어하고 고달퍼해. 그래서 싫어하는 거지.

옳습니다.

그런데 물은 언제나 낮은 자리, 따로 '자기 자리'라는 게 없는 자리, 그런 자리에서 모든 것을 대하니까 자연 모든 것을 이롭게 한다는, 그런 말이지. 그러니까 다투지를 않아. 남을 도와주면서 다툴 수 있겠는가?

없지요. 다툰다는 건 자기를 내세운다는 거니까요. 결국, 노자는 이 대목에서 우리가 늘 경험하는 물이라고 하는 현상이라 할까 실체를 가지고 道의 또 다른 모습을 보여주고 있는 거라고 봐야겠지요?

그렇지. 그래서 바로 다음 대목에 보면 "고故로 기어도幾於道라", 그런 까닭에 道에 가깝다고 했잖은가?

그런데, 그렇다면 왜 여기서 "그러므로 道다" 하지 않고 "道에 가깝다"고 했을까요?

道의 실체는 말(言語)로 잡을 수 없는 거니까.

하긴, "이것이 道다" 하고 말하면 안 되겠지요.

그런데요, 세상에서는 이렇게 뚜렷한 '자기'를 내세우지 않고 낮은 자리에 처하는 사람을 업신여기지 않습니까?

업신여기지. 그래서 사람들한테 업신여김을 당하고 비웃음을 당하지 않으면 그게 道가 아니라는 거라.

그렇군요. 그런데 세상은 자꾸만 높은 데로 올라가라고만 가르친단 말씀입니다. 요즘 대통령 되겠다는 사람들이 한참 세상을 시끄럽게 하고 있는데요, 교회에서도 선생들이 아이들을 위해서 기도할 때, 이 아이들이 세상에 나가 뱀의 머리가 될지언정 용의 꼬리는 되지 않게 해달라고, 그렇게 기도하거든요. 아무튼, 어찌됐든, 우두머리가 좋다는 거예요. 저도 그런 기도를 들으며 자랐고 또 한때 그런 기도를 한 적도 있습니다. 철없던 시절 얘깁니다만. 아마 지금도 교회에서는 그런 기도를 열심히 드리고 있을 겁니다. 얼마나 우스운 일이에요? 예수님이 보여주신 길은 낮은 곳으로 낮은 곳으로 내려가는 길인데 말입니다. 그분의 길을 따른다고 말을 하면서 어떻게든 높은 자리에 앉는 것을 좋아하고 또 그렇게 되기를 바라고 있거든요. 이른바 성직자들도 마찬가지거나, 아니 오히려 더한 것 같아요. 솔선수범해서 높은 자리를 좋아하는 모습을 보여주고 있으니까요. 道를 얘기하는 사람들이 道하고는 정반대 쪽으로 가는 겁니다.

그래. 그게 오늘 우리네 현실이지.

그러니까 오히려 예수의 道를 좇아 살아보려고 하면 세상에서는 어리석은 자요 바보라는 말을 듣게 마련이지요.

그래서 노자도 "세상 사람들은 모두 똑똑하지만 나는 홀로 어리숙한 자(俗人察察 我獨悶悶)"라고 말하잖는가?

그랬지요. 사도 바울로도 어디에선가 너희는 세상의 어리석은 자가 되라고 했어요. 다음으로 넘어갈까요?

그러지.

사는 데는 땅이 좋다

이 대목은 잘 모르겠어요. 우선 읽기는 "거선지居善地요 심선연心善淵이요 여선인與善仁이요 언선신言善信이요 정선치政善治요 사선능事善能이요 동선시動善時라." 이렇게 읽어야겠지요?

그래.

이 대목은 앞의 말을 받아서 여러 가지 모양으로 설명하는 거라고 볼 수 있겠는데요, 그럼 하나씩 풀어서 볼까요? 우선 거선지居善地라고 했는데요, 무슨 말입니까?

머무는 데는, 깃드는 데는 땅이 좋다, 그런 얘긴데, 여기서는 글쎄…… 진흙이라고 할까? 모든 구질구질하고 잡스러운 것이 모여 있는, 땅이 그런 데 아닌가? 그곳이 뭐냐 하면 머물기에 좋은 데다, 그런 말이지.

아하, 그런 말이군요?

그러니까 예를 들면, 예수님께서 말씀하시기를 나는 의인을 위해서가 아니라 죄인을 위해서 왔다고 그러시잖는가? 바로 그 죄인들이 있는 자리가 말하자면 낮은 곳이요 구질구질한 곳이요 거기가 바로 여기서 말하는 '땅'이지.

여기 이 '선善'은 그럼 좋다는 뜻으로 읽어야 합니까?

그렇지. 여기서는 좋다는 뜻이지. 깃드는 데는, 사는 데는, 땅이 제일 안전하잖아?

그러니까 살 만한 곳은 높은 하늘도 아니고 구름도 아니고 땅이 제일 좋다는 그런 건데, 그 까닭은 거기가 가장 낮은 곳이기 때문이란 말이지요?

그래, 그거지.

이제 무슨 말인지 대강 알아듣겠습니다.

사람들이 대개 천당을 따로 가려 하고 극락을 따로 가려 하고 그러지 않는가? 그런데 천당과 극락이 어디 따로 있는 게 아니고 바로 그 선악이 섞여 있는, 미추美醜가 함께 있는, 그런 속에 깃드는 것이 좋으니라, 그런 해석이 돼야 뜻이 맞겠지.

그렇습니다. 땅에는 더러운 것도 있지만 아름다운 것도 있지요. 결국 이 구절은, 사는 데는 땅이 좋다, 그런 말이군요? 간단하고 소박한 말인데 그동안 많이 헛갈렸습니다. 그렇지요. 모든 물이 있는 곳은 땅이지요. 땅을 떠나서는 물이 있을 곳이 없으니까요. 수증기가 되어 하늘로 올라갔다가도 다시 땅으로 내려오거든요.

그러니까 온갖 것이 다 있으면서 동시에 낮은 곳이란 말이지.

예. 땅은 낮은 곳이지요. 그런데 바로 그 낮은 곳이, 있을 만한 좋은 곳이라는 것을 물이 보여주고 있다는 말씀 아닙니까?

그렇지. 그리고 그게 바로 예수님이 당신의 일생을 통해서 보여주신 것이기도 하고…… 남이 돌보지 않는 낮은 곳, 그런 곳을 찾아다니신 분이니까.

맞습니다. 높은 자리일수록 위험하지요. 그저 사는 데는 낮은 곳이 가장 좋다, 이렇게 간단한 말을 가지고 왜 그리 복잡하게 생각을 굴렸는지 모르겠습니다.

생각하는 틀이 잘못됐기 때문이야. 아마도 이 말을 아프리카 원주민이나 시골의 무식한 농부들에게 들려주면, 그거야 저절로 뻔한 건데 뭘 새삼스레 말을 하느냐고, 그럴 게야. 그들은 그렇게 살고 있거든. 결국 삶이 생각을 만들고 말을 만들고 그런 거니까. 이렇게 쉬운 말이 어렵게 들리도록 뒤틀리고 거꾸로 된 우리네 세상이 문제지.

동감입니다. 그럼, 다음 구절도 같은 투로 읽으면 되겠군요? "심선연心善淵이라", 마음은 깊은 것이 좋다?

마음을 함부로 하지 않으면 道와 어긋나지 않는다, 그런 말이지. 깊은 것은 道니까.

여기서 마음이 깊다는 것은 쉽게 흔들리지 않는다는 말입니까?

자기 소견이나 감정에 끄달려 쉽게 움직이지 않는다는 말이지. 오관五官에 좌우되지 않는 마음……

그럼, 그게 『금강경金剛經』에서 "응무소주이생기심應無所住而生其心" 할 때 그 마음을 가리키는 건가요?

그런 거지.

마땅히 어느 한 곳에 머물지 않는다(應無所住)는 말은 어디에도 집착하지 않는다는 말이니까요. 깊은 물은 아무데도 붙잡히지 않거든요. 물이라는 게 그게 형체도 따로 없지만 동시에 있지 않는 곳이 없지요. 한번은 산속에서 개울을 내려다보는데 문득 저게 바다라는 생각이 들더군요.

그래, 그건 옳은 말이야. 개울이 곧 바다지.

그러니까 지상의 모든 물이 바다라는 말씀입니다.

아무렴. 주유천하周遊天下라, 모든 물이 연결돼 있으니까 모든 물이 깊은 바다지. 자네 말이 옳아.

바다가 깊듯이 마음도 깊은 것이 좋다, 그런 말이 되겠군요? 그럼 뒤이어, "여선인與善仁"이라 했는데요, 무슨 뜻입니까?

벗을 사귀는 데는 어진 것이 좋다, 그런 말인데, 여기서 '여與'는 더불어 사귀는 것을 말한다고 봐야겠지. 아까 물은 만물을 이롭게 한다고 하잖았나? 누구에게나 착하고 어질게 대한다는 말인데, 그러니까 벗을 사귀에는 어진 것이 좋다는, 그런 말이지.

여기서 어질다(仁)는 것도, 강한 자기 주장이 없다는 뜻 아닐까요?

강한 자기 주장이 없다기보다는 상대를 아끼고 상대를 보살피고 상대를 존중하고 만물을 전부 자기처럼 보듬고, 그런 것이 어진 것 아니겠어?

자기처럼?

그래, 자기처럼 살피고 아끼고 그게 바로 어진 거지.

다음에 이어서, "언선신言善信"이라 했는데요.

말은 성실한 것이 좋다, 이 말이야. 믿음(信)이란 성실한 데서 오는 거니까.

그러니까 빈말을 하지 말라는 거군요. 알맹이는 없으면서 겉으로만 하는 말이 빈말인데, 국어학자는 어떻게 설명할지 모르겠습니다만, 저는 참말의 반대는 거짓말이 아니라 빈말이라고 생각합니다. 속이 차 있는 말이 참말이고요. 빈말은 속이 비어 있는 말 아니겠습니까? 이 구절을 물하고 연결해서 생각해 봐도 통하겠군요. 물은 속이 언제나 차 있고 또 물은 거짓을 모르잖습니까?

그렇지. 물이 그렇듯이 말은 성실한 게 좋다는 거라.

다음, "정선치政善治"라고 했는데요.

정치는, 뭐냐 하면, 잘 다스려지는 게 좋다, 이 말이야. 질서가 있는 게 좋다는 거지. 그런데 여기서 질서란 독재자가 말하는 그런 질서가 아니라 道의 질서, 자연의 질서를 말하는 거라. 그러니까, 자연의 도리에 맞게끔 다스리는 것이 좋은 정치라는 그런 말이야. 여기서 '정政'이라는 글자만 보고, 요새 세상의 별 희한한 정치를 연상하면서 '치治'를 생각하면 영 엉뚱한 오류를 범하게 되는 거지. 거듭 말하지만, 여기서는,

정치는 자연의 도리에 맞도록 다스리는 것이 좋다는 그런 말이야.

뒤에 이어서 "사선능事善能"이라 했군요.

일은 할 줄 아는 게 좋다는 말이지. 할 줄 모르고, 도리를 모르고 일을 하면 죄다 망가뜨리고 말지 않겠나? 요새 뭐냐 하면, 자동차 운전을 할 줄도 모르면서 자동차를 가지려고 하는 것과 마찬가지로 정치가 뭔지 모르면서 덮어놓고 정치를 하겠다는 것도 마찬가진데, 그래서는 안 된다 이 말이야. 그러니까 여기서 '능能'이란, 자연의 도리를 잘 알아서 거기서 저절로 나오는 능能이지.

일은 잘 할 줄 아는 자가 해야 좋다는 거군요?

그렇지. 그런데 예나 지금이나 사람들이 허욕이 있어가지고는, 사심이 잔뜩 들어가지고는, 할 줄도 모르면서 덮어놓고 권병權柄만 쥐려 덤비지 않는가? 뭐든지 가지려고만 하고, 부富와 귀貴를 말이지. 부富라는 거는 만백성이 고루 나누어 잘 살게 해야 하는 건데 혼자서 가지려고 한단 말이야. 그건 안 되는 거지. 또 귀貴라는 건 벼슬을 하는 건데, 벼슬이라는 건 백성을 잘 살도록 하기 위해서 있는 건데, 이건 저 혼자 잘 살기 위해서 가지겠다고 야단이니 말이지, 그게 어디 될 말인가?

그러니까 그런 사람에게는 '능能'이 없다는 거 아닙니까?

바로 그 얘기지.

일은 잘 할 줄 아는 게 좋다?

그럼, 그거지.

아주 평범한 말이군요.

그렇지. 아주 쉬운 얘기지. 그런데, 그게 가장 어려운 얘기란 말이야. 왜 그런고 하니, 세상이 온통 뒤바뀌었거든. 아까도 말했지만, 이런 얘기는 자연과 공생하는 원주민들 있잖은가? 그이들한테는, 그게 그런 거지 따로 말할 게 뭐 있는가, 그렇게 얘기가 되겠지. 그런데 오히려 문명인일수록 이런 얘기를 들으면 도대체 무슨 말인지 감을 잡기조차 어려운 거라.

그렇습니다. 아이들 세계에서는 쉽게 통하는 상식이 어른들에게는 안 통하는 게 많지요.

자연과 더불어 사는 이들은 자연의 도리를 잣대(尺)로 삼아 모든 것을 보는데 문명인은 그게 아니라 자연을 어떻게든지 이용만 하려고 하고 사욕으로 잣대를 삼으니, 가장 쉬운 말이 가장 어려운 말로 들리는 거지.

옳습니다, 선생님. 끝으로 "동선시動善時"라 했는데요, 움직이는 데는 때를 잘 맞추어야 한다는 뜻인가요?

움직이는 것은 때를 잘 맞추어 움직이는 게 좋다는 말이야. 일년에도 뭐냐 하면 사시四時에 차례가 있지 않는가? 그러니까 움직이는 데는, 뭘 하는 데는, 다 때가 있는데 그 때를 잘 맞추는 게 좋다는, 그런 말이지. 세상 없이 좋은 일도 때를 맞추지 못하면 안 되거든. 다만, 여기서 말하는 때란 천시天時라, 하늘이 정하는 때를 얘기하는 거야.

인간이 조작한 때가 아니라?

그렇지.

사람들이 '철든다'는 말을 하잖습니까? 저는 혼자서 그 말이 어디서 나왔을까 생각해 보다가, 농부가 오랜 농사일을 하다보면, 씨를 뿌릴 철, 김을 맬 철, 웃거름을 줄 철, 거두고 저장할 여러 철을 따라서 농사를 짓다보면, 그만 그 철이 아예 몸에 배어서 달력 같은 건 보지 않고도 농사를 훌륭히 지을 수 있을 만하게 되는데 바로 그 상태를 가리켜 "철이 들었다"고 말한 데서 유래한 게 아닐까 생각해 봤습니다.

맞아. 바로 그런 뜻이야. 자네 생각이 맞았어. 그런데 요샌 말이지, 그놈의 철을 사람이 만들어버리니까, 그러니까 철이 무시無時라! 야채가 한겨울에도 나오잖는가? 그런데, 그러다 보니까 인간이 아예 못할 게 없는 줄로 안단 말이야.

그러니 갈수록 철부지가 될 수밖에요.

바로 그 얘기지.

그게 도시로 갈수록 더욱 철부지가 될 것 같더군요. 지금이 동짓달 아닙니까? 그런데 바로 엊그제 서울에 갔다가 어느 집에서 밥을 먹는데 새파란 시금치 반찬을 만들었더라고요. 제가 사는 엄정면 동네에서는 구경도 할 수 없는 시금치를 서울 사람들은 겨우내 먹거든요. 그러니 젖먹이 때부터 그런 세상에서 자란 사람이 철을 따라 살기는 고사하고 철이라는 게 있는 줄이나 알겠습니까? 자동적으로 철부지가 되는 거지요. 그러다 보면 사람이 철을 따라 살아야 한다는 건 그만두고 반대로 사람이 철을 조종할 수도 만들 수도 있다고 생각할 텐데요, 그게 사실은 아주 위험한 착각 아니겠습니까?

착각이지!

모든 행동, 행위는, 제 때에 하는 게 좋다는 말인데…… 물이 그러잖습니까? 봄에 흐르는 물, 여름에 흐르는 물이 서로 다르지요. 그런데요, 아까 여선인與善仁을 얘기할 때 잠깐 스쳐 지났던 생각이 있는데요, 한 가지 여쭤보겠습니다. 물이 만물을 어질게 대하듯이 사귐도 그렇게 하는 게 좋다고 하시잖았습니까? 그런데요, 홍수가 져서 둑이 무너지고 집이 떠내려가고 사람이 죽고 하는데, 그런 경우는 어떻게 설명하시겠습니까?

자연의 질서라는 게 원칙적으로는 거의가 평화스러운 가운데 움직이도록 그렇게 돼 있는데, 그런데 자연의 운행에서 어느 한 시기가 차면 조화를 잃어버릴 상황에 이르게 되는데 그럴 적에 자연은 일단 그걸 세척하고 넘어가거든. 조화가 어지러워지는 그런 상황에 처하게 되면, 회오리바람이 분다든가 소낙비가 쏟아진다든가 장마가 진다든가 그렇게 해서 다시 조화를 회복하는 거지.

그러니까 사나운 홍수가 지는 것도 천지 자연이 '인仁'을 행사하는 것으로 봐야 한다는 말씀이군요?

그렇지. 그렇게 봐야지. 그러니까 자연이 스스로 때를 벗기고 가는 거라. 대자연의 질서를 되찾는 거야.

그런데, 요즘 홍수는 인간들의 문분별한 어떤 행위 때문에 겪게 되는 홍수도 있잖습니까? 예를 들면, 마구잡이 골프장 건설 때문에 산사태가 난다거나……

그렇지. 그런 것까지도 자연은 그냥 놔두지 않는단 말이야. 인간들의 행위라는 것도 결국은 자연 현상의 일부로 봐야 하지 않겠는가? 인간의 행위로 말미암아 조화가 깨어지고 질서가 어지러워졌을 경우에도 자연은 한 치의 어긋남 없이 그걸 처리하고 나가거든. 모든 홍수는 그 원인이 어디에 있든, 자연이 스스로 원상으로 돌아가려는 것이라고 봐야지.

그럼, 오존층에 구멍이 나는 것도 그렇게 봐야겠군요?

도리가 없는 거지. 큰 우주의 조건 속에서 그렇게 봐야겠지.

다투지를 않으니 근심이 없고

이제 결구를 읽게 되었습니다. "부유부쟁夫惟不爭하니 고故로 무우無尤라".

대저, 오직 다툼이 없으므로 그런 까닭에 근심이 없느니라, 이 말이지. 잘못이 없느니라, 그래도 되고, 탓할 게 없다, 이 말이야.

『논어論語』에서 "불원천不怨天하고 불우인不尤人한다"고 할 적의 그 '우尤' 지요?

그렇지. '탓할 우', 사람을 탓하지 않는 거라.

다투지 않으니까 누굴 탓할 일이 없다는 말이겠지요. 다툰다는 건 자기 머리를 남보다 조금이라도 앞에 내세우려고 해서 생기는 게 아니겠습니까?

그래.

결국 이 장에는 '부쟁不爭'이라는 단어가 두 번 거듭되는데요, 물이 모든 것을 이롭게 하면서도 다투지 않는다는 것은 '자기'를 내세우지 않는다는 말일 텐데요……

내세우지 않고 일체를 섬기고 가는 거지. 만물을 이롭게 한다는 것은 다 섬기고 간다는 얘기야. 다 모시고 간다는 얘기도 되고. 예수님이야말로 섬기러 온 분 아닌가? 다투러 오신 게 아니라 일체를 섬기러 오신 분이지.

당신께서도 그런 말씀을 하셨지요. 나는 섬김을 받으러 온 게 아니라 섬기러 왔노라고요. 그런데 그 섬긴다는 게 말입니다, 예수님이 때로는 제자의 잘못을 엄하게 나무라고 책망하시는데 그것도 일종의 섬김 아니겠습니까?

아무렴, 당연하지. 그것도 섬기는 일이지. 망가지지 않게 하기 위해서, 그가 제대로 가게 하기 위해서 그러는 거니까.

그럼 선생님. 제가 잘못했을 때 선생님이 저를 나무라시고 견책하신단 말씀입니다. 그것도 선생님이 저를 섬기는 일이란 말씀이시죠?

그렇지.

그런데요, 그러는 순간 선생님께서 정말로 섬기신 대상은 여기 있는 제가 아니라 선생님과 제가 함께 모시고 있는 하느님, 그분이 아니겠는가 생각합니다. 예수님이 제자들을 섬기셨을 때에도, 진짜로 섬기신 분은 하느님 아버지였고, 그렇기 때문에 같은 제자의 발을 씻어주기도 하고 사탄이라고 책망도 하고, 그러실 수 있었던 것 아닐까요? 한 분이신 아버지만을 섬기는데, 그 섬김이 상대방에 따라, 그의 상태에 따라, 여러 모양으로 나타나는 거지요. 격려도 하고 꾸중도 하고 시중도 들고, 말입니다.

사람이 현상계에서 살다보니 여러 대상을 만나게 되지 않는가? 사람도 만나고 동물도 만나고 식물도 만나고 또 무기물도 만나고, 이렇게 여러 가지 실체를 만나게 되는데 그 여러 가지들 가운데 말이지, 하느님을 아니 모신 것이 없잖은가? 생명은 오직 하나인데 나타나는 모양이 가지각색인 거라. 그러기 때문에 뭐냐 하면 모든 것을 소중하게 여기는 거지. 그러니까 우리가 보통 말을 할 적에 연장자에게는 '모신다'는 말을 쓰고 연하자나 평교자平交者에게는 '사랑한다'는 말을 쓰는데, 말은 그렇게 달리 하지만 근원에서는 모두를 섬기는 거지.

엄하게 제자를 책벌하는 것도 사실은 그 제자가 모시고 있는 하느님을 섬기는 일이라는, 그런 말이 되겠군요?

그런 말이지. 그분을 잘 모시고 가라고 깨우쳐주기 위해서 책망하는 거니까. 그러니까, 특히 불가의 선방禪房에서 흔히 있는 일인데, 절실한 선생이기 때문에 제자에게 주먹을 후려치거든. 그러면 또 깨달음의 순간 제자가 선생을 후려친단 말씀이야. 그래도 선생은 깨달은 제자가 그 엄청난 근원에 도달한 것을 보고 희열에 넘치지 않는가? 두들겨 맞으면서도 말이야. 바로 그것이 중요한 거라.

그러니까 여기서 섬긴다는 게 그냥 허리나 굽실거리며 아랫사람 노릇을 하는 것과는 다른 얘기군요?

전혀 다른 얘기지. 석가가 말하기를 천상천하天上天下에 유아독존唯我獨尊이라, 하늘과 땅 사이에 내가 가장 존귀하다고 했는데 그 말이 젊어서 읽을 때는 교만한 말로 읽히더니 요즘 가만 생각해 보면 그보다 더 겸허한 말씀이 없더라고. 지난번 연세대학교에 가서 애기할 때 한 마디 했네만, 예수님도 나는 하느님과 함께 있다고, 아버지와 나는 둘이 아니라고, 나는 아브라함 이전부터 있었노라고 그러셨는데 그 말씀 또한 더 없이 겸허한 말씀이거든. 왜냐하면, 그분들에게는 한 점도 사私가 없었으니까! 터럭만큼도 사私가 없으니까 그런 말씀을 하실 수 있는 건데, 터럭만큼도 사가 없는데, 사私라는 건 완전히 죽었는데, 그 이상 겸허할 수가 어디 있겠나? 이 『도덕경』이라는 게 이게 '사私' 라는 놈을 그대로 두고 읽으면 도무지 글 풀이가 안 되는 거라. 도처에서 막히고 말지.

9장
차라리 그만두어라

가진 바를 자랑하는 일은 그만두는 게 옳다. 날카로움을 주장하는 것은 오래가지 못한다. 집 안에 가득한 보물은 지켜낼 수가 없다. 재물이 많고 벼슬이 높다고 교만하면 스스로 허물을 남기게 된다. 공功을 이루고 이름을 얻었거든 몸을 뒤로 빼는 것이 하늘의 道다.

持而盈之, 不如其已. 揣而銳之, 不可長保. 金玉滿堂, 莫之能守. 富貴而驕, 自遺其咎. 功成名遂身退, 天之道.

차라리 그만두는 게 옳다

"지이영지持而盈之는 불여기이不如其已라", 가지고 자랑하는 것, 내가 잘났다고 하는 것, 내가 다 안다고 하는 것, 뭐 이런 따위의 것들은 그만두는 것이 옳다, 이 말이야.

그만두는 것만 못하다?

그래, 그만두는 게 낫다……

여기 '영盈'은 채운다는 뜻이지요?

찰 영盈인데 여기서는 가득 찼다는 뜻이야. 그러니까 자랑한다는 말이 되지. 지持란 뭘 가지고 있다, 뭘 알고 있다고 하는 건데 그런 걸 가지고 자랑하는 것은, 그것은 뭐냐 하면, 그렇게 안 하는 게 옳다는 말이야. 그것을 그만두어야 옳다 이 말이지. 그러니까 그렇게 가득 차면 안 된다는 거라. 가득 차면 헐게 되지 않는가? 넘치면 손損을 보게 되잖느냐 말이야. 가득 차거나 넘치게 되면 세상이 그냥 놔두지를 않거든. 가득 찼다고 해서 잔뜩 교만해진 사람을 누가 옳다고 해? 가득 찰 수도 없는 거고.

사실은 가득 찬 줄로 착각하는 거지요.

착각하는 거지.

그러니까 여기서 '지持'의 내용은 학식도 되고 재물도 되고 재주도 되고 모든 것이 다 되겠군요?

모든 게 다 되지. 내가 뭘 좀 알고 있다고, 내가 뭘 좀 가졌다고 해서 그것이 무엇이든, 자랑하거나 교만하게 구는 일은 그만두는 게 옳다는 말이니까.

다음에 이어서, "췌이예지揣而銳之는 불가장보不可長保"라고 했는데요. '췌揣'라는 말이 따진다, 헤아린다, 그런 뜻이지요?

"췌이예지揣而銳之는 불가장보不可長保라", 날카로움을 주장하는 것은 말이지, 오래가지 못한다 이 말이야.

그렇지요. 날을 잔뜩 세우고서는 오래가지 못하지요.

가령 칼도 날을 세우면 그게 무뎌지잖아? 고대 얘기한 대로, 내 말(說)이 옳다고 계속 주장하고 나가면 오래잖아 꺾이고 깨어지거든. 자연의 경우에도 이를테면 소나기가 하루 종일 쏟아지는 일은 없잖나? 회오리바람이 하루 종일 가는 법이 없고, 그와 마찬가지로 극도極度에 달한 것은 말이지, 아까 말한 '영盈'이나 여기서의 '예銳'나 모두 극단을 말하는 건데, 극도에 달한 것은 오래가지 못한다 이 말이야. 자연의 도리가 그렇단 말이지. 그 다음 얘기도 같은 뜻인데, "금옥만당金玉滿堂은 막지능수莫之能守라", 집 안에 가득 찬 금은보화는 말이지 어떻게 지켜낼 수가 없다는 거야. 좀이 먹거나 녹이 슬거나 도둑이 들거나 해서 도무지 어떻게 지킬 수가 없단 말이지. 뭐든지 차 있으면 줄게 돼 있고 손損을 보게 돼 있거든.

반대로 道는 언제나 비어 있잖아요?

비어 있지. 비어 있어서 언제나 차 있지. 그게 바로 道라! 마치 예수님이나 석가가 적수공권赤手空拳이기 때문에 우주를 수렴하시는 것처럼.

그렇지요. 그런데 부자들은 오히려 집 안에 금은보화가 가득 차 있지만……

그걸 지킬 도리가 없지.

지킬 도리가 없다는 말은, 사실은 그것을 자기가 가질 수 없다는, 그런 말 아닙니까?

가져도 가져지지를 않아. 아무렴! 자연히 깨어지고 없어지게 돼 있으니까. 바로 그 도리를 여기서 얘기하고 있는 거야.

결국 모든 극단은 자연의 도리와 어긋난다는 말인가요?

어긋난다기보다 그런 상태가 자연에서 오래가지 못한다는 거지. 극단이 되면 변화하잖아? 『주역周易』에서도 얘기하는 바, "궁즉변窮則變이요 변즉통變則通이라", 극단에 이르면 바뀌게 되고 바뀜으로써 다른 곳으로 통하게 되거든. 그러니까 영盈이니 예銳니 만滿이니 하는 것들이 모두 극에 달한 것을 가리키는데 그런 것들은 오래가지 못한다는, 그런 말이지.

인간이 아무 작위를 하지 않는데 자연 상태가 스스로 어떤 극단에 이르는 경우도 있잖습니까?

있지! 바로 그 얘기야. 극단은, 회오리바람이라든가 홍수라든가 그게 모두 극단인데, 그 극단은 그러니까 잠시란 말이야. 오래 계속되지 않지. 그러고는 이어서 상황이 바뀌어지는 거라. 조화를 이루기 위해서 바뀌는 거야. 그건 인력으로 어떻게 할 수가 없는 거지.

알겠습니다. 다음 구절로 넘어갈까요?

억만금을 지녔더라도

"부귀이교富貴而驕면 자유기구自遺其咎라", 재물이 많고 벼슬이 높아서 교만하면 스스로 그 허물을 남긴다는 말이야.

그렇다면, 부귀하되 교만하지 않으면 된다는 말씀인가요?

말은 그렇게 할 수 있겠지만, 그런 사람은 부귀를 부귀로 생각하지 않는 사람이겠지. 그런 사람이라면 억만금을 가졌어도 이것이 내 것이 아니라 만인의 재물이라고 생각하고 그런 자세로 살지 않겠나? 맹자孟子하고 양혜왕梁惠王이 만났을 적에 양혜왕이 맹자에게 이르기를, "제가 이 영산靈山에 많은 기화요초琪花瑤草를 갖다놓고 이렇게 있는데 저 혼자서만 보는 것 같아서 이게 왕으로서 죄를 짓는 게 아닙니까?" 하고 물으니 맹자 대답이 "왕께서는 그 모든 것들을 백성과 함께 즐기시는데(與民同樂), 그러면 죄가 되지 않습니다." 왕이 다시 묻기를, "영소靈沼에는 비단잉어가 많은데 이것도 왕으로서 죄가 되지 않습니까?" 맹자 대답이 "그것도 온 백성과 함께 즐기시니까 죄가 되지 않습니다." 이랬단 말이야. 그러니까 여기서는 부富든 귀貴든 간에 그것이 사적인 소유가 됐을 적에는 그게 말하자면 허물이 된다는 거지.

그게 교驕지요.

그렇지.

맞습니다. 모두가 내 것이 아닌데 교驕할 리가 없지요.

재물이 많다거나 신분이 높다고 해서 그걸 자랑으로 삼다보면 자기보다 적게 가진 사람이나 신분이 낮은 사람을 멸시하거나 하대하는 자세를 갖게 된단 말이야. 깔본단 말이지. 그렇게 되니까 그건 뭐냐 하면 죄를 짓는 것이 되거든.

사도 바울로가, 나는 비천하게 살 줄도 알고 풍족하게 살 줄도 안다고 했는데요, 참 멋지고 대단한 말이라고 생각합니다. 가난한 사람들이 검소하게 사는 것은 그래도 좀 할 수 있는가 본데요 상당한 재물을 가진 사람이 그 재물에 끄달리지 않고 겸손하게 살아가는 모습은 보기 어렵거든요. 아무래도 '재물'을 보는 관점이 문제인 것 같아요. 한번은 바울로가 감옥에 있을 때 어떤 교회에서 돈을 모아 이를테면 영치금을 넣어줄 때 말하기를, "여러분이 보낸 선물은 좋은 냄새를 풍기는 향기이며 하느님께서 기꺼이 받아주실 제물"이라고 하거든요. 이 말을 둘러서 하면, 당신들이 보낸 돈을 내가 받지만 사실은 내가 받는 게 아니라 하느님이 받으시는 것이라는 말이 아니겠습니까? 이게 말놀음이 아니라 사실이 그렇다는 말입니다. 그렇다면 주머니에 억만금이 있다 한들 그 재물 때문에 교만하거나 아니면 곤경에 빠지거나 불안해지거나 그럴 이유가 없겠지요.

이름까지 얻었거든 물러서라

다음의 결구는 2장에서도 읽은 내용 같은데요. "공성명수功成名遂거든 신퇴身退하라"는 말이겠지요? 그것이 곧 이른바 하늘의 道라는……

그렇지. 어떤 일을 이루어 이름까지 얻었거든 얼른 몸을 빼라는 거지. 그 자리가 극極이다, 이 말이야. 그 자리에 그냥 매달려 있으면 사람이 상하게 되거든. 하늘 끝까지 간 명성은 말이지 그냥 계속 유지되는 게 아닌 거라. 역사적인, 시대적인 사명을 다 이루고 그래서 이름까지 이미 났으면 얼른 물러서야지. 통일 천하를 이루고 난 뒤에 산으로 들어가버린 장자방처럼.

그게 천지도天之道라?

그럼. 그것이 자연의 道란 말이지.

하긴 사철이 운행하는 걸 보면 그렇습니다. 봄은 봄이 할 일을 열심히 하지요. 그래서 싹이 나고 움이 돋고 꽃이 피고 하다보면 어느새 여름이거든요. 여름은 여름의 일을 한 다음 흔적도 없이 사라지고 그 자리에는 어느새 가을이 와 있지요. 어느 철도 자기 공을 내세워 그것을 소유하려고 하지 않는단 말씀입니다. 그런데 인간은 공을 다투고, 나아가 자기의 공이 아닌 것까지 차지하려고 하니, 얼마나 자연의 道와 거리가 먼 모습입니까?

10장
하늘 문을 드나들되

육체를 다스리는 넋(魄)과 정신을 다스리는 넋(魂)을 몸에 실어 하나로 하되 서로 헤어지지 않게 할 수 있겠느냐? 숨을 오로지 하여 부드러워지되 젖먹이처럼 할 수 있겠느냐? 자기 안의 흐린 거울을 깨끗하게 하여 티 하나 없이 할 수 있겠느냐? 백성을 사랑하고 나라를 다스리되 사사로운 마음 없이 할 수 있겠느냐? 이목구비의 감관感官을 열고 닫되 여성처럼 수동적인 자세로 할 수 있겠느냐? 사방을 환히 알아서 비치되 스스로 아는 바 없을 수 있겠느냐? 낳고 기르고 하되, 낳아서 가지지 아니하고 일을 하되 자랑하지 않으며 기르되 그 기른 것을 부리지 아니하니, 이를 일컬어 그윽한 德이라 한다.

載營魄抱一, 能無離乎. 專氣致柔, 能如嬰兒乎. 滌除玄覽, 能無疵乎. 愛民治國, 能無爲乎. 天門開闔, 能爲雌乎. 明白四達, 能無知乎. 生之, 畜之, 生而不有, 爲而不恃, 長而不宰, 是謂玄德.

몸과 마음을 하나로 하되

이 장은 전체로 보아 요가 수련 있잖은가? 요가 수련의 방법을 빗대어서 천지도天之道와 영합하는 삶의 모양을 설명하는 내용으로 되어 있는데, 첫 구절은 "재영백載營魄하여 포일抱一하되 능무리호能無離乎아?"로 읽어서, 정신의 이면성의 통일을 얘기하는 거라. 여기서 '백魄'은 육신을 관장하는 넋을 얘기하는 것이고 '혼魂'은 마음을 관장하는 넋인데 이 둘을 몸에 실어 하나로 꾸려 돌아가게 하되 서로 헤어지지 않게 할 수 있느냐는 거지. 혼과 백을 하나로 몸에 싣되 헤어지지 않게 할 수 있느냐는 거야. 요가를 하자면 우선 몸을 바르게 하고 잡스런 생각이라든가 너저분한 잡념 따위를 모두 놔버리고 무념무상無念無想의 자리에서 숨을 고르지 않는가? 그렇게 됐을 적에 뭐냐 하면 모르는 사이에 무아無我의 상태에 들어가는데, 무아의 상태에 들어가는 것을 가리켜 천문天門이 열린다고 하는 거라. 그 무아의 상태로 들어갔다 나왔다 하는 것을 천문개합天門開闔이라고 하지.

그러니까 여기서는 우선 혼과 백을 몸에 실어서 하나로 하되 서로 떨어진 상태로 있지 않게 할 수 있느냐는 겁니까?

그렇지. 육신을 다스리는 넋이 백魄인데, 백은 우선 오관五官을 다스리는 거니까 요가 수련을 할 적에 육신을 다스리면서 마음도 함께 다스려나갈 수 있느냐는 거야.

이 말을 이렇게 풀면 어떻습니까? 사람들을 보면, 몸은 멀쩡한데 마음이 병들어 있거나 반대로 정신은 맑은데 몸이 병들어 있는 경우가 있잖습니까? 그런 상태를 혼·백이 서로 헤어져 있는 상태라고 보아서 결국 몸과 마음이 함께 건강한 상태가 되어 살아갈 수 있느냐는 질문으로 보는 겁니다.

그렇게 볼 수도 있겠지.

그 다음 구절은 어떻게 읽습니까?

"전기專氣하여 치유致柔하되 능여영아호能如嬰兒乎아?" 호흡을 오로지 하여 부드러워지되 젖먹이처럼 될 수 있느냐는 거지. 어린 아기들 숨쉬는 거 보라구. 배가 벌름벌름하지 않는가? 젖먹이는 배로 숨을 쉬거든. 목구멍으로 쉬지 않는단 말야. 늙으면 늙을수록 목구멍으로 숨을 쉬게 되지만, 아이들은 잠잘 때 보면 배가 불룩불룩하지. 배로 숨을 쉴수록 몸이 부드럽지 않은가? 몸뿐이 아니라 모든 게 부드러워지지.

'전기專氣' 란 말은 숨을 다스린다는 말입니까?

숨을 전일專一하게, 오로지 마음을 모아 쉰다는 뜻이지.

그러니까 어린아이들처럼 배로 숨을 쉬어 온 몸이 부드럽게 될 수 있겠느냐는 거군요?

그렇지.

다음 구절은 어떻게 읽습니까?

"척제현람滌除玄覽하되 능무자호能無疵乎아?" 여기 '람覽' 은 '볼 람' 이지만 이 경우는 '거울 람' 으로 봐야 해. '현람玄覽' 이라고 하면 '신비로운 거울' 이 되는데, 그러니까 그것은 마음이지.

아, 마음!

그래, 마음이야. 그러니까 마음을 씻어내는데, 능무자호能無疵乎아? 때를 남기지 않을 수 있느냐는 거지. 마음을 씻어서 때가 없으면 그렇게 되면 어찌 되느냐? 감각의 흔적이 마음의 때가 아닌가? 이것을 집착하지 않으면 때를 씻는 거지. 그러면 자연히 조광照光하게 되는 거라.

조광?

그래, 조광. 빛을 사방에 비춘단 말이야. 거울은 말이지, 거울은 뭐냐 하면 스스로 아는 바가 없잖나?

그렇지요. 가진 바도 없고요.

가진 바도 없지. 그러나 모든 것을 다 비쳐주지 않는가? 그 빛이 미치지 않는 곳이 없잖아? 그게 거울인데, 그 거울을 닦아서 티가 없이 할 수 있겠느냐는 건데, 그러니까 여기서는 마음의 청정함을 얘기하는 거지. 마음을 닦아 티 하나 없이 그렇게 할 수 있겠느냐는 걸세.

사심 없이 나라 사랑할 수 있는가?

다음 구절은 "애민치국愛民治國하되 능무위호能無爲乎아?"로 읽어야겠지요?

백성 사랑하고 나라 다스리는 일에 사심 없이 할 수 있겠느냐? 하늘의 도리에는 사심이라는 게 일절 없거든. 척제현람滌除玄覽하면 말이지, 그러면 사심이 있을 수 있겠나?

여기서 '현람玄覽'이라는 게, 사실은 하늘의 마음 아니겠습니까? 선생님 마음이니 제 마음이니 하고 분리될 수 있는 그런 마음이 아니고 말입니다.

그렇지. 천심天心이지.

그러니까 여기서 닦아낼 바 그것은 천심을 어지럽히고 있는 사심이겠지요?

그럼. 바로 그 얘기지.

따라서 백성을 사랑하고 나라를 다스리는 일에, 사사로운 마음 없이 천심 그대로 할 수 있겠느냐를 묻는군요?

그래.

다음 구절은 어떻게 읽습니까?

"천문개합天門開闔하되 능위자호能爲雌乎아?" 이런 말인데 여기 천문天門이란 오관五官을 말하지. 이목구비신耳目口鼻身을 말하는데 한 생각이 들면 드는 대로 나가면 나가는 대로 내버려두어야 해. 그래야 혼백魂魄이 통일되고 암컷雌과 같이 여성적인 수동성을 유지하며 부동不動의 마음을 갖게 되지. 그렇게 할 수 있느냐는 말일세. 다음 구절은, "명백사달明白四達하되 능무지호能無知乎아?" 사방을 환히 밝히면서 스스로 아는 바가 없을 수 있느냐는 건데, 여기서 '무지'란 안다, 모른다 하고 상대적인 세계에서 말하는 무지가 아니라 안다, 모른다를 함께 초월하는 상태에서 아는 것 있잖은가? 바로 그것이 무지라. 사방을 비치는 영지英智를 갖고 있으면서 멍청해 보일 수 있느냐는 말이지. 거울이 맑을 때 뭐가 나타났다고 해서, 그것을 내가 가지고 있소, 안 하잖아? 안다 소리도 안 하고, 또 뭐가 없어졌다고 해서, 나한테 시방 없소, 하지도 않잖아? 그러면서 사방 빛을 비추는데, 그렇게 사방 조광을 하면서도 무지할 수 있겠느냐, 이 말이야.

그렇다면, 자기가 빛을 비추면서도 스스로 빛을 비치고 있다는 사실을 의식하지 않을 수 있겠느냐는 뜻입니까?

그래. 거기서는 나다 너다, 있다 없다, 뭐 그런 게 없는 거지. 그냥 빛을 비추는 거라.

그러니까, 이런 것이겠네요. 모든 것을 죄다 알면서 스스로 안다고 의식하지 않는……

그래. 바로 그게 무지지. 그럴 수 있겠느냐는 거야.

사방을 밝게 비추되, 스스로 자기가 그러고 있다고 의식하지 않는 상태에서 그럴 수 있겠느냐는 건데요, 예수님이 말씀하시기를 "오른손이 하는 바를 왼손이 모르게 하라"고 했는데요, 그게 같은 뜻이 아닌가 생각합니다. 자선을 베풀 때 그렇게 하라는 말씀이신데요, 보통은 너만 알고 남에게는 비밀로 하라는 말씀으로 해석하는데 그런 정도의 뜻이 아니라고 봅니다. 예수님 말씀은 자선을 베풀되 자기가 자선을 베푸는 줄도 모르게 하라는 것 아니겠습니까?

자선을 베푼다는 마음도 없이 하라는 이야기지.

낳아서 가지지 아니하고

결구는 지난번에도 읽은 내용이군요. "낳고 기르고 하되, 낳아서 가지지 아니하고 일을 하되 그것을 자랑하지 아니하며 기르되 그 기른 것을 부리지 아니하니 이를 일컬어 그윽한 德이라고 한다.(生之, 畜之, 生而不有, 爲而不恃, 長而不宰, 是謂玄德)" 여기서 德이란 道의 다른 모습이겠지요?

道를 체體라고 하면 德은 그 용用이지. 道의 나타나는 모습이라고 할까? 그러나 언제나 道와 德은 하나인 거라.

11장
비어 있어서 쓸모가 있다

바퀴살 서른 개가 바퀴통 하나에 모이되 거기가 비어 있어서 수레를 쓸 수가 있다. 찰흙을 이겨서 그릇을 만들되 거기가 비어 있어서 그릇을 쓸 수가 있다. 문을 내고 창을 뚫어 방을 만들되 거기가 비어 있어서 방을 쓸 수가 있다. 그러므로 있음은 이로움의 바탕이 되고 없음은 쓸모의 바탕이 된다.

三十輻共一轂, 當其無, 有車之用. 埏埴以爲器, 當其無, 有器之用. 鑿戶牖以爲室, 當其無, 有室之用. 故有之以爲利, 無之以爲用.

수레가 쓸모 있으려면

사전을 찾아보니 복輻은 '바퀴살 복'으로 되어 있고 곡轂은 '속바퀴 곡'으로 되어 있던데요.

'바퀴통 곡'으로 읽지.

그러면 이 첫대목을 어떻게 읽어야 합니까?

'바퀴살 서른 개가 바퀴통 하나에 모이되' 이렇게 읽어야지.

여기 '공共'을 모인다는 말로 읽습니까?

그래.

바퀴살 서른 개가 바퀴통 하나에 모여 있는데 바로 거기가 비어 있어서 수레를 쓸 수가 있다는 말이야.

거기가 어딥니까? 곡轂을 말합니까?

그렇지. 바퀴통이 비어 있다는 거지.

여기서 '당當'은 마땅하다는 뜻이 아닙니까?

'거기에'라는 뜻이야. 거기 해당처, 그런 말이지.

그리고 여기서 '무無'는 없다는 뜻이 아니라 '비어 있다'(虛)는 뜻이군요?

그래, 바로 그 '빈 데'가 뭐냐 하면 수레를 쓸모 있게 하는 데라는 그런 말이지.

비어 있기 때문에 쓸모가 있다?

'비어 있음' 자체가 '쓸모'라는 말인데, 이 장은 바로 공空의 작용을 얘기하고 있네.

텅 비어 있어서 충만함

그 다음은 뭐냐 하면, "선식이위기埏埴以爲器로되 당기무當其無하여 유기지용有器之用이라", 찰흙을 이겨서 그릇을 만들되 거기가 비어 있어서 그릇이 쓸모가 있다는 말이지.

하기는 그릇이 가득 차 있으면 쓸모가 없겠지요. 역시 공空의 작용이로군요.

그래. 다음 구절도 같은 말이지. "착호유이위실鑿戶牖以爲室이로되 당기무當其無하여 유실지용有室之用이라", 문과 창을 뚫어서 방을 만드는데 역시 거기가 비어 있어서 방이 쓸모가 있다는 거야.

무엇이 쓸모 있다고 얘기하는 것은 그것 자체가 공空이기 때문이라는 말이군요. 그렇다면 사람의 경우, 그 사람 속에 공空이 있어야 쓸모가 있다는 말이 되겠는데요. 사람이 공空을 지니고 있다는 게, 그러니까 속이 공空인 사람이란 어떤 사람일까요?

기독교에서 보면 하느님 아버지를 모시고 있는 사람이라고 하겠지. 아버지는 눈에 보이지 않지만 그러나 미치지 않는 곳이 없잖는가?

방이 텅 비어 있으면 그 방을 전부 쓸 수 있는데 절반 가량이 뭔가로 차 있으면 절반밖에 못 쓰겠지요?

그렇겠지.

사람이 텅 비어 있다는 말은, 하느님으로 가득 차 있다는 말 아닙니까? 반대로 사람이 뭔가로 차 있다는 건 결국 '나'로 차 있다는 거겠지요?

그래.

그러니까 예수께서 너를 버리라고, 너를 죽이라고 하신 것은 너를 비우라는 그런 말씀이군요? 그리고 그 말은 하느님으로 가득 채우라는 말과 같은 말이군요?

같은 말이지.

말하자면 위무위爲無爲하라는 말 아닙니까? 작위를 버려라, 그런 사람이라야 쓸모가 있다……

그래. 그런 말이야. 道의 작용의 본질을 말한 거지.

그 다음 구절은 결구가 되겠는데요, 무슨 뜻인지 잘 모르겠습니다.

"고故로 유지이위리有之以爲利요 무지이위용無之以爲用이라", 그런 까닭에 형태 있는 것은 이로운 재료가 되고 형태가 없는 것은, 그러니까 비어 있는 것은, 모든 쓸모의 바탕이 된다는 말이야.

다양성의 통일성

여기서 유有와 무無는 어떤 상관 관계를 지니고 있습니까?

이 구절이 말하려는 것은 다양성의 통일성이야. 무슨 말인고 하니, 수레바퀴나 찰흙으로 빚은 그릇이나 방은 저마다 그 모양새가 다르잖은가? 말하자면 사물의 다양성이지. 그런데 그 모든 것들이 공空을 지니고 있어서 쓸모가 있는 거라. 그 점에서는 모두 같지 않은가? 바퀴나 그릇이나 방이 저마다 다양한 모양을 가지고 있지만 그것들 모두가 비어 있다는 점에서는 통일돼 있거든.

유有는 이롭게 하는 도구가 되고 무無는 그것을 쓸모 있게 하는 바탕이 된다는 말이겠는데요, 그러면 여기서 '무無'를 방금 말씀하신 모든 사물의 보편성이기도 한 공空을 가리키고 '유有'를 모든 사물이 지니고 있는 특수성을 가리킨다고 보면 되겠습니까?

그렇지. 그러니까 사람들이 저마다 하느님 아버지를 모시고 있는데, 하느님 아버지는 한 분이시요 한결같으신 분이지만 그 한 분 아버지를 모시고 살아가는 인간들은 제각기 모양새가 다르잖은가? 그런 얘기지.

아하, 그렇군요! 선생님이 모신 하느님이나 제가 모신 하느님이나 그 분은 한결같은 분이시니까 말하자면 공空이요 무無가 되겠고, 그러나 선생님이 살아가시는 모양이나 제가 살아가는 모양은 다르니까 바로 그것이 여기서 말하는 유有 또는 색色이 되겠군요.

그래. 그런 말이지.

겉으로는 다르지만 속으로는 같다는 말인가요?

그렇지. 그래서 다양성의 통일성이라는 거야. 자네가 살아가는 모양이 있고 내가 살아가는 모양이 있어서 각기 다르지만 하느님 아버지를 모시고 살아간다는 점에서, 그러니까 공空의 작용에서, 자네와 내가 다를 바 없다는 거지.

맞습니다. 서로 다르면서 같아야지요. 혹시 종교간의 일치를 위해 일하는 이들 가운데 불교나 기독교나 유교 따위를 혼합하여 제3의 종교를 만들고자 하는 사람이 있다면 그건 착각이겠지요?

그건 인위요 작위라, 안 될 소리지. 무슨 일이든 인간의 사고를 기축으로 세워서 할 게 아니라 하느님 아버지의 道를 기축으로 삼아야 하는 거야. 그러니까 이제 뭐냐 하면, 뭘 그리 애쓰고 그러느냐 이 말이야. 들에 피는 백합화를 봐라, 하늘에 나는 새를 봐라, 먹을 걸 짓지 않고 입을 걸 길쌈하지 않아도 아버지께서 다 주시거늘, 늬들 뭐 그렇게 걱정을 하느냐, 그 얘기하고 맞아떨어지지.

백합이나 새들이나 인간이나 모두 같다는 그런 말입니까?

그럼, 그 말이지.

저것들이 살면 너희도 산다?

그래. 그거야.

들풀이나 참새 따위와 인간이 동일한 존재라는, 바로 이것이 비유의 핵심인데 그걸 자꾸만 들풀이나 참새보다 월등한 존재가 인간이라는 식으로 차별해서 읽어왔군요. 저들의 생명과 인간의 생명이 모두 하느님 아버지를 모시고 있다는 점에서 털끝만큼도 다를 게 없는데 말입니다. 다른 것은 다만 선생님과 제가 다른 그만큼 참새와 제가 다른 거겠지요, 그 모양새가 말씀입니다. 만물이 한 송이 꽃이라(萬物一華)는 말이 그 말 아닙니까? 『장자』에 보면 중니中尼가 이르되 "그 다른 점으로 보자면 간과 쓸개가 초나라 월나라처럼 다르고 그 같은 점으로 보자면 만물이 모두 하나(自其異者視之 肝膽楚越也 自其同者視之 萬物皆一也)"라고 한 대목이 있지요.

작다 크다 하는 것은, 그것은 인간의 관념으로 그러는 거지 생명의 자리에서 크고 작고가 어디 있는가?

높다 낮다도 없지요.

없지. 고하高下 장단長短이 따로 없는 거라.

그렇다고 해서 각 사람의 특수성이 조금이라도 무시되어서는 안 되겠지요?

아무렴, 안 되고 말고. 그건 하늘이 주신 은사恩賜 아닌가? 아버지께서 주신 은사란 말이야.

그러나 방은 방대로, 그릇은 그릇대로, 바퀴는 바퀴대로 쓸모가 있으려면 그 속이 비어 있어야 한다는 건데요, 이것이 사람이 저 생긴 대로, 그게 다 하늘의 은사니까, 아무렇게나 살아도 된다는 말은 아니겠지요?

물론이지. 그러니까 여기서 얘기하는 것은 뭐냐 하면 사심을 버리고 살아가라는 그런 얘기지. 그런데 보통 사람들은 그 유有에만 사로잡혀 있거든. 형태에만 잡혀 있지, 하느님 아버지는 잊어버리고 산단 말이야.

바로 그 형태가 있어서 쓸모가 있게끔 되는 바탕은 하느님 아버지한테, 그러니까 그 비어 있음에 있는데 말이지. 그러니까 불생불멸不生不滅의 삶은 그 비어 있음에, 그 공空에 있는 거라. 그게 없다면 바퀴살 서른 개가 소용이 없고 그 비어 있음이 없으면 방이 무슨 소용이 있고 또 비어 있지 않으면 그릇이 아무짝에도 쓸모가 없는 거지.

사람도 자기 생각이나 고집으로 가득 차 있으면 쓸 수가 없겠지요.

쓸 수가 없지. 그런데 오늘에는 바로 그런 사람들이 전부 일을 하잖아? 그러니까 자꾸 왜곡돼 갈 수밖에.

옳습니다. 그런 사람들이 설쳐대지 않는 마당이 없는 것 같아요. 정치 · 경제 · 문화 · 사회 · 종교까지 다해서, 모든 분야에 그런 사람들이 활개를 치고 있지요.

그래서 예수님 말씀이, 맹인이 맹인을 인도하면 둘 다 물에 빠진다고 하지 않았나?

그러니, 이런 때에 저희는 어떻게 살아야 하겠습니까?

비워놓고 살아야지. 비워놓고 살아야 해. 그리고 딱한 사람 어려운 사람들과 함께하고, 그게 참 나누는 것 아니겠나?

12장
배를 위하되 그 눈을 위하지 않는다

온갖 색깔이 사람 눈을 멀게 한다. 온갖 소리가 사람 귀를 먹게 한다. 온갖 맛이 사람 입을 상하게 한다. 사냥질로 뛰어다니는 것이 사람 마음을 미치게 한다. 얻기 힘든 보화가 사람으로 하여금 덕행을 하지 못하도록 방해한다. 이러므로 성인聖人은 배를 위하되 그 눈을 위하지 않는다. 그래서 저것을 버리고 이것을 잡는다.

五色令人目盲. 五音令人耳聾. 五味令人口爽. 馳騁田獵令人心發狂. 難得之貨令人行妨. 是以聖人爲腹不爲目. 故去彼取此.

감각에 빠지지 말라

"오색五色이 영인목맹令人目盲이라." 오색五色이 사람 눈을 멀게 한다는 말인데, 여기 '오색'이란 다섯 가지 원색을 말한다고 하는데 그렇게 직역할 게 아니라 온갖 색깔로 봐야겠지. 온갖 색깔이 사람의 눈을 멀게 한다는 거라. 그 다음에, "오음五音이 영인이롱令人耳聾이라." 여기서도 온갖 소리가 사람의 귀를 먹게 한다는 말이지.

오음五音이니 오색五色이니 할 때 말입니다, 그냥 보통 소리나 색깔이 아니라 영롱한, 아름다운 그런 소리나 색깔을 의미하는 말은 아닙니까?

그러한 말인데, 여기서는 감각의 대상을 말하는 거지. 일체의 소리에 빠지게 되면, 일체의 색깔에 빠지게 되면 그러니까 외부의 감각 대상에 빠지게 되면 귀도 먹고 눈도 먼다는 거라. 말하자면 감각으로부터 해방되기를 요구하는 거야.

그러니까 특별히 사람을 홀리는 어떤 소리나 색깔뿐만 아니고 모든 오관五官의 대상을 말하는 거군요?

그래.

그러면 오음五音이나 오색五色이 저절로 사람 눈을 멀게 하거나 귀를 먹게 하는 것은 아니고, 그런 것들에 빠지면 그렇게 된다는 그런 뜻이겠네요?

그렇지. 감각에 도취하면, 감각에 치우치면 그렇게 된다는 거지.

다음 구절, "오미五味가 영인구상令人口爽"도 마찬가지 뜻이겠지요?

마찬가지지. 온갖 맛이 사람의 입을 상하게 한다, 이거야.

상爽이 상한다는 말입니까?

입을 어긋나게 하는 거니까, 그런 뜻이지. 어떤 맛에 너무 치우치다보면 담담한 맛을 잃게 되잖아? 그러니까 여기서는 '어긋날 상爽'이지. 다음에, "치빙전렵馳騁田獵이 영인심발광令人心發狂이라", 사냥질하는 데 달리다보면 사람의 마음을 미치게 한다는 거지.

여기 '전렵田獵'이라는 말이 사냥질을 뜻합니까?

그렇지. '전'이 여기서는 '수렵 전田'이거든.

치빙馳騁도 '달릴 치'에 '달릴 빙' 아닙니까?

그렇지. 달린다는 말이지. 그러니까 노루나 산돼지나 호랑이를 잡으려고 좇아가다 보면 사람 마음이 차분할 수가 없고 들뜨게 마련 아닌가?

지랄 발광한다고 할 때의 그 발광이 이 발광이지요?

그래. 미치는 거야. 인류 역사에 수렵이라는 게 있으니 정상적이요 스포츠가 된다는 얘기도 있지만 그건 덧붙이는 얘기고, 일단 짐승을 잡으려고 좇아가는 상태가 되면 마음이 들떠 있는 상태가 되지 않을 수 없거든.

그렇다면 그런 경우를 굳이 전렵에만 국한시킬 것도 아니잖습니까?

물론이지. 결국은 오관五官의 대상에 빠져 들어가는 것을 경계하느라고 이것저것 얘기하는 거니까.

그러니까 눈, 귀, 입에다가 말하자면 손발까지 예로 든 건데요, 따라서 낚시질에 빠지는 것도 여기 '전렵'에 해당되겠지요?

그럼.

낚시질뿐만 아니라 우리의 이른바 취미 생활 모두가 포함되겠지요?

아무렴. 어떤 오락이나 취미도 그것이 주는 감각에 빠지고 말면, 마음이 미치게 되는 거라.

그 다음, "난득지화難得之貨는 영인행방令人行妨이라"고 했는데요.

얻기 힘든 보화는 사람이 덕행을 하지 못하도록 방해한다는 말이지.

여기서 방해한다는 건 자기도 안하고 남도 못하게 한다는, 그런 뜻이겠지요?

물론.

난득지화難得之貨, 그걸 좀 얻어보려고 결국 자기와 남을 아울러 해롭게 한단 말씀이군요.

그래.

그러니까 다시 간추려 말하면, 우리의 오관五官이 느끼는 대상에 빠져들다 보면 눈도 멀고 귀도 먹고 입도 어긋나고 마음은 미쳐 돌아가고 덕행을 방해하여 모두에게 해롭기만 하다는 그런 말이군요?

그렇지.

안으로 道에 충실하여

그러므로 해서 "성인聖人은 위복爲腹하되 불위목不爲目이라", 배를 위하되 눈을 위하지 않는다는 말인가요?

성인聖人은 안으로 道에 충실하다는 말이지. 밖으로 눈이나 귀나 몸뚱이나 이런 오관五官에 빠져들지 않고 안으로 道를 존중히 여기고, 자기가 모시고 있는 道에 충실하여 道를 위주로 한다는 거야.

안으로 배(腹)에 충실하되 밖으로 오관의 대상에 빠지지 않는다는 말은, 『금강경』에서 부처님이 수보리須菩提에게 "무릇 형상 있는 것은 모두가 허망하니 만약 모든 형상을 형상 아닌 것으로 보면 곧 여래를 보리라(凡所有相 皆是虛妄 若見諸相非相 卽見如來)"고 하면서 눈에 보이는 모든 것에 현혹되지 말라고 권고하신 것과 통하는 얘기 같군요.

그래, 같은 얘기지. 그러니까 뭐냐 하면 있다가 없어질 현상에 집착하지 말고 내 안에 있는 道, 여기를 위주로 존중하여 하라는 게야. 거피취차去彼取此라, 저것을 버리고 이것을 취한다는 말이지. 다시 말하면 감각의 대상에서 벗어나 해방되고 내 안에 있는 道에 충실하라는 걸세.

배를 위한다(爲腹)는 말이 났으니 하는 말입니다만, 아이들이 우는 것을 보면 정말 배를 위주로 하는 것 같습니다. 배가 고프면 주변 상황이 어떻든 상관없이 울거든요. 부모가 한밤중에 피곤하든 말든, 자기 배가 고프거나 아프면 울어대지요. 그게 아직 젖먹이라서, 그만큼 道와 덜 떨어져 있는 상태라서 그런 게 아닐까요?

그렇겠지.

그러다가 차츰 자라면서 감각의 세계에 눈을 뜨고 그러면서 뱃속의 道보다는 보이고 들리는 것에 따라서 살아가는 게 어른들의 타락하는 모습이겠지요.

그래.

그러면, 먼젓번 장이 공空의 작용을 얘기한 거라면 이 장에서는……

여기서는 감각의 세계에서 벗어나라는 거지. 오관五官의 작용에 빠져들지 말라는 거야.

그렇지만, 그게 자칫 잘못하면 만사에 무감각하라는 말로 오해될 수도 있지 않겠습니까? 그런 말은 아닐 텐데요.

일체로부터 자유로워라

아니지! 아니고 말고. 자네가 아주 지적을 잘했네. 그러니까 뭐냐 하면, 여기에도 빠져서는 안 되고 저기에도 빠져서는 안 되는 거라. 그게 불가에서 말하는, 공空에 빠져도 안 되고, 상相에 묶여도 안 되고 또 그렇다고 해서 공에 빠지지 않고 상에 묶이지 않는 그것에도 빠져서는 안 된다는 거지. 깨달음의 세계에서는 안과 밖이 따로 없거든. 일과원광一顆圓光은 색비색色非色이라, 한 알의 둥근 빛은 색이면서 색이 아니란 말이야. 어차피 눈은 모양을 보고 입은 음식을 먹어 맛을 알고 코는 냄새를 맡고 귀는 듣고 몸은 움직이게 돼 있지 않는가? 그러나, 그렇게끔 돼 있지만, 거기에 묶이지 말아라, 이 말이지.

하긴 하되, 먹긴 먹되, 그 맛에 빠지지 말라?

그럼. 그거지. 한쪽에 기울지 말라는 거라. 한쪽에, 그게 상相이건 공空이건, 어느 쪽이건 한쪽에 빠지지 말라는 거지. 그걸 아주 잘 나타낸 시가 한 수 있어. 신라 28대 진덕여왕 시절에 살았던 부설거사浮雪居士의 시인데 그분이 본명은 진광세陳光世라고 유명한 재가 신자였지.

오종평등행무등悟從平等行無等이요
각계무연도유연覺契無緣度有緣이라.
원주악장단청별圓珠握掌丹青別이요
명경당대호한현明鏡當臺胡漢縣이라.
처세임진심광의處世任眞心廣矣요
재가성도체반연在家成道體伴然이라.
인득색성무괘애認得色聲無罣碍니
불수산곡좌장련不須山谷坐長連이라.

이걸 풀어서 읽어보면 말이지, "오종평등에 행무등이요", 깨달아서 평등을 따르되 평등하지 않은 것을 행하고, 그러니까 평등한 것과 평등하지 않은 것을 함께 넘나드는 거지. 그 어디에도 묶이지 않고 말이야. 맛을 보거나 소리를 듣는 것이 우리의 일상 생활인데 그렇다고 해서 그 맛이나 소리에 집착하지 않는단 말이지. 그러니까 하느님 아버지의 자리에 있으면서 모든 일상 생활에 적응한다는 얘길세. 예수님이 배고프면 음식을 드셨고 졸리면 주무셨고 화가 나면 화를 내셨고, 그러나 그러면서 언제나 아버지의 자리에서 떠나지 않으셨거든. 그것이 바로 이 '오종평등행무등悟從平等行無等'의 경지지. 그 다음, "각계무연에 도무연이라", 깨달아서 연緣이 없는 것과 일체가 됐지만, 다시 말해서 부처님과 일체가 됐다는 얘기고 자기가 불佛이 됐다는 얘기고 내가 아버지와 하나라는 얘기지, 그렇게 연緣이 없는 것과 일체로 됐지만 그러나 세상의 뭇 인연을 다스리고 간다, 이 말이야. "원주악장에 단청별이요", 이것저것 모두 융섭融攝하는 둥근 구슬을 손에 넣었지만, 그러니까 이것저것 모두 융섭하는 세계를 깨달아서 체득했지만 그렇지만 푸르다 붉다 이런 것을 가릴 줄 안다는 거지. "명경당대에 호한현이라", 맑은 거울 앞에서는 오랑캐도 한인漢人도 따로 없단 말이야. 모든 걸 다 비추니까. 그렇잖은가? 다음에, "처세임진심광의요", 세상 살아가기를 진실에, 부처님에게, 하느님에게 맡기니 마음은 스스로 자유롭고 "재가성도체반연이라", 집에 있으면서 道를 이루니 몸도 함께 따라가는도다. 어디 따로 특별한 자리를 찾아가지 않아도 된다는 얘기지. "인득색성무괘애니", 세상의 온갖 형체와 소리를 깨달아 알지만 거기에 걸려 넘어가지 않으니, "불수산곡좌장련이라", 산속에 들어가서 오랫동안 앉아 있어야만 할 필요가 없다, 이 말이야. 그러니까 들에 나오면 들에 나온 대로, 거리에 나오면 거리에 나온 대로, 산에 있으면 산에 있는 대로 어디 가든지 속이 트이고 道를 지니고, 감각의 세계에 사로잡히지 않으면 되는 거지, 구태여 산속에 깊이 들어가 오랫동안 앉아 있어야 할 필요가 어디 있느냐는 거라.

그렇게 세상과 인연을 끊고 어느 산속이나 그런 곳에 들어가 참선에 몰두하는 것 자체가 잘못하면 공空에 집착하는 것일 수도 있다는 말인가요?

그렇지. 일체로부터 자유로워야 하는 거라. 자유로워지겠다는 마음으로부터도 자유로운 거야. 그러니까 이 장은 일체의 대상으로부터 자유로우라는 거지. 그게 공空이든 색色이든 간에……

그러면서 그 양쪽을 모두 떠나라는 것도 아니겠지요?

물론이지. 道를 좇아서 일상 생활을 하라는 거지. 다만, 道가 중심이 되고 위주가 돼야 한다는 거야.

말씀을 듣는 중에 생각나는 선禪 이야기가 하나 있습니다. 일본에 어느 돈 많은 보살이 살았더랍니다. 하루는 누군가 젖먹이를 그 집 문 앞에 버렸더라는 거지요. 보살은 부처님의 선물이라 생각하고 어느 절에다가 양육비는 얼마가 들든지 다 댈 터이니 이 아기를 키워서 훌륭한 사람으로 만들어달라고 부탁했답니다. 절에서는 정성을 다 들여 아이를 키웠지요. 이윽고 성년이 되었을 때 보살이 말하기를 과연 훌륭한 사람으로 자랐는지 시험을 해보겠다 하고는 그날 밤 유명한 기생을 불러 화대를 듬뿍 주고 어떻게든 그 아이를 유혹해서 농락해 보라고 했다는 겁니다. 기생이 온갖 음식과 술을 차려 갖은 수단을 다 피워 유혹을 했지만 밤새도록 꼼짝도 않더라는 거예요. 그러더니 이윽고 날이 새자 지필묵을 가져오라 하더니, 천년 묵은 바위에 고목이 서 있다는 내용의 시 한 줄을 써놓고 일어나더라는 거지요. 절간 사람들은 희색이 만면하여 그 시를 가지고 보살을 찾아가 자초지종 설명하고는 이만하면 성공한 셈 아니냐고 그러면서 이제 사례비를 듬뿍 받아낼 수 있겠다 싶었는데,

웬걸요? 보살이 화를 내며 호통을 치는데 이러더랍니다. "내가 당신들한테 그 많은 돈을 주면서 부탁한 것이 훌륭한 사람 만들어달라는 거였지 어디 늙은 나무토막을 만들어달라는 거였소?" 이 얘기도 결국은 감각에 빠지지도 말고 그렇다고 해서 무감각하지도 말라는 그런 교훈을 담고 있는 얘기 아니겠습니까?

재미있군. 말하자면, 여여부동如如不動이라, 물에 들어가되 들어가서 젖지 않고 불에 들어가되 들어가서 타지 않는, 어디에 처하든 마음이 흔들리지 않는, 그런 경지를 말하는 거지. 스데파노가 죽을 때 웃지 않았는가? 그는 죽는 자리에서 열려 있는 하늘을 보았거든. 이차돈異次頓도 마찬가지지. 원효의 말대로, 일체무애一切無碍하니 일도출생사一途出生死라, 모든 것에 걸림이 없으니 한 걸음에 삶과 죽음을 벗어나는 그런 경지에 이르면 그럴 수 있어. 연꽃을 보게. 연못이라는 게 맑은 물과 흐린 물이 섞여 있는 곳 아닌가? 연꽃은 그 청淸과 탁濁에 구애받지 않고 청탁을 초월하여 피어나는 꽃이거든. 과연 불교의 상징이 될 만한 꽃이지.

13장
큰 병통을 제 몸처럼 귀하게 여기니

윗사람한테 사랑을 받거나 욕을 먹거나 하는 일에 흥분하니 이는 큰 병통을 제 몸처럼 귀하게 여기는 것이다. 어째서 사랑을 받거나 욕을 먹는 일에 흥분한다고 말하는고 하니, 사랑을 받으면 올라가고 욕을 먹으면 내려가는데 얻어도 흥분하고 잃어도 흥분하니까 그래서 사랑을 받거나 욕을 먹는 일에 흥분한다고 말하는 것이다. 어째서 큰 병통을 제 몸처럼 귀하게 여긴다고 말하는고 하니, 내게 큰 병통이 있는 까닭은 내게 몸이 있다고 생각하기 때문이라, 내게 몸이 없다면 무슨 탈이 내게 있겠는가? 그런 까닭에 제 몸 귀하게 여기는 것과 천하를 귀하게 여기는 것이 동일한 사람에게는 천하를 맡길 만하고, 제 몸 사랑하는 것과 천하를 사랑하는 것이 동일한 사람에게는 천하를 맡길 만하다.

寵辱若驚, 貴大患若身. 何謂寵辱若驚, 寵爲上, 辱爲下, 得之若驚, 失之若驚, 是謂寵辱若驚. 何謂貴大患若身, 吾所以有大患者, 爲吾有身. 及吾無身, 吾有何患. 故貴以身爲天下者, 可以寄天下, 愛以身爲天下者, 及可以託天下.

사랑받고 욕먹는 일이 큰 병인데

"총욕약경寵辱若驚하니 귀대환약신貴大患若身이라." 총寵은 윗사람한테서 사랑을 받는 것이고 욕辱은 말 그대로 욕을 먹는 것인데, 말하자면 명예와 불명예가 자기에게 미칠 때 흥분한다 이거야. 흥분해서 날뛰게 되니, 큰 탈을 제 몸처럼 귀하게 여긴다는 말이지.

여기서 경驚이란 말은 그냥 놀란다는 뜻보다 사랑을 받으면 신이 나서 좋아하고 욕을 먹으면 화가 나서 날뛰고, 그런 뜻으로 읽어야겠군요?

흥분해 들뜬다는 거지.

그래서 대환大患을 제 몸처럼 귀하게 여긴다는 말입니까?

그래. 총寵이니 욕辱이니 그게 모두 병통이거든.

그렇지요. 그게 죄다 밖에서 자기에게로 오는 것들 아닙니까? 이를테면 저와 선생님이 모시고 있는 아버지한테서 나오는 것이 아니란 말씀입니다. 그런 것들에 휘둘려서 갈팡질팡하니, 그야말로 큰 병통을 제 몸뚱이처럼 애지중지하는 것이 아닐 수 없지요. 다음 구절은 어떻게 읽습니까?

"하위총욕약경何謂寵辱若驚고?" 어째서 명예나 불명예를 가지고 흥분한다고 말하느냐? "총위상寵爲上이요 욕위하辱爲下라" 명예로운 일이 있으면 올라가고 말이지 욕을 먹으면 내려가고 말이지, 그러니 이것을 얻으면, "득지약경得之若驚이라" 이것을 얻으면 흥분하거든. 또 이것을 말이지, "실지약경失之若驚이라" 잃어버려도 흥분한다 이 말이야. 그래서 명예와 불명예에 대해서 흥분한다고 말하노라, 이거지.

그러니까 요즘 말로 하면 상을 받거나 비난을 받거나 그런 것이 여기서 말하는 총寵이니 욕辱이 되겠군요? 그런 것을 받으면 죄다 흥분하니까요.

얻어도 흥분하고 잃어도 흥분하지. 요즘 같은 경쟁 사회에서는 흔히 볼 수 있는 현상 아닌가?

다들 그러지요. 욕을 먹으면 콩팔칠팔 야단이고 상을 받으면 또 밤잠을 못 자고, 그것들이 사실은 대환大患인데 말씀입니다. 다음으로 넘어갈까요?

"하위귀대환약신何謂貴大患若身고?" 어째서 큰 병통을 제 몸처럼 귀하게 여긴다고 말하느냐? "오소이유대환자吾所以有大患者는 위오유신爲吾有身이라." 나에게 큰 병통(大患)이 있는 까닭은 내가 몸을 가지고 있다고 생각하기 때문이다. 그런데 "급오무신及吾無身이면 오유하환吾有何患이리요?" 나에게 몸이 없다면 내가 흥분하고 걱정할 게 뭐가 있겠느냐? 이런 말이지.

옳은 말씀이지요.

누구에게 천하를 맡길 것인가?

"고故로 귀이신위천하자貴以身爲天下者는 가이기천하可以寄天下하고 애이신위천하자愛以身爲天下者는 급가이탁천하及可以託天下니라." 그런 까닭에 제 몸으로써 천하와 동일하게 귀히 여기는 자는 말이지, 그런 자에게는 천하를 맡길 수 있고, 제 몸으로써 천하와 동일하게 사랑하는 자는, 그러니까 제 몸을 사랑하는 것과 천하를 사랑하는 것을 똑같이 하는 사람은 말이지, 그런 사람에게는 세상을 맡길 만하다 이 말이지. 그런 사람에게는 세상을 맡겨도 괜찮다는 거야.

이 결구의 두 문장은 같은 말을 반복하고 있는 거군요? 기寄와 탁託이 같은 말이고 귀貴와 애愛가 같은 말 아닙니까?

같은 말이지. 노자의 글이 거의 전부 시문으로 돼 있거든.

그러면, 이 장은 무엇을 말하고 있는 겁니까?

자기 통찰을 얘기하는 거지. 자기를 통찰하는 얘기야. 인간이라는 게 대개 요 꼬라지라는, 그런 얘기를 지금 하고 있는 거지. 그러니까 뭐냐 하면 '한정된 자아 형식'에 빠진 사람은 모든 경우에 흥분하고 그런다 이 말이야. 그러나 '무한한 무아 형식'에 처한 사람은 천하 만물 일체와 스스로 동일해지니까, 그러니까 그에게도 희로애락이 있긴 하지만 말이지 그런 것에 휘둘리지 않는다는 거라. 그러니까 자기로부터의 해방, 자기 부정의 과정 속에서 천하와 하나가 되는 거지. 그런데 '자기'라는 울타리 속에서 모든 것을 생각했을 적에는, 그랬을 적에는 총욕약경寵辱若驚이 되는 거지, 흥분하게 되는 거야. 그러나 '자기'를 벗어나서 제한이 없는 무아 형식에 처하면 말이지, 그러면 우주가 자기와 하나로 되는 거라. 예수나 석가나 이런 분들은 뭐냐 하면 우주와 자기가 하나로 되는 무한한 무아 형식에서 사신 분들이지. 그런데 우리 같은 보통 사람들은 유한한 자아 형식에 빠져서 산단 말이야. 고대 말한, 한정된 자아 형식의 자기를 깨고 나와서 무한한 무아 형식의 자기로 살아간다는 얘기는 칼 융K. Jung의 얘기지. 그분도 노자를 많이 읽었다더군.

알겠습니다. 그러니까 총욕寵辱이 나에게 대환大患이 되는 이유는 내 몸이 있다고 생각하기 때문인데 사실은 내 몸이라는 게 따로 있지 않으니까, 급오무신及吾無身이라, 내게 몸이 없다는 그 경지에 이르면 거기에 무슨 병통이 있겠느냐는 그런 말입니까?

그래. 그래서 『장자』를 읽어보면 지인至人은 무기無己라는 말이 있지. 완성된 사람은 사私가 없어. 한정된 자아 형식에 갇혀서 살지 않는단 말이야. 그러니까 장자의 지인은 한정이 없는 무아 형식 속에서 사는 사람이지. 그렇기 때문에 그런 사람의 경우는 장천하어천하藏天下於天下, 천하를 천하에다가 감추고 사는 사람인 거라. 무슨 말인고 하니, 내 안에 우주가 있고 우주 안에 내가 있다 이 말이야. 예수의 말씀이 그 말씀이지. 아버지가 내 안에 있고 내가 아버지 안에 있고.

아하, 그 말씀이 곧 장천하어천하藏天下於天下로군요?

그래. 그 말이지. 천하를 천하에 감춘다는 거니까. 제한되지 않는 무아 형식 속에서 살고 있기 때문에 일체가 나란 말이야. 그렇게 되면 내가 아버지 안에 있고 아버지가 내 안에 있게 되는 거지.

그러면 사물과 내가 서로 어긋날 이유도 없지요.

없지. 그렇게 되니까 말하자면 선악을 초월하게 되고 총욕寵辱을 초월하게 되는 거라.

그렇지요. 거기에 휘둘리지 않는 거지요.

않는 거지.

그러니까 욕을 먹게 되면 먹는 거지요. 또 상을 받으면 받는 거고요.

그런 거지. 그러나 그런 것들 때문에 흥분할 것 하나 없단 말이야. 그게 무슨 실체가 있는 게 아니거든.

눈은 보게 돼 있고 귀는 듣게 돼 있으니까 볼 것은 보고 들을 것은 듣되 그 보이고 들리는 것에 빠져들지 않는 것처럼 욕을 먹을 때도 있고 상을 탈 때도 있지만 그런 것에 휘둘리지 않는다는 건데요, 그러나 그게 내가 그렇게 하리라 결심하여서 되는 건 아니잖습니까? 그렇게 되지도 않겠지만요.

안 되지. 그건 작위니까.

그게 기독교의 말로 하면 자기를 비우고 아버지를 모시면 저절로 그렇게 된다는 것 아닌가요?

절로 그렇게 되는 거지. 그러니까 지금 이 장은 무위자연無爲自然의 道에 서서 자기를 통찰하고 있는 거라. 그렇게 될 때 아버지와 아들은 나뉠 수 없는 관계 아닌가? 따라서 이 장에서는 완성된 한 인간이 우주와 하나 되는 것, 세계와 하나 되는 것, 타인과 하나 되는 것, 일체와 하나 되는 것을 잘 얘기해 주고 있다고 볼 수 있지.

그런 사람에게는 천하를 맡길 수 있다?

그래. 그런 말이지. 그런 사람에게는 세상 사랑과 자기 사랑이 다른 게 아니니까.

14장
모양 없는 모양

보아도 보이지 않는 것을 이름하여 이夷라 한다. 들어도 들리지 않는 것을 이름하여 희希라 한다. 잡아도 잡히지 않는 것을 이름하여 미微라 한다. 이 셋은 어떻게 할 수가 없다. 그러므로 섞이어 하나를 이룬다. 그 위는 밝지 않고 그 아래는 어둡지 않다. 이어지고 이어져서 이름을 지을 수 없다. 다시 아무것도 없는 무無로 돌아가는지라, 이를 일컬어 모양 없는 모양이요 모습 없는 모습이라 한다. 이를 일컬어 어리벙벙함이라 한다. 맞이해서 보되 그 머리를 볼 수 없고 따라가며 보되 그 뒤를 볼 수가 없다. 道의 비롯함을 잡으면 이로써 오늘의 현상을 다스릴 수 있다. 능히 천지의 비롯함을 알면 이를 일컬어 道의 근본이라고 한다.

視之不見, 名曰夷. 聽之不聞, 名曰希. 搏之不得, 名曰微. 此三者, 不可致詰. 故混而爲一. 其上不皦, 其下不昧. 繩繩兮, 不可名. 復歸於無物. 是謂無狀之狀, 無象之象. 是謂惚恍. 迎之不見其首, 隨之不見其後. 執古之道, 以御今之有. 能知古始, 是謂道紀.

보기는 보는데 보이지 않는다

"보아도 보지 못하는 것을 이름하여 이夷라 한다." 첫 구절은 이렇게 읽습니까?

보면서도 보지 못하는 것을 일컬어 평탄하다고 한다, 그런 말이지. 여기서 '이夷'는 오랑캐라는 뜻이 아니라 평평해서 뭐가 보이지 않는다는 말이야. 또 "청지불문聽之不聞을 명왈희名曰希라", 듣는데 들리지 않는 것을 이름하여 희미하다고 한다. "박지부득搏之不得을 명왈미名曰微라", 잡는데 잡히지 않는 것을 일컬어 아주 작다고 한다, 뭐 그런 얘기겠지.

여기서 이夷니 희希니 미微니 하는 것을 우리말로 옮기기가 무척 어려운 것 같아요.

어렵지. 어려운데 요즘 과학자들이 양자론의 세계에서 말하는 것 있잖은가? 그걸 연상하면 무슨 말인지 짐작할 수 있을 게야. 어쨌든 너무 큰 것도 우리 눈은 보지 못하고 너무 작은 것도 보지 못하지. 또 너무 큰 소리도 우리 귀는 듣지 못하고 너무 작은 소리도 듣지를 못하잖는가?

옳습니다. 저도 이 대목을 읽으면서 그런 생각을 했습니다. 마찬가지로 너무 큰 것도 잡지 못하고 또 너무 작은 것도 잡지 못하지요.

그래. 보기는 보는데 보이지 않는 거라. 또 듣기는 듣는데 안 들리는 거지. 잡는 것도 마찬가지, 잡기는 잡아도 잡히지를 않아. 이 세 가지는 말이지, "불가치힐不可致詰이라", 어떻게 할 수가 없는 거라. 여기 '힐詰'은 '다스릴 힐'이거든. 맘대로 어떻게 할 수가 없단 말이야. 그런 까닭에 이것들이 섞여 하나를 이룬다, "혼이위일混而爲一이라."

여기서 '일一'은 무엇을 가리키는 걸까요?

道지. 道라는 건 들어도 듣지 못하고 보아도 보지 못하고 만져도 만져지지 않는 것으로 이루어져 있다는 그런 말일세.

그러나 그렇다고 해서 없는 건 아니지요.

아무렴. 당연한 말씀이지. 계시되, 계시되 뭐냐 하면 우리 감각으로 어떻게 할 수가 없다는 거라.

결국 우리의 오관五官으로는 볼 수도 들을 수도 만질 수도 없다는, 그런 뜻이겠지요. 그럼 그게 결국 하느님 아닙니까?

그렇지. 그 얘기지. 그래서 일즉도一卽道요 도즉일道卽一이라고 하잖는가?

이 장은 가만 보니까 '하나' 님에 대한 얘기 같은데요?

무형지형無形之形을 얘기하는 거지.

그 다음은 어떻게 읽습니까? "기상其上은 불교不皦하고"로 읽나요?

그렇지. 위는 말이지 밝지가 않아. 여기서는 하나의 대비로 얘기하는 건데, 道의 위는 밝지가 않고 "기하其下는 불매不昧라", 그 아래는 어둡지가 않은 거라. 그러니까 이 道라는 게 말이지 밝지도 않고 어둡지도 않고, 그렇다 이 말이야. 그러니까 뭐라고 표현할 수가 없다는 얘기지.

기상其上이니 기하其下니 하는 것은 道의 위와 아래가 따로 있다는 말이 아니라 흔히 생각하기를 위는 밝고 아래는 어둡다고 하니까 그렇게 대구를 사용한 것 아닙니까? 결국 道에는 밝음과 어둠이 따로 없다는 뜻이겠지요.

그래. 노자는 시적인 표현을 즐겨 사용하지. 여기서도 상이니 하니 하는 것은 하나의 대구인 셈이야. 요컨대 道에는 밝음도 어둠도 없다는 말이지.

결국 형태 없는 것이라

그 다음은, "승승혜繩繩兮여, 불가명不可名이라", 끊임없이 이어져서 그 이름을 붙일 수가 없단 말이지.

그렇지요. 이름을 짓는다는 것은 그것을 분리한다는 거니까요.

뭐 형태가 있어서 났다가 멸하거나 그런 것이라야지, 이건 뭐 계속 이어져서 영원한 거니까……

면면약존綿綿若存과 같은 말이군요?

같은 말이지.

처음도 없이 끝도 없이 이어지고 또 이어지니까 불가분不可分이고 불가분이니까 불가명不可名이고……

그래. 그래서 "복귀어무물復歸於無物이라", 무물無物로 돌아가느니라. 그러니까 어떤 형태 잡힌 거로 돌아가지를 않아. 道는 형태가 없는 거야. 그런 말이지.

복귀란 말을 쓴 것은 돌아간다는 말이니까 왔다는 뜻이 전제되어 있는 것 아닙니까?

뭐 이제까지 이런저런 말을 늘어놓았는데 결국은 무물無物이라, 그런 말이지.

그렇지요. 道가 어디로 돌아간다는 게 말이 안 되지요.

이렇다 저렇다 떠들어봤지만 이름을 지을 수가 없어. 그러니까 대구로 결국은 무물無物이라 한 거지. "이를 일컬어 무장지장無狀之狀이요 무상지상無象之象이라 한다." 장狀이니 상象이니 같은 뜻인데 장狀을 외면의 모양이라고 하면 상象을 내면의 모양이라고 할까? 형상 없는 형상인 거라. 그러기 때문에 "시위홀황是謂惚恍이라", 어리벙벙해. 황홀하단 말이야. 뭐라고 얘기할 수가 없잖아? 엄청나니까! 이어서, "영지迎之에 불견기수不見其首하고 수지隨之에 불견기후不見其後니라." 맞이해서 보는데 말이지 그 머리를 볼 수가 없어. 그리고 따라가며 본다고 해도 그 뒤를 볼 수가 없단 말이야. 형태가 있어야 머리도 보고 꽁무니도 보지.

보는 자가 보려고 하는 것 속에 들어 있으니 볼 수가 없는 거지요.

바로 그게 중요한 거라.

눈이 눈을 보지 못한다는 말도 비슷한 말입니까?

그 얘기하고도 통하는 말이지. 일컬어 뭐라고 비유를 하려고 해도 그게 안 돼. 그것이 바로 복귀어무물復歸於無物이라.

다음 구절은 어떻게 읽습니까?

道의 비롯함을 알면

"집고지도執古之道면 이어금지유以御今之有라." 옛날의 道를 잡으면 오늘의 있음(有)을 다스릴 수 있다는 말이지. 옛날의 道를 잡는다는 말은 道의 비롯함(根源)을 안다는 거야.

道에는 고금古今이 없잖습니까?

없지. 그러니까 여기서 '고古'는 '옛 고'라기보다 '비롯할 고'로 읽어서 道의 근원을 가리킨다고 봐야겠지. 道의 근원을 알면 말이지 오늘의 현상을 다스릴 수 있게 되는 거라. 지금 여기 있는 모든 현상이 어디서 비롯되었는가? 道에서 온 거란 말이야. "능지고시能知古始면 시위도기是謂道紀니라." 비롯함을 알 수 있으면 이를 일컬어 道의 기紀, 곧 道의 근원이라고 한다, 이 말이야. 천지만물의 비롯함을 알면 말이지 그것을 道의 기원이라고 한다는 거지. 道의 근본이라고 해도 되겠네. 언젠가 "여하시如何是, 부모미생전父母未生前 본래면목本來面目이라", 네 아버지 어머니가 나시기 전에 지녔던 너의 참모습이 어떠하냐고 하는 말을 인용한 적 있었지?

기억합니다.

그 한마디 속에도 여기서 말하는 고시古始라든가 도기道紀라든가 하는 말이 내포되었다고 할 수 있지. 부모가 태어나기 전에 있던 너의 본바탕이 뭐겠느냐는 건데, 그게 불가에서 말하면 부처님 아닌가? 여기서는 그걸 道라고 하는 거지.

「창세기」에서는 하느님이지요.

그래. 하느님이지. 그게 본래면목인데, 보아도 볼 수 없고 들어도 들을 수 없고 잡아도 잡히지 않고 그런 거라. 그러니까 道의 본바탕을 무형지형無形之形으로 설명하며 가는 거지. 그런데 세상 사람들은 바로 이것을 무시한단 말이야.

봐도 보이지 않고 들어도 들리지 않으니까요.

그래. 그러나 사실은 그게 엄청난 현존이거든!

그게 道의 기紀요 모든 유有의 비롯함인데……

그럼. 그런데 그걸 무시하니까 결국은 뭐냐 하면 들뜨는 거지. 흥분하고.

들뜨고 흥분하는 까닭은 오관五官의 작용에 빠지기 때문이라는 것 아닙니까?

그렇지. 한정된 자아 형식의 자기에 빠져 있기 때문에 그런 거라. 그러니까 무한한 무아 형식의 자기에 처하게 되면 말이지, 그러면 우주와 합일이 되고 세계와 하나 되고 일체와 하나 되니까 앉은 자리에서 우주가 내 안에 있는 것 아닌가?

아까, 맞이해서 보는데 그 머리를 볼 수가 없고 따라가며 보는데 그 뒤를 볼 수가 없다는 말은, 실제로는 맞이해서 볼 수도 없고 따라가며 볼 수도 없는 건데 설명을 하자니 그런 비유를 쓴 것 아닌가요?

답답한 인간들에게 얘길 하자니까 그런 비유를 사용한 거지. 성경에 보면 빌립보가 예수님께 아버지를 좀 뵙게 해달라고 간청했을 때, 예수님이 아버지가 내 안에 있고 내가 아버지 안에 있다고 하시면서 나를 보았으면 아버지를 본 것이라고 하시잖나? 그게 말은 쉽지만 어디 쉬운 말인가? 그런 얘기를 지금 여기서 하고 있는 거라.

예수님이, 너희가 나를 보았으면 아버지를 본 것이라고 하셨는데요, 그때 말씀하신 '나'가 누구겠습니까? 그분이야말로 털끝만큼도 사私가 없는, 완전히 하느님과 합일된 그런 '나'가 아니겠어요? 예수님의 그 '나'를 정말로 본 자는 아버지를 보았겠지요? 그러나 예수님의 겉으로 나타난 형체 그러니까 그 육신만을 본 사람은 물론 아버지를 보지 못했을 것이고요.

그래. 그 얘기지. 그러니까, 감각의 대상으로서만 예수를 보는 한 아버지를 볼 수가 없는 거야. 오색五色이 영인목맹令人目盲이라, 사람 눈을 멀게 한다고 하지 않았는가? 오늘처럼 상혼이 판을 치고 경쟁이 심한 사회 속에 묻혀서는 말이지 하느님 아버지를 볼 수가 없는 거라. 신자들이라 해도 철저한 무사無私의 경지 속에서 비로소 아버지를 보게 되는 거니까. 철저한 무사의 경지에서는 아버지를 보고 또 진짜 '나'를 보게 되는데, 그때 비로소 '나'와 '아버지'가 둘이 아니라 하나임을 또한 보게 되는 거지.

방금 말씀하신 대로, 말은 쉽지만 참 어려운 말입니다.

쉽지 않지.

그러니까 한번 태어나 일생의 사업으로 해볼 만한 일이기도 하겠지요.

15장
낡지도 않고 새것을 이루지도 않고

옛적의 道에 훌륭한 이들은 미묘현통微妙玄通하여 그 깊이를 알 수 없다. 대저 그 깊이를 알 수 없는 까닭에 억지로 모양을 그려보면, 신중하여 겨울 내를 건너는 것 같고 삼가하여 주위를 두려워하는 것 같고 의젓하여 손님 같고 부드러워 얼음이 녹으려는 것 같고 투박하여 통나무 같고 품이 넓어 골짜기 같으며 어두워서 흐릿함과 같다. 누가 흐린 것과 어울리면서 고요함으로써 그것을 천천히 맑게 해줄 수 있으며 누가 가만히 있으면서 움직임으로써 그것을 천천히 생겨나게 하겠느냐? 이 道를 지닌 자는 스스로 차고자 하지 않으니 대저 스스로 차고자 하지 않는 까닭에 낡지 않으면서 새것을 이루지도 않는다.

古之善爲士者, 微妙玄通, 深不可識. 夫惟不可識, 故强爲之容, 豫兮若冬涉川, 猶兮若畏四隣, 儼兮其若客, 渙兮若氷之將釋, 敦兮其若樸, 曠兮其若谷, 渾兮其若濁. 孰能濁以靜之徐淸, 孰能安以動之徐生. 保此道者, 不欲盈. 夫惟不盈, 故能敝不新成.

옛날의 道에 훌륭한 이들은

"고지선위사자古之善爲士者는 미묘현통微妙玄通하여 심불가식深不可識이라." 이렇게 읽어야겠지요?

그렇지.

무슨 말입니까? "옛날의 훌륭한 선비는……"

여기서 '선비 사士'는 道로 읽는 게 좋겠지. 그러니까 옛적의 道를 잘 닦은 이는, 道에 훌륭한 이는, 미묘현통微妙玄通하여 그 깊이를 헤아릴 수가 없고, 대저 그 깊이를 헤아릴 수가 없으므로, "고故로 강위지용强爲之容하면" 그러므로 억지로 그 모양을 그려볼 것 같으면, "예혜豫兮여 약동섭천若冬涉川하고" 신중하여 겨울에 개울을 건너는 것과 같고, "유혜猶兮여 약외사린若畏四隣하고" 삼가하여 주위를 두려워하는 것과 같고, "엄혜儼兮여 기약객其若客하고" 의젓하여 마치 손님과 같고, "환혜渙兮여 약빙지장석若氷之將釋하고" 부드러워 얼음이 녹으려고 하는 것과 같고, "돈혜敦兮여 기약박其若樸하고" 투박하여 마치 통나무와 같고, "광혜曠兮여 기약곡其若谷하며" 품이 넓어서 골짜기 같으며, "혼혜渾兮여 기약탁其若濁하니라" 밑이 보이지 않을 만큼 어두워서 흐릿함과 같으니라, 이런 말이 되겠지.

읽으시는 길에 끝까지 한번 읽어주시지요.

그러지. "숙능탁孰能濁하여 이정지서청以靜之徐淸하며" 그 누가 탁한 것과 함께 어울리면서 고요함으로써 그것을 천천히 맑게 해줄 수 있으며, "숙능안孰能安하여 이동지서생以動之徐生이리오?" 그 누가 가만히 있으면서 움직임으로써 그것을 천천히 태어나게 하겠느냐? "보차도자保此道者는 불욕영不欲盈하니" 이 道를 지닌 자는 스스로 차려고 하지 아니하니, "부유불영夫惟不盈이라" 대저 스스로 차지 않느니라. "고故로 능폐

불신성能敝不新成하니라", 그러므로 낡지 않으면서 새것을 만들지도 않느니라.

그러니까 이 장은 옛적의 道에 훌륭한 이들이 어떤 모습을 지니고 있었는지, 그것을 여러 가지 은유로 그려 보여주고 있군요?

그런 거지. 불생불멸不生不滅의 경지에서 살아가는 이들의 모습이니까, 거기에는 단단함과 부드러움, 고요함과 움직임이 모두 들어 있는 거라.

사실은 아무도 그 깊이를 알 수가 없는 경지에 처한 이들인데 억지로 그 모습을 그려본다면, '예혜약동섭천豫兮若冬涉川'에서 시작하여 '혼혜기약탁渾兮其若濁'에 이르기까지의 여러 가지 모습으로 그려볼 수 있다는 것 아닙니까?

그래. 그런 말이지.

누가 능히 움직이지 않으면서 움직이느냐?

그렇게 여러 가지로 설명한 다음의 구절이 참 절묘한 것 같습니다.

절묘하지. "숙능탁이정지서청孰能濁以靜之徐淸이리오?" 누가 능히 탁한 것과 어울리면서 말이지 그러면서 고요함으로써 그것을 천천히 맑게 하겠느냐는 거라. 그러니까 겉으로 보면 탁한 모양을 하고 있는데 그러면서 능히 고요하여 그 탁한 것을 천천히 맑게 만들 수 있느냐는 거니까, 여기서는 움직이면서 움직이지 않는 동중정動中靜의 경지를 얘기하고 있다고 볼 수도 있겠지. 그리고 "숙능안이동지서생孰能安以動之徐生이리오?" 그 누가 움직이지 않으면서 움직임으로써 그것을 천천히 생겨나게 하겠느냐?

그러면 여기 두 번째 구절은 정중동靜中動을 얘기하는 것이라고 봐도 되겠습니까?

그렇게 봐도 되겠지.

그 누가 움직이지 않으면서 움직여서 그것을 천천히 태어나게 하겠느냐는 거니까요.

이런 모든 일이 가능한 것은, 인간의 이거다 저거다 하는 사량분별思量分別에 따라서 처리하지 않고 무위자연의 경지에서 처리하고 나가니까 그럴 수 있는 거지.

우리가 흔히 정중동靜中動이니 동중정動中靜이니 하고 말하는데요, 그 말은 동이 곧 정이고 정이 곧 동이라는 말로 풀어야 하는 것 아닙니까?

글쎄, 그렇게 풀어야 한다기보다는, 그 어느 것도 언제나 그렇지는 않다는 거지. 동이 언제나 동은 아니고 정 또한 언제나 정은 아니거든.

그러니까 여기서 '가운데 중'을 영어의 전치사 읽듯이 읽어서는 곤란하겠군요?

곤란하지.

움직이면서 가만히 있고 가만히 있으면서 움직인다는 말이니까요.

그렇지. 선시에 이런 구절이 있잖은가? 물소를 타고 다리 위를 걸으니 흐르는 것은 물이 아니라 다리로구나. 이게 다 같은 얘기지. 정靜과 동動은 말이지 절대적인 게 아니거든.

가만히 있으면서 움직여가지고 천천히 생겨나게 하고 탁하면서 고요해가지고 천천히 맑게 한다는 건데요, 사람이 이럴 수가 있는 겁니까? 도대체 가능한 거예요?

글쎄…… 오랜 정진 끝에 주변의 모든 것과 진실하게 소통이 되는 그런 만남이 이루어지면 말이지, 그런 만남이 이루어지면 앉아서 눈짓 하나 손가락질 하나로도 상대방에게 변화를 가져다줄 수 있지 않는가?

세상의 사사로운 명리에 따르는 노력이 아니라 道를 좇아서 진실하게 자기를 비우고 가는 그런 경지에서는 말이지, 말 한마디 없이 눈짓 하나만으로도 엄청난 변화를 상대방에게 가져다줄 수 있거든. 그러니까 사람이 道에 좇아서, 기독교 말로 아버지를 모시고 아버지의 뜻을 좇아서 일을 처리하고 나갈 때에 시방 말하는 노자의 얘기는 통용이 되겠지. '능탁能濁' 이니 '능안能安' 이니 해서, 말하자면 어느 경우에 처해서든지 그 경우에 빠져들지 않고, 이른바 무위의 작위가 이루어지는 거라.

대개 기독교 신학에서 말입니다, '예수 사건' 을 가리켜 하늘이 땅으로 내려온 것이라고 말하거든요? 그렇다면 그것을 여기서 말하는 '맑은 것이 탁한 것과 함께하는 것' 으로 볼 수 있지 않겠습니까?

그래.

그러나 예수가 그렇게 탁한 인간들과 어울려다니기는 했지만, 그들과 어울려다니면서 자기가 탁해진 건 아니거든요.

바로 그 얘기지.

그렇다면, 고지선위사자古之善爲士者들 가운데 예수님도 모실 수 있겠군요?

아무렴.

그러나 중요한 것은 능탁이니 능안이니 그런 경지에 이르고자 애쓰는 것보다 선위사善爲士하는 것, 그러니까 道에 훌륭한 사람이 되려고 애쓰는 것이 아니겠어요?

그렇지.

그리고 여기서 '능탁' 이니 '능안' 이니 하는 말이 서로 다른 두 실체의 모습이 아니라 동일한 실체의 다른 모습이 아닙니까?

물론이지. 그러니까 결국 하느님과 하나된, 道와 하나된, 부처님과 하나된, 아버지와 하나된 그런 사람들의 모습은 이러하니라, 그런 얘기지.

道는 스스로 차지 않는다

"보차도자保此道者는 불욕영不欲盈이라" 했는데요, 스스로 차려고 하지 않는다는 말이 무슨 뜻입니까?

이런 道를 지닌 자는 뭐냐 하면, 극단의 짓을 하지 않는다는 거야. 그러니까, 이건 선이다 저건 악이다 하고 극단의 주장을 하지 않는다는 거지. 극단의 주장을 했을 적에는 주主와 객客이 나눠지거든. 그렇잖은가? 그런데 하느님과 하나 되고 부처님과 하나 되면 말이지 그렇게 되면 주와 객이 하나로 통일돼 버린단 말씀이야. 구분이 없어지는 거라. 일체가 하나지. 따라서 극단의 상相을 택할 수가 없지 않겠나?

그렇기 때문에 낡지도 않으면서 새것을 만들지도 않는군요?

낡지 않으니까 새것을 만들 까닭도 없잖아? 능고능신能古能新이라, 옛것과 새것이 함께 존재하는 거지. 道는 시간과 공간을 초월한 것이니까. 하느님 아버지한테 시간이니 공간이니 그런 게 있겠나?

그렇지요. 무엇이 낡는다든가 다시 생겨난다는 것은 시간의 차원에서나 가능한 일이니까요. 중간 부분에서요, "돈혜기약박敦兮其若樸하고 광혜기약곡曠兮其若谷"이라는 구절을 풀면서 감산 스님은, 겉 모양(外貌)은 통나무처럼 투박하고 속마음(中心)은 골짜기처럼 비어 있다고 했던데요……

그럴듯하군.

법보다 인간, 인간보다 道

보통 유가에서는 외유내강外柔內剛을 말하지 않습니까? 여기서 노자가 말하는 것과는 반대처럼 들리는데요.

그럴 수밖에…… 문제를 보는 시각이 다르니까. 유가는 계율을 중시하지 않는가? 이것저것은 반드시 지켜야 한다고 말이지. 그러다 보니까 인간이 그 계율에 묶이게 되더라 이거야. 그런데 노장老莊한테서는 계율이라는 것 자체가 우주의 道를 인간이 상실했을 때 나오는 것이거든. 아마 다음다음 장쯤 해서 그 말이 나올 거야. "대도폐유인의大道廢有仁義라", 우선 급한 것은 그 사람이 道를 찾아야지, 道 없이 계율만 지킨다고 해서는 계율의 노예가 되는 것밖에 다른 수가 있느냐는 거라.

말씀을 듣는 중에 생각이 나서 드리는 말씀인데요, 며칠 전에 「출애굽기」를 읽다가 모세가 하느님한테서 법조문이 새겨진 돌판을 얻어서 산을 내려와보니 사람들이 황금으로 송아지 우상을 만들어 절하고 춤추며 야단법석을 떨고 있거든요. 모세가 그만 화가 나서 돌판을 던져 깨뜨려버리는 대목에서요, 아무리 화가 나도 하느님이 주신 법인데 그걸 그렇게 제 맘대로 깨뜨려버려도 되는 것일까 스스로 물어보았지요. 그리고 얻은 답은, 하느님의 법이라 해도 그 법을 지킬 인간이 없다면 무슨 소용이 있는가? 인간이 우상을 섬긴다는 건 하느님을 버렸다는 건데, 노자의 말로 하면 인간이 큰 道를 등졌다는 말이겠지요. 하느님을 등진 인간은 이미 인간이 아니지요. 그러니 법을 지킬 사람이 없는데 법은 무슨 법입니까? 그래서 모세가 돌판을 깨뜨린 게 아닌가, 그렇게 생각해 보았습니다. 우상을 모두 청산하고 나서 모세는 다시 법이 새겨진 돌판을 얻어오지요. 노자는 결국 인간이 지켜야 할 계율보다 먼저 인간의 회복을 생각했고 그래서 道의 회복을, 바로 말하면 道에 하나 되기를, 강조한 것 아닌가 생각합니다.

그래, 재미있군.

법보다 중요한 것은 인간이고 인간보다 중요한 것은 道다. 이런 점에서 모세와 노자는 같은 생각을 하고 있는 것 아니겠습니까?

그렇지. 모세의 돌판이나 유가의 인의예지仁義禮智가 모두 인간이 만든 것 아닌가? 그것이 인간을 만든 것은 아니거든. 그게 모두 꼭두각시인데, 사람이 꼭두각시를 가지고 놀다보면 꼭두각시의 꼭두각시로 되는 수가 있단 말이야.

조물농인여농환造物弄人如弄幻하고
달인관환사관신達人觀幻似觀身이라
인생환화동위일人生幻化同爲一이어니
필경수진수비진畢竟誰眞誰匪眞이랴?

조물造物은 사람 놀리기를 꼭두각시 놀리듯 하고 통달한 사람은 꼭두각시 보기를 제 몸 보듯 하네. 인생이 꼭두각시 꽃으로 모두가 하나인데 끝에 가서 무엇이 참이며 무엇이 참 아니랴, 이런 뜻인데, 사람이라는 게 말이지, 제가 만들어놓은 것들 속에서 서로 속고 속이며 살아가고 있지 않는가? 그런데 그런 상태를 떠난 경지에서는, 오늘 이 장에서 말하는 바 멍청해 보이고 투박해 보이고 머뭇거리는 것 같고 그런 경지에서는, 낡은 것도 없고 새로운 것도 없단 말이지. 왜? 영원한 실체와 하나니까.

16장
저마다 제 뿌리로 돌아오는구나

비어 있음을 철저히 정관靜觀하고 고요함을 착실하게 지키면, 만물이 함께 번성하되 나는 그 돌아감을 본다. 모든 사물이 끊임없이 바뀌지만 저마다 제 뿌리로 돌아오는구나. 뿌리로 돌아옴을 일컬어 고요함이라 하고 고요함을 일컬어 존재의 운명으로 돌아감이라 하고 존재의 운명으로 돌아감을 일컬어 실재라 하고 실재를 아는 것을 일컬어 깨달은 밝음이라 한다. 실재를 모르면 재앙을 일으키고 실재를 알면 모든 것을 품는다. 모든 것을 품음이 곧 공公이요 공公이 곧 왕이요 왕이 곧 하늘이요 하늘이 곧 道요 道가 곧 영원함이니 몸은 죽어도 죽지 않는다.

致虛極, 守靜篤, 萬物並作, 吾以觀其復. 夫物芸芸, 各復歸其根. 歸根曰靜, 靜曰復命, 復命曰常, 知常曰明. 不知常, 妄作凶. 知常容, 容乃公, 公乃王, 王乃天, 天乃道, 道乃久, 沒身不殆.

비어 있음을 고요히 들여다보면

이 장은 공空 또는 허虛, 그러니까 '비어 있음'에 대한 철저한 정관靜觀을 얘기한다고 볼 수 있겠네.

'치허극致虛極'을 어떻게 읽어야 합니까?

그 다음의 '수정독守靜篤'까지 붙여서 읽어야겠지. "치허극致虛極하고 수정독守靜篤하면" 말이지, 그러니까 뭐냐 하면, 허虛를 철저하게 통찰하고 고요함을 착실하게 지키면……

정관이라는 게 고요히 들여다본다는 뜻인가요?

무사無私의 경지에서, 무념무상의 상태에서, 그러나 졸고 있는 것이 아니라 깨어 있는 상태에서, 비어 있음을 보면 저절로 고요함을 지키게 되지 않는가?

그러니까 결국 고요한 가운데 깨어 있어서 비어 있음의 실체를 정관한다는 말이 되겠군요?

그렇지. 그렇게 하면 말이지, "만물병작萬物並作이로되 오이관기복吾以觀其復이니라." 만물이 저마다 번성하는데 나는 그것들의 무위無爲를 보노라, 이런 말이지.

'기복其復'이 무위를 뜻합니까?

돌아가는 것을 본다는 말인데 생겨난 모든 것이 돌아가잖는가? 태어났다가 돌아가는데 그것은 무위無爲의 위爲인 거라. 뭐 의도적으로 나 이제 돌아가야 하겠다고 해서 돌아가는 게 아니잖아? 사람이 나고 죽는 것을 마음대로 할 수 있어? 맘대로 할 수 없다, 이 말이야. 인위로써 할 수 있는 게 아니거든, 나고 죽는 게. 그러니까 여기 '돌아갈 복復'의 앞에는 생生이 있고 뒤에는 사死가 있는 거지. 따라서 나고 죽는 것이 '복復'이고, '복復'을 보는 것은 결국 '무위'를 보는 거라. 그래서 "오이관기복吾以觀其復이라", 나는 저마다 생겨나 번성하는 만물에서 그 '무위'를 보노라, 이 말이야.

그게, '치허극致虛極' 하고 '수정독守靜篤' 하면 그렇다는 거지요?

그렇지.

"부물운운夫物芸芸이로되", 만물은 뭐냐 하면 끊임없이 이렇게 저렇게 바뀌는데 그러나 "각복귀기근各復歸其根이라", 저마다 제 뿌리로, 제 근원으로 돌아온다 이 말이야.

저마다 근원으로 돌아와서

"귀근왈정歸根曰靜이요" 근원으로 돌아오는 것을 일컬어 고요함이라 하고, "정왈복명靜曰復命이요" 고요함을 존재의 운명으로 돌아가는 것이라 하고, "복명왈상復命曰常이요" 존재의 운명을 일컬어 실재實在라 한다.

실재가 상常입니까?

불생불멸의 진여실상眞如實相이란 말이지. "지상왈명知常曰明이라", 실재를 아는 것을 일컬어 깨달은 밝음이라 한다. "부지상不知常이면 망작흉妄作凶이요" 실재를 모르면 재앙을 일으키고, "지상知常이면 용容이라" 실재를 알면 모든 것을 품는다. 하느님 아버지는 모든 것을 포용하시지 않는가? 모든 것이 부처님 손바닥 안에 있잖아?

'상常'을 알면 '용容' 한다, 이 말입니까?

그렇지. 실재를 알면 말이지 모든 것을 품게 된다는 거라. "용내공容乃公이요", 모든 것을 품는 것은 사私가 없는 것이요 "공내왕公乃王이라", 자기가 따로 없는 것은, 그러니까 사私가 없는 것은, 일체에 충만한 것이라.

여기서 '왕'을 '일체에 충만한 것'으로 읽습니까?

왕은 모든 것을 거느리잖아? 그의 힘이 미치지 않는 데가 없잖아?

그럼, 모든 것을 다 가진다는 말도 되겠군요?

그렇지. 사私가 없으니까. 왕한테는 없는 게 없지. 동시에 모든 것에 그의 손길이 미치고. 그 다음에, "왕내천王乃天이요", 모든 것에 충만한 것은 모든 것을 벗어나는 것이요……

'하늘 천天'을 '벗어남'으로 풉니까?

여기서는 문맥상 그렇게 읽어야겠지. 하늘은 모든 것을 초월해 있으니까. "천내도天乃道요" 모든 것을 벗어나면 그것이 곧 道요, "도내구道乃久니" 道는 영원하니, "몰신불태沒身不殆니라" 몸은 죽어도 죽지 않는다, 이런 말이지. 그러니까 이 장은 道의 실재, 그 불생불멸하는 실상을 보여주고 있다고 볼 수 있네.

"치허극致虛極하고 수정독守靜篤하면" 그런 것을 볼 수 있다는 말입니까?

그래. 모든 것이 무위로써 나고 죽는 것을, 그러니까 모든 것이 제 근원으로 돌아가는 것을 본단 말이야. 아버지한테로 돌아가는 거지. 어머니라고 해도 좋아.

"귀근왈정歸根曰靜이라? 저는 이 구절을 읽을 때마다 문득 공동묘지가 생각납니다. 공동묘지, 참 고요하거든요. 살아 있는 동안에는 저마다 시끄럽던 자들이 근원으로 돌아가서는 그렇게 고요할 수가 없지요.

그래. 근원으로 돌아가면 너니 나니, 옳으니 그르니가 없거든. 경허鏡虛 선사의 시에 그런 게 있지.

수시숙비誰是孰非라

몽중지사夢中之事로다

북망산하北邙山下에

수이수아誰爾誰我요?

누가 옳고 누가 그르냐? 모두 꿈속의 일이라. 북망산 아래에서 너는 누구고 나는 누구냐?

맞습니다. 그런데 "정왈복명靜曰復命이라", 그 고요함이 바로 존재의 운명으로 돌아가는 것이라 했거든요. 모든 존재의 운명이 고요함에서 나와 고요함으로 돌아가는 것 아닙니까? 여기서 운명이란 말은 미리 정해져 있다는 뜻도 품고 있는 것 같은데요.

그렇지. 모두 정해져 있는데, 만사개유정萬事皆有定인데 부생공자망浮生空自忙이라, 괜히들 명리를 따져서 뛰어다니는 거지. 죽을 땐 죽고 살 땐 사는데 말이지. 그건 인위로 안 돼.

사私가 없으니 모든 것에 충만하고

아까, '공내왕公乃王'을 읽을 때 말입니다. '왕'을 모든 것에 충만한 것으로 읽고 또 그 뒤에 '천天'은 모든 것에서 벗어나는 초월로 읽으셨는데, 기독교에서 말하는 하느님이 바로 그렇지요. 모든 것에 내재하면서 모든 것을 초월하시는 하느님이거든요.

그래서 예수를 왕중왕王中王이라고 하잖나? 그런데 그게 무슨 말이냐 하면 털끝만큼도 사私가 없어서 모든 것에 충만하고 모든 것에서 벗어나 있는 그런 분이란 말이지.

아하, 그렇군요. 그걸 우리는 자꾸만 이 세상 임금들의 우두머리쯤으로 생각했으니 헛갈릴 수밖에요. 그리고 한 가지 더, 지상知常이면 용容한다고 했는데요, 여기서 상常은 복명復命 곧 존재의 운명으로 돌아가는 것이라고 했지요?

그리고 그것을 실재라고 했지. 달리 말하면 진여실상眞如實相인 道, 하느님 아버지, 부처님이 곧 상常이지. 변하지 않는, 그러니까 무상無常의 반대라.

그게 실재로군요?

그렇지. 뭐 존재라고 해도 되고.

그러니까 그 실재인 아버지, 하느님, 부처님, 여기서는 道를 아는 게 바로 깨달은 밝음 곧 '명明' 이란 말씀입니까?

그래. 그런 말이지.

그런데 그걸 알지 못해서 망작흉妄作凶이라, 재앙을 일으킨다?

그럼. 사람이 하느님을 모르는 데서 재앙이 생기는 거지. 실재가 모든 것을 포용하고 모든 것을 포용한다는 것은 곧 자기가 따로 없는 거니까 공公이지. 그리고 사私가 따로 없다는 것은 뭐냐 하면 일체에 충만한 거라. 일체에 미치니까. 일체에 미친다는 것은 일체를 초월하는 것이고 일체를 초월하는 자리가 곧 道거든. 道에 달하면, 그러면 영원히 계속되어서 죽어도 죽지 않게 되는 거지.

그래서 몸은 죽어도 죽지 않는다는 거군요?

그렇지. 불시佛詩에 이런 게 있어. 당나라 때 선승禪僧 동산양개洞山良价의 게偈인데.

> 절기종타멱切忌從他覓하라
>
> 초초여아소超超與我疏리니

아금독자왕我今獨自往하여
처처득봉거處處得逢渠라
거금정시아渠今正是我로되
아금불시거我今不是渠로다
응수임마회應須恁麽會여야
방득계여여方得契如如리라

풀어보면, 그를 밖에서 찾지 말아라, 갈수록 나한테서 멀어지리니. 나 이제 홀로 가매 곳곳에서 그를 만나노라. 그는 바로 나인데 나는 그가 아니로다. 이렇게 깨달아야만 바야흐로 부처와 하나가 되느니라. 이런 뜻이 되겠는데, 아주 제대로 오늘 이 장에서 말하는 내용과 들어맞는구먼.

참 좋은 시입니다. 결국은 거듭해서 '무사無私' 라는 말과 만나게 되는데요, 제 아내가 지난번에는 선생님 말씀 녹음한 것을 풀고 있는데, 그 뭐 똑같은 얘기를 자꾸만 되풀이하고 있느냐고, 맨날 아버지가 내 안에 내가 아버지 안에 그 얘기만 하던데 같은 얘길 뭐 그렇게 늘어놓느냐고 그러더군요. 그래 제가 웃으면서 글쎄 그게 같은 말이라, 성경도 그게 결국은 한 마디 말이지 무슨 다른 말이 있느냐, 그러니까 이 사람아 이게 道지, 이 얘기 있고 저 얘기 따로 있으면 그러면 그걸 어떻게 우리가 道라 할 수 있겠느냐, 이러면서 함께 웃은 적이 있습니다. 예수님 말씀도 결국은 '나' 하나만 해치우면 곧장 아버지와 하나된다는 것 아닙니까? 바로 그것을 당신 몸으로 체현하여 보여주신 게 그분의 일생이고요.

그렇지.

'몰신불태沒身不殆' 라는 말도 그렇습니다. 사도 바울로가 부활을 말하면서, 썩을 육신의 옷을 벗고 영원히 썩지 않는 옷을 갈아입는 것이 곧 부활이라고 하거든요. 저는 이 표현이 인간의 언어로서는 아주 걸작이라고 생각합니다.

그래, 그거 아주 걸작이군!

17장
백성이 말하기를 저절로 그리 되었다고 한다

가장 높은 지도자는 아랫사람이 그가 있는 것만 겨우 알고, 그 다음 가는 지도자는 가까이 여겨 받들고, 그 다음 가는 지도자는 두려워하고, 그 다음 가는 지도자는 경멸한다. 그러므로 성실함이 모자라면 아랫사람의 신뢰를 얻지 못한다. 삼가 조심하여 말의 값을 높이고 공功을 이루어 일을 마치되 백성이 모두 말하기를 저절로 그리 되었다고 한다.

太上, 下知有之. 其次, 親之譽之. 其次, 畏之. 其次, 侮之. 故信不足焉, 有不信. 猶兮, 其貴言, 功成事遂, 百姓皆曰, 我自然.

최상의 지도자는 아무도 모른다

우선 한번 읽어주시겠습니까?

그러지. "태상太上은 하지유지下知有之하고 기차其次는 친지예지親之譽之하고 기차其次는 외지畏之하고 기차其次는 모지侮之하니, 고故로 신부족언信不足焉이면, 유불신有不信이니라. 유혜猶兮여 기귀언其貴言하고 공성사수功成事遂하되 백성百姓이 개왈皆曰 아자연我自然이라 하니라."

'태상太上'을 무엇으로 읽어야 합니까?

문맥으로 보면 가장 높은 것이라는 얘긴데, 최상의 지도자 또는 가장 훌륭한 지도자로 읽어야겠지. "태상太上은 하지유지下知有之하고", 최상의 지도자는 말이야, 최상의 지도자는 결국 아무도 모른다는 그런 얘긴데, 있다는 것 정도만 겨우 알지 그 밖에는 모른다는 거라.

여기서 '지之'는 '태상太上'을 가리키겠지요?

그렇지.

'하下'는 아랫사람을 말합니까?

그래, 아랫사람.

그러니까 태상太上은 아랫사람들이 그가 있다는 것 정도밖에 모른다는 말이군요?

이 말을 한마디로 줄이면, 최상의 지도자는 아무도 모른다는 그런 말이지. "기차其次는 친지예지親之譽之하고", 그 다음 가는 지도자는 아랫사람이 가까이 여기고 받들어 존대한다는 말이야.

그러니까 이 구절에서는 '아래 하下'가 생략된 셈이군요?

그렇지.

알겠습니다.

"기차其次는 외지畏之하고", 그 다음 가는 지도자는 아랫사람이 두려워하고……

그렇지요.

"기차其次는 모지侮之니라", 그 다음 가는 지도자는 아랫사람이 경멸하느니라.

참말을 하라

"고故로 신부족언信不足焉이면" 그러므로 지도자가 언행에 성실을 다하지 않으면, "유불신有不信이니라" 사람들한테서 신뢰를 받지 못하느니라. "유혜猶兮여" 삼가 조심하여서, "기귀언其貴言하고" 그 말의 값을 높이고, 말을 함부로 하지 않는단 말이야. 그러니까 지도자는 말이 신중하고 한마디를 해도 조심해서 해야 한다는 거라. 어제 한 말이 오늘에 다르고 아침에 한 말을 저녁에 뒤집고 그래서야 되겠나? 그래서는 안 되는 거지. "공성사수功成事遂하되" 공을 이루고 일을 모두 마치되 백성百姓은 말이지, "개왈皆曰" 모두 말하기를, "아자연我自然이라 하니라" 그것이 저절로 그렇게 되었다고 말하느니라, 이런 말이지.

여기서 '아我'는 무엇입니까?

'나 아我'인데, 누가 만들어준 게 아니라 스스로 있는 거니까 여기서는 저절로라는 뜻을 가지고 있다고 봐야겠지.

지도자가 공을 이루고 일을 모두 마쳤지만 백성은 그것을 지도자의 공으로 여기지 않고 저절로 그렇게 됐다고 말한다는 거군요?

그렇지.

요즘 우리네 지도자들 모습하고는 영 딴판입니다.

그럴 수밖에. '태상太上'이라야 그런 거니까.

요순堯舜 시절에 그랬다는 말이 있지요.

그래. 동양에서는 요순을 '태상'으로 여기지. 배고프면 먹고 졸리면 자고 날이 새면 나가 일하고 그렇게 사는데 임금이 누군지 내 알 바가 뭐냐는 식이라.

그러니까 이 장은 다스리는 자의 모습을 얘기한 겁니까?

다스리는 자가 백성, 민중과의 관계 속에서 어떤 모습으로 보이는지, 그걸 얘기한 것이라고 볼 수 있어. 그러니까 진짜로 가장 훌륭하게 다스리는 자의 모습은 백성들 눈에 없는 것처럼 보인다는 거지.

그런데 그 지도자의 격이 한 단계씩 내려오지 않습니까? 그래서 가까이 여기고 존대하다가 더 낮아지면 두려워하다가 더 낮아지면 경멸하기에 이르는데요, 그렇게 낮아지는 까닭이 결국 '신信'의 부족에 있다는 건가요?

그래. 성실함이 갈수록 부족해져서 그런 거지.

성실하지 않으니까 백성은 더욱 믿지 않게 되고요.

그렇지.

여기서 '성실함'(信)이 결국 '말言'에서 나오는 것이라는 점을 암시하고 있다고 보이는데요, '유불신有不信'에 이어서 '기귀언其貴言'을 말하고 있지 않습니까? 말의 값을 높이는 것이 곧 '신信'을 얻는 것이라는……

사람의 행위는 결국 말에서 나오잖는가? 그런데, 그 말을 함부로 했을 적에는 경멸을 자초한단 말이야. 화를 부르지. 그러나 말이 신실할 적에는, 그러면 말이 값지게 되거든.

말을 값지게 한다는 것이 음성을 꾸며서 말을 천천히 하는 것과는 상관이 없겠지요?

없지. 억양이나 단어 가지고 말을 귀하게, 그 값을 높일 수는 없으니까. 그러니까 여기서 말의 값을 높인다는 것은 사사로운 말이 아니라 하느님의 말씀으로 말한다는 거야. 예수님이 당신의 말이 아니라 아버지의 말씀을 하시잖는가? 말을 하되 그렇게 한다는 거지. 부처님이 생시에 깨달으신 분의 자리에서 말씀을 하시는 것처럼. 그러니까 세월이 흘러도 그 말이 깨어지거나 변하거나 하지 않는 걸세.

결국 그의 말이 사사로운 말이냐 아니면 참말이냐, 그게 문제로군요?

그렇지. 여기서 '기귀언其貴言' 하라는 건 참말을 하라는 거야. 아버지의 말씀으로 말하라는 거지.

빈말로 하지 말고……

그래, 빈말로 하지 말고.

네 믿음이 너를 고쳤다

그 다음에, 일을 다 했더라도 백성들이 그건 절로 그렇게 된 거라고 말하게끔, 일을 그렇게 마무리하라는 거지. 이건 뭐 조금 해놓고는 잔뜩 제 이름이나 선전하고 만고에 길이 남겠다고 비석이나 깎아세우고, 애들 말로 광이나 내고 말이지, 그러지 말라는 거라. 그래 가지고는 결국 경멸이나 받게 될 테니까 말이지.

옳습니다. 예수님이 성경에 보면 병자를 고쳐주신 다음에, "네 믿음이 너를 고쳤다"라고 말씀하시거든요. 내가 너를 고쳐주었다고, 그러니까 나를 따라오라고 말씀하신 적은 한 번도 없습니다. 오히려 따라오겠다는 사람을 집으로 돌려보내신 적은 있지요.

그래, 바로 그거야. 그게 바로 언제나 참말을 하는 지도자의 모습이지. 아주 적절한 예를 들었네.

그러니까 그 입에서 나오는 말이 경우에 따라서는 분노에 찬 저주일 수도 있고 부드러운 위로의 말일 수도 있고, 그런 거지요?

그래.

따라서 말의 값을 높이라는 게 말을 가끔 한마디씩 해서 값을 높이라는 게 아니라 말의 질을 높이라는 거겠지요.

참말, 아버지의 말, 부처의 말을 하라는 거지. 아버지께서 나를 통해 말씀하시도록 하라는 그런 얘길세.

그런 말을 하는 사람은, 결국 그 '사람' 때문에 '말' 이 차단되거나 왜곡되는 경우가 없겠지요?

없지. 고대 예수님이 "네 믿음이 너를 고쳤다" 는 말씀을 하셨다고 했는데, 그런 말은 예수님에게 '사私' 가 없으니까 가능한 거라.

요즘 그분의 제자라는 자들이 병을 고친다 어쩐다 하면서 신문에 방송에 자기를 광고하는 모습을 보게 되는데요, 그건 아무래도……

잘못된 거지. 그러니까 결과가 좋을 리 없어. 예수님이 단 한 번이라도 자기 선전을 하신 적이 있던가? '자기' 가 없는데 '자기 선전' 이 어떻게 가능하겠나?

18장
큰 道가 무너져 인과 의가 생겨나고

큰 道가 무너져 인仁과 의義가 생겨나고 지혜가 존중받아 큰 거짓이 생겨나고 가족이 화목하지 못하여 효孝와 자慈가 생겨나고 나라가 어지러워 충성스런 신하가 생겨난다.

大道廢, 有仁義. 智慧出, 有大僞. 六親不和, 有孝慈. 國家昏亂, 有忠臣.

큰 道가 무너지매

이 장은 제가 한번 읽어보겠습니다. "대도大道가 폐廢하여 유인의有仁義하고 지혜智慧가 출出하여 유대위有大僞하고 육친六親이 불화不和하여 유효자有孝慈하고 국가國家가 혼란昏亂하여 유충신有忠臣이니라." 맞습니까?

맞어.

그러면 이 장은 무엇을 말하려는 겁니까?

세상에서 값을 쳐주고 있는 이른바 인의仁義니 효자孝慈니 충신忠臣이니 하는 것들이 왜 나왔느냐는, 그 까닭을 밝히는 건데, 그것들이 나오게 된 것은 큰 道가 쇠퇴했기 때문이라는 거라. 그러니까 거꾸로 사람이 道에 돌아가기만 하면 그런 것들이 죄다 쓸모가 없는 것들이라는 얘기지.

노자라는 사람은 인간의 현실에서 떠나 무슨 구름을 잡자는 얘기를 한 게 결코 아니고 아주 근본적으로 현실의 문제를 풀어보려고 한 사람이라는 생각이 드는군요. 그런데 그가 제시한 해결책이 너무 근본적이고 정확해서 오히려 사람들한테는 허황된 얘기로 들린 것 아닙니까?

그래. 그렇게 된 거지. "대도大道가 폐廢하여 유인의有仁義하고", 대도大道가 무너지니까 그 결과로 자선이니 정의니 하는 것들이 있게 되고, 사람이 道와 하나가 되면, 우주의 본체와 결합이 되어 있으면, 따로 자선을 베푸느니 뭐니 그런 게 있을 수가 없잖은가? 자선을 베푼다는 것 자체가 이미 자타自他를 구분하는 데서 나오는 거니까. 의義도 마찬가지지. "지혜智慧가 출出하여 유대위有大僞하고", 사람의 사고나 분별이 존중되니까 그 결과로 큰 거짓이 비롯되고……

여기서 '출出'이 존중된다는 뜻입니까?

그렇지. 나타난다는 것은 드러나는 거니까. 사람의 사고나 분별 따위가 존중된다는……

아하, 지혜가 나가버린다는 뜻이 아니고요?

아니지. 그러니까, 지혜가 대단한 취급을 받게 되니까 그 결과로 큰 거짓이 비롯됐다는 거야. "육친六親이 불화不和하여" 가족이 서로 불화하게 되니까 그 결과로 뭐냐 하면, "유효자有孝慈하고" 효행이나 자애 따위가 필요하게 되고, "국가 혼란國家昏亂하여 유충신有忠臣이니라" 나라가 어지러워 암흑 세계가 되니까 충성스런 신하를 구하게 되는 것이다, 이 말이야. 그러니까 이런 모든 것들은 인간 사회가 우주의 실체와 일치하지 않았을 때에 나타나는 현상을 얘기하는 거지. 하느님 아버지와 일치되지 않았을 때에 이런 현상이 나타나는 거라. 道와 하나되지 않았을 적에 이런 것들이 나타난다는 얘기야.

그렇다면 노자는 인의仁義라든가 효자孝慈라든가 충忠 따위에 궁극적인 가치를 두지 않는 건가요?

그럼. 그런 것에 궁극적인 가치가 있다고 보지 않는 거지.

'대도폐大道廢' 라는 말은 현실 세계가 道에 부합되지 않게 되었다는 말이지, 道가 스스로 무너지거나 했다는 말은 아니겠지요?

문제도 해결도 근원은 道에서

아무렴, 물론이지.

따라서 그 책임은 결국 인간에게 있다는 건가요?

인간에게 있지. 모든 것이 인간이 道를 등진 때문이야.

그렇게 해서 道가 무너지는 바람에 인仁이 나오게 됐다는 건데요, 하긴 사람이 우주의 실체와 하나되어 있다면 자선을 베풀 재산이 자기에게 따로 있지도 않겠지요.

재산도 없지만 자선을 베푸는 행위가 따로 있는 것도 아니지. 약하고 모자라는 사람한테는 그냥 돌아가게 돼 있으니까, 그게 원칙이니까 …… 아까 얘기한 대로 정사政事가 잘 되면 백성은 누가 뭘 했는지도 모르잖는가? 예수님이 병을 고쳐주셨단 말이야. 그래서 고맙다고 하니까, 아니야, 네 믿음이 너를 낫게 했어, 바로 그거지! 아주 중요한 얘기야.

인仁이니 의義니 하고 말하는 것은 결국 그런 것을 실천하는 '나'가 있어서 가능한 것 아닙니까?

'나'가 있으니까 베푸는 거지. 그런데 道의 자리에 서면, 아버지의 자리에 서면, 나니 너니가 따로 없거든. 거기서는 모순의 자기 동일이 이루어지니까, 인간의 사려분별 따위가 작용할 여지도 없는 거라. 그런데 인간의 사려분별이 존중될 때에 뭐냐 하면 이 복잡한 것들이 전부 생겨나는 거지. 껍데기 같은 이런 것들이 생겨난단 말이야.

하긴 부자 사이에 불화하지 않으면 일부러 효孝니 자慈니 하고 말할 것도 없지요. 저절로 그렇게 될 테니까.

그래.

그런데 부자지간의 불화라는 것도 사실은 인간이 대도大道를 등져서 그 결과로 이루어진 것 아니겠습니까?

그러니까 언제나 문제든 해결이든 그 근원을 道에서 찾아야 한다는 말일세. 그게 노장老莊의 종지인 거라.

19장
분별을 끊고 지식을 버리면

분별을 끊고 지식을 버리면 백성에게 백 배나 이롭다. 자선을 끊고 도의를 버리면 백성이 저절로 효성과 자애를 되찾는다. 잔재주를 끊고 이익을 버리면 도적이 없어진다. 이 세 가지는 겉을 꾸미는 것에 지나지 않으므로 부족하다. 그러므로 모름지기 속해야 할 곳이 있으니, 바탕의 순진함을 드러내고 타고난 본성을 지키며 자기 본위의 자기와 강한 욕심을 버리는 것이 그것이다.

絶聖棄智, 民利百倍. 絶仁棄義, 民復孝慈. 絶巧棄利, 盜賊無有. 此三者以爲文不足. 故令有所屬, 見素抱樸, 少私寡欲.

뿌리를 살려라

유명한 '절성기지絶聖棄智' 장인데요, "절성기지絶聖棄智하면 민리백배民利百倍하고 절인기의絶仁棄義하면 민복효자民復孝慈하고 절교기리絶巧棄利하면 도적盜賊이 무유無有로다"로 읽어야겠지요?

그래.

첫 구절부터 풀어서 읽어주십시오.

"절성기지絶聖棄智하면 민리백배民利百倍하고", 여기서 '성聖'은 거룩한 것이라기보다 분별해서 생각하는 것 있잖은가? 그런 뜻으로 풀어야 될 거야. 분별하는 것을 끊고 지식을 버리라는 말이지.

'지식'이라는 게 인간이 뭘 안다고 하는 그걸 말합니까?

그렇지. 안다는 걸 버려라, 이 말이야. 그러면 백성들의 이익이 몇백 배가 될 것이다. 무엇을 식별하거나 지식을 가지고 일을 헤아려 나아가는 그런 짓을 그만두면, 그러면 백성들이 몇백 배 이롭게 된다는 거야. 노자는 세상에서 지도자가 갖추어야 할 자세를, 물론 그렇다고 해서 백성은 몰라도 된다는 건 아니지만, 특히 정치 지도론을 얘기하고 있다고 봐야겠지.

"절인기의絶仁棄義하면 민복효자民復孝慈하고", 자선을 끊고 도의를 버려라, 그러면……

하! 그것 참. 이게 다 좋다는 건데 그걸 버리라니!

그래, 그렇단 말이지. 자선을 끊고 도의를 버리면 사람들은 더욱 서로 사랑하게 될 것이다, 이 말이야. 효孝와 자慈로 돌아가게 된다는 거지.

앞 장에서 가족이 서로 불화해서 효와 자가 나왔고 대도大道가 무너져서 인과 의가 생겼다고 했는데요, 그 구절과 의미가 서로 통하는 얘기 아닙니까?

통하는 얘기지.

그러니까 여기서 인과 의를 버리라는 말을 적극적인 표현으로 바꾸면 대도大道를 회복하라는 것이 되겠군요?

대도와 하나로 되라는 거지.

그러면 인이니 의니 하는 것은 저절로 이루어지게 돼 있으니까 따로 얘기할 것도 없다?

그렇지. 그런 것들은 전부 장식에 지나지 않는 것들이라, 겉을 꾸미는 모양에 지나지 못한다, 이 말이야.

지도자가 대도와 하나로 되면 백성은 저절로 효자孝慈하게 된다는 겁니까?

그런 얘기지. 노자가 살아 있던 시절에도 꽤 좋은 풍습을 지니고 있긴 했지만 도덕이니 예의니 뭐 이런 것이 자꾸만 나와 가지고 그걸 반드시 지켜야 한다는 소리가 있으니까, 부질없는 소리가 있으니까, 이런 말을 함으로써 그런 가식적이고 표면적인, 어떤 점에서 억지로 하게 되는, 그런 것이 중요하지 않고, 뭐냐 하면 道와 하느님 아버지와 일체가 되는 그것이 중요하다 이거야. 자기가, 자기도 겉으로 꾸미는 자기가 아니라 진짜 자기가 우주와 결합하는 것을, 하느님 아버지와 결합하는 것을, 시방 여기서 이렇게 설명하고 넘어가는 거지. "절교기리絶巧棄利하면 도적무유盜賊無有니라", 잔재주의 가르침을 끊고, 이건 이렇게 해라, 저건 저렇게 해라, 이건 이렇게 하면 좋을 것이다, 저건 저렇게 하면 좋을 것이다, 이런 잔재주를 끊고 또한 이익을 버리면 말이지, 그러면 도둑놈과 사기꾼이 없어진다, 이거야.

도둑놈은 뭐고 사기꾼은 뭡니까?

내놓고 남의 물건 가져가는 놈은 도둑이고 교언영색巧言令色으로 속여서 물건을 내주게끔 하고 그래서 가져가는 놈은 사기꾼이지.

그렇지요. 그러니까 달리 말하면 지도자가 잔재주를 피우고 이익만을 도모하면 그 따위 도둑과 사기꾼이 생긴다, 이 말이군요?

백성이 그런 놈들로 된다는 거지.

노자는 어쩔 수 없이 노자로군요. 여기서도 결국은 근본으로 돌아가 道와 하느님과 합일될 것을 얘기하고 있는 것 아닙니까? 근본이라는 게 뿌리인데요, 뿌리가 죽으면 꽃이고 열매고 아무것도 없지만 뿌리가 살면 그런 것들이 저절로 맺히니까, 뿌리를 살려라!

그래. 그게 바로 무위자연이지. 고대 자네가 말한 게, 그게 무위자연이야. 道를 지니고 가면 모든 것이 무위자연인 거라. 그렇게끔 돼 있어.

옳습니다. 지난번 천안에 갔다가 대나무를 한 뿌리 캐왔는데요, 서북풍을 피해 양지바른 곳에 심었는데 며칠 뒤에 보니까 잎이 죄다 말라서 돌돌 말려 있더군요. 아까운 나무가 죽나보다 했는데 비가 오니까 다시 잎이 파랗게 살아나며 활짝 펴는 게 아닙니까? 이게 드디어 뿌리가 제 구실을 하나보다, 생각하니 얼마나 반갑든지요.

활착活著이 됐군 그려, 뿌리가!

뿌리가 살았으니 혹시 위에 있는 줄기나 잎은 얼어 죽더라도 봄이 되면 싹이 나오지 않겠습니까?

그래. 우리 집 앞마당에 있는 저 시누대가 영하 14도, 15도를 넘으면 얼어서 죽더라고. 그렇지만 봄이 되면 다시 움이 트거든. 뿌리가 살아 있으니까.

그런 자연의 도리를 여기서 말하는 거겠지요. 성聖이니 지智니 의義니 인仁이니 하고 자꾸만 얘기하는데 그것은 뿌리를 버려두고 열매나 잎사귀 따위를 가지고 뭘 어떻게 해보려는 것이라는……

그렇지. 본말이 뒤바뀐 거야.

아까 '성聖' 을 '분별하는 것' 으로 읽으셨는데요, 성경에서도 '성聖' 은 분별을 뜻하지요.

그런가?

따라서 여기 '성聖' 을 성인聖人이라고 할 때의 '성聖' 으로 읽어서는 곤란하겠네요.

그렇게 읽어서는 안 되지. 뜻이 통하지를 않아.

불상현不尙賢할 때의 '현賢' 과 통하는 말로 보면 될까요?

비슷한 말이지.

모름지기 소속할 곳이 있다

"차삼자此三者는 이위문부족以爲文不足이라, 고故로 영유소속令有所屬하니 현소포박見素抱樸하여 소사과욕少私寡欲이니라." 이 세 가지는, 그러니까 여기서 얘기하는 분별과 지식(聖智), 자선과 도의(仁義), 잔재주와 이익(巧利), 이 세 가지는 다만 외면적인 꾸밈에 지나지 않기 때문에 그것만으로는 부족하다, 이거야.

여기서 '문文' 이 꾸밈을 뜻합니까?

'꾸밀 문' 으로 읽어야지.

그러니까 이 세 가지는 겉을 꾸미는 것에 지나지 않기 때문에 그것 가지고는 모자란다는 뜻이군요?

그래. 그렇기 때문에 위의 세 가지, 그러니까 성지聖智나 인의仁義나 교리巧利 따위를 제외하고 다른 무엇인가에 속해야 한다 이 말이야. 세 가지 말고 다른 무엇인가를 구해야 한다는 말도 되겠지. 그 무엇인가에

소속이 돼야 한다는 거라.

'영유소속令有所屬' 이란 말이, 모름지기 속해야 할 바가 있어야 한다는 뜻이지요?

그렇지. 그런데 그 속해야 할 곳이 어디냐 하면 말이지, '현소포박見素抱樸' 이라, 순진함을 나타내고……

바탕은 순수하니까요.

그래. 순진함을 나타내고 타고난 본성을 굳게 지켜 자기 본위의 자기를 버리고, 여기 '사私' 는 자기 본위의 자기를 말하거든……

'소少' 는 버린다는 뜻입니까?

적게 한다는 거니까 버리라는 말이지. "소사과욕少私寡欲이니라", 자기 본위의 자기를 버리고 강한 욕심을 버려라, 이 말이야. 그렇게 되면 우주의 道와 자기가 하나로 되는 바탕을 마련하는 거지.

그러니까, '현소포박見素抱樸' 과 '소사과욕少私寡欲' 이 곧 모름지기 소속해야 할 바라는 거군요?

그래. 본바탕의 순진함을 나타내고 타고난 본성을 굳게 지키며 자기 본위의 자기와 강한 욕심을 버리는, 거기에 뭐냐 하면 속하라는 말이지.

그게 아까 말씀하신 대도大道라 할까, 하느님이라 할까, 무위자연의 상태에 들어가라는 말과 같은 말 아닙니까?

그래, 바로 그거지.

수운 선생께서 "수기천연지심守其天然之心하고 정기천품지기正其天稟之氣하라"고 하신 것도 같은 말씀이겠지요?

같은 말씀이지.

'현소포박見素抱樸' 에서, 흔히 우리가 '소박하다' 고 말할 때 이 단어를 쓰지 않습니까? '소素' 는 바탕을 가리키고 '박樸' 은 끌이나 자귀 따위를 대지 않은 통나무를 가리키니까, 하늘이 주신 것을 그대로 지키고 드러내라는 말이겠지요?

'흴 소素' 라고도 하지. 바탕은 희니까. 때묻지 않은 마음이라고 할까? 때묻지 않은 마음을 드러내려면, 마음에 묻은 때를 벗겨야지.

자연에 인공을 가하는 것이 곧 도시의 속성이지요. 성경에서 사람들이 바벨이라는 도시를 세울 때에, "벽돌로 돌을 대신하고 역청으로 흙을 대신하자"는 말을 하거든요. 자연을 가공품으로 대신하는 겁니다. 그것이 바로 도시 건설의 바탕이 되는 거예요. 오늘 우리의 문명이라는 게 온갖 가공품의 박람회장 아닙니까? 가짜들의 성대한 잔치지요. 선생님께서 저에게 주신 대나무 그림 한 폭이 있는데요, 화제畵題가 생각납니다. "망사교심야忘事巧心也니, 천지도야자天地道也者는 자연이의自然而矣로다", 버려야 할 것은 잔재주 부리는 마음이니, 천지의 道란 자연 바로 그것일 따름이로다.

그런 게 있었던가?

20장
나 홀로 세상 사람과 달라서

사람들한테서 배우기를 그만두면 근심이 없다. '예' 하고 '응' 하고 얼마나 다르며 '선'과 '악'의 차이가 얼마나 되는가? 사람들이 두려워하는 것을 나도 두려워하랴? 황당하기가 끝이 없구나! 사람들은 밝고 즐거워 큰 잔치를 베풀고 봄 동산에 오르는 것 같은데 나는 홀로 고요하여 아직 첫 웃음을 지어보지 못한 젖먹이처럼 아무런 조짐도 보이지 않고, 끝없이 돌아다니는 모양은 돌아갈 곳이 없는 것 같다. 사람들은 저마다 넉넉한데 나는 홀로 아무것도 없다. 나야말로 바보의 마음이다. 멍청하고 멍청하구나. 세상 사람들은 빛나는데 나는 홀로 어둡고 세상 사람들은 똑똑한데 나는 홀로 둔하다. 고요하기가 잔잔한 바다와 같고 끝없이 흐르되 어디에도 머물지 못하는 것 같다. 사람들은 저마다 쓰임새가 있는데 나는 홀로 완고하여 쓰일 곳이 없다. 나 홀로 세상 사람들과 달라서, 어머니한테 얻어먹고 자라는 것을 귀하게 여긴다.

絶學, 無憂. 唯之與阿, 相去幾何. 善之與惡, 相去何若. 人之所畏, 不可不畏, 荒兮, 其未央哉. 衆人熙熙, 如享太牢, 如春登臺. 我獨泊兮, 其未兆, 如嬰兒之未孩. 乘乘兮, 若無所歸. 衆人皆有餘, 而我獨若遺. 我愚人之心也哉. 沌沌兮. 俗人昭昭, 我獨若昏. 俗人察察, 我獨悶悶. 澹兮, 其若海. 飂兮, 似無所止. 衆人皆有以, 而我獨頑且鄙. 我獨異於人, 而貴求食於母.

사람이 아니라 자연에서 배우라

처음부터 한번 읽어볼까요? "절학絶學이면 무우無憂니라", 맞습니까?

그래.

"유지여아唯之與阿가 상거기하相去幾何며, 선지여악善之與惡이 상거하약相去何若이리오? 인지소외人之所畏를 불가불외不可不畏니……"

"불가불외不可不畏리오? 황혜荒兮여 기미앙재其未央哉로다. 중인衆人은 희희熙熙하여 여향태뢰如享太牢하며 여춘등대如春登臺어늘 아독박혜我獨泊兮여, 기미조其未兆를 여영아지미해如嬰兒之未孩하고 승승혜乘乘兮여, 약무소귀若無所歸하니 중인衆人은 개유여皆有餘로되 이아독약유而我獨若遺로다. 아우인지심야재我愚人之心也哉아! 돈돈혜沌沌兮로다. 속인俗人은 소소昭昭어늘 아독약혼我獨若昏하고 속인俗人은 찰찰察察이어늘 아독민민我獨悶悶이로다. 담혜澹兮여 기약해其若海하고 요혜飂兮여 사무소지似無所止로다. 중인衆人은 개유이皆有以로되 이아독완차비而我獨頑且鄙로다. 아독이어인我獨異於人하여 이귀구식어모而貴求食於母로다."

그럼, 다시 처음부터 풀어보기로 하지요. "절학絶學이면 무우無憂니라", 배움을 그치면 근심이 없다는 말입니까?

사람들한테서 배우는 학습을 버려라, 이 말이야. 책을 통해서 배우든 뭘 통해서 배우든 사람한테서 배우는 것을 그만두라는 거라. 노자의 세계에서는 자연에서 배우는 것이 진짜 배움이거든. 인간이 본연의 바탕에서 배우는 거지, 누가 말로 일러주거나 글로 적어줘서 배우는 건 아니란 말이야. 사람한테서 배우기를 그만두면, 그러면 근심 걱정이 없을 것이다……

그럼, 여기서 '절학絶學'이란 말은 뒤집으면 '자연에서 배우라'는 말이 되겠네요?

그렇지. 자연에서 배우면 걱정이 없지.

'예'와 '응'이 얼마나 다른가

"유지여아唯之與阿가 상거기하相去幾何며 선지여악善之與惡이 상거하약相去何若이리오?" 공손한 대답인 '예'(唯)와 무례한 대답인 '응'(阿)의 차이가 얼마나 되며 선과 악의 차이가 얼마나 되는가? "인지소외人之所畏를 불가불외不可不畏리오? 황혜荒兮여 기미앙재其未央哉로다." 사람들이 두려워하는 것을 나도 두려워해야 한단 말인가? 황당하기가 끝이 없구나! 여기 '앙央'은 '다할 진盡'으로 읽지. 이러니저러니 따지고 얘기하면 말이지, 한도 끝도 없다, 이 말이야. "중인衆人은 희희熙熙하여 여향태뢰如享太牢하고", 세상 사람들은 희희낙락하여 밝아서 말이지, 큰 제사를 드리는 것과 같고, 옛날에는 제사를 드릴 때 양, 돼지, 소를 제물로 썼던 모양인데 그 셋을 모두 쓰면 태뢰太牢라 하고 두 가지를 쓰면 소뢰小牢라고 했다는 거라. 그러니까 큰 제사를 드리는 것과 같다는 말은 큰 잔치를 즐기는 것과 같다는 말로 읽어도 되겠지. 세상 사람들은 명랑하게 산 제물의 축제를 즐기는 것과 같고, "여춘등대如春登臺어늘" 꽃 피는 봄날 동산에 올라가서 즐기는 것과 같거늘……

그러니까 그렇게 밝고 즐겁다는 말이군요?

그래. 세상 사람들이 그렇다는 거라. 그런데 "아독박혜我獨泊兮여", 나 홀로 고요하여 "기미조其未兆를 여영아지미해如嬰兒之未孩하고", 아직 웃어보지도 못한 젖먹이 어린 아기처럼 움직일 징조도 보이지 않고, 이 말이야.

깔깔거리고 큰 소리로 웃기는커녕 미소를 띨 낌새조차 없단 말입니까?

아직 어린아이가 미소 짓기 이전 상태와 같다, 이 말이지. "승승혜乘乘兮여 약무소귀若無所歸하니", 떠돌아다니는 모양이 말이지, 돌아갈 집도 없는 것 같으니……

'승승乘乘'이 떠돌아다닌다는 뜻입니까?

그런 모양을 가리키는 말이지.

다른 사람들이 그렇다는 겁니까? 자기가 그렇다는 겁니까?

자기가 그렇다는 거지. "중인衆人은 개유여皆有餘로되", 사람들은 저마다 넉넉하게 가지고 있지만, 야심과 욕심이 잔뜩 있어서 자신만만하지만 "이아독약유而我獨若遺로다", 나는 홀로 아무것도 없는 것 같다, 이 말이야.

'유遺'가 없다는 뜻입니까?

'버릴 유遺'인데 여기서는 아무것도 없다는 뜻으로 읽지.

나야말로 바보로구나

"아우인지심야재我愚人之心也哉아" 나야말로 바보로구나! 내 마음은 정말 바보의 마음이다. "돈돈혜沌沌兮여" 멍청하고 멍청하구나! "속인俗人은 소소昭昭어늘" 세상 사람들은 뭐냐 하면 빛나고 있는데, "아독약혼我獨若昏하고" 나 홀로 어두운 것 같고, "속인俗人은 찰찰察察이어늘" 세상 사람들은 똑똑해서 아는 것도 많건마는, "아독민민我獨悶悶이로다" 나 홀로 어둡고 둔하구나. "담혜澹兮여 기약해其若海하고", 고요하기가 잔잔한 바다와 같고……

누가 그렇단 말입니까?

내가 그렇단 말이지. 나는 잔잔한 바다처럼 고요하고 "요혜飂兮여 사무소지似無所止로다", 끝없이 흐르기를 어디에도 머물지 않는 것 같다. 어디에도 묶이지 않는 것 같다. "중인衆人은 개유이皆有以로되", 사람들은 저마다 쓰임새가 있는데……

여기 '써 이以'가 쓰임새라는 뜻입니까?

'쓸 용用'의 뜻이 있다고 보지. 사람들은 저마다 어딘가 쓰임새가 있는데 "이아독완차비而我獨頑且鄙로다", 나는 홀로 완고하여 쓰일 곳이 없구나. 여기서 '천할 비鄙'는 앞의 '이以'와 대對가 되어서 쓰일 바가 없다는 뜻이 되지. "아독이어인我獨異於人하여" 나 홀로 뭐냐 하면 세상 사람들과 달라서, "이귀구식어모而貴求食於母라" 어머니한테, 道한테 양육되는 것을 귀하게 여긴다. '먹을 식食'이 '기를 사食'도 되니까. 그러니까 道한테서 양육되는 것을 귀하게 여긴다는 말이야. '어미 모母'는 道를 가리키는 말이지. 기독교의 말로 하면 하느님 아버지가 되겠지. 나 홀로 세상 사람들과는 달라서 아버지로부터, 道로부터 길러지는 것을 귀하게 여긴다는 거야. 결국 이 장은 모순된 것처럼 보이지만 그 안에 道가 있음을 여러 가지로 얘기하고 있다고 할 수 있지. 남들은 죄다 즐거운데 자기는 혼자서 고요하고 남들은 넉넉하게 가지고 있는데 자기는 아무것도 없이 버려진 것 같고 남들은 다 똑똑한데 자기 혼자 어둡고 둔한 것 같고 말이지. 그렇게 세상에서 보잘것없고 버려진 것 같지만 그것이 사실은 道와 함께 道를 모시고 가는 것임을 여기서 설명하고 있단 말이야.

하긴 성聖 바울로도 대놓고 "세상에서 어리석은 자가 되라"라고 했지요. 하느님의 지혜는 사람들에게 어리석게 보이고 반대로 사람들의 지혜는 하느님 보시기에 어리석기 짝이 없다면서요. 꽃이 피면 사람들도 좋아하고 벌이나 나비가 찾아오기도 하지만 뿌리한테는 그런 영화榮華

가 없잖습니까?

없지.

다들 놀러가는데 혼자서 일만 하니까, 얼핏 보면 버림받은 존재처럼 보이고요.

그래.

그런데 그 '버림받은 존재'가 사실은 근본이라는 얘기지요?

바로 그거지.

예수님 말씀이 그대로 들어맞는군요. 사람들한테 버림받은 돌이 건물의 머릿돌이 된다고, 바로 그게 하느님이 하시는 일이라고 말씀하셨지요.

어머니한테서 자라기를 귀하게 여김

'예'와 '응'의 차이가 얼마나 되며 '선'과 '악'의 차이가 얼마나 되느냐고 앞에서 물었는데요, 道한테서 양육되는 것을 귀하게 여기는 사람은 그런 것들을 상관하지 않는다는 뜻이 됩니까?

상관하지 않는다기보다는, 그런 것들이 근본 문제가 아니라는 거라. 근본 문제가 아닌데 세상 사람들이 그런 걸 따진다 해서 나까지 그런 걸 따지라는 말이냐? 나보고도 그걸 두려워하라는 말이냐? 이런 말이지. 사람들이 이러지 않는가? "건방진 놈이 어디다 대고 반말을 해?" 이런 것 따위를 말하자면 노자는 두려워하지 않는다, 이 말이지. 노자만 그런 게 아니라 예수님도 그러시잖는가? 상대방의 사회적인 신분이나 계급 뭐 이런 것 따위 때문에 그분 말씀이 달라지지는 않거든. 그런 것에는 전혀 얽매임이 없었다, 이 말이지.

그게 세상 사람들과 달리 어머니이신 道, 하느님 아버지가 주시는 것만 먹고 자라기를 바라는 사람이 얻을 수 있는 경지 아니겠습니까?

21장
큰 德의 모습은 오직 道를 좇는다

큰 德의 모습은 오직 道를 좇는다. 道 그 자체는 있는 것 같으면서도 없고 없는 것 같으면서도 있다. 없으면서도 있는 것 같되 그 가운데 형상이 있고, 있으면서도 없는 것 같되 그 가운데 형상이 있고, 있으면서도 없는 것 같되 그 가운데 사물이 있다. 그윽하고 어두워 그 가운데 정신이 있고 그 정신은 매우 참되어 그 가운데 성실함이 있다. 옛적부터 오늘에 이르기까지 그 이름이 사라지지 않아 만물의 근본을 다스린다. 나는 무엇으로써 만물의 근본이 그러함을 아는가? 이로써 안다.

孔德之容, 唯道是從. 道之爲物, 惟恍惟惚. 惚兮恍兮, 其中有象. 恍兮惚兮, 其中有物. 窈兮冥兮, 其中有精, 其精甚眞, 其中有信. 自古及今, 其名不去, 以閱衆甫, 吾何以知衆甫之然哉, 以此.

큰 德의 모습

"공덕지용孔德之容은 유도시종唯道是從이니" 큰 德의 모습은 오직 道를 따르나니, "도지위물道之爲物은 유황유홀惟恍惟惚이니라" 道라는 것 자체는 말이지……

'도지위물道之爲物'이 그런 뜻입니까?

그렇지.

말하자면, '道라는 물건은'이라는 뜻이군요?

그래. 道라고 생긴 것은 뭐냐 하면, '유황유홀有恍有惚'이라, 있는 것 같으면서도 없고 없는 것 같으면서도 있다, 이 말이야.

아하! 그러니까 '있다', '없다' 할 수가 없는 거지요.

없는 거지. 그런 말에 담을 수가 없으니까. 황홀하다, 이 말이야. "홀혜황혜惚兮恍兮여 기중유상其中有象하고" 없으면서도 있는 것 같되 그 가운데 형상이 있고, 모양이 있고, "황혜홀혜恍兮惚兮여 기중유물其中有物이니라" 있으면서도 없는 것 같되 그 가운에 사물이 있다.

그렇지요.

"요혜명혜窈兮冥兮여 기중유정其中有精하니" 그윽하고 어두컴컴하여 그 가운데 정신이 있으니, "기정심진其精甚眞하여 기중유신其中有信이니라" 그 정신은 지극히 참되어 그 가운데 성실함이 있다.

여기 '정精'이라는 게 사람이 지니고 있는 정신을 말하는 겁니까?

사람뿐 아니라 일체 만물에 존재하는 것이지. 道의 다른 모습이라고나 할까? 道는 모든 곳에 다 있잖은가? 무소부재無所不在하잖아? 기독교인에게는 하느님 아버지가 되겠지. '성령'이라고 해도 좋고. 여기서 중요한 것은 정精과 물物을 분리해서 말하지 않았다는 점이야. 둘 다 '그 가운데'(其中) 있다고 하거든. 있는 것 같으면서도 없고 없는 것 같으면서도 있는 게 뭐냐 하면 道의 실체인데 그런데 그 가운데에 물物도 있고 정精도 있다는 거라. 그러니까 여기서는 德의 모습을 이야기하면서 道의 유기적 통일을 말하고 있는 거지.

그 이름이 사라지지 아니하여

"자고급금自古及今에 기명불거其名不去하여" 태곳적 옛날부터 오늘에 이르기까지 그 이름이 사라지지 아니하여, "이열중보以閱衆甫하나니" 써 만물의 근본을 다스리고 있으니, 이 말이야. 여기 '중보衆甫'의 '보甫'는 시작, 처음이라는 뜻이 있어서 만물의 비롯함을 뜻하고 '열閱'은 살핀다는 말이니까 결국 만물의 근본을 다스린다는 뜻이 되지. "오하이지중보지연재吾何以知衆甫之然哉아?" 나는 무엇으로써 만물의 근본이 그러함을 아는가? "이차以此니라", 이로써 안다.

'이로써'라는 건 앞에서 얘기한 내용을 가리키겠지요?

그렇지. 앞에서 말한 바에 의하여 만물의 그러함을 내가 안다, 이 말이지. 이 장에서 말하려는 건 뭐냐 하면 道라는 게 알기가 어렵다는 거라. 큰 德의 모습은 오직 道를 따르는 데 있다는 건데, 그게 德인데, 그런데 그 道라는 물건은 말이지, 있는 것 같기도 하고 없는 것 같기도 해서 말이지, 황홀해서 뭐라고 말할 수가 없는데 그 가운데 물物도 있고 정精도 있다, 이 말이야. 그리고 그 정精이라는 게 참으로 진실해서 믿을 수 있다는 거지. 또 옛날부터 지금까지 그 이름이 사라지지를 않아서……

'그 이름'이라는 게 여기서는……

道를 가리키는 거지. 옛날부터 그 이름이 가시지를 않아서 뭐냐 하면 만물의 근본을 다스린다는 거야. 그러나 이게 결국은, 억지로 말 가지고 표현하자면 그렇다는 거라. 사실은 언표가 불가능한 것이니까. 그래서 황홀이라는 말이 거듭 나오고 있잖은가?

그렇군요. 그러니까 그 가운데 물物도 있고 정精도 있고 상象도 있고 신信도 있지만 정작 그것들을 품고 있는 道 자체는 있는 것 같은데 없고 없는 것 같은데 있고, 그렇다는 말이군요?

그래.

물物이나 상象은 보이기도 하고 만져지기도 하지만 정精이나 신信은 보이지도 않고 만져지지도 않지요.

그렇지.

그런데, 보이는 것이나 보이지 않는 것이나 모두 그 황홀하고 그윽한 道에서 나온다는 말 아닙니까?

道가 모두의 근본이라는 얘기지.

"공덕지용孔德之容은 유도시종唯道是從이라", 큰 德의 모습은 오직 道를 좇는 데 있다고 했는데요, 이 본문 속에 '모습'을 그리는 단어로는……

그건 역시 '황홀恍惚'이라든가 '요명窈冥'이라든가 그런 말에서 찾아볼 수 있겠지.

그렇다면 '용容'이라는 말을 쓰긴 했지만 그게 우리가 흔히 말하고 생각하는 그런 어떤 '모양'은 아니네요?

아니지. 그런 용容은 아니야. 거기에서 형상도 오고 물건도 오고 정신도 오고…… 그런 거지.

공자의 道와 노자의 道

대개 말하기를 德을 道의 드러난 모습이라고 하지 않습니까?

그래. 그런데 유가에서 말하는 德과 노장에서 말하는 德은 다르지. 유가에서 얘기하는 德은 이른바 인륜 도덕인데, 그건 앞의 장에 나오는 '문文'에 해당되는 것이라고 해야겠지. 대도大道가 무너져서 그 다음에 질서를 바로잡고자 얘기하는 게 유가의 德이거든. 그런데 여기서 말하는 德은 무위자연의 행위로서 그러니까 무위자연이 그대로 나타난 거라.

그렇긴 합니다만, 공자님 말씀에도 지당한 말씀이 많거든요. 너무 지나치게 유가와 도가가 전혀 만날 수 없는 것처럼 적대시하거나 일방적으로 한편을 매도하는 것은 잘못이라고 봅니다.

그건 잘못이지. 그러나 두 집안 생각의 바탕이 서로 다르니, 다른 점을 전혀 외면할 수도 없지 않겠나? 유가는 인간의 현실 생활 속에서 질서를 찾으려고 하는데 도가는 자연 질서를 위주로 하거든. 그렇게 되니까 인위적으로 사람이 만든 것에 대해서는 그걸 그만두라고 얘기할 수밖에 없는 거라. 거기에 말하자면 큰 차이가 있게 되는 거지.

글쎄요. 제가 성경을 제대로 읽는 건지는 모르겠습니다만, 예수님 당시에 율법을 철저히 지키고 거기에 목숨까지 걸었던 사람들이 있거든요. 바리사이파 사람들이나 율법학자가 그들인데요, 그런 이들을 유가에 속한 이들과 동류라고 한다면 철저하게 아버지의 道에만 좇으려고 한 예수는 노장과 동류에 속한다고 볼 수 있지 않을까요?

그렇게 볼 수도 있겠지.

그런데 예수님이 묘한 말씀을 하시거든요. 예수님이 뭐라고 말씀하시는가 하면, 나는 율법을 없애려고 온 것이 아니라 완성하려고 왔다, 이러신단 말씀입니다. 따라서 노자가 공자를 완성한다고 말할 수는 없을는지요?

그거 아주 재미있는 얘기군. 아버지의 뜻을 좇지 아니하고 시비是非

를 좇게 되면 말이지, 그러면 언제까지나 시비를 가리지 못하잖아?

"황혜恍兮여, 기미앙재其未央哉로다"가 되겠지요.

그래, 그렇단 말이야. 그러니까 아버지의 뜻에 맞게끔 처리가 되었을 적에, 道에 좇아서 했을 적에, 그럴 때에 모든 일이 깨끗하게 완결이 되는 거지. 완성이 되는 거라.

옳습니다. 그런데 예수님이 바리사이파의 철저한 율법 준수를 부정하시지 않고 오히려 인정하시면서도 그러나 그것이 인간을 노예로 만드는 작용에 대해서는 단호하게 비난하셨듯이, 저희가 세상살이를 하다보면 공자의 말씀이 아주 긴요하게 쓸모가 있고 또 그대로 해야 하는 점이 많다는 사실을 부정해서는 안 된다고 보는데요.

안 되지.

다만, 인仁이니 의義니 하는 것들이 옛날 바리사이파들의 십계명처럼, 사람의 삶을 억누르는 사슬이나 족쇄가 될 수 있기 때문에 그런 것을 철저히 깨뜨려야 하는데 그러자면 역시 노장을 읽는 게 큰 도움이 되지 않을까, 생각합니다.

옳은 얘기야. 작년 봄 내가 병원에 입원하기 전이지 아마. 일본에서 활약하고 있는 중국인 작가 진순신陳舜臣이라는 분이 내한했다가 좀 만나자고 해서 만났는데 그분 말씀이, 오늘처럼 이기적인 물질 문화가 팽배한 사회에서는, 중국도 그렇고 한국도 그렇고, 유교의 문화와 가치관이 좀더 새롭게 시대에 맞게끔 전개되어야 하겠다고 그런 얘기를 하더군. 그건 뭐냐 하면 사회라고 하는 것이 어쨌든 질서를 요구하지 않을 수 없으니까…… 시방 자네가 바로 그 말을 하고 있구먼.

그런데 문제는, 유교가 굳어진 교조로 바뀌어 인민의 삶을 오히려 억압하고 나아가 결과적으로 더 많은 악을 생산해 내는 예컨대 근세 조선 시대의 일부 '타락한 유교'를 오늘에 되살려서는 안 된다는 겁니다. 그럴 수는 없는 일이지요. 말하자면 어떤 도덕적 규율이나 법조문이 있는데 그것들이 인간의 주인 행세를 한단 말입니다. 인간이 법의 노예로 전락하는 거지요. 법이 인간을 위해서 있는 것인데 거꾸로 인간이 법을 위해서 존재한다는 말씀입니다. 그런 결과는 반드시 막아야 하지 않겠습니까?

그렇지.

방편에 묶여서는 안 돼

그런 결과를 미리 막는 길은 예수님이나 노자처럼, 그 뿌리를 언제나 먼저 잡고 근원에서 출발하여 그리로 돌아가는 자세를 갖추어야 할 것이라고 보는데요.

사람이 자기가 만든 것에 노예가 돼서는 안 되지. 그러니까 일체로부터 자유로운 존재가 되자는 건데 그것은 여기서 노자가 얘기하는 바, 道와 합일했을 때에 비로소 가능한 일이라. 인간이 스스로 설정해 놓은 질서 속에 묶여서는 안 된다는 얘기지. 그래서 옛날에 석가라든가 그런 분들이 제자들에게 자기를 넘어서라고, 자기를 깨뜨리라고, 그러시잖았는가? 내가 무슨 말을 했다고 해서 거기에 묶여 돌아가지 말라는 거야. 시방 읽은 道의 황홀함이라든가 그윽한 어둠이라든가 그 가운데에 자기 중심의 자아라는 것은 없잖은가? 인간이 인위적으로 만든 어떤 틀도 거기서는 인정이 안 되거든. 물론 道와 하나가 되고, 아버지와 하나되기 위해서 그때그때 필요한 방편은 있겠지. 그러나 그 방편이라는 게 항상 모든 경우에 적용될 수 있는 것은 아니란 말이야.

옳습니다. '말'(言語)도 마찬가지지요. 팔만대장경이 모두 한낱 방편일 뿐이니까 그 말에 묶여서는 안 된다는 것 아닙니까?

그래.

그렇지만, 그렇다고 해서 '말'을 무시해서도 안 되겠지요.

안 되지. 물론! 아까 "절학絶學이면 무우無憂"라고 했는데 거기서 말한 '절학絶學'이라는 게 절대 경지에서 하는 말이지 단순히 배우지 말라는 말은 아니거든.

크게 배우라는 말로 읽을 수도 있겠지요.

22장
굽으면 온전하다

굽으면 온전하고 굽히면 펴지고 패이면 차고 해지면 새로워지고 적으면 얻고 많으면 헛갈린다. 그러므로 성인聖人은 '하나'를 한결같이 지녀 천하의 법도가 된다. 스스로 자기를 드러내지 않으므로 널리 드러나고 스스로 자기를 옳다고 주장하지 않으므로 인정을 받고 스스로 뽐내지 않으므로 공을 남기고 스스로 자랑하지 않으므로 남의 우두머리가 된다. 대저 다투지를 아니하니 그러므로 천하에 아무도 더불어 싸울 자가 없다. 굽으면 온전하다는 옛말이 어찌 빈말이겠는가? 진실로 온전히 하여 道로 돌아가라.

曲則全, 枉則直, 窪則盈, 敝則新, 少則得, 多則惑. 是以聖人抱一爲天下式. 不自見故明, 不自是故彰, 不自伐故有功, 不自矜故長. 夫惟不爭, 故天下莫能與之爭. 古之所謂曲則全者, 豈虛言哉. 誠全而歸之.

굽히면 펴진다

"곡즉전曲則全이요 왕즉직枉則直이요 와즉영窪則盈이요 폐즉신敝則新이요 소즉득少則得이요 다즉혹多則惑이라." 대개 사람들이 풀이한 것을 보면 '곡즉전曲則全'을 '굽은 것은 온전하고'로 읽는데, 굽은 나무는 온전히 수명을 다하고, 이런 뜻으로 풀더군. 그 다음 '왕즉직枉則直'은 '굽히면 펴지고'라는 뜻이지. 자벌레가 몸을 구부려서 앞으로 나아가지 않는가? 굽히니까 몸이 펴진다는 거야.

여기서 '직直'은 펴진다는 뜻인가요?

'곧게할 직直'으로 읽지. '왕枉'이 '굽힐 왕枉'이니까 그 반대인데, 노자의 모든 원리가 모순 통일에 있거든. 굽히는 게 바로 곧게 하는 것이라는 얘기지. 다음에 이어지는 것도 같은 말이야. "와즉영窪則盈하고" 물은 패인 곳에 차니까, 패여 있는 웅덩이는 채워지고, "폐즉신敝則新하며" 해지면 새로워진다는 건데 옷이 해지면 새 옷을 입지 않는가? "소즉득少則得하고" 욕심이 적으면 만족을 얻고, "다즉혹多則惑이니라" 아는 것이 많으면 헛갈린다, 미혹에 빠진다, 이런 말이지. "시이是以로 성인聖人은 포일抱一하여 위천하식爲天下式이라", 그러므로 성인은 道를, 여기서 '일一'은 道니까, 道를 한결같이 지녀서 천하의 법도가 된다, 이렇게들 읽었더구먼. 그러니까 대립되는 상황이 동일한 것이라는, 그런 얘기가 되겠지. 말하자면 '곡曲'과 '전全'은 서로 대립하는 것처럼 보이지만 서로 나뉠 수 없는 '하나'라는 거라.

'왕枉'과 '직直'도 그렇고 '와窪'하고 '영盈'도 그렇고 '폐敝'와 '신新'도 마찬가지겠지요?

같은 얘기지. 그렇기 때문에 성인은 그 '하나'를 한결같이 지닌다는 거야. 그 '하나'란 다름아닌 '道'지.

아까 '곡즉전曲則全'을 읽으실 때, 굽은 나무는 그 수명을 온전히 한다고 하셨는데요, 장자가 즐겨 인용한 예가 그것 아닙니까?

그래.

장자가 말하는 무용지용無用之用과도 통하는 말이 되겠군요?

통하는 말이지. 그런데, 그런데 말이야, 이게 이렇게 놓고 읽어보면 과연 그렇다 여겨지는데, 생활에서는 아니올시다거든.

옳습니다. 저도 방금 그 생각을 했어요. 살다보면 저도 모르게 어느 한쪽을 택하게 되거든요.

그래, 택하게 되지. 그래서 사물을 보되 그냥 보기만 하지, 이렇다 저렇다 생각을 말라는 것 아닌가? 보라 이거야. 그냥 보고서 넘기라 이 말이지. 이렇다 저렇다 판단을 하면 벌써 잘못을 저지르고 있는 거라.

불경에서 말하는 "다만 보기를 쉬라(唯須息見)"는 말도 그런 뜻이겠지요?

같은 말이야. 거기서는 '볼 견見'이 '의견'을 뜻하거든. 뭘 보고 나서 이렇다 저렇다 헤아린단 말이야. 그러기를 그만두라는 거지. 생각을 쉬고 그냥 보기만 하라는 거라. 그래야 시방 여기서 말하고 있는 '대립의 동일성'을 한꺼번에 보게 된다 이 말이야. 그게 곧 전체를 보는 것이요 전체를 본다 함은 모든 것이 서로 다르되 둘이 아님(異而不二)을 보는 거지.

그러니까 이 장에서 말하는, 굽히면 펴지고 해지면 새로워지고 하는 것이 말인즉 지당한 말씀이요 아무도 반대할 수 없는 상식인데, 그 상식이 현실 상황에서는 오히려 통하지 않고 대립의 통일은커녕 그 반대로 끊임없이 어느 하나를 택하고 다른 것을 버리고 이러면서 사는 게 우리네 인생 아닙니까? 그런데 그 원인이 결국 '자기'라는 것, '사私'를 비우지 못하고 오히려 앞세우는 데 있는 것 아닙니까?

그래. 사물을 그냥 대상으로만 보면 결국 그것을 '하나'에서 떨어뜨려 보는 것이 되고, 그러니까 사물의 참모습을 보지 못하는 거라.

"시이是以로 성인聖人은 포일抱一하여", 여기서 道라는 말 대신 '한 일一' 자를 쓴 것도 매우 의미 있는 언표라고 생각됩니다.

그렇구먼.

'곡즉전曲則全'이, 굽은 나무가 수명을 온전히 한다는 뜻이라고 풀이를 하셨는데요, 직역을 할 것 같으면 굽은 것이 곧 수명을 다하는 것이다, 이렇게 읽어야 하겠지요? 둘이 하나니까요.

스스로 자기를 드러내지 않으므로

"부자현不自見이라 고故로 명明하고, 부자시不自是라 고故로 창彰하고, 부자벌不自伐이라 고故로 유공有功하고, 부자긍不自矜이라 고故로 장長하느니라."

이건 성인이 그렇다는 말이겠지요?

그렇지. "성인聖人은 부자현不自見이라", 자기를 스스로 나타내지 않는다 이 말이야. 그렇기 때문에 오히려 출중하다고 할까? 잘 드러나 보인다는 말이지. "부자시不自是라", 스스로 자기가 옳다고 주장하지 않는다. "고故로 창彰이라", 여기 '창彰'도 드러난다는 뜻이니까 뭐냐 하면, 스스로 자기 의견이 옳다고 고집하지 않으니까 그의 주장이 옳다고 인정을 받게 된다, 이 말이야.

자기 생각만 옳다고 주장하지 않는다는 겁니까?

그래. 자기 생각만 옳다고 하면, 그러면 결국 내가 옳으니까 상대는 그른 게 되잖는가? 내 말이 옳고 상대는 그르고……

바로 그게 '자시自是' 겠지요.

그렇지. 그런데 그런 주장을 하지 않는단 말이야. 내 생각만이 옳다고 주장하지 않는데, 바로 그 까닭에 뭐냐 하면 그가 뭇사람 위에 드러나게 된다, 이 말이지.

여기 자시自是니 자현自見이니 할 때 '자自' 가 말입니다, 그게 성서의 언어로 말하자면 하느님 아버지를 등졌다 할까, 떨어져나왔다 할까, 그런 뜻에서 말하는 자기가 아닙니까?

에고가 내재하는, 이기利己가 내재하는, 그런 자기지.

따라서 그게 '하나' 와 합일되어 있는 '나' 는 아니겠지요?

아니지.

예수님이야말로 부자현不自見하고 부자시不自是한 모범이 아닌가 생각합니다. 그분은 언제나 자기 모습이 아니라 아버지의 모습을 드러내는 데 관심하고 있거든요.

아버지와 한 몸이 되어 가지고 세상을 보면 이것과 저것이 서로 분리가 되지를 않지. 말 그대로 곡즉전曲則全이요 왕즉직枉則直이 되는 거라. 그래서 제자들에게도 심판하지 말라고 하셨고 또 햇빛이 선한 자와 악한 자에게 고루 비추듯 아버지는 온전하신 분이니까 너희도 온전한 사람이 되라고 하시잖는가?

그분에게는 그러니까 여기서 말하는 에고로서의 자기가 없는 게 아닙니까? 자기가 없으니 자시自是도 없을 수밖에요.

자기가 없다기보다는, 전체로서의 '하나' 와 합일된 자기가 있다고 봐야겠지.

그러니까 '하나' 인 道를 한결같이 지니고 있으면 스스로 자기를 나타낸다거나 자기 주장만 옳다고 고집하는 일 따위는 할 수도 없고 또 하지도 않는다는 말이군요?

천상천하 유아독존天上天下唯我獨尊이라, 너와 내가 없이 모두가 나인데 뭘 따로 드러내고 고집하고 그러겠는가? 다만 무엇인가 드러낸다 하면 道가 드러날 따름이지.

맞습니다. 공덕지용孔德之容은 유도시종惟道是從이라, 모든 德은 道로 좇아서 난다 했으니까요. 예수님도 나는 다만 아버지의 말씀만 할 뿐이라고 하셨지요.

스스로 높이는 자는 낮아지고

"부자벌不自伐이니 고故로 유공有功이라", '벌伐'은 뽐낸다는 것인데, 남이 알아주기를 바라지 않기 때문에 공덕이 있다, 이 말이야. 스스로 자기를 자랑하지 않으니까 오히려 남이 믿어준다는 건데, 오히려 자기 자랑이 심한 사람이 있잖은가? 그런 사람은 아무도 믿어주지를 않거든.

공이라는 게, 그게 스스로 내세우면 사라지고 말지만 스스로 내세우지 않으면 영원히 남지 않습니까?

그래.

감산이 말하기를, "오직 道를 모신 사람은 공을 바라지 않으나 공이 스스로 크고, 명성을 바라지 않으나 이름이 썩지 않는다(唯有道者, 不期於功而功自大, 不期於名而名不朽)"라고 했더군요.

옳은 얘기야.

언젠가 성철性徹 스님 글에 보니까 이런 대목이 있더군요. 6·25 사변 이후 마산에 있는 성주사라는 절에서 서너 달 머물 때인데 법당 위에 큰 간판이 있어서 보니까 '법당 중창 시주 윤 아무개'라고 굉장히 크게 쓰여 있더라는 겁니다. 윤 아무개가 누구냐고 물으니 마산에서 한약방을 경영하는 사람인데 신심이 깊어서 법당을 모두 중수重修했다는 거지요. "그 사람이 언제 여기 오느냐?" 하고 물으니 "스님께서 오신 줄 알면 내일이라도 곧 올 겁니다." 그 이튿날 과연 그 사람이 인사하러 왔노라기에 "소문을 들으니 당신 퍽 신심이 깊다고 칭찬하던데, 나도 처음 오자마자 법당 위를 보니 그 표가 얹혀 있어서 당신 신심 있는 것은 증명되었지." 이렇게 칭찬을 많이 하니까 퍽 좋아하는 눈치더랍니다. 스님이 다시 말하기를 "그런데 간판 붙이는 위치가 잘못된 것 같아. 간판이란 남에게 많이 보이기 위한 것인데 이 산중에 붙여두어야 몇 사람이나 와서 보겠나? 그러니 저걸 떼어서 마산역 앞 광장에 갖다 세우자고, 내일이라도 당장 옮겨보자고." 그랬더니 "아이구, 스님 부끄럽습니다" 하고 고개를 숙이더라는 거예요. "잘못되었습니다. 제가 몰라서 그랬습니다." "몰라서 그랬다고? 몰라서 그런 것이야 허물이겠나? 고치면 되지. 그러면 이제 어쩌겠는가?" 그랬더니 자기 손으로 간판을 떼어 부엌 아궁이에 넣어버리더라는 겁니다.

재미있구먼.

아무리 많은 보시를 하면 뭘합니까? 그걸 자랑하면 자랑하는 순간에 모두 없어지고 마는데요. 하기는 성철 스님도 인용을 하십디다만, 예수님 말씀이 자선을 베풀 때에는 왼손이 하는 걸 오른손이 모르게 하라고 하셨잖습니까? 그게 남 몰래 하라는 말씀이 아니라 저도 모르게 하라는 말씀이거든요. 선행을 하는데 자기가 선행을 하노라는 의식이 전혀 없는 겁니다. 그게 여기서 말하는 '부자벌不自伐'이겠지요?

그래. 바로 그 말이지.

그런데 저도 말로는 쉽게 합니다만 공을 자랑하고 싶은 마음, 내세우고 싶은 마음, 또 안 알아주면 섭섭한 마음, 이놈이 어찌나 뿌리가 깊은지요, 어떨 때는 이놈이 제가 태어나기 전부터 그러니까 저의 유전자 속에 이미 들어 있었던 게 아닌가 생각되기도 합니다. 그런 걸 불가에서는 '카르마'(業)라 하고 천주교에서는 '원죄'라 하는 건지 모르겠습니다.

그런 거겠지.

계속 읽어 볼까요? "부자긍不自矜이니 고故로 장長이라", 스스로 자만하지 않아서 오래간다는 뜻입니까?

'자랑할 긍矜'으로 읽어서, 스스로 자기를 자랑하지 않기 때문에, 스스로 긍지를 갖지 않기 때문에 뭐냐 하면, 남의 우두머리가 된다는 말이지. 그런데 여기서 남의 우두머리가 된다는 것은, 道의 경지에서 보면, 높다 낮다가 없는 절대의 자리에 오른다는 거라. 그런 자리에서는 따로 높이고 낮추고 할 '자기'가 없지 않는가?

이 말을 뒤집어서 자기를 자랑하는 자는 '장長'의 자리에 오르지 못한다는 말로 해도 되겠지요?

그럼.

스스로 높이는 자는 낮아진다고 예수님도 말씀하셨지요.

반대로 스스로 낮추는 자는 높아진다고도 하셨지.

옳습니다.

천하에 더불어 싸울 자가 없다

"부유부쟁夫惟不爭이라. 고故로 천하天下가 막능여지쟁莫能與之爭이니라", 대저 다투지를 않기 때문에 천하에 누가 더불어서 싸울 자가 없는 거라. 천하무적이 되는 거지. 이게 뭐 기운이 세어서 천하무적이 되는 게 아니라, 그에게는 적이 없다고 할까?

그런데요, 이 말이 무슨 뜻인지는 알겠습니다만, 어디선가 부처님이 그러셨잖아요? 나는 세상에 대하여 싸우려고 하지 않지만 세상은 끊임없이 내게 싸움을 걸어오고 있다고 말입니다.

그래. 그렇게 말씀하신 적이 있지.

그런 점에서는 예수님도 세상으로부터 도전을 받고 결국 처형까지 당하시지 않았습니까? 하긴 예수님이 먼저 세상을 향해 일부러 도전하는 듯한 모습을 보이기도 하셨지요. 이 점을 어떻게 생각하십니까?

그 두 분의 경우에, 그들을 향해서 적대시하는 자들은 있었지만 그들을 다툼의 상대로 여기지 않았기 때문에 '다툼' 자체가 성립되지는 않았다고 봐야겠지. 세상이 거듭거듭 예수에게 싸움을 걸지만 매번 싸움이 안 되잖아? 적대를 해야 싸움이 되는데, 적대를 안 해주니까. 道를 지니고 사는 자는, 그러니까 아버지를 모시고 지내는 자는, 일체가 다 '나'니까 누구하고 다툴 상대가 없는 거라.

그 어떤 것에도 걸리지 않는다는 말씀이지요?

그래. 원융무애圓融無碍한 자리에 있으니까, 어디에도 걸림이 없지.

하긴 예수님도 그를 없애고 싶어한 자들이 여러 번 함정을 파기도 하고 올무를 놓기도 합니다만 한 번도 거기에 걸려 넘어지지 않지요.

때로 세상이 도승道僧이나 사도使徒의 목숨을 빼앗는 수는 있어도 그들의 '아버지를 모심' 그 자체를 빼앗지는 못하잖는가? 스데파노가 웃으면서 죽고 이차돈이 미소 짓는 얼굴로 목이 잘리고, 그런 상대하고는 도무지 싸움이 성립되지를 않는단 말이야.

옳습니다. 싸움이라는 게 적수가 있어야 되는 건데, 나는 상대방을 적으로 알고 싸움을 걸지만 상대방이 나를 적으로 대하지를 않으니까 싸움이 안 되는 거지요.

싸움이 안 되는 거지.

성경을 보면 예수님 당시에 바리사이파 사람들이나 율법학자들이 끊임없이 예수님을 무너뜨리려고 난처한 궁지에 몰아넣습니다만 그때마다 예수님은 방금 선생님이 말씀하신 대로 그들의 요구나 질문에 응대를 하시지 않더군요. 다만, 처음부터 당신이 얘기해 오던 진리를 그대로 선포하실 따름이지요. 그러니까 道를 모시고 사는 사람은 어떤 경우를 당하든지 그 경우에 따라서 자기를 바꾸지 아니하고 한결같이 자기가 모시고 있는 道의 명령이라 할까 주장을 실천해 나갈 따름이라는 얘기가 되겠군요. 「시편」에 보면 "주의 말씀은 내 발 앞의 등불입니다"라는 구절이 있고, 예수님도 "나는 세상의 빛이다. 누구든지 세상에 사는 동안 나와 함께 가면 넘어지지 않는다"고 말씀하셨지요.

비록 목숨을 빼앗길지언정 넘어지는 법은 없지. 세상의 그 무엇으로도 道를 꺾을 수는 없으니까.

진실로 온전히 하여 道로 돌아가라

"고지소위곡즉전자古之所謂曲則全者가 기허언재豈虛言哉리오?" '곡즉전曲則全' 이라고 한 옛말이 어찌 빈말이겠느냐, 이런 뜻이지요?

그렇지.

그러니까 '곡즉전' 이라는 말은 노자가 처음 만든 말이 아니라 옛날부터 있었던 말이군요?

그래.

결구인 "성전이귀지誠全而歸之"는 어떻게 읽습니까?

진실로 온전히 하여 道로 돌아가라는 말이지. 그러니까 스스로 자기를 드러내지 말고, 스스로 자기 주장만 옳다고 고집하지 말고, 스스로 자랑하지 말고, 스스로 뽐내지 말고, 그렇게 살아서 자신의 삶을 온전히 하여 道로 돌아가라는 거라.

예수님이 사람의 선과 악을 가리지 않고 비와 햇빛을 내리시는 하느님 아버지를 말씀하시면서 "하느님이 온전하신 것처럼 너희도 온전하라"고 하셨는데요, 그 말씀이 바로 이 '전이귀지全而歸之' 아닙니까?

같은 말씀이지.

여기서 '전全'이란 이것과 저것으로 나누어지지 않는 옹근 것을 말합니까?

이이불이異而不二, 다르지만 둘이 아닌 세계를 말하는 거야.

둘이 아니고 하나인 '전全'인데, 그러나 또 그 '하나'라는 말에 사로잡히면 안 되니까 다시 하나도 아니라는(非一) 말을 덧붙여야겠지요?

그렇지.

"그는 바로 나인데(渠今正是我) 나는 그가 아니다(我今不是渠)." 여기서 뒷말을 하지 않으면 큰일나겠지요. "내가 곧 신이다" 하고 설치게 될 테니까요. 이 장의 내용을 한 마디로 요약해 주시겠습니까?

道 그 자체는 아상我相이라고 하는, 에고라고 하는 게 전혀 없으니까, 그러니까 거기에서 무슨 다툼이 생길 게 없잖아? 또 거기에서 뭐냐 하면, 이미 모든 상대가 나인데, 이것저것 따진다든가 뽐낸다든가 내가 옳다고 주장한다든가 이런 짓을 할 이유가 없지.

그런 생각이 나올 수 있는 '바탕'이 없는 거지요.

바탕이 없는 거지. 그러니까 이 장에서는 道로써 세상을 볼 때 모든 것이 다르지만 둘이 아니라는(異而不二) 점을 아주 잘 얘기해 주고 있다고 볼 수 있네.

23장
잃은 자하고는 잃은 것으로 어울린다

자연은 거의 말이 없다. 그러므로 회오리바람은 아침나절 내내 불지 않고 소나기는 종일 내리지 않는다. 누가 이러는가? 하늘과 땅이다. 하늘과 땅이 이렇게 오래가지 못하거늘 하물며 사람이랴? 그러므로 모든 일을 道에 좇아서 하는 자는, 道를 지닌 자하고는 道로 어울리고 德을 지닌 자하고는 德으로 어울리며 잃은 자하고는 잃은 것으로 어울린다. 道를 지닌 자와 어울리면 道를 지닌 자 또한 이를 얻어 즐거워하고 德을 지닌 자와 어울리면 德을 지닌 자 또한 이를 얻어 즐거워하며 잃은 자와 어울리면 잃은 자 또한 이를 얻어 즐거워하니, 믿음이 부족하면 신임을 얻지 못한다.

希言自然. 故飄風不終朝, 驟雨不終日. 孰爲此者, 天地. 天地尙不能久, 而況於人乎. 故從事於道者, 道者同於道, 德者同於德, 失者同於失. 同於道者, 道亦樂得之, 同於德者, 德亦樂得之, 同於失者, 失亦樂得之, 信不足, 有不信.

소나기는 종일 내리지 않는다

우선 본문을 한번 읽어볼까요?

그러지. "희언希言은 자연自然이라, 고故로 표풍飄風은 부종조不終朝하고 취우驟雨는 부종일不終日이니 숙위차자孰爲此者오? 천지天地니라. 천지天地도 상불능구尙不能久어늘 이황어인호而況於人乎아? 고故로 종사어도자從事於道者는 도자道者를 동어도同於道하고 덕자德者를 동어덕同於德하며 실자失者를 동어실同於失하느니라. 동어도자同於道者하면 도역낙득지道亦樂得之하고 동어덕자同於德者하면 덕역낙득지德亦樂得之하며 동어실자同於失者하면 실역낙득지失亦樂得之하느니, 신부족信不足이면 유불신有不信이니라."

"희언希言은 자연自然이라", 말이 드문 것이 자연스럽다는 말입니까?

자연은 말이 없다, 말을 거의 하지 않는다는 뜻이지. 자연은 말이 없다, 이 말이야. 그러므로 "표풍飄風은 부종조不終朝하고" 회오리바람은 아침 내내 불지 않고, "취우驟雨는 부종일不終日이니" 소나기는 하루 종일 오지 않는단 말이지. 소나기는 하루 종일 가지 않는다, 이 말이야. 그런데 "숙위차자孰爲此者오?" 누가 이러는가?, "천지天地니라" 하늘과 땅이 그런다, 이거야. 소나기는 온종일 내리지 못하고 회오리바람은 아침나절 내내 불지 못하는데 말이지, 그게 누가 그러느냐 하면, 하늘과 땅이 그런다 이 말이야. "천지天地도 상불능구尙不能久어늘 이황어인호而況於人乎아?" 하늘과 땅도 오히려 이렇게 오래가지 못하는데 하물며 사람이야 오죽하겠는가?

그러니까 여기서 회오리바람이나 소나기는 말하는 것을 가리킵니까?

말하는 거지. 하늘이 말하는 게 대개 그렇단 말이야. 소나기나 회오리바람은 자주 있는 게 아니잖아? 게다가 잠깐 있다가 사라지거든. 그러니까 하늘은 거의 말을 하지 않는다고 봐야겠지. 『논어』에 보면 공자님이 이런 말씀을 하시지. "하늘이 언제 말을 하더냐? 그러나 사시四時가 움직여서 만물이 생겨나느니라"(子曰 天何言哉 四時行焉 百物生) 공자의 이 말씀이나 노자의 "희언자연希言自然"이나 같은 얘기지. 그러니까 자연은 끊임없이 행하고 있지만 말은 거의 하지 않는다는 거라.

그런데 사람들은 하루 종일 떠들지 않습니까? 특히 라디오를 듣거나 텔레비전을 볼 때마다 느끼는 건데요, 도무지 숨 한 번 쉴 짬도 주지 않고 무슨 소리든 계속 지껄여대지요. 아마 라디오에 나온 어떤 출연자가 한 5초쯤만 침묵을 지켜도 방송국이 난리가 날 겁니다. 담당 프로듀서는 시말서를 쓰겠지요. 다시는 그런 공백을 내지 않겠다고요. 그래서 라디오에 익숙해질수록 사람들은 침묵과 멀어지고 나중에는 고요함 그 자체를 두려워하게 되는 겁니다. 이른바 문명인일수록 자연의 정적을 견디지 못하는 거지요.

자네 말이 맞아. 그만큼 사람들이 자연의 道에서 멀어져 있다는 증거겠지. 그런데, 사람들은 그렇게 온종일 시끄러우면서도 무엇 하나 제대로 이루지 못하는데 천지는 말이지, 천지는 만물을 낳고 키우고 모든 일을 처리해 나가면서 말이 없다, 이 말이야.

여기서 말이 많다는 것이 앞의 장에서 말한 '자현自見'이니 '자벌自伐'이니, 그런 것들과 통하는 것 아닐까요?

통하는 말이지.

자기를 드러내지 않는다는 것이 곧 말이 없는 것이군요?

道에서는 나와 너가 따로 없이 모두가 하나니까, 일체와 동일한 관계니까, 따로 이러쿵저러쿵 말을 할 뭐가 없는 거지.

어떤 책에서 읽었는지는 기억나지 않습니다만, 어느 절에서 행자가 세상 살아가는 일에 두려움을 느낀다고 하니까 스승이 "모두가 네 집안 일인데 무엇이 두려우냐?"고 한마디 해주는 것을 보았습니다. 道를 모시고 사는 사람에게는 모든 일이 자기 '집안일' 이겠지요.

그래.

만사를 道에 좇아서 하는 사람은

"고故로 종사어도자從事於道者는 도자道者를 동어도同於道하고 덕자德者를 동어덕同於德하며 실자失者를 동어실同於失이니라", 그러므로 만사를 道에 좇아서 하는 사람은, 道를 지닌 사람하고는 道로 어울리고 德이 있는 사람하고는 德으로 어울리고 道와 德을 잃은 사람하고는 그 잃은 것으로 어울린다.

그렇지요. 나나 너가 따로 없으니까요.

그래. 그러니까 여기서 말하는 것은 "화기광和其光하여 동기진同其塵하라"라는 바로 그 얘기지.

바울로 성인도 그런 말씀을 하셨지요. 제가 그 대목을 읽어보겠습니다. "실상 나는 모든 이에 대해서 자유로운 몸이지만 할 수 있는 대로 많은 사람을 얻기 위하여 나 자신은 모든 이의 노예가 되었습니다. 유대인들을 얻기 위하여 유대인들에게는 유대인이 되었습니다. 비록 나 자신은 율법 아래 있는 몸이 아니지만 율법 아래 있는 이들을 얻기 위하여 율법 아래 있는 이들에게는 율법 아래 있는 몸이 되었습니다. 나는 하느님의 율법이 없는 것도 아니고 오히려 그리스도의 법 안에 있는 몸이지만 율법이 없는 이들을 얻기 위하여 율법이 없는 이들에게는 율법이 없는 몸이 되었습니다. 허약한 이들을 얻기 위하여 허약한 이들에게는 허약한 몸이 되었습니다. 나는 모든 이에게 모든 것이 되어 다만 몇 사람이라도 꼭 구하고자 한 것입니다."

그게 어디 있는 말씀인가?

「고린토인에게 보낸 첫째 편지」의 제 9장 끝부분입니다.

여기 이 말씀과 아주 적절하게 들어맞는 얘기군.

그런데요, 그렇다면 사기꾼들에게는 사기꾼이 되어야 한다는 말도 말이 되는 겁니까?

『논어』에서 공자님이 "화이부동和而不同"이라는 말씀을 하시잖던가? 어울리되 같아지지는 않는다는 말이지. 여기서는 그걸 말하는 거니까, 언제나 뭐냐 하면 그 어울리는 자들을 변화시키게 되는 거라. 지난번에 "누가 능히 혼탁한 것과 함께하면서 고요하여 그 혼탁한 것을 천천히 맑게 하겠느냐(孰能濁以靜之徐淸)"고 했을 때 바로 道에 훌륭한 사람이 그럴 수 있다고 하지 않았던가? 같은 얘기지.

그러니까 사기꾼들하고도 어울리지만 같은 사기꾼이 되지는 않는다는 말이군요?

당연하지.

그러나 그건 사기꾼들하고만이 아니라 이른바 성인군자나 정의파들하고도 그래야겠지요?

아무렴. 그런데 그 정의파라 할까 소위 사회 정의를 위해서 일하는 사람들과 어울려서 불의를 질책하고 고쳐나가려고 애쓰는 것까지는 좋은데 만일 그들이 자신의 정의만을 고집하여 끝까지 상대방을 매도하려고 할 때에는 거기에 협력해서는 안 되는 거라. 안 된다기보다 道를 지닌 사람은 그럴 수가 없는 거지.

그렇겠지요. 모두가 자기와 한 몸인데 끝까지 매도할 수야 없겠지요.

그렇지만 제 생각에는, 선생님께서 지난번에 "병을 잘 모시고 간다"고 하셨는데요, 병도 결국은 내 몸이니까 모시긴 해야겠지만 병을 그냥 둘 수는 없지 않습니까? 그러니까 투병은 투병대로 하면서 싸안고 가야 하는 게 아니냐, 그런 말씀입니다. 사기꾼이나 폭력배를 싸안긴 하되 그냥 둘 수는 없지 않겠느냐, 이 말씀이지요.

그런데 그건, 싸우고 가면 말이지, 계속 뭐냐 하면 고달픔을 줘. 상대도 그걸 견뎌내려 드는 내성이 생긴단 말이야. 그러니까 편안하게 해줘야 병도 낫는다구. 모시고 간다는 건 병을 편안하게 해줌으로써 풀어주는 거지. 병하고 싸우면 말이지, 병은 점점 기승을 부리게 되거든.

그게 여기서 "실자失者를 동어실同於失한다"는 말일 텐데요, 그럼 道고 德이고 없는 그런, 말하자면 무뢰배들을 평안하게 해준다는 말입니까?

위로해 줘야지.

위로?

그래. 위로해 줘야지. 그들은 그럴 수밖에 없는 조건이 있는 거라. 그들이 그럴 수밖에 없었던 조건을 풀어주면, 그러면 그들의 그런 행위가 없어지지 않겠어? 도둑질이나 사기 따위를 하지 않게 되겠지.

역시 드러난 현상만 보면 그렇게 할 수가 없겠지요. 보이지 않는 근원을 꿰뚫어볼 때에 비로소 그럴 수 있지 않겠습니까?

그렇지. 그래야 감싸안을 수 있는 거라.

그들을 감싸안기 위해서는 그들이 입고 있는 옷을 같이 입어야 한다, 이 말씀이지요?

그래, 그래야지.

예수님의 '화육化肉'이 바로 그것이지요.

그렇지. 그 예수님이, 무거운 짐을 진 자들아 내게로 오라 내가 쉬게 하리라고 하셨는데, 세상에서는 힘 없는 자들이 죄인이요 악인으로 몰리고 있잖은가? 그리고 이쪽에 세력을 잡은 자들은 뭐냐 하면 큰 도둑질을 하면서도 의인이고 죄 없는 자로 대접을 받고 있단 말이야. 그러니까 이런 세상에서 누굴 위로해야 하겠는가? 배가 고파서 담을 넘고 배가 고파서 빵을 훔쳤는데 말이지, 위로를 줘야지.

그들을 배고프게 한 원인은 딴 데 있으니까요.

그래.

그러니까 집권자들에게 때로 분노하는 것도 같은 맥락으로 봐야겠군요?

예수님은 그런 자들에게 자꾸 나누라고, 나눠주라고 하시잖는가? 저 인도의 성녀 마더 테레사Mother Teresa 같은 분들도 모든 생명을 위해서 나누라고, 나눠야 한다고 말하지 않던가? 나눠야 해. 나누는 거지.

믿음이 부족하면 신임을 얻지 못한다

"동어도자同於道者하면 도역낙득지道亦樂得之하고" 道를 지닌 자들과 어울리면 道를 지닌 자 또한 이를 얻어 즐거워하고, "동어덕자同於德者하면 덕역낙득지德亦樂得之하며" 德을 지닌 자들과 어울리면 德을 지닌 자 또한 이를 얻어 즐거워하며, "동어실자同於失者하면 실역낙득지失亦樂得之하거니와" 道와 德을 잃은 사람들과 어울리면 道와 德을 잃은 자 또한 이를 얻어 즐거워하거니와, "신부족信不足이면 유불신有不信이니라" 신의가 부족하면 신임을 얻지 못하느니라.

무슨 뜻입니까?

여기서는 '믿음(信)'을 얘기하려는 것 같은데 그 믿음은 이거다 저거다 가려서 주거나 말거나 하는 그런 믿음이 아니라, 둘이 아니다 하는 것 있잖은가? 불이不二 말이야. 모든 것이 '불이不二' 라는 데 근거를 둔 믿음을 얘기하는 거지. 그러니까 시是와 비非, 장長과 단短, 선善과 악惡, 고苦와 낙樂 이런 것들을 함께 보듬어 안는, 그런 믿음을 여기서는 얘기하는 거라. 그런 믿음으로 아상我相이 없는 자들하고 어울리는 건 물론이고 그들과 더불어 즐거움을 나누는 것도 물론이지만 아상이 있는 자들, 그러니까 道와 德을 잃은 자들하고도 어울려 그들과 더불어 즐거움을 나눈단 말이야. 왜 그런고 하니 道의 경지에서는 득得이니 실失이니 그런 게 사실은 없거든. 道에 있어서 득이 어디 있고 실이 어디 있는가? 그러니까 道의 경지에서는 소위 道와 德을 잃은 자들도 모두 하나라 이 말이야. 그러니 그들과 어울리지 못할 까닭이 없는 거지. 그래서 그들과 어울리는 게 곧 '믿음' 이고, 그 믿음이 있으면 신임을 얻지만 그 믿음이 없으면 신임을 얻지 못한다는 거라.

요컨대, 만사를 道에 좇아서 처리하는 자가 그렇게 한다는 거지요?

그래, '종사어도자從事於道者' 의 처신함이 그렇다는 거야. 道를 지닌 자나 德을 지닌 자에게는 道와 德으로 어울려 함께 즐기고 그 모두를 잃은 자에게는 잃은 것으로 어울려 함께 즐기는 거지. 그에게는 실상 얻는 것도 잃는 것도 없으니까. 그리고, 그렇게 하는 것이 바로 믿음이라는 얘기지.

여기서 믿음이 부족하다는 건, 아까 말씀하신 대로 이것저것을 가려서 응대하는 거겠지요?

가려서 응대하는 것이라기보다, 이것저것 가리는 바로 그것이 신부족信不足이겠지.

알겠습니다. 믿음이 부족하면 이것과 저것을 가려내고 나누고, 그럴 수밖에 없을 테니까요.

믿음이 있으면 따져서 가려낼 것도 없고 그러니까 두려울 것도 없는 거라. 아까 자네도 말했지만 모두가 집안일인데 무엇을 두려워하겠는가? 다만 일에 따라 응대하는 모양은 능소능대能小能大로 얼마든지 달라질 수 있겠지. 다르되 그 믿음에서는 한결같고.

24장
까치발로는 오래 서지 못한다

까치발로는 오래 서지 못한다. 가랑이를 한껏 벌려 성큼성큼 걷는 걸음으로는 멀리 가지 못한다. 스스로 자기를 드러내는 자는 드러나지 않고 스스로 자기를 옳다 하는 자는 인정받지 못하며 스스로 뽐내는 자는 공이 없고 스스로 자랑하는 자는 우두머리가 되지 못한다. 이런 것들을 道에서는 일컬어 찌꺼기 음식이요 군더더기 행동이라 하여 道는 언제나 이것들을 싫어한다. 그러므로 道를 지닌 사람은 이런 짓을 하지 않는다.

跂者不立, 跨者不行. 自見者不明, 自是者不彰, 自伐者無功, 自矜者不長. 其在道也, 曰餘食贅行, 物或惡之. 故有道者, 不處也.

까치발로는 오래 서지 못하고

"기자跂者는 불립不立하고 과자跨者는 불행不行이니", 뒷꿈치를 들어 까치발을 하고서는 오래 서 있지 못하고 가랑이를 한껏 펴서 성큼성큼 걸어서는 멀리 가지 못한다.

까치발로 서거나 가랑이를 한껏 벌려서 걷거나 모두가 자연에서 벗어난 몸짓이지요.

그래, 그런 행동은 안 된다, 이 말이지. "자현자自見者는 불명不明하고", 이 대목은 22장에서 말한 것을 뒤집어서 말하는 건데, 스스로 자기를 드러내는 자는 뚜렷하게 드러나지를 않고, "자시자自是者는 불창不彰하고" 스스로 자기를 옳다고 주장하는 자는 인정받지 못하고, "자벌자自伐者는 무공無功하고" 스스로 뽐내는 자는 공이 없고, "자긍자自矜者는 부장不長이니라" 스스로 자랑하는 자는 남의 머리가 되지 못한다, 어른이 되지 못한다.

자현自見이니 자시自是니 하는 것들이 그러니까 맨 앞에서 말한 '기跂'와 '과跨'를 가리켜 설명하는 말이라고 볼 수 있겠군요?

그렇지.

까치발로 서는 것이 결국은 남보다 더 높게 서려는 것이고 가랑이를 한껏 벌려서 걷는 것도 남보다 더 앞에 서려는 것이니까요.

그게 모두 아상我相에 사로잡힌 탓에 이기심이 겉으로 나타나는 것이지.

욕심의 발로 아닙니까?

바로 그거지. 자연은 욕심이 없거든.

그러니까 결국 무엇을 하고자 하면 오히려 안 된다는 말입니까?

그 하고자 한다는 게 작위일 경우, 아상에 근거한 욕심에서 나오는 것일 경우, 안 된다는 거지. 인위적인 행동은 안 된다는 거라.

道를 벗어나는 짓이기 때문에요?

그래. 그런데 이 얘기가 모두 요새 세상 돌아가는 걸 보면서 말하는 것 같구먼. 대선이 끝난 지 며칠 안 됐네만, 모두들 여기서 말하는 기자跂者, 과자跨者, 자현자自見者, 자시자自是者, 자벌자自伐者, 자긍자自矜者들 아닌가?

예, 그런 자들의 무도회라고나 할까요? 가슴 아픈 얘기입니다. 저마다 자기가 제일이요, 자기만이 나라를 다스릴 수 있다고 큰소리를 치니, 이러고도 나라가 망하지 않는 게 신통하지요.

보이지 않는 곳에서 자기를 비우고 道에 좇아서 일을 처리하는 이들이 있지 않는가? 그런 이들이 나라를 버텨주고 있는 거지.

옳습니다, 선생님. 다음 구절은 어떻게 읽습니까?

찌꺼기 밥과 군더더기 행동

"기재도야其在道也에 왈여식曰餘食이요 췌행贅行이라 하여 물혹오지物或惡之니", 그것이 道에 있어서는 말이지, 일컬어 찌꺼기 음식이요 군더더기 행동이라 하여 자연은, 道는, 언제나 그것을 싫어한다는 말이야.

여기 '기其' 가 위에서 말한 것들을 가리키는 말이군요?

그렇지. 까치발로 서거나 자기를 자랑하는 그런 모든 것들이 道에 있어 가지고는 말이야, 그게 모두 찌꺼기 밥이요 군더더기 행동이라. 여기 '물物' 은 자연이라고 해도 좋고 道라고 해도 좋은데, 자연은 그런 것들을 언제나(或) 싫어한다, 이 말이지.

'물物' 을 하느님으로 읽어도 되겠습니까?

되지. 하느님은 사람이 자기 자랑을 하거나 스스로 남보다 앞서려고 하는 걸 좋아하지 않으시거든. 왜냐하면 모든 다툼이 거기에서 나오니까. "고故로 유도자有道者는 불처야不處也라", 그러므로 道를 지닌 자는, 道를 모시고 사는 자는, 그런 짓을 하지 않느니라.

그렇군요. '道를 지닌 자'를 '道에 사로잡힌 자'로 읽어도 되겠지요?

되지. 道에는 안팎이 없으니까. '아버지가 내 안에 내가 아버지 안에' 아닌가? 그 말이 그 말이지.

'여식餘食'이니 '췌행贅行'이니 하는 말을 한마디로 쓸데없는 짓이나 쓸데없는 것으로 읽으면 어떻습니까?

그런 말이지. 안 해도 되는 짓거리란 말이야.

쓸데없는 짓 정도가 아니라 오히려 그것이 본인에게나 남에게나 해악을 가져다주는 것 아닐까요?

그래. 그렇게 되는 거지.

그런데 안타깝고 미안한 건, 이게 누구 다른 사람의 모습이 아니라 바로 제 모습이 이렇단 말씀입니다.

물론, 정도의 차이는 있을지 모르나 우리 모두가 기자跂者요 과자跨者의 모습을 하고 있지. 그러니까 아상을 버리고 모든 보이는 것을 그냥 보이는 대로 평안하게 보는, 그런 수행이 평상시 생활 속에서 깊지 않으면 묵은 때를 씻어내기가 매우 어려운 거라.

묵은 때를 벗기면서

방금 '묵은 때'라고 하셨는데요, 참 적절한 표현이라고 생각합니다. 제 몸 깊숙이 묻어 있는 이 때야말로 어쩌면 제가 세상에 태어나기도 전부터 이미 있던 것이 아닌가 여겨지거든요.

그래. 바로 그 묵은 때를 날마다 씻어내라는 건데, 그것도 하나의 '요가'거든. 심리 요가란 말이야. 그렇게 하면서 가다보면 결국은 홀연 아상我相이 벗겨지게 되니까 일체가 뭐냐 하면 내가 돼버리는 거지. 그게 곧 '동어도同於道'라.

동어도同於道뿐이 아니라 동어同於 안 되는 게 없지요.

그래. 그렇게 해서 드디어 말하자면 '천상천하 유아독존天上天下唯我獨尊' 하고 만나게 되는 거지. 그러니까 예수님이 자신 있게 "나를 따르라"고 하셨을 때에 그 '나'는 말이지 그게 어떤 것에 상대가 되는 그런 '나'가 아니란 말이야. 그걸 '상대적인 나'로 알아들으면 예수님을 엄청나게 잘못 아는 거라.

"나로 말미암지 않고는 아버지에게 갈 수 없다"고 말씀하셨을 때 그 '나'도 마찬가지로 모든 상대를 여읜 '절대의 나'겠지요?

물론.

어떤 의미에서는 '나 없는 나'를 말씀하신 거라고도 볼 수 있겠지요.

그럼, 바로 그 얘기지. 바로 그거야. 그거를 아상我相에 사로잡힌 '나'로 받아들이니까 큰 잘못을 저지르게 되는 거라.

그러니까 다시 말해서 예수님이 말씀하신 '나'는 석가나 공자와 상대가 되는 그런 '나'가 아닌데……

당연하지.

그런데 그걸 다른 존재와 상대가 되는 '나'로 이해하니까, 기독교에만 구원이 있다든가 해서 예수님의 뜻과 크게 다른 주장을 하게 되는 거란 말씀이지요?

그래, 바로 그 오해 때문에 엄청난 종교 전쟁을 일으키기도 하고 그런 거지.

결국은 사람들이 예수님 말귀를 못 알아들은 거네요.

못 알아들은 거지.

25장
사람은 땅을 본받고

마구 섞여서 두루뭉수리인 한 물건이 있는데 하늘과 땅이 생겨나기 전부터 있어 고요하고 쓸쓸하다. 홀로 우뚝 서서 바뀔 줄을 모르고 두루 행하되 잠시도 쉬지를 않으니 천하 만물의 어머니라고 할 수 있다. 나는 그 이름을 모르거니와 문자로 말하면 道라 하고 억지로 이름을 붙이면 크다고 하니, 크기 때문에 미치지 않는 곳이 없고 미치지 않는 데가 없으니까 멀다고 하고 멀리 가니까 돌아온다고 한다. 그러므로 道도 크고 하늘도 크고 땅도 크고 왕도 크니 이 세상에 네 가지 큰 것이 있어 왕 또한 그 가운데 하나를 차지하거니와 사람은 땅을 본받고 땅은 하늘을 본받고 하늘은 道를 본받고 道는 자연을 본받는다.

有物混成, 先天地生, 寂兮寥兮, 獨立而不改, 周行而不殆, 可以爲天下母. 吾不知其名, 字之曰道, 强爲之名曰大, 大曰逝, 逝曰遠, 遠曰反. 故道大, 天大, 地大, 王亦大. 域中有四大, 而王居一焉. 人法地, 地法天, 天法道, 道法自然.

이름을 알 수 없는 한 물건

"유물혼성有物混成하니 선천지생先天地生이라", 막 섞여 있어서 뒤범벅인 그런 물건이 있는데, 여기서 '물物'은 道라고 읽어야겠지. 그런데 그 물건이 천지가 생기기 전부터 있었다는 거라. "적혜요혜寂兮寥兮여", 고요하고 쓸쓸하구나, 소리도 없고 형체도 없으니까. 그런데 이것이 "독립이불개獨立而不改하고", 홀로 우뚝 서서 바뀌지를 않는다, 이 말이야. 그리고 "주행이불태周行而不殆라", 두루두루 행하여 잠시도 게으르지 않구나.

여기 '태殆'는 게으르다는 뜻입니까?

그래, '위태로울 태'가 아니라 여기서는 '게으를 태'로 읽어야겠지. 그러니까 모든 것에 미치되 쉬지를 않는단 말이야. 그래서 "가이위천하모可以爲天下母니라", 천하 만물의 어머니라고 할 수 있느니라. "오부지기명吾不知其名하여 자지왈도字之曰道라 하니 강위지명왈대强爲之名曰大요 대왈서大曰逝요 서왈원逝曰遠이요 원왈반遠曰反이라", 나는 그 이름을 알 수 없다 이 말이야.

천지가 생겨나기 전부터 있었던 그 '물건'의 이름을 모른단 말이지요?

그렇지. 나는 그 이름을 알 수가 없어. 그것을 문자로 표현하자면 道라 하는데 그것을 굳이 이름지어 부르면 크다(大)고 할까, 그리고 크니까 미치지 않는 데가 없어. '서逝'가 미친다는 뜻이거든. 어디든지 간단 말이야. 또 미치지 않는 데가 없으니까 멀다고 하고 멀다고 하니까 그것은 돌아오는 것이라고 말할 수 있다는 거야. 끝간 데까지 가면 거기가 제 자리 아닌가? 멀리 가면 갈수록, 끝까지 가면 갈수록, 크게 제 자리로 돌아오는 거라. 『신심명信心銘』 말미에 보면 이런 글귀가 있지.

극소동대極小同大하여 망절경계忘絶境界하고

극대동소極大同小하여 불현변표不見邊表라.

무슨 말인고 하니, 지극히 작은 것은 큰 것과 같아서 상대적인 모든 경계가 끊어지고, 지극히 큰 것은 작은 것과 같아서 그 끝과 겉을 드러내지 않는다는 뜻이지. 작아도 아주 작으면 말이지, 그러면 큰 것과도 같고 커도 아주 크면 작은 것과 같거든. 요새 양자론이나 우주 과학에서 그런 말을 하고 있잖은가? 중간밖에 볼 수 없는 우리의 감각을 가지고도 실험에 의해서 극대동소極大同小와 극소동대極小同大의 세계를 말하고 있단 말이야. 노자가 그때 그 시기에 이미 우리 삶의 바탕을 이 정도로 철저하게 꿰뚫어봤으니까 참 엄청난 거지.

극대니 극소니 할 때 그것이 그냥 우리 감각으로 크다, 작다 하고 말할 수 있는 그런 것은 아니겠지요?

아니지. 무한히 크다고나 할까? 그런 거지. 아주 뭐라고 표현할 수 없도록 무한하게 작은 것은 결국 큰 것과 같다는 말이야. 그런데 이제 우리는 그것을 알면서도, 오늘의 과학이 그렇게 증명을 하고 있는데도 그것을 일상 생활에서 경험하는 감각의 틀로 받아들이려 하니까, 그러니까 이게 도무지 실감이 안 된다, 이 말씀이야.

그렇지요. 쉽게 말해서 감이 잡히지를 않는 거지요.

그래. 감이 안 잡히는 거라.

그런데도 금방 말씀하셨듯이 그것이 우리 삶의 바탕을 이루고 있단 말입니다. 감각을 느낄 수 없는 그것이 진짜 현실이라는 거지요.

그렇지.

감각을 초월한 세계를 일상의 언어로 표현하자니, 하이젠베르크

Werner K. Heisenberg 같은 과학자가 그렇게 고민했다는 것 아닙니까? 그가 발견한 원자 세계의 원리라 할까 법칙이라 할까, 그것들이 수학 기호로는 표현이 되는데 언어로는 나타낼 수 없더라는 거지요. 종교적 황홀경을 체험한 사람이 그것을 언어로 표현하지 못하는 것에 비교해서 그때의 답답한 심경을 고백한 글을 어디선가 읽은 듯합니다.

그래, 그랬을 거야.

무릇 종교라는 게 그런 불가사의하고 언어로 표현할 수 없는 세계로 가는 길을 가리키는 방편 아닐까요? 달을 가리키는 손가락처럼 말입니다. 요는 감각되지 않는 그 실재에 어떻게 도달하느냐겠지요.

감각되는 대상에 사로잡혀서는 그 실재에 이를 수가 없지.

그렇지요. 오색五色이 영인목맹令人目盲이니까요.

그래.

그렇지만 감각 그 자체를 무시하거나 외면하는 것으로 해결책을 삼을 수도 없다고 봅니다. 색色을 떠나서는 공空도 없으니까요. 『금강경 오가해金剛經五家解』를 보자니까 '법신비상분法身非相分' 제26절에서 세존世尊이 게偈로 말하기를 "만일 모양으로써 나를 보려고 하거나 소리로써 나를 구하면 이 사람은 그릇된 道를 행하는 자라, 능히 여래를 보지 못한다(若以色見我 以音聲求我 是人行邪道 不能見如來)"고 했더군요. 부처를 감각의 대상에서 찾지 말라는 말 아니겠습니까? 그런데 『오가해』를 엮은 함허당涵虛堂이 여기에 설의說誼를 붙여, 부처는 색色과 성聲에 있지 않고 또한 색과 성을 떠나 있지도 않으니 색과 성으로써 부처를 구해도 볼 수 없거니와 색과 성을 떠나서 부처를 구해도 또한 볼 수 없다(佛不在色聲 亦不離色聲 卽色聲求佛 亦不得見 離色聲求佛 亦不得見)고 했더란 말씀입니다.

옳은 말씀이야.

방금 '대왈서大曰逝'를 말씀하실 때, 크니까 미치지 않는 곳이 없다고 하셨는데요, 그게 지극히 크니까 지극히 작다는 뜻 아닙니까?

그래.

봄이 이제 얼마 안 남았는데요, 봄만 되면 들과 산에서 온갖 나무와 풀이 싹을 내는데 그 싹트는 것을 볼 적마다 도대체 무엇이 이토록 섬세하고 자세한지 감탄을 금할 수 없더군요. 헤아릴 수 없이 많은 가지와 풀 포기에서 씨눈 하나 빠뜨리지 않고 싹을 틔우는 그 손길이 도대체 누구의 손길이냔 말입니다. 그냥 우리는 그것을 봄 기운이라고 하지요. 좋습니다. 부르는 이름이야 아무래도 좋지요. 천하에 가득한 그 기운이 어쩌면 그렇게도 섬세하고 자세하여 잘 보이지도 않는 씨눈 하나 빠뜨리는 법이 없느냔 말씀입니다. 봄만 되면 저는 깜짝깜짝 놀라지요. 우리가 '하느님'이라는 이름으로 부르는 그분도 이와 같은 속성을 지니지 않았을까, 엄청나게 큰데 엄청나게 작아서 말하자면 바늘 끝만큼의 틈도 없이, 그러니까 놓치는 게 없지요, 바늘 끝만큼의 틈만 있어도 씨눈 한두 개쯤 빠뜨릴 수 있는 것 아니겠어요? 그러니, 아하 그래서 지극히 큰 것이 지극히 작다고 하는구나, 이렇게 생각해 봤습니다. 노자도 어디선가 그랬지요? 하늘 그물은 무엇 하나 빠뜨리는 법이 없다고요.

"천망회회天網恢恢, 소이불실疏而不失"이라고 했지.

맞습니다. 하늘의 그물은 듬성듬성하지만 빠뜨리는 게 없다는 뜻이지요?

그래. 다음다음 장쯤 해서 주책籌策이 없어도, 계산기가 없어도, 하늘은 빈틈없이 계산한다는 말이 나와. 그게 다 그 말이지.

그리고요, 아까 처음에 유물혼성有物混成이란 말을 읽을 때 얼핏 성경의 「창세기」 1장 1절이 생각났는데요, 태초에 혼돈이 있었다고 돼 있지 않습니까? 결국 비슷한 얘기 아닌가 생각되는군요.

같은 얘기지. 그러니까 이거다 저거다 하고 분간해 낼 수 있는 게 아니라는 건데, 그 안에 다 들어 있으니까……

말하자면 두루뭉수리라 이거지요?

그렇지.

따라서 멀리 간다(遠)고 할 때 그것도 우리가 감각의 세계에서 말하는 그런 '거리'를 얘기하는 건 아니겠지요?

물론. 일컬어 말로 하자니까 크다, 간다, 멀다, 돌아온다 따위로 말을 하는데 그 말을 문자 그대로 받아들이면 이 구절의 뜻을 풀 수가 없지. 그러니까 시방 자네가 참 좋은 예를 들었는데 봄이 되면 작은 풀에서 큰 나무에 이르기까지 그 움이 터 나오는 걸 볼 적에 그게 안 미치는 데가 없단 말이야. 미치지 않는 데가 없는데 이것이 시작도 끝도 없는 나타남이거든.

그렇지요.

그러니까, 이걸 어떻게 한정된 인간의 언어 속에 담을 수 있겠는가?

원왈반遠曰反이라고 했을 때, 멀리 감이 돌아옴이라고 그렇게 읽지 않았습니까? 이것도 역시 어떤 '거리'를 두고 얘기하는 건 아니겠지요?

아니지.

그렇다면 방금 선생님 말씀을 들으면서 생각이 났는데요, 성경에서 탕자는 처음에는 아버지한테서 멀리 간단 말씀입니다. 원遠하는 거지요. 그런데 사실은 그것이 탕자가 아버지에게 돌아오는(反) 행위의 한 부분이 아니겠나 싶은데요. 무슨 말이냐 하면, 그 친구가 만일 아버지를 떠나지 않았더라면 '제 정신'을 차렸을 리도 없고 따라서 돌아올 것도 없지 않습니까? 맏아들이 바로 그랬지요.

그래. 맏아들은 아버지와 함께 있었지만 떠나 있었던 거지.

예. 맞습니다. 그런데 탕자의 경우에는 멀리 갔기 때문에 돌아오거든요. 그러니까 멀리 가는 것이 곧 돌아오는 것이지, 가는 것 따로 있고 돌아오는 것 따로 있고, 그렇게는 볼 수 없는 것 아니냐는 말씀입니다. 이렇게 얘기해도 되는 걸까요?

그런 거지. 그런 거야. 그런데 이제 결국은 여기서 말하려는 게 道 아닌가? 道란 이런 것이다 하고 여기서 설명을 하는 건데, 대大니 서逝니 원遠이니 반反이니 하고 말이야, 그런데 이런 모든 말로 나타내려고 하는 것은 뭔고 하니 道라는 게 상대적인 무엇으로 나눠질 수 없다는 그런 얘기라고 봐야겠지.

지난번에, 도자道者는 동어도同於道하고 덕자德者는 동어덕同於德하고 실자失者는 동어실同於失한다고 했을 때, 그게 다 도덕이 있느니 없느니 득得이니 실失이니 그런 분별이 道의 세계에서는 없다는 것 아니겠습니까?

그래, 바로 그런 얘기지.

사람은 땅을 본받아 산다

"고故로 도대道大하고 천대天大하고 지대地大하고 왕역대王亦大하니 역중域中에 유사대有四大하여 이왕거일언而王居一焉이거니와 인법지人法地하고 지법천地法天하고 천법도天法道하고 도법자연道法自然이니라." 그러므로 道도 크고 하늘도 크고 땅도 크고 왕 또한 크니 이 세상에 네 가지 큰 것이 있어서 왕도 그 하나를 차지하거니와 사람은 땅을 본받고 땅은 하늘을 본받고 하늘은 道를 본받고 道는 자연을 본받는다, 이런 말이지.

여기서 왕은 사람을 가리키는 거겠지요?

사람을 지칭하는데 동어도同於道하고 동어덕同於德하고 동어실同於失하는 사람을 말하는 거야. 그러니까 아상이 없는 그런 사람이지.

지난번 16장에서 왕은 모든 것에 충일한 사람이라고 하셨지요.

그래. 그러니까 세상에서 말하는 패권을 잡은 왕하고는 백팔십도 다른 왕이지.

여기서 크다(大)고 할 때 이 '대大'는 앞에서 강위지명왈대强爲之名曰大라고 한 그 '대大' 겠지요?

그렇지. 크다 작다 할 때의 큰 것하고는 상관이 없는 거라.

그러니까 이 '대大' 속에는 서逝라든가 원遠이라든가 반反이라든가 하는 그 모든 개념이 융합돼 있는 거란 말씀이지요?

그래. 이거다 저거다 따지는, 말하자면 계산을 하는 건데, 그런 계산 속으로는 미혹에 빠져서 이 모든 개념을 헤아릴 수가 없는 거라.

세상에 道와 천天과 지地와 왕王이라는 네 가지 큰 것이 있는데 이 넷이 따로 있어서 무슨 패권을 다투거나 한다는 말은 아니겠지요?

물론, 절대 아니지. 그러니까 그것들이 모두 道에, 道는 또 자연에 일치하고 있으니까 그걸 굳이 말로 한다면 '크다' 고 할 수 있겠다는 그런 말이지.

그러니까 道니 천天이니 지地니 왕王이니 해서 '넉 사四' 자를 쓰긴 썼습니다만 이게 모두 하나라고 봐야겠지요.

그렇지. 한 몸이라고 봐야지.

그렇다면 수운 선생이 말씀하신 인내천人乃天하고도 같은 애기라고 볼 수 있습니까?

같은 애기지.

그분이 인내천이라고 하실 때 그 '인人'이라는 게 굳이 사람만 말씀하신 건 아니겠지요? 만물도 포함되는 것 아닙니까?

아무렴.

그러니까 우리가 감각으로는 하늘도 있고 땅도 있고 또 생각으로는 道도 있고 왕도 있습니다만, 감각과 생각의 경계를 넘어선 곳에서 그 모두가 하나라는 그런 말이군요?

그렇지. 바로 그것을 여기서 인법지人法地하고 지법천地法天하고 천법도天法道하고 도법자연道法自然한다는 말로 아주 적절하게 표현하고 있다고 봐야겠지.

그 말이 결국은 인법자연人法自然이라는 말로 결론 지을 수 있는 게 아니겠습니까?

그럼, 그렇게 얘기해도 되는 거지.

그러면 인내자연人乃自然이라고 해도 되겠군요?

되지. 일체와 하나가 되니까. 이거다 저거다 따지고 가리고 선택하지 않으면 그렇게 되는 거지. 사람이 곧 자연인데, 그런데 이걸 주인과 종쯤으로 나눠놓으니까 거기서 뭐냐 하면 결국 지구의 종말을 걱정하게 되는 공해 문제가 나오는 것 아닌가?

그렇지요. 그런데, 여기서 무슨 순서를 정하듯이 차례를 배열하여 말한 이유는 무엇입니까?

이해를 돕기 위한 방편으로 그렇게 한 거라고 봐야겠지. 인법지人法地라는 게 말이지, 사람이 땅을 자꾸만 들여다보면 거기서 하늘도 보고 道도 보고 자연도 보고 그렇지 않아? 그런데 사람이라는 게 땅을 떠나서는 우선 살 수가 없단 말이야. 그게 땅을 본받는 거지. 본받는다는 건 일체가 된다는 거라. 일체가 아니었다가 어떻게 수를 써서 일체로 된다는 말이 아니라 처음부터 일체였고 지금도 일체라는 사실을 깨닫고 그 깨달음에 뭐냐 하면 삶의 바탕을 두고 살아간다 이 말이야. 내가 폐로 숨을 쉬는데 저 산과 들의 나무와 풀이 숨을 쉬지 않으면 내 폐가 숨을 쉴 수 없거든. 그것들이 탄소 동화작용을 하는 덕분에 내가 산소를 마실 수 있단 말이지. 그리고 그 탄소 동화작용이라는 것도 태양 없으면 안 되잖는가? 그러니, 땅의 풀과 나무와 태양, 저 모두가 나의 폐 아니겠나? 따라서 저 자연이 바로 나란 말씀이야.

지당한 말씀입니다. 그건 관념이 아니지요. 관념이 아니라 엄연한 사실이 그렇지요.

사실이 그렇지. 사실이 그런데도 우리의 일상 생활을 들여다볼 것 같으면 그런 사실과는 무관하다는 듯이 살아가고 있거든. 바로 여기에 심각한 문제가 있는 거라. 시방 우리가 노자를 읽어가고 있네만, 그 노인네가 말하는 게 결국은, 사실인데 사실이 아닌 양 무관하게 여기는 것들을 지적하고 있단 말이야.

반면에 모두들 중요하게 생각하는 것들을 노자는 별 게 아닌 거라고 하지요. 그런데, 그러니까 지난번에도 얘기했습니다만, 그의 말이 너무 근본적이고 정확해서 사람들한테는 오히려 현실적인 감각으로 받아들여지지 않는 것 아닙니까?

그렇지. 아예 귀에 담으려고도 안 하지. 그러니까 듣고는 웃어버리는 거라.

하긴 노자 본인도 어리석은 자들이 道를 듣고 웃지 않으면 道가 아니라고 했지요.

그래, 그랬지.

여기 끝에 가서 말입니다. 도법자연道法自然이라 해서 道보다 자연을 가장 궁극적인 자리에 둔 것은 무엇을 의미할까요?

자연이라는 게 스스로 그렇다는 뜻 아닌가? 스스로 있는 자……

모세가 하느님께 당신이 누구십니까 하고 물었을 때 하느님 대답이 "나는 나다"였지요. 그렇게밖에는 어떻게 말할 수가 없다는 뜻이겠는데요, 그게 여기서 말하는 '자연'과 같은 것 아닐까요?

같은 거지. 그때 말씀하신 '나'라는 게, 예수가 스스로 말씀하신 '나'인데, 지난번에도 얘기했지만, 그 '나'가 세상 사람들이 저마다 자기를 두고 말하는 '나' 하고는 다른 '나'거든. 그걸 알아듣지 못하니까 신앙을 한다는 게 오히려 예수의 뜻하고는 반대의 길로 가는 결과를 낳게 되는 거라.

말귀를 알아듣지 못한 거지요.

그래.

그런데 그 말귀라는 게 말씀입니다. 그게 참 묘하거든요. 예수님 말씀이나 부처님 말씀이나 노자 말씀이나 말귀를 못 알아들으면 아무 소용이 없는 것 아니겠어요? 소용없는 것 정도가 아니라 오히려 좋지 않은 결과를 가져올 수도 있지요. 그런데, 예수님도 말씀을 하시고 나서 들을 귀가 있는 자는 들어라 하고 말씀하셨습니다만, 처음부터 들을 귀를 가지고 태어난 사람이 어디 있겠습니까? 들을 귀가 없으면 들을 수가 없지만 그 들을 귀라는 게 또 말씀을 듣지 않고서는 뚫리지를 않으니 말입니다. 원인이 결과요 결과가 원인이라는 말이 이래서 나온 게 아닐까 생각합니다. 듣지를 않고서는 귀가 열리지를 않지요. 음악 감상도 그렇지 않습니까? 자꾸 들어야 음악이 들리거든요. 그래서 이렇게 노자도 읽고 성경도 읽고 이러는 건데요, 그래야 귀가 열리고 귀가 열려야 또 노자도 읽게 되고 성경도 읽게 되고 그런단 말씀입니다.

그렇지. 그래서 선가禪家에서는 모든 것을 크게 의심하는 대의정大疑情이 없으면 깨달음에 이를 수 없다고 가르치고 있지. 그런데 그 대의정을 깨뜨리는 데는 반드시 정진이 있어야 한단 말이야.

그 정진이라는 게 물론 심신이 함께 참여하는 거겠지요?

물론이지. 머리만 가지고는 안 되는 거라. 안 되지.

붓으로 글씨를 쓰는 것만 해도, 실제로 써보지 않고서는 글씨를 쓸 수가 없단 말씀입니다. 아무리 잘 쓰려고 해도 마음만으로는 안 되거든요. 그러니까 계속 써야 쓸 줄을 알게 되고 쓸 줄을 알아야 쓸 수가 있고……

산은 산, 물은 물

끝으로 선생님, '인법지人法地'를 한 번 더 자세히 설명해 주십시오.

사람은 땅을 본받는다는 말인데, 사람이란 존재가 땅을 벗어나서는 살 수가 없잖아? 여기서 '법法'이란 글자는 모범으로 삼는다, 바탕으로 한다, 따른다, 이런 뜻이 모두 들어 있는 말이니까 사람이 땅을 따르지 않고서는 살 수가 없다 이 말이지. 그리고 또한 땅은 하늘을 따라야 하고 하늘은 道를 따라야 하고 道는 자연을 따라야 한다는 건데, 이 얘기는 뭐냐 하면 모든 것을 다 벗고 나면 결국 '나' 아닌 게 없더라 이거야.

여기서 말하는 '자연'이라는 게 말입니다, 우리가 저 산천에서 보는 것이나 여기 있는 인人, 천天, 지地 이 모두가 자연 아닙니까?

자연이지. 그러니까 너니 나니 하는 것도 모두 궁극에 가면 자연인데 그 자연이라는 게 너니 나니가 따로 없는 '나'더라, 이 말이야. 다시 말해서 궁극에 가면 만나는 게 '나'인데 그게 우리가 일상에서 너니 나니 할 때의 그 '나'는 아니란 말이지. 그건 스스로 있는 자인 '나'인데 그 '나'가 인간 모두에게 내재하거든. 예수님이 내가 아버지 안에 있고 아버지가 내 안에 계시다고, 또 나는 길이요 진리요 생명이라고 말씀하시고, 그런가 하면 세상의 모든 수고하는 자들은 내게 와서 쉼을 얻으라고 하시는데, 그 '나'가 뭐겠나? 자연을 따르고 道를 따르고 하늘과 땅을 따라서 그 모두와 하나 된 '나' 아니겠어?

그 '나'가 아니면 수고하는 자들을, 위로는 둘째치고 우선 받아들일 수가 없겠지요.

바로 그 얘기야. 예수에게는 바로 그 '나'가 있었기 때문에, 그러니까 수고하고 무거운 짐에 눌려 허덕이는 자들의 생명이 바로 예수 자신의 생명이었기 때문에 그런 말씀을 하실 수 있었단 말이지. 예수의 몸과 그들의 몸이 별개가 아니니까, 그러니까 그들을 위로할 수 있는 거라. 그런데 문제는 뭐냐 하면, 그게 머리로는 되고 말로는 다 되는데 말이지, 생각이나 말만 가지고는 소용이 없다는 데 문제가 있는 거라. 철두철미 여기서 말하는 자연과 道와 일체를 이루지 않고서는 그게 얘기가 안 되는 얘기지.

인법지人法地에서 도법자연道法自然까지를 말입니다, 이걸 거꾸로 말할 수는 없겠지요?

그래 가지고는 설명이 안 되지.

그렇지요. 땅이 사람을 본받을 리는 없으니까요.

그럼.

뿌리에서 가지가 나오지 가지에서 뿌리로 거슬러올라가는 방향은 없지요.

그래.

그러나 이게 한 바퀴 돌면 그 자리 아닙니까?

바로 그 얘기지. 그건 그래.

그래서 산은 산, 물은 물이라는 얘기가 나오는 겁니까?

산은 산이요 물은 물이라는 말은, 이거다 저거다 헤아리지를 않는다는 얘기지. 일체 만물이 나와 같은 뿌리 아닌가? 나와 뿌리가 같다는 말은 결국 한 몸이라는 말인데 나다 너다, 이렇다 저렇다 따지고 가릴 게 없잖아? 한 몸이니까, 바다를 보면 바다고 산을 보면 산인 거지. 내가 내 코를 보고 이건 코여, 내 귀를 보고 이건 귀여, 하는 것과 똑같은 얘기라. 그러니까 산은 산, 물은 물이라고 할 때 그 산과 물과 그걸 보는 내가 모두 한 몸이라는 깨우침을 바탕으로 하고 말하는 것이라야 말이 되지. 모두를 내 몸으로 보고서 하는 말이야. 진여법계眞如法界는 말이지, 진여의 법계는 너나 나가 따로 없거든. 다른 말로, 자연에는 너니 나니 하는 차별이 없단 말이야.

구분하는 주체도 없지 않습니까? 누가 그걸 구분합니까?

바로 그 말이지. 우리가 굳이 구별을 할 적에는 이건 내 팔이다 이건 내 머리다 하지만 평생 살아갈 때에는 머리다 팔이다, 이게 없단 말이야. 아까도 얘기했지만 우리가 물이 없으면 살 수가 없어. 그러니까 비나 눈이나 안개나 바다의 물하고 내 몸에 있는 물하고 이게 어디가 다르냐 말이지. 그게 모두 내 몸을 있게 하는, 말하자면 확대된 내 몸이란 얘길세. 확대라는 말도 잘못된 말이야. 확대는 뭐가 확대야?

확대될 무엇이 없지요.

그래. 확대될 게 없지. 그게 있으니까 이게 있는 거니까. 그러니까 그렇게 봤을 적에 뭐냐 하면, 아 이건 팔이여, 이건 머리여, 이런 식으로 되는 거지. 산은 산이요 물은 물이로다, 더 어떻게 얘기하느냐 이 말이야. 무한의 자리가 축이 되는 거지. 시간과 공간의 경계를 벗어난단 말이야. 그렇게 되니까 결국 절대면서 상대고 상대면서 절대가 되는 거지.

예수님이 자기와 아버지를 동일시하면서 동시에 지극히 비천한 자에게 냉수 한 그릇을 대접하는 것이 곧 자기에게 대접하는 것이라고 말하거든요. 그래서 결국 당신 몸으로 하느님 아버지와 비천한 인간 존재를 동일시한단 말씀입니다. 절대와 상대를 하나로 만드시는 거지요. 정확하게 말하면, 절대와 상대가 하나임을 선언하시는 겁니다. 그런데 말씀입니다, 상대가 곧 절대요 절대가 상대라는 것까지 알면 결국 산이 물이요 물이 산이라는, 산 따로 물 따로가 아니라는 깨달음에 이르게 될 텐데요, 그게 불가에서 말하는 색즉시공色卽是空 아닙니까? 그런데 그 단계에 머물러버리면, 산이 어디 있고 물이 어디 있어? 모두가 '나' 인데, 하면서 우스운 행동을 하게 되지 않겠습니까? 선생님은 선생님이고 저는 저인데, 선생님이 어디 있고 제자가 어디 있느냐면서 예절이고 뭐고 없이 아무렇게나 처신한다면 그게 또한 자연의 법을 어기는 것 아니겠습니까?

그런 걸 불가에서는 공변空邊에 떨어진다고 하지. 그래서 물주공勿住空하라고, 공空에도 머물지 말라고 하잖는가?

그렇지요.

중도中道를 말하면서 어느 쪽 변邊에도 집착하지 말라고, 그걸 이변離邊하되 비중非中하라, 이거다 저거다, 이건 산이다 저건 물이다, 하는 양변兩邊을 떠나되 그 가운데도 떠나라는 거지.

그러나 그건 양변에도 있으면서 중中에도 있으라는 말과 같은 말 아닙니까?

같은 말이지.

어디에도 머물지 않으면서 모든 곳에 있는……

그래. 그걸 여기서는 대大니 서逝니 원遠이니 반反이니 하는 말로 얘기하고 있는 거지. 그런 잣대라야 세상의 난국을 바로잡고 그런 바탕이라야 세상에 평화를 가져다줄 수 있잖겠나?

세상은 관두고 자기 자신에게 우선 그렇겠지요.

그래. 물론, 우선은 그래야지.

엊그제 한 후배가 와서 저에게, 공동체 운동을 좀 해야겠는데 분명하지 않다고, 뭘 어떻게 시작해야 할지 잘 모르겠다고, 그래요. 그래서 제가 웃으면서 공동체 운동에 대해서는 그렇다 치고 그럼 너에게 분명한 것은 뭐냐고 물었어요. 그랬더니 한참 생각한 끝에, 하느님을 잘 믿고 그 말씀대로 사는 것이라고 그러더군요. 전도사거든요. 그래서, 그럼 우선 너에게 분명한 것부터 실천하라고, 그러다 보면 그게 공동체 운동으로 될 수도 있고 사회 변혁 운동으로 될 수도 있는 게 아니겠냐고, 그렇게 대답해 준 일이 있었지요. 물론 그것과 이것이 별개의 것은 아니겠지만, 우선은 자기에게 분명한 것부터 시작해야지, 잘 모르겠는 것을 잡고 뭘 해보려고 하니까 억지도 부리게 되고 술수도 부리게 되고 그러는 게 아니겠습니까?

26장
무거움은 가벼움의 근원

무거움은 가벼움의 근원이요 고요함은 시끄러움의 임금이다. 그러므로 성인聖人은 종일 길을 가는데 양식 실은 수레와 떨어지지 않고 비록 영화스런 구경거리가 있어도 초연히 그 편안함에 처한다. 어찌 천자天子의 신분으로 몸을 천하보다 가벼이 움직이겠는가? 가벼우면 근원을 잃고 시끄러우면 임금을 잃는다.

重爲輕根, 靜爲躁君. 是以聖人終日行, 不離輜重, 雖有榮觀, 燕處超然. 奈何萬乘之主, 而以身輕天下. 輕則失根, 躁則失君.

시끄러운 세상, 고요한 소리

한번 읽어볼까? "중위경근重爲輕根하고 정위조군靜爲躁君이니라. 시이是以로 성인聖人은 종일행終日行에 불리치중不離輜重하고 수유영관雖有榮觀이라도 연처초연燕處超然이니라. 내하만승지주奈何萬乘之主로 이이신경천하而以身輕天下리요. 경즉실근輕則失根하고 조즉실군躁則失君이니라." 무거움은 가벼움의 뿌리가 되고 고요함은 시끄러움의 임금이 된다. 그러므로 성인은 하루 종일 길을 가도 양식 실은 수레를 떠나지 않고 비록 떠들썩한 구경거리가 있을지라도 편안한 곳에 초연하게 있다. 여기 '연燕'은 '제비 연'이 아니라 '편안 연'이야. 무슨 굉장한 잔치 자리에 가도 거기 휩쓸려 같이 떠들썩하지 않고 편안하게 초연히 있다, 이 말이지.

초연하다는 게 거기 휘말려들지 않는다는 뜻이지요?

그렇지. 상관하지 않는다, 이거야. 어찌 만승萬乘의 천자天子로서 그 몸을 천하보다 가벼이 할 수 있겠는가? 가벼이 하면 근본을 잃게 되고 시끄러이 하면 임금을 잃게 된다. 그러니까 여기서는 조용한 것과 불안한 것, 그게 무엇을 가져올지, 그걸 얘기함으로써 道를 설명한다고 봐야겠지.

무거움이 가벼움의 근본이요 고요함이 시끄러움의 임금이라고 했는데요, 여기서 임금이란 무슨 뜻입니까?

그것도 역시 뿌리라는 거지. 머리라는 말이니까.

여기서도 마찬가지로 중重과 경輕, 정靜과 조躁가 대對가 될지언정 분리되는 건 아니겠지요?

물론. 그러나 道는 근원이니까 여기서는 중重이요 정靜인데 경輕이나 조躁는 뭐냐 하면 道의 근원에서 거리가 멀다는 얘기지.

거리가 멀긴 하지만 그게 떨어져 있는 건 아니잖습니까?

물론 그렇지.

그러니까 여기서 중重이나 정靜은 道라 생각하고 경輕이나 조躁는 道가 아닌 걸로 생각하면 착각이겠지요?

그래. 그런데 이제 道 자체는 고요하잖아? 시끄럽지를 않다구. 시끄럽게 굴면 임금의 자리를 놓치게 된다, 이거지. 그러니까 여기서는 말하자면 위정자爲政者가 道를 바탕으로 삼지 않으면 망가진다는 얘길 하고 있는 거야.

성인이 종일을 가도 곡식 실은 수레를 떠나지 않는다는 말은 무슨 뜻입니까?

모든 사람을 살리는 게 양식인데 그게 뭔가? 道 아니겠어? 성인은 뭐냐 하면 자기 개인을 생각하지 않고 일체중생을 생각하거든.

그러니까 이게 자기 먹을 양식을 싣고 간다는 말이 아니군요?

자기도 먹고 일체중생도 먹는 양식이지.

양식이라는 말이 나와서 하는 말인데요, 「요한복음」에 보면 예수님이 먹을 것을 마련해 온 제자들에게, 나한테는 너희가 모르는 '양식'이 있다고 말씀하시는 대목이 나오지요. 제자들이 자기네 말고 누가 무슨 먹을 것을 갖다드렸나 생각하는데 예수님이 다시 말씀하시기를, 내 양식이란 나를 보내신 분의 뜻을 이루고 완성하는 것이라고 하시거든요. 그러니까 그분은 한평생 살아가는 동안 '아버지의 일'을 완성하는 것으로 양식을 삼았다는 얘긴데요, 성인이 종일을 가도 道에서 떨어지지 않는다는 얘기와 비슷하지 않습니까?

아주 적절한 예를 들었구먼. 그게 같은 얘기지.

그리고 "수유영관雖有榮觀이라도 연처초연燕處超然이라"고 했는데요……

비록 영화로운 것을 보더라도 거기에 휘말려들지 않고 초연하다는 말이야. 영화榮華라는 것은 잠깐 있다가 사라지는 것 아닌가? 그러니까 잠깐 있다가 사라지는 그런 것에 휩쓸려들지 않고 초연한 자리에 머물러 있다, 그런 말이지.

그러면 총욕약경寵辱若驚하고 반대가 되는 애기군요?

그렇지. 그것과는 반대가 되는 애기지.

종일 길을 가도 양식 수레에서 떨어지지 않아

"내하만승지주奈何萬乘之主로 이이신경천하而以身輕天下리요", 어찌 천하를 다스리는 임금으로서, 만승지주萬乘之主란 만 대의 수레를 거느리는 주인이라는 말로 천자天子를 가리키는데, 어찌 천자된 신분으로 자기의 몸을 천하보다 가볍게 처신할 수 있겠느냐, 이 말이야. "경즉실근輕則失根이요 조즉실군躁則失君이니라" 가벼우면 근원을 잃게 되고 떠들썩하면 임금의 자리를 놓치게 된다……

인간 세상은 언제나 시끄러운데요, 가끔 하늘의 별을 바라보면 그렇게 고요할 수가 없어요. 그러니까 저 별에서 지구를 보면 지구 역시 침묵의 별로 보이겠지요. 지구가 참 시끄럽긴 하지만 그 고요함을 무엇으로 어지럽힐 수 있겠는가, 이런 생각을 해봅니다. 거죽은 시끄럽지만 땅속으로 조금만 들어가도 엄청난 고요함 아니겠습니까?

그렇지.

그러니까 성인은 눈에 보이는 잠시의 영관榮觀에 휩쓸려 시끄럽게 굴고 가볍게 처신하지 않는다는 건데요, 사람들이 시끄러운 영화에 휩쓸려 근본을 잃는 이유가 결국은 그 마음의 닻을 道의 깊은 바탕에 내리지 못했기 때문 아니겠습니까?

사리사욕에서 나오는 행위는 제 아무리 그럴듯한 탈을 써도 시끄럽고 경망스러울 수밖에 없지. 그런데 아주 작은 소리가 엄청난 무게를 지닐 수도 있거든. 예를 들면 비가 오기 직전에 청개구리 한 마리가 운단 말이야. 그 울음소리로 이제 곧 비가 올 것임을 세상에 알리는 거라. 소리가 있다면 그런 소리가 진짜 소리지. 억지로 만들어서 조작을 하면 말이지, 무슨 음악이 이렇고 저렇고 떠들어대지만 피곤하고 시끄럽기만 하거든. 천지 자연의 질서를 벗어난 소리는 아무리 크게 웅장하게 마이크로 조작을 해도 시끄러울 뿐인 거라.

지난번에도 말씀하셨습니다만, 석가의 말씀이나 예수의 말씀이 모두 道에서 나오는 말씀인데 그러니까 그 수천 수만의 말씀이 어느 것 하나 시끄러운 잡음이 될 수가 없지요. 소리가 시끄럽다는 것은 결국 근본을 잃어버린, 아니면 근본에서 멀리 떨어진 데서 나오기 때문에 시끄럽다는 것 아닙니까?

고요한 소리는 근본에서 나오는 소리지.

아무래도 말을 많이 해서 먹고사는 게 목사라는 직업인데요, 직업치고는 참 안된 직업이지요. 그런데 가끔 목사들이 설교하는 걸 들으면서, 저 사람이 자기가 설교하는 내용 그대로 사는 건 둘째치고 우선 과연 진심으로 믿고나 있는지, 저 사람이 진짜로 하느님을 믿고 있기는 한 건지, 참으로 하느님을 믿는다면 어떻게 저런 행동을 할 수 있을까, 물론 저도 포함해 하는 말입니다만, 속으로 그런 생각이 들 때가 있습니다. 그럴 경우 결국 그가 하는 설교는 중심에서 나오는 자기 고백이 아니겠지요. 그러니까 따라서 자기가 동의할 수 없는 말이나 스스로 그렇게 생각하지도 않는 말을 하는 것이 되고, 그런 설교가 어떻게 시끄러운 잡음이 되지 않을 수 있겠습니까? 빈말에 불과한데요. 그런데요, 재미있다고 할까 어처구니없다고 할까, 세상 사람들이 어려서부터 너무나도 빈말과 시끄러운 잡음 따위에 익숙해진 때문인지, 매스컴에서 흘러나오는 터무니없는 빈말과 잡음에는 아주 솔깃하고 말입니다. 반면에 정말 들어야 할 소리가 나오는 자리에 가보면 몇 사람 없거든요. 왈벗 뷜만Walbert Bühlmann이라는 수사가 그랬지요. 설교대가 그리스도와 가까우면 사람들이 멀어지고 설교대가 그리스도와 멀면 사람들이 가까워진다고요. 기가 막힌 얘깁니다만 사실이 그렇습니다.

그래. 그게 현실이지.

그러니까 가볍고 시끄러운 소리들이 사람을 병들게 하고 병든 사람들이 또 그런 소리를 내고, 좋아하고, 그러는 게 우리가 사는 세상 아닌가 하는 생각이 듭니다. 정말, 목사들이 한 마디를 해도 자기 고백이 아니면 하지를 않는, 그런 자세가 아쉽습니다.

그래. 그러니까 말이지, "성인聖人은 수유영관雖有榮觀이라도 연처초연燕處超然이니라", 이해 관계라는 게 있고 또 이런 것이 좋다는 거, 있잖나? 그리고 귀를 감각적으로 즐겁게 해주는 게 있고 눈을 즐겁게 해주는 게 있잖아? 그런 것에 매달리거나 휩쓸려들지 않는다는 말이야. 그런데 세상 사람들은 온통 그런 것에 매달리지. 그리고, "성인聖人은 종일행終日行에 불리치중不離輜重이라", 성인은 모든 사람을 살리는, 모든 것이 삶의 바탕으로 삼고 살아가는 바 물건이라 할까 도리라 할까, 뭐 그런 것에 중점을 두고 떠나지를 않지. 세상이 귀하게 여기는 금은보화나 명예 따위에 매달리지는 않는단 말이야.

이렇게 보면 어떻습니까? 보통 사람들은 가지에 핀 꽃이나 열매와 같은 영화榮華를 보는데 성인은 오히려 나무의 뿌리와 같은 근원을 본단 말씀입니다. 꽃은 잠시 있다가 사라지고 또 이리저리 가볍게 흔들리지만 뿌리는 고요하며 흔들림이 없거든요. 그러니까 성인은 가볍게 흔들리는 것을 보면서 사실은 그 뒤에 있는 흔들림 없는 근원을 보기 때문에 초연할 수가 있는 거지요. 바다 물결도 끊임없이 출렁거리지만 깊은 속 바다는 고요하지 않습니까?

그런 거지.

어떤 물건을 보고 마음이 움직이는 건 그것을 가지고 싶다는 욕심이 내게 있기 때문 아니겠어요? 그러니 사리사욕을 따라 살면 언제나 영화榮華 앞에서 흔들리고 거기에 매달리고 그럴 수밖에 없겠지요. 그리고 또 그 사욕이라는 것 말씀입니다, 그것만큼 변덕스러운 것도 없지 싶거든요. 어제까지만 해도 가지고 싶었던 게 오늘은 별로고 또 금방 가지고 싶었는데 가지고 나면 아무것도 아니고, 이런 게 이른바 사리사욕 아닌가 생각합니다.

그렇지. 불가에서는 그런 모든 것을 '환幻'이라고 하지. 그런 것에 빠지고 그런 것에 사로잡히는 게 미혹이고. 그러니까 근원적인 실재에 향심向心하거나 거기에 거하지를 않고, 끊임없이 변화하는 것에 집착하게 되면 결국 여기서 말하는 가볍고 시끄러운 영화榮華에 매달리게 되는 거지.

그건 그렇습니다만, 그 '환幻'이라는 것과 근원적인 실재가 별개의 것으로 분리되어 있다고 생각하면 역시 안 되겠지요?

물론이지. 그 얘기가 아마 다음 장쯤 해서 나올 거야. 성인은 사람이고 물건이고 버리지를 않아. 버릴 것이 없거든.

그러니까 영화榮華가 눈앞에 벌어지고 있는데 그런 것을 보지 않겠다고 외면하는 건 아니겠지요?

아니지. 그러나 저거는 아닌데, 저래서는 안 되는데, 하면서 봐야지.

그것도 자기 스승으로 보는 거라.

지난번 15장에서 읽은 '숙능탁이정지서청孰能濁以靜之徐淸' 이 그것 아니겠습니까?

바로 그거지. 시끄러운 것을 보면서도 스스로 고요하여 마침내 그 시끄러움을 가라앉힌다는 거니까.

옳습니다. 그런데 불교도 그렇고 기독교도 그렇고 종교라는 게 자칫하면 시끄러운 속세를 떠난 어떤 장소를 찾도록 유도하는 수가 있는데 그건 잘못이라고 봅니다. 물론 임시적인 방편으로 산을 찾는다든가 고요한 곳을 찾는 것이야 하나도 문제될 게 없습니다만, 이 세상 어딘가에 마치 속세를 떠나 어떤 장소가 따로 있는 듯이 생각한다면 그건 착각 아니겠습니까?

그래. 무슨 말인지 알겠네. 그래서 노자는 화광동진和光同塵을 말하고 있잖는가?

그 화광동진이 이른바 '속세' 와 같아진다는 건 역시 아니겠지요.

물론. 화이부동和而不同이지.

道에 바탕을 두고 처신하라

몸을 천하보다 가볍게 여긴다(以身輕天下)고 했는데요, 무슨 뜻입니까? 천하가 무거운데 그만큼 무겁게 처신하라는 건가요?

천지의 도리에 어긋난 처신을 하지 말라는 거지. 道에 바탕을 두고 언제나 처신을 하라, 이 말이야. 그게 바로 종일행終日行에 불리치중不離輜重하는 거지. 평생토록 뭐냐 하면 道를 떠나지 않는다는 거니까. 자네가 아까 예수님의 '양식' 얘기를 했네만 그게 바로 道요 아버지 아닌가?

예수님은 거기서 한순간도 벗어나지를 않았단 말이야. 세상 사람들은 보통 밥 먹고 잠자고 똥 누고 그러면 살아 있다고 생각하지만 그러는 것이 道에서 떠나 있으면, 천지 자연의 법도에 어긋난 것이면, 그때에는 이미 죽은 것이란 말이지. 자기가 죽어 있으면서도 죽은 줄을 모르는 거라. 바로 그와 같은 현상이 오늘날 지구를 백 번도 더 파괴시키고 남을 핵무기를 만들면서 그 속에서 서로 이해관계를 계산하고 있는 걸로 나타나지 않는가?

맞습니다. 후세인은 우리 적이고 부시는 우리 원수고, 이렇게 생각하니까 상대방을 폭탄으로 때리는 거지요. 사실 그 폭탄에 맞아 죽는 게 내 형이요 아우라고, 아니 자기 자신이라고 생각한다면 어떻게 폭탄을 던지겠습니까? 道의 경지에서는 너와 나가 따로 없으니까 폭탄을 던지는 자와 맞는 자가 한 몸이거든요. 그런데 그게 관념이 아니라 엄연한 현실이란 말씀입니다. 그러니 전쟁을 하는 자들이야말로 가장 비현실적인 자요 관념주의자들이라고 하지 않을 수 없지요. 반대로 전쟁을 반대하는 자들은 이상주의자가 아니라 매우 철저한 현실주의자들이고요.

그렇지. 똑같은 원리로 오늘의 산업구조와 공해 문제를 봐야 해. 중동전쟁이라는 게 석유 때문에 싸우는 건데 석유가 없으면 현재의 산업구조를 지탱할 수가 없거든. 그래서 싸우는 건데, 바로 그 산업구조라는 게 이미 천지 자연의 도리에서 어긋나 있단 말씀이야.

17세기 산업혁명이라는 게 잘 알려진 대로 '자연'을 인간과 동떨어져 있는 '자원'으로만 보는 기계론적 사고방식과 맞물려서 태어난 것 아닙니까?

바로 그 얘기지.

시작부터 잘못됐으니 그 결과가 좋을 리 없지요.

그래. 그러니, 전쟁 얘기가 나왔지만 문제를 전일적인 관점에서 보고 우선 자기 문제부터 풀어나가는 그런 방식이 아니고서는 달리 대처할 방도가 없는 거라.

그렇지요. 소위 자칭 정의파가 범할 수 있는 오류가, 나는 정의파요 너는 불의파라고 분명한 금을 긋고 거기서 모든 것을 시작하는 것 아니겠습니까?

바로 그것이 얼마나 많은 비극을 가져왔는가?

하긴 자칭 나는 불의파다 하는 놈은 없지요. 그러니까 모든 전쟁이 '정의'와 '정의'의 싸움이란 말입니다. 어처구니없는 일이지요.

그래. 전쟁뿐 아니라 공해 문제도 마찬가지지. 사람들이 세계관을 고쳐서 자연과 인간이 한 뿌리요 한 몸이라는 사실을 현실에서 그대로 받아들여 거기에 따라 처신하지 않는 한 달리 대처할 길이 없네.

우리 나라 전설에 이런 얘기가 있습니다. 어떤 산속에 맘씨 착한 부부가 살았는데 하루는 눈 속에 묻혀 죽어가는 젊은이를 구해주지요. 그런데 그 젊은이는 마을 원의 아들인데요, 그가 살아나더니 자기를 살려준 남자의 아내를 빼앗아가는 거예요. 그걸 읽으면서, 나를 괴롭히는 저 악이 어디서 왔는가? 그게 내가 행한 선에서 나왔다는 얘기 아닌가? 내가 그를 살려주지 않았더라면 그가 나를 괴롭히지도 않았을 테니까. 도대체 어디서 어디까지가 선이고 악인가? 그 둘을 과연 어디서 나눌 수 있을 것인가? 이런 생각을 해봤습니다. 저 모든 공해의 주범이 바로 나라는 생각에서 출발하는 자세가 아쉽습니다.

그래서 더욱이 우리가 노자를 포함한 동양 성현들의 가르침에 귀를 기울여야겠다는 것 아닌가?

27장
잘 행하는 것은 자취를 남기지 않고

잘 행하는 것은 자취를 남기지 않고 잘 말하는 것은 허물을 남기지 않으며 잘 헤아리는 것은 주책籌策을 쓰지 않고 잘 잠그는 것은 빗장이나 자물쇠가 없지만 열 수 없고 잘 묶는 것은 노끈이나 새끼줄이 없지만 풀 수 없다. 이러므로 성인聖人은 언제나 잘 사람을 구하여 그런 까닭에 사람을 버리는 일이 없고 언제나 잘 물건을 구하여 그런 까닭에 물건을 버리는 일이 없다. 이를 일컬어 밝음을 지녔다 한다. 그러므로 잘하는 자는 잘못하는 자의 스승이요 잘못하는 자는 잘하는 자에게 도움이 되니, 스승을 귀하게 여기지 않고 도움되는 자를 사랑하지 않으면 비록 안다고 하나 크게 헛갈린 것이다. 이를 일컬어 무위자연無爲自然의 道라 한다.

善行無轍迹, 善言無瑕讁, 善計不用籌策, 善閉無關鍵而不可開, 善結無繩約而不可解. 是以聖人常善救人, 故無棄人, 常善救物, 故無棄物. 是謂襲明. 故善人者, 不善人之師, 不善人者, 善人之資. 不貴其師, 不愛其資, 雖智大迷, 是謂要妙.

아무 흔적도 남기지 않고

우선 토를 달아 읽어주시지요.

“선행善行은 무철적無轍迹하고 선언善言은 무하적無瑕謫하고 선계善計는 불용주책不用籌策하고 선폐善閉는 무관건無關鍵이나 이불가개而不可開하고 선결善結은 무승약無繩約이나 이불가해而不可解니라.” 잘 행하는 것은 자취를 남기지 않고 잘 말하는 것은 허물을 남기지 않고 잘 헤아리는 것은, 잘 꾀하는 것은, 셈하는 기구가 필요 없다 이 말이야.

여기 주책籌策이라는 게 요즘의 주판珠盤 같은 그런 것이었나 보지요? 셈하는 데 쓰는……

그래. 뭐 그런 거지. 그러니까 그런 도구 없이 헤아리는 게 그게 선계善計라는 말이지. 그리고, 잘 잠그는 것은 빗장이나 자물쇠가 없지만 열 수가 없고……

그러니까 빗장이나 자물쇠를 쓰지 않아도 그렇게 잘 잠근다는 말입니까?

그렇지. 또 잘 묶는 것은 노끈이 없지만 풀 수가 없다, 이 말이지.

여기 첫머리의 ‘선행’이 우리가 흔히 선행이니 악행이니 가려서 말할 때 그 선행을 의미하는 말은 아니겠지요?

착한 일을 하되 자신이 착한 일을 한다는 의식 없이 하는 것, 그게 여기서 말하는 ‘선행’이지. 만일 스스로 내가 착한 일을 한다는 생각을 하면서 선행을 했다면 그건 여기서 말하는 ‘선행’이 아닌 거라. 말하자면 좋은 일을 했어도 그건 당연한 일이고 으레 해야 할 일이니까 거기에서 무슨 보답을 받겠다는 그런 계산이 없는 거지. 만일 어떤 보답을 받기 위해서 선을 행한다면 그때는 그 선이 악으로 바뀌니까, 그러니까 뭐냐 하면 여기서 ‘선행’이란 이른바 선이다 악이다를 다 떠난 행동을 말하는 거라고 봐야겠지.

이 문장에서 선善이란 개념은 착하다는 뜻보다 잘한다는 뜻으로 읽어야겠군요? 무슨 일을 제대로 한다는……

그래 말하자면 진리에 서서, 道에 서서 사는 사람의 행동이나 말은 이와 같다는 말을 시방 여기서 하고 있는 거니까.

"선행善行은 무철적無轍迹이라", 바퀴 자국을 남기지 않는다고 했는데 무슨 말입니까?

세상 사람들 하는 꼬락서니를 보게. 뭘 조금 했다 하면 그걸 어떻게든지 나타내려고 스스로 자랑하고 내세우고 동상도 깎아세우고 별짓 다 하지 않는가? 그런데 진짜 선행은 그러지를 않는다, 이 말이야. 남에게 무슨 좋은 일을 하고도 스스로 좋은 일을 했다는 생각조차 하지 않으니 거기 무슨 자국이 남겠는가? 무슨 짓을 하든, 행위를 한 것 그 자체로 끝나는 거라. 그야말로 불가에서 말하는 '무소주無所住'지.

아무 데도 머무는 바가 없단 말씀이지요?

그래, 무소주보시無所住布施라. 어떤 사람이 딱한 처지에 있어. 그러면 그 사람을 도와야겠다는 생각이 나겠지. 순간적으로 그런 생각이 나겠지만 그 '생각'에 머무르지 않고 그냥 돕는 거야. 도와주는 것만으로 그만이지. 거기에 무슨 흔적이 남겠는가?

그렇지만 사람이 무슨 일을 하면 어떻게든 그 일의 자취는 남게 마련 아닙니까?

물론, 객관적으로 볼 때 아무개가 이런저런 좋은 일을 했다는 이야기는 남겠지. 그러나 당사자는 그런 '이야기' 조차에도 머물지 않는다는 말이야. 그러니까 발자취는 있지만 없는 거지.

알겠습니다. 맑은 거울에 만상萬象이 비치나 그 어떤 상象도 거울에 남아 있지 않다는 말이 있지요.

그래, 바로 그거야. 자신이 한 어떤 행위에 스스로 머물지 않는다는 말은 거기에 묶이지 않는다는 말이거든.

기가 막힌 일입니다. 얼마 전에 『노자익老子翼』을 보자니까 "성인聖人은 위복爲腹하고 불위목不爲目한다"는 대목을 풀면서 이식재李息齋라는 이가 이렇게 말했더군요. "배라는 물건은 받아들이되 가지지 아니하고 가져다 바치되 남겨두지 아니한다(腹者 受而不取 納而不留)". 아무 흔적도 남기지 않고 완벽한 선행을 베푸는 성인의 모습을 간단한 말 한 마디에 담고 있다는 느낌이 들었습니다.

그게 바로 '무철적無轍迹' 이지.

그런데 선생님, 그것도 저절로 그리 돼야지, 내가 흔적을 남기지 않겠다는 또는 않노라는 의식을 가지고 그런다면 곤란하지 않습니까?

그런 것은 이중으로 속이는 거라고 해야겠지. 그러나 그런 행위는 어떻게든 드러나게 마련이라, 따라서 현실에서는 불가능한 얘기야.

허물을 남기지 않는 선언

다음에, "선언善言은 무하적無瑕謫이라"고 했는데요……

아무개가 뭘 잘못하길래 내가 이렇게 이렇게 얘기했노라, 내가 얘길 하니까 모두들 감탄하더라, 또 내가 이렇게 이렇게 얘기했더니 상대가 감쪽같이 속아넘어가서 이런저런 잇속을 챙겼노라, 뭐 이런 따위의 말을 하고 다니면 그게 모두 여기서 말하는 '하적瑕謫' 이지.

티라는 말이지요?

허물이지. 그러니까 예를 들어, 누가 뭘 잘못했거든, 그럴 때 그에게 가서 자네 이러면 안 되네, 이래서야 쓰겠는가? 하고 말해줘서 그가 잘못을 고치고 일이 잘됐다 해도 내가 이렇게 저렇게 말해줘서 그가 잘됐다는 그런 말을 하지 않는 거야. 말을 하지 않는다기보다 아예 그런 생각조차 하지 않는 거지. 다른 예를 들어보면, 진정한 배움과 가르침의 자세는 스승이 제자가 되기도 하고 제자가 스승이 되기도 하고 이렇게 돼야 하는 건데, 요새 보면 말이지, 학교 선생 되는 이들이 자기가 한때 가르쳤던 사람을 두고 "아, 그 내 제자야" 하고 사실상 쉽게 말한단 말씀이야. 이런 것도 엄격하게 말하면 '하적瑕謫'이 되는 거라. 옥의 티가 되는 거지. 선생이라는 게 뭔가? 제자가 스스로 가지고 있는 능력, 큰 德을 틔워주는 것 아닌가? 틔워주었으면 자기가 틔워주었다는 생각조차 하지 말라는 얘기야. 그게 '무하적無瑕謫'이지. 옛날 소크라테스가 그랬다고 하지 않는가? 나는 상대방이 이미 지니고 있는 것을 낳게 해준 산파에 지나지 않는다고. 얘기가 최소한 이쯤은 돼야 하지 않겠어? "나는 산파여." 이렇게 말한 소크라테스의 가르침이 여기서 말하는, "허물을 남기지 않는 선언善言"이 되겠구먼.

하긴 모든 성인의 말씀이 다 그런 것 같군요. 예수님도 일껏 간절히 말한 다음 끝에 가서 "귀 있는 사람은 들어라", 이런 식으로 마감을 하시지 않습니까? 자기 말을 억지로 사람 귀에 넣어주려는, 그런 태도는 없지요. 그런데요, 결국 이런 태도는 "내가 말한다"는 의식이 철저하게 없을 때에 비로소 가능하지 않겠습니까?

그래, 바로 거기에 있는 거라, 거기에 있는 거여. 말로는 스승이 제자를 가르친다고 하지만 스승이나 제자나 진리를 찾아 나아간다는 점에서는 동일하거든.

하긴, 변선환 선생님께서도 가끔 저에게 "네가 내 선생이다" 하고 웃음의 말씀을 하십니다만, 저도 가끔 함께 공부하는 학생들한테서 그런 느낌을 받거든요. 조금만 진지하게 생각해도 "내가 너를 가르친다"는 말은 쉽게 할 수가 없겠더군요.

『춘추春秋』「학기學記」에 보면 공자님이 "교학상장敎學相長"이란 말씀을 하시는데, 스승과 제자가 함께 자란다는 거라. 모택동毛澤東이 공산당 운동을 하면서 민중 교화에 이 말을 아주 적절하게 응용하지. 의사와 환자의 관계에서, 환자가 병원에 가면 먼저 환자가 의사의 선생이 된다 이 말이야. 의사가 환자의 상태를 알려면 먼저 환자의 말을 들어야 할 것 아닌가? 이 경우 의사는 학생이 되고 환자는 선생이 되는 거지. 그런 다음 의사가 처방을 내리고 환자에게 이렇게 저렇게 하라고 지시를 하게 되는데 그때는 반대로 의사가 선생이고 환자는 학생인 거라. 사흘 뒤 다시 병원에 갔을 적에는 환자가 선생이 되고 의사는 학생이 되었다가 처방을 내리면서 다시 둘의 위치가 바뀌고, 이렇게 두 사람의 위치 바꿈이 몇 번 반복되는 동안 문제는 해결이 된다 이 말이야. 그런데 사회가 굳어져 있으면 말이지, 교학상장敎學相長은커녕 선생은 언제나 선생이고 학생은 백날 가도 학생이거든. 이런 게 다 군사 문화의 찌꺼기라고나 할까?

그렇지요, 전문가는 언제 어디서나 전문가지요.

그런 거지.

선생은 언제나 어디서나 선생, 전문가는 언제나 어디서나 전문가, 바로 그런 사람들의 행동이나 말이 흔적을 남기고 허물을 남기고 그러는 것 아니겠습니까?

계산하지 않는 계산

"선계善計는 불용주책不用籌策이라", 잘 계산하는 것은 주책을 쓰지 않는다는 말이겠지요?

그래. 그게 무슨 말인고 하니, 요즘 내가 느끼는 걸세만, 컴퓨터가 그게 사람의 민첩하지 못한 것을 참 잘 대신해 주고 있잖은가? 계산이 그렇게 빠를 수 없지.

그게 바로 현대판 주책이지요.

그렇지. 맞아! 현대판 주책이지. 그런데, 이 컴퓨터의 계산이라는 게 그게 언제나 일방으로 치우치거든. 우주 자연의, 道의 근원에 서서 처리가 되지를 않는단 말이야. 그랬을 적에는 그만큼 뭐냐 하면 파국을 가져온단 말이지. 다시 말해서 엄청난 계산 착오를 가져오는 거라. 그러니까 이 말을 뒤집어 하면, 도리와 진리에 서서 처신하는 사람한테는 주판이 필요 없다, 이 말이야. 이미 그 속에 밝은 이치가 들어 있으니까 거기에 따라서 움직이면 되는 거지, 따로 무슨 잇속을 차릴 계산을 하지 않거든.

아하, 그러니까 여기 '주책'이라는 게 그냥 계산하는 도구라기보다는 한쪽의 이익을 챙기려고 계산하는?……

그렇지. 일방으로 나의, 우리의 이익을 계산하는 거라. 그러자니 자연 상대 쪽에는 해를 끼칠 수밖에 더 있겠나? 그게 이제 확산되어 세력이 커지면 결국은 소돔과 고모라처럼 되겠지. 도시의 생리라는 게 공리를 떠나서는 성립이 안 되는 거니까. 개인의 이익과 집단의 이익이 모든 가치의 중심이 되거든. 그거는 뭐냐 하면 자연의 도리를 어기지 않고서는 이루어지지를 않는 거라. 오늘의 산업 문명이 지니고 있는 병폐가 바로 그거 아닌가?

자기 딴에는 굉장히 계산을 잘한다고 하는데 그게 아니올시다더란 말씀이지요?

그렇지. 그러니까 결국은 인간을 위한 개발이라는 게 인간과 생태계까지 모조리 병들게 하는 거라. 계산을 하긴 했는데, 계산이 안 된 거지.

독립 선언을 한 33인의 재판 기록을 보면 검사가 이렇게 묻지요, 만세를 부르면 독립이 될 줄로 알았느냐고요. 말하자면 만세를 부르기 전에 '주책'을 퉁겨보았느냐는 거죠. 그렇게 될 줄로 생각했다고 대답한 사람들은 대개 일찌감치 변절을 하더군요. 그런데 만해卍海는 그런 것을 생각해 본 적이 없다고 대답하거든요. 거꾸로 우리가 일본을 강점했다고 하자, 그러면 당신은 어떻게 했겠느냐고 검사에게 되묻는 겁니다. 조선 사람이 조선의 독립을 외친 것이 당연한 일 아니냐는 거죠. 만해의 계산하지 않는 계산(計), 그것이 여기서 말하는 '선계善計' 아니겠습니까? 자신의 잇속을 생각해서 만세를 부르는 게 아니라 내재하는 어떤 도리라 할까 천명이라 할까, 그런 것에 따라서 만세를 부른 것이니까요. 자신의 행위가 어떤 '철적轍迹'을 남기든 안 남기든 그런 것에 붙잡힐 까닭이 없지요. 다음에, "선폐善閉는 무관건無關鍵이나 이불가개而不可開라", 잘 잠근다는 것은 빗장이나 자물쇠가 없어도 열 수가 없다는 말인데요, 무슨 뜻일까요?

빗장이나 자물쇠를 가지고 자기 소유를 아무리 유지하려고 해도 말이지, 그런 것 가지고는 되지를 않고 도리에 서서 했을 적에는 그게 아무도 가져갈 수 없게 잘 지켜진다는, 그런 뜻이지. 천도天道라는 건 말이지, 그건 누가 제 맘대로 어떻게 할 수 없거든. 장자의 '장천하어천하藏天下於天下'가 그 말인데, 모든 것을 있을 곳에 있게 하는 게 그게 천도天道라. 모든 것을 있을 곳에 있게 하는데 따로 가두고 잠그고 그럴 게 뭐 있어? 그런데 사람이 말이지, 자연의 도리에서 어긋나 뭘 가져보려고 지나친 욕심을 부렸을 때, 그랬을 때에는 오히려 그걸 소유할 수가 없다, 이 얘기지. 그러나 천지天地를 가진 자는, 도통지인道通之人은 말이지, 그런 사람은 하나도 안 갖고 있으면서 다 갖고 있잖아? 그런 것을 여기서 '선폐善閉' 라고 얘기하는 거겠지. 예수님의 행적이나 옛날 고승들의 행적을 보면 아무것도 안 가진 맨손인데 천하를 다 가지고 있거든. 그게 곧 '선폐善閉' 라, 잘 잠그고 있는 거지. 누가 그걸 빼앗아 갈 수 있겠나?

그 무엇으로도 풀 수 없는 '묶음'

다음 구절도 같은 의미가 아닌가 생각됩니다. "선결善結은 무승약無繩約이나 이불가해而不可解니라."

그래. 잘 묶는 것은 노끈이나 새끼줄이 없어도 풀 수가 없다는 말이야. 노끈 같은 것으로 묶지 않았지만 아무도 그걸 풀지 못한다는 거지.

어디선가 바울로 성인이 이런 말을 하지요. "누가 우리를 그리스도의 사랑에서 떼어놓을 수 있겠는가? 환난이냐? 굶주림이냐? 칼이냐? 아무도 우리를 그리스도의 사랑에서 떼어놓을 수 없다. 죽음도 생명도 천사들도 그 어떤 피조물도!" 예수님이 우리를 무슨 노끈이나 밧줄로 당신한테 비끌어맨 것은 아니잖습니까? 무슨 강제 수단으로 당신의 당黨을 만들지는 않았단 말씀입니다. 그러나 아무도 그분의 사랑에서 우리를 끊을 수 없다는 얘기지요.

도리라는 게 그 자체가 하나의 엄청난 질서 아닌가? 그러니, 그걸 어긋나서는 도대체 살 수가 없는 거지. 그런데 그 묶임, 그 관계를 사욕이 있는 사람은 보지 못한다, 이 말이야. 예컨대, 대체로 모든 부모가 자식을 사랑하는데 자식은 그 사랑을 모르거든. 부모의 자식 사랑이 그게 아무것으로도 끊을 수 없는 '묶음' 인데 말이지, 그걸 모르는 자들은 자신이 묶여 있는 줄도 모른다, 이거야. 자네가 고대 바울로 사도의 말을 빌려 얘기한 예수님의 사랑이라든가, 일체 만물에 하나도 빼놓지 않고 고르게 작용하는 우주 질서의 마련이라든가, 이게 다 여기서 말하는 '선결善結' 이지, 잘 묶는 거라.

옳습니다, 하나도 제외하지 않고 모두에게 작용하지요.

그렇지. 아침이 되면 해가 뜨고 저녁이면 해가 지고, 아침이면 만물이 움직이기 시작하고 저녁이면 쉬고, 이런 것도 하나의 '선결善結' 이라고 할 수 있겠지. 춘하추동 사계도 지역에 따라 다르긴 하지만 일단 약속된 대로 움직이지 않는가? 그 약속을, 그 묶음을 누가 풀어버릴 수 있어?

그런데요, 선생님. 수많은 자식들이 자기가 부모의 사랑에 묶여 있다는 사실을, 그러니까 다른 말로 하면 많은 사람들이 자기가 하느님의 사랑에 묶여 있다는 사실을 모르고 있단 말씀입니다.

그래, 모르고 있지.

그러나, 그 '묶음' 이라는 게, 그게 이쪽에서 알든 모르든 상관 없이 풀어지지 않는 것 아닙니까?

그렇지, 당연하지. 그게 이제 뭐냐 하면 사실은 엄청나게 무서운 건데 그걸 착각하고 제 맘대로 행동하니까 오늘의 문명이라는 게 인류와 지구를 파국으로 몰아가고 있는 거라.

그러니까 인간이 스스로 하느님과 상관없는 존재라고, 도리와 상관없는 독자獨自라고 생각하는 거죠.

그래.

따라서 제 마음대로 행동할 수 있다고 착각하는 거군요.

그렇지. 바로 그 착각에서 오늘의 모든 문제가 생겨나는 거야.

그러니까 예수님이 우리에게 말씀하신 것도 너희가 어떻게 어떻게 해서 하느님과 하나 되라는 게 아니라 처음부터 너희가 하느님과 하나였고 지금도 하나라는 사실을 제발 깨달으라는 것 아닙니까? 지금 분리돼 있으니 하나로 되라는 게 아니라, 너희는 분리돼 있다고 생각하지만 그건 착각이니 이제 착각을 버리고 사실을 바로 알라는 거지요.

그래, 그렇게 봐야지. 그거 눈 떠라, 이거지. 이미 너희에게 줄 것 다 줬다 이거야. 너희에게 한결같이 다 베푸시는데, 그런데 왜 그걸 모르느냐? 그 얘기라.

불경에도, "미지자왈중생迷之者曰衆生이요 오지자왈불悟之者曰佛"이라 하여, 그것을 깨닫지 못한 자 일컬어 중생이라 하고 그것을 깨달은 자 일컬어 부처라 한다고 했던데요, '그것'(之)이 무엇이겠습니까? 중생衆生이 곧 부처라는 것 아니겠습니까? 이 말을 한번 뒤집어서 "깨달은 자는 중생인 부처요 깨닫지 못한 자는 부처인 중생"이라고도 했더군요.

같은 말이지. 예수님도 어디선가 이렇게 말씀하셨지. 아마 부활하신 뒤에 제자들을 만난 자리에서였을 걸세. 나는 이제 내 아버지이자 너희의 아버지에게로 간다고.

맞습니다. 무덤 밖에서 막달라 여자 마리아를 만나셨을 때 그러셨지요. 내 아버지이자 너희의 아버지요 내 하느님이자 너희의 하느님이라는 표현을 쓰신 걸로 알고 있습니다. 그게 아마 요한복음에 기록돼 있을 겁니다.

한마디로, 고대도 말했지만, 눈을 뜨라는 거지. 눈을 떠서 네가 누구인지 너의 정체를 보라는 거라.

사람을 버리는 일이 없고

다음 구절로 넘어갈까요?

"시이是以로 성인聖人은 상선구인常善救人하여 고故로 무기인無棄人하고", 이러므로 성인은 언제나 사람을 잘 구하기 때문에 사람을 버리는 일이 없다, 이 말이야.

여기서 구인救人이란 사람을 구원한다는 뜻입니까?

선악간에 모든 사람을 가리지 않고 다 받아들인단 말이지. 그 누구도 이놈 몹쓸 놈이라 하여 버리거나 제외하지 않는다는 거라.

아하, 그게 그런 뜻이군요?

그리고, "상선구물常善救物하여 고故로 무기물無棄物하니", 언제나 모든 물物을 잘 구하여 그런 까닭에 물을 버리지 않으니, 성인에게는 좋은 물건 나쁜 물건이 따로 없어, 모든 물건이 쓸모가 있는 거라, 이건 쓸 만한 놈이요 저건 몹쓸 놈이요 이렇게 가려서 취사선택을 하지 않는다는 말이야, 언제나 모든 물건을 그 있어야 할 자리에 있게 하니까. 그게 곧 구물救物이지. 고로 물건을 버리는 일이 없으니, "시위습명是謂襲明"이라, 이를 일컬어 밝음(明)을 지니고 있다(襲)고 하느니라. 밝게 안다는 얘기야.

'지상知常'이란 말과 같은 뜻이군요.

같은 얘기지.

여기서 '구인救人'이니 '구물救物'이니 할 때, 그 말의 속뜻은 그러니까 사람이든 물건이든 이것저것 가리지 않고 모든 것을 다 받아들인다는 그런 말입니까?

그럼, 그게 다 '한 몸'이니까, 버릴 수가 없지. 석가가 깨닫고 났을 적에 뭐라고 말했는고 하니, "삼라만상森羅萬象이 실개성불悉皆成佛이라",

하늘과 땅에 가득찬 것들이 모두 부처를 이루었느니라, 이러셨단 말이야. 궁극에 가서는 선도 없고 악도 없고, 다 하나거든. 그러니까 뭐냐 하면 나눠져 있거나 떨어져 있거나 뭐 그런 게 없는 거지. 모든 사람 모든 물건이 부처와 하느님 아버지와 하나다 이 말이야. 모두가 내 몸인데 어느 걸 버릴 수 있느냔 말이야. 못 버리는 거라.

옳습니다. 그러니 우리가 저놈은 나쁜 놈이라고 쉽게 말하는데 그게 다 이미 자기 자신이 어떤 견해에 집착하고 있기 때문에, 그러니까 나 자신이 잘못돼 있기 때문에 그렇게 보이고 그렇게 말하는 것이라고 할 수 있겠군요.

그래서 선행善行은 무철적無轍迹이라고 하지 않았는가? 잘 행하는 사람은 자신의 행위 자체에 머물지 않는다는 말이야. 집착하지 않는 거라. 좋은 일을 하고도 내가 좋은 일을 했노라 하면 그게 곧 악이 되거든. 그러니까 참으로 일을 잘하는 사람은 자신의 행위에 집착하지 않는 그런 사람이지. 그렇게 됐을 적에 뭐냐 하면 그게 곧 道와 부처와 아버지와 한 몸으로 처신하는 거란 말이야.

방금 말씀을 들으면서 생각이 난 건데요, 이건 어떻게 봐야 합니까? 성경에 보면 어떤 부자 청년이 예수님한테 와서 어떻게 하면 구원을 받느냐고 물었을 때 재산을 모두 팔아 가난한 사람에게 주고 날 따라오라고 하시잖습니까? 그때 부자 청년은 재물이 많은 고로 근심하며 돌아가는데요, 예수님은 그를 쫓아가서 붙잡지 않고 버려두시거든요. 그냥 가게 둔단 말씀입니다. 물론 성경에 "그를 버렸다"는 구절이 명시된 것은 아닙니다만, 그건 어쨌든 무기인無棄人은 아니잖습니까?

글쎄, 과연 그럴까? 거기서 예수님은 철저히 무소주無所住의 모습을 보여주고 계신 거지. 어디에도 집착하지 않는 거라. 청년이 와서 길을 물으니 가르쳐주고 그가 떠나니 붙잡지를 않아. 무엇이 온다 해서 마중하지도 않고 무엇이 간다 해서 배웅하지도 않는, 그게 바로 "마음을 거울처럼 쓰라(用心若鏡)"는 장자의 가르침 아닌가? 사람을 버리지 않는다(無棄人)는 말은 사람을 가려서 포용하거나 배척하지 않고 모두 있는 그대로 응대한다는 뜻이니까, 예수님이 그 청년을 버리신 건 아니지. 그가 돌아가는 것을 그냥 두었을 뿐인 거라. 그게, 바로 그게, 사실은 그를 '버리지 않은' 행위 아닐까? 그리고 그 청년의 재물에 대한 집착 있잖아? 그건 누가 억지로 해서 끊어줄 수 있는 게 아니거든. 제가 스스로 깨닫고 나와야지. 안 그래? 예수님도 그를 억지로 붙잡아 재물에 대한 집착을 끊게 할 수는 없는 거라. 줄탁동시啐啄同時라는 말이 있어. 병아리가 알에서 나올 때에 그 삐약거리는 소리를 듣고 에미가 껍질을 부리로 쪼아서 깨주는데 그게 말이지, 서로 때가 맞아야 한다는 뜻이야. 조금 미리 쪼아도 안 되고 조금 늦게 쪼아도 안 되고 그런 거지. 깨달음에 도달하는 것도 마찬가지라. 선방에서 스승과 제자가 만나는데 스승이 척 봐서 제자가 뭘 좀 알아들을 만해졌을 때 비로소 한 마디 해주거든. 아직 그만한 경지에 이르지 못했다 싶으면, 가서 나무나 해, 또는 더 있다가 와, 공부 더 해, 그러잖는가?

그렇지요. 그게 이제 잘못 보면 사람을 버리는 것으로 볼 수도 있는 거군요. 사실은 버리는 게 아닌데요.

아니지. 그렇게 볼 수 없지.

그렇다면 결국, 예수님이 부자 청년을 버린 것이라고 보았던 저의 '관점'이 문제였군요.

상대적이고 이분법적인 관념에 갇혀서 나는 나, 너는 너로 보면 예수님이 사람을 버린 것으로 보이겠지.

아하, 이제 그간의 수수께끼가 좀 풀리는 듯합니다. 그런데, 여기서 물物과 인人을 나누어 따로 말한 까닭은 무엇일까요?

물과 인

흔히들 사물과 사람을 따로 얘기하니까 거기에 맞추어서 물物과 인人을 따로 언급한 것 아니겠나? 그러나 사실은 물아일체라, 사물과 사람이 별개의 존재가 아니니까 결국 같은 말씀을 되풀이한 거라고 봐야겠지. 그러니까 무기인無棄人과 무기물無棄物을 따로 언급한 것은 오히려 역설적으로 이 둘이 하나라는 사실을 암시하고 있는 거라. 주어가 동일한 성인 아닌가? 그런데 말이지, 오늘날의 산업 문명이란 게 물物과 인人을 별개의 것으로 생각해서 사람이 물건을 제 맘대로 쓰고 제 맘대로 버릴 수 있다는 착각에 바탕한 문명이거든. 그러니 죄악을 저질러도 아주 엄청난 범죄를 짓는 거라. 크게 잘못 가고 있는 거지.

큰 착각에 뿌리박은 위태로운 문명이지요.

그래. 바로 그거야. 이 '물건'이 이게 바로 내 몸이요, 나요, 내 아버지께서 이 속에 계시다고 생각한다면 소중하게 다루고 알뜰하게 다루고 그러지 않겠나? 열대림이 바로 내 몸 밖에 있는 허파라는 사실을 제대로 안다면 어떻게 저토록 무자비한 벌목을 할 수 있겠어?

옳으신 말씀입니다. 언젠가 말씀드린 기억이 납니다만 한번은 문득 입고 있는 제 옷과 제 몸이 서로 다를 게 없다는 생각이 들더군요. 모직은 양털로 만든 것이니까 이렇게 옷감으로 바뀌기 전에는 양이었을 테고요, 그 양이나 저나 하느님이 주시는 생명을 받아 사는 점에서는 똑같으니까 결국 제가 입고 있는 옷이나 제 몸이나 그분 안에서 '하나'라는 느낌이 들어서 옷깃을 만지며 과연 인간은 이 세상의 그 어떤 사물 하나도 가벼이 다룰 수 없는 존재구나 생각했지요. 그 모든 사물이 하느님 없이는 존재할 수 없는, 하느님이 그 속에 내재하시지 않고는 있을 수 없는 그런 것이니까요. 제가 이런 이야기를 하면 좀 안다는 친구들은 대번에, 그건 범신론汎神論에 빠질 위험이 있다고 경고하지요. 그러면 저는 이렇게 대꾸합니다. 범신론이든 범재신론凡在神論이든 나처럼 만물이 나와 한 몸이요 하느님이 나와 물物 속에 함께 계신다고 믿는 것이 미신이라면, 좋다, 저 유일신론을 뽐내며 만물을 제 소유물처럼 여기고 끝없는 탐욕으로 능멸하는 잘못된 기독교 신앙보다는 차라리 미신을 나는 택하겠다고요.

그래, 그렇게 되면 저절로 무기물이 되는 거지.

그렇지요. 그래서 사람이나 물건을 버리지 않는 것이, 자기 견해에 집착해서 취하거나 버리거나 하지 않는 것이, 그러고 보니 '버린다' 는 말에는 '못쓰게 한다' 는 뜻도 있군요, 그것이 곧 '습명襲明' 이라, 밝음을 지니는 것이라는 말이지요?

도리에 대해서 아주 밝다 이 말이지.

"상常을 아는 것이 곧 명明이라(知常曰明)" 라고 했지요.

그래, 모든 것이 근원으로 돌아가는데, 그걸 상常이라 또는 실재라 하는데, 그걸 아는 것이 곧 밝은 깨달음이라는 말이야.

세상에 버릴 사람이 없어

이 장은 결국 무위로써 행하는 것(爲無爲)이 무엇인지, 어떤 건지를 얘기해 주고 있다고 봐야겠지.

무위로써 행하면 그게 '선행善行'이고 무위로써 말하면 '선언善言'이고 무위로써 잠그면 '선폐善閉'요 무위로써 묶으면 '선결善結'이 된다는, 그런 얘기로군요.

그렇지. "고故로 선인자善人者는 불선인지사不善人之師요" 그러므로 잘하는 자는 잘하지 못하는 자의 스승이요, "불선인자不善人者는 선인지자善人之資니" 잘하지 못하는 자는 잘하는 자에게 도움이 되나니, "불귀기사不貴其師하고 불애기자不愛其資면" 그 스승을 귀하게 여기지 않고 도움이 되는 자를 사랑하지 않으면, 어여삐 보지 않으면, "수지雖智나 대미大迷니" 비록 안다고 하나 크게 헛갈린 것이니, "시위요묘是謂要妙라 하느니라" 이를 일컬어 무위자연의 진리라, 무위자연의 道라 하느니라.

잘하는 자가 잘못하는 자의 스승이 된다는 말은 알겠는데요, 잘못하는 자가 잘하는 자에게 도움(資)이 된다는 말은 무슨 뜻입니까?

잘하는 사람, 착한 사람이 잘하지 못하는 사람, 착하지 않은 사람을 보고 나는 저러지 말아야겠다고 자신을 돌아보는 바탕(資)으로 삼는다는 얘기지. 그게 바로 모택동이 말하는 '반면교사反面教師' 아닌가? 도리에 어긋난 길을 걷는 사람을 보고는 나는 저러지 말아야겠다고, 말하자면 거꾸로 배우는 거라. 그러면 결국 그 사람의 도움을 받는 것 아니겠어?

그러면 결국 잘못하는 자도 잘하는 자의 스승(師)이 되는 거군요?

그렇지. 스승으로 삼는 거야. 그러니 버릴 게 어디 있느냔 말일세.

잘못하는 자가 잘하는 자의 '반면교사'라면 잘하는 자는 잘못하는 자의 '정면교사正面教師'가 되는 건가요?

그래. 정면교사가 되는 거지. 그러니 모두가 다 '스승'이 되는 거라. 이 말씀은 요즘같이 이분법적 사고가 판을 치는 세상에서는 참으로 알아듣기 힘든 엄청난 지혜를 담고 있는 말씀이구먼. 대개가 뭐냐 하면, 옳지 못하다고 판명되는 순간 서슴없이 버리잖는가? 그런데 사실인즉 세상에 버릴 것이 없다는 진리를 시방 여기서 아주 간명하게 말해주고 있구먼. 예수님께서도 수고하고 무거운 멍에를 진 자는 모두 나에게 오라고, 내가 쉬게 해주겠다고 그러시잖는가? 선이니 악이니 하고 나누며 가르는 그런 품을 가지고는 그렇게 말할 수가 없는 거지.

그렇지요. 세상에 멍에를 지지 않은 자는 없으니까요. 따라서 그 말씀은 누구든지 나에게 오겠으면 오라는, 나는 그가 누구든 상관없이 받아들일 수 있다는, 그런 얘긴데…… 그러니까 여기서 "스승을 귀하게 여기고(貴其師) 도움되는 자를 사랑하라(愛其資)"는 말씀은 결국 두 가지를 따로 얘기한 게 아니라 모든 사람을 귀하게 여기고 사랑하라는 말씀으로 읽어야겠군요?

그런 말이지.

그러지를 않으면, 비록 안다고 하나 크게 헛갈리는(雖智大迷) 것이란 얘기고요.

여기 안다는 것, '수지雖智'의 지智는 상대성 속에서의 일면적인 지식을 가리키는 말이야.

이를 일컬어 요묘要妙라 한다?

무위자연의 진리, 무위자연의 道라 한다는 그런 말이지.

28장
영화로움을 알면서 욕됨을 지키면

수(雄)를 알면서 암(雌)을 지키면 천하의 시냇물이 되니 천하의 시냇물이 되면 한결같은 德과 떨어지지 않아 이는 젖먹이로 돌아감과 같다. 밝음을 알면서 어둠을 지키면 천하의 법도가 되니 천하의 법도가 되면 한결같은 德에 어긋나지 않아 이는 무극無極으로 돌아감과 같다. 영화로움을 알면서 욕됨을 지키면 천하의 골짜기가 되니 천하의 골짜기가 되면 한결같은 德을 갖추어 모자람이 없어서 이는 다듬지 않은 통나무로 돌아감과 같다. 통나무를 쪼개면 그릇이 되는데 성인은 이를 써서 백관百官의 머리가 된다. 그러므로 큰 만듦은 쪼개지 않는다.

知其雄, 守其雌, 爲天下谿, 爲天下谿, 常德不離, 復歸於嬰兒. 知其白, 守其黑, 爲天下式, 爲天下式, 常德不忒, 復歸於無極. 知其榮, 守其辱, 爲天下谷, 爲天下谷, 常德乃足, 復歸於樸. 樸散則爲器, 聖人用之則爲官長. 故大制不割.

수(雄)를 알면서 암(雌)을 지켜

이 장은 제가 한번 읽어볼까요? "지기웅知其雄하고 수기자守其雌하면 위천하계爲天下谿니 위천하계爲天下谿면 상덕불리常德不離하여 복귀어영아復歸於嬰兒니라. 지기백知其白하고 수기흑守其黑하면 위천하식爲天下式이니 위천하식爲天下式이면 상덕불특常德不忒하여 복귀어무극復歸於無極이니라. 지기영知其榮하고 수기욕守其辱하면 위천하곡爲天下谷이니 위천하곡爲天下谷이면 상덕내족常德乃足하여 복귀어박復歸於樸이니라. 박산樸散이면 즉위기則爲器니 성인聖人이 용지用之면 즉위관장則爲官長이니라. 고故로 대제大制는 불할不割이니라." 옳게 읽었습니까?

그래.

그럼, 첫 대목부터 다시 읽어주시지요.

"지기웅知其雄하고 수기자守其雌하면" 수(雄)를 알면서도, 그러니까 여기서는 억세고 용감하고 뭐 그런 등등을 알면서도 암(雌)을 지키면, 부드럽고 겸손하고 여성다운 그런 것들을 지키면 말이지, 그러면 "위천하계爲天下谿니" 천하의 시내가 되나니, "위천하계爲天下谿면 상덕불리常德不離하여" 천하의 시내가 되면 언제나 한결같고 참다운 德에서 떨어지지 아니하여 어린 젖먹이로 돌아가는 것과 같다, 이 말이야. 뭘 잘 모르고 연약하고 그렇게 보이지만 그러나 생명이 충일한 그런 상태로 돌아가는 것이라는 얘기지.

여기서 '웅雄'과 '자雌'는 서로 대對가 되겠는데요, 무엇을 가리키는 말일까요?

'웅雄'이란 공격적이고 억세고 그런 거니까 살생의 카테고리가 거기에 속해 있다고 한다면 '자雌'는 모든 것을 포용하여 재생시키는 그런 바탕이라고 할까? 뭐 그런 거겠지.

자雌와 웅雄이 서로 떨어져 있는 별개의 것은 아니잖습니까?

그렇지.

그러면 같은 것의 다른 모습이라고 할 수 있는 겁니까?

말로 하자면 그렇게 해야겠지. 겉으로 나타나는 모습에서, 행위에서, 달라지는 거라고 할까?

다음 구절로 넘어갈까요?

천하의 골짜기를 이루면

"지기백知其白하고 수기흑守其黑하면 위천하식爲天下式이니 위천하식爲天下式이면 상덕불특常德不忒하여 복귀어무극復歸於無極이니라." 밝고 슬기로운 것을 알면서 어둡고 어리숙한 것을 지키면 천하의 법도가 되나니 천하의 법도가 되면, 천하의 법도를 그대로 행하면, 참되고 한결같은 德에 어긋남이 없어서 이것이 뭐냐 하면 무극無極으로 돌아가는 것이라. "지기영知其榮하고 수기욕守其辱하면" 부귀영화를 모르는 바 아니로되 비천하고 낮은 자리에 처하면, "위천하곡爲天下谷이니" 천하의 골짜기를 이룸이니, "위천하곡爲天下谷이면 상덕내족常德乃足하여 복귀어박復歸於樸이니라" 천하의 골짜기를 이루면 한결같이 참된 德을 갖추어 모자라지 않으니 이는 다듬어지지 않은 천연天然 그대로의 모습으로 되돌아가는 것이다, 이 말이야. "박산즉위기樸散則爲器니" 통나무를 쪼개면 그릇이 되는데, 연장이 되는 것인데, "성인聖人이 용지用之하여 즉위관장則爲官長이니라." 성인이 그 '박樸'을 사용하여, 쪼개거나 다듬지 않는 천연의 큰 것을 그대로 사용하여, 백관百官의 어른이 되느니라. 그러니까 군주가 된다는 얘기지. 임금이 되느니라, 이 말일세. "고故로 대제大制는 불할不割이니라" 위대한 제작은 말이지, 크게 뭘 한다는 것은 그것은 쪼개지 않느니라, 나누지 않느니라.

아하, 그러니까 우리가 흔히 자웅雌雄, 흑백黑白, 영욕榮辱 따위를 나누지 않습니까? 그런데 이런 것들을 나누지 않고 하나로 간직하고 하나로 행하고, 여기서는 그걸 얘기하는 거로군요.

통나무

그렇지. 세상 사람들은 대개 웅雄이니 백白이니 영榮이니, 이런 것들만 존중하거든.

그런 것들을 더 쳐주지요.

그래, 더 쳐주지. 그런데 그것들이 다 뭔가? 그게 다 '기器'란 말씀이야. 쪼개서 만든 그릇이란 말이지. 오늘 우리의 문명이라는 게 그러고 있지 않는가? 큰 것을 버리고 잔 것만 즐겨하는 거라. 하느님의 道에 서서 하느님과 함께하면 말이지 우주 전체가 나와 함께 돌아가게 돼 있는데, 그게 곧 '박樸'인데, 그런데 이거를 뭐냐 하면 전부 쪼개서 이용하려고만 하니까……

그게 '기器'지요.

기器지. 그릇이 되는 거라. 그런데 공자님은 "군자君子는 불기不器라" 했거든. 군자는 그릇이 아니라는 얘긴데 그릇을 택하지 않는다는 뜻이지. 군자는 그릇을 택하지 않아. 道를 택하기 때문에.

'박樸'을 택한다, 이거죠?

그래, 박樸에 처하는 거지. 모든 것의 원초가 되는 근원 바탕에 처한다, 이 말이야.

종교인이라는 사람들이 흔히 천국이나 극락 따위만 생각하여 이 세상을 버려야 할 더러운 곳으로 알고 또 그렇게 가르치는데 그게 바로 큰 착각이지요. 불가에서도 중생시불衆生是佛이니 번뇌가 곧 해탈이니 하고 가르치는 게 결국 이 착각을 깨치려는 것 아니겠습니까? 그 어느 것도 버릴 바가 아니라는 얘기지요.

그래. 원초적인 것, 구분하여 나눠지지 않는 것, 그 무엇으로도 나눌 수 없는 것, 그것을 한마디로 표현한 게 바로 이 '통나무 박樸' 이지. 그런데 오늘의 교육은 말이야, 죄다 그놈이 이용 가치가 있느냐는 걸 중심으로 해서 돌아가니까, 모든 것을 잔챙이 그릇으로 만들어버리니까, 그러니까 맨날 아이들을 경쟁의 소용돌이 속에 몰아넣는 거라.

그렇다고 해서 '그릇' 이 소용없다고 말할 수는 없는 것 아닙니까?

그렇게 말하자는 건 아니지. 필요한데, 그 필요한 것만 좇다보니까 사리私利를 도모하기 위해서 하느님의 대용大用에 적응하지 않는다는 걸 여기서는 지적하고 있는 거라.

개울로 흐르는 바다

그 하느님의 대용大用에 적응하는 모습을 여기서는 영아嬰兒라든가 무극無極이라든가 박樸이라는 단어에서 찾아보자는 거겠지요? 모두가 그리로 돌아갈, 말하자면 귀의처歸依處지요.

그렇지.

이 대목의 비유가 참 근사하다고 생각됩니다. 웅雄을 알면서 자雌를 지키면 천하의 시냇물이 되어 한결같은 德을 떠나지 않고 그래서 결국 젖먹이로 돌아간다고 했는데요, 모든 시냇물이 도달하는 곳은 바다 아닙니까? 그러니까 바다를 젖먹이로 표현한 셈이거든요. 사람의 인생이 젖먹이로부터 시작되는 것이라고 본다면, 그게 곧 원초적인 근원이겠는데, 사람이 다시 젖먹이로 돌아간다는 거니까, 결국 시냇물이 바다로 흐른다고 말하는 것과 동시에 바다가 개울로 흐르는 것이라고도 말해야 하는 게 아닌가 생각되는군요.

그래, 옳은 발상이야. 그렇게 봐야지. 시냇물은 어디에서 오는가? 바다에서 온다고 봐야지. 거기가 근원이거든.

바다에서 왔다가 바다로 가는 거지요.

그렇지. 또 바다는 그럼 어디서 오느냐? 시냇물에서 오지.

그렇지요. 시냇물에서 왔다가 시냇물로 가지요.

바로 그 얘기야.

옳습니다. 시냇물과 바다를 나누어 다른 별개의 것으로 보는 것이 곧 이 시대 문명인을 자처하는 자들의 안목 아니겠습니까? 문자 그대로, 수지雖智나 대미大迷지요. 웅雄이니 백白이니 영榮이니를 선호하는 자세도 같은 착각에서 나온 것이겠지요. 사실은 그런 것들 자체가 자雌, 흑黑, 욕辱에서 나오는 건데요. 바다가 시냇물에서 나오고 시냇물이 바다에서 나오듯이 말입니다.

웅雄을 알고 자雌를 지킨다는 게, 그게 요즘 말하는 전일적 삶의 태도지. 욕辱 없는 영榮 없고 흑黑 없는 백白 없거든. 암컷 없는 수컷이 어디 있는가? 그러니까 영화를 모르는 바 아니나 동시에 욕된 자리에 처할 줄도 안다는 것은 언제나 근원에 서 있는 자의 모습인 거라.

결국 이 장의 요점은 수기자守其雌, 수기흑守其黑, 수기욕守其辱의 자세를 갖추라는 것이라고 볼 수 있겠군요.

그렇지. 그게 바로 뭐냐 하면 통일적으로 보는 안목이요 전일적으로 사는 처신이지.

그러나 자칫 잘못 생각하여 웅雄을 버리고 백白을 버리고 영榮을 버리고 그리고 이쪽만 택한다면 그것 또한 불가의 말로 변견邊見 아니겠습니까? 그래서는 안 되겠지요.

안 되지. 한쪽에 집착하는 것은 곧 다른 쪽을 버리는 것이고 저쪽을 버리는 것은 이쪽을 버리는 거니까. 그러나 사람들이 흔히 영榮과 백白을 선호하니까, 그러니까 수기욕守其辱과 수기흑守其黑을 강조한다면 강조하는 거지.

하느님이 가난한 자를 편드신다는 말도 그렇게 알아들어야겠군요.

예수님이 바로 수기욕守其辱의 화신 아니신가? 천상의 그 모든 영화를 다 아시면서 말이지, 지상의 온갖 욕을 한 몸에 지고 가거든. 그게 다 언제나 道에 서서 처신하기 때문에 가능한 거라.

옳습니다. 그분이야말로 상덕불리常德不離요 상덕불특常德不忒이요 상덕내족常德乃足하신 분인데, 德이 道의 표출이라고 한다면 결국 그분이 언제나 道에, 아버지의 명에, '나를 보내신 이' 의 말씀에 서서 살아가셨기 때문에 그럴 수 있었다고 봐야겠지요.

자연 그대로 놔둔다

여기 결구에서 "대제大制는 불할不割이라" 고 했는데요, '제制' 를 '만드는 것' 으로 말씀하셨던가요?

제작한다는 뜻과 같아.

그건 나눌 수 없다는 말인가요?

나누지 않는다, 자연 그대로 놔둔다 이 말이야. 공자의 "군자君子는 불기不器"라는 말이 바로 그 말이지. 군자는 그릇이 되지 않는다는 거라. 그릇이 되면 부림을 받거든.

그렇지만, 공자님도 나라에 부림을 받으려고 천하를 떠돌아다닌 것 아닙니까?

흔히 그렇게 말하는데 그분이 무슨 벼슬을 하려고 주유천하周遊天下하신 것은 아니지. 군주들에게 道를 가르쳐주려고, 임금의 선생이 되기 위해서, 자기 이상을 실현해 보려고 돌아다니신 거라. 그분의 주유천하 사십년周遊天下四十年이 어떤 군주 아래에서 그의 부림을 받으려고, 무슨 그릇이 되려고 보낸 세월은 아니었지. 그렇다고 해서 또 누굴 부려보려던 것도 아니고. 그러니까 그분의 주유천하는 사람을 부리거나 부림을 받거나 하는 그런 차원에서 이루어진 것이 아니라고 봐야지. 그분 스스로 누군가의 그릇(器)이 되려던 것은 결코 아니야. 다만 인仁의 道를 임금에게 가르쳐 천하를 바로 세워보려던 것이었는데, 그런데 그의 가르침을 들으려고 한 군주가 없더라는 얘기지.

그건 당시 임금들의 됨됨이가 그분의 가르침을 받아들일 만하지 못했다는 것 아닙니까?

그렇지. 그렇게 봐야겠지.

그렇다면, 그런 임금들을 어떻게든 설득해 당신의 가르침을 듣게끔 하려고 무슨 수를 쓰는 대신 그냥 들어줄 만한 자를 찾아 천하를 주유周遊했다는 사실 자체도 재미있군요. 아무리 좋은 일도 억지로는 하지 않는다는 삶의 자세라 할까, 삶의 원칙이라 할까 그런 부분을 보여주니까요. 그런데 한편, 공자의 사상이라는 것이 그렇게 주유천하를 하면서 만들어지고 더욱 깊어진 건 아닌가, 그런 생각이 들기도 하는군요.

물론! 자고 깨면 새로워지는 게 사람이라는 말도 하지 않는가? 날마다 새로워져야 한다, 이거야. 그게 곧 道를 닦는 사람의 기본 자세니까. 그러니까 공자께서도 천하를 떠돌아다니면서 보고 듣고 한 모든 것을 제자들과 함께 이야기하면서 거기서 날마다 배우고 익힌 게 있으셨겠지. 그러나 그렇게 배움의 길에 날마다 새로워지면서도 그분이 세상을 떠돌아다니신 것이 무슨 벼슬자리나 하나 얻어서 어떤 임금의 그릇이 되어 부림을 받으려던 것은 아니었다는 얘길 시방 하고 있는 걸세.

바로 그게 오늘 예수의 제자를 자처하는 자들이 갖추어야 할 기본 자세요 마음가짐 아니겠습니까?

그렇지. 바로 그거야.

……

선생님, 가슴이 아프군요. 그저 어찌됐든 이 세상에서 큰 그릇이 되라고, 크게 쓰임을 받으라고, 그런 말만 하면서 살아왔어요. 기독교가 너무나도 사람을 잘못 가르치고 있다는 생각이 듭니다. 모든 '기器'가 '박樸'에서 나오는 건데, 그릇의 바탕인 통나무는 까맣게 잊고, 아버지 하느님은 그저 입술에다 매달고 다니기만 하고, 온통 마음과 몸은 쓰임받는 자리 그러니까 어떤 직책을 맡느냐에만 쏟고 있으니 이래 가지고서야 어떻게 하늘의 道를 이 땅에 펼 수 있겠습니까?

그 모두가 통나무와 그릇이 둘이 아니라 하나라는 점을 보지 못하는 데서 오는 결과 아니겠나? 이토록 완강한 이분법을 그냥 두고서는 오늘의 인간을, 세상을 구원할 길이 없을 걸세. 어서 눈을 떠야 해.

29장
억지로 하는 자는 실패하고

천하를 손에 넣고자 하여 애를 쓰는 자가 있는데 나는 그가 천하를 손에 넣지 못하는 것을 보았을 따름이다. 천하는 신령스런 그릇이니 사람이 어떻게 할 수가 없는 것이다. 억지로 하는 자는 실패하고 움켜잡는 자는 잃는다. 무릇 사물이란 앞서가는 게 있는가 하면 뒤따라가는 게 있고 약하게 불어서 따뜻하게 하는가 하면 세게 불어서 차게 하기도 하고 어떤 것은 강하여 힘이 세고 어떤 것은 여려서 힘이 없고 위로 실려지는가 하면 아래로 허물어져 떨어지기도 한다. 이러므로 성인은 지나침을 버리고 사치스러움을 버리며 교만함을 버린다.

將欲取天下而爲之, 吾見其不得已. 天下神器, 不可爲也. 爲者敗之, 執者失之. 凡物或行或隨, 或呴或吹, 或强或羸, 或載或隳 . 是以聖人去甚, 去奢, 去泰.

얻었으되 얻은 바가 없어

"장욕취천하將欲取天下하여 이위지而爲之를 오견기부득이吾見其不得已니라", 장차 천하를 손에 넣고자 하여 애쓰는 자가 있는데 나는 그가 천하를 손에 넣지 못하는 것을 보았을 따름이다. "천하天下는 신기神器니 불가위야不可爲也니라", 천하는 신령스런 그릇이므로 사람이 어찌할 수 있는 게 아니다. "위자爲者는 패지敗之요 집자執者는 실지失之니라", 억지로 하는 자는 실패하고 움켜잡는 자는 잃어버린다. "범물凡物은 혹행혹수或行或隨하고" 무릇 사물이란 앞서 가는 게 있는가 하면 뒤따라가는 게 있고, "혹구혹취或呴或吹하며" 호호 불어서 따뜻하게 하는가 하면 후후 불어서 차게 하기도 하며, 여기 앞의 '구呴'는 입김을 약하게 불어서 따뜻하게 할 때 그 부는 모양을 가리키고 '취吹'는 반대로 차게 하려고 세게 부는 모양을 가리키지.

'범물凡物'이 자연을 말한다고 봐도 되겠지요?

그렇게 봐도 좋겠지. 모든 일이라든가 만물이라는 게 다 그렇다는 말이니까. "혹강혹리或强或羸하고" 어떤 것은 강하여 힘이 세고 어떤 것은 여려서 힘이 없고, "혹재혹휴或載或隳니라" 위로 실려지는가 하면 무너져 허물어지기도 한다. "시이是以로 성인聖人은 거심去甚하고 거사去奢하며 거태去泰하느니라", 이러므로 성인은 지나친 것을 버리고 호사스러움을 버리며 교만함을 버린다, 이런 말이구먼.

첫 구절은 천하를 얻고자 하여 인위적으로 어떤 노력을 기울이는 자들이 있는데 그런 자들이 천하를 얻는 것을 나는 보지 못했노라는 말이 되겠습니까?

그래.

그러나 역사가들은 진시황이나 나폴레옹이 천하를 취했다고 말하지 않습니까?

예나 이제나 패도覇道에 의해서 세상을 손에 넣었다는 말을 하기는 하지만 여기서 노자가 말하는 '천하'는 그런 의미가 아닌 진정한 천하라 할까 뭐 그런 거라고 봐야겠지.

그래야 말이 되겠지요.

진실로 자연과 만백성과 분리되지 않고 모든 백성을 다스려나간다는 것은, 그것은 욕심을 내어 억지로 애쓴다고 해서 되는 게 아니라는 애기를 시방 하고 있는 걸세. 욕심을 내어 손에 억지로 천하를 넣는다 해도 결국은 얼마 못 가서 잃어버리고 말지 않는가?

이 말을 둘러서, 요순 같은 분들은 천하를 손에 넣을 욕심이 없었고 그러니까 당연히 천하를 잡으려고 애쓰지도 않았고 그래서 결국 천하를 얻었다는 말로 바꿔도 되겠습니까?

천하가 자기 몸이니, 가지고 말고 할 것도 없잖아? 가지려 하는 바가 없어. 왜? 천하가 자기와 한 몸이니까. 그러니까 그런 사람이 다스리면 그 다스림 자체가 자연스럽지. 가려우면 긁고 답답하면 심호흡으로 내뿜고 뭐 그런 거니까, 억지로 무엇을 손에 넣겠다는 자들과는 근본적으로 바탕이 다른 거라.

그렇다면 선생님, 우리가 성인이라고 부르는 분들은 천하와 당신이 한 몸이라는 사실을 깨달은 분들이고 바로 그 깨달음에 바탕을 두고 처신하신 분들 아니겠습니까? 그래서, 그래서 말하자면 그분들은 여기 말대로 취천하取天下를 하신 것이라고 볼 수 있겠군요?

천지가 내 몸인데 따로 무엇을 구하겠느냐(天地如己 何事求矣)는 말이 있어. 그런 경지에 드신 분들이라고 봐야겠지. 반대로 세상 사람들은 뭘 자꾸 얻고자 애쓰는데 세상이라는 게 그렇게 얻으려 애쓴다 해서 얻어지는 건 아니거든. 사실은 오히려 그 반대지. 가지려고 하는 자는 잃어버리게 되고……

성경에도 버리는 자는 얻는다고 했지요.

버리면 얻는다는 말은, 뭘 가지려고 하지를 않으니까 자연스레 뭐냐 하면 천하와 하나가 되는 건데, 그걸 굳이 말로 표현하자니 얻는다고 한 거지.

사실 그쯤 되면 얻었다는 의식도 없지요.

없지! 바로 그 얘길세!

『금강경』에 세존이 수보리에게 묻기를 "아라한이 스스로 생각하기를 '아라한 내가 道를 얻었다'고 한다면 이는 곧 아상我相, 인상人相, 중생상衆生相, 수자상壽者相에 집착한 것입니다" 이러지요.

가졌으되 가지지 않았고 얻었으되 얻은 바가 없는 거라. 예수님이 빌라도 앞에 섰을 때, 빌라도가 너희 나라는 어떤 나라냐고 물으니까 예수님 대답이 내 나라는 너희 나라와 다르다고 하시잖는가? 바로 그때 말씀하신 '내 나라'가 시방 여기서 노자가 말하는 일체와 하나 되는 그런 나라 아니겠어?

그걸 예수님 말씀으로 하면, 아버지와 하나인 나라, 아버지의 뜻이 에누리없이 이루어지는 그런 나라겠지요.

물론, 그렇지. 일체가 분리되지 않는 그런 나라지. 아버지께서 모든 데 다 계시니까, 무소부재無所不在 아니신가? 그 나라에서는 일체의 차별심이 용납되지를 않는 거라.

천하는 아버지의 그릇

"천하天下는 신기神器니" 천하는 신령한 그릇이니, "불가위야不可爲也라" 사람이 어찌할 수 없다, 이런 말인가요?

그래. 세상의 온갖 것은 말이지, 道를 좇아서 되는 거지 사람의 뜻에 따라서 돌아가는 것은 아니라는 얘길세.

천하가 신기神器라는 말이, 예수님께서 제자들에게 하늘을 두고 땅을 두고 맹세하지 말라고 하시면서 하늘은 하느님의 옥좌요 땅은 하느님의 발판이라고 하셨는데요 그 말씀의 뜻과 통한다고 볼 수 있잖겠습니까? 온 세상이 하느님의 것인데 사람이 어떻게 하늘과 땅을 두고 무엇을 맹세할 수 있겠느냐는 말씀이거든요. 나아가서는 인간의 몸을 두고도 맹세하지 말라는 겁니다. 머리카락 하나 제 마음대로 못하는 게, 그게 인간 아닙니까?

그렇지. 자연의 道라는 게 인간의 생각대로 돌아가 주지는 않는 것이니까.

여기서 그릇(器)이라는 이미지를 사용한 게 재미있네요. 그릇이란 뭘 담는 것 아닙니까? 노자는 천하가 道를 담고 있는 그릇과 같다고 보고, 그 道는 만질 수도 느낄 수도 볼 수도 없는 것이니 신神이라는 문자를 써서 신기神器라고 표현한 거겠지요. 기독교의 말로 하면 하느님이 담겨진 그릇이라고 하겠구요. 그런데 그걸 사람이 어떻게 좌지우지할 수 있겠느냐는 그런 얘기 아니겠어요?

그리고, 여기 '불가위야不可爲也' 할 때의 '위爲'는 '무위無爲'의 반대로 읽어야겠지요?

그렇지. 인위요 작위지. 그러므로 "위자爲者는 패지敗之하고 집자執者는 실지失之니라", 인위로써 하는 자는 반드시 실패하고……

'패敗'가 여기서는 싸움에 진다는 뜻인가요?

뭐 그런 뜻도 있고 무너진다는 뜻도 있고, 이루어놓은 것은 반드시 무너지거든, 그리고 잡으면 반드시 놓게 돼 있단 말이야. "집자執者는 실지失之니라." 그러니까 애쓴다고 해서 되는 것도 아니고 가진다고 해서 가져지는 것도 아니라는 얘길세. 애써서 무엇을 이루었다 해도 그것은 반드시 허물어지게 돼 있고 가지려고 해서 뭔가 소유했다 해도 반드시 놓게 돼 있으니까. 그게 왜 그런고 하니 천하가 道의, 아버지의 그릇이기 때문이지.

지나침과 사치와 교만을 버림

"범물凡物은 혹행혹수或行或隨하고 혹구혹취或呴或吹하며 혹강혹리或强或羸하고 혹재혹휴或載或隳하니" 무릇 사물이란 앞서기도 하고 뒤따르기도 하며 약하게 불어서 따뜻하게 하는가 하면 세게 불어서 차게 하기도 하고 어떤 것은 강하여 굳세고 어떤 것은 여려서 힘이 없으며 실리기도 하고 떨어지기도 하는 것이니, "시이是以로 성인聖人은 거심去甚하고 거사去奢하고 거태去泰하느니라" 이러므로 성인은 너무한 것을 버리고 사치스런 것을 버리며 교만한 것을 버리느니라.

왜 하필이면 여기서 심甚과 사奢와 태泰를 열거했을까요?

그것들이 모두 감정의 극단의 것들 아닌가? 극단의 것이란 너와 나를 가르는, 이것과 저것을 가르는, 상대적인 세계에서만 가능하지 통일된 전일의 세계에서는, 절대의 세계에서는 있을 수 없는 거라. 도대체 누구에 대해 교만하냐, 무엇에 대해서 너무하냐, 누구에 대해서 무엇 때문에 사치를 부리느냐 이 말이야. 그런 것은 모두 감정의 쾌불쾌快不快나 상대방에 견주는 우열의 관계 따위에서 오는 거니까, 그런 짓을 성인은 하지 않는다는 말이지.

26장이던가요? "수유영관雖有榮觀이나 연처초연燕處超然이라"고 영화를 눈앞에 보고 있으면서도 그런 것에 끄달리지 않는다면 그럴 수 있겠지요. 하긴 보여주고 싶은 상대가 없는데 무엇 때문에 사치를 부리겠습니까?

그런 거지.

맞습니다. 교만한 것도 앞에 누가 있으니까 교만을 부리는 거죠. 저 혼자 있으면서 교만을 부리는 수는 없으니까요. 여기 '심甚'은 극단을 뜻합니까?

그래. 끝까지 가는 거지. 아니, 어쩌면 극단을 넘는다는 뜻으로 봐야겠군. 뭐가 너무하면 심하다고 하잖는가?

넘치는 것은 그게 무엇이든 좋지 못한 것이지요. 공자께서도 "과유불급過猶不及"이라, 넘치는 것은 모자라는 것과 다를 바 없다고 하시지 않았습니까? 말이 나왔으니 드리는 말씀입니다만, 요즘 사람들 넘치고 지나친 것을 문자 그대로 지나치게 좋아해서 그런지 '너무'라는 말을 너무 많이 쓰더군요. 아예 방송에서도 공공연히 쓰고 있으니까요. "이번에 우리가 마라톤에서 우승했습니다, 기분이 어떻습니까?" "너무너무 좋은 거 있지요?" "이 음식 맛이 어때요?" "너무너무 맛있어요", 이런 식입니다. 너무너무 슬퍼요, 너무너무 상쾌해요…… 우리 말법에 본디 '너무'라는 부사가 붙으면 나쁘다는 의미가 되거든요. '너무 달다' 하면 먹을 수 없을 정도로 달다는 뜻 아닙니까? '너무 길다'고 하면 길어서 못 쓰겠다는 뜻이고 '너무 짧다'는 반대로 짧아서 나쁘다는 뜻이구요. 이렇게 말이 병든 것도 지나친 것, 심한 것, 넘치는 것을 좋아하는 마음의 병 때문에 생긴 증상이겠지요. 그런데 "道를 모시고 사는 자는 가득 채우려고 하지 않는다(保此道者不可盈)"라고 했거든요. 그게 곧 '거심去甚' 아닙니까?

옳은 얘기여. 요즘 사람들, 참 말을 심하게 하긴 하더군. 아주 극단적인 말을 많이 해. 그건 이른바 성직자라는 분들도 예외가 아니더라구.

보통 사람들보다 더하지요.

예수님은 보통 사람들하고도 자연스레 어울리신 그런 분 아닌가? 그런데 그분을 까마득히 높은 데에만 모시고 도무지 현실하고는 거리가 먼 얘기만 하는 거라.

종교란, 세상에 극단이라는 게 없다는 가르침 아닌가요?

절대의 세계에는 극단이 없지.

흔히 하는 말로 불공대천不共戴天의 원수라고 하는데요, 종교란 이를테면 불공대천의 원수라는 게 존재하지 않는다는, 존재할 수 없다는 가르침 아닙니까? 그런데 오히려 종교의 이름으로 원수를 만들고 원수와 싸우는 일에 기꺼이 목숨을 내놓게 하니, 이게 무슨…… 세상에 저는 기독교만큼 배타적이고 호전적인 세력도 찾아보기 어렵다고 생각합니다. 그 어떤 종교도 배타적이고 호전적인 면에서는 기독교를 능가할 수 없을 것 같아요. 자기네와 같은 교를 믿지 않는 사람들한테 '비非'라는 말을 붙여 부르는 종교 집단은 기독교밖에 없답니다. 불가에서는 그냥 '중생'이라고 부르는 사람들을 기독교는 '비기독교인'이라고 부르거든요. 자기네와 같은 신앙을 지니지 않는 사람은 도매금으로 '비신자非信者'가 되는 겁니다. 세상에 이런 폭력이 어디 있습니까? 도대체 성경을 어떻게 읽어서 그 지경까지 갔는지 모르겠어요. 제가 보기에는 성경에 호전적이고 배타적인 언어가, 그렇게 오해할 수 있는 대목이, 많이 있긴 합니다만, 그러나 성경 전체를 꿰뚫고 있는 하느님의 뜻(말씀)에 비추어 읽으면 그런 오해는 쉽게 풀릴 수 있거든요. 정말이지 저는 기독교가 열성은 있으나 무식한 서양 선교사들이 가르쳐준 대로 다른 종교는 무조건 배척하고 무시하고 그래서 적대적일 수밖에 없는 그런 종교라면 당장에라도 기독교를 버릴 겁니다. 뭐하러 그런 종교를 믿습니까? 저는 이 땅에서 한 핏줄을 나눈 형제들과 싸우다가 천당에 가느니 차라리 그들과 화목하다가 지옥엘 가겠습니다. 그게 바로 예수의 道요 하느님 아버지의 명命 아닙니까?

그렇지. 그러니까, 그렇게 보이니까, 자네나 나나 아직 여기에 머물러 있는 것 아니겠나?

물질의 사치, 마음의 사치

그 다음, 성인聖人은 거사去奢라고 했는데요. 사치스러운 것을 떠난다는 말입니까?

사치스러운 것을 버린다는 말이지. 사치를 부리지 않는다는 거라.

그런데 이것도 말입니다, 이 '거사去奢' 도 자연스런 것이라야지, 억지로 하는 것이어서는 곤란하지 않겠습니까? 사치스런 패물 따위는 아예 몸 가까이 오게 하지도 않는 태도와 그런 것을 아무렇지도 않은 듯이 달고 다니는 그런 태도를 어떻게 보십니까?

누가 비싼 패물을 주면 그걸 받아서 좋은 데 잘 쓰면 되잖겠나? 세상에 버릴 건 하나도 없으니까, 그러니까 그 모든 것을 적절하게 처리하는 게 중요하지.

그렇군요. 그게 바로 여기서 노자가 말하는 '거사去奢' 로군요.

물질의 사치만 사치가 아니라 마음의 사치, 언어의 사치도 생각해 봐야 할 것들이지.

언어의 사치라는 게 참 무서운 말로 들립니다. 그게 결국은 빈말이지요. 온갖 아름답고 거룩한 단어로 화려하게 겉을 꾸몄으나 속에는 탐욕과 증오 같은 것들이 무덤 속 시체처럼 들어앉아 있는 겁니다. 그러고 보니 사치를 버린다는 말은 거짓을 버린다는 말과도 통하는군요. 사치란 거짓으로 겉을 꾸미는 거니까요.

그래.

끝으로 '거태去泰'가 남았습니다.

성인은 교만을 부리지 않는다는 말이야. 뭐 남들 앞에서 거드름을 피울 일이 있어야지.

그것도 역시 남과 나를 떨어뜨려놓고 보는 그릇된 안목에서 나오는 병든 태도겠지요.

상대방을 업신여기지 않고서는, 멸시하지 않고서는, 하대하지 않고서는 교만을 부릴 수 없지 않는가? 그런데 모두가 다 하느님이요 모두가 다 부처님인데 누구 앞에서 모가지를 뻣뻣하게 세워? 그러니까 자연 '거태去泰'가 될 수밖에.

30장
군사를 일으켰던 곳에는 가시덤불이 자라고

道로써 임금을 돕는 자는 군대를 강하게 하여 천하를 다스리게끔 하지 않는다. 그 일은 반드시 되갚음을 받는다. 군사를 일으켰던 곳에는 가시덤불이 자라고 큰 군대가 지나간 뒤에는 반드시 흉년이 진다. 그런 까닭에 용병을 잘하는 자는 목적을 겨우 이룰 따름이요 감히 강함을 취하려고 하지 않나니, 목적을 이루고 나서 자랑하지 아니하고 목적을 이루고 나서 뽐내지 아니하고 목적을 이루고 나서 교만하지 아니하고 목적을 이루되 마지못해서 하고 목적을 이루되 강하게 굴지 않는다. 모든 사물은 강장強壯해지면 노쇠하니 이를 일컬어 道에 어긋난다고 하거니와 道에 어긋나면 일찍 끝난다.

以道佐人主者, 不以兵强天下, 其事好還. 師之所處, 荊棘生焉, 大軍之後, 必有凶年. 故善者果而已, 不敢以取强, 果而勿矜, 果而勿伐, 果而勿驕, 果而不得已, 果而勿强. 物壯則老, 是謂不道, 不道早已.

道로써 임금을 돕고자 하는 자는

이 장은 앞 장의 내용을 반대쪽에서 거듭 말한 것 같군요. "이도以道로 좌인주자佐人主者는……" 이렇게 읽어야겠지요?

그렇지. "…… 불이병강천하不以兵强天下하나니 기사호환其事好還이니라. 사지소처師之所處엔 형극생언荊棘生焉하고 대군지후大軍之後엔 필유흉년必有凶年이니라. 고故로 선자善者는 과이이果而已요 불감이취강不敢以取强하나니 과이물긍果而勿矜하고 과이물벌果而勿伐하고 과이물교果而勿驕하고 과이부득이果而不得已하고 과이물강果而勿强하느니라. 물장즉노物壯則老하나니 시위부도是謂不道라 하거니와 부도不道는 조이早已니라." 이 장은 결국 부국강병富國强兵의 폐해를 말한 것이라고 볼 수 있지.

노자가 이런 말씀을 하던 그때야말로 온 천하가 부국강병의 논리로 다스려지던 때 아닙니까? 하긴 지금도 마찬가지입니다만.

일제 때 바로 이 부국강병이란 말을 슬로건으로 많이 썼지. 그때가 맨 중국 쳐들어가고 미국을 상대로 전쟁을 벌이고 그럴 때 아닌가?

아담 스미드던가요? 『국부론』을 쓴 경제학자 말입니다. 나라를 부자로 만들자는 건 어느 한 나라만의 정책이 아니지요. 그런데 시방 노자는 바로 그 정책을 비판하고 있는 것 아닙니까?

그렇지.

본문을 읽어주십시오.

"이도좌인주자以道佐人主者는" 道로써 임금을 돕는 자는, "불이병강천하不以兵强天下하나니" 군대를 강하게 함으로써 임금을 돕지 않는다는 말이야. 그렇게 되면, 그러니까 군대를 강하게 하면 말이지, 그렇게 되면 "기사호환其事好還이니라" 반드시 되갚음을 받는다, 이 말이지. 이쪽에서 군대를 강하게 하면 상대방에서도 되받아치지 않겠나? "사지소처

師之所處엔" 군사를 일으켰던 곳에는, "형극생언荊棘生焉이요" 가시덤불이 생겨나고, "대군지후大軍之後에는" 큰 군대가 휩쓸고 난 뒤에는, "필유흉년必有凶年이니라" 반드시 흉년이 드느니라.

여기서 가시덤불이라든가 흉년을 앞에서 말한 '환還'에 속하는 것으로 볼 수 있겠지요?

그렇게도 볼 수 있지. 그러나 돌아오는 게 어찌 그뿐이겠나? 상대한테서도 돌아오는 게 있지 않겠어? 이쪽에서 병兵을 강하게 하여 쓸어넘기면 저쪽은 더 강하게 해서 넘어오지 않겠느냔 말일세. 그러니까 가시덤불이 생기고 흉년이 들고 그렇게 되는 거지.

그렇지요. 물론 그런 면도 있습니다만 또 군대를 일으키면 누가 농사를 짓습니까? 그러니 가시밭길이 생기고 흉년도 들겠지요.

아무렴.

군사를 일으키되 마지못해서 하고

"고故로 선자善者는 과이이果而已요", 그런 까닭에 용병用兵을 잘하는 자는 겨우 목적을 이룰 뿐이요……

여기 '선자善者'가 용병을 잘하는 자입니까?

그래. 군사를 잘 쓰는 자는 겨우 목적만 달하고 그것으로 그친다는 말이지. "불감이취강不敢以取强하나니" 구태여 강함을 취하려고 하지 않나니, "과이물긍果而勿矜하고" 목적을 달하고 나서 자랑하지 아니하고, "과이물벌果而勿伐하고" 목적을 이루고 나서 뽐내지 아니하고, "과이물교果而勿驕하고" 목적을 이루고 나서 교만하지 아니하고, "과이부득이果而不得已하고" 목적을 이루되 마지못해서 하고, "과이물강果而勿强하느니라"

목적을 이루되 강하게 굴지 않느니라. "물장즉노物壯則老하나니" 모든 사물은 강장해지면 노쇠해지나니, "시위부도是謂不道하거니와" 이를 일러 道에 어긋난다고 하거니와, "부도不道는 조이早已니라" 道에 어긋나면 일찍 끝나느니라, 일찍 망한다 이 말이야.

아까 "선자善者는 과이이果而已요" 할 때 '선자'를 두고 용병을 잘하는 자라고 하셨는데요, 그게 첫머리의 道로써 임금을 돕는 자(以道佐人主者)를 가리키는 겁니까?

그렇지.

그렇다면, 경우에 따라서는 군사를 일으킬 수도 있다는 그런 얘기가 되겠군요.

부득이할 경우, 마지못해서 국민을 보호하지 않으면 안 될 그런 때가 있지 않겠나? 외적이 침입해서 백성을 죽이고 약탈하고 할 때는 막아야지. 그럴 경우에는 군사를 일으키지 않을 수 없는 거라. 그런데 그게 마지못해서 하는 것이어야 한다는 얘기지. 과이부득이果而不得已라!

그런데요, 일단 군대가 태어나면 싸워야 할 것이고 싸우려면 힘이 있어야 하지 않겠습니까? 군대가 강하지 않으면 무슨 소용이 있습니까? 그런데 "군대를 강하게 함으로써 천하를 다스리게 하지 않는다"(不以兵强天下)라는 말은 무슨 말입니까?

군대를 일부러, 그러니까 누구를 침략하기 위해서 강하게 만드는 것은 옳지 않다는 얘기지. 이것 보게. 태평양전쟁 때 일본이 미국의 진주만을 습격하지 않았나? 그때 미국은 말 그대로 무방비 상태였지. 그런데 전쟁이 터지자 곧 군사력을 길러 마침내 일본을 굴복시키고 말잖던가? 세계를 제패하겠다는 목적으로 일으킨 일본의 그 막강한 군대가 방어를 목적으로 한 미국 군대에게 졌거든. 과연 천하天下는 신기神器인 거라! 그러니까 방어를 목적으로 한 군대가 아닌, 남을 침략하거나 이웃나라 백성을 노예로 부리려고 해서 일으키는 그런 군대는 안 된다는 얘기겠지.

노자가 미국을 다스렸다면

선생님 말씀을 들으면서, 역사는 참으로 아이러니하다는 생각이 드는군요. 미국이 그렇게 해서 일본을 무찌른 다음에 말입니다, 그런 뒤에 계속 군수 산업을 발전시키면서 이번에는 자기네가 말 그대로 '병강兵强'을 해버리거든요.

그래서 전세계를 어지럽게 만들고 있지.

그러니 이건 물론 가상입니다만, 만일 노자가 미국을 다스렸다면 일본을 물리치고, 일본을 자기네 땅으로 돌아가게 하고 말입니다, 그러고 나서는 더 이상 병기를 만들지도 않고 군대는 해산하든지 아니면 방어 능력만큼만 남겨두든지 그랬을 것 아닙니까?

그래. 미국이 전쟁 뒤에 자꾸만 군대를 키운 것이 잘못인 거라. 50년대 중반에 소련의 후르시초프가 평화공존을 부르짖지 않는가? 냉전 체제를 이렇게 지속하다가는 안 되겠더라는 얘기지. 그런데 미국의 케네디가 거기에 대해서 호응을 하거든. 그렇게 해서 둘 사이에 냉전 체제를 종식시키려는 움직임이 일어나니까 그러니까 결국 뭐냐 하면 미국 내부에서 케네디를 죽여버리고 말잖는가? 그게 미국 군수 산업의 소행인데 그걸 뻔히 알면서도 미국의 정치가 그걸 밝히지 못한단 말씀이야. 말로는 케네디를 이상적인 대통령이라고 잔뜩 추켜세우면서 말이지, 그러면서 실제로는 존슨 정권이 베트남 통킹 만에서 전쟁을 도발하거든.

그래서 결과가 어찌 됐는가? 미국의 패전으로 끝났지.

그렇지요. 침략군 일본이 패전했듯이 침략군 미국도 패전했지요.

전쟁은 그렇게 끝이 났지만, 그 바람에 얼마나 많은 사람이 목숨을 잃었고, 그때 사용한 고엽제 때문에 얼마나 많은 사람이 시방도 엄청난 고통을 겪고 있지 않는가?

고엽제로 숲이 파괴됐을 뿐만 아니라 수많은 병사들이 괴질로 신음하고 기형아가 출생하고 그러는데요, 그게 바로 사지소처師之所處에 생겨나는 형극荊棘 아니겠습니까?

그래, 일체의 생명이 모두 형극으로 바뀌는 거지.

그게 모두 병강兵强의 탓이라는 얘기지요. 사람들이 언제 이 지겹고 어리석은 악순환에서 벗어날 수 있을까요?

미국과 전쟁

이 장의 핵심이라 할까 중심되는 구절이라 볼 수 있는 것은 "고故로 선자善者는 과이이果而已요 불감이취강不敢以取强이라", 구태여 강함을 취하지 않는다는 바로 그 대목같이 생각되는군요. 이 말은 군사를 두되 방어 능력 이상의 힘을 가진 군사를 두지 않는다는 말이겠지요?

그뿐만 아니라, 싸움에 이긴 뒤에도 패전한 나라에 대하여 교만하거나 억압을 하거나 그러지를 않는다는 얘기지. 피점령 지역에 가서 건방을 떨거나 콧대를 세운다거나 그런 짓을 하지 않는다 이 얘기여.

벌써 재작년이지요? 미국이 걸프 전쟁에서 이긴 뒤, 온통 카 퍼레이드에 야단법석으로 축제 분위기였지 않습니까? 그런 걸 보면서 참 마음이 아팠습니다. 우선 전쟁 자체가 비극이었구요, 후세인이 잘했다는 얘긴 아닙니다만 어쨌든 전쟁이 일어났다는 사실 자체가 가슴 아픈 일인데, 사실 미국과 이라크는 서로 전쟁을 할 만한 상대가 아니잖습니까? 무기로 보나 경제력으로 보나 대학생이 소학생하고 한판 붙어서 한주먹에 때려눕힌 셈인데요, 그런데 온 국민이 일어나서 저렇게까지 좋아할 수 있을까? 그런 걸 보면서 미국이라는 나라가 역사도 얼마 되지 않았습니다만 참 건강하지 못한 나라구나, 저러다가 정말이지 얼마 못 가겠구나, 그런 생각과 함께 미국의 내일에 대한 걱정스런 마음까지 생기더군요.

자본주의든 사회주의든 산업 문명이 가지는 이해관계 있잖은가? 그 이해관계가 한번 생기면 말이지, 상대가 약소국이든 뭐든 가리지 않게 되거든. 이해관계로 얽힌 이상, 상대는 나의 이용물이 돼줘야 하니까. 그런데 약소 국가가 이용물 되기를 거부하니까 여기서 문제가 생기는 거지. 이 문제를, 지금의 미국으로서는, 미국을 다스리는 정부의 주장이나 능력으로는 도저히 풀어낼 수가 없는 거라. 전쟁에서 이겼으면 이긴 거로 됐고 패전한 나라 백성에 대해서는 역시 따뜻하고 겸허한 태도를 가져야 한다는 얘긴데, 그러니까 뭐냐 하면 전쟁을 해서 목적을 이룬 뒤에도 자랑하지 않고(勿矜) 뽐내지 않고(勿伐) 교만하지 않고(勿驕) 그럴 수 있어야 하는 건데 그것은 전쟁을 하되 부득이해서, 어쩔 수가 없어서 할 때에 비로소 그런 태도를 지닐 수 있는 것 아니겠나? 그러니까 목적을 이룬 뒤에도 군대를 강화하지 않는(果而勿强) 거지. 그런데 반대로 계속 군대를 강화하면 말이지……

대전 뒤의 미국처럼 말씀이지요.

그래. 그러면 어찌 되느냐 하니까, "물장즉노物壯則老"라, 모든 사물은 강장해지면 노쇠해지거든. 그걸 일컬어 道에 어긋난다고 하는데(是謂不

道) 道에 어긋나면 금방 끝난다(不道早已)는 거라. 얼마 못 가지.

노자가 살아 있던 그때의 사정에 비추어볼 때 이런 얘기는 상당히 반체제적인 발언이 아닌가, 어쩌면 목숨을 내걸어야 했던 얘기가 아닌가 생각이 드는군요.

물론! 이제나 그제나 세속의 논리는 늘 '부국강병' 이니까. 베트남 전쟁에 한국 군대를 보낼 때 말이지, 생각 있는 이들은 그걸 반대했지만 박정희 정권은 결국 외교 관계나 경제적 이유로, 그러니까 달러를 좀 벌어보려고 젊은이들의 희생을 무릅쓰고 파병을 했는데, 그 전쟁이 그게 뭐냐 하면 세계적인 범죄였거든!

그러니 이제 더 이상 그런 범죄의 전쟁이 일어나서는 안 되겠는데요, 그러자면 정부의 정책을 좌우할 수 있을 만큼의 유권자들이 그 생각을, 생각뿐만이 아니라 그 삶의 모양새를 바꿔야 하지 않겠습니까? 그래서 더욱 사물을 일원一元으로 보는 철학이 절실하게 요청된다고 봅니다. 너와 나를, 서로 다르긴 하지만 같은 뿌리로 연결된 '한 몸' 으로 보는 그런 세계관이라 할까 인생관이 시급하게 확산되어야 한다는 말씀이지요.

자네가 아주 중요한 얘길 하는구먼. 그렇게 됐을 적에 전쟁 문제는 물론이요 오늘의 심각한 공해 문제까지도 해결할 수 있는 열쇠를 인류가 얻게 되는 거지. 비단 종교계뿐만 아니라 세계의 모든 구석에서 그런 주장이 나와야 할 걸세.

베트남 전쟁이 막다른 고비에 와 있을 무렵인데요, 오산에 있는 미군 부대 앞 책방에 갔다가 존 갈브레이드John K. Galbraith라는 미국 경제학자가 쓴 작은 팜플렛을 보았는데요, 그 제목이 『이길 수 없는 전쟁, 이겨서는 안 되는 전쟁, 지금 지고 있는 전쟁』이었습니다. 작은 책이지만 아주 설득력 있는 내용을 담고 있더군요. 미국이 전쟁에 지고 만 데는 미국 안에 있는 양식 있는 사람들의 반대 운동도 큰 몫을 차지했다고 보는데요, 이런 사람들의 힘이 커지니까 전쟁이 끝나더라 이 말씀입니다. 그러니 결국 마찬가지로, 각성한 대중이라 할까 그런 세력이 커져야 앞으로 전쟁을 막을 수 있지 않겠나 싶습니다.

31장
무기란 상서롭지 못한 연장이어서

무릇 군대를 좋아함은 상서롭지 못하여 조물주는 이를 싫어한다. 그러므로 道를 모시고 사는 자는 그러지 아니한다. 이런 까닭에 군자가 머물 적에는 왼쪽을 귀히 여기고 군대를 부릴 적에는 오른쪽을 귀히 여긴다. 무기란 상서롭지 못한 연장이어서 군자가 다룰 물건이 아니다. 어쩔 수 없어서 쓸 때에는 염담恬淡이 상책이다. 이기는 것이 좋은 일이 아니건만 이를 좋아하는 것은 사람 죽이기를 즐기는 것이라, 무릇 사람 죽이기를 즐기는 자는 천하에 뜻을 얻지 못한다. 그러므로 길한 일에는 왼편을 숭상하고 흉한 일에는 오른편을 숭상하니 이런 까닭으로 부장副將은 왼쪽에 자리하고 상장上將은 오른쪽에 자리하거니와 이는 전쟁을 상례喪禮로 삼는 것을 말함이다. 사람 죽인 것이 많으면 슬피 울어 애도하거니와 전쟁에 이겼다 하더라도 상례로 삼아야 한다.

夫佳兵者, 不祥, 物或惡之. 故有道者, 不處. 是以君子居則貴左, 用兵則貴右. 兵者, 不祥之器, 非君子之器. 不得已而用之, 恬淡爲上. 勝而不美, 而美之者, 是樂殺人. 夫樂殺人者, 不可得志於天下矣. 故吉事尙左, 凶事尙右. 是以偏將軍處左, 上將軍處右, 言以喪禮處之. 殺人衆多, 以悲哀泣之. 戰勝, 以喪禮處之.

무릇 병兵을 좋아하는 것은

"부가병자夫佳兵者는 불상不祥하여 물혹오지物或惡之라", 무릇 병兵을 좋아하는 것은 상서롭지 못하여 조물주는 이를 싫어하느니라…… 여기서 '물物'은 조물주로 읽지.

조물주로 읽어도 되겠습니다만, 지난번처럼 '자연'으로 봐도 되지 않겠습니까?

그렇게 읽어도 되겠지. 道의 주체로 봐도 좋고…… "고故로 유도자有道者는 불처不處니", 그런 까닭에 道를 모신 사람, 道를 따르는 사람은 그렇게 하지 않으니, 그렇게 처신하지 않는다 이 말이야.

병兵을 좋아하지 않는다는 말이겠지요?

여기서 '병兵'은 군대니 무기니 그런 걸 다 포함하는 말이지.

방금 '유도자有道者'를, 道로 모신 사람이라고 읽으시고 이어서 道를 따르는 사람이라고 하셨는데요, 道를 모시는 것은 곧 道를 따르는 것이라는 얘기가 되는군요. 그러니까 '유도有道'라는 말 속에는 道를 잡는다는 뜻과 道에 잡힌다는 뜻이 함께 들어 있다고 할 수 있잖겠습니까?

그렇지. 그런 까닭에(是以), "군자君子는 거즉귀좌居則貴左하고 용병즉귀우用兵則貴右하느니라", 군자가 머물 적에는 왼쪽을 귀하게 여기고 군대를 부릴 적에는 오른쪽을 귀하게 여기느니라.

왜 왼쪽을 귀하게 여겼습니까?

임금이 북에 앉아서 남쪽을 향하게 돼 있거든.

그렇지요. 그걸 '남면南面한다'고 하지요.

그래. 그러니까 생문방生門方인 동쪽은 임금의 왼편이 되고 사문방死門方인 서쪽은 임금의 오른편이 되는 거라.

생문방, 사문방이 뭡니까?

해가 떠오르는 쪽이 생문방이고 해가 지는 쪽이 사문방이지. 그러니까 언제나 뭐냐 하면 평상시에는 왼쪽이 오른쪽보다 상석이 되는 거야.

그 좌우가 임금에게, 임금의 자리에서 말하는 좌우지요?

그렇지. 북北에서 남면南面하면 왼쪽은 동東이 되고 오른쪽은 서西가 되니까, 그러니까 생生이요 양陽인 좌左가 사死요 음陰인 우右보다 더 높은 자리가 되는 거지.

그래서 좌의정이 우의정보다 높군요?

그래, 그런 거지.

그런데 용병에서는 그게 달라진다는 겁니까?

어쩔 수 없이 벌어진 전쟁에서

반대로 되지. 전쟁이라는 건 사람을 죽이는 거니까, 그러니까 오른편이 상장군上將軍 자리가 되고, 거기가 죽음하고 더 가깝거든, 왼편이 편장군偏將軍 자리가 되는 거라. 요새 말로 하면 사령관이 오른쪽에 앉고 부사령관이 왼쪽에 앉는 거야.

그게 그렇군요.

"병자兵者는 불상지기不祥之器라" 병兵이란, 여기서는 무기武器로 읽는 게 좋겠군, 무기란 상서롭지 못한 연장이므로, "비군자지기非君子之器니라" 군자가 다룰 연장이 아니라는 얘기야. "부득이이용지不得已而用之인땐 염담위상恬淡爲上이니라", 어쩔 수 없어서 쓸 때에는 '평안할 염恬'에 '맑을 담淡', '염담'이 상책이라. 어쩔 수 없이 전쟁을 하긴 하는데 거기에 욕심이 따로 없어. 적군을 사로잡아 노예로 부리겠다든가, 적의 국토를 빼앗아 내 것으로 만들겠다든가 그런 욕심이 없는 거라. 그게 염담이지.

장군으로서 가지는 명예욕도 없는 거지요?

없지. 어쩔 수 없이 벌어진 전쟁에서 다만 백성을 평안하게 하려는 그런 마음뿐. 그러니까 "승이불미勝而不美라", 이기는 것이 경사로운 일이 아니야. "이미지자而美之者는" 그런데 그것을 경사스럽다고 여기는 자는, "시낙살인是樂殺人이라" 이는 사람 죽이는 것을 즐기는 것이라. "부낙살인자夫樂殺人者는 불가득지어천하의不可得志於天下矣라", 대저 사람 죽이기를 즐기는 자는 말이지, 그런 자는 천하에 뜻을 얻지 못한다 이 말이야. 그런 자는 백성의 원망을 사지 않겠어?

그런데 그런 자가 사람을 마구 죽이고 전쟁을 하는 것도 천하를 얻어 보겠다는 뜻에서 그러는 것 아닙니까?

그렇지. 그런데 그래서는 도저히 천하를 얻을 수 없다는 거라. "고故로 길사吉事는 상좌常左하고 흉사凶事는 상우常右하니 시이是以로 편장군偏將軍은 처좌處左하고 상장군上將軍은 처우處右하거니와" 그러므로 길한 일에는 왼편을 숭상하고 흉한 일에는 오른편을 숭상하니 이런 까닭으로 부장은 왼편에 자리하고 상장은 오른편에 자리하거니와, "언이상례처지言以喪禮處之니라" 이는 전쟁을 상례喪禮로 삼는 것을 말함이라. "살인중다殺人衆多면 이비애읍지以悲哀泣之하거니와" 사람 죽인 것이 많으면 슬피 울어 애도하거니와, "전승戰勝이라도 이상례처지以喪禮處之니라" 전쟁에 이겼다 하더라도 상례喪禮로 삼아야 하느니라.

전쟁에 이겼다 하더라도 장례 치르는 것처럼 마무리를 해야 한다는 말인가요? 적군을 죽였다고 해서 만세를 부를 게 아니라 내 집 식구를 죽였다 하는 마음으로……

그래, 그러니까 슬피 울어 애도해야 하는 거지.

과연! 그렇습니다. 그러니 승전했다 하여 마구 폭죽을 터뜨리고 그러는게 아니군요.

승전고를 울리고 기뻐할 게 아니라 패전국 백성들과 함께 애도하고 함께 슬퍼해야 한다 이 말이야.

그게 침략 전쟁을 일으킨 자들로서는 도저히 생각조차 할 수 없는 일이지요.

아무렴. 적군이 쳐들어왔기 때문에 어쩔 수 없어서, 마지못해서 일으킨 전쟁이라야 그런 결과를 기대할 수 있는 거라.

말씀 듣는 중에 생각나는 게 있습니다. 꽤 오래 됐어요. 텔레비전에서 권투하는 걸 봤는데요, 남미 쪽 어느 나라 선수하고 우리 나라 선수하고 권투를 하는데 남미 선수가 이기더군요. 그런데 그 이긴 선수가 만세를 부르며 기뻐하는 게 아니라 우리 선수를 껴안더니 눈물을 흘리는 겁니다. 우는 거예요. 그 장면을 보고 참 큰 감명을 받았지요. 키도 자그마한 선수였는데 제가 그 이름을 잊었습니다. 그 친구가 자기한테 얻어맞아 패배한 한국 선수의 부어오른 얼굴을 어루만지며 어깨를 껴안고 울 때 저도 그만 눈물을 흘린 기억이 나네요. 어차피 링에서 싸우게 됐으니 실력껏 싸워서 이기긴 이겼지만 자기한테 진 선수를 얼싸안고 우는데, 그게 쇼가 아니더란 말씀입니다. 그러니 진 쪽에서도 분한 마음이라든가 적개심 따위가 생겨날 수 없지 않겠습니까?

흐뭇한 얘기구먼. 그게 다 고의성이 없어야 그렇게 될 수 있는 거지.

꿈같은 얘기, 용기 있는 얘기

그러니까 이 장에서는 정말 어쩔 수 없는 전쟁, 참으로 정의로운 전쟁이 어떤 것인지를 잘 얘기해 주고 있다고 볼 수 있겠군. 그러나 오랫동안 패도覇道가 주름잡아 온 세상에서는 이런 얘기가 모두 꿈같은 얘기지.

아까도 말씀 나누었습니다만, 이런 얘길 자꾸만 하는 자는 잡아서 감옥에 보냈겠지요 뭐.

그랬겠지.

틱낫한Thich Nhat Hanh이라는 베트남 승려가 있는데요, 전쟁이 끝나고 한때 베트남에서 도망쳐나온 '보트 피플'이 세계적인 문제로 되지 않았습니까? 그런데 캄보디아의 어느 해적들이 보트 피플을 습격하여 십대 소녀를 윤간해 그 소녀가 물에 빠져 자살을 했고 그게 어떻게 서방 언론에 알려지게 되어 온 세계가 캄보디아 해적들을 성토할 때에 틱낫한이 이런 글을 썼더군요. 온 세계가 들고일어나 캄보디아 해적들을 저주하고 할 수만 있다만 총이라도 쏠 것처럼 그러는데 자기로서는 그럴 수가 없다는 겁니다. 승려라서 그런다고 할는지 모르겠으나, 만일 자기가 캄보디아의 가난한 바닷가에 태어나 그들과 같은 환경에서 자랐다면 그 난폭한 해적이 바로 자기였을 수도 있는데 그런데 어떻게 그리도 쉽게 그들을 저주하고 심판할 수 있겠느냐는 것이었어요. 그 글을 읽으면서 옳은 말이기는 하지만 대단한 용기가 없이는 할 수 없는 말을 했구나 하는 생각이 나더군요.

귀한 얘길세. 음, 귀한 얘기여.

오늘 읽은 노자의 이 대목도 대단한 용기가 필요한 발언이지요.

그렇지. 이런 얘기는 오늘에도 하기 힘든 얘기네. 결코 쉬운 얘기가 아니야. 뜬구름 잡자는 얘긴 더욱 아니지.

노자를 비현실적 몽상가쯤으로 보는 건 곤란하지요.

몰라서 그러는 거야.

32장
道의 실재는 이름이 없으니

道의 실재는 이름이 없으니, 분별이 없고 작아서 눈에 보이지 않지만 세상의 그 누구도 감히 이를 부리지 못한다. 임금이 만약 이를 지킬 수 있으면 모든 것이 장차 스스로 와서 그 그늘에 깃들 것이다. 하늘과 땅이 화합하여 단 이슬을 내리거니와 백성은 명령이 없어도 스스로 고르게 산다. 비로소 쪼개면 이름이 있게 되니 이름이 있으면 뭔가 있는 것이다. 대저 그 머물 데를 알아야 하느니, 머물 데를 알면 그 까닭에 위태롭지 않다. 道가 세상에 존재하는 것을 비유하면 골짜기의 물이 강과 바다로 흘러가는 것과 같다 하겠다.

道常無名, 樸雖小, 天下不敢臣. 王侯若能守, 萬物將自賓. 天地相合, 以降甘露, 民莫之令而自均. 始制有名, 名亦旣有. 夫亦將知止, 知止, 所以不殆. 譬道之在天下, 猶川谷之於江海也.

너무 커서도 못 부리고 너무 작아서도 못 부리고

"도상무명道常無名이니 박수소樸雖小나 천하불감신天下不敢臣이니라."

거기까지가 한 문장이 되겠습니까?

그렇지.

무슨 말입니까?

道의 실재는 이름이 없으니 분별이 없고 작아서 눈에 보이지도 않지만 천하불감신天下不敢臣이니라, 천하에 그 누구도 감히 道를 신하로 부리지 못하느니라. "왕후약능수王侯若能守이면" 임금이 만약 이를 지킬 수 있다면, "만물장자빈萬物將自賓이니라" 만물이 장차 스스로 손님이 되어줄 것이다. 모든 것이 그에게로 모여들 것이란 얘기지.

여기서 道의 상常이 무명無名이란 얘기는 그게 박樸이니까 나뉠 수 없고 이름이 없다는 그런 뜻이겠지요? 어떤 것에 이름을 붙인다는 건 그 어떤 것을 다른 것과 분별하는 거니까요.

그렇지, 그런 뜻이지.

박수소樸雖小라고 했는데요, 여기 소小란 대大와 상대가 되는 그런 소를 말하는 건 아니겠지요?

물론. 문자는 '작을 소小'를 썼지만 뜻은 지난번 14장에서 희希니 미微니 이夷니 한 바로 그런 것을 가리킨다고 봐야지. 보이지도 않고 들리지도 않고 잡히지도 않는……

道의 상常이 비록 박樸하고 소小하지만 아무도 그를 신하로 부리지 못한다는 말인가요?

박樸은 바탕(素)이라는 말하고 통하니까, 그 무엇으로도 나뉘지 않은 것을 가리키거든.

그러니까 말하자면 지극히 큰 것(極大)인데 지극히 큰 것은 지극히 작은 것(極小)과 통하니까, 道는 무한하게 크고 무한하게 작아서 아무도 道를 제 맘대로 부릴 수 없다는 뜻이겠군요?

너무 커서도 못 부리고 너무 작아서도 못 부리고, 그런 거지. 道의 실재는 인간이 말하는 대니 소니 하는 그런 언어에 담겨질 수 없는 것이니까. 그래서 "왕후王侯가 약능수若能守면", 임금이 스스로 겸손하고 꾸밈이 없으면 말이지, 그게 道를 지키는 거니까, 그러면 세상의 온갖 것이 다 그에게로 모여든다는 거라.

임금이 높은 자리에 앉았다 해서 자신을 높이지 않고 오히려 자신을 낮추면 그렇다는 얘긴가요?

그래, 꾸밈이 없고 내 것이라는 게 없어야지. 임금이란 게 자기가 거느리는 백성을 섬기고 백성뿐 아니라 산천초목까지 죄다 보살피고 가꾸고 보호해야 하는 그런 자리거든. 그렇게만 한다면 일개 미물에서부터 산새와 들짐승과 어패류까지 일체 만물이 뭐냐 하면 그의 그늘에서 "장자빈將自賓이라", 장차 손님 노릇을 한다는 것 아닌가?

누가 시키지 않아도 그것들이 스스로 와서 손님 노릇을 한다는 말은 그 그늘에 깃든다는 말인가요?

그 말이지. 모두가 그의 품에 깃든다는 거야.

깃들면서도 자기가 아무개 임금의 그늘에서 신세지고 있다는 그런 의식은 없는 것 아닙니까?

바로 그런 말일세. 가장 잘 다스리는 임금은 아래 백성들이 그냥 그가 있다는 것 정도로 알고 있을 뿐이라는 말이 앞에 있었잖은가?

"태상太上은 하지유지下知有之라" 하는 말이 17장에 있었지요.

하늘과 땅이 단 이슬을 내리거니와

다음 문장으로 넘어갈까요?

"천지상합天地相合하여 이강감로以降甘露하거니와" 하늘과 땅이 서로 화합하여 단 이슬을 내리거니와, "민民은 막지령이자균莫之令而自均이니라" 백성은 명령을 내리지 않아도 스스로 조화롭게 산다, 이 말이야.

무슨 뜻입니까?

왕이 道를 지켜 겸허하고 내 것을 주장하는 바가 없으면 하늘과 땅이 서로 화합하여 이슬을 내리는 것과 같아서 백성이 서로 사랑하며 평안하게 살아간다는 얘기지. 스스로 고르게 된다(自均)는 말은 저절로 공평해진다는 뜻이니까.

일부러 명령을 내리지 않아도……

그럼. 명령을 내리지 않아도 그렇게 된다는 거지. 성인聖人은 행불언지교行不言之敎라, 말을 하지 않고 가르치거든. "시제始制면 유명有名이니 명역기유名亦旣有라", 통나무(樸)를 비로소 쪼개면 이름이 있게 되니 이름이 있게 되면, 뭔가 있다(有)는 얘기가 된다 이 말이야.

그렇지요. 통나무를 쪼개면 바가지가 나오니까 바가지가 있는 거지요.

그래. 그런데 "부역장지지夫亦將知止니", 대저 그 머물 데를 또한 알아야 한다 이거야. 뭐가 만들어지면 그 만들어진 것은 한계가 있지 않는가? 바가지는 바가지일 뿐이거든. 그 이상의 것도 그 이하의 것도 아니란 말이지. 그런데 그게 제 한계를 모르고 딴 짓을 하게 되면 망가지고 마는 거라. 바가지는 바가지 소용밖에 안 되는데 그 분수를 지키지 않으면 위태로워지는 거지. 그러니까 "지지知止면 소이불태所以不殆니라", 그 침(止)을 알면, 제 분수를 알면, 위태롭지 않느니라!

선생님. 사람이란 존재는 이미 쪼개져서 바가지로 된 그런 존재 아닙니까? 시제始制하여 이름을 지니게 된 존재지요. 그런데 그런 존재가 다시 통나무를 안고(抱樸) 산다는 말은, 그러니까 道를 안고 산다는 말은 무슨 뜻이 됩니까? 바가지가 통나무를 안고 산다는 말이겠는데요.

道란 삼라만상 그 어디에도 미치지 않는 데가 없잖은가? 그러니까 통나무하고 연결되지 않는 바가지가 없지. 그런데 그 통나무가 바가지에 국한되는 건 아니거든. 바가지가 곧 통나무는 아니란 말이야.

아하! 동산양개의 게偈에서 말한, "그는 바로 나인데(渠今正是我) 나는 그가 아니로다(我今不是渠)"가 바로 그 뜻이었지요.

그래, 바로 그 얘기지. 나는 시제유명始制有名하여 한계가 있지만, 한계가 있으면서도 道하고 떨어져 있는 건 아니거든.

예수님도 바로 그 사실을 얘기하고 있는 것 같습니다. 내 말은 내 말이 아니고 나를 보내신 분의 말이라고 하여 아버지와 자기를 동일시하면서 동시에 내 뜻대로 마시고 아버지 뜻대로 하시라고 그러지요.

그거야. 그런 관계를 여기서 말하고 있는 걸세.

개울이 강과 바다로 흘러가듯이

"비도지재천하譬道之在天下면 유천곡지어강해야猶川谷之於江海也니라", 道가 세상에 있는 것을 비유하자면 마치 골짜기의 물이 강과 바다로 흘러들어 가는 것과 같느니라, 이런 말이 되겠지.

예수께서 끊임없이 말씀하신 것도 아버지에게로 돌아가는 것이었지요. 아버지한테서 나왔으니까 아버지한테로 돌아가라는 건데요, 그런 것을 늘 얘기하면서 당신의 삶으로 보여주기도 하셨거든요. 개울이라는 게 그게 바다에서 나온 게 아닙니까? 道가 세상에 존재하는 것이 비유하자면 바다에서 온 개울이 바다로 돌아가는 것과 같다는 얘기지요. 그런데 겉으로 보면 개울이 강이나 바다로 돌아가는 것같이 보이지만 그게 사실은 하나로 연결돼 있거든요. 하나란 말입니다. 그러니까 돌아간다고 해서 동떨어져 있는 어떤 것이 동떨어져 있는 어떤 것으로 가는 게 아니고, 내면의 운동이라 할까 그런 것 아닐까요?

인간의 궁색한 말로 비유하자니 그렇다는 거지.

비유치고는 개울과 바다의 비유가 썩 훌륭하다는 생각이 듭니다. 하나면서도 끊임없이 돌아가는 운동을 아주 잘 보여주고 있거든요.

그래. 탁월한 비유지. 끊임없이 움직이는 게 그게 道거든. 가만히 있지 않는단 말이야. 계속 작용을 하는데, 아주 큰 작용을 하는데, 그런데 뭐냐 하면 그 누구도 이걸 제 맘대로 부릴 수가 없는 거라.

道에서 천하가 나오는 건데, 자식이 아비를 부릴 수는 없지요.

없지. 청허당清虛堂의 시에 이런 게 있네.

> 천지기능롱대용天地豈能籠大用
>
> 귀신무처멱현기鬼神無處覓玄機
>
> 수지일납천창리誰知一衲千瘡裏
>
> 삼족금오반야비三足金烏半夜飛

풀어 읽어보면 하늘과 땅이 어찌 큰 작용을 가두어둘 수 있겠느냐? 귀신도 현기玄機를, 그러니까 그 심오한 틀을 말이지, 그걸 찾아볼 곳이 없거늘. 천 갈래로 찢어진 한 벌 누더기 속에서 세 발 달린 금까마귀가 밤중에 날아가는 것을 누가 알겠느냐? 이런 말이 되겠는데……

세 발 달린 금까마귀가 뭡니까?

금까마귀(金烏)는 태양인데, 태양 속에 세 발 금까마귀가 있다고 해서 그렇게 말하지.

태양 속의 흑점을 두고 그렇게 말했나 보지요?

모르지. 아무튼 태양이 밤중에 뜨는 걸 누가 알겠느냐는 거니까, 하늘과 땅이 비록 엄청나게 크지만 道의 작용(大用)을 가두어둘 수는 없다는 얘기지. 귀신도 그 작용하는 틀을 볼 수가 없거늘……

그렇지요. 그러나, 개울도 바다란 말씀입니다!

물론이지.

그러니까 밥 먹고 친구들 만나고 잠자고 이렇게 하는, 이것을 떠나서는 따로 道를 얘기할 수 없다는 것 아닙니까?

그래. 물 한 방울도 바다니까. 그래서 무아無我면 그게 곧 무심無心인데 무심이 되면 일체가 다 나와 같은 거라.

성철 스님이 그런 말씀은 참 잘하신 것 같아요. 기독교니 불교니 유교니 하고 말들 하는데 바다에 들어가면 짠 맛은 다 같다구요.

그래, 옳은 말씀이지.

바다에서 모든 개울을 보면 그게 다 하나지요. 그런 경지를 말하는 것 아니겠습니까?

그거지. 둘은 둘인데 하나거든. 이이불이異而不二인 거라.

그걸 반대로 말해도 되지요. 둘도 아니고 하나도 아니라고요.

여럿으로 갈라지되, 하나란 말씀이야. 다양성 속에서 일치라고 할까? 동서 냉전 체제가 무너지면서 시방 세계가 여러 조각으로 나눠지는데, 그렇게 나뉘면서도 저마다 갈라서는 게 아니라 사실은 다양하게 제 자리를 찾는 모습이거든. 난 그렇게 보지. 새로운 세상이 비롯되고 있는 걸세.

33장
죽어도 죽지 않는 자

사람을 아는 자는 지혜롭고 자기를 아는 자는 밝으며 사람을 이기는 자는 힘이 있고 자기를 이기는 자는 그 뜻이 굳세며 만족할 줄 아는 자는 부유하고 힘써 행하는 자는 뜻이 있으며 그 있을 자리를 잃지 않는 자는 오래가고 죽어도 죽지 않는 자는 오래 산다.

知人者智, 自知者明, 勝人者有力, 自勝者强, 知足者富, 强行者有志, 不失其所者久, 死而不亡者壽.

자기를 아는 자는 밝으며

우선 토를 달아서 읽어주시겠습니까?

"지인자知人者는 지智하고 자지자自知者는 명明하며 승인자勝人者는 유력有力하고 자승자自勝者는 강强하며 지족자知足者는 부富하고 강행자强行者는 유지有志하며 불실기소자不失其所者는 구久하고 사이불망자死而不亡者는 수壽하느니라."

첫 구절부터 풀어주십시오.

"지인자知人者는 지智하고" 사람을 아는 자는 지혜롭고, "자지자自知者는 명明하며" 자기를 아는 자는 밝으며, "승인자勝人者는 유력有力하고" 사람을 이기는 자는 힘이 있고, "자승자自勝者는 강强하며" 스스로를 이기는 사람은 굳세며, "지족자知足者는 부富하고" 만족할 줄 아는 자는 부유하고, "강행자强行者는 유지有志하며" 힘써 행하는 자는 뜻이 있으며, "불실기소자不失其所者는 구久하고" 그 있을 자리를 잃지 않는 자는 오래가고, "사이불망자死而不亡者는 수壽한다" 죽어도 망하지 않는 자는 오래 산다, 이런 말이지.

"오래 산다"는 말이 물론 육신을 두고 하는 말은 아니겠지요?

아니지. 영원의 자리에 있는 사람한테는 육체의 삶이라는 게 하나의 꿈과 같은 것이거든. 생사개시일몽生死皆是一夢이라. 그러니까 여기서 말하는 오래 산다(壽)는 것은, 생사의 기준을 꿈이 아니라 道에 두고 말하는 거니까, 영원한 삶을 말하는 거지.

그렇군요. 사람을 아는 자는 지혜롭다(智)고 했는데요, 여기서 '지智'는 긍정적인 의미에서 말하는 거겠지요?

그래.

'지인자知人者'의 '인人'은 나를 포함한 보통 사람을 가리키는 겁니까?

뒤에 따르는 '자지자自知者'의 '자自'와 대對를 이루는 말이지.

그렇군요.

대를 이루지만 서로 배타하는 대가 아니라, 표리 관계라 할까, 그런 거지. 나 없는 너 없고 너 없는 나 없잖은가? 여기서 말하는 지智나 명明은 안팎으로 환하게 깨달아 알고 있다는 뜻이니까.

불가에서 말하는 '내외명철內外明徹'이 그것이겠지요.

그렇지.

넉넉한 줄 아는 자는 넉넉하고

"승인자勝人者는 유력有力하고", 사람을 이기는 자는 힘이 있다는 말인데 여기 '인人'은 상대를 가리키는 말이지. "자승자自勝者는 강强하며", 자기를 이기는 자는 강하며, 자기를 이기자면 굳세어야 하지 않겠나? 그 다음, "지족자知足者는 부富하고", 넉넉함을 아는 자는 넉넉하다 이 말이야.

그렇지요.

우리 조부께서 이런 얘길 하시더군. 충청도에 나락 6백 석을 거두는 집안이 있는데 6대를 이어서 내려오더라는 거야.

그거 어려운 일인데요.

어려운 일이지. 그런데 6백 석지기가 6대나 계속된 것은 그 집안에 치재治財하는 가도家道가 있다고 할까? 뭐 그런 전통이 있으니까 그럴 수 있었다는 얘기지. 그러면서 우리 조부께서는 대개 재물이라는 게 당대 아니면 3대 안에 바닥이 난다고 그러셨는데 말이지, 만족할 줄 안다(知足)는 것은 자기에게 주어진 조건을 슬기롭게 처리해 가는 것도 그 안에 포함되는 말이라고 하겠지.

한번은 안희선 군 집에 갔다가 선생님께서 써주신 글을 보았는데요, 기억나실는지 모르겠습니다만 이런 내용이더군요. 부족지족상유여不足之足常有餘요 족지부족상부족足之不足常不足이라, 그게 이런 말 아닙니까? 모자란 데서 넉넉한 줄 아는 자는 언제나 남아 돌아가고 넉넉한 데서 모자란다고 생각하는 자는 언제나 모자란다……

그렇지. 희선이가 목사 노릇을 하는데 언제나 궁하잖는가? 그러면서도 딱한 사람을 보면 가만히 못 있는 그런 사람이거든. 그래서 가난하지만 넉넉하게 생각하고 그렇게 처하면 주님의 은혜에 대해서 언제나 감사하며 살지 않겠어? 그래 그런 생각으로 한 장 써준 기억이 나는구먼.

기억이 나십니까?

자네가 시방 말을 하니까 그랬던 것 같다는 얘기지.

야고보 사도께서도 그런 말을 했지요. 지금 있는 것으로 만족하며 살라고요. 지금 있는 것으로 만족하며 살지 못하는 것은, 욕심 때문이 아니겠습니까?

대체로, 대체로 그렇지.

자기 분수를 아는 자는 오래가고

"강행자强行者는 유지有志하며" 힘써 행하는 자는 뜻이 있으며, "불실기소자不失其所者는 구久하고" 그 있을 자리를 잃지 않는 자는 오래가고……

여기서 그 자리를 지킨다는 건 무엇을 뜻합니까?

자기 분수를 지키면서 가는 것을 뜻한다고 봐야겠지. 자기에게 주어진 것에 만족하고 감사하면서 생활하는 사람은 자기가 있어야 할 자리를 잃어버리지 않는 거라. 그러니까 오래간다는 얘길세.

자기 자리를 잃는 이유가 그러니까 자기한테 있는 거군요?

바로 그거지. 지나친 욕심이 자신을 망치는 거니까.

앞 장에서도 같은 말이 나왔지요. 지지知止면 소이불태所以不殆라, 그칠 줄 알면 위태롭지 않다고요.

그래.

성경에도 욕심이 죄를 낳고 죄가 죽음을 낳는다는 유명한 구절이 있지요.

옳은 얘기여.

"사이불망자死而不亡者는 수壽한다"고 했는데요, 여기서 '사死'는 육신의 죽음을 가리키는 말이겠지요?

그렇지. 그러니까 죽어도 망하지 않는 자는 영원히 산다는 뜻이야. 역대의 훌륭한 조사祖師들이 다 죽었지만 살아 있지 않는가? 노자도 죽은 지 오래된 몸으로 시방 이렇게 얘길 하고 있으니 말일세. 그게 여기서 말하는 '수壽'라고 할 수 있겠지.

이 지구라는 덩어리에 그동안 수백 수천억 인간들이 왔다가 갔는데요, 그 가운데 아직 살아서 얘기를 하고 얘기할 뿐 아니라 큰 힘을 행사하고 말입니다, 그런 인간은 얼마 되지 않는다는 생각이 듭니다. 그런데요, 내가 바로 그런 사람이 되겠다고 욕심을 부려서 되는 건 아니잖습니까?

그래 가지고 되는 건 아니지. 스스로를 내세우지 않고 진실을 향해서 道와 함께 살 때, 그럴 때에야 비로소 수壽를 할 수 있겠지. 道는 영생이니까. 그러니까 사는 동안에 어떻게 道와 함께 道를 모시고 사느냐, 그게 뭐냐 하면 영원히 사는 길 아닌가? 예수님이 만일 한 순간이라도 아버지, 道, 진리와 떠나 있었더라면, 그분은 여기서 말하는 '수壽'를 누릴 수 없겠지.

옳습니다.

34장
큰 道는 크고 넓어서

큰 道는 크고 넓어서 두루 사방에 미치지 않는 곳이 없다. 만물이 그것을 의지하여 태어나고 자라는데 어느 것 하나 물리치지 아니하고 공을 이루되 그 자리에 머물지 아니하며 만물을 사랑하여 기르지만 그것들의 주인이 되려고 하지 않는다. 그런 까닭에 언제나 따로 의도를 품지 아니하여 작다는 이름으로 불릴 수 있고 만물이 그 품에 돌아오지만 그것들을 자기 것으로 소유하지 아니하여 크다는 이름으로 불릴 수 있다. 이러하므로 성인은 스스로 위대하게 되려 하지 아니하고 바로 그 까닭에 위대함을 이룬다.

大道氾兮, 其可左右. 萬物恃之, 以生而不辭, 功成而不居, 愛養萬物而不爲主. 故常無欲, 可名於小矣. 萬物歸焉而不爲主, 可名於大矣. 是以聖人以其終不自爲大, 故能成其大.

두루 미치지 않는 곳이 없는 道

"대도大道는 범혜氾兮여 기가좌우其可左右니라", 대도大道는 크고 넓어서 좌우에 두루 미치느니라. "만물萬物이 시지恃之하여" 만물이 그것을 의지하여, "이생이불사以生而不辭하고" 생장하는 데 그 어느 것 하나 물리치지를 아니하고, "공성이불거功成而不居하며 애양만물愛養萬物이나 이불위주而不爲主니라" 공을 이루어도 공적을 차지하지 아니하고, 거기에 머무르지 않는다는 말은 공적을 자기 것으로 만들어가지 않는다는 거니까, 공功을 이루되 그 자리에 머물지 아니하고 만물을 사랑하여 기르지만 그것의 주인이 되지 않는다, 이 말이야.

그러니까 만물을 낳고 기르고 하면서도 그 만물을 자기 소유물로 삼지 않는다는 말인가요?

지배하지 않는다는 뜻이지.

여기서 '지배'란 말은 세속에서 말하는 의미의 지배겠지요? 하늘이 세상을 다스린다고 할 때, 하느님이 우리의 주라고 할 때, 그런 경우와는 다른 것 아닙니까?

다르지. 하늘이 다스린다고 할 때의 그 다스림은 말하자면 다스리지 않는 다스림이거든. 지배하지 않고 지배한단 말이야.

그렇지요.

그래. 그러니까 세속에서 말하는 다스림은 자유와 평화가 주어지지 않는 다스림인데 여기서 말하는 지배는 자유와 평화를 주는 지배인 거라. 최상의 임금은 아래 백성한테 알려지지도 않는 그런 왕이거든. 왕이 공을 이루어 무슨 일을 해놓았건만 백성은 저절로 그렇게 됐다고 생각한다는 말이지.

그럼 이 본문에서 "불위주不爲主"라고 할 때의 '주主'는 인간의 작위적인 다스림을 의미한다고 봐야겠군요?

그렇지.

"대도大道는 범혜氾兮여 기가좌우其可左右"라는 말은 큰 道가 한이 없어서 아니 미치는 곳이 없다는 말입니까?

그래. 말은 좌우라고 했지만 사방 팔방 다 되는 거지.

예. 시방十方 세계에 두루 미친다는 말씀이겠지요. 그리고 "만물萬物이 시지恃之하여 이생이불사以生而不辭"란 말은 세상 만물이 道를 의지하여 태어나고 자라는데 그 어느 것 하나 버리지를 않는다는 말인가요?

물리치거나 버리거나 하지를 않는다는 말이지. 간택揀擇을 하지 않는다는 말일세. 예수님이 가난한 자나 부자나 남자나 여자나 배운 사람이나 무식한 사람이나 사람을 가려서 누구는 응해주고 누구는 거절하고 그러지를 않으셨잖은가?

어떤 사람을 가려서 물리치거나 접근을 막거나 그러지는 않으셨지요. 그렇지만 그 응하시는 방법은 사람에 따라 다르지 않았습니까?

물론, 달랐지.

예를 들면, 어떤 사람이 와서 아버지 유산을 자기 형이 독차지했으니 그걸 좀 나눠갖게 해달라고 부탁했을 때, 내가 너희 유산 상속을 도와주는 자인 줄 아느냐면서 한 마디로 물리치는데 말씀입니다, 바로 그 냉정한 물리침이 그때 그 사람을 응대하는 최선의 방법이었다는 얘기지요.

그래.

그러니 예수께서 부자들은 상대를 하지 않으셨다거나 사랑하지 않으셨다는 생각은 잘못된 생각이겠지요?

잘못된 생각이지. 예수님이 '부자들의 가난함'을 얼마나 가슴 아파하셨나? 그 가난함을 해결하는 길은 가진 것을 나누는 방법밖에 없는데,

그들은 예수님의 처방을 받아들이지 않았거든. 예수님이 그들을 가려서 배척하신 건 아니지.

옳습니다. 그래서 성인聖人은 무기인無棄人이라고 했지요. 다음 구절은 어떻게 읽습니까?

무슨 의도를 따로 품지 아니하여

"고故로 상무욕常無欲하여 가명어소의可名於小矣요 만물귀언萬物歸焉이나 이불위주而不爲主하여 가명어대의可名於大矣니라", 그런 까닭에 언제나 무슨 의도를 따로 품지 아니하여 작다(小)는 이름으로 불릴 수 있고 만물이 그리로 쏠려 있지만 만물을 소유하지 아니하여 크다(大)는 이름으로 불릴 수 있느니라.

여기서 작다, 크다, 이 얘기는 이름을 그렇게 지어 부를 수 있다는 거지 실제로 작거나 크거나 그렇다는 건 아니겠지요?

道에 무슨 대소大小가 따로 있는가?

그렇지요. 그런데 여기서 상무욕常無欲이라고 했을 때 이 말을 잘못 알아들으면 아무런 의욕도 없다는 말로 들을 수 있거든요. 배가 고프면 뭘 먹고 싶은 마음이 일어나는데, 그런데 그런 마음까지 없는 걸 얘기한다면 무슨 돌멩이쯤 되라는 거 아닙니까?

그건 아니지.

이렇게 읽으면 어떨까요? 우리가 무심無心으로 무엇을 바라는 게 있지 않습니까? 예를 들면 가뭄에 나무가 잎을 오그리며 뿌리를 아래로 뻗는 것처럼 그렇게 무엇을 바라는 경우 그것은 여기서 말하는 '욕欲'이 아니고요, 무슨 생각이 있어서 유심有心으로 무엇을 바라는 것, 그것을 여기서 말하는 '욕欲'으로 읽는 겁니다. 그러니까 『금강경』에서 "어디에도 머무는 바 없이 마음을 쓰는(無所住而生其心)" 그런 경지를 여기서 말하는 '상무욕常無欲'으로 읽는 거지요. 그러니까, 바늘 끝만큼의 의도하는 바가 따로 없으니 일컬어 '작다'고 할 수 있다는 얘기겠네요. 반대로 만물이 모두 그리로 돌아가는데, 그만큼 품이 넓은데 그 만물을 자기의 것으로 소유하지 않으니 일컬어 '크다'고 할 수 있고요.

그런 얘기지.

그런데, 만물 가운데는 우리가 좋아하는 것이 있고 싫어하는 게 있거든요. 그래서 어떤 것은 가지려고 하고 어떤 것은 버리려고 하고 그런단 말씀입니다. 그런데 만일 하느님과 일체가 되어, 道와 하나가 되어 처신한다면 그러지를 않는다는 거겠지요.

그래서 『신심명』 첫 마디에 말씀하시지 않았던가? "지도至道는 무난無難이니 유혐간택唯嫌揀擇하라. 단막증애但莫憎愛하면 통연명백洞然明白이라", 지극한 道는 어렵지 아니하니 오직 간택함을 꺼릴 것이다. 미워하고 사랑하는 일만 하지 않으면 문득 모든 것이 환하게 밝아지느니라. 무엇을 가리고 나누고 받아들이고 배척하고 하는 이 모든 것이 道를 떠난 사私에서 이루어지는 것이거든.

옳습니다. 그런데요, 그걸 알고 있으면서도 말 그대로 전광석화처럼 빠르게, 그러니까 저도 모르는 순간에 이미 선택하고 배척하고 그러는 저를 보게 된단 말씀입니다. 이 못된 버릇을 어떻게 해야 할는지 알 수가 없어요. 그놈은 어쩌면 제가 이 세상에 태어나기도 전에, 저보다 더 먼저부터 있었던 것 같다는 그런 느낌이 들기도 합니다. 어떤 때는 저의 '아我'가 마치 무슨 태산처럼 제 앞을 막아서 있는 것 같기도 하지요. 그럴 때는 그저 절망스러울 뿐입니다.

그래도 자네는 자네가 그런 버릇을 지니고 있다는 것을 알고 있잖나?

하긴 그것만 해도 이전과 견주면 그나마 좀 달라진 셈은 되겠지요.

그게 자네 개인의 병도 되지만 엄청난 세상의 병이지. 세상을 망하게 하는 병이란 말일세.

크고자 아니하므로 크게 된다

"시이是以로 성인聖人은 이기종부자위대以其終不自爲大요 고故로 능성기대能成其大니라", 이러하므로 성인은 스스로 위대하게 되고자 아니하고 그런 까닭에 그 위대함(大)을 이루느니라.

스스로 크려고 하지 아니하므로 크게 된다는 그런 말이군요.

그래. 그러니까 참으로 위대한 게 어떤 건지를 잘 말해준다고 하겠는데, 정말로 위대한 게 어떤 것인고 하니 모든 것을 낳아서 키우되 그 어느 것도 버리지 않고 모든 것을 이루되 그 공을 차지하려 들지 않고 모든 것이 그 품에 돌아와 깃들지만 그것들을 제 것으로 소유하지 않고, 뭐 그런 거지. 얼핏 보면 잘 보이지도 않을 만큼 작고 아무런 공도 없는 것 같지만 그러기에 사실은 그 위대함을 이루는 거라.

스스로 커지려 하지 않는다(不自爲大)는 말은 일부러 작아지려고 하지도 않는다는 말이겠지요?

그럼. 그런 말이지.

모든 작위를 떠나는 거니까요.

그래. 크니 작으니 하는 데 마음을 두지 않는 거라. 대도범혜大道氾兮여 기가좌우其可左右인데, 우주 만물 그 어디에도 미치지 않는 데가 없는데, 뭘 더 바랄 게 있겠어?

道를 모시고 사는 사람은 작으니 크니 하는 데 괘념하지 않는다는 말씀이시죠?

그런 걸 염두에 두지 않는다는 말이지.

그렇다면 공성이불거功成而不居도 공을 세우고자 하는 의도가 없이 공을 세웠기에 그 자리에 머물러 있지 않는 것 아닙니까? 만일 조금이라도 어떤 공을 세우겠다는 마음이 있어 공을 세웠다면 그 자리에서 떠날 수 없겠지요.

그렇지.

여기서도 결국 문제는 유위有爲냐, 무위無爲냐, 거기에 딸려 있군요.

35장
큰 형상을 잡고 세상에 나아가니

큰 형상을 잡고 세상에 나아가니 나아가매 해가 없어서 안전하고 평온하고 태평하다. 음악과 음식이 있으면 나그네가 길을 멈추거니와, 道가 나오는 곳이여, 담담하여 아무 맛이 없구나. 보되 족히 볼 만한 것이 없고 듣되 족히 들을 만한 것이 없으나 그것을 씀에 있어서는 아무리 써도 다함이 없다.

執大象, 天下往, 往而不害, 安平泰. 樂與餌, 過客止. 道之出口, 淡乎其無味. 視之不足見, 聽之不足聞, 用之不可旣.

道를 지니고 가는 사람

"집대상執大象하여 천하왕天下往하니 왕이불해往而不害하여 안평태安平泰니라", 큰 형상을 잡고 천하에 나아가니 나아가매 해가 없어 안전하고 평온하고 태평하도다.

여기 천하에 나아가는 주체가 누굽니까?

道를 지니고 가는 사람이지.

그러니까 그 사람에게 해가 없다는 말입니까?

그렇지. 道를 지닌 사람에게는 적수가 없거든.

'안평태安平泰' 도 역시, 道를 지니고 가는 사람이 그렇다는 말이겠지요?

그래. 道를 지니고 세상에 나아가는 사람은 언제나 안전하고 평온하고 태평하다는 얘기지.

'대상大象' 을 큰 형상이라고 읽으셨는데요, 道가 그렇다는 말입니까?

道는 형상이 따로 없잖은가?

그러니까 여기서 큰 형상(大象)이라고 한 것은 형상이 없는 형상을 가리키는 말이 되겠군요?

그렇지. 무상지상無象之象이란 말이 있잖아? 바로 그거야.

14장에 그 말이 나옵니다. 이夷와 희希와 미微로 道를 설명한 뒤에 "일컬어 형상 없는 형상(無象之象)이라 하고 또 홀황惚恍이라 한다"고 했지요. 결국 기독교에서 말하는, 아버지를 모시고 살아가는 사람이 그 사람이겠군요. 다윗의 유명한 시구 두 구절이 생각납니다.

> 야훼는 나의 목자
> 아쉬울 것 없어라……
> 나 비록 음산한 죽음의 골짜기를 지날지라도

내 곁에 주님 계시오니 무서울 것 없어라.

이 산 저 산 쳐다본다.
도움이 어디서 오는가?
하늘과 땅을 만드신 분,
야훼에게서 나의 구원은 오는구나……
야훼는 너의 그늘, 너를 지키시는 이,
야훼께서 네 오른 편에 서 계신다.
낮의 해가 너를 해치지 않고
밤의 달이 너를 해치지 못하리라.

道를 지니고 가는 사람이 성경에서 말하는 하느님 아버지를 모시고 가는 사람이지.

"천하에 나아간다(天下往)"고 했는데요, 나아간다는 말이 무슨 뜻입니까?

세상을 살아간다는 말이지. 사는 게 가는 게 아닌가? 道와 함께 사는 사람은 어디에 있거나 그의 길을 가로막는 게 있을 수 없다는 얘길세.

그래서 안安하고 평平하고 태泰하다?

그래.

道를 지니고 사는 사람은 이미 너니 나니 하는 상대적인 틀을 벗어난 처지에 있지 않습니까? 그러니 누구를 만나도 그를 '나'의 상대인 '너'로 만나는 게 아니고, 그러니까 언제 누구를 만나도 안평태安平泰겠지요. 내가 나를 만나는 거니까요.

말인즉 옳은 말이네. 너와 나를 분리하는 그런 장벽은 본디 없으니까.

그러니 "해가 없다"라는 말도, 그에게 해가 없다는 뜻과 함께 그로 말미암아 천하에도 해가 없다는 뜻을 지니고 있다고 봐야겠지요?

그렇지.

어떤 사람은 곁에 가면 불안한데요 선생님께 오면 늘 평안하거든요.

허허허…… 그렇던가? 道를 지닌 사람한테는 이불리利不利가 없잖은가? 그런데 보통 사람들은 언제나 이해 관계로 사람이나 사물을 대하거든. 바로 이 시각의 차이에서 평안이냐 불안이냐가 결정되는 거란 말씀이야.

다음으로 넘어갈까요?

그러지.

보되 족히 볼 만한 것이 없으나

"악여이樂與餌에는 과객지過客止하거니와 도지출구道之出口여 담호기무미淡乎其無味로다", 음악과 맛있는 음식이 있으면 지나가는 나그네도 멈추거니와, 道가 나오는 곳이여, 담담하여 맛이 없구나. "시지부족견視之不足見하고" 보되 족히 볼 것이 없고, "청지부족문聽之不足聞하되" 들어도 족히 들을 만한 것이 없으되, "용지불가기用之不可旣니라" 그러나 그것을 씀에 있어서는 아무리 써도 다함이 없다, 이런 말이지.

그러니까 여기서 말하는 음악이나 음식은 담담한 게 아니군요?

귀와 혀의 감각을 자극하는 거니까 정靜이나 무無하고는 거리가 있지.

음식이나 음악이 있는 곳에 나그네가 멈춘다고 했는데요, 그건 음식을 먹거나 음악을 들으려고 멈춘다는 말이겠지요?

감각을 자극해서 욕심을 내게 만드니까 거기에 모여든다는 말이지.

"도지출구道之出口"는 무엇입니까?

道가 나오는 곳, 그러니까 道에 대한 말이라고 해도 되겠네. 그렇게 읽는 게 다음 구절에 더 잘 맞겠군. 道에 대한 말은 담담하여 색다른 맛이 없거든.

하긴 물에도 여러 가지가 있는데 가장 좋은 물은 무미無味한 맹물이지요. 차가 좋다기에 좀 마셨더니 그것도 많이 마시니까 좋지 않더군요.

아무 맛도 없는 게 맹물이지.

아하! 그렇군요. 맹물은 날마다 먹어도 괜찮습니다만 꿀물은 달지만 그렇게 마실 수가 없지요. 그런데 우리는, 가끔 먹는 것을 귀하다 하고 매일 먹는 것은 별로 귀한 줄 모르거든요.

그래서 노자는 사람들이 욕심내지 않는 것을 욕심내고(慾不慾) 사람들이 배우려고 하지 않는 것을 배우는(學不學) 그런 사람이었지.

그 말은 사람들이 욕심내는 것을 귀하게 여기지 않고, 사람들이 열심히 배우려는 것을 오히려 가볍게 여긴다는 뜻도 되겠지요?

같은 말이지.

하긴 예수님이 사람을 대하는 태도만 봐도 말입니다, 보통 사람들이 업신여기고 경멸하는 대상은 아주 소중하게 대하시고 반대로 왕이라든가 귀족, 학자 이런 사람들은 때로 너무하다 싶을 만큼 경멸하는 모습을 보여주시거든요. 그런 것도, 하잘것없어 보이는 것이 소중한 것임을 보는 안목이 있기에 가능하지 않았나 생각됩니다.

천한 사람들 없이 왕이 어떻게 있을 수 있나? 백성이 있어서 왕이 있는 거니까, 백성이 어디까지나 본本이지. 이 뒤 어딘가에, 귀貴는 천賤으로써 본本을 삼고 고高는 하下로써 바탕(基)을 삼는다는 말이 나올 걸세.

공자님이, 道에 가까운 사람은 본本과 말末을 알아 먼저와 나중을 가릴 줄 안다고 하신 것도 비슷한 말씀이겠군요. 선생님 말씀을 듣다보니 옛날에 겪었던 작은 일이 하나 생각납니다. 제가 서른 중반 나이에 시골 교회에서 전도사 노릇을 하고 있을 땐데요, 옆 교회에서 목사 주택을 새로 지었는데 예배당 건물보다 더 거창하게 보였어요. 물론 주택은 새로 지은 것이고 예배당은 오래된 낡은 건물이니까 그렇게 보였겠지요. 예배당에 견주어 주택이 너무 크고 호화스러운 느낌이 들지 않느냐고 넌지시 물었더니 제 선배인 목사님이 말하기를, 주택을 이 정도로는 지어놔야 경찰 서장이니 군수니 읍장이니 하는 이른바 지역 유지들이 목사를 대우한다는 겁니다. 그 말을 듣고 더 이상 아무 말도 안 했습니다만 속으로, 목사가 마땅히 눈치를 봐야 할 사람은 지역 유지들이 아니라 가난한 마을 사람들이 아니겠느냐고, 군수 따위는 오히려 무시해도 되는 상대가 아니겠느냐고, 목사님은 어째서 눈치봐야 할 사람들은 무시하고 무시해도 될 사람은 눈치를 보느냐고, 사실 하고 싶은 말이 많았지요. 예수님이 당시의 거들먹거리는 이른바 유지들을 어떻게 대하셨고 비천한 상태에 있는 가난한 민중을 어떻게 대하셨는지 잠깐만 살펴봐도 대답은 뻔하지 않습니까?

맹물 같은 존재

"보아도 볼 만한 것이 없다(視之不足見)"라는 말은 무엇이 그렇단 말입니까?

道에 대한 말(道之出口)이 그렇다는 얘기지. 들어볼 만한 말이 아니라는 거라.

道를 얘기하는 사람이 그렇다는 뜻도 되겠지요?

그렇게 읽어도 상관없지. 道를 지니고 사는 사람이라는 게, 그게 뭐

볼품이 없거든.

맹물 같은 존재니까요.

그래. 道에 대한 얘기라는 것도, 그게 뭐 들어봐야 들을 만한 게 별로 없는 거라.

그러나, 아무리 써도 다함이 없다는 것 아닙니까?

그렇지. 모든 힘이 다 거기서 왔다가 거기로 돌아가니까.

가장 흔한 게 공기인데요, 그 공기 없이는 만물이 한 순간도 존재할 수 없잖습니까?

바로 그 얘길세. 그게 곧 존재의 바탕(基)이지.

그런데 그걸 귀한 줄 모른단 말씀입니다.

그래. 그러니까 시방 죄다 죽게 되지 않았어? '개발' 이라는 이름 아래 더 많이 만들고 더 많이 돈벌고 그러느라고 이 반세기도 안 되는 기간에 말이지, 처처에 시방 땅이 죽고 물이 죽고 공기가 죽고 나무가 죽고 새가 죽고 온통 모두 죽어가고 있잖나?

도대체 '개발' 이라는 개념 자체가 악마적이라는 생각이 듭니다.

그게 1949년 정월 트루만이 미국 대통령으로 취임하면서 정책적으로 내세운 것인데, 미국의 세계 전략이었지. 그 뒤로 전세계가 미국의 개발 정책에 휘말려들어서 오늘에 이르러 이 모양이 된 거라.

미국이란 나라가 저희들이 교과서에서 배우기에는 유럽의 청교도들이 신앙의 자유를 찾아 대서양을 건너가서 세운 나라라고 배웠습니다만, 사실인즉 황금을 찾아 대륙을 발견한 콜럼버스부터 그랬고, 그들이 거기 가서 한 일은 인디언을 쫓아내고 그들의 땅을 빼앗은 것 아닙니까? 그런 바탕 위에 세워진 나라니까 그런 정책을 내세울 수밖에 없지 않겠나 생각됩니다. 특히 우리 나라는 그 어느 나라보다도 지난 반세기

동안 미국의 정책에 휘둘려왔지요. 안타까운 일입니다.

뒤집기

선생님과 함께 이렇게 노자를 읽으면서 결국은 우리의 고정관념을 뒤집는 거라는 생각이 드는군요.

그래. 잘못 생각하고 잘못 생활해 온 것을 다시 정리하게 되지. 근본 바탕을 정리하는 거라. 요즘 공해 문제니 환경 문제니 말들이 많은데, 자신이 생활하는 바탕을 고치지 않고 떠드는 것은 뭐냐 하면, 제 집은 마냥 깨끗하게 쓸고 닦고 하는데 그 쓰레기를 담 너머로 던져버리는 꼬락서니인 거라. 그래서는 문제가 풀어지기는커녕 오히려 더 꼬일 뿐이지. 그러니까 말하자면, 하느님 아버지가 누구시며 그분이 우리 인간에게 무엇을 바라시는지 그걸 제대로 깨닫지 못하고서는 말이지, 그게 곧 생명인데, 그것이 없이는 지금 말하는 환경 문제나 생태계 파괴 문제가 해결이 안 되는 거라.

옛날 어른들은 이사해야겠다는 말을 집 안에서 하지 않았다면서요? 집이 듣고 서운해 한다고요.

그랬지.

소 팔아야겠다는 말도 외양간에서는 하지 않았답니다. 오늘 차 타고 원주 넘어오는데 라디오에서 웬 주부의 편지를 읽어주는데요, 슬리퍼를 박박 문질러 닦고 있자니 어린 딸애가 울더라는 겁니다. 왜 우느냐니까 딸애가 "그렇게 박박 문지르면 아프잖아?" 그러더라는 거예요. 저게 바로 천국에 들어가려면 반드시 지녀야 하는 '어린아이의 마음'이로구나 싶더군요. 우리 모두 그런 마음으로 사물을 대할 때에야 비로소 환경 문제도 풀릴 수 있지 않겠습니까?

그래. 그렇게 되면 하찮은 사물 하나라도 함부로 대할 수가 없네. 그게 밖으로 나타나면 검소한 것이고, 매사를 '경敬'으로써 처리하는 것이 되지.

우리가 지금 살고 있는 나라는 자본주의 체제인데요, 지독한 유물론에 바탕한 체제라는 생각이 듭니다. 세상에 이토록 물질지상일 수가 없어요. 그런데요, 그러면서 한편으로는 이토록 물질을 함부로 취급하고 나아가 경멸하기까지 하는 체제도 드물겠다 싶거든요.

물질에 강한 자는 정신에 강한 자라는 말이 있어. 하찮은 미물 하나라도 그게 우주와 연결되어야 비로소 존재한단 말이야. 그걸 제대로 알면서 살아가는 사람은 저절로 검소해질 수밖에 없지. 어떻게 물건 하나를 가벼이 여기겠는가?

자기 몸 대하듯이 대해야 할 테니까요.

그래.

이웃을 네 몸처럼 사랑하라고 할 때의 그 '이웃'을 사람으로만 국한시킬 게 아니라는 생각이 드네요……

바로 그거야. 자네가 시방 중요한 얘길 하는구먼. 바로 그걸 동학의 해월 선생께서 아주 잘 말씀하셨지. 나무 싹 하나, 새알 하나도 함부로 대하지 않고 소중히 여기면 나무가 무성할 것이고 벌레나 새들이 죄다 거기 깃들 것이고 모두 함께 기뻐할 것이라는 그런 말씀을 하셨거든. 일체의 존재를 자기의 형이요 누이요 한 핏줄이라고 여긴 프란체스코 성인이 새들에게 설교했다는 얘기도 있잖은가?

36장
거두어들이고자 하면 베풀어야 하고

거두어들이려고 하면 반드시 베풀어야 하고 장차 약하게 하려면 반드시 강하게 해야 하고 장차 무너뜨리고자 하면 반드시 세워야 하고 빼앗고자 하면 반드시 줘야 한다. 이를 일컬어 보이지 않는 빛이라 한다. 부드럽고 약한 것이 단단하고 강한 것을 이기고 물고기는 연못을 벗어날 수 없으며 나라의 이로운 그릇은 남에게 보이면 안 된다.

將欲歙之, 必固張之, 將欲弱之, 必固强之, 將欲廢之, 必固興之, 將欲奪之, 必固與之, 是謂微明. 柔弱勝剛强, 魚不可脫於淵, 國之利器不可以示人.

사물의 자기 부정 법칙

제가 한번 읽어볼까요?

그러지.

"장욕흡지將欲歙之에 필고장지必固張之하고 장욕약지將欲弱之에 필고강지必固强之하고 장욕폐지將欲廢之에 필고흥지必固興之하고 장욕탈지將欲奪之에 필고여지必固與之하니 시위미명是謂微明이라. 유약승강강柔弱勝剛强하고 어불가탈어연魚不可脫於淵하며 국지이기불가이시인國之利器不可以示人이니라."

됐네.

그럼 첫 구절부터 풀어서 읽어주십시오.

"장욕흡지將欲歙之에 필고장지必固張之하고" 거두어들이고자 할 적에는 반드시 베풀어야 하고, "장욕약지將欲弱之에 필고강지必固强之하고" 장차 약하게 하려면 반드시 강하게 해야 하고, "장욕폐지將欲廢之에 필고흥지必固興之하고" 장차 무너뜨리고자 한다면 반드시 일으켜세워야 하고, "장욕탈지將欲奪之에 필고여지必固與之하니" 빼앗고자 하면 반드시 줘야 하나니, "시위미명是謂微明이라" 이를 일컬어 '보이지 않는 빛(微明)' 이라고 한다, 이런 말이지.

나머지도 계속 읽어주시지요.

"유약승강강柔弱勝剛强하고" 부드럽고 약한 것이 단단하고 강한 것을 이기고, "어불가탈어연魚不可脫於淵하고" 물고기는 연못을 벗어날 수 없고, "국지이기國之利器는 불가이시인不可以示人이니라" 나라의 이로운 그릇은 남에게 보이면 안 되느니라.

"장욕흡지將欲歙之"에서 "필고여지必固與之"까지는 대충 무슨 말인지 알겠는데요, 그걸 왜 '보이지 않는 빛(微明)' 이라고 하는지요?

사람이 무엇을 거두어들이려고 할 적에 말이지 먼저 베풀려고 하지를 않는단 말이야. 이러이러한 것을 하려 할 때에는 그 반대되는 행위가 먼저 있어야 하거든. 그러니까 사물의 자기 부정 법칙을 알아야지. 성공을 하려면 실수를 거듭해야 되잖아? 그래서 실패는 성공의 어머니라는 말이 있게 되는 거라. 그런데 사람들은 흔히 성공만 보지 그것을 있게끔 한 실패는 보지 않는단 말야. 일등이 있기 위해서는 이등 아래가 있어야 하는 건데, 일등만 보고 그 아래는 안 보거든. 그래서는 이 사회가 도무지 견디지를 못하지. '일등' 과 '이등 이하' 를 경쟁 상대로만 볼 게 아니라 이쪽이 없으면 저쪽도 없는 거니까 서로 보완해 주는, 또는 하나를 이루는 그런 관계로 봐야 하는 거라. 그런 안목이 있어야 해. 그러니까 자기보다 성적이 못한 친구를 조금도 꾸밈없이 깔보지 않고 허심하게 사랑으로 대할 줄 아는 그런 마음 바탕이 일상 생활 속에 깔려 있어야 한다 이거야. 약하게 하려면 강하게 해야 한다는 말도 그렇지. 강한 놈이 만날 강할 수 있나? 만날 주먹을 불끈 쥐고 있을 수는 없잖아? 펴야지. 주먹을 펴지 않고는 쥘 수도 없으니까. 동일한 상태가 언제까지나 그대로 이어지는 것은 아니거든.

약한 게 강해지고 강한 게 약해지고 그러는데 말씀입니다, 어디서 어디까지가 약한 것이고 어디서부터가 강한 것인지, 그것을 똑 부러지게 나눌 수는 없는 것 아닙니까?

나뉘지를 않는 거지. 하나의 관계니까.

그러니까 약한 것이 곧 강한 것이라는 말이 성립될 수도 있겠군요?

모순의 통일이니까, 그럴 수 있지. 그래야 하는 거고.

확실한 건데도 못 본다

그렇지요. 결국 이 구절은 사람들이 살아가면서 사물의 자기 부정 법칙을 무시하는 것에 대한 지적이 되겠습니다.

그래. 선이 소중한 건 잘 알지만 악 또한 소중하다는 건 모르거든. 그렇게 보지를 않는 거지. 무너뜨리려면 먼저 일으켜세워야 해. 이게 말로는 쉬울지 모르나 굉장히 어려운 얘기라. 정치판에서 말이지, 상대를 이기려면 상대가 잘 되게끔 해줘야 하는 건데, 그런데 이게 잘 되지 않는단 말야. 진정 이기는 것은 상대를 잘 되게 해주는 것이거든. 그래 놓으면 모두 그가 더 강하다고, 상대를 잘 되게 해준 그가 진짜 승자요 훌륭한 자라고 여긴단 말씀이야.

예. 그렇지요. 옳습니다. 1987년도에 두 김씨 가운데 누구 하나라도 그 자리에 섰더라면 백성에게는 그분이 승자요 위대한 정치가로 남았겠지요.

그런데 그게 안 되니까 사회가 갈수록 힘들게 되는 거라.

그게 안 되는 이유는 사물의 법칙을 온전하게 보지 못했기 때문이 아니겠습니까? 이른바 격물치지格物致知가 이루어지지 않은 거지요.

그래. 사물이 지니고 있는 모순의 통일성, 그걸 보지 못할 경우에, 그러니까 道의 본질을 제대로 파악하지 못했을 경우에 그런 결과가 나타나지.

바로 그게 확실한 사실이니까 '명明'인데, 분명한 건데, 사람들이 잘 못 보니까 '미명微明'이라고 하는 거군요?

보지 못하는 빛이지.

확실한 건데도 못 본다, 이 말씀이지요?

그래서, 미명이야.

알겠습니다.

또 장차 빼앗으려고 하거든 먼저 주라고 했지. 고기를 잡재도 미끼를 줘야 하잖나? 얘기가 좀 우습게 됐지만 이치가 그런 거라.

그런데요, 선생님. 여기서 '탈奪'과 '여與'의 자리를 바꾸면 어떻게 됩니까? 주기 위해서 뺏는다(將欲與之 必固奪之)고 해도 말이 될까요?

그건 곤란해. 얘기가 안 되지. 여기서 말하는 건 道의 서序거든. 道의 움직이는 질서를 얘기하는 거란 말씀이야. 그러니까 거꾸로 말해서는 곤란하지. 질서를 뒤집어놓는 거니까.

그렇군요. 그러니까 '하나'라고 하는 말을 개념으로만 받아들이면, 또 논리로만 받아들이면 이런 전도가 가능한데요, 그러나 道가 하나라는 말을 실체로 받아들일 경우에는 그 '하나'가 곧 엄정한 '질서'니까 거기엔 어디까지나 시始와 종終이 있고 본本과 말末이 있어서 그걸 맘대로 뒤집어놓을 수가 없다는 말씀이겠지요.

3 · 1 운동 직후 서울 YMCA에서 월남月南 이상재 선생이 강연을 하시는데, 내가 여기 오다보니까 길에서 웬 아이가 떡을 먹고 있는데 힘센 녀석이 오더니 달떡 만들어준다면서 둥글게 베어먹고 별떡 만들어준다면서 별처럼 베어먹더니 꿀떡 만들어준다면서 아예 꿀떡 삼켜버리더라, 이런 얘기를 하셨다더군. 이게 순서를 뒤집으면 그런 짝이 나지 않겠나? 주기 위해서 뺏는다는 건 그건 궤변이지.

단순 논리의 차원에서는 혹시 그럴 수 있을지 모르지만……

그래. 그러나 본질에서는 아니지.

부드럽고 약한 것을 존중함

"유약승강강柔弱勝剛强"은 노자가 여러 번 되풀이하는 말 아닙니까?

그렇지. 부드럽고 약한 것이 단단하고 강한 것을 이긴다는 얘긴데, 『도덕경』 전체를 관통하는 말이야.

그 다음에 "고기는 연못을 벗어날 수 없다(魚不可脫於淵)"고 했는데요, 이건 일종의 비유 아닙니까? 무엇을 가리키는 비유일까요? 고기를 사람으로 본다면 연못은 道가 되나요?

꼭 사람으로 국한시킬 건 없지만, 그런 얘기가 되겠지. 우리 속담에 용이 뭍에 오르면 개미한테 뜯겨 죽는다는 말이 있네. 그러니까 이 말은 모든 것이 그 있어야 할 곳에 있어야 한다는 그런 뜻인 거라.

그렇군요. "나라의 이로운 그릇은 사람들에게 보여서는 안 된다(國之利器不可以示人)"는 말은 무슨 뜻일까요?

그렇게 되면 나라가 위태로워지지 않겠어? 나라의 강점을 노출시키면 그건 곧 나라의 허점을 드러내는 거니까, 강점은 언제나 허점을 수반하거든, 그렇게 되면 나라를 지탱하는 데 위협을 받게 되겠지.

'이기利器'라는 게 강점이라면 그 강점은 언제나 약점을 수반한다는 말씀이지요?

그래.

여기서 사람들에게 보인다는 뜻인 '시인示人'이란 말이 남에게 과시한다는 그런 뜻 아닙니까?

그거지. 자랑한단 말이야. 그런데 시방 나라마다 어떻게 하고 있는가? 저마다 제 힘을 과시하고 있거든. 그러니 또 그걸 이겨보려고 온갖 무기를 개발하는 거지.

"유약승강강柔弱勝剛强하고 어불가탈어연魚不可脫於淵하고 국지이기불가이시인國之利器不可以示人이라"고 했는데요. 저한테는 이 세 문장이 서로 접촉이 잘 안 됩니다. 셋이 무슨 통일된 내용을 얘기하고 있는 건지, 아니면 그냥 그렇다는 얘기를 나열한 건지……

통일된 내용을 담고 있다고 봐야지. 부드럽고 약하고 조용하고 은밀하게 감추어져 있는 것을 얘기하고 있는 거야. 강하고 굳센 것을 이기는 건 약하고 부드러운 것 아닌가? 그리고 고기가 안 죽고 살아가려면 있는지도 잘 모르는 물 속에 있어야 하거든. 국가의 이기利器란 중요한 건데 그건 은밀하게 감추어져 있어야 하고, 조용해야 한단 말이야. 그러니까 일상에 道를 지닌 자의 태도는 언제나 조용하고 부드럽고 유약하다는 얘기를 지금 하고 있는 걸세. 시종일관 노자는 부드러움과 약함, 떠벌이지 않는 고요함을 존중하고 나가지.

그러자니 굳세고 강한 것을 존중하는 세상에서 거꾸로 살 수밖에 없었겠지요.

바로 그게 성인들의 발자취 아니던가?

옳습니다. 고기가 물을 의식하지 못하지만 물을 떠나서는 살 수 없듯이, 우리도 그렇지 않겠습니까? 道를 의식하지 못하면서도 道를 떠나서는 살 수 없으니까요. 道가 무슨 형체를 지녔다면 쉽게 의식하겠지요. 그런데 아무런 형상이 없거든요. 보이지도 않고 잡히지도 않고 들리지도 않고……

'나'로 말미암아 천지가 생기고

자네가 시방 그렇게 얘길 하니까 송나라 때 유학자인 소강절邵康節 선생의 '자여음自餘吟'이 생각나는구먼.

신생천지후身生天地後나

심재천지전心在天地前이라

천지자아생天地自我生이니

자여하족언自餘何足言이리요

몸은 천지가 있은 뒤에 생겨났으나 마음은 천지가 생기기 전에 있었노라. 하늘과 땅이 나로 말미암아 생겨났으니 스스로 넉넉하여 남음이 있거늘 무엇을 족히 더 말하겠느냐? 이런 뜻이 되겠는데……

거기서 나로 말미암아 천지가 생겼다고 했는데요, 그 '나'가 누굽니까?

그게 뭐냐 하면 '마음'이요 '아버지'지. 둘째 줄의 '심心'이라는 게 그게 일심一心을 얘기하는 것이요, 하느님을 얘기하는 것이요, 道를 얘기하는 거요……

예수님이 내가 아브라함보다 먼저 있는 자라고 하셨을 때 그 말씀의 뜻도 "천지가 나로 말미암아 생겨났다(天地自我生)"는 구절과 같은 것 아닙니까?

바로 그 얘기지. 그러니까, 아버지가 내 안에 계시고 내가 아버지 안에 있어서 스스로 넉넉하여 오히려 남음이 있는데 무슨 말을 구차하게 더 해야겠느냐, 그런 말이야.

그게 동학에서는 '시천주侍天主'가 되는 겁니까?

그래. 그래서 동학에서는 일상 생활에서 늘 심고心告를 하지. 제가 지금 길을 떠납니다, 제가 지금 잠을 잡니다, 제가 지금 밥을 먹습니다, 이렇게 늘 아뢰는데 여기서 '심心'이 뭐냐 하면 그게 천天이요 한울님이요 신神이요 道요 하나요, 뭐 그런 거지. 그러니까 해월 선생께서 향아설위

向我設位를 명하셨던 걸세. '나(我)'를 향해 젯상을 차리라는 거라.

그때의 '나'가 말하자면 "천지자아생天地自我生"할 때의 그 '아我'겠지요?

물론!

미불*이 돌을 보고 절을 했을 때, 그것도 일종의 향아설위向我設位라고 볼 수 있을까요?

미불배석米芾拜石이라! 그렇지, 그것도 천지 생生하기 전부터 있었던 '심心'을 보고 절한 것이라고 해야겠지.

* 미불米芾: 북송 시대의 서화가. 자는 원장元章, 호는 해악海岳. 산수화에 뛰어났음. 후대에 남화南畵의 대표로 추앙되었는데, 잘 생긴 돌이나 기괴한 돌을 보면 반드시 절을 했다고 함.

37장
고요하여 의도하는 바가 없으면

道의 실재는 함이 없되 아니함이 없다. 임금이 만약 이를 지킬 수 있으면 만물이 스스로 이루어질 것이다. 그렇게 이루어지는 과정 속에 무슨 의도가 나타날 것 같으면 내가 이름 없는 비구별의 박樸으로써 그것을 다스리리라. 이름 없는 박樸 또한 의도할 바가 아니니, 고요하여 의도하는 바가 없으면 세상이 스스로 바르게 될 것이다.

道常無爲, 而無不爲. 王侯若能守, 萬物將自化. 化而欲作, 吾將鎭之以無名之樸. 無名之樸, 亦將不欲. 不欲以靜, 天下將自正.

함이 없되 아니함이 없다

그간 선생님께서 입원과 퇴원을 되풀이하시느라고 오랫동안 신역이 고되셨습니다. 이렇게 다시 모시고 노자를 읽게 되니 감회가 많습니다. 그럼, 본문을 읽어주시지요.

"도상무위道常無爲로되 이무불위而無不爲니라. 왕후王侯가 약능수若能守면 만물萬物이 장자화將自化라. 화이욕작化而欲作이면 오장진지이무명지박吾將鎭之以無名之樸하리라. 무명지박無名之樸이 역장불욕亦將不欲이니 불욕이정不欲以靜이면 천하天下가 장자정將自正이리라."

여기서 이른바 『도덕경』 상편이 정리되는데요, 원본에 상과 하로 나뉘어져 있나요?

글쎄, 그건 잘 모르겠군. '원본'이라는 게 어디 있나?

그렇지요. 그러나 누가 어떻게 나눴는지는 모르지만 이렇게 상편, 하편으로 나눈 것은 일반화되었고 나름대로 의미도 있지 않겠습니까?

있겠지. 대개 상편을 도경道經이라 하고 하편을 덕경德經이라고 하는 모양인데, 아래 위가 서로 깊이 연결되어 있으니까 반드시 상편이라고 해서 道만 다루고 하편이라고 해서 德만 다루었다고는 말할 수 없지. 흔히 道를 德의 체體로 보고 德을 道의 용用으로 보거니와 본디 체용體用이 일원一元 아닌가?

그렇지요.

자, 그럼 본문으로 들어가볼까요?

"도상무위道常無爲로되 이무불위而無不爲니라", 여기서 상常은 실재니까, 무슨 말이냐 하면 道의 실재는 일부러 함이 없되 아니함이 없다는 그런 말이야. 그러니까 일체의 작용을 하고 있는 거지. "왕후王侯가 약능수若能守면 만물장자화萬物將自化라", 임금이 道를 능히 지킨다면 세상

만물이 스스로 이루어지리라……

여기서 앞에 임금(王侯)이 나왔으면 뒤에는 백성이 나와야 할 텐데요, 왜 '만물'이라는 말을 썼을까요?

만물이라고 하면 그 안에 사람이 들어 있거든. 임금이 다스려야 할 대상이 어찌 백성만이겠나? 산천초목山川草木과 더불어 살게 돼 있는 게 사람인데. 그래서 여기서는 사람에 국한되는 '백성' 대신 '만물'이라는 용어를 썼다고 나는 보네. 인물도 만물에 들어가니까.

그렇군요. 그렇다면 '백성' 대신 '만물'이라는 용어를 쓴 것이 특히 요즘 세상에 큰 뜻을 지닌다고 볼 수 있겠습니다. '사람 인人'이 '만물 만萬' 위에 군림하는 시대 아닙니까? 사실은 그 속에 들어 있는 존재면서요.

그래.

그런데요, 이게 옛날에 진짜로 왕이 있던 시대에는 여기 '왕후'라는 말이 아주 자연스럽게 읽혔겠지만 지금은 왕정 시대가 아니거든요. 그러니 '왕후'라는 말을 어떻게 읽어야 합니까? 누굴 가리키는 말로 읽어야 할까요? 대통령쯤 될까요?

대통령이든 수상이든, 하늘을 받들어 사람을 잘 살 수 있도록 그런 일을 위임받은 사람들 있잖은가? 그러나……

제가 왜 이걸 여쭙는고 하니요, 자칫하면 현대인이 이 글을 읽으면서 나는 왕후가 아니니까 이 글과 상관없다고 그렇게 생각할 수도 있을 거란 말씀입니다. 그건 곤란하지 않습니까?

그렇게 읽으면 안 되지. 노자께서 간곡히 치정治政에 관한 이야길 하고 또 왕에 대한 이야기도 자주 하시지만 그 이야기에서 백성을 제외하는 건 아니거든. 어디선가, 공내왕公乃王이라고 하지 않았나? 사私가 없으면 그게 곧 왕이지.

그러니까 여기 왕이라는 말은 나까지 포함된 그런 왕이군요?

그래. 그러니까 이 구절은 모든 사람에게 해당되는 얘기가 되지. 예수가 무슨 왕관을 썼던가? 그런데도 그를 왕중왕王中王이라고 부르잖아? 그런 의미로 읽어야겠지.

그러면 만물장자화萬物將自化할 때의 '만물' 안에 왕 자신도 들어 있는 겁니까?

물론! 노장의 사상에서는 이분법이라는 게 금물이거든. 통치자와 피치자가 나누어지는 게 아니란 얘기야.

선생님 목소리에 다시 활기가 솟는 걸 뵙게 되니 참 좋습니다!

허허허…… 자네가 시방 자꾸 부추기고 있잖은가?

다음 구절로 넘어가지요.

그러세.

쇠나무에 꽃이 피리

"화이욕작化而欲作이면 오장진지이무명지박吾將鎭之以無名之樸하리라", 만약 그렇게 변화하는 과정 속에 무슨 의도나 욕심이 나타날 것 같으면 내가 장차 이름 없는 박樸으로써 그것을 다스릴 것이라는 얘긴데, 여기서 '박樸'은 '비구별非區別'을 말하는 거지. 道에는 구별이 없잖아? 그 어느 것도 주主에 대한 객客으로 대상화하지 않는단 말이야.

그러니까 무명無名이지요. 유명有名이면 이미 구별이 돼 있는 거니까요.

그래. 그래서 무명지박無名之樸이지. "무명지박無名之樸이 역장불욕亦

將不欲이니", 이름 없는 통나무는, 道는, 그것 또한 의도할 바가 아니니 ……

그러니까 무위 자체도 인위로써 해서는 안 된다는 말입니까?

안 되지. 그게 인위로 되는가?

억지로 무위를 할 수는 없는 일이지요. 한다면 그건 무위가 아니니까요. 깨달음도 그렇지 않습니까? 『금강경』에 보니까, 보살이 자기가 무엇을 깨달았다고 생각하면 이미 보살이 아니라는 그런 얘기가 있더군요.

그래. 무위라는 게 함이 없는 함이니까, 그렇게만 하면 상대와 절대, 상대와 상대, 고高와 저低, 상上과 하下 따위의 모든 경계가 사라지거든. 그러면 안 되는 게 없는 거라. 이번 자리에 누워 있을 때 송나라 선승 차암수정此庵守靜의 시를 한 줄 읽었는데,

> 유수하산비유의流水下山非有意요
> 편운귀동본무심片雲歸洞本無心이라
> 인생약득여운수人生若得如雲水면
> 철수개화편계춘鐵樹開花遍界春이리

> 흐르는 물이 산 아래로 내려감은
> 무슨 뜻이 있어서가 아니요
> 한 조각 구름이 마을에 드리움은
> 본디 무슨 마음이 있어서가 아니라
> 사람 살아가는 일이
> 구름과 물 같다면
> 쇠나무(鐵樹)에 꽃이 피어

온 누리 가득 봄이리

이렇게 읊었더란 말씀이야. 사람이 만약 무위로써 살기만 한다면 쇠로 된 나무에 꽃이 핀다고 했으니, 왜 손바닥에 장을 지진다지 않나? 있을 수 없는 일이 벌어진다는 거지. 달과 해가 모든 것을 구별 없이 비추듯, 세상 모든 경계가 무너지고 사라지니까 모두에게 봄이 되는 거라.

쇠나무에 꽃핀다는 얘기나 예수님이 나를 믿으면 죽은 자가 산다고 하신 말씀이나 같은 얘기 아닙니까?

같은 얘기지. 무위의 세계에서는 삶과 죽음의 경계도 사라지는 거니까. 죽은 자가 다시 살아나는 게 부활인데, 부활은 곧 영생이거든. 영생이란 게 뭔가? 다시는 태어남도 죽음도 없는, 불가에서 말하는 불생불멸不生不滅의 생生이지. 그게 모두 무위로써만 이루어진다는 얘기라. 털끝만큼이라도 유위有爲로써 하면 안 되지.

그게 불욕이정不欲以靜이겠지요.

그래. 그런 경지에 서고 보면 삶과 죽음이 별개가 아니고 가는 것 오는 것이 따로 있지 않거든. 간다느니 온다느니 하는 게 결국은 '환幻'이란 말이야. 거기에 구애될 게 하나도 없지.

그러니까 완전한 무위의 경지에 서면, 선 자리에서 영생한다고 말할 수 있겠군요?

바로 그 얘기지.

서산西山 휴정休靜대사가 어느 중의 죽음에 즈음하여 이런 시를 한 수 읊었더군요.

내여백운래來與白雲來더니

거수명월거去隨明月去라

거래일주인去來一主人은

필경재하처畢竟在何處인고?

올 때는 흰 구름 더불어 오더니

갈 때는 밝은 달 좇아 가는구나

오고 간 주인공은

마침내 어느 곳에 있는고?

이때의 일주인一主人은 오고 가면서 그 '오고 감(去來)'에 얽매이지 않거든요.

그래. 서산이 참 대단하신 분이야. 일단 그 자리에 서서 보면 죽는 것과 사는 것이 그냥 그대로 하나가 되니까 거기에 무슨 죽는 나가 있고 사는 나가 따로 있겠는가? 예수님 말씀도 바로 그런 경지를 가리키시는 말씀이지. 그걸 자꾸만 우리의 한정된 경험 영역에서 읽으려고 하니 백날 읽어야 깨우침과는 거리가 멀어지기만 하는 거라.

그래 놓으니 기껏해야 죽은 다음에 천당 가는 얘기밖에 더 하겠습니까? 영생은 바로 여기 있는데요.

영생은 죽음과 삶 너머에 있는 것

선생님, 이렇게 보는 건 어떻습니까? 헤겔의 변증법을 많이 얘기하는데요, 정正이 반反으로, 반反이 합合으로 된다는 것 아닙니까? 그런데 그것은 시간 속에서 그렇게 진행이 된다는 거지요. 만일 여기서 시간이라는 개념을 뽑아버리면 정正이 곧 반反이고 반反이 곧 합合이라는 모순의 통일이 가능해지고 그게 우리 동양의 사고 방식이 아닌가, 혼자서 생각해 봤습니다. 이렇게 '시간'이라는 개념을 뽑아내고 예수님의 말씀을 들으면 좀더 분명해지는 것 같거든요. 천국에 대한 말씀만 해도, 여기서는 이미 너희들 가운데 있다고 하시고는 다른 데서는 장차 올 나라를 얘기하신단 말입니다. 그러니까 천국은 현재와 미래에 함께 있는 거지요. '시간'이라는 개념 안에서 이 역설을 받아들이기는 쉬운 일이 아니고 그래서 서구 신학은 '이미'와 '아직 아님' 사이에 천국이 있다는 식으로 말하는 게 고작입니다.

영원 속에는 시간이나 공간이라는 게 없지 않은가? 그러니까 시간이나 공간 속에서 생각하면 그건 '환'에 대한 하나의 관찰이지. 실재에 대한, 여기서 말하는 '상常'에 대한 통찰은 될 수 없는 거라.

좀 송구스런 질문을 드리겠습니다. 벌써 꽤 오랫동안 암을 지니고 살아오셨는데요, 혹시 죽음에 대해서 생각해 보지 않으셨습니까?

죽음이라는 걸 겪어보지 않았으니까 때가 되면 겪게 되겠지만 죽으면 어떻게 하나, 그런 건 생각해 본 적이 없네. 그냥 가게 되면 가는 거겠지. 암을 앓으면 죽는다는데, 하는 초조감이라 할까, 두려움이라 할까, 그런 건 없어. 이왕 말이 나왔으니 하는 말이네만, 처음에는 무슨 궤양이라고 해서 입원을 했지. 의사도 나를 속이고 식구들도 속이고 그랬단 말이야. 그런데 수술을 마치고 집에 와 있자니까 내가 잘 아는 후배 의사 한 분이 오시더니 눈물을 지으면서, 선생님 사실은 암이신데 암을 치료하려면 이렇게 이렇게 해주셔야 합니다, 하고 간곡하게 얘기하더란 말이야. 그래 내가 이랬지. 이 사람아, 암이면 암으로 대처하는 거고 궤양이면 궤양으로 대처하는 거지 울 게 뭐 있나? 울지 말게. 내가 이렇게 말하는데 그 순간에 무슨 생각이 나느냐 하면, 지구가 시방 암을 앓고 있는데 난들 예외일 수 있겠느냐는 그런 생각이 담담하게 들더군.

그런 얘길 듣는 순간 놀라거나 그런 느낌은 없었습니까?

글쎄, 그게 그렇더라구. 놀라움 같은 건 없고 그냥 암이면 암에 대처해 나가는 길을, 양의학이면 양의학 대로 전통 한방이나 민간 요법은 또 그 나름대로 무슨 말이 있을 터이니 그걸 알아봐서 병에 대한 마땅한 대처를 해봐야겠다는 그런 생각은 들더구먼.

그런 생각 자체가 자연스럽다고 느끼셨나요?

뭐 달리 수가 없잖은가? 양의들은 대체로 병에 대하여 분석적이고 한방은 종합적인데 둘을 다 섭렵해서……

그 둘이 다 필요한 것 아닙니까?

필요하지. 난 그렇게 생각해. 노자를 시방 우리가 읽고 있네만 노자가 말하는 무지는 정말 아무것도 모르는 그런 무지가 아니거든. 죄다 겪고 난 뒤에 그것들을 넘어서는 무지란 말이야. 사실이지 사람들이 너 지금 뭐 하느냐고 물으면 대답할 게 별로 없고 무엇을 희망하느냐고 물으면 그것도 없고…… 그냥 사는 게 하루하루 즐거울 뿐이지. 그냥 즐기는 거라. 장자의 말에, 궁역낙窮亦樂이요 통역낙通亦樂이라, 막힘도 즐거움이요 뚫림도 즐거움이라는 말이 있어. 지난번에 열이 올라서 입원했을 적엔 말이지 어느 시골 작은 개인 병원에 와 있는 것 같은 환각 상태가 보름 정도 계속되는데, 뭐 그렇다고 해서 크게 즐거울 것도 없지만 크게 괴로울 것도 없더라구. 이런 얘길 하면 제삼자는 잘 납득이 안 될지도 모르겠네만, 얘기가 길어졌구먼.

지난 봄에 우리 집에 와 있다가 한 달 만에 운명한 후배도 그런 얘길 하더군요. 의사가, 당신은 급성 암이라 어떻게 손을 쓸 수 없다고 했을 때 그 말을 듣는 순간 그렇게 평안하더랍니다. 어차피 삶과 죽음을 놓아버리니까 그래서 그런지 뭐라고 설명할 수 없는 평안함을 경험했다는 거예요.

그래. 무슨 말인지 알아듣겠네. 고요하여 아무 의도나 욕심이 발동하지 않으면 천하가 스스로 바르게 되는 거라. 사는 것도 죽는 것도 결국은 세상사 아니겠나?

38장
높은 德을 지닌 사람은

높은 德을 지닌 사람은 德을 마음에 두지 않는다. 그래서 德이 있다. 낮은 德을 지닌 사람은 德을 잃지 않으려고 한다. 그래서 德이 없다. 높은 德은 무위로써 하기 때문에 높은 德이요 낮은 德은 인위로써 하기 때문에 낮은 德이다. 높은 인仁은 무위無爲로써 베풀고 의義는 아무리 높은 의라도 인위로써 하는 것이며 가장 높은 예禮는 상대방이 합당한 예를 갖추어 응하지 않으면 팔뚝을 걷고 덤벼든다. 이런 까닭으로, 道를 잃은 뒤에 사람들은 德을 말하고 德을 잃은 뒤에 인仁을 말하며 인을 잃은 뒤에 의를 말하고 의를 잃은 뒤에 예를 말한다. 무릇 예라는 것은 충忠과 신信이 두텁지 못하여 어지러움의 머리가 된다. 먼저 안다는 자는 道의 꽃이라, 이것이 어리석음의 시작이다. 그러므로 대장부는 道의 두터움에 처하되 道의 얕음에 처하지 않으며 道의 근원에 처하되 그 꽃에 처하지 않는다. 그런 까닭에 저것을 버리고 이것을 잡는다.

上德不德, 是以有德, 下德不失德, 是以無德. 上德無爲而無以爲, 下德爲之而有以爲, 上仁爲之而無以爲, 上義爲之而有以爲, 上禮爲之而莫之應, 則攘臂而仍之. 故失道而後德, 失德而後仁, 失仁而後義, 失義而後禮. 夫禮者, 忠信薄, 而亂之首也. 前識者, 道之華而愚之始. 是以大丈夫處其厚, 不處其薄, 處其實, 不處其華. 故去彼取此.

德을 베푼다는 의식이 전혀 없어서

"상덕上德은 부덕不德이라 시이是以로 유덕有德하고", 뛰어난 德은, 뛰어난 德을 지닌 사람은, 德을 마음에 두지 않기 때문에 德을 지닌다, 이 말이야. 그러니까 큰 德을 지닌 덕인德人은 얼핏 보아 부덕不德한 사람으로 보이는 거지. 德이 없는 사람으로 보이는 거라. 시시하게 보이지. 번쩍거리지 않으니까. 왜 그런고 하니, 德이란 게 무위로써 이루는 道의 작용인데 그 행위를 내세우거나 자랑하지 않거든. 그러니까 사람들이 볼 때 그 사람이 그렇게 좋은 일을 했을 리가 없다고, 그렇게 보이는 거야.

자기가 德을 베푼다는 의식이 전혀 없으니까 그런 것 아닙니까?

바로 그 얘기지. 그 한 마디가 이 장 전체를 대변해 주는구먼.

그런데 하덕下德은 그렇지 못하다는 얘기군요.

"하덕下德은 불실덕不失德이라", 낮은 德은 德을 잃지 않으려고 한단 말이야. 그러니까 이런 까닭에 "시이是以로 무덕無德이니라", 德이 없느니라. 내가 이런 좋은 일을 했는데 남이 안 알아줘, 아 이럴 수가 있는가, 이러면서 버려야 할 것을 잔뜩 붙잡는단 말이야.

그래서 감산은 '실失'을 '잊을 망忘'으로 읽으라고 했더군요.

그래도 좋지. 그래, 그 망忘자가 좋구먼. 그러니까 놓아버려야 하는 건데 놓으려고 하지 않는단 말이야. 자기가 무슨 德을 베풀었다는 생각을 잔뜩 움켜잡고 있는 거라.

그걸 겉으로 표현은 안 하더라도 자기 마음속에 간직하고 있으면 역시 버리지 않는 거겠지요?

물론이지.

그렇다면, 저는 하덕下德이군요!

그래? 허허허…… 맞아, 자넨 하덕下德일세.

그래서 사실은 德이 없다는 말씀이지요?

그렇지. 옛날 양무제가 달마에게, 내가 많은 절을 지어 보시를 했는데 이만하면 공덕이 있느냐고 물었을 때에 달마가 대답하기를 한마디로 무공덕無功德이라, 공덕이 없다고 하잖는가? 이게 바로 그 얘기지. "상덕上德은 무위이무이위無爲而無以爲하고" 큰 덕인德人은 인위가 없어서 큰 덕인이고, "하덕下德은 위지이유이위爲之而有以爲하며" 낮은 德은 인위로써 하기 때문에 그래서 하덕下德이며, "상인上仁은 위지이무이위爲之而無以爲하고" 가장 높은 인仁은 베풀되 무위로써 베풀고, "상의上義는 위지이유이위爲之而有以爲하며" 가장 높은 의義는 인위적인 것이며, "상례上禮는 위지이막지응爲之而莫之應하면 즉양비이잉지則攘臂而仍之하느니라" 가장 높은 예는 상대방이 거기 합당하게 응해주지 않으면 팔뚝을 걷고 덤벼든다, 이런 말이야.

그러니까 예禮라는 건 아무리 상례上禮라 해도 별 것 아니라는 얘기가 되는 겁니까?

그렇지. 결국 인위의 울을 벗어나지 못한 행위니까. 옛말에 "예상왕래禮尙往來"라고 해서 예는 오고 가는 것을 중요시했지. 그러니까 대등한 왕래가 이루어지지 않으면 팔뚝을 걷고 덤벼드는 거라.

여기서는 예禮에서 의義, 인仁으로 올라가는군요?

그래. 18장이던가? 대도大道가 폐廢하여 유인의有仁義라는 구절이 있었는데, 바로 그 얘길 여기서 되풀이하고 있다고도 볼 수 있지.

"상인上仁은 위지이무이위爲之而無以爲"라는 말을 다시 한 번 풀어주십시오.

가장 높은 사랑은 사랑을 베풀되 무위로써 베푼단 말이지. 조건 없는 사랑을 얘기하는 거야.

조건도 따지지 않지만 대상도 가리지 않겠지요?

물론!

道를 잃은 뒤에

"고故로 실도이후失道而後에 德이요", 그러므로 道를 잃은 뒤에 德이요……

그렇다면 여기서는 德보다 道를 한층 높여서 말하는 건가요?

德은 道의 작용이니까 사실 道가 있으면 德은 절로 있는 건데, 그런데 보이지 않는 道를 잃었을 때에 말하자면 사람들이 德의 모양을 찾고 얘기하고 그런다는 뜻으로 봐야겠지.

그래서 德을 잃은 뒤에 인仁을 얘기한다는 거군요?

그렇지. "실인이후失仁而後에 의義요", 인仁을 잃고 나서부터 의義를 얘기하고, 그런데 의義서부터는 벌써 유위가 되는 거라. 그리고 그 의義마저도 없으면 "실의이후失義而後에 예禮라", 그 다음에는 예를 말하게 되는데 그런데 그 예가 뭐냐 하면 그게 상대방이 같은 예로 응하지 않을 경우 대뜸 욕설이 나간단 말이야.

왕래를 존중한다는 얘긴 결국 예가 상대적인 것이라는 말 아닙니까?

상대적이지. "부예자夫禮者는 충신박忠信薄하여 이난지수야而亂之首也니라", 무릇 예라고 하는 것은 충忠과 신信이 두텁지 못하여, 예에는 자기의 모든 것을 바치거나 믿는다거나 뭐 그런 게 없거든, 그래서 어지러움의 머리가, 시작이 된다 이 말이지. 내가 이런저런 예를 갖추었을 때 상대방이 거기에 제대로 응하지 않으면 벌써 시비가 일어나고 시끄러워하지 않는가? "전식자前識者는 도지화道之華라 이우지시而愚之始니라", 뭘 좀 남보다 먼저 안다는 자는 道의 꽃이라, 이것이 어리석음의 시작이 된다는 얘기야.

여기 '전식자前識者'는 세상에서 말하는 똑똑한 사람, 이해타산에 밝은 사람을 가리키는 겁니까?

그래.

道의 꽃이 어째서 어리석음의 시작입니까?

꽃이란 게 자기를 감춘다기보다 드러내는 놈 아닌가? 뭘 좀 알았다는 자가 그 알았다는 것을 자랑하는 거지. 깨달은 자가 깨달았다는 자의식을 지니고 있단 말일세. 바로 그게 그를 바보로 만드는 시작인 거라.

바람이 멎으니 꽃은 오히려 떨어지고

"시이是以로 대장부大丈夫는 처기후處其厚하고 불처기박不處其薄하며 처기실處其實하고 불처기화不處其華하느니라", 그런 까닭에 대장부는 道의 두터움에 자리를 두고 道의 얕음에 자리를 두지 아니하며 道가 흔들리지 않고 언제나 있는 곳에 자리를 두고 道의 꽃에, 그 허황된 것에 자리를 두지 않는다, 이 말이야.

그럼 여기서 '실實'은 道의 뿌리라고 읽어도 되겠군요?

그래. 道의 근원을 얘기하는 거지. "고故로 거피취차去彼取此하느니라", 그러기에 저것을 버리고 이것을 취한다는 건데, 여기서는 의義니 예禮니 하는 것을 버리고 道와 德과 인仁을 잡는다는 말이 되겠구먼.

보이는 것을 버리고 보이지 않는 것을 잡는다는 말로 읽어도 되겠습니까?

그렇지. 현상이라는 것은 한 시기에 의미가 있지만 때가 지나면 사라지게 돼 있거든. 언제까지나 사라지지 않는 걸 잡아야지, 때가 되면 사라지고 말 것을 잡으면 따라서 사라지고 말지 않겠어?

세상에서 높은 가치를 주고 있는 의義니 예禮니 하는 것들이 道와 德 앞에서는 허황된 꽃(虛花)에 지나지 않는다는 얘기로군요.

道의 지극한 작용이 어떤 것인지, 그것을 알면 모든 인위가 우습다는 얘기지. 서산대사의 시에 이런 게 있는데 함이 없는 道의 작용이 어떤 건지 아주 잘 그려주고 있네.

> 풍정화유락風靜花猶落에
> 조명산갱유鳥鳴山更幽라
> 천공백운효天共白雲曉요
> 수화명월류水和明月流로다

> 바람이 멎으니 꽃은 오히려 떨어지고
> 새가 우니 산은 더욱 고요하다
> 하늘은 흰 구름과 함께 밝아오는데
> 물은 밝은 달 데리고 흘러간다

이런 내용이 되겠는데 道의 작용을 잘 그리고 있잖는가?

39장
하늘은 '하나'를 얻어서 맑고

옛날에 '하나'를 얻은 것들이 있으니, 하늘은 하나를 얻어서 맑고 땅은 하나를 얻어서 평안하고 신神은 하나를 얻어서 신령하고 골짜기는 하나를 얻어서 가득 차고 만물은 하나를 얻어서 나고 임금은 하나를 얻어서 천하의 모범이 되거니와 그리 되게끔 하는 것은 '하나'다. 하늘이 맑지 못하면 아마도 쪼개질 것이고 땅이 평안하지 못하면 아마도 깨어질 것이며 신이 신령하지 못하면 쉬게 될 것이고 골짜기가 차지 않으면 마를 것이며 만물이 나지 않으면 없어질 것이고 임금이 모범이 되어 고귀하지 못하면 아마도 거꾸러질 것이다. 그러므로 귀한 것은 천한 것으로 본을 삼고 높은 것은 낮은 것으로 바탕을 삼는다. 이런 까닭에 임금은 자기를 가리켜 외로운 자, 德이 모자라는 자, 착하지 못한 자라고 일컫거니와 이야말로 천한 것을 근본으로 삼음이 아닌가? 그렇지 아니한가? 그러므로 수레를 헤아리면 수레가 없어지니, 아름다운 옥처럼 되려 하지 말고 거칠거칠한 돌처럼 되려고 해야 한다.

昔之得一者, 天得一以淸, 地得一以寧, 神得一以靈, 谷得一以盈, 萬物得一以生, 王侯得一以爲天下正, 其致之一也. 天無以淸, 將恐裂, 地無以寧, 將恐發, 神無以靈, 將恐歇, 谷無以盈, 將恐竭, 萬物無以生, 將恐滅, 王侯無以正而貴高, 將恐蹶. 故貴以賤爲本, 高以下爲基. 是以王侯自謂孤寡不穀. 此其以賤爲本耶, 非乎. 故致數輿無輿. 不欲祿祿如玉, 落落如石.

하늘이 맑지 못하면 쪼개지고

"석지득일자昔之得一者니" 옛날에 하나를 얻은 것들이 있으니, 여기 '하나'는 道 그 자체를 말하는 건데, "천득일이청天得一以淸하고" 하늘은 하나를 얻어서 맑고, "지득일이녕地得一以寧하고" 땅은 하나를 얻어서 평안하고, "신득일이령神得一以靈하고" 신神은 하나를 얻어서 신령하고, "곡득일이영谷得一以盈하고" 골짜기는 하나를 얻어서 가득 차고, "만물득일이생萬物得一以生하고" 만물은 하나를 얻어서 나고, "왕후득일이위천하정王侯得一以爲天下正하니" 왕후는 하나를 얻어서 천하의 모범이 되니, "기치지일야其致之一也니라" 그리 되게끔 하는 것은 '하나'다, 이런 말이야. 道가 그렇게 만든다는 말이지. "천무이청天無以淸이면 장공열將恐裂하고" 하늘이 맑지 않으면 아마도 쪼개질 것이고, "지무이녕地無以寧이면 장공발將恐發하고" 땅이 평안하지 않으면 아마도 깨어질 것이고, "신무이령神無以靈이면 장공헐將恐歇하고" 신이 신령하지 않으면 쉬게 될 것이다, 이 말이야.

쉰다는 게 무슨 뜻입니까?

쉰다(息), 그만 둔다, 신이 더 이상 영묘하지 못하다는 뜻이지.

그러니까 더 이상 신으로 존재하지 못한다는 뜻이군요?

그래. 그거 하늘이니 땅이니 죄다 마찬가지라. '하나'를 잃으면 더 이상 하늘도 땅도 아니니까.

그렇지요.

"곡무이영谷無以盈이면 장공갈將恐竭하고" 골짜기가 차지 않으면 아마도 마를 것이요, "만물무이생萬物無以生이면 장공멸將恐滅하고" 만물이 나지 않으면 아마도 멸종할 것이다, 사라질 것이다, 이 말이야. "왕후무이정이귀고王侯無以正而貴高면 장공궐將恐蹶이라", 임금이 모범이 되어 고귀하지 않으면, 아마도 거꾸러질 것이다. "고故로 귀이천위본貴以賤爲本하고" 그런 까닭에 귀貴는 천賤으로써 본本을 삼고, "고이하위기高以下爲基하며" 높은 것은 낮은 것을 바탕으로 삼으며, "시이是以로 왕후자위고과불곡王侯自謂孤寡不穀이라 하거니와" 이래서 임금은 자기를 가리켜 외로운 자(孤), 德이 없는 자(寡), 착하지 못한 자 또는 백성을 넉넉히 먹이지 못하는 자(不穀)라고 하거니와, "차기이천위본야此其以賤爲本耶아" 이것이야말로 천한 것을 근본으로 삼음이 아닌가? "비호非乎아", 그렇지 않은가?

수레를 헤아리면 수레가 없어지고

"고故로 치수여致數輿면 무여無輿니", 그러므로 수레를 헤아리면 수레가 없어지니……

수레를 헤아린다는 게 무슨 말입니까?

수레를 조각조각 분리해서 그 수를 센단 말이야.

아하, 그러니까 여러 부품으로 나누어서 이건 바퀴 저건 좌석 이건 무엇 하면서 헤아린다는 얘기군요?

그래. 그렇게 헤아리다보면 수레는 없는 거라.

이른바, 요소론이라고 하나요? 환원론의 오류를 지적하고 있는 것 같군요.

그렇지, 사물이란 게 독립된 부품으로 조립된 것이 아니니까. 수레를 헤아리면 수레가 없어져. 그러니, "불욕녹록여옥不欲祿祿如玉이요 낙락여석落落如石이니라", 아름답고 매끈한 옥처럼 되려고 하지 말고 거칠거칠한 돌처럼 되어야 한다, 이런 얘기야. 돌처럼 되려고 해야, 고귀한 것과 천한 것을 하나로 통일시켜서 처세를 하게 되거든. 대개 사람들이 고귀하게 되려고 한다든가 아름답게 되려고 한다든가 해서 남들이 좋다고 하는 어느 한 가지만 되려고 하는데, 그런데 그게 모두 천하다든가 더럽다든가 해서 사람들이 싫어하는 그런 것들 없이는 이루어질 수 없는 것 아닌가? 그러니까 道를 지닌 사람은 꽃을 피우려고만 하지 않고 나무의 근본 뿌리가 되려고 한다는, 그런 뜻이 되겠지.

옥이 돌에서 나오니까요.

그래.

높고자 하는 자는 먼저 낮아지라는 말하고 비슷하군요.

같은 말이야.

수레를 헤아리면 수레가 없어진다(致數輿 無輿)라는 말이, 그게 무슨 뜻인지는 알겠는데요, 왜 이 문맥에서 그 말이 나왔는지, 앞 뒤 문장하고 어떻게 연결이 되는지 잘 모르겠습니다.

개체만 생각하고 전체를 보지 못하는 것을 경계한 말이라고 하겠네. 눈앞의 이해득실을 따지는 사람들은 현상계만 보지 그 현상계를 있도록 해주는 중묘衆妙의 道라 할까, 모든 것을 가능케 해주는 '하나'를 보지 못한단 말이야.

수레가 그 '하나'란 말이 되겠군요. 수레가 있어서 수레바퀴도 있는 거지요.

그래. 그런 말인데 어느 것이 먼저고 어느 것이 나중이고 그걸 따지자는 건 아니지. 동시성이거든. 『신심명』에 보면 "일즉일체一卽一切요 일체즉일一切卽一이니 단능여시但能如是면 하려불필何慮不畢고?" 하나가 모두요 모두가 하나니 다만 이렇게 될 수만 있다면 무엇을 이루지 못할까 걱정하겠느냐는 말이 있고 그 바로 앞에는 "유즉시무有卽是無요 무즉시유

無卽是有니 약불여차若不如此어든 불필수수不必須守니라", 있음이 없음이요 없음이 있음이니 만약 이와 같지 않거든 죄 내다버리라는 말이 있는데, 수레와 수레바퀴는 처음부터 '하나'이니 바로 그 하나를 제대로 보라는 말 아니겠나?

그렇군요. 그게 어찌 수레만 그렇겠습니까? 천지 만물이 모두 그렇지요.

아무렴.

거칠거칠한 돌

"하늘이 맑지 않으면 아마도 쪼개질 것이라"는 말은 하늘이 그 하나를 얻지 못하면 결국 하늘일 수 없다는 말이겠지요? 그런데 하늘은 쪼개지지 않았으니 거꾸로 말해서 하늘은 그러므로 '하나'를 얻었다고 해도 되겠군요.

그런 말이지.

노자가 특히 이 구절에서 운을 잘 맞춰 말한 느낌이 듭니다. 청淸·녕寧·령靈·영盈·생生·정正으로 마친 다음, 그 반대의 경우는 열裂·발發·헐歇·갈竭·멸滅·궐蹶로 마치거든요. 결국 사람이 득일得一하면 청淸하고 녕寧하고 령靈하고 영盈하고 생生하고 정正할 수 있다는 얘기겠지요?

그렇지.

그건 그렇고, 다시 아까 얘기로 돌아가지요. 하늘이 쪼개지지 않는 까닭이 '득일得一'에 있다면 반대로 사람들이 자꾸만 깨어지고 무너지고 죽고 마르고 거꾸러지는 것은 그 '하나'를 얻지 못해서, 道를 얻지 못해서라고 말할 수 있지 않겠습니까?

그렇게 말해야겠지.

그렇다면 비유해서, 수레바퀴가 수레를 얻지 못했다는 것 아닙니까? 포도나무 가지가 포도나무를 잃은 셈이지요.

그래.

예수님 말씀이 그러니까 결국은 그 '하나'를 얻으라는, 道에서 떨어지지 말라는, 그런 말씀이었군요.

바로 그 얘길세.

"아름다운 옥이 되려고 하지 말고 거칠거칠한 돌이 되려고 하라(不欲祿祿如玉 落落如石)"는 말은 고귀한 것을 버리고 천한 것을 잡으라는 얘깁니까?

고귀한 것과 천한 것을 나누어놓고 어느 한쪽을 잡으라는 뜻이라면, 그렇게 말해서는 안 되지. 돌처럼 되라는 얘기는 오히려 이분법을 버리라는 얘기로 읽어야 할 게야.

아하, 그게 그렇군요! 결론은 역시 道를 모셔라, 道와 합일하라, 그런 말이 되겠습니다.

그게 그럴 수밖에 없지 않겠어? 사명대사泗溟大師의 시에 이런 게 있더군.

> 서풍취동우초헐西風吹動雨初歇에
> 만리장공무편운萬里長空無片雲이라
> 허공시거관중묘虛空尸居觀衆妙에
> 천향계자락분분天香桂子落紛紛이로다

하늬바람 불어오매 비 처음 씻기고

만리장공에 조각 구름 간 곳 없구나

빈 집에 깊이 들어앉아 중묘衆妙를 보니

하늘 향기 계수 열매 어지러이 떨어지네

여기서 '계자桂子'는 말 그대로 하면 계수나무 열매인데 달에 계수나무가 있다고 해서 '달빛'을 가리켜 계자라고 하지. 그러니까 하늘의 향기와 달빛이 난만爛漫하다는 얘기야. '시거尸居'는 송장처럼 들어앉아 있다는 뜻이니까 깊이 들어앉아 있다는 말이고, 道가 중묘지문衆妙之門이니까 중묘를 관觀한다는 말은 道를 본다는 말이 되겠지. 눈에 보이고 만져지는 현상계를 배척하지 않으면서, 하늬바람과 비와 하늘과 구름과 그 모든 것들을 그대로 있게 하는 '하나'인 道를 보는 참 멋들어진 시 아닌가?

그렇군요.

임진왜란이 끝나고 일본에 통신사로 다녀온 사명대사에게 선조가 영의정을 제수하려고 했을 때, 그때 사명당의 대답이, 소승은 그 자리를 받을 수 없다고 말이지, 소승은 솔바람 부는 산속에서 칡덩굴 사이로 달빛이 비추는 그 속에서 뭐냐 하면 좌선이라도 하고 있는 게 맞지 저에게는 그 자리가 어울리지 않는다고 그렇게 고사하고 떠나거든. 그게 그러니까 뭐냐 하면, 선승이, 道를 닦는 사람이 자기 주변에서 사람들이 어려운 일을 겪을 적엔 말이지 스스럼없이 떨치고 일어나서 그들을 도와주다가 그 일이 다 끝나면 공적을 다투거나 세상이 주는 명예와 부를 누리려 하지 않고 다시 제 자리로 초연하게 돌아가는 거라.

그게 말하자면 '하나'를 얻었기 때문에 그럴 수 있는 것 아닙니까?

바로 그거지! 사명당이 통신사로 일본에 가기 전, 임금이 묻기를 우리가 왜인한테 잘못한 게 없는데 어째서 이런 봉변을 당했다고 생각하느냐니까 대답하기를, 일본 사람들을 우리가 얼마나 업신여기고 넘보고 깔봤습니까, 그 능멸의 죄가 적지 않아 오늘 이토록 엄청난 피를 흘린 것이라고 그렇게 대답하잖는가? 그게 다 '전체(一)' 를 보고 그 '하나' 에서 문제를 들여다볼 때 그런 대답이 나올 수 있는 거라.

옳습니다. 말씀을 듣자니까 사명대사가 왜장 가등청정加藤淸正인가 누군가에게 써주었다는 시의 한 대목을 본 기억이 나는군요.

> 화각성중조모랑畵角聲中朝暮浪에
>
> 청산영리고금인靑山影裏古今人이라

사전을 찾아보니 '화각畵角' 은 그림을 새긴 뿔피리더군요. 그러니까 아마도 왜군들이 사용한 피리였던 모양입니다. 뿔피리 소리 시끄러운 속에서 아침 저녁이 파도처럼 출렁이는데 푸른 산 그림자 속에는 한결같은 사람이 있다는 그런 뜻으로 읽었습니다만, 전쟁터의 그 소란함 속에서 뭔가 영원한 것을 보는 대사의 서늘한 안목이 느껴지더군요.

그게 다 평소에 道와 함께, 아버지를 모시고 사는 사람이니까 그럴 수 있는 거야. 요즘 공해 문제에 대해서도 말이 많네만 그게 바로 '하나' 를 얻지 못해서, 물욕에 빠진 결과로 생긴 병이거든.

그 물욕이라는 게 어디 따로 있는 게 아니라, 제 생각에는요, 그게 다 진실을 바로 보지 못하는 어리석음, 불가에서 말하는 무명無明의 탓이 아닌가 합니다.

자네가 바로 보았네. 맞아, 바로 그 무명에서 욕심이 생기는 거야.

욕심을 내면서도 자기가 욕심을 내고 있음을 안다면 무슨 해결의 실마리라도 있겠는데요, 이건 자기가 병든 걸 모를 뿐 아니라 지극히 정상이라고 우기고 있단 말씀입니다.

그래서 이 책 뒤에 보면, 병병불병病病不病이라는 말이 나오지. 병을 병으로 알면 병이 아니라는 얘길세.

옳습니다. 성경에 예수님이 어딜 가시는데 제자들이 소경으로 태어난 사람을 보고 대화하는 대목이 있는데요, 살다가 중간에 눈이 먼 사람은 빛도 알고 사물도 보았고 했으니까 답답하겠지만 나면서부터 아예 소경인 사람은 세상이 본디 그런 줄 알고 그런 세상에 익숙할 테니까 사실 답답한 줄도 모르지 않겠어요? 우리가 볼 때에는 답답하겠지만요. 그 대목을 읽으면서 소경으로 태어난 그 친구가 바로 저의 초상이라는 생각이 들더군요. 자신이 눈멀었다는 사실조차 모르고 있으니까요. 남들이 자네 눈멀었다고 그러는데 그게 무슨 말인지 모르는 겁니다. 그런데 예수는 우리의 그 무명無明을, 무명의 비늘을 벗기려 오셨다는 거지요. 그러나 그게 뭔지는 눈을 뜬 다음에야 알 수 있는 것 아닙니까? 크게 깨어난 뒤에야 꿈을 안다(大覺然後知大夢)고 했으니까요.

그래. 크게 한번 죽어야 살 수가 있지. 그게 곧 '득일得一'이라.

말로는 "하나를 얻는다"고 합니다만 사실은 이미 처음부터 '하나' 아닙니까? 그러니까 얻었지만 사실은 얻은 바가 없는 거지요.

자네 말이 맞네. 그래서 깨닫되 깨달은 바가 없다는 거지.

하되 함이 없고, 알되 아는 바가 없고……

40장
돌아감이 道의 움직임이요

돌아감이 道의 움직임이요 약한 것이 道의 기능이니, 세상 만물은 유有에서 생겨나고 유有는 무無에서 생겨난다.

反者, 道之動, 弱者, 道之用. 天下之物, 生於有, 有生於無.

반反

"반자反者는 도지동道之動이요 약자弱者는 도지용道之用이니 천하지물天下之物은 생어유生於有하고 유有는 생어무生於無니라", 돌아감(反)이 道의 움직임이요 그러니까 반복反復함이 道의 움직임이라는 말이야. 원점으로 돌아가는 거지. 그리고 약한 것은 뭐냐 하면 道의 기능이라. 천하만물은 유有에서 나고 유有는 무無에서 난다, 이런 말인데 내가 보기에는 이 짧은 문장이 『도덕경』 전체를 압축해서 담고 있는 것 같구먼. 이게 『도덕경』에서 제일 짧은 장인데 '반反' 이라는 글자와 '약弱' 이라는 글자 두 개로 『도덕경』 전체를 관통하고 있거든. 노자가 '반反' 이라는 문자를 쓸 때에는 서너 가지 의미를 담고 있는데 첫째는 '상반상성相反相成' 의 의미가 있지. 道 그 자체는 홀로 있어서 모든 것을 벗어나 있지만(獨立超然) 그 아들인 우주 만물은 서로 상반되어 존재한단 말이야. 예를 들면, 음과 양이 그렇고 하늘과 땅이 그렇고, 모든 것이 대對로써 존재하는데 그 상대가 서로를 존재하게 하는 원인이 되면서 또 서로 자리바꿈을 하는 거라. 2장에 그런 의미에서 말하는 '반反' 이 아주 잘 표현돼 있는데, 유有와 무無, 난難과 이易, 장長과 단短, 고高와 하下, 음音과 성聲, 전前과 후後가 모두 반反이면서 상대를 존재하게끔 해주거든. 상반상성相反相成이지. 27장에 착한 사람은 착하지 못한 사람의 스승(善人者 不善人之師)이요 착하지 못한 사람은 착한 사람의 바탕(不善人者 善人之資)이라는 말이 있는데, 이것도 서로 보완하는 존재를 얘기한 거라.

그러니까 서로 반대면서 이루어준다는 얘기가 되겠군요.

그런 거지. 노자가 얘기하는 '반反' 의 두 번째 의미는 '반향反向' 인데 우주 만물의 상반 대립되는 현상 속에서 약하고 마이너스인 쪽이 지니고 있는 반면적反面的 가치를 중요시하는, 그런 의미로 쓰일 경우가 있지. 예를 들면, 22장에서 "굽으면 온전하고 굽히면 펴지고 패이면 차고 해지면 새로워지고 적으면 얻는다"(曲則全 枉則直 窪則盈 敝則新 少則得)라는 말로 곡曲, 왕枉, 와窪, 폐敝, 소少 따위 음성적陰性的인 것들의 가치를 중요시하고 또 36장에서는 "약하고 부드러운 것이 강하고 굳센 것을 이긴다(柔弱勝剛强)"라고 하여 약한 것의 가치를 말하고 있거든. 보통 사람들은 강한 것이 약한 것을 이긴다고 보는데 그게 아니라 약한 것이 강한 것을 이겨낸다는 거라. 세 번째 의미는 '반복 순환反復循環'인데 상반상성相反相成과 반향反向은 거기에 머무는 게 아니라, 끝없이 순환되는 데서 그 극치를 이룬다는 걸세. 25장에 보면 道는 그 이름을 알 수 없는데 억지로 이름해서 대大라 하고, "대大는 미치지 않는 곳이 없고(逝) 미치지 않는 데가 없으니 멀다(遠) 하고 멀리 가니까 돌아온다(反)"고 해서 道를 반反에 연결지어 그 주류불식周流不息하는 모양을 얘기하고 있거든. 또 16장에는 "모든 사물이 끊임없이 바뀌지만 저마다 제 뿌리로 돌아간다(夫物芸芸 各復歸其根)"라고 해서 만물이 그 근원으로 돌아가는 것을 얘기하고 있단 말이야. 이렇게 노자는 '반反'이라는 개념으로 道의 본질적 의미를 얘기해 주고 있네.

약弱

또 "약자弱者는 道의 용用이라"고 했는데 노자의 경우 '약弱'이라는 문자도 道의 기능을 설명하는 데 아주 잘 사용되고 있어. 28장에 보면 "수(雄)를 알고 암(雌)을 지키면 천하의 골짜기가 되고 천하의 골짜기가 되면 높은 德이 떠나지 않아 젖먹이 아기로 돌아간다(知其雄 守其雌 爲天下谿 常德不離 復歸於嬰兒)"라는 말이 있는데 젖먹이 아기는 가장 약한 사람 아닌가? 道를 지키고 사는 사람은 가장 약한 젖먹이로 돌아간다고 했단 말이야. 또 43장에는 "세상에서 가장 부드러운 것이 가장 단단한 것을 제 맘대로 한다(天下至柔 馳騁天下之至堅)" 했고, 52장에는 "부드러움을 지키는 것을 일컬어 강하다고 한다(守柔曰强)"고 했는가 하면 78장에 보면 "세상에는 물보다 더 부드럽고 약한 것이 없는데 굳세고 강한 것을 치는 데는 물을 앞지를 것이 없다(天下柔弱莫過於水 而攻堅强者莫之能先)"라는 말이 있거든. 이렇게 道의 기능을, '약弱'이라는 개념으로 각 장을 관통해서 설명하고 있단 말이지.

무無

다음에 나오는 것이 '무無'인데, 노자가 말하는 무無는 아무것도 없다는 그런 일반적인 의미가 아니라 인식의 영역을 초월한 불가지不可知한 대상을 이 '무無'라는 말로 표현하고 있는 거라. 이것이 뭔고 하니, 만물을 생겨나게 하고 만물로 하여금 운동해서 그 근원으로 돌아가게 하는, 달리 말하면 道인데 이 道는 무無와 유有라는 두 측면을 다 가지고 있다, 이 말일세. 이 무無와 유有를 굳이 말로 설명한다면, 무無는 형이상形而上의 것이고 유有는 형이하形而下의 것인데 무無 그 자체로서는 적극성을 띠지 않지만 유有와 함께 할 때에는 적극성을 내보인단 말이야. 그래서 무無는 이理가 되고 유有는 물物이 되며 형체가 없는 것은 허虛라 하고 형체가 있는 것은 실實이라고 얘기를 하는 거지. 道는 운동을 통해서 그 모습을 드러내는데 그것은 순환 반복하며 근원으로 돌아가고 회귀하는 그런 운동이거든. 모든 존재는 근원으로 돌아올수록 본래의 모습에 가까워지는 것인데, 그 본래의 모습이라는 게 뭐냐 하면 허虛가 모든 존재의 바탕에 있는 모습이지.

그게 곧 무無란 말씀입니까?

그렇지. 무無는 허虛를 그렇게 표현한 것이라고도 볼 수 있어.

그러니까 그 무無는 만물의 존재 바탕이고 그것을 달리 말하면 허虛가 그냥 비어 있음이 아니라 오히려 모든 것으로 차 있듯이, 천지 만물을 포함하고 있다는 얘깁니까?

천지 만물이 무無에서 생겨난다는 얘기지. 그때의 '무無'는 흔히 말하는 '있다, 없다'의 상대적인 의미에서 말하는 무無가 아니란 말일세.

그러면, "천하지물생어유天下之物生於有"라고 할 때의 '유有'는 어떻게 읽어야 합니까?

천지 만물은, 그건 '유有'에서 나오잖는가? 하늘이 있고 땅이 있고 부모가 있고 모든 것이 거기서 나오는 것 아닌가?

그렇다면 아까 '유有'를 형이하로 말씀하셨는데요, 우리의 감각이라든가 인식으로 잡을 수 있는 것을 일컬어 유有라고 보고 따라서 우리의 감각이나 인식의 대상이 될 수 없는 것을 무無라고 봐야겠군요?

그래. 그러나 그렇다고 해서 없는 건 아니지. 다만 감각이나 인식의 영역을 초월해 있는 거야.

감각의 대상이 되지 않는다는 말은 좀 쉽게 와닿는데요, 인식의 대상이 되지 않는다는 말은, 그러니까 도무지 그걸 알 수 없다는 말 아닙니까?

그렇지. 인간의 두뇌 기능으로는 가서 닿을 수조차 없는 거니까. 노자 자신도 그것에 대해서는 아무것도 모른다고 하지 않았나?

그런데, 시방 우리가 보고 듣고 만지고 생각하는 모든 것들이 다 거기서 나온다는 얘기지요?

그래.

그럼 그걸 다른 말로 하면 '하느님' 아닙니까?

하느님이지.

『도덕경』의 한복판에 위치한 40장이 짧긴 합니다만 반反 · 약弱 · 무無 석 자로 전체 내용을 한 군데에 다 수렴해 놓은 느낌이 드는군요.

41장
뛰어난 재질을 지닌 사람은

뛰어난 재질을 지닌 사람은 道를 듣고 힘써 그대로 행하고 보통 사람은 道를 듣고 듣는 척하면서 안 듣고 못난 사람은 道를 듣고 크게 웃는다. 그가 웃지 않으면 족히 道가 될 수 없다. 옛날부터 어른들이 말씀하시기를, 道를 알되 모르는 것처럼 알고 道에 들어가되 道에서 나오는 것처럼 들어가고 道와 더불어 평안히 움직이되 어려운 길을 가듯이 움직이라고 하였으며, 큰 德은 德이 없는 것 같고 아주 깨끗한 것은 더러운 것 같고 모든 것을 포용한 德은 德이 모자란 것 같다고 하였으며, 굳건한 德은 남을 업신여기는 것 같고 道의 진정한 본질은 그 자리가 텅 비어 있는 것 같고 아주 큰 모서리는 구석이 없는 것 같다고 하였으며, 큰 그릇은 늦게 이루어지고 큰 소리는 소리가 없고 큰 형상은 형상이 없다고 하였다. 道는 숨어 있어서 이름이 없다. 무릇 道는 잘 내주어서 잠시 이루게 할 따름이다.

上士聞道, 勤而行之, 中士聞道, 若存若亡, 下士聞道, 大笑之, 不笑, 不足以爲道. 故建言有之, 明道若昧, 進道若退, 夷道若纇, 常德若谷, 太白若辱, 廣德若不足, 建德若偸, 質直若渝, 大方無隅, 大器晩成, 大音希聲, 大象無形. 道隱無名. 夫惟道, 善貸且成.

道를 듣고 웃지 말아라

제가 한번 토를 달아보겠습니다. "상사上士는 문도聞道에 근이행지勤而行之하고 중사中士는 문도聞道에 약존약망若存若亡하고 하사下士는 문도聞道에 대소지大笑之하나니 불소不笑면 부족이위도不足以爲道니라. 고故로 건언建言에 유지有之하되, 명도약매明道若昧하고 진도약퇴進道若退하며 이도약류夷道若類하고……"

잠깐, 거기 '류類'는 '뢰纇'로 읽는 게 좋겠네. 판본에 따라 둘 다 사용되고 있지만 내 생각에는 '뢰纇'로 읽는 게 옳겠어.

어떤 '뢰'입니까?

'매듭 뢰纇'지. 실매듭 말일세. 그러니까 "이도약뢰夷道若纇하고"로 읽어야지.

이어서 선생님이 읽어주십시오.

"상덕약곡上德若谷하고 태백약욕太白若辱하며 광덕약부족廣德若不足하고 건덕약투建德若偸하며 질직약유質直若渝하고, 대방무우大方無隅하며 대기만성大器晩成하고 대음희성大音希聲하며 대상무형大象無形이니라. 도은무명道隱無名이니 부유도夫惟道는 선대차성善貸且成이니라."

여기, 상사上士는 훌륭한 선비로 읽습니까?

뛰어난 재질이 있는 사람이라고 해야겠지.

그러면 불가에서 말하는 상근上根이 되나요?

그래, 상근이지. 태어나면서부터 재능이 뛰어난 사람…… "상사上士는 문도聞道에 근이행지勤而行之하고", 재질이 뛰어난 사람은 道를 듣고 열심히 그대로 행한다, 이 말이야.

아무런 이의도 없이, 들은 대로 행한단 말씀이군요.

그렇지. "중사中士는 문도聞道에 약존약망若存若亡하고", 보통 사람은

道를 듣고 듣는 척하면서 안 듣고……

'약존약망若存若亡' 이 그런 뜻입니까?

'존存' 은 있는 거고 '망亡' 은 없는 것 아닌가? 그러니까 있는 척하면서 사실은 없는 거지. 문자대로 읽자면 긴가민가하는 건데, 그러니까 결국은 안 믿는다는 뜻 아니겠어?

겉으로는 고개를 끄덕이면서 속으로는 받아들이지 않는단 말씀이지요?

그래.

"하사下士는 문도聞道에 대소지大笑之"라고 했는데요, 크게 웃는다는 말입니까?

열등한 사람은 道를 듣고 크게 웃어버린단 말이지.

말도 되지 않는 소리라고 콧방귀를 뀐다는 뜻이군요.

헛소리한다고 웃어버린단 말이야. "불소不笑면 부족이위도不足以爲道니라", 그들이 웃어버리지 않으면 족히 道가 될 수 없느니라.

하사下士들이 웃지 않으면 道라고 할 수 없다는 말은 반대로, 그들이 고개를 끄덕이며 받아들이는 것은 道가 아니라는 말이 되겠지요?

그런 말이지.

좋습니다. 상사 · 중사 · 하사를 나누어 따로 말하는데요 무슨 뜻인지는 알겠습니다만 이렇게는 생각할 수 없을는지요? 상사 · 중사 · 하사가 별개의 인간으로 존재할 수도 있겠지만, 한 사람이 경우에 따라서 상사일 수도 있고 하사일 수도 있고, 그럴 수 있는 것 아닐까요? 예를 들어, 예수의 제자인 베드로 같은 사람은 말입니다. 어떤 때는 스승의 말에 아무런 토도 달지 않고 그대로 따르는데 또 어떤 때는 스승의 말을 알아듣지조차 못하거든요. 그런 걸 보면 같은 사람이 때에 따라서 상사처럼 道에 대하여 행동할 수도 있고 하사처럼 대할 수도 있고, 그런 것 아닐까 하는 생각이 드는 겁니다.

그건 시방 자네 말이 옳네. 아무리 훌륭한 사람도 깨닫고 나면, 이전에 자기가 행한 일이 일개 미물의 짓만도 못했다는 걸 알게 되거든. 그러니까 여기서는 깨달음의 영역이라 할까 그런 것을 유비類比해서 얘기한 거라고 봐야겠지. 한 인간이 깨닫기만 하면 이름 없는 사람이라 해도 부처가 되잖나? 반대로 아무리 학덕이 높다는 사람이라도 깨닫지를 못해서, 그래서 사심이 안에서 작용을 하면 얼마든지 반도덕적인 열등아로 행세하게 되는 거라.

생이지지生而知之·학이지지學而知之·곤이지지困而知之가 있어서 앎에 이르는 길이 다르긴 하지만 일단 앎에 도달하고 나면 다를 게 없다는 공자님 말씀도 그런 뜻으로 하신 말씀이겠지요?

그렇겠지.

그렇다면 노자의 이 말씀을, 너희는 道를 듣고 웃지 말아라, 웃지 말고 긴가민가하지도 말고 들은 대로 힘써 행하여라, 그러면 너희도 상사가 된다, 이렇게 거꾸로 읽어도 크게 잘못은 아니겠군요?

잘못은 아니지.

상사니 하사니 하니까 생각나는 선시가 하나 있구먼. 당나라 영가현각永嘉玄覺 스님의 『증도가證道歌』에 이런 구절이 있네.

> 상사일결일체료上士一決一切了하거니와
> 중하사다문다불신中下士多聞多不信이라
> 단자회중해구의但自懷中解垢衣니
> 수능향외과정진誰能向外誇精進이리오
> 훌륭한 사람은 단칼에 모든 것을 끊어버리거니와

못난 것들은 듣고 또 들어도 갈수록 믿지 않는구나
다만 이 마음속 때문은 넝마를 벗을 일이라
어이하여 밖으로 제 자랑만 늘어놓을까보냐

옛날부터 어른들이 말씀하시기를

"고故로 건언建言에 유지有之하되", 여기 '건언'은 뭡니까?

'옛날부터 어른들이 해오신 말씀'이라는 뜻이야.

그러니까 이 말은 결국 '옛날부터 어른들이 말씀하시기를'이라는 말이 되겠군요?

그래.

"명도약매明道若昧하고", 밝은 道는 어두운 것 같다는 말입니까?

이해하지 못한 것같이 道를 이해하라, 이런 말이야.

그게 무슨 말입니까?

불가에서 말하는 건 깨달음(佛)인데, 내가 깨달았다고 알면 깨닫지 못한 것 아닌가? 여기서 '명도明道'는 道를 깨닫는 걸 말하는데, 그러니까 부처를 아는 것이요 하느님 아버지를 아는 것인데, 그걸 마치 깨닫지 않은 것처럼 깨달으라 이 말이야.

내가 뭘 깨달았다고 떠들면 그건 깨달음이 아니라는?……

아니지. 이미 아닌 거라.

이게 참 말로 하기가 어려운 건데요, 굳이 하자면 '알고도 모르라'는 말이 될까요?

알고 모른 척하라는 건 아니지.

그건 아니지요. 알되 스스로 안다는 사실을 모르는 거니까요.

그런 거지. 그러니까 깨달음과 못 깨달음에 대한 의식적 분별이 없는 것이라고 할까?

그게 참된 깨달음이라는 거군요?

그래. 아는 바 없는 앎…… 그런 거지.

『금강경』에 그런 얘기가 있지요. 세존이 수보리에게 묻기를 "아라한이 스스로 생각하기를, 자기가 아라한 道를 얻었다고 하겠느냐?" 하니까 수보리 대답이 "아닙니다. 만일 아라한이 스스로 생각하기를 자기가 아라한 道를 얻었다고 한다면 여전히 아상我相 등에 사로잡힌 것이므로 아라한이 아니기 때문입니다" 하고 대답합니다. 이 대목에 관한 육조六祖의 풀이를 보니까, 아라한이란 내외가 공空하여 모든 경계가 무너진 상태에 든 사람인데 만약 무슨 과果를 얻었다는 마음이 있으면(若有得果之心) 곧 범부와 같아 수보리가 "그렇지 않다"라고 대답한 것이라고 했더군요.

바로 그 얘길세. 내가 뭘 깨달았다고 한다면 깨달은 게 아니라는, 그런 말이야.

"진도약퇴進道若退"도 같은 뜻으로 읽어야 합니까?

道에서 나오는 것처럼 道로 들어가라는 말이지.

道에서 나오는 것처럼 道로 들어가라구요? 그게 무슨 말입니까?

사람이 무슨 말을 해도 그 일을 할 적에 하느님 아버지에게서 떨어져서는 안 된다, 이 말이야. 예수는 한 순간도 아버지로부터 떨어져서 道를 행한 적이 없지 않나?

아하, 그게 진도進道란 말씀입니까?

나타나는 것을 보면 진도지만, 사실은 그게 죄다 道로 돌아가는 것이니까, 그게 곧 약퇴若退거든. 아버지 속에서 모든 걸 행하는 거라.

무슨 일이든지 그게 다 아버지가 시켜서 하는 거란 말씀이지요?

그래.

그러고 보니 「요한복음」에서 예수가 말한 '역설'이 바로 이 말 같군요. 뭐라고 말씀하시는고 하니, 나는 내 목숨을 억지로 빼앗기는 게 아니라 스스로 내어놓는다, 그래서 아버지가 날 사랑하시는 것이다, 내가 스스로 목숨을 바치는 것이지 빼앗기는 것이 아니다, 그러시면서 끝에 가서 또 말씀하시기를, 이것이 모두 그분의 명령이다, 따라서 나의 행위는 아버지의 명령에 대한 복종인 것이다, 이러시거든요. 말하자면 능동태와 피동태를 한 문장에 담은 겁니다. 당신의 능동이 곧 피동이라는 거지요.

그렇지. 道에 있어서는 진進과 퇴退가 구별되지 않으니까, 예수의 모든 행위가 아버지에게서 나오는 것이면서 아버지한테로 돌아가는 것인 거라. 좋은 일을 하고도 언제 했더냐 하는 거지.

그렇지요. 자기가 한 게 아니니까요.

그래.

아주 깨끗한 것

그 다음, "이도약뢰夷道若纇"는 무슨 말입니까?

'뢰'는 실매듭이니까 울퉁불퉁하지 않나? 울퉁불퉁하면 불편하지. 그러니까 이 말은, 곤란한 듯이 불편한 듯이 그렇게 道와 더불어 평안하게 움직여라, 이런 뜻이야.

'이도夷道'가 道와 더불어 평안하게 움직이라는 말입니까?

그런 뜻이지.

좀더 설명해 주십시오.

『장자』에 "막힌 것도 즐거움이요 뚫린 것도 즐거움이라는(窮亦樂 通亦樂)" 말이 있지 않은가? 어떤 형편과 처지에 있더라도 道와 하나 되어 있으면, 아버지와 함께 있으면, 모든 게 다 스스로 풀려 평안하게 돌아간다는 그런 뜻이지.

그러니까 道와 더불어 평안하게 가는데 그것을 곤란한 게 있는 것처럼 그렇게 하라는 말인가요?

그런 뜻이지. 살얼음 딛듯이 걷는다는 말이 있잖은가? 道와 더불어 가는 데는 그런 자세로 가야 한다는 거야.

道와 더불어 가는데 마구 가지 말라는 건가요?

함부로 가면 안 되지. 신중하게 가라는 거라. '이도夷道'란 말이 문자 그대로 읽으면 '평이한 道'니까 평이한 道를 행하되 어렵게, 어려운 길을 가듯이, 그렇게 가라는 말이야.

왜 노자는 여기서 이런 말씀을 하시는 걸까요?

명도明道니 진도進道니 이도夷道니 하는 말이 결국 道에 인간이 응하는 바인데, 거기에는 마땅한 방법이 있다는 걸 시방 여기서 말씀하고 계시는 거지. 그러니까 이 장은 상덕上德의 모습을 설명하고 있는 걸세.

마침 이어서 '상덕'이라는 말이 나오는군요. "상덕上德은 약곡若谷하고", 최고의 德은 골짜기 같다는 말입니까?

그러니까 德이 아닌 것 같다, 이 말이야.

비어 있는 것 같으니까요?

그래.

그러나 골짜기는 비어 있는 것 같지만 사실은 차 있잖습니까?

그렇지. 바로 그걸 얘기하고 있는 거야.

차 있지만 차 있는 게 보이지는 않지요.

안 보이지. 만져지지도 않고…… 감각과 의식의 대상이 아니니까.

노자의 곡谷이나 허虛가 불교에서 말하는 공空 아닌가요?

같은 말이지. 같은 개념이야.

기독교에서는 자기를 비운다는 말을 하지요. '나'를 비우면 하느님 아버지로 가득 차는 거니까요. 노자가 7장에서 무사無私로 성사成私한다는 말을 했는데 그것도 같은 뜻이겠지요?

그래.

그 뒤에, 태백太白은 약욕若辱이라고 했는데요 무슨 뜻입니까?

"태백太白은 약욕若辱하고", 아주 깨끗한 것은 더러워 보인다는 말이야.

아주 깨끗한 것은 더러운 것 같다는 뜻이군요?

예를 들면 말이지, 천추에 오욕으로 남을 일이 있어, 누구도 그 짓을 하려고 들지 않는단 말이야. 그런데 고비를 넘기자면 반드시 그 일을 해야 해. 누군가가 그 역할을 담당해야 하는 거라. 아무도 그 자리에 서려고 하지 않을 때, 아무도 욕을 먹으려고 하지 않을 때에, 스스로 그 자리에 서는 사람이 있으면, 그 사람을 일컬어 태백太白이라고 하는 거지. 이승만이 부산에서 정권 연장을 목적으로 발췌개헌안을 강제로 통과시킬 적에 경찰들이 국회의원을 죄다 잡아다 모아놓고 그 총칼 앞에서 개헌안을 표결에 붙이는데 그때 의장이 신익희 선생이었고 조봉암 선생이 부의장이었지. 의장 신익희 선생이 사회를 보고 기립 표결을 하는데 조봉암 씨가 나서서 의장한테 뭐라고 하는고 하니, 의장님, 이건 오욕의 국회올시다, 이런 국회를 의장이 운영해서는 안 됩니다, 의사봉을 절 주십시오, 해서 조봉암 선생이 의장 노릇을 했어. 정치판에서는 그런 일을 쉽게 볼 수 없는데 죽산竹山 선생이 그러셨단 말이야. 누가 써도 써야 할 오욕이라면 그걸 자청하는 거라. 그런 사람의 행위를 우리는 태백이라고 할 수 있다는 얘기지.

마침 어제 아내가 유리창을 청소했는데요, 오래 묵은 때를 벗기고 닦는 데는 반드시 걸레가 있어야겠더군요. 만일 걸레가 없다면 어떻게 유리 창문이 깨끗해질 수 있을까, 세상에도 저 걸레 같은 사람이 있어야겠지, 이런 생각을 해봤습니다. 그런데요, 누군가 이 세상의 걸레로 존재해야 하지만, 대부분의 경우에는 너나 나나 그걸 다 싫어하니까 억지로 누굴 걸레로 부려 쓰거나 아니면 돈을 주고 사서 부리거나 하거든요. 그런데 만일 누군가가 스스로 나서서 세상의 걸레 노릇을 자청한다면 그런 사람을 가리켜 가장 깨끗한 사람(太白)이라고 할 수 있겠군요?

당연하지. 상덕上德이 바로 그와 같다는 얘길세. 그래서, "광덕廣德은 약부족若不足이라"고 했지. 모든 것을 포용하고 있는 德은 德이 모자란 것 같다 이 말이야.

그 다음은 어떻게 읽습니까?

큰 모서리

"건덕약투建德若偸하고", 굳건한 德은 게으르고 남을 업신여기는 것 같고, 이런 말이지. 여기 '투偸'가 훔친다는 뜻이거든. 훔친다는 건 남을 무시하는 것 아닌가? 가벼이 본다는 말이야. 그러니까 이게 무슨 말이냐 하면, 굳건한 德을 지닌 사람은 남에게 사소한 예절 따위를 무시하고 대하는 것 같다, 이런 말일세. 너니 나니 하는 경계가 없으니까, 그런 걸 전제로 해서 뭘 시시콜콜 따지지 않는 거라. 내가 내 눈이나 코에 대해서, 어디가 아프거나 할 때만 아니면, 별 관심을 두지 않잖는가? 그런 태도로 남을 대한다는 거야. 그러니까 겉으로 봐서는 꼭 상대방을 업신여기거나 게으르게 대하는 것 같지. 무관심하다 이 말이야.

아하, 그게 그런 뜻이군요?

상덕上德은 예禮나 의義에 얽매이지 않거든. 왜? 큰 德의 차원에서는 이미 너, 나의 구별이 없으니까. 그 다음, "질직약유質直若渝하고", 道의 진정한 본질인데, 그게 '질직質直'이지. 그런데 그것이 뭐냐 하면 비어 있는 것 같다 이 말이야. 여기 '유渝'는 '변할 유'인데 유색渝色이라고 하면 색이 바랜다는 말이 되니까 결국 허옇게 된다는 거라. 道의 진정한 본질은 그러니까 색이 바래서 아무것도 없어서, 공空한 것과 같다는 그런 뜻이 되지.

진정한 본질은 그 자리가 텅 비어 있는 것 같다는 말입니까?

그래.

그 다음 구절은요?

"대방무우大方無隅하고", 큰 모(角)는 구석이 없는 것 같고…… 뭘 볼래야 볼 수 없으니까.

이것도 역시 상덕上德의 모습을 얘기하는 거겠지요?

그럼. 그 사람하고 마주해 앉아 있으면 어디서부터 어디까지인 줄을 모르겠다는 거야.

도무지 구분을 짓는 게 불가능하다는 말이군요?

그래. 예수님의 말씀과 행동을 우리의 틀이나 잣대로 재단할 수가 없지 않은가? 석가모니의 세계를 무엇으로 잴 수 있어? 한도 끝도 없는데.

그래서 그게 대방大方이군요?

대방大方이지. 그 다음, "대기만성大器晩成하고", 큰 그릇은 늦게 이루어진다, 이 말이야.

많이 알려진 말이지요.

"대음희성大音希聲하고", 큰 소리는 소리가 없고……

우리 귀에 들리지 않는다는 뜻인가요?

그래. 지구가 이게 우주 공간을 무서운 속도로 달리고 있잖은가? 그러면 엄청난 소리가 날 텐데도 우리 귀에는 아무런 소리도 들리지를 않거든. "대상무형大象無形이니라", 큰 형상은 형상이 없다 이 말이지.

자기를 내어주는 道

"도은무명道隱無名이라", 道는 숨어 있어서 이름이 없다, 이 말이야.

그렇지요.

뭐이 나타나 보여야 이름을 짓지.

예, 이름을 짓는다는 건 분간을 하는 거니까요.

그래.

이제 끝 구절이 남았군요.

"부유도夫惟道는 선대차성善貸且成이니라", 무릇 道는 잘 주어서 잠시 이루게 할 따름이니라.

여기 '차성且成'이 그런 뜻입니까?

'차且'가 잠시라는 말이거든.

잘 주어서 잠시 이룬다는 말이 무슨 뜻인가요?

道는 자신을 잘 내어준단 말이지. 이런저런 계산이 따로 없잖은가? 모든 것을 잘 도와서, 자기를 내어줌으로써 돕는단 말이야. 그래서 잠시 이루게 할 뿐인 거라.

인도의 테레사 수녀가 어디선가 그런 말을 하셨지요. 우리 모두 그분의 일을 잠시 하다가 갈 뿐이라고요.

참 훌륭하신 말씀이구먼.

결국 이 장은 인간의 자질구레한 분별심 따위로 道나 德을 재단할 수는 없다는 그런 얘길 하고 있는 것 같군요.

42장
하나는 둘을 낳고 둘은 셋을 낳고

道는 하나를 낳고 하나는 둘을 낳고 둘은 셋을 낳고 셋은 만물을 낳으니 만물은 음陰을 등지고 양陽을 안아 허무의 기氣로써 조화를 이룬다. 사람들이 싫어하는 바는 오직 고孤와 과寡와 불곡不穀인데 왕들은 그것으로 자기의 호칭을 삼는다. 그러므로 사물은 언제나 손해를 보면 이익을 얻고 이익을 얻으면 손해를 본다. 사람들이 가르치는 바를 나 또한 가르치니 강하고 굳센 자는 제 명에 죽지 못하거니와 나는 이로써 가르침의 근본을 삼으리라.

道生一, 一生二, 二生三, 三生萬物, 萬物負陰而抱陽, 沖氣以爲和. 人之所惡, 唯孤寡不穀, 而王公以爲稱. 故物或損之而益, 益之而損. 人之所教, 我亦教之, 强梁者不得其死, 吾將以爲教父.

태극은 음 · 양을 낳고

우선 전문을 한번 읽어주시겠습니까?

"도생일道生一하고 일생이一生二하고 이생삼二生三하고 삼생만물三生萬物하나니 만물萬物은 부음이포양負陰而抱陽하고 충기이위화沖氣以爲和니라. 인지소오人之所惡는 유고과불곡唯孤寡不穀이어늘 이왕공而王公이 이위칭以爲稱하느니라. 고故로 물혹손지이익物或損之而益하고 익지이손益之而損이니라. 인지소교人之所敎를 아역교지我亦敎之하나니 강량자强梁者는 부득기사不得其死하거니와 오장이위교부吾將以爲敎父니라."

"도생일道生一" 이하는 꽤 많이 알려진 구절인데요, 풀이하는 이마다 조금씩 해석이 다르더군요. 여기서 하나니 둘이니 하는 것은 무엇을 가리키는 말입니까?

道는 하나를 낳고 하나는 둘을 낳고 둘은 셋을 낳고 셋은 만물을 낳으니 만물은 음陰을 등지고 양陽을 안아 허무의 기운으로써 조화를 이룬다, 이런 말이 되겠는데 "道가 하나를 낳고" 했을 적의 그 '하나'는 『주역』에서 말하는 태극太極이 되겠지. '둘'은 음과 양이 되겠고 '셋'은 천天 · 지地 · 인人이 되겠지.

그러니까, 음과 양이 천 · 지 · 인을 낳는다는 말이 곧 "이생삼二生三"이로군요?

그래. 그리고 "삼생만물三生萬物하고" 하늘과 땅과 사람이 만물을 낳고, "만물萬物은 부음이포양負陰而抱陽하고 충기이위화沖氣以爲和니라" 만물은 음을 등지고 양을 안아 허무의 기운으로써 조화를 삼느니라. 사람의 앞면은 이목구비가 있어서 때때로 작용하고 활동을 하니까 그게 양으로 표시가 되고 뒷면은 척추와 등이 있어서 그런 모든 활동을 받쳐주고 있으니까 그걸 음이라고 한 거지. 초목은 모두 남향을 해서 양을 안으니까 포양抱陽이고 뿌리는 어두운 땅 속에 있어서 초목을 버텨주고 있으니까 부음負陰인 거라. 그런데 이런 모든 조화를 이루게 하는 것은 뭐냐 하면 道의 허무한 기운이라, 이런 말이지.

텅 비어 있는 기氣란 뜻이지요?

그래. 텅 비어서 가득 차 있는 기로 음 · 양의 조화를 이룬다는 말이야.

그 기는 어디 있을 곳이 따로 있지 않으니까 없는 곳이 없겠지요?

도처에 있는 거지. 틈이 없는데도 거기 있어.

예수님이, 여우도 굴이 있고 참새도 보금자리가 있지만 나에게는 머리 둘 곳이 없다고 하셨을 때에도, 그러니까 이 세상 모든 곳이 내가 머리 둘 곳이라는 뜻으로 새겨들어야 할 것 같아요. 사실 어디 한 군데 정처가 있다면 그곳 아닌 다른 장소에는 머물 수가 없다는 말이 되니까요. 마음이 아무데도 머물지 않는다(心無所住)라는 말도 마음이 모든 자리에 거리낌 없이 다 이를 수 있다는 말 아니겠습니까?

옳은 말이야. 시방 자네가 예수님 얘길 하니까 생각나는구먼. 그래서 불가에서는 "수처작주隨處作主요 입처개진立處皆眞"이라는 말을 하지. 어딜 가나 거기가 내 자리요 내가 선 자리마다 진리의 자리라는 뜻이야. 아버지가 계신 자리고.

그렇지요.

굳센 자는 제 명에 죽지 못하거니와

"인지소오人之所惡는 유고과불곡唯孤寡不穀이어늘 이왕공而王公이 이위칭以爲稱이니라", 사람들이 싫어하는 바는 오직 고孤와 과寡와 불곡不穀이거늘 왕들이 그것으로 자기 호칭을 삼는다는 말이겠지요?

고아나 과부 또는 먹을 것이 없는 사람을 고孤, 과寡, 불곡不穀이라고 하는데, 그런데 왕들이 자신을 가리켜 그런 이름으로 부른다는 거라.

39장에도 나온 말이지요.

그래. "고故로 물혹손지이익物或損之而益하고 익지이손益之而損이니라", 그러므로 사물이라는 것은 언제나 덜어주고 손해를 보면 이익을 얻고 꽉 차면 손해를 보게 되느니라, 덜면 차고 차면 덜어진다, 이 말일세.

그렇지요.

"인지소교人之所敎를 아역교지我亦敎之하나니" 사람들이 가르치는 바를 나 또한 가르치나니, "강량자强梁者는 부득기사不得其死하거니와" 힘세고 굳센 자는 제 명에 죽지 못하거니와……

죽음을 얻지 못한다(不得其死)는 말이 그런 뜻이군요?

그래. 제 명에 죽지 못한단 말이야. 하늘이 준 명이 있는데 그걸 다하지 못한다, 이 말이지. 그래서 나는 이것으로 가르침의 근본을 삼겠노라, "오장이위교부吾將以爲敎父니라."

'부父'가 근본이라는 뜻입니까?

아버지는 아들의 근본 아닌가? 그런 뜻이지. 가르침의 아비로 삼겠다는 거니까.

'강량자'라는 게 노자가 보기에는 아주 고약한 존재 아닙니까?

그렇지. 도덕하고는 거리가 먼 사람이거든.

제 생각에는 이 장이 양陽에 대하여 음陰을, 익益에 대하여 손損을 부각시키려는 의도로 쓰여진 것 같군요.

어느 한쪽을 부각시킨다기보다는 창조의 원리를 얘기한 것으로 봐야겠지. 사물이라는 게 언제나 모자라면 채워주고 넘치면 덜어주고 그러지 않는가? 그게 사물의 존재 방식인 거라.

그게 자연의 도리라는 말이겠지요?

그렇지.

세상 사람들이 가르치는 것을 나 또한 가르친다고 했는데요, 이건 무슨 말입니까?

사람들이 딱한 사람은 가엾게 여기고 오만하고 힘센 자는 깎아내리고, 그러잖는가?

아, 그런 걸 얘기하는 겁니까?

그래.

그러니까 자기의 가르침이라는 게 보통 사람들의 그것과 동떨어진 무슨 엉뚱한 것이 아니라는 얘기군요?

뒷장 어딘가에, 성인은 백성의 마음으로 자기 마음을 삼는다는 말이 나오지.

예. 자기 마음을 따로 지니지 않고 백성의 마음으로 자기 마음을 삼는다는 말이 있지요.

그러니까, 자연의 도리에 맞게끔 처신하고 살아가는 거라. 바로 그것을 德이라고 얘기하는 걸세.

이미 깨달았는데 다시 무엇을 구하랴

앞머리에서 道는 하나를 낳고 하나는 둘을 낳고 둘은 셋을 셋은 만물을 낳는다는 식으로 창조의 원리를 얘기한 무슨 특별한 이유가 있을까요?

그것은 일체 현상이 道와 불가분의 관계에 있음을 설명하기 위해서라고 볼 수 있겠지. 현상과 道는 둘이 아니라 하나라는 말이야.

그렇다면 중간 부분은 줄여버리고 아예 도생만물道生萬物이라고 해도 말이 되지 않겠습니까?

되지. 되지만, 이해하는 데 도움이 되도록 설명하자니까 그렇게 말한 거라.

알겠습니다. 그리고요, 양은 움직임인데 그 움직임을 움직이게끔 지탱시켜 주는 게 음이란 말씀이지요?

그래.

그런데 사람들은 대개 양 쪽에만 관심을 두지요.

그러지. 음이 없으면 양도 없는 건데 말씀이야. 나아가서 노자는 그 음 · 양을 있게끔 한 전체(一)를 시방 여기서 말해주고 있는 걸세.

음이니 양이니 하는 것도 편의상 우리가 그렇게 나눠서 부르지만 본질에서는 그렇게 나눠지거나 분리되는 게 아니잖습니까?

그게 곧 '일생이一生二' 라는 말 속에 담겨 있는 뜻이지.

그 말은 '둘' 이 곧 '하나' 라는 말 아닙니까? 제가 12월 10일에 태어났는데요, 사실 제가 그날 비로소 '생겨난' 것은 아니잖습니까? 12월 9일에도 저는 어머니 뱃속에 있었으니까요. 그러니까 생일이 곧 그 사람이 '생겨난' 날은 아니란 말씀입니다. 지난번에, 부모가 아직 태어나기 전 네 참 모습이 어떤 것인지 아느냐는 말씀을 하셨는데요, 사실 모든 존재의 근원은 아버지에, 道에 있는 게 아닌가요? 그러니까 도생만물道生萬物이란 말은 道와 만물이 동떨어진 다른 것이 아니란 얘기가 되고, 그래서 예수님이 나는 아브라함 이전부터 있는 사람이라고 말씀하신 게 아닌가 생각합니다.

바로 그걸세. 그러기에 모든 것이 道와 불가분의 관계에 있다는 얘기는 무슨 뜻인고 하니, 우리가 시방 이렇게 임시로 살아 있는 이것도 이미 영생의 자리에 있다는 얘기요 죽어도 영생의 자리에 있다는 얘기고 ……

그렇지요. 그 둘이 별개의 것이 아니지요.

별개의 것이 아니지! 아버지의 자리에서, 道의 자리에서 보면 그게 확연히 보이는 거라. 석두희천石頭希遷이라는 당나라 선승의 게偈에 이런 것이 있네.

요연지시몽了然知是夢에
기각갱하구旣覺更何求리요
사입고봉거死入孤峰去하니
회비일신휴灰飛一燼休라
운무공벽재雲無空碧在에
천정월화류天靜月華流라
면유제도제免有諸徒弟이
시래조석두時來吊石頭리라

이 한 삶이 꿈인 줄 확연히 알거니와
이미 깨달았는데 다시 무엇을 구하랴
한번 죽은 심정으로 외로운 봉우리 아래에 들어가니
재는 날고 타다남은 찌꺼기만 남았네
구름 한 점 없고 하늘 푸르러
고요한 하늘에 달빛만 흐르는구나
삼베 띠 머리에 두르고 뭇 제자들이
때로 와서 돌대가리(石頭)를 조문하겠지

이 괴물이 삶과 죽음의 경계를 훌쩍 뛰어넘는 것 좀 보게나. 이미 한번 깨달았는데 다시 무엇을 구하리요?

참, 통쾌한 시로군요.

43장
부드러운 것이 단단한 것을 부리고

세상에서 가장 부드러운 것이 세상에서 가장 단단한 것을 부리고 형체가 따로 없는 것이 틈 없는 사이에 들어가니 나는 이런 까닭에 무위의 유익함을 안다. 말하지 않고 가르치는 것과 무위의 유익함은 세상에서 이를 따를 만한 것이 없다.

天下之至柔, 馳騁天下之至堅, 無有, 入於無間, 吾是以知無爲之有益. 不言之教, 無爲之益, 天下希及之.

무위가 주는 유익

"천하지지유天下之至柔가 치빙천하지지견馳騁天下之至堅하고", 세상에서 가장 부드러운 것이 세상에서 가장 단단한 것을 제 마음대로 부리고, 이 말이야.

'치빙馳騁'이 부린다는 뜻입니까?

'달릴 치馳'에 '달릴 빙騁'인데 여기서는 부린다는 뜻으로 읽어야 들어맞겠구먼. 그리고 "무유無有가 입어무간入於無間하니" 형체가 따로 없는 것이, 그러니까 물이라든가 공기라든가 이런 것들이, 틈이 없는 사이에도 들어가니, "오시이吾是以로 지무위지유익知無爲之有益이니라" 나는 이런 까닭에 무위의 유익함을 안다, 이 말이지. 인위로써 하지 않는 것이 가져다주는 이익을 안단 말이야. "불언지교不言之教와 무위지익無爲之益은 천하희급지天下希及之니라", 말하지 않고 가르치는 것과 인위로 하지 않는 데서 오는 이로움은 세상에서 이를 따를 것이 없느니라.

그보다 더한 것이 없다는 뜻입니까?

그것을 능가할 만한 게 없다는 뜻이지. 그러니까 이 장에서는 무위가 가져다주는 유익을 얘기하고 있는 걸세.

지극히 부드러운 것이나 자기 형체를 따로 지니지 않는 것들이, 물이나 공기처럼 말입니다, 그런 것들이 얼마나 유능하고 유익한지를 말해주고 있는 거겠지요?

그래. 그러니까 다시 말해서 에고가 없으면, 아상我相이 없으면 미치지 않는 데가 없고 모든 것을 자기 뜻대로 부릴 수가 있다, 이런 말이지. 그런데도 우리처럼 이렇게 德이 없는 사람들은 그렇게 하면 아무것도 안 된다고 생각한단 말이야. 그래서 때로는 불언지교不言之教 같은 말이, 그래 정말 그래야지 하고 마음에 와닿았다가도 금방 그걸 일러주지 않으면 안 돼, 하는 조급한 마음이 들어서 말을 하고는 결국에 가서 착오를 일으키는 그런 짓거리를 되풀이하고 있는 거라.

그러니 옛날 선사들이 제자를 가르칠 때, 한 마디만 해주어도 뭐가 뚫릴 텐데 하는 순간에조차 굳게 입을 다물고 있는 걸 보는데요, 그럴려면 그만한 실력을 갖춘 사람이라야지 우리 같은 사람은 우선 본인이 답답해서도 말을 하고 만단 말씀입니다. 그런데 그렇게 되면 그게 유위有爲가 되겠지요.

유위가 되는 거지.

그렇지만 말을 하지 않는다고 해서 그게 곧 무위는 아니잖습니까?

물론!

어떤 경우에는 말을 하는 게 무위일 수 있을 테니까요.

그래. 그 반대일 수도 있고. 문제는 똑같은 말이라도 누가 언제 어떻게 하느냐에 따라서 유위有爲일 수도 있고 무위無爲일 수도 있는 거라. 언젠가 한번은 서각書刻하는 집에 들렀더니 서산대사의 아래 시가 조그만 현판에 새겨져 있더군.

> 산중하사기山中何事奇고
> 석상다송백石上多松柏이라
> 이험불이심夷險不移心에
> 사시청일색四時靑一色이로다
>
> 산속에 무엇이 기특한고
> 바위 위에 소나무 잣나무가 많구나
> 평탄하거나 험난하거나 마음은 한결같아

사철 푸르러 한 빛이로다

그런데 이런 멋들어진 시를 누가 썼는고 해서 글씨 쓴 사람을 알고 보니 그게 이완용이더란 말일세. 온 백성이 나라 팔아먹은 놈이라고 욕하는 이완용이도 저런 선귀를 읊을 때가 있었던가, 속으로 좀 놀랐지. 물론 일본 놈이 강요를 하니까 나라를 팔아먹었겠지 가만 있는데 팔아먹었겠어? 그러나 강요한다고 해서 팔아먹을 수밖에 없는 건 아니거든. 나라를 지키는 사람은 정말로 대덕大德이래야 하겠구나, 그런 생각이 나더란 말일세.

그러니 누구도 말은 그럴싸하게 할 수 있다는 그런 말씀이군요?

바로 그 얘기야. 사실은 그 시가 청허淸虛의 것인 줄 처음엔 몰랐어. 그래서 이완용이도 저런 시를 쓴 적이 있었나 그런 생각이 들어서 더욱 놀랐던 거야. 나중에 그것이 서산대사의 시인 줄 알고는, 이완용이가 학식은 제법 높았을지 모르나 결국 억겁 동안 묻어온 때를, 그 습기習氣를 씻어내지 못했기에 그 지경이 되고 말았구나, 이런 생각을 했지.

그러니까 내 말은 불언지교不言之教나 무위라는 게 그저 수양만 좀 한다고 해서 되는 게 아니라는 얘기야. 한 목숨 몽땅 던져서 결단하지 않으면 이를 수 없는 경지란 말일세.

그렇지요. 구두선이야 누군들 못하겠습니까? 그러니, 똑같은 말이라도 사람에 따라서 유위일 수도 있고 무위일 수도 있고, 그런 거군요.

바로 그 얘기야.

아상 하나만 무너지면

마지막 말은 그러니까, 세상에 온갖 가르침이 있지만 말하지 않고 가르치는 것만큼 훌륭한 가르침은 없다는 그런 말이 되겠습니까?

그래.

유익도 많지만 무위가 주는 유익만한 것은 없다?

그렇지.

……

아! 그놈의 '나'라고 하는 게 어찌나 크고 단단한지요. 어떨 때는 눈앞에 우뚝 버티고 선 태산 같다는 느낌이 들기도 합니다.

그 이상 큰 게 없지!

불가에서는 사상四相을 얘기하지 않습니까? 아상我相, 인상人相, 중생상衆生相, 수자상壽者相을 말하는데요 결국 아상我相 하나만 깨어지면 그 나머지는 저절로 무너지는 것 아니겠어요?

그래, 절로 깨어지지. 그런 거야.

44장
이름과 몸, 어느 것이 나에게 가까운가

이름과 몸은 어느 것이 나에게 가깝고 몸과 재물은 어느 것이 나에게 소중하며 얻음과 잃음은 어느 것이 나에게 해로운가? 이런 까닭에, 지나치게 사랑하면 반드시 크게 소비하고 너무 많이 지니면 반드시 크게 잃는다. 만족할 줄 알면 욕됨이 없고 그칠 줄 알면 위태롭지 않아서 오래 갈 수 있다.

名與身, 孰親, 身與貨, 孰多, 得與亡, 孰病. 是故甚愛, 必大費, 多藏, 必厚亡. 知足, 不辱, 知止, 不殆, 可以長久.

어느 것이 나에게 소중한가

이 장은 지족知足에 대하여 이야기하고 있다고 보아야겠지. "명여신名與身은 숙친孰親하고" 이름과 몸은 어느 것이 나에게 가깝고, "신여화身與貨는 숙다孰多하며" 몸과 재물은 어느 것이 나에게 소중하며, "득여망得與亡은 숙병孰病고?" 얻음과 잃음은 어느 것이 나에게 해로운가? "시고是故로 심애甚愛면 필대비必大費하고" 이런 까닭에 지나치게 사랑하면 반드시 크게 소비하고, "다장多藏이면 필후망必厚亡이니라" 많이 간수하면 반드시 크게 잃느니라. "지족知足이면 불욕不辱이요" 만족할 줄 알면 욕됨이 없고, "지지知止면 불태不殆하여" 그칠 줄 알면 위태롭지 아니하여, "가이장구可以長久니라" 오래갈 수 있느니라.

이름과 몸, 어느 것이 나에게 더 가까우냐는 물음은, 몸이 이름보다 더 가깝다는 말이겠지요?

명예에 대한 욕구를 채우는 것보다는 몸이 더 중요하다는 그런 말이 되겠지.

몸하고 재물하고 어느 것이 나에게 더 소중하냐는 질문도 몸이 재물보다 더 소중하다는 말이고요.

그래.

그 다음 문장은 잘 모르겠습니다. 얻는 것과 잃는 것, 어느 것이 나에게 더 해롭다는 겁니까?

그건 앞에서 말한 바, 명예를 얻는다거나 재물을 얻는 것보다는 몸을 건강하게 하는 것이 더 낫다는 얘길 시방 하고 있는 거지.

그러면 명예나 재물 따위는 얻어도 병이요 잃어도 병이라는 그런 뜻이 됩니까?

그렇게 봐야지. 재물이나 명예는 구할 때도 고통(求時苦)이요 지킬 때도 고통(守時苦)이요 잃을 때도 고통(失時苦)이거든.

일 없음이 일이 되어

그런 까닭에 "심애甚愛면 필대비必大費하고", 지나치게 사랑하면, 지나치게 집착하면 많이 소비하게 된단 말이야. 시간도 정력도 많이 소모하게 되는 거라.

그게 그런 말입니까?

그렇지. "다장多藏이면 필후망必厚亡이라", 재물 따위를 많이 가지고 있으면 반드시 많이 잃게 돼.

가진 것이 적으면 잃는 것도 적겠지요. 그런데 이 말에는, 가진 것은 반드시 잃는다는 말이 전제되어 있는 것 아닙니까?

이치가 그렇잖은가?

누구나 다 죽으니까요. 죽는 건 지니고 있는 걸 다 잃어버리는 것 아닙니까? 그러니까 시방 이 문장은 지나친 사랑이나 너무 많이 소유하는 것을 경계하는 말이지요?

그래. 그래서 만족함을 알면 욕됨이 없고(知足不辱) 멈출 데를 알면 위태롭지 않아서(知止不殆) 오래 몸을 지탱할 수 있다(可以長久)는 말이야. 과거 우리 나라 대통령들이 헌법에 정해진 대로 임기를 마치고 거기서 그칠 줄을 알았더라면 그나마 좋았겠는데 헌법을 고쳐서까지 집권을 계속하려다 보니까 자기도 망가지고 나라도 망가뜨리고 그렇게 되지 않았나. 그 바람에 얼마나 많은 아까운 사람이 다쳤어?

그랬지요. 지족知足이면 불욕不辱이라는 말은 많이 알려진 말인데요, 참된 지족이라면 언제 어디 어떤 상황에서도 만족해야 할 것 아닙니까?

그 얘기는 어떤 상황에서도 더 이상 바랄 게 없는 그런 마음으로 살아간다는 것일 텐데요……

우주가 곧 나인데 뭘 더 바란단 말인가? 무엇을 바란다는 것 자체가 아직도 아상我相을 벗지 못했다는 뜻이거든. 경허선사鏡虛禪師의 시에 이런 게 있어.

> 무사유성사無事猶成事하여
> 엄관백일면掩關白日眠하니
> 유금지아독幽禽知我獨하여
> 영영과창전影影過窓前이라

일 없음이 일이 되어 빗장 걸고 대낮에 잠을 자는데 새들이 나 홀로 있는 줄 알고 창문 앞을 이리저리 날아다닌다는 뜻인데, 과연 멋들어진 경지 아닌가? 무사유성사無事猶成事라고 하면 얼핏 보기에 아무 일도 안 하고 건들거리는 걸 연상하기 쉽지만 사실은 명예라든가 권세라든가 재물 따위 이른바 세속의 욕심을 모두 버린 상태를 일컫는 말인 거라. 세상 사람들은 재물을 더 모으거나 명예를 한 단계라도 더 높이려는 일에 앞다투어 뛰고 있는데 시방 이 경지는 道와 하나되어, 천지 자연과 일체로 되어 살아가는 경지니까 더 바랄 게 없다, 이 말이야. 바랄 게 없으니까 무사無事지. 그래서 대낮에 빗장 걸고 말이지 이렇게 잠이나 자고 있으니까 새들이 와서 혼자 있는 줄 알고는 창문 밖을 이리저리 날아다니니 그 그림자가 창문에 비칠 수밖에. 그런데 그 경지란 게 그게 낮잠을 잔다고 해서 정말 자는 게 아니거든. 보통 사람들은 잠을 자면 꿈속을 헤매게 되지만 이런 대승들은 자나깨나 깨어 있단 말이야.

오매일여寤寐一如라고 하지요.

그래, 오매일여라. 그렇게 깨어서 온 우주, 천지와 한 몸이 되어 살아가는 모습을 일컬어 표현하자니 한가하게 보이는 거지. 그러니까 이 시는 앞 장에서 말한 무위의 이로움이란 게 어떤 것인지를 보여주는 아주 멋들어진 정경인 거라.

그런데요, 제 눈에는 그렇게 살아가는 사람들의 모습이 어느 시대에나 당대의 흐름을 거스르는 삶의 모습으로밖에는 보이지 않더라구요. 모두들 이렇게 살아야 한다면서 이쪽으로 치달리고 있는데 그 사람만 아니다, 저쪽이다, 하면서 반대 방향으로 간단 말씀입니다. 모두들 날만 새면, 아니지요 밤낮없이, 그저 일에 미쳐 돌아가는데 어슬렁거리고 노닌다면 그건 거역이 아니겠습니까? 넓은 길을 버리고 좁은 길을 택하라는 예수님의 말씀도 세속의 흐름을 거역하라는 명령 아니겠어요?

그래서 40장에 '반反'이 道의 움직임이라고(反者 道之動)하지 않았나?

더 이상 아무 바랄 게 없는 그런 상태에 이르렀을 때에야 비로소 지족知足이 가능했겠지요? 누구 말인지는 모르겠는데 '고맙다'는 말이 '고만 맙시오'에서 나왔다고 하더군요. 그만 됐으니 이젠 더 바랄 게 없다는 데서 감사가 나온다는 얘기지요.

그럴듯하군.

그럴 경우 그건 저절로 이루어지는 지족이겠지요? 만일 억지로 지족을 하고자 한다면 그것도 인위가 되지 않겠습니까?

그건 그래. 그건 그렇지만 있는 것으로 만족하려는 노력을 스스로 하는 것은 귀한 일이지. 그게 수신修身이요 수도修道니까. 자연과 하나되는 일하고 스스로 만족하는 일은 별개의 것이 아닌 까닭에 이쪽에서 저쪽으로 갈 수도 있고 그 반대도 가능하거든.

옳습니다. 열심히 음악을 들으면 음악의 道에 통하게 되고 음악의 道에 통해야 비로소 음악이 들리니까요.

그런 거지.

거꾸로 산다는 게 무엇인지

제가 며칠 전에 우연히 텔레비전을 보니까 밤늦게 어느 재벌 그룹의 회장이라는 이가 나와서 아주 오랫동안 무슨 강연을 하는데요, 얘길 들어보니 개혁의 시대에 모든 걸 바꾸자는, 바꾸지 않으면 살아남지 못한다는 그런 얘길 하는데 모든 것이 서로 연관되어 있다는, 그러니까 만사를 유기적인 관계 안에서 봐야 한다는 말을 하더군요. 사업가도 저런 말을 할 때가 있나보다 해서 좀더 들어보자니 역시 결론은 일류가 돼야 한다는, 일등만이 살아남는다는, 그런 쪽으로 빠지는 겁니다. 그러면서 일등만이 살아남는다는 것을 여러 가지 예를 들어 증명하더군요. 아주 설득력이 있는 강연이었습니다. 끝까지 다 듣지는 않았습니다만, 참 큰일났구나, 저 연설이 이 시간에 얼마나 많은 사람에게 '확실한 복음'으로 들릴 것인가? 그런 생각으로 잠을 설쳤지요. 무슨 일이 있어도 앞으로의 세계는 일등을 하지 않으면 살아남지 못한다는 겁니다. 지금까지 온 세계가 바로 그 논리에 미쳐가지고 갈팡질팡 살아오면서 마침내 지구의 생명을 위협하는 단계에까지 왔는데 저렇게 강력한 일등주의 전도사가 나타났으니 이거 참 큰일이다 싶더라구요. 일등을 어느 놈이 하면 누군가는 이등 삼등 꼴찌를 해야 하지 않습니까? 일등을 해야 산다는 얘기는 누군가를 희생시켜야 산다는 얘긴데 그 희생되는 놈은 누굽니까? 모든 것이 유기적으로 연결돼 있다는 전제를 깔아놓고 그런 소리를 하니 논리 자체에 큰 함정이 있는 것을 자신은 모르고 있는 것 같더군요. 아무튼 많이 착잡했습니다. 이런 세상에서 거꾸로 산다는 게 무엇인지, 그게 과연 가능할는지.

그런 주장이나 실천이, 그게 얼마 안 가서 급격히 역전될 걸세. 21세기에 접어들면 그렇게 될 거야. 그런 식의 인생 경영이 안고 있는 한계가 분명하거든. 그렇게 주장한다고 해서 그렇게 살아지는 게 아니란 말이지. 도리에서 어긋나면 얼마 못 가서 무너지게 돼 있어. 부도不道면 조이무已라고 하지 않았나?

세상에 아마 줄 긋고 달리기 시합을 하는 생물은 인종밖에 없을 것입니다.

그래.

아무리 잘 달리는 말이나 치타도 뛸 때는 누굴 잡아먹으려고 뛰든지 안 잡혀 먹히려고 뛰든지 둘 중의 하나거든요. 아무 일도 없으면서 단지 누가 더 빨리 뛰는지 알아보려고 달리기를 하지는 않겠지요.

그렇구먼. 백범白凡 김구 선생이 해방 후 성균관대학에서 강연을 하시는데 그때 마침 며칠 전에 서윤복 씨가 보스톤 마라톤에서 일등을 했단 말이야. 전국에서 환호가 대단했지. 그때에 김구 선생이 무슨 말을 했는고 하니, 내가 서윤복 씨의 마라톤 일등을 폄하하자는 건 아닌데 뛰는 걸로 얘기하자면 말이 사람보다 더 잘 뛴다고, 그러니까 참된 독립을 준비해야 하는 이때에 모든 것을 깊이 생각하고 착실하게 생각하자고, 그런 말씀을 하신 적이 있지. 세상이 온통 마라톤 일등으로 미쳐 돌아가니까……

그게 그냥 놀이로 하는 거라면 이해가 되고 또 재미도 있지요. 그런데 그놈이 이제는 전쟁처럼 되었고 게다가 인간마다 품고 있는 욕심을 묘하게 자극한단 말씀입니다. 그 욕심이 경주와 더불어 함께 치달리니 걷잡을 수가 없는 거지요.

옳은 얘길세. 그래서 노자는 "불상현不尙賢하여 사민부쟁使民不爭하라"고, 잘난 놈 떠받들어 사람들로 하여금 서로 다투게 하지 말라고 하잖았나?

45장
크게 이룸은 모자라는 것 같으나

크게 이룸은 모자라는 것 같으나 그 쓰임은 끝남이 없고 크게 참(盈)은 비어 있는 것 같으나 그 쓰임은 다함이 없다. 크게 곧음은 굽은 것 같고 크게 교묘함은 서툰 것 같고 크게 말 잘함은 말더듬이 같다. 움직임이 추위를 이기고 고요함이 더위를 이기니, 큰 고요함이 세상을 바르게 한다.

大成若缺, 其用不敝, 大盈若沖, 其用無窮. 大直若屈, 大巧若拙, 大辯若訥. 躁勝寒, 靜勝熱, 淸淨, 爲天下正.

크게 곧은 것은 굽은 것 같고

“대성大成은 약결若缺이나 기용불폐其用不敝하고” 크게 이룬 것은 모자라는 것 같으나 그 쓰임은 끝남이 없고, “대영大盈은 약충若沖이나 기용무궁其用無窮이니라” 크게 찬 것은 비어 있는 것 같으나 그 쓰임은 다함이 없느니라. “대직大直은 약굴若屈하고” 크게 곧은 것은 굽은 것 같고, “대교大巧는 약졸若拙하고” 크게 교묘한 것은 서툰 것 같고, “대변大辯은 약눌若訥하느니라” 크게 말 잘함은 말더듬이 같느니라. “조승한躁勝寒하고 정승열靜勝熱하니” 움직임이 추위를 이기고 고요함이 더위를 이기니, “청정淸淨이 위천하정爲天下正이니라” 크게 고요함이, 여기서는 ‘맑을 청淸’을 크다는 뜻으로 읽는 게 좋네, 크게 고요함이 천하를 바르게 하느니라, 이런 말이구먼. 크게 이룬 것은 모자라는 것처럼 보이는데 그 쓰임에 있어서 끝이 없다는 말이야. 또 크게 찬 것은 비어 있는 것처럼 보이는데 그 쓰임에 다함이 없단 말이지. 이어서 크게 곧은 것은 굽어보이고 크게 교묘한 것은 서툰 것 같고 썩 잘하는 말은 말더듬이 같다는 얘긴데, 여기 대성大成·대영大盈·대직大直·대교大巧·대변大辯은 우리의 일상 경험으로는 잘 알 수가 없는 것들이라. 워낙 크기 때문에 도리에 서서 보지 않고서는, 우리의 일상적인 감각으로 잡을 수가 없단 말이야.

그렇지요.

가령 예를 들면, 간디라는 사람이 얼마나 자신의 내면에 철저했던가? 인도의 독립과 인도 민중의 각성을 촉구하면서 그 주장하는 바를 자신의 내면에서 울려나오는 진리의 명령에 따라서 대중에게 이야기하는데, 보면 모기 소리보다 조금 더 큰 소리로 자기 주변 사람들한테 말하고 있는 거라. 그런데 그 더듬거리는 한 마디가 인도 대중에게 엄청난 웅변으로 들렸거든. 인도뿐만 아니라 전세계의 진실하게 살고자 하는 이들 가슴에 큰 충격을 주었다, 이 말이야.

그게 대변약눌大辯若訥이군요?

바로 그 얘기지. 간디가 자신의 내면에, 그 진실에 충실하지 않았다면 노자의 말로 道에 서서 무위로써 말하지 않았다면, 그런 대단한 웅변을 할 수가 있었겠나?

그렇지요. 그런데 보통 사람들 감각에는 그 엄청난 크기가 잘 잡히지 않아서 크게 이룬 것이 모자라게 보이고 크게 곧은 것이 굽어보이고 그런다는 얘기 아닙니까?

그래.

어쩌면 천재들이 당대에는 대중에게 인정받지 못하다가 후대에 가서야 인정을 받게 되는 것도 그런 까닭이 아닌가 생각됩니다. 요즘 소로우 Henry David Thoreau의 『월든』을 다시 읽고 있는데요, 그 사람이 그 책을 썼을 때는 출판 자체가 어려울 지경으로 사람들이 눈여겨보지 않았거든요. 그런데 얼마의 세월이 흐르지 않아 많은 사람들이 그의 생각에 감명을 받았고 지금도 읽히고 있으며 제 생각에는 앞으로 환경 문제가 심각해질수록 더욱 많이 읽히지 않겠나 싶단 말입니다. 백 년도 더 전에 오늘 우리들의 문제를 어쩌면 그렇게 꿰뚫어보았는지 감탄스럽기까지 하더군요. 그러나 소로우가 『월든』을 쓴 19세기만 해도 오늘처럼 기술 문명의 폐해가 심각할 정도는 아니었으니 그때 사람들한테는 뚱딴지 같은 소리로 들리지 않았겠습니까? 사실은 이미 그때 오늘의 엄청난 문제가 시작되고 있었지만 대중에게는 그게 보이지 않았던 거지요. 소로우의 『월든』이야말로 '대변약눌'이라는 생각이 드네요.

바로 봤네. 그런 거지.

해결의 열쇠를 안에서 찾는다

道에 서서 말을 하면 그 자리에 서지 못한 사람들한테는 아무래도 말더듬이 소리로 들릴 테지요.

자연과 하나되면 따로 무슨 일을 인위로써 조작할 필요가 없으니 밖에서 볼 적에 아무 일도 하지 않는 것으로 보이지 않겠나? 백거이白居易 낙천樂天이 아주 재미있는 시를 썼더군.

인인벽서주여광人人僻暑走如狂인데
독유선사불출방獨有禪師不出房이라
불시선방무열도不是禪房無熱到나
단능심정즉신량但能心靜卽身凉이라

사람마다 더위를 피하려고 미친 듯이 날뛰는데
홀로 선사가 있어 방을 나오지 않네
선방이라 해서 더위가 미치지 않는 것은 아니나
다만 마음을 고요히 하매 몸이 절로 서늘하구나

이어서 나오는 '정승열靜勝熱' 이 바로 그 말이지요.

그래. 그러니까 바깥을 향해서 문제의 해결책을 찾으려고 했을 경우에는 오히려 문제가 더 악화된단 말일세. 접때 자네가 어느 재벌 회장의 일등주의를 걱정했네만 그게 결국은 지구의 자원을 좀더 교묘하고 광범위하게 소모하자는 얘기가 되니까 제 몸뚱이 갉아먹자는 것밖에 더 되나? 자기와 우주가 한 몸이라는 걸 보지 못하는 사람한테는 그의 연설이 그야말로 '웅변' 으로 들리겠지만 사실은 얼마 못 가서 바닥이 나고 말 졸렬한 주장이거든. 그런데 아까도 말했지만 간디는 자기 내면에서 울려나오는 진실의 명령을 들었단 말이야. 그게 사실은 '대변大辯' 인 거라. 움직임이 추위를 이기고(躁勝寒), 고요함이 더위를 이긴다(靜勝熱)는 얘기가 바로 문제의 해결을 안에서 찾는 모습을 보여주고 있는 걸세. "크게 고요함(淸淨)이 천하를 바르게 한다(爲天下正)"는 말이 바로 그 말이지.

문제의 해결을 밖에서 찾는다는 것은 이미 여기에 '나' 라는 게 있다는 말이니까 자연히 경쟁이라든가 비교라든가 그런 게 생겨날 수밖에 없겠지요?

그렇지.

그런데 안에서 찾는다는 말은 그 '안' 에 이미 내가 포함되어 있는 거니까 자연히 너, 나의 구별도 사라지게 되고 그런 시각에서 모든 문제를 볼 때에 참된 해결책도 나온다는 말이 되겠지요.

사실 道의 세계에는 안팎이 따로 없지.

그렇습니다. 그러니까 밖에서 찾으려는 그릇된 태도, 다시 말하면 이분법의 범주에서 문제를 보는 자세를 비판하는 방편으로 "안에서 찾는다"는 말을 하고 있는 건데요, 이게 안으로 들어갈수록 세계가 좁아지는 게 아닌데, 우리 상식으로는 깊을수록 좁다는 관념이 있지 않습니까? 그런데 특히 종교의 세계에서는 깊이 안으로 들어갈수록 오히려 세계가 넓어진다는 생각이 드는 겁니다. 이게 우리가 이른바 학문의 세계에서 보는 것과는 반대 현상이지요. 전문 분야는 깊이 들어갈수록 폭이 좁아진다는 게 오늘 서구식 학문의 보편화된 인식 아닙니까? 어떤 사람은 탁월한 전문가일수록 자기가 전공한 부분 외에는 아무것도 모르는 사람이 된다고 해서 '전문 바보' 라는 재미있는 말을 만들어서 쓰더군요. 사실 진짜 학문이라면 그게 아닐 텐데요.

아니지.

그런데 道의 세계에서는 안으로 깊이 들어가면 들어갈수록 넓어져서 모든 경계가 사라지고 따라서 모든 것과 더불어 하나가 되는 겁니다. 사실은 이미 한 몸임을 확인하는 것이지요. 마치 강물이 바다로 들어가서 한강과 낙동강이 하나로 되는 것처럼 말입니다. 강이 흐른다는 게 그게 바다로 들어가는 것 아닙니까?

그래, 옳은 얘기여.

예수교에 깊이 들어가면 불교와의 장벽도 절로 사라져 보이지 않게 되는 거지요. 나아가서 물질과의 간격도 없어지고요.

물아일체로 되는 거지.

문제의 해결을 안에서 찾는다는 게, 이게 참 대단하고 묘한 말씀 같아요.

엄청난 얘기지.

더위나 추위가 밖에서 오는 것이라면 그것을 안에서 움직이거나 고요히 앉아 이긴다는 얘기니까요. 어제하고 그저께 수많은 사람이 바다가 있는 곳으로 이른바 피서 여행을 떠났는데요, 어떤 사람은 서울에서 강릉까지 열 네 시간 걸려서 갔다더군요. 그 긴 시간을 뜨거운 땡볕 아래에서 차 속에 갇혀가지고 왜 저렇게 고생하는고 하고 보니 그게 더위를 피한답시고 그러는 거더란 말씀입니다.

더위를 피해 더위 속으로 들어가는 셈이지. 백낙천의 시에 그런 모습이 잘 그려져 있잖나? 미친 듯이 날뛴다(走如狂)고 했으니까.

그러고 보면 옛날이나 지금이나 사람들 살아가는 꼬락서니가 비슷비슷한 모양입니다.

그러게 말일세. 그게 당나라 때니까 벌써 천 년도 더 된 옛날 얘긴데.

'조승한躁勝寒'이니 '정승열靜勝熱'이니 하는 얘기가 결국은 세상의 어떤 문제도 제 마음 하나 가꾸기에 달려 있다는 그런 얘기 아닌가요?

그런 얘기지.

오한이 날 때 몸을 떠는 것, 그게 여기 '조躁'겠지요?

그래. 추울 때 운동을 하면 더워지지 않는가? 그걸 말하는 거지.

그런데요, 저도 학질을 앓아봤습니다만 그때 몸이 떨리는 것은 저절로 떨리는 것 아닙니까?

저절로 떨리는 거지.

일부러 떠는 건 아니란 말씀입니다.

아니지. 그게, 일부러 떤다고 해서 되나?

그러니까 제 말씀은 여기 '조躁'나 '정靜'도 무위의 한 모습이 아니냐는 그런 말씀입니다.

무위지. 밖에서 다가오는 변화에 대하여 그대로 응하는 거니까.

그렇지요. 춥지도 않은데 몸을 떠는 건, 그건 아니지요.

아니야.

사물이 오면 응하되 마중하지 않고 사물이 가면 보내되 배웅하지 않는 거울처럼 마음을 쓰라는 장자의 말씀이 바로 그런 경지를 가리키는 거겠지요.

옳아.

그런데 더위가 오면 몸을 가만히 두는 것도 무위입니까?

오뉴월에 개가 어떻게 하고 있나?

죽은 듯이 엎드려 있지요.

그게 무위자연 아니겠어?

맞습니다. 그래서 사람이 자연한테 배우면 틀림이 없지요.

틀림없지.

道는 이미 내 안에 있지 않는가? 그 道를 깨치지 못한 채 밖으로 암만 헤매도 신세만 고달프지 문제는 조금도 풀리지를 않는 거라. 그래서 노자는 "문 밖을 나서지 않고 세상을 안다"고 했지.

하늘의 큰 침묵

"청정淸淨이 위천하정爲天下正이라"고 했는데요, 큰 고요함이 세상을 바르게 한다는 게 무슨 뜻입니까?

베르코르Vercors라는 사람이 쓴 『바다의 침묵』이라는 작은 소설이 있는데 거기에 보면, 독일이 프랑스에 쳐들어갔을 때 프랑스 국민 전체가 입을 다물고 점령군을 침묵으로 상대하는 거라. 그러니까 상대를 안 하는 거지. 이건 와와 소리를 지르고 주먹질을 하는 것보다 더 무서운 레지스탕스 아닌가? 결국은 독일 점령군이 그 엄청난 침묵 앞에서 마음으로 굴복을 하고 마는 거야. 소설을 읽으면서 그 거룩한 침묵이 마침내 프랑스를 바로 세우지 않았나, 생각해 본 적이 있네.

저도 성경을 읽으면서, 예수님이 십자가에 달리는 그 숨막히는 순간 어째서 하늘은 침묵했는가, 그 침묵의 의미는 무엇인가, 하고 생각해 본 적이 있습니다. 그 경우 말고도, 성경에서는 결정적인 순간에 하느님이 숨어버리는 것을 수없이 볼 수 있거든요. 우리 생각에는 숨어 계시다가도 나타나셔야 할 그런 순간에 어째서 하느님은 끝내 침묵을 하시는가? 그런데 지금 이 글을 읽자니까 바로 그 침묵이 온 세상을 바르게 세우기 위한 '청정淸淨'이었구나 하는 생각이 드는군요. 만일에 예수님이 십자가에서 숨을 거두는 그 순간에 어떤 천재지변이 일어나 그 사건이 중단되었거나 취소되었다면 오늘 우리에게 '예수'는 없겠지요. 세상을 바르게 하는 '주인공'이 없는 겁니다.

자네가 재미있는 얘길 하네만, 그 '침묵'이 말해주고 있는 내용은 사건을 경험한 민중이 소박한 언어로 대변해 주고 있잖은가?

그게, '부활'이지요.

그래.

그러니까 '부활'은 십자가 위에 드리웠던 '커다란 침묵(淸淨)'이 인간의 이야기로 발음된 것이라고 볼 수 있겠네요?

『유마경維摩經』에 보면 문수가 유마에게 질문을 하는데 몇 번 대답을 하다가 맨 마지막에 가서는 그만 입을 다물고 아무 대답도 하지 않는 대목이 있단 말이야. 하느님의 경역境域은 인간의 말이나 글로 담아낼 수 없는 것 아닌가? 그러니 침묵일 수밖에. 그러고, 자네가 '부활' 이야기를 꺼냈으니 얘기네만, 시방 교회에서는 이런저런 교리로 예수의 부활을 설명하는데, 부활이라는 게 그게 본디 세속의 삶이 한번 크게 죽고 주님을 따라갈 때 비로소 의미가 있는 것 아닌가? 엄청난 얘기지! 그런데 그게 너무 쉽사리 얘기되고 처리가 되고 마니까 신앙의 양식이 굳어져버리고, 성실하게 살아가려는 이들에겐 오히려 혐오감을 주고 있는 게 아닐까, 그런 생각이 드는구먼.

처음 부활을 증언한 이들의 '부활 이야기'와 오늘 기독교 신자들이 일반적으로 말하는 '부활 이야기'는 좀 다르다는 느낌입니다. 그이들은 부활을 이야기하면서 몸소 부활을 했거든요. 세상에 대한 두려움이라든가 절망감이라든가 나아가 육신의 죽음에 대한 공포까지도 모두 떨쳐버리고는 새 사람이 되어가지고 맨 몸으로 거리에 나와서 새로운 삶을 살아갔으니까요. 그게 부활 아닙니까? 그러니까 그들은 부활을 경험하면서 부활 이야기를 했던 거지요. 그런데 지금 우리가 교회에서 배우는 것은 그의 부활이지 나의 부활은 아니란 말씀입니다. 나의 부활을 얘기한다 해도, 그건 이 육신이 죽은 뒤에야 비로소 일어날 수 있는 것으로 생각하거든요. 착각이지요. 바로 여기에 차이가 있다고 생각됩니다. 부활한 자들의 부활 이야기와 부활하지 못한 자들의 부활 이야기는 다를 수밖에요.

46장
만족을 모르는 것만큼 큰 화가 없다

천하에 道가 있으면 군마를 농사짓는 말로 바꿔 없애고 천하에 道가 없으면 군마가 전쟁터에서 새끼를 낳는다. 만족한 줄 모르는 것만큼 큰 화가 없고 욕심을 내어 얻고자 하는 것만큼 큰 허물이 없다. 그런 까닭에 넉넉함을 넉넉함으로 알면 언제나 넉넉하다.

天下有道, 卻走馬以糞, 天下無道, 戎馬生於郊. 禍莫大於不知足, 咎莫大於欲得, 故知足之足, 常足矣.

천하에 道가 있으면

이 장에서 하려는 얘기는 결국 그 사회, 그 나라에 道가 있으면 전쟁이 있을 수 없다는 얘기지. 또 전쟁보다 더 큰 재앙이 없다는 얘기고. 그리고 그 전쟁은 만족할 줄 모르는 데서 오는 것이기 때문에 사람이 만족할 줄 모르는 것만큼 큰 화가 없다는 걸세. "천하天下에 유도有道면 각주마이분卻走馬以糞이요", 천하에 道가 있으면 군마를 밭가는 말로 바꿔 없애고……

여기 '주마走馬'를 군마軍馬로 읽습니까?

그래. 싸움질할 때 쓰는 말이지.

그걸 똥(糞) 가지고 없앤다(卻)는 말인가요?

'분糞'은 거름 나르는 수레로 읽기도 하고 분전糞田으로 읽기도 하더군. 그러니까 군대에서 쓰던 말을 농사하는 데 부린다는 뜻이 되는 거야.

싸울 때 쓰는 말을 농사짓는 말로 바꾼다는 뜻이군요?

천하에 道가 있으면 전쟁할 일이 없으니까 자연히 군마가 농마農馬로 바뀌는 거지. "천하天下에 무도無道면 융마생어교戎馬生於郊니라", 천하에 道가 없으면 말이지 군마가 들판에서 새끼를 낳느니라. 여기 '융戎'은 군대라는 뜻이고 '교郊'는 변경이라는 뜻이니까 싸움터가 되겠지. 천하에 道가 없으면 전쟁이 있게 마련이니까 말들이 전쟁터에서 새끼를 낳게 된다, 이 말이야. 전쟁이라는 게 하루 이틀에 끝나는 게 아니잖는가? 그러니 거기서 말들이 새끼를 낳을 수밖에. "화막대어부지족禍莫大於不知足하고" 만족할 줄 모르는 것보다 더 큰 화가 없고, "구막대어욕득咎莫大於欲得이니" 욕심을 내어 얻고자 하는 것보다 더 큰 허물이 없으니, 욕심 부리는 것보다 더 큰 잘못, 죄가 없다 이 말이야. "고故로 지족지족知足之足이면 상족의常足矣니라", 그런 까닭에 넉넉함의 넉넉함을 알면, 넉넉한 줄을 넉넉한 줄로 알면 이 말이야, 그러면 언제나 넉넉하니라.

넉넉함을 넉넉한 줄로 안다는 말은, 언제나 어떤 경우에나 만족한다는 뜻이겠지요? 객관적인 상황에 따라서 만족하는 게 아니고요.

그렇지. 그런 말이지. 언제나 자신의 처지에 만족한다는 얘기야. 道를 모시고 사는 사람은 언제나 우주와 하나를 이루어 살고 있으니 뭐 더 이상 바랄 게 없지 않는가? 모자라는 게 있어야 바라지? 하느님 아버지와 언제나 함께 있는데 뭐가 아쉽겠어?

그렇군요. 그러니 상족常足일 수밖에요.

상족이지!

'부자의 가난'과 '청빈의 풍요'

『노자익』에 보니까 이 장을 주석하면서 이식재李息齋라는 분이 이런 말을 했더군요. "천하유도天下有道엔 즉능사병위민則能使兵爲民이요 천하무도天下無道엔 즉능사민위병則能使民爲兵이라", 천하에 道가 있으면 곧 병兵을 민民으로 만들 수 있고 천하에 道가 없으면 반대로 민을 병으로 만들 수 있다는 얘기 아닙니까?

그거 몇 자만으로 이 장의 내용을 잘 압축해 놨구먼.

천하에 道가 없다는 말은, 임금이 道로써 다스리지 않는다는 말이겠지요?

그런 말이지.

임금이 자신의 현재 처지에 만족하지를 못하고 그래서 이웃 나라를 치는 게, 그게 전쟁이니까요.

임금뿐만 아니라 그를 모시고 있는 자들이 道를 떠나면 자연히 그렇게 되는 거지. 무슨 핑계를 대서라도 이웃 나라를 치게 되는 거라.

그러니, 만족할 줄 모르는 것보다 더 큰 화가 없다는 얘기군요?

그래.

만족을 모르니까 욕심을 내고 욕심을 채우려고 전쟁을 일으키니 욕심을 채우려고 하는 것보다 더 큰 허물이 없고요.

더 큰 잘못이 없는 거지.

그게 다 道를 떠났기 때문에 생기는 결과겠지요?

그렇지. 사람이 道와 하나 되면, 아버지와 함께 있으면, 살림살이 같은 거야 있어도 그만이요 없어도 그만 아니겠나? 우리 나라 함월선사涵月禪師의 시에 이런 게 있더군.

> 진일망기좌盡日忘機坐에
> 제천화우표諸天花雨飄라
> 생애하소유生涯何所有고
> 벽상괘단표壁上掛單瓢라
>
> 모든 일 잊고 진종일 앉았으니
> 하늘에서 꽃비가 내리네
> 살림살이 별 것 있으랴
> 벽에 걸린 표주박 하나뿐

'지족지족知足之足'의 경지가 지극한 데 이르면 벽에 걸린 표주박 하나로도 만족하게 되는 거라. 일체 만물이 자기 몸이니까 굳이 그걸 제 소유로 삼을 이유가 없는 거지.

말씀을 듣다보니 유학자 김장생金長生의 시조가 한 수 생각나는군요.

십 년을 경영하여 초려삼간 지어내어
나 한 칸 달 한 칸에 청풍 한 칸 맡겨두고
강산은 들일 데 없으니 둘러두고 보리라

지난번에 말씀하신, 예수님이 가슴 아파하셨던 '부자의 가난'에 견주어 얼마나 넉넉하고 유유자적悠悠自適합니까? 옛 선비들한테는 이런 '청빈淸貧의 풍요'가 있었던 것 같습니다.

문제는 족하다는 것과 부족하다는 것이 어디에서 연유하느냐, 그게 핵인데 道와 함께하는 자는 만상萬象과 한 몸이 되니까 도대체 '가난'이라는 개념이 없는 거지. 그러니까 세속에서 말하는 재물의 축적이 있을 게 없는 거라. 일체가 나거든. 그런데 道와 하나 되지 못한 사람은 사물이 자기와 동떨어진 별개의 것인 양 생각하니까, 이건 있는 대로 가져야 하는 줄 알고 가지려고 별 수단을 다 쓰지만 끝내 가질 수 없으니 맨날 가난할 수밖에. 이치가 그런 거지.

결국 만족하느냐 만족하지 못하느냐, 이것은 생각이나 느낌이나 의식의 문제가 아니라 진실을 그대로 보느냐 보지 못하느냐, 깨달았느냐 못 깨달았느냐에서 오는 문제라는 생각이 드는군요. 말씀하신 대로 만상이 자기와 일체라는 사실을 제대로 본다면 그것을 따로 가지려고 애쓸 이유도 없거니와 이미 '소유'의 개념조차 없는 것 아니겠습니까? 내가 내 귀를 소유한다고는 말하지 않으니까요. 그냥 더불어 사는 거지요.

옳은 얘길세. 그것을 바로 보지 못하는 것이 바로 불가에서 말하는 무명無明인데 거기서 탐욕이 나오는 거라.

부산에 장기려 박사가 계시잖습니까? 그분이 평생 당신 집 한 채 따로 없이 사신 분인데요, 병원 옥상에 조그마한 방 한 칸 꾸며서 거기에서 혼자 기거를 하시는데, 어디에선가 그분이 쓰신 글을 보니까 이러셨더군요. 사람들은 내게 집이 없다고 그러는데 나는 집 없는 사람이 아니다. 복음병원이 곧 내 집이요 서울 가면 자식놈 집이 곧 내 집이며 친구 집에 갔을 때는 친구 집이 곧 내 집이다. 어딜 가나 거기가 내 집인데 어째서 나 같은 집 부자를 두고 집 없는 사람이라고 그러는지 모르겠다. 그분 글을 읽으면서 이건 낭만도 관념도 아니고 삶의 실체가 그렇다는 감동을 받았는데요, 아주 구체적인 현실이 그렇다는 말씀입니다. 아무 델 가나 발 뻗으면 거기가 내 집인 거지요. 그런 분에게 무슨 좋은 집을 따로 가지고 싶다는 욕심이 나거나 그럴 까닭이 없지 않겠습니까?

오히려 그런 욕심이 나면, 그런 욕심이 난다면, 부담이 되겠지.

그렇겠지요.

세상을 거역하는 '어떤 사람'

만일 이 첫 문장을 말입니다, "천하유도天下有道엔 각주마이분卻走馬以糞"이라고 하지 않았습니까? 이 문장을 뒤집어서 "각주마이분卻走馬以糞이면 천하天下에 유도有道니라"로 읽으면 어떨는지요? 그래도 말이 될까요? 사람들이 군마를 농사짓는 말로 바꿔버리면 세상에 道가 있게 되느니라, 이렇게 읽는 겁니다.

그래도 되겠지.

무슨 말씀이냐 하면요, 시방 전쟁이 막 벌어지고 있는 판인데, 이건 천하에 道가 없기 때문이지, 하고 천하에 道가 생길 때를 앉아서 기다릴 게 아니라 당장 할 수 있는 대로 전쟁을 반대하고 군마를 농마로 바꾸는 무슨 행동을 하는 게 바른 태도가 아니겠느냐, 그런 말씀입니다.

그건 그래야지. 오늘 우리가 살고 있는 세상이 이른바 산업 문명의 시대 아닌가? 산업 문명은 경쟁과 전쟁을 바탕으로 삼은 한 문명이거든. 서로 다투지 않으면 안 되잖아? 그리고 이 산업 문명에서 가장 큰 이익을 내는 게 군수 산업이란 말이야. 무기를 만들어 파는 장사가 제일 힘있고 수지맞는단 말이지.

만일 전쟁이 없었다면 오늘 세계가 자랑하는 저 기술 문명도 이만큼 소위 '발달'이라는 게 되지 않았겠지요.

물론! 그런데 바로 그게 전 지구 생명권의 조화를 파괴하고 있다, 이 말일세. 그래서 이젠 인류뿐만 아니라 생물체 모두가 멸종의 위기를 맞고 있단 말이지. 그러니까 여직까지는 경쟁 사회 속에서 언제나 상대를 이용하고 착취하고 박탈하고 죽이고 버리는 문명이었는데, 그게 사람끼리만 그런 게 아니라 자연에 대해서도 그래 왔는데, 좋다 이 말이야, 20세기에는 그래 왔지만, 세기를 따로 나눌 건 없다 해도 21세기에 가서는 뭐냐 하면 결정적으로 이런 문명을 버리고 일체가 공생하는, 인간끼리뿐만 아니라 자연과도 공생하는 새로운 문명이 형성되지 않으면 안 된다, 이런 말이지.

그러면 정말로 끝나는 거겠지요.

그래. 그러니까 고대 자네가 얘기한 내용은 우리가 사는 이 지구 곳곳에서 시급하게 얘기가 돼야 하는 거라.

얘기가 될 뿐 아니라 누군가 이 산업 문명의 틀 안에 살면서 바로 그 산업 문명의 논리라든가 법칙에 따르지 않고 사는, 구체적인 '삶'이 있어야 하지 않겠습니까? 이를테면 지금 이 현실의 전쟁 마당에서 병마兵馬를 농마로 바꾸는 그런 작업을, 천하에 유도有道할 때까지 기다릴 게 아니라, 지금 누군가 해야 되지 않느냐는 그런 말씀입니다.

아무렴! 그게, 요즘 환경 운동이라든가 유기농 운동이라든가 자연농 운동 같은 것들이 그 기초가 되겠지. 특히 자연농으로 돌아간다는 건 자연과 공생한다는 점에서 매우 중요하다고 보는데, 이게 현재로서는 매우 미약하고 또 얼핏 보면 무슨 원시 농경 사회로 돌아가자는 거냐고 할는지 모르겠으나 그건 아니지. 다만, 지금까지 인류가 겪어온 경험에서 배운 것들을 모아서 파멸을 피하면서 함께 모두가 살 수 있는 그런 길을 모색하지 않으면 안 된다는 절박한 현실을 얘기하고 있는 걸세. 인간이 땅하고 불화해서 살아갈 수 있겠나? 그러니까 이제 비로소 시도하는 것은 무엇이든 근원적인 도리를 바탕으로 해서 시도되어야 한다, 이 말이지.

그렇게 되면 현상을 어떻게든 유지해야겠다고 생각하는 자들한테는 껄끄러운 존재가 되겠지요. 현상을 이대로 두고서 새로운 문명을 만들 수는 없으니까요.

그건 그렇지. 그러나 어쩔 수 없는 거라. 왜냐하면 시방 이 현상을 이대로 지속시키면 파국밖에는 없거든.

그렇지요, 사느냐 죽느냐 앞에서 다른 문제는 문제가 아니니까요. 그래서 저는 오늘 이 경생 사회는 빨리 막을 내릴수록 좋다고 얘기합니다.

그래.

우선 나부터 피곤해서 힘들어서 못살겠다, 왜 이렇게 날마다 뛰어다녀야 하느냐? 좀 천천히 걸어다니고 어슬렁거리고 그러고 싶은데 온통 주변 세상이 나를 그렇게 내버려두지를 않으니 이놈의 사회가 어서 끝났으면 좋겠다, 그런 얘길 합니다만, 그러면 우선 자네부터 그렇게 어슬렁거리며 살면 될 것 아니냐고 스스로에게 반문해 보지요.

그건 그렇지.

그런데, 그런 줄은 잘 아는데, 이게 제 혼자 힘으로 세태를 거역한다는 게 여간 어렵지를 않더란 말씀입니다.

그렇지. 그럴 거야. 시방 도무지 정신을 차릴 수 없게 세상이 요동을 치고 있잖은가?

그래도 아무튼 이 세상을 거역하는 '어떤 사람'이 돼야 한다는 생각은 하고 있는 거지요. 그런데 말씀입니다, 자연농을 얘기하면 사람들은 그런 농법으로 오늘 이 많은 인구를 먹여살릴 수 있겠느냐고, 그건 불가능하다고, 그러거든요.

그건 이치를 몰라서 하는 소릴세. 우리가 만일 오늘 누리는 이 '풍요로운 가난'을 청산하고 옛날 선조들이 지녔던 '가난한 풍요'를 되찾는다면 그건 문제가 아니지. 시방 우리가 얼마나 낭비가 많은가? 그 무서운 낭비를 고칠 생각은 않고 그 따위 소릴 한단 말이야. 세계의 큰 도시들 몇 개가 낭비해 없애는 것만 가지고도 전 지구의 기아 문제를 넉넉히 해결할 수 있다잖는가?

그러니까 결국 자연농으로는 세계의 식량 문제를 해결할 수 없다는 얘기가 궤변이 되고 마는군요.

궤변이지. 그리고 또 하나 중요한 문제는, 나라와 나라 사이의 이해관계 있잖은가? 이걸 앞으로는 전 지구촌의 문제로 봐야 한다는 걸세. 그러니까, 지구촌의 어떤 지역에 사는 자들이 부를 독점하고 있는 지금의 현상을 계속 고집할 게 아니라 나라와 나라가 모두 전세계의 조화롭고 건강한 삶을 목표로 해서 관계를 조정해야 한다는 말이지.

그렇지요. 그게 다른 나라를 위해서가 아니라 바로 자신들을 위해서 그래야 하는 것 아닙니까?

당연한 얘기지! 한 나라가 다른 나라를 쳐들어가면 그게 전쟁인데, 그보다 더 큰 죄악이 없다고 했잖아? 제 욕심을 채우려고(欲得) 하는 짓이니까. 그런데 오늘 어떤 나라가 만일 산업 문명을 극도로 개발해서 세계를 지배하겠다고 한다면 그 이상 큰 재앙이 없고 그 이상 큰 죄악이 없는 거라.

갑 나라가 을 나라를 친다는 건 갑이 저 자신을 치는 것 아닙니까?

바로 그거지. 그러니까 자네가 지난번에 얘기한 그 모 재벌 회장의 "일등을 해야 산다"는 말은, 그게 모든 상대방과 겨루어서 젖혀버리겠다는 발상 아닌가? 그러면 결국 저 살자고 남을 죽이겠다는 얘긴데, 세상이 모두 죽어버렸는데 전들 그 속에서 살 길이 있겠나? 남을 살리는 게 바로 저를 살리는 것이라는 얘기는 삼척동자도 아는 상식인데 말일세.

자기가 일등하기 위해서 이등 이하로 밀려나는 사람들에 대한 배려는 없는 거지요,

없지.

그렇게 해서 일등을 했을 때 오는 허탈감은 어떻게 해결하려고 그러는지 모르겠습니다.

답답한 일일세. 아무튼 이제 더 이상 경쟁으로는 세계가 지속될 수 없게끔 됐어.

함께 사느냐, 함께 죽느냐, 둘 중에 하나겠지요.

아무리 큰 공룡이라도 먹을 게 없으면 멸종할 수밖에 더 있나? 오늘 노자께서 몇 마디 안 되는 말씀으로 2,500년이나 긴 세월을 건너오셔서 우리에게 아주 긴요한 대목을 짚어주시는구먼.

47장
문 밖을 나가지 않고 천하를 안다

문 밖을 나가지 않고 천하를 알며 창문으로 엿보지 않고 하늘의 道를 아니, 멀리 가면 멀리 갈수록 그 아는 바는 점점 적어진다. 이런 까닭에 성인은 나가지 않고서 알며 자기를 드러내지 않는데도 알려지며 하지 않고 이룬다.

不出戶, 知天下, 不窺牖, 見天道, 其出彌遠, 其知彌少. 是以聖人不行而知, 不見而名, 不爲而成.

세상을 알고자 문 밖을 나서야만 하는가?

"불출호不出戶하되 지천하知天下하고" 집 문 밖을 나가지 않고도 천하를 다 알고, "불규유不窺牖하되 견천도見天道하나니" 창문으로 엿보지 않고서도 하늘의 道를 본다 이 말이야. 그러니 "기출미원其出彌遠이면 기지미소其知彌少니라", 밖으로 나가면 나갈수록, 멀리 가면 멀리 갈수록 그 아는 바는 점점 적어진다, 이런 얘기지. "시이是以로 성인聖人은 불행이지不行而知하고" 이런 까닭에 성인은 나가지 않고서도 알고, "불현이명不見而名하며" 자기를 드러내지 않는데도 널리 알려지며, "불위이성不爲而成이니라" 하지 않고도 이루느니라. 그러니까 인위로써 뭘 하지 않고 이룬단 말일세.

"밖으로 남에게서 찾지 말라(切忌從他覓)"는 동산양개의 시구가 생각나는군요. 道를 밖에서 찾으려고 할수록 道에서 멀어진다는 얘기였지요. 밖에서 구한다는 것 자체가 '나'를 이쪽에 따로 두고 나서야 되는 얘긴데 '나'를 독립시킨다는 것은 이미 道에서 떨어져 있다는 말이니까요. '나'는 道와 별개의 존재가 아니거든요.

그래. 그런데 시방 많은 사람들이 뭘 더 많이 알겠다고, 남보다 더 많이 알겠다고, 그래 가지고 뭐냐 하면 한없이 밖으로 지식을 추구한단 말이야. 그것도 결국은 하나의 소유욕이거든. 그러니까 그렇게 해서 얻은 지식은 인위로써 얻은 소유물이 되는 거라. 그런데 자기 자신이 온 우주와 어떤 관계에 있는 것인가, 그것을 더듬고 가는 게 진짜 공부인데 그런 공부를 하는 데는 자기 밖으로 멀리 나아갈 이유도 없고 또 그래 가지고는 공부가 되지를 않는다, 이 말일세. 오히려 그런 공부는 밖에서 얻은 바를 자꾸만 버리는 데서 진척이 있는 것 아니겠나? 이 장은 바로 그걸 여기서 얘기해 주고 있구먼.

세상을 알기 위해서 꼭 문 밖을 나가 멀리까지 돌아다녀야 하는 건 아니라는 말이군요?

우리가 살아가는 일상의 일이 있잖나? 배고프면 먹고 졸리면 자고 추우면 군불을 때고 더우면 문을 열어 선선하게 하고, 그런 건 누가 안 가르쳐줘도 저절로 아는 것 아닌가? 그것을 뭐냐 하면 경홀輕忽히 여기지 말라, 이걸세.

그게 바로 천도天道기 때문이라는 말이겠지요.

바로 그거야. 우리의 일상이 그게 곧 불도거든. 왜 우리가 맨 첫날, 부대사의 게偈를 읽지 않았던가? "욕지불거처欲知佛去處거든 어묵동정지語默動靜止라", 부처가 어디 계신지 알고 싶으면 말을 하거나 하지 않거나 움직이거나 움직이지 않거나 바로 그 자리를 보라고 말이야.

그랬지요. 기억납니다.

우리의 일상이 道와 별개의 것이 아니거든.

옳습니다. 그런데 뭘 많이 알려고 세계 여기저기를 돌아다니는 것은, 물론 그렇지 않은 경우도 있겠습니다만, 남보다 더 많은 지식을, 그것도 재산이니까요, 더 많은 지식을 축적해서 자랑으로 삼기도 하고 살아가는 데 유익을 얻는 방편으로 삼자는 그런 욕심에서 나오는 것일 수 있지 않겠어요?

그럴 수 있지.

그러나 그런 방식으로는 천도天道는커녕 세상을 알 수도 없다는 말 아닙니까?

그런 말이야. 그래서 성인은 배를 위하지 눈을 위하지는 않는다고 하잖았어?

아하, 그게 그런 말이었군요? 눈은 밖을 향하게 돼 있고 배는 안을 향하게 돼 있으니까요. 맞습니다.

그래. 그러니까 사람이란 언제나 도리에 바탕해서, 모든 일을 근원에서 처리하고 넘어가야 한다는, 그런 말이지.

멀리 나아갈수록 아는 바가 적어진다

멀리 나아갈수록 아는 바가 적어진다는 말은 무슨 뜻입니까?

일체의 것이 내 안에 있잖는가? 만물이 다 내 안에 있단 말이야. 의상義湘대사가 말한 '법성게法性偈'의 "일미진중함시방一微塵中含十方"이 바로 그 말이지. 티끌 하나에 온 우주가 들어 있단 말이거든. 그 어떤 사물도 우주가 없이는 존재할 수 없잖아? 벌레 하나도 우주가 있음으로 해서 생성이 되는 거라. 이 얘기는 뭐냐 하면, '진지眞知' 곧 참된 앎이란 일체 현상이 나와 무관하지 않고 하나의 도체道體임을 자각했을 때 그때에 비로소 오는 것인데 바깥으로 나가서 자꾸만 이건 이거다 저건 저거다 하고 아는 것은 일체를 대상화하는 것이란 말이지.

자기에 대한, 자기와 동떨어진 대상으로 객관화시킨다는 말씀이군요?

그래.

그러니까 아무리 봐야 진짜를 보는 게 아니군요? 결국 道와 동떨어진 모습으로 보는 거니까요.

바로 그 얘길세! 이른바 요소론적 관점이라고 할까? 그런 눈으로 사물을 보면 그게 진짜 앎이 아니란 말이지. 티끌 하나에 우주가 들어 있는데, 그렇게 모든 것이 서로서로 융섭되어 있다는 그런 안목에서 사물을 봐야 비로소 실체를 제대로 보는 게 되고, 그렇게 되면 어딜 가나 내 집이요 내 형제요 내 몸이 되는 거라. 그러면 뭐이 부족할 게 있나? 수

처작주隨處作主요 입처개진立處皆眞이라, 가는 곳마다 임자요 선 곳마다 거기가 바로 참의 자리인데.

옳습니다.

그러니, '나'를 떠나서, 이 말은 곧 道의 문 밖을 나선다는 말인데, 나를 떠나 가지고 이건 이렇고 저건 저렇고 아무리 많이 알아봤자 그래 가지고는 안다고 해도 사실은 모르는 거라. 그러니까 많이 알수록 아는 게 적어진다는 얘기가 되는 거지.

참 지식에서 멀어진다는 말이지요?

그래, 학사 · 박사 요란한 이름을 가지고 있지만 영 사람 구실을 못하는 친구들이 좀 많은가?

그렇군요. 그게 그러니까 자기 자신과 동떨어진 지식만 쌓았기 때문에 생기는 결과겠지요?

道에서 떠난 지식 추구는 쓸데없는 도로徒勞에 불과한 거야.

말씀을 듣자니 생각나는 영가永嘉 스님의 시가 있습니다.

오조년래적학문吾早年來積學問에
역증토소심경론亦曾討疏尋經論이라
분별명상부지휴分別名相不知休에
입해산사도자곤入海算沙徒自困이로다
각피여래고가책却被如來苦呵責하니
수타진보유하익數他珍寶有何益이리요
종래층등각허행從來蹭蹬覺虛行에
다년왕작풍진객多年枉作風塵客이로다

유명한 「증도가證道歌」의 한 구절이군. 성철 스님의 풀이는 이렇더군요.

나는 어려서부터 학문을 쌓아서
일찍 주소註疏를 더듬고 경론을 살폈도다
이름과 모양 분별함에 쉴 줄 모르고
바닷속 모래를 헤아리듯
헛되이 스스로 피곤하였도다
문득 여래의 호된 꾸지람을 들었으니
남의 보배 세어서 무슨 이익 있을 건가
예전엔 비칠거리며 헛된 수행하였음을 깨달으니
여러 해를 잘못 풍진객 노릇 하였도다

옳으신 말씀이야. 두루 세상 구석까지 유학을 가서는 남의 보배나 잔뜩 세고 있으니 얼마나 딱한 일인가?

지식을 상품으로 사고 파는 세상이 되었으니 말할 것도 없지요. 그런데요, 사실 모든 것을 道에 근거해서 보는 사람한테는 "불출호不出戶하여 지천하知天下한다"라는 말 자체도 성립이 안 되는 것 아닌가요? 문(戶)이 있어야 나가든 들어가든 하지요.

허허허⋯⋯ 그건 그래.

나와 외부 세계를 가로막는 벽도, 통하게 하는 문도 없으니까요.

그렇지. 그건 자네 말이 옳아. 그래서 문자에 매달리지 말라는 걸세. 문자에는 어차피 한계가 있는 거니까. 그러나 그렇게라도 얘길 해줘야, 처음부터 문이 없었다는 걸 알게 된단 말씀이지. 달리 수가 없잖아?

맞습니다. 우리가 아상我相을 버린다고 말을 합니다만, 사실은 버릴

'나'라는 게 따로 없는 것 아닙니까?

바로 그 얘기지. 버리고 나면 버린 바가 없는 거라. 깨달으면 깨달은 바가 없는 거지.

그러니 눈먼 지식이 아니라 참으로 道에 눈이 열리면, 그러면 세계 여행을 아무리 다녀도 거기서 듣고 보는 것들 때문에 그 아는 바가 점점 적어지는(其知彌少), 그런 일은 없겠지요?

아무렴. 눈만 열리면 문 밖과 문 안이 없으니까, 상관이 없지.

가끔 친구들이나 후배들이 자네 어딜 좀 가서 보게, 그 나라는 꼭 자네 같은 사람이 가서 봐야 해, 하고 해외 여행을 권하는데요 저는 웬일인지 어릴 적부터 다른 나라에 가보고 싶은 마음이 별로 없었어요. 우리나라도 뭐 어디가 좋고 어디가 어떻고 하면서 사람들이 돌아다니는데요 저는 그런 식으로 관광하는 데도 별 흥미가 없습니다. 가보고 싶다면 말로만 듣던 북청이라는 데가 어떤 덴지 원산의 명사십리明沙十里가 과연 그렇게 깨끗한지, 거기 사는 우리 동포는 어떻게들 사시는지 뭐 그런 것은 좀 보고 싶은데요, 그래서 내 조국 땅도 다 밟지 못하는데 무슨 외국 여행이냐고 그럽니다만 사실은 영어도 못하는 주제에 그것도 부담이 되고요 그래서 아직 해외라는 델 한 번도 가보지 못했습니다만 가끔 해외 여행을 권하는 사람한테 건방떤다고 할까봐 말은 못하고 그냥 속으로 "불출호不出戶에 지천하知天下일세" 이러고 말지요.

재미있군. 그러나 문제는, 참으로 수처작주隨處作主의 경지에 드는 게 그게 문제지. 그러면 어딜 간들 무슨 상관이겠나? 그리고 여기서 우리가 헤아려야 할 게 또 한 가지 있네. 뭔고 하니, 지식과 지혜가 그것인데, 있다가도 없어질 잡다한 지식과 일체가 나와 한 몸임을 아는 참된 지혜를 혼동하면 안 되는 건데, 이 지혜에 우리가 눈을 뜰 것 같으면 말일세, 그러면 교회에서 말하는 참된 사랑, 아가페 사랑, 너 나가 없는 사랑, 어떤 대상이 따로 구별되지 않는 사랑, 한 몸으로서의 사랑, 예수님 말씀하시는 내가 아버지 안에 있고 아버지가 내 안에 있어서 나누는 사랑, 그 사랑이 이루어지겠지.

주변의 상황 따위에 구애받지 않고, 마치 태양 빛이 온 우주를 향해 발사되듯이 그런 한결같은 사랑을 하게 된다는 말씀인가요?

그래, 바로 그 안목에서 봐야 이 장의 말씀이 이해될 수 있을 걸세.

아는 바 없는 앎

그래서 성인은 나가지 않고도 알며(不行而知), 드러내지 않는데 알려지고 (不見而名), 하지 않고서 이룬다(不爲而成)고 했군요.

여기서 말하는 '지知'는 세속에서 말하는 상품 가치로서의 지식이 아니고 정말 생명의 핵심을, 생명의 움직임을, 생명의 조화를 아는 그런 앎인 거야.

그러니 그것을 구태여 말로 하자면, 아는 바 없는 앎 아닙니까? 이룬 게 없는 이룸이고요.

그래. 바로 그게 노자의 무지무식無知無識이라. 모든 걸 다 아는 데 아는 바가 없어.

그런데요, 저 같은 사람은 책을 좀 봐야 한다고 생각하거든요?

그건 나도 그래.

그래서 책은 계속 보고 있는데요, 요즘 와서 전과 조금 달라진 게 있다면, 전에는 책을 읽으면서 적어두기도 하고 책갈피에 무엇을 끼워놓기도 하고 해서 어떻게든지 제 머릿속에 축적해 두려고 했는데요 얼마 전부터는 그런 일을 하지 않고 있습니다. 그래봤자 별로 소용이 없다는 느낌도 들지만, 그것 역시 아는 바를 소유물로 삼으려는 발상에서 나온 게 아니냐, 그렇다면 진짜 공부에 도움보다 장애가 되는 게 아니냐, 이런 생각이 들어서요. 그래서 요즘은 읽고 잊어버립니다. 일부러 잊으려고 하지는 않습니다만 읽는 동안에 뭔가 동감되는 바가 있으면 그걸로 충분하다고 생각돼서요. 일부러 간직하려고 하지를 않는 겁니다. 그래서 그냥 읽고 말지요.

참 좋네, 좋아. 그래야 불출호不出戶 지천하知天下가 돼. 그게 곧 무위일세.

누가 뭘 물을 때 모르면 모른다고 하면 되지요.

그럼.

안다면 정말 무엇을 얼마나 알겠습니까?

지식이란 쌓을수록 모르는 부분이 커지게 돼 있지. 그런 거야.

48장
道를 닦으면 날마다 덜어지거니와

학문을 하면 날로 늘어나고 道를 닦으면 날마다 덜어지거니와 덜고 또 덜면 이윽고 함이 없음에 이르게 되고 함이 없으면 되지 않는 일이 없다. 그러므로 천하를 얻음에는 언제나 무위로써 해야 한다. 유위로써 하기에 이르면 족히 써 천하를 얻을 수 없다.

爲學日益, 爲道日損, 損之又損. 以至無爲, 無爲而無不爲. 故取天下, 常以無事, 及其有事, 不足而取天下.

올바른 학문의 길

"위학일익爲學日益이요 위도일손爲道日損이니" 학문을 하면 날로 늘어나고 道를 닦으면 날마다 덜어지거니와, "손지우손損之又損이면 이지무위以至無爲요" 덜고 또 덜면 무위에 이르게 되고, "무위이무불위無爲而無不爲니라" 함이 없으면, 함이 없어야, 하지 않음이 없느니라, 이런 뜻이지. "고故로 취천하取天下에는 상이무사常以無事요", 그러므로 천하를 취함에는 언제나 무위로써 취하고……

무사無事하고 무위無爲가 같은 말입니까?

같은 말이야. 일을 만들지 않음으로써 천하를 얻는다는 말이니까, 무위로써 취한다는 애기지. "급기유사及其有事하여는 부족이취천하不足以取天下니라", 유위에 이르러서는 그러니까 유위로는 족히 천하를 잡지 못하느니라. 일을 만들어서는 세상을 얻을 수 없다는 말이야. 일등을 해서 죄다 넘겨뜨려야 천하를 갖게 된다고 해가지고는 천하를 가질 수 없다는 얘길세.

그런데 여기 첫머리에서 '학學'을 '道'의 대對로, 그러니까 학學을 버리고 道를 취해야 한다는 뜻으로 읽으면 좀 문제가 있지 않겠습니까?

여기서 말하는 '학學'은 앞 장에서 말한 바깥에서 지식을 추구하여 자꾸만 쌓아올리는 그런 학문을 얘기한다고 봐야겠지. 그런 식으로 학문을 해서는 사욕만 늘어나지 않겠어?

그러니까 그래서는 무위와 반대되는 쪽으로 치달릴 뿐이라는 얘기군요?

그렇지.

그러나 그건, 그게 올바른 학문이 아니라서 그런 게 아닙니까?

물론!

그러니까 이 말을, 학문을 하지 말라는 말로 알아듣는다면 그건 오해 아니겠어요?

오해지.

결국 여기서 말하는 '학學'이란, 지식을 소유물로 삼아 쌓아두는 그런 의미의 학문을 가리키는 것이군요?

그래. 그러니까 다음에 이어서 위도일손爲道日損이라, 道를 닦기 위해서 그렇게 얻은 학문을 자꾸 덜어내야 한다고 하지 않는가? 전 장에서 자네가 얘기했지. 읽고 버리는 게, 그게 잘하는 일일세. 그래야 하는 건데 학문을 한다는 사람들이 남보다 뭘 조금 더 아는 걸로 남을 무시하거나 넘겨뜨리는 수단으로 삼는단 말이야. 그건 꼭 재물을 많이 쌓아둔 놈이 가난한 사람을 업신여기는 것과 같아서 결국은 '나'라는 아상我相만 커지는 거라. 그래 가지고는 안 된다는 얘길 시방 여기서 하는 거지. 세상이 본디 그렇게 해서 돌아가도록 돼 있는 건 아니거든.

그렇지요. 이를테면 소크라테스나 공자의 학문이 그런 건 아니잖습니까?

나는 내가 모른다는 것밖에는 아는 게 없다는 말이 그게 참 묘한 말일세. 지식을 얘기하면 뭘 안다고 해봤자 정말이지 뭘 얼마나 아는가? 그런데 나는 내가 모른다는 걸 안다는 소크라테스의 말은, 나는 나를 좀 안다는 것 아니겠어? 그게 정말 학문이지. 일체의 것과 내가 한 몸임을 아는 것, 하느님 아버지와 나는 뗄래야 뗄 수 없는 그런 관계라는 사실을 아는 것, 이것이 참된 앎이란 말이야.

일미진중함시방一微塵中含十方을 지식으로가 아니라 몸으로 아는 거기까지 가야 그게 참된 학문이겠지요.

그래.

이른바 빅뱅 이론에 대한 글을 읽다보니까 우주가 티끌보다 작은 입자에서 나왔더군요. 문자 그대로 일미진중一微塵中에 함시방含十方이더라구요. 그러니 천지 만물이 동근同根이요 일체지요.

옳은 얘기여. 요새 자네하고 이렇게 노자를 읽다보니 말이지, 우리가 살아가야 할 21세기의 문명이 어때야 할 것인지, 그게 이 노장의 세계에서 볼 때 제대로 보일 것이라는 생각이 드는구먼.

요즘 신과학이라고 합니까? 그쪽에서도 이와 비슷한 얘길 하고 있는 것 같더군요.

많이 접근하고 있지.

현대인들은 "이건 과학이야" 하면 꼼짝 못하잖습니까? 그러니 그쪽에서 많이 우회하긴 했지만 이제 와서 노장이 말한 세계를 나름대로 증명이라 할까 그렇게 나와주니 다행이라는 생각이 듭니다.

고마운 일이야. 반가운 일이고. 그것도 과학자들이 사심 없이 연구하다 보니 나오는 결과 아니겠어?

다 버리고 가야지

"위도일손爲道日損"이라고 했는데요, 날마다 덜어낸다니 뭘 덜어내는 겁니까?

무엇이든지, 道에 바탕을 두지 않은 것이라면 다 덜어내야지.

그 안에는 예컨대 이데올로기도 들어갈 수 있겠지요?

물론!

몸에 익은 버릇도……?

뭐든지 道에 어긋난 것이라면 다 버리고 가야지.

접때 선생님께서, 우리 모두 각자 제 몸에 묻은 오래된 때를 씻어내면서 가야 한다고 하셨는데요, 그게 다 "날마다 덜어내는" 일이겠지요.

그래. 고려 때 유명한 보조국사普照國師가 쓴 선시에 이런 게 있더군.

돈오수동불頓悟雖同佛이나
다생습기심多生習氣深이라
풍정파상용風定波尙湧에
이현염유침理現念猶侵이라

문득 깨치면 부처와 같다지만
무량겁에 찌든 버릇 그대로 있네
바람은 자도 물결은 아직 출렁이고
이치는 드러나도 망상은 오히려 남아 있네

지난날 오랜 버릇 때문에 남아 있는 습기習氣라든가 그동안 쌓아두었던 지식이라든가 이런 걸 손지우손損之又損하여 덜고 또 덜고 그러는 건데, 시방 여기서 지눌知訥 선사는 전생에 쌓아온 때까지 말씀하시고 있는 거라.

맞습니다. 지난번에도 말씀드린 기억이 납니다만, 문득문득 제 앞에 나타나는 저의 '나(我)'라는 놈은 그게 꼭 태산같이 요지부동이고 저보다도 훨씬 더 크다는 느낌이 든단 말입니다. 제가 세상에 태어나기 전부터 있었던 놈 같기도 하구요. 그놈이 앞을 막고 서 있으면 저는 그만 막막합니다. 그게 불가의 설명대로 하면 억겁의 세월 속에서 조성된 '나'겠지요.

그래서 버리고 또 버리고 자꾸만 버리라는 얘기 아닌가? 예수님이 일곱 번씩 일흔 번이라도 용서하라고 하셨는데 그건 용서하고 또 용서하고 끝없이 용서하라는 말이거든. 날마다 덜어내라는 거지. 그래야 산다는 거라.

그렇게 덜고 덜어서 마침내 무위에 이른다고 했으니까요. 무위라는 게 그게 위爲가 없는 것 아닙니까? 그러니 여기서 덜어내라는 게 결국은 '위爲' 아닌가, 그런 생각이 드는군요. 그놈이 없게 될 때까지 말입니다.

인위와 작위를 덜어내라는 얘기지. 그게 곧 아상我相을 버리라는 말도 되고. 한번 크게 버리고 나면 그 어떤 작위도 있을 이유가 없고 있어서도 안 되는 거라. 조선 시대에 벽송지엄碧松知嚴이라는 선사가 있었는데 그분의 게偈에 이르기를,

육창허활활六窓虛豁豁하니
마불자망양魔佛自亡羊이라
약갱심현묘若更尋玄妙면
부운차일광浮雲遮日光이라

육창六窓이란 뭐냐 하면 흔히 육근六根 또는 육문六門이라고 하는 거 있잖은가? 눈, 귀, 코, 혀, 몸, 의식(眼耳鼻舌身意)을 가리키는데 그것이 텅 비어 도무지 거칠 것이 없으니 마구니(魔)와 부처(佛)가 스스로 망양亡羊이라. 망양이란 자취가 없다, 어디에도 없다, 그런 뜻이니까 부처니 마구니니 하는 게 모두 본디 없는 거라 이런 말이지. 여섯 가지 창窓이 텅 비었다는 건 한번 크게 버려 더 버릴 게 없다는 뜻이니까 새삼스레 부처니 마구니니 따지고 가릴 대상이 없다는 얘길세. 그런 게 있어야 가리고

자시고 하지. 그런데 만약 다시 신비한 도(玄妙)를 찾아나선다고 하면 말이지 그러면 떠다니는 먹구름이 햇빛을 가리고 말 것이다, 이런 말이야.

그럴 경우 그것 자체가 또 하나의 작위가 되기 때문이겠지요?

그렇지.

전주에 계시는 오기순 신부님이 쓰신 어떤 글에 보니까요 유리아나라는 일본인 수녀 이야기가 있더군요. 독일인 신부 한 분이 어느 비 오는 날 밤 택시로 집에 가는데 기찻길 건널목에서 마침 신호가 떨어져 기차가 지나가기를 기다리고 있었답니다. 저만큼 어둠 속에서 기차가 달려오고 있는데 갑자기 웬 시커먼 사람의 그림자가 철길 위로 자기 몸을 내던지더라는 거예요. 신부가 자기도 모르게 차에서 뛰어내려 그 시커먼 그림자를 부둥켜안고 철길 저쪽으로 함께 뒹구는 순간 기차는 지나가고 자살하려던 사람이 신부의 몸을 마구 때리고 할퀴면서 사납게 욕설을 퍼붓는데 목소리가 젊은 여자였답니다. 네가 누군데 날 죽지 못하게 하느냐면서 어찌나 난폭하게 덤벼드는지 어리둥절한 사이에 실컷 맞고 있자니 택시 기사가 내려가지고 죽고 싶은 년이라면 내가 죽여주마고 사정없이 짓밟더라는 거예요. 이윽고 기절해 버린 여자를 진흙탕 구덩이에서 건져내어 자기 집으로 데리고 갔지요. 여자는 일 주일 가량 밥도 먹지 않고 앙탈을 부리다가 이윽고 자기 처지를 털어놓는데, 일본의 유수한 귀족 가문에서 여러 아들 중 외동딸로 태어나 온갖 귀염을 받고 자라다가 갑자기 나병에 걸렸다는 의사의 진단을 받게 되었고, 그러자 부모가 자기를 길바닥에 버렸다는 겁니다. 그러면서 부모한테서까지 버림을 받은 몸인데 이제 내가 누구에게 정을 쏟으며 살 수 있겠느냐고, 그래서 죽으려고 했노라고, 신부는 그 말을 듣고 천주님 이야기를 들려주면서 간절히 기도했답니다. 결국 그 여자는 세례를 받고 유리아

나라는 이름으로 다시 태어났습니다. 그후 나병 환자 요양원에서 남들은 마스크를 쓰고 장갑을 끼고 겨우 만지는 환부의 피고름을 맨손으로 그것도 지극히 평화스럽고 즐거운 얼굴로 돌봐주더라는 거예요. 오 신부님이 일본에서 신부 수업을 쌓을 때 그 여자를 직접 만났는데 환자의 피고름이 자기 입술에 묻는데도 전혀 느끼지 못하고, 이분들이 나의 예수님인데 무엇이 더럽고 무엇이 깨끗하냐면서 그렇게 일을 하더랍니다. 그를 버린 부모가 나병 환자가 되어 자기네가 버린 딸의 간호를 받으며 그 품에서 운명했다더군요.

그분이야말로 대사일번大死一番하셨구먼!

대사일번이라구요?

크게 한번 죽었다는 얘길세. 그래서 다시 사신 거지. 아름다운 얘기야. 크게 한번 죽었는데 뭘 또 바라고 애쓰고 그러겠나? 그 수녀님이 정말 위무위爲無爲하셨어. 그 수녀님에게는 버려야 할 아상我相조차 없는 거지.

아하, 그러니 아상을 여읜 상태에서 무엇을 하면 그게 곧 무위가 되는군요.

바로 그거지! 너다 나다 하는, 일체의 대상화가 용납되지 않는, 그런 행위인 거라.

그래서 그 다음에, "무위이무불위無爲而無不爲라" 했는데요. 함이 없으면 안 되는 게 없다는, 그런 뜻입니까?

인위로 하는 건 결국에 가서 막히니까 반대로 인위로써 하지 않으면 안 되는 게 없다는 말이 되는 거지. 하느님 아버지는 못하시는 게 없다는 말 있잖은가? 그게 그 말이라.

사도 바울로도, 나에게 힘 주시는 이 안에서 내가 하지 못할 일이 없다고 하셨지요. 하느님과 함께 무슨 일을 한다면 그게 무슨 일이든 내가 하는 건 아니니까요. 그러니까 저절로 무위가 되고 따라서 되지 않는 일이 없다는 그런 말이겠지요. 하긴 내가 뭘 도모하는 바가 없는데 이루어지지 않는 일이라는 게 어떻게 있을 수 있겠습니까?

불가에서도 똑같은 말을 하거든. 무심無心으로써 처리하면 막히는 게 없다고 말이야. 막히는 게 없는 걸 무애無碍라고 하는데 그 무애가 곧 무불위無不爲라.

그러니까 우리가 아상我相을 여전히 가지고 이른바 세속의 눈으로 볼 때에는 이루어지지 않은 건데, 그런데 그게 사실은 이루어진 것이라는 그런 얘기가 되겠군요?

그런 경우도 있겠지.

우리가 기도를 하는데, 그게 내가 원한 대로 이루어지지 않았지만 바로 그 내가 원하는 대로 이루어지지 않은 것이 이루어진 것이라는 말씀이지요.

그래.

그러면 그 차원에서는 안 이루어진 게 없네요?

그렇지. 그러니까 제 뜻대로 마시고 아버지 뜻대로 하시라고 그렇게 기도하는 거라. 그 '아버지 뜻대로' 가 바로 무위거든.

맞습니다. 얼마 전에 어느 자리에서 제가, 백 퍼센트 응답받는 기도의 비결을 가르쳐주겠다고 했더니 모두 귀를 세우더군요. 그래서 이렇게 말해줬지요. 제 뜻대로 마시고 아버지 뜻대로 하십시오, 이렇게 기도하면 한치도 영락없이 그 기도가 이루어질 것이라고요.

옳은 얘길세.

우리가 잘못된 기도를 드릴 때에는 그게 제대로 이루어지지 않는 게 다행 아니겠습니까? 그게 하느님의 응답이겠지요. 김교신 선생이 어느 해 제야의 기도문을 이렇게 쓰셨더군요. 하느님, 올해에도 저의 기도를 들어주셔서 고맙습니다. 그리고 더 많은 기도를 들어주시지 않으셔서 더욱 감사합니다.

훌륭한 기도구먼.

안 잡으려고 하니까 잡히는 것

결구를 읽어볼까요?

"고故로 취천하取天下에는 상이무사常以無事요", 그러므로 천하를 얻는 데는 언제나 무위로써 하라, 이 말이야. "급기유사及其有事하여는 부족이취천하不足以取天下니라", 유위로써 일을 처리해서는 그래서는 족히 천하를 취하지 못한다 이 말이지. 예수님은 맨손으로 온 세상을 얻지 않았어? 부처님은 아무것도 안 가지고서 온 우주를 다 거두어들이지 않았나? 바로 그 얘길세.

거기에 알렉산더라든가 나폴레옹 같은 인물이 대비가 되겠네요.

그래. 유사有事로 취천하取天下하려다가 실패한 모델이 되는 거지.

취천하라는 것도 그게 안 잡으려고 하니까 잡히는 것 아닙니까? 잡으려고 하면 안 잡히고요.

그래. 예수님이나 석가모니나 그분들이 매일 행위를 하시는데 그 행위가 바로 아버지의 뜻에, 道에 바탕을 둔 행위였거든.

그게 그러니까 무위로써 행위하신 거군요?

바로 그 얘길세! 그러니 천하가 그리로 돌아갈 수밖에. 천하가 道에서 나왔잖나? "부물운운夫物芸芸이나 각복귀기근各復歸其根이라", 이런저런 사물이 각각으로 존재하지만 저마다 제 뿌리로 돌아가게 돼 있거든.

34장인가요? "만물萬物이 귀언歸焉이나 이불위주而不爲主라", 만물이 그리로 돌아가 깃들지만 그것을 지배하려 하지 않는다고 했는데요, 그것도 무위니까 그렇다는 거겠지요?

그렇지.

그런데, 그래야 정말로 취천하取天下를 한다는 얘긴가요?

그런 얘기지.

만물이 자기 품으로 돌아오는 거지, 그걸 억지로 붙들어다가 자기 품에 넣는 건 아니라는 그런 말씀이군요?

아무렴. 하느님 아버지의 세계, 부처님의 세계에는 구속이나 억압이나 억지 뭐 그런 게 일절 없다는 거지.

독재자 앞에서는 반역이 허용되지 않지만 아버지 앞에서는 그것도 다 용납된다는 말인가요?

용납되지. 그런데 역설적이게도 독재자 앞에는 늘 반역이 있지만 아버지 앞에서는 반역이라는 게 처음부터 불가능이라. 우리가 '반역'이라고 말하는 그것도 그분에게는 '뿌리로 돌아오는 것'이니까.

탕자 이야기에서 그런 말씀 나눈 기억이 납니다. 탕자가 아버지를 떠나는 행위 자체가 돌아가는 행위의 한 과정이었다고요.

"멀리 가는 것을 일컬어 돌아오는 것이라 한다(遠曰反)"고 했지. 하느님께는 일체가 다 용납된단 말일세. 하느님은 선한 자나 악한 자나 모두에게 햇빛과 비를 내리신다고 예수님이 그러셨잖아?

사실 하느님의 품에는 안팎도 없고 따라서 오고 감도 없는 것 아닙니까?

그래. 그건 그런데 사람들을 가르치려다 보니, 불완전한 용어지만 말을 할 수밖에. 말이 나왔으니, 천하를 잡는다는 말도 이미 천하에 합일되어 있는데 잡긴 뭘 잡는가? 그게 다 방편으로 그런 말을 하는 거지. 道로써 만나면 내가 아닌 게 없고 내가 없는 데가 없다, 이런 말이야. 다시 말해서 남(他)이 없다 이 말이지, 다 하나니까.

그게 결국은 우리가 어느 쪽을 바라고 서서 보느냐에 따라 남이 있을 수도 없고 없을 수도 있지 않나 생각해 봅니다. 예를 들어, 나무의 줄기에서 가지 쪽을 보면 말씀입니다, 다시 말해서 뿌리(根)를 등지고 보면 가지마다 서로 다르니까 남이 있는 거지요. 그런데 반대로 가지에서 줄기 쪽을 보면, 그러니까 뿌리를 향해서 보면 다르게 보였던 모든 가지들이 하나로 합해지거든요. 하나가 되는 겁니다. 마찬가지로 우리가 道를 등지고 보면 저마다 남이지만 道를 향해서 보면 모두 내가 되는 것 아니겠습니까?

그럴듯한 비유로군. 바로 봤네. 나는 포도나무요 너희는 가지라고 하신 예수님 말씀도 바로 그 얘길 하신 거지.

'포도나무' 로 보면 모든 가지가 다 한 몸이지요. 나무는 두 개가 아니니까요. 아하, 그러니까 너희가 나를 떠나서는 아무것도 할 수 없다는 말씀이 그게, 너희가 道를 떠나서는 아무것도 할 수 없다는 그런 말씀이셨군요.

道를 떠나서는 이루어지는 게 없지.

이루어놓았다고 해봤자 그게 사실은 아무것도 아니다?

그래. 道를 떠나면 이미 유위有爲요 유사有事인데, 그걸 가지고는 결코 취천하取天下를 못한다, 이런 말씀이야.

자네가 나무 이야기를 아주 적절하게 찾아냈군.

만물이 모두 훌륭한 가르침을 주고 있다고 생각됩니다. 우리가 눈멀고 귀먹어서 보지 못하고 듣지 못할 뿐이지요.

그래. 그래서 옛날 어른들이 격물치지格物致知하라고 하시잖던가?

49장
착하지 않은 사람을 또한 착하게 대하니

성인聖人은 언제나 무심하여 백성의 마음으로 자기 마음을 삼으매 착한 사람을 착하게 대하고 착하지 못한 사람을 또한 착하게 대하니 이는 德이 오직 착하기 때문이요 진실한 사람을 진실하게 대하고 진실하지 못한 사람을 또한 진실하게 대하니 이는 德이 오직 진실하기 때문이다. 성인이 세상에 있어서는 모든 것과 일체가 되어 천하와 그 마음이 하나로 된다. 백성이 저마다 눈과 귀를 기울이지만 성인은 그들을 아이들 대하듯 한다.

聖人無常心, 以百姓心爲心, 善者, 吾善之, 不善者, 吾亦善之, 德善矣, 信者, 吾信之, 不信者, 吾亦信之, 德信矣. 聖人之在天下, 歙歙爲天下渾其心, 百姓皆注其耳目, 聖人皆孩之.

德은 오직 착하기 때문이요

"성인聖人은 무상심無常心하여", 성인은 언제나 무심하여……

여기 '무상심無常心' 이 그런 뜻입니까?

항무심恒無心으로 읽는 게 좋지. "이백성심以百姓心으로 위심爲心하매" 백성의 마음으로 자기 마음을 삼으매, 그러니까 성인이 어떤 자기 고집을 가지고 있는 게 아니라, 자기 도그마를 따로 가지고 있는 게 아니라 만백성의 마음을 자기 마음으로 삼는다는 뜻이야. 그래서 "선자善者를 오선지吾善之하고" 착한 사람을 착하게 대하고, "불선자不善者를 오역선지吾亦善之하나니" 착하지 않은 자를 또한 착하게 대하나니, "덕선의德善矣요" 德은 오직 착하기 때문이요……

그러니까 德이란 조건 없이, 상대방에 관계 없이 선하다는 그런 뜻입니까?

그런 말이지. 착하다, 착하지 않다를 나눠서 보는 그런 안목이 없으니까. 이른바 간택을 하지 않는 거라. 자성自性이 따로 없거든. 궁극의 자리에 이르러 보면 뭐 이거다 저거다 가릴 게 없잖아? 다 하난데.

예. 그렇지요. 그러니까 무상심無常心이라는 말이 그게 자기의 견해를 따로 지니지 않는다는 말이 되겠습니다.

그래. 분별심이 없다는 말이야.

야나기다 세이잔柳田聖山이 쓴 『달마』를 읽자니까 이런 말이 나오더군요. "지혜로운 사람은 자신에게 맡기지 않고 사물에 맡기기 때문에, 취함과 버림도 없으며 거스름과 순응함도 없다. 어리석은 사람은 사물에 맡기지 않고 자신에게 맡기기 때문에, 취함과 버림이 있으며 거스름과 순응함이 있다. 만약 마음을 활짝 열고 사물에 맡겨 최후로 천하를 잊을 수 있다면, 이것이 바로 사물에 맡겨 시간에 따르는 것이다. 사물에 맡겨 시간에 따르는 것이 이행易行이며 저항하여 사물을 변화시키는 것은 난행難行이다. 사물이 오면 그에 맡겨 거스르지 말며 떠나가면 떠나가는 대로 좇지 말며 무엇을 말하였든지 간에 지나간 것은 후회하지 말며 아직 오지 않은 것은 염려하지 말라. 이를 두고 道를 행한다고 한다."

그게 달마의 말씀이던가?

예.

옳은 말씀일세. 아상我相이 없으니까, 에고가 없으니까 거기에 무슨 간택이나 분별이 생기겠나?

결국 이 말씀은, 성인에게 선자善者니 불선자不善者니가 따로 없다는 말씀이 되겠습니다. 다음에 이어지는 "신자信者를 오신지吾信之하고 불신자不信者를 오역신지吾亦信之하나니 덕신의德信矣니라"도 같은 뜻을 달리 말한 것이겠지요?

그래. 진실한 자를 진실하게 대하고 진실하지 않은 자 또한 진실하게 대하나니 德은 진실하기 때문이라. 德 자체가 진실하기 때문에 불신자不信者에게도 진실하게 대하지 않을 수가 없다는 얘길세. 근본에 서서 보면 신信, 불신不信이 어디 따로 있는가?

성경에, 하느님께서는 착한 자에게나 악한 자에게나 똑같이 햇빛과 비를 주신다는 말씀이 있지요.

바로 그 얘길세.

모든 것과 하나되어

"성인지재천하聖人之在天下하여는 흡흡歙歙하여 위천하혼기심爲天下渾其心하나니", 성인이 세상에 있어 모든 것과 하나가 되어, 천하와 그 마음이 하나로 되느니라.

'혼渾'이 하나로 된다는 뜻입니까?

그렇지. 혼연일체渾然一體가 된다는 말이야. 그래서는 "백성百姓이 개주기이목皆注其耳目이나 성인聖人은 개해지皆孩之니라", 백성이 저마다 귀와 눈을 기울이지만 성인은 이를 아이들 대하듯 한다, 이런 말이구먼. 그러니까 모두를 귀여워한다는 얘기지.

백성이 이목을 기울인다는 건 무엇을 의미합니까?

이건가 저건가, 각자 제 안목으로 헤아린다는 말 아니겠어?

그렇군요. 그러니까 백성들이 저마다의 견해로 헤아려 분간한다는 말이 되겠군요?

그렇게 봐야겠지. 그러나 성인은 뭐냐 하면 그들을 다 귀엽게 여긴다는 얘길세. 이놈 저놈이 저마다 각색이지만 그것들을 가리지 않는다는 말이야. 그게 바로, 성인은 무상심無常心이기 때문인 거라. 성인에게는 아상이 따로 없거든. 그러니까 세상의 일체가 자기의 몸이 되는 거지. 하늘과 땅은 나와 한 뿌리요(天地與我同根) 만물은 나와 한 몸이라(萬物與我一體)는 말이 바로 그 말 아닌가? 거기, 그 사이에 무슨 분별이 있겠어?

그렇긴 합니다만, 그렇게 선악간에 아무런 분별이 없다면 예를 들어 세조가 단종을 죽이고 왕위를 차지한 것도 잘못이 아니라고 얘기해야 되지 않겠습니까?

그 사건이 결국 세속의 권력을 차지하겠다는 싸움 아니었겠나? 두 사람 다 아상我相을 버리지 못하고 있는 거라.

그건 그렇지요.

그러니 누가 옳으냐 그르냐를 따지다보면, 그런 일에 묶이게 되고, 그러면 말이지 피차간에 뭐냐 하면 영생의 자리에는 이르지 못하게 된단 말이야. 이건 선이요 저건 악이요 하고 판단하려면 무슨 기준이 있어야 하지 않겠어? 그런데 그 기준이라는 게 결국은 아상을 여의지 못한 인간에게서 나오는 것이니까, 그게 다 우주의 근원에서 볼 적에는 부질없는 것밖에 안 된다는 그런 얘기를 시방 하고 있는 걸세.

그러면, 이른바 현상에서 초연하다는 그게 모든 것을 그냥 내버려두는 겁니까?

얼핏 보면 내버려두는 것처럼 보이겠지. 그렇지만 판단의 기준 자체를 인간의 것에서 하느님의 것으로, 道의 것으로 바꿔버리는 건데, 그런데 어떻게 그냥 현상을 그대로 내버려두는 것이라고 할 수 있겠나? 그러니 세조를 과연 어떻게 볼 것인지, 삶의 현장에서 선도 없고 악도 없고 그리하여 무법천지가 돼도 좋다는 건지, 그런 것은 걱정할 게 없네. 같은 햇빛이 어떤 자에게는 축복이요 어떤 자에게는 저주가 되는 법이니까. 하느님의 법을 전달하면서 모세가 그러잖는가? 내가 오늘 너희에게 생명과 죽음, 축복과 저주를 동시에 내놓는다고. 이 법이 생명과 축복으로 되느냐, 죽음과 저주로 되느냐는 너희에게 달려 있다고.

그렇군요. 성인의 행위가 세상 사람들에게는 오히려 반역으로 보일 수 있고 그래서 예수님을 죽여버린 것이군요?

그래. 그런데 그렇게 죽임을 당하면서도, 그 죽음에서까지도, 초연하지 않는가? 죽으면서도 미소를 짓는 스데파노나 이차돈의 경지는 단종이나 세조가 도저히 따라올 수 없는 그런 경지거든.

산은 산 물은 물 그대로 두라

"위천하혼기심爲天下渾其心" 이 세상과 그 마음에서 하나로 된다는 말이라고 하셨지요? 그렇다면 사바세계를 떠나지 않고 열반에 이른다는 말과 같은 말로 읽어도 될는지요.

그렇게 읽어도 되겠지. 열반의 세계가 어디 따로 있는 게 아니니까. 번뇌가 곧 열반이라고 하지 않는가? 수고하고 무거운 짐진 자는 모두 내게 오라고 하신 예수님의 말씀이 무슨 뜻이겠어? 그 모든 고뇌와 번민을 당신이 끌어안겠다는 것 아닌가? 그것들과 일체가 되는 거라. 그러니까 예수님이 초연하시다는 얘기는 세상 바깥, 세상과 떨어져 있는 어떤 영역에 계시다는 얘기가 아니라 바로 이 세상을 남김없이 한없이 끌어안으신다는 그런 얘길세. 세상의 어느 한 구석을 따로 선택하여 안는 게 아니란 말이지.

옳으신 말씀입니다. 예수님은 사람을 사랑한 분이 아니라 사람이 되신 분이지요. 바다에 이르면 지상의 모든 강이 하나로 되듯이, 道라는 바다에서 보면 이런저런 견해가 모두 하나라는 얘기가 되겠습니다.

그래.

사람들이 시시비비를 따집니다만 사실은 그게 다 없는 걸 가지고 따지는 것 아니겠어요? '나'를 버린다는 말을 합니다만 사실은 버릴 '나'가 처음부터 없는 것 아닙니까?

옳아. 허깨비를 버리는 거니까 버려진 실상이란 없는 거지. 그래도 그건 '나'를 참으로 버린 자만이 참으로 알 수 있는 그런 진리인 거라.

결국, 이 장은 나와 세계, 나와 너를 분별하는 오류를 지적하면서 성인이 그것을 어떻게 극복하고 있는지를 일러주고 있군요?

그래. 바로 그것을 인류가 배우지 않고서는 이 난감한 공해 문제나 문명병을 어떻게 고쳐볼 길이 없을 걸세.

무엇을 판단한다는 게 얼마나 작위적인지요. 며칠 전 인분 거름을 쳤는데요, 똥이란 더러운 것이라는 생각이 아예 머릿속에 고정 관념으로 박혀 있지 않습니까? 그런데 똥이 만일 말을 한다면, 내가 왜 더럽냐고 항변할 것이라는 생각이 들더군요. 또 사실 구더기한테는 똥이야말로 가장 포근한 요람이요 맛있는 음식이거든요.

그러고 보면 선하다 악하다, 이렇다 저렇다 가려서 나누고 다투고 하는 게 다 우습게 되고 말지. 판검사나 변호사는 도둑놈 살인자를 뜯어먹고 살지 않는가? 의사는 환자를 뜯어먹고, 형무소의 형리는 죄수를 뜯어먹고…… 그런 말이지. 그런데 세상은 이 둘을 하늘과 땅만큼이나 다른 존재로 본단 말씀이야.

그러니까 여기서 불선자不善者니 불신자不信者니 하는 말을 씁니다만 그런 사람이 정말 어디 따로 있다는 뜻으로 한 말은 아니고, '이른바' 라는 말이 그 앞에 붙어야겠지요? 예수님이 내가 온 것은 보지 못하는 자를 보게 하고 보는 자를 보지 못하게 하기 위해서라고 하셨을 때도 사실은 그분 앞에서 '보는 자' 가 있다는 말이 아니라 '이른바 스스로 본다는 자들' 을 가리킨 것이 아니겠습니까?

옛날 내가 '서대문' 에 들어가 있을 적인데 『영광의 탈출』이라는 소설을 읽어보니 폴란드가 독일에 점령됐을 때 유대인들이 바르샤바의 하수도에 숨어 있는데 그 속에 있던 화폐 위조범과 쓰리꾼이 활약을 해서 가짜 신분증을 만들어가지고 쟁쟁한 저명 인사들을 먹여살리더란 말일세. 선이 그게 어디까지가 선이며 악이 또 어디까지가 악인가?

모두 분별하는 자의 판단에서 나오는 것이겠지요.

거기에 사욕이 작용하는 거고.

장자가 거울처럼 마음을 쓰라고 한 것도 너의 판단으로 사물을 대하지 말고 있는 그대로 대하라는 뜻 아니겠어요?

지인至人이 그런다는 거지.

임제臨濟 선사의 시가 생각납니다.

> 시시비비도불관是是非非都不關
> 산산수수임자한山山水水任自閑
> 막문서천안양국莫問西天安養國
> 백운단처유청산白雲斷處有青山

> 옳거니 그르거니 상관 말고
> 산은 산 물은 물 그대로 두라
> 서쪽 하늘에 극락이 있느냐고 묻지 말지니
> 흰 구름 걷히면 청산인 것을!

50장
나오면 살고 들어가면 죽거니와

나오면 살고 들어가면 죽거니와 살아 있는 무리가 열에 셋이요 죽어 있는 무리가 열에 셋이며 생生을 움직여서 죽음의 자리로 가는 자가 또한 열에 셋이다. 어째서 그러한가? 살려고 애쓰기에 지나친 까닭이다. 듣건대, 삶을 잘 다스리는 자는 육지를 가되 외뿔소나 호랑이를 만나지 않고 싸움터에 가되 갑옷과 병기를 입지 않으니, 외뿔소가 그 뿔로 받을 곳이 없고 호랑이가 그 발톱으로 나꿔챌 곳이 없으며 병사가 그 칼로 찌를 곳이 없다. 어째서 그러한가? 죽음의 자리가 없기 때문이다.

出生入死, 生之徒十有三, 死之徒十有三, 人之生動之死地者, 亦十有三. 夫何故, 以其生生之厚. 蓋聞, 善攝生者, 陸行不遇兕虎, 入軍不避甲兵, 兕無所投其角, 虎無所措其爪, 兵無所容其刃. 夫何故, 以其無死地焉.

열에 셋

"출생입사出生入死하니", 나오면 살고 들어가면 죽거니와 살아 있는 무리가……

어디서 나오고 어디로 들어갑니까?

"도생지道生之"라고 했거든. 道가 모든 것을 낳는단 말이야. 그러니까 여기서는 道에서 나오는 것이 생生이고 道로 들어가는 것이 사死가 되겠지.

아하, 그렇군요. 그러나 실제로 道에는 안팎이 따로 없지 않습니까?

그렇지. 그러니까 생과 사가 별개의 것이 아니라는 얘길세.

나오느니 들어가느니, 이런 표현은 생과 사를 말하기 위한 방편일 뿐이군요.

그래.

이어서 "생지도生之徒가 십유삼十有三이라"고 했는데요, 무슨 말입니까?

살아 있는 자가 열에 셋이라는 얘긴데, 살아 있으면서도 죽은 자가 있지 않는가? 또 죽었으면서도 살아 있는 사람이 있고 말이야.

그럼 여기서 말하는 '생지도生之徒'는 살았든 죽었든 살아 있는 사람을 가리키는 겁니까?

그렇게 봐야겠지. "사지도死之徒가 십유삼十有三이요", 죽어 있는 무리가 열에 셋이라는 얘기야.

여기 '사지도死之徒' 역시 살았든 죽었든 죽어 있는 무리를 가리킨다고 봐야겠지요?

그렇지. 그런데 "인지생동지사지자人之生動之死地者이 역십유삼亦十有三이라", 사람이 생을 움직여서 사의 자리로 가는 자 또한 열에 셋이라는 그런 말이구먼.

생을 움직여서 죽음의 자리로 간다는 게 무슨 말입니까?

열심히 산다고 하는 게 오히려 자신을 죽음으로 몰아가는 경우를 가리킨다고 볼 수 있겠지. 바로 그 다음 구절에서 설명하고 있네. "부하고夫何故오? 이기생생지후以其生生之厚니라", 어째서 그러한가? 살려고 애쓰는 게 너무 지나쳐서 죽음의 자리로 간다 이 말이야. 생 그 자체에 너무 집착하는 바람에 오히려 죽는다는 얘기지.

그게 '인지생동지사지人之生動之死地'로군요?

그래. 그 까닭은 이기생생지후以其生生之厚라, 그 삶을 너무 지나치게 두터이 하기 때문이라! 그렇게 해서 사람의 삶을 움직여 죽음의 자리로 가는 무리가 또한 열에 셋이 있더라, 이런 말일세.

흐르는 물 속의 달은 젖지 않는다

"개문蓋聞에" 듣건대, "선섭생자善攝生者는" 섭생攝生을 잘하는 사람은……

섭생을 잘한다는 게 무슨 말입니까?

생을 지나치게 도모하지 않고 자연스럽게 잘 다스린다는 말이지. 양생養生과 같은 말이야. 그 삶을 잘 다스려나가는 사람은 "육행陸行에 불우시호不遇兕虎하고" 육지를 가되 외뿔소나 호랑이를 만나지 않고, "입군入軍에 불피갑병不避甲兵하니" 싸움터에 들어가되 갑옷과 무기를 지니지 아니하니……

그게 무슨 말입니까?

육지를 가는데 맹수가 있지만 그런 것들로 장애를 받지 아니하고 싸움터에 들어가되 싸움질에 휩쓸려들지 않는다는, 그러니까 싸움질이 그를 어떻게 할 수 없다는 그런 뜻으로 봐야겠지.

알겠습니다.

"시무소투기각兕無所投其角하고" 외뿔소가 그 뿔로 받을 곳이 없고, "호무소조기조虎無所措其爪하며" 호랑이가 그 발톱으로 나꿔챌 곳이 없으며, "병무소용기인兵無所容其刃이라" 병사가 그 칼날을 댈 곳이 없다, 이 말이야. "부하고夫何故오?" 이는 어째서 그러한가?, "이기무사지언以其無死地焉이니라" 죽음의 자리가 따로 없기 때문이라.

무슨 말일까요?

살려고 일부러 애를 쓰거나 억지를 쓰지 않으니 언제나 죽음 앞에서 당당한 거라. 그러니 죽는다 해도 그걸 따로 무슨 죽음으로 받아들이거나 거역하거나 그러지를 않는단 말일세. 그런 사람한테는 사지死地라는 게 따로 없지. 선시에 이런 게 있네.

생시적적불수생生時的的不隨生이요
사거당당불수사死去堂堂不隨死라
생사거래불간섭生死去來不干涉하니
정체당당재목전正體堂堂在目前이로다

태어나서 살 동안에도 적실히 생을 따르지 않고 죽어서 갈 때에도 당당히 죽음을 따르지 않노라. 태어나고 죽고 오고 감에 도무지 간섭하지 않으니, 그런 것에 끄달리지 않는단 말이야, 그러니 정체가 당당히 눈앞에 있다는 뜻인데 이게 바로 선섭생자善攝生者의 모습 아니겠나?

흐르는 물에 달이 잠겨 있지만 젖지 않는다는 말과 비슷한 경지를 얘기하고 있군요.

오고 감이 따로 없는 道의 경지에서 보면 생이니 사니 하는 것이 그게 절대가 아니거든. 있다가 없어지는 거니까. 그러니 그런 것에 사로잡혀 허둥지둥하는 게 모두 부질없는 짓인 거라.

허깨비꽃(幻花)에 놀아나는 거겠지요.

그런 거지. 그러니까 살아보려고 별별 수단을 다 쓰며 온통 생에 집착하는 것이 그게 결국 허상에 사로잡히는 것이라는 그런 얘길세. 시방 이 장은 바로 그것을 경계하고 있는 거지.

그러니까 결구의 '무사지無死地' 라는 말이, 생 자체가 따로 없으니 죽을 자리도 없다는 그런 뜻이 되겠군요?

그래. 예수님의 죽음이라든가 스데파노의 죽음이라든가 이차돈의 죽음 있잖은가? 그게 어디 죽음인가? 그분들의 죽음은 죽음이 아니거든. 왜? 살려고 버둥거리지 않았으니까. 비굴하게 또는 지나치게 생을 도모하지 않았으니까! 道를 모시고 사는 사람, 그러니까 이분법의 간택에 휘말려들지 않는 사람은 말이지, 그런 사람은 영생을 지니고 있기는 할망정 지상의 부질없는 생에 사로잡혀서 살지는 않는다는 그런 얘길세.

그러니까 결국 이 장은 '생생지후生生之厚' 의 좋지 아니함을 얘기한다고 봐도 되겠네요?

그렇지. 생에 대한 집착이 너무 두터운 것을 경계하고 있는 거야. 우리네 이 육신이란 게 어차피 왔다가 가는 것 아닌가? 그런데 거기에 집착해서 뭘 어쩔 거야?

그러나 반대로 생을 너무 멸시하는 것도 안 되겠지요.

물론! 안 되지.

삶에 대한 성실함 없이는 영생도 없으니까요.

그래. 사람의 살아가는 자세를 세 가지로 나눠서 얘기할 수 있을 걸세. 생에 대하여 지나치게 애착하는 삶의 모습이 있고 반대로 생을 소홀하게 여기다 못해 멸시하는 삶의 모습이 있고 생을 집착하지도 않고 멸시하지도 않으면서 살아가는 모습이 있겠는데, 앞의 둘은 바람직한 삶의 자세라고 볼 수 없지.

시방 선생님과 제가 지니고 있는 이 생명과 동떨어져 있는 영생이 어디 따로 있는 건 아니잖습니까?

그럼, 그럼! 바로 그 얘길세. 道에 바탕을 둔 사람은 아무리 하찮은 것이라도 하찮게 여기지 않거든.

그에게는 '하찮은 것' 자체가 없지 않습니까?

없지.

호랑이가 어찌 호랑이를 할퀴랴?

외뿔소가 뿔을 댈 곳이 없고 호랑이가 발톱을 박을 곳이 없다는 말은 그게 그냥 상징 언어로 하는 말이 아니라 실제로 그럴 것이라는 생각이 듭니다. 프란체스코 성인이 새들한테 설교를 했다는 얘기도 저는 그게 뒷날 만들어진 얘기가 아니라 실제 사실이었다고 믿어진단 말씀입니다.

이심전심以心傳心이란 말도 있지만, 이쪽에서 상대를 계산 없이 따뜻하게 대하는데 호랑이인들 어찌 발톱을 세울 것이며 외뿔소가 어찌 뿔을 휘두르겠나? 그럴 수가 없는 거지.

이쪽에서 이미 상대와 하나로 되어버렸는데, 그러니까 이미 호랑이로 되어버렸는데 호랑이가 어찌 제 몸을 할퀴겠느냐는 그런 말 아니겠습니까? 프란체스코만큼 철저하게 '자기'를 비우고 빈틈없는 천연지심天然之心으로 살아가는 사람이라면 얼마든지 그럴 수 있다고 봅니다.

옳은 얘길세. 일체 만물과 하나로 되어 살아가는 삶의 극치를 보여주신 거야. 우리 모두가 그런 삶을 살게 될 때에 오늘의 심각한 환경 문제는 저절로 해결되겠지.

그런 세상이 바로 이사야가 내다본 '하늘 나라' 아니겠습니까?

늑대가 새끼양과 어울리고
표범이 수염소와 함께 뒹굴며
새끼 사자와 송아지가 함께 풀을 뜯으리니
어린 아이가 그들을 몰고 다니리라.
암소와 곰이 친구가 되어
그 새끼들이 함께 뒹굴고
사자가 소처럼 여물을 먹으리라.
젖먹이가 살모사의 굴에서 장난하고
젖뗀 어린 아기가 독사의 굴에 겁 없이 손을 넣으리라.
나의 거룩한 산 어디를 가나
서로 해치거나 죽이는 일이 다시는 없으리라.
바다에 물이 넘실거리듯
땅에는 야훼를 아는 지식이 차고 넘치리라.

51장
道가 낳고 德이 기르고

道가 낳고 德이 기르고 물질이 형체를 만들고 기운이 이루어주니 이런 까닭에 만물은 道를 높여 받들고 德을 귀하게 여기지 않을 수 없다. 道의 높음과 德의 귀함은 벼슬을 얻어서 그런 것이 아니라 언제나 저절로 그러한 것이다. 그러므로 道가 그것을 낳고 기르고 키우고 길러서 자라게 하고 덮어주거니와 낳았으되 소유하지 아니하고 행하였으되 기대하지 아니하고 길렀으되 마음대로 부리지 아니하니 이를 일컬어 그윽한 德이라고 한다.

道生之, 德畜之, 物形之, 勢成之, 是以萬物莫不尊道而貴德. 道之尊, 德之貴, 夫莫之爵而常自然. 故道生之, 畜之, 長之, 育之, 亭之, 毒之, 養之, 覆之, 生而不有, 爲而不恃, 長而不宰. 是謂玄德.

누가 하느님한테 벼슬자리를 주랴

"도생지道生之하고 덕축지德畜之하고 물형지物形之하고 세성지勢成之하니" 道가 낳고 德이 기르고 물질이 형체를 만들고 기운이 이루어주니, "시이是以로 만물萬物은 막불존도이귀덕莫不尊道而貴德이니라" 이런 까닭에 만물은 道를 높여 받들고 德를 귀하게 여기지 않을 수 없느니라.

여기 '지之' 가 네 개 나오는데요, 이건 무엇을 가리키는 말입니까? 만물을 가리키는 건가요?

그래, 만물을 가리키는 말이지. "도지존道之尊과 덕지귀德之貴는 부막지작이상자연夫莫之爵而常自然이라", 道의 높음과 德의 귀함은 벼슬 자리를 얻어서 그런 것이 아니라 언제나 저절로 그러한 것이다.

그러니까 누가 道와 德에게 그런 높은 자리를 준 게 아니라 스스로 그렇다는 말이겠지요?

그래. 누가 하느님한테 벼슬 자리를 주겠나?

그렇지요!

"고故로 도생지道生之하고 축지畜之하고 장지長之하고 육지育之하고 정지亭之하고 독지毒之하고 양지養之하고 복지覆之하거니와", 그런 까닭에 道가 그것을 낳고 기르고 키우고, 여기 정지亭之와 독지毒之도 장지長之와 육지育之하고 같은 말인데 정亭은 형체를 말하고 독毒은 성격의 형성을 말하는 것이니까 결국 기르고 키운다는 뜻이지. 길러서 자라게 한다는 말이야. 그리고 또 길러서 덮어주거니와 "생이불유生而不有하고 위이불시爲而不恃하고 장이부재長而付宰하니" 낳았으되 소유하지 않고 행하되 믿지 않으며, 길렀으되 그것을 맘대로 부리지 않으니, "시위현덕是謂玄德이니라" 이를 일컬어 그윽한 德이라고 한다, 이런 말이야.

행하되 믿지 않는다(爲而不恃)는 말이 무슨 뜻입니까?

내가 이렇게 저렇게 했으니까 저쪽에서 이렇게 저렇게 나와야 하지 않겠나, 하고 생각하지 않는다는 말이지.

상대로부터 아무런 대가도 바라지 않는다는 말입니까?

기대하지 않는단 말이야. 내가 저 사람한테 이만큼 했는데 저 사람이 나한테 이럴 수는 없다느니, 뭐 그런 거 있잖은가? 그러지를 않는단 말이네.

알겠습니다.

인간의 착각

道와 德이 일체 만물을 생성시키는데 거기에는 아무 소유 관계가 없거든.

함께 존재하는 한 몸인데 누가 누굴 소유하겠습니까?

바로 그 얘길세! 우리가 모든 문제를 그렇게 봐야 한단 말이야.

내가 내 코를 소유한다고는 말하지 않으니까요.

그래. 가슴이 가려워서 손이 긁었는데 손이 가슴한테 뭐 바라는 게 없잖아? 남편이 아파서 아내가 간호를 했는데 아내한테 따로 사례비를 주는 건 아니잖아? 이런 관계를 자꾸만 넓히면 결국 온 우주가 나와 한 몸인 거라.

옳습니다. 의사들이 환자를 보살필 때 말입니다, 바로 이 환자 덕분에 내가 밥 먹고 산다는 생각 하나만 품고 있어도 얼마나 친절하고 정성이겠습니까? 그게 그냥 생각으로만 그런 게 아니라 사실이 그렇지 않습니까? 그런데 너무나도 쉽게 그런 사실을 잊어버리고 일을 처리하거든요. 의사와 환자 사이만 그런 게 아니라 모든 인간 관계가 그렇지 않겠어요?

그래. 그런 거지. 그런데 현대 문명이 최고의 가치로 설정한 것이 무엇이냐 하면, 어떻게든지 사람뿐만 아니라 자연까지도 최대로 이용해서 각자의 이득을 챙기고 사욕을 채우는, 그것이란 말일세. 서로가 서로를 이용 상대로만 보고 그래서 결국 미쳐 돌아가는 거라. 여기서 오늘의 심각한 공해 문제라든가 생태계 파괴가 발생하는 건데, 사람들이 서둘러 道와 德으로 삶의 축을 세우고 자연의 도리에 따라서 살아갈 때 비로소 그런 모든 문제는 해결될 수 있겠지.

지구 위에 존재하는 그 어떤 것도 지구를 떠나서는 살 수 없으니까요.

없지.

그런데 제가 볼 때에는 유독 인간만이 지구를 떠나서 살 수 있는 줄로 엄청난 착각을 하고 있는 것 같아요. 자기는 자연에서 독립된 존재인 줄로 아는 거지요. 바로 이 착각에서 오늘의 모든 문제가 비롯된 게 아니겠습니까? 숀 맥도나휴Sean McDonagh 수사는 『땅의 신학』이라는 책에서, 이 세상을 장차 망할 세상으로 보고 영혼이 구원받아 영생을 누리는 하늘 나라가 어딘가에 따로 마련되어 있다고 보는 근대 구속救贖 신학이 이런 착각을 부추겼다고 했더군요. 바로 이 착각, 불가에서 말하는 미망이 오늘 인류와 지구 생명 자체를 위기로 몰아가는 범인이지요.

언젠가 누가 그러더군. 공해 문제가 심각하다고 하지만 당장이라도 인간이라는 종만 지상에서 사라지면 금방 해결될 거라고. 그런데 이 말을 거꾸로 해서, 21세기에도 계속하여 20세기에 저지른 과오를 되풀이하면 더 이상 살아남을 수 없는 거지.

만물과 하나로 된다(與物爲一)는 말도 사실은 둘이었다가 하나로 된다는 말이 아니라 본디 하나임을 깨닫고 그 깨달음을 바탕으로 해서 살아간다는 말 아닙니까?

그런 말이지. 그러니까 우리가 알아야 할 것은, 시방 동서를 막론하고 모두가 이윤 추구를 최고의 가치로 놓고 살아가고 있잖은가? 그런데 그래서는 더 이상 살아갈 수가 없게 됐거든. 이제 살아남는 길은 함께 어우러져 사는 조화의 삶인데, 조화가 뭔가? 그게 모두 한 몸이라는 것 아니야? 일심동체一心同體 속에서 우리는 진짜 조화를 보게 된다, 이 말이지.

분노 없이 분노하라

이런 얘기를 하다보면 흔히, 그렇다면 모두가 내 몸이니 도둑놈도 좋고 사기꾼도 좋고 독재자도 용납하고 그러라는 말이냐고 묻는 사람이 있는데요……

그건 그러라는 게 아니지. 시비가 생겼을 적에 그 시비하는 자들의 한편에 서서 말하지 말라는 얘기니까. 예를 들어 예수님이 일을 하시는 걸 보면 말이지, 언제나 그분은 아버지의 뜻에 따라서 일을 처리했거든. 시시비비를 하는 당사자들의 뜻에 따라서 일을 처리하지는 않으셨잖아?

그렇군요. 모두에게 선하게 대한다는 말이 그 말이군요. 그런데 예수님은 바리사이파를 보고 독사의 자식이라고 욕을 하거든요.

그런 말이 당사자들을 위한 말일 경우에는 아무 문제가 없지. 독사의 자식한테는 너는 독사의 자식이라고 얘기해 주는 게 가장 큰 도움이 된단 말이야.

그러니까 그렇게 욕을 하는 것도 역시 선을 베푸는 것(吾亦善之)이라는 말씀입니까?

그래.

아하, 그래서 분노 없이 분노하라는 말이 있는 거군요.

바로 그거야. 그게 중요해. 상대방과 사이에 이해관계가 있으면 도저히 그럴 수 없는 거라. 오직 하느님의 자리에 설 때에야 화를 내지 않으면서 화를 낼 수 있어. 우주의 道와 하나가 되어서 말을 하면 그 언어야 뭐라고 쓰여져도 다 상대에게 도움이 되는 거지. 수많은 사람이 옳다고 해도 길이 아니면 가지 않겠노라고 맹자가 그러셨는데, 예수님도 많은 사람들이 몸을 피해서 좀더 오래 자기네 곁에 있어 달라고 했지만 아버지의 뜻을 따르기 위해 홀로 십자가의 길을 걷지 않는가? 바로 그 삶의 자세가 오늘 우리의 모든 문제를 풀 수 있는 유일한 열쇠가 되는 걸세.

하느님의 뜻을 등지고 이익을 추구한다고 합니다만, 그게 사실 참된 이익일 수 없지 않습니까?

없지. 정치인 한 사람이 자신의 사욕만을 채우려고 하는 바람에 온 국민이 말할 수 없는 손해를 입어온 것이 근래 우리 나라 역사 아닌가?

그렇지요. 그래서 역시 간디 같은 사람이 위대했다고 생각됩니다.

위대한 분이었지. 그분이 언제나 나는 내 속의 고요한 소리를 듣는다고 그랬는데, 그건 바로 자기 양심에 복종한다는 얘기거든.

하늘이 준 마음이지요.

그래.

그가 인도의 독립을 위해 신명을 바쳤습니다만 인도 독립 바로 그것이 그분의 인생 목적은 아니었다고 저는 봅니다. 오직 내면에서 들리는 진리라 할까 참이라 할까 그것의 명령에 복종하고 또 참을 잡는 그것을 목적으로 삼았는데 인도 독립에 헌신한 것은 바로 그 '진리파지眞理把持'의 자연스런 열매였다는 말씀이지요.

옳은 얘길세.

52장
아들을 알고 다시 그 어머니를 지키면

세상에 시초가 있어서 세상의 어머니가 되었다. 이미 그 어머니를 얻었으면 이로써 그 아들을 알 수 있으니 이미 그 아들을 알고 다시 그 어머니를 지키면 죽을 때까지 위태롭지 않다. 구멍을 막고 문을 잠그면 종신토록 고단하지 않으나 구멍을 열고 일을 만들어 보태면 종신토록 구제받을 길이 없다. 보이지 않는 것을 보면 이를 일컬어 깨달음이라 하고 부드러움을 지키면 이를 일컬어 강하다고 한다. 내면의 슬기를 써서 깨달음에 돌아가면 몸에 재앙이 끼치지 아니하니 이를 일컬어 道에 든다고 한다.

天下有始, 以爲天下母. 旣得其母, 以知其子, 旣知其子, 復守其母, 沒身不殆. 塞其兌, 閉其門, 終身不勤, 開其兌, 濟其事, 終身不救. 見小曰明, 守柔曰强. 用其光, 復歸其明, 無遺身殃, 是謂襲常.

근원을 떠나면 위태롭다

"천하유시天下有始하여 이위천하모以爲天下母라", 세상에 시초가 있어서 세상의 어머니가 되었다. "기득기모旣得其母면 이지기자以知其子하니" 이미 그 어머니를 얻었으면 이로써 그 아들을 알 수 있으니, "기지기자旣知其子하고 복수기모復守其母하면 몰신불태沒身不殆니라" 이미 그 아들을 알고 다시 그 어머니를 지키면 죽을 때까지 위태함을 모른다, 몸이 위태롭지 않다 이 말이야.

'천하유시天下有始'라고 할 때, 이 '시始'는 무엇을 가리키는 겁니까?

천하가 있기 전을 가리키니까, 道를 말한다고 봐야겠지. 道가 세상 만물을 낳았으니 어머니가 된 거라. 근원이란 말이야.

그 어머니를 얻으면 이로써 자식을 안다는 말은, 그러니까 道를 얻으면 만물을 알게 된다는 말입니까?

그런 말이지. 만물을 안다는 얘기야. 이미 그 자식을 알고 다시 어머니를 지키면(旣知其子 復守其母), 그러니까 세상 만물을 알고 다시 근원으로 돌아가면, 道로 돌아가면, 몸이 없어질 때까지 위태롭지 않다, 이런 얘기구먼.

그렇다면 이 말을 거꾸로 뒤집어서 말입니다, 만물을 안다고 하면서 근원인 道로 돌아가지 않으면 위태롭다는 얘기가 되는 겁니까?

위태롭게 되지. 근원을 떠나면 위태롭게 된다는 얘기야.

여기 '위태롭다'는 말이 무슨 말일까요? 밖에서 무슨 위협이 온다는 겁니까? 아니면 자기의 바탕이 흔들린다는 겁니까?

바탕이 흔들린다는 뜻으로 봐야겠지. 다시 얘기해서 제대로 살지 못한다는 거라.

외부에서 무슨 적이 온다기보다는 스스로 무너진다는 말이군요?

道와 만물은 동떨어진 것이 아니라 하나거든. 이것을 제대로 알면 무너지거나 망가지지 않고 종신토록 제대로 산다, 이 얘기지.

노자 어른이 이런 말을 한 것은 道와 만물이 하나라는 것을 모르고 살아가는 자들이 있기 때문에 이런 말을 하게 된 것이 아니겠어요?

그렇지.

그러면 어떻게 사는 게 그렇게 사는 걸까요? 예를 들자면 말입니다.

예를 들면, 감각의 대상이 될 수 있는 현상 세계는 제대로 짚고 넘어가면서 감각을 벗어난 세계는 무시하는 그런 사람은 말이지, 종신토록 늘 위태위태한 거지.

아하! 그러니까 여기서 '어머니'는 우리의 감각이나 인식 능력으로 닿을 수 없는 경역境域을 가리키는 말이고 '아들'은 우리가 잡거나 만지거나 듣고 볼 수 있는 대상인데, 그런데 이런 것들에만 붙잡혀 살고 보이지 않는 것을 없다고 생각하며 무시한다면 그런 사람의 삶은 늘 위태롭다, 다시 말해서 늘 그 바탕이 흔들거린다, 이런 말이겠지요.

그래.

오늘 우리가 살고 있는 모양 그대로 아닙니까? 현대인이 자랑하는 과학 기술 문명이 바로 그 짝이거든요.

바로 그 얘기지. 그걸 다음 구절에서 자세히 설명해 주고 있네.

구멍을 막고 문을 잠그면

"색기태塞其兌하고 폐기문閉其門하면 종신불근終身不勤이나 개기태開其兌하고 제기사濟其事하면 종신불구終身不救니라." 구멍을 막고 문을 잠그면 종신토록 피곤하지 않아. 고생하지 않아. 바삐 굴지 않아도 돼. 그런데 그 구멍을 죄다 열어놓고 일을 보태면, 좀더 보려고 하고 들으려고 하고 알고 싶어하고 뭐 그런 거 있잖나? 현상 세계만 가지고 살려는 자들에게는 남보다 조금이라도 더 알고 더 보고 더 가지는 게 그게 잘 사는 거니까, 그런데 그러면 말이지, 그렇게 뭘 자꾸 더 보태려고만 하면 종신토록 구제받을 길이 없다 이 말이야.

여기 구멍을 연다는 말은 그러니까 감각의 대상에 사로잡히는 걸 말하는 겁니까?

그런 말이지. 불가에서 말하는 육근六根(眼·耳·鼻·舌·身·意)을 열어놓으면 육계六界(色·聲·香·味·觸·法)에 끄달려서 잠시도 쉴 수가 없게 되는 거라.

그렇다면 목석이 되라는 얘깁니까?

그건 아니지. 그건 아니고, 다만 道와 함께 道에서 어긋나지 말고 살라는 얘길세. 일체 만물이 道에서 나온 건데, 그런데 그게 道에서 어긋나면 깨지게 돼 있거든. 요즘 말로 하면 공해가 오는 거라. 그러니까 道와 합일된 상태에서 모든 것이 돌아갈 때 제대로 질서가 잡히게 되는 거지.

'색기태塞其兌' 라는 말을 잘못 읽으면 맹인이나 벙어리가 차라리 행복하겠다고 생각할 수도 있겠는데요, 이게 보기는 보되 그냥 보기만 하라는 얘기 아닐까요?

아마 다음다음 장쯤 해서 다시 나올 텐데, 요컨대 무엇을 보되 아상我相에 묶여서 보지 말고 사물 그 자체가 되어서 보라 이거야. 사물은 사물이고, 나는 나고, 그게 아니란 얘길세. 그런 안목으로 봐야 된다 이 말이야.

아하, 그게 그런 뜻이군요! 2장인가요, 만물작언이불사萬物作焉而不辭라고 했지요. 만물을 짓고는 그 어느 것도 사양하지 않는다는 말인데요,

사양을 한다는 건 서로 떨어진 별개의 존재 사이에서 이루어지는 일 아닙니까? 그런데 낳은 자와 태어난 자가 한 몸이라면 누가 누구를 사양할 수 있겠어요? 제가 저를 어떻게 사양합니까? 그러니까 여기서 구멍을 막는다(塞其兌)는 말은 사물을 보되 자기와 동떨어진 대상으로 보지 말고 그것과 일체가 돼서 보라는, 그런 말이 되겠네요?

그래.

그러니까 난초를 볼 때 난초가 돼서 보라는 말입니까?

바로 그 얘길세. 내가 난초를 본다고 하지 말고 난초가 돼서 난초를 보라, 이 얘기야. 난초가 누구여? 바로 난데.

대상과 내가 한 몸이니까요. 여기서 '대상'이라는 말도 그게 따로 있다기보다 하나의 방편으로 쓰는 말 아닙니까?

언어라는 게, 그게 모두 방편이지.

그렇게 사물과 자기 동일을 실천하면 종신토록 고단하지 않지만 반대로 보이는 것과 만져지는 것에 끌려다니다 보면 종신토록 구제 불능이라는 얘기로군요.

그렇지.

이거 아무래도 우리가 오늘 살아가는 모습을 2,500년 전에 죄다 내다보시고 말씀하시는 것 같네요.

그래, 그렇다니까.

道로써 道에 들어감

"견소왈명見小曰明이요 수유왈강守柔曰强이라. 용기광用其光하여 복귀기명復歸其明이면 무유신앙無遺身殃이니", 여기서 '소小'를 작다는 뜻으로 읽으면 안 돼. 보이지 않는 것을 보면 이를 일컬어 깨달음이라고 한다, 이 말이야. 그러니까 道를 보면 그걸 깨달음이라고 한다는 말이지. 그리고 부드러움을 지키면 이를 일컬어 강하다고 한다는 거라. 그러니, 내 마음 속에 있는 슬기를 사용해서(用其光) 그 깨달음에 돌아가면 몸에 재앙이 끼치지를 않는다, 이런 말일세. "시위습상是謂襲常이라", 이것을 일컬어 道에 든다고 하느니라. 이 습襲이 '들어갈 습襲' 이거든.

지난번에 상常은 실재 곧 道라고 하셨지요.

그래. 그러니까 불교에서 좌선을 한다든가 하는 것은 죄다 이 현상계에 집착하는 아상을 부수기 위해서 그러는 것 아닌가? 그래서 일단 아상이 무너지면 뭘 했다 안 했다도 없어지게 되고 현상계 일체와 하나가 되는 거지. 그러니까 여기서 보이지 않는 것을 보면 그걸 일컬어 깨달음이라고 했는데, 보이지 않는 것을 보았다는 생각 자체도 없어야 하는 거야.

내가 뭘 본다는 의식이 없어야겠지요.

그래. 바로 그게 참된 깨달음이지.

그러니 뭘 깨달은 바가 있느냐고 물으면 없다고 할 수밖에요.

그럼. 그게, 그렇게 돼야지. 그렇게 돼야 이가 맞아떨어지거든.

"수유왈강守柔曰强"은 뭡니까? 왜 여기서 갑자기 부드러움을 지키는 얘기가 나옵니까?

앞의 말(見小曰明)과 대對가 되는 말이야. 사람들은 굳센 것을 강하다고 알지 않는가? 그런데 가장 부드러운 게 가장 강하다는 얘길 시방 여기서 하고 있는 거지.

'수유守柔' 라는 말은 부드러움을 지킨다는 말이니까 언제나 한결같이 부드럽다는 그런 뜻이 되겠군요?

그래. 그런 뜻이지. 어떤 경우에도, 그 무엇에도, 거역함이 없는 거라!

부드럽다는 얘기는 상대가 무엇이든 다 받아들인다는 말 아니겠습니까?

아상我相이 없으니까.

강强은 반대겠지요.

반대지. 단단한 '나'가 있는 거야. 그런데 이렇게 한없이 부드러울 때, 그러니까 아상이 없을 때에 뭐냐 하면 보이지 않는 게 보이는 거라.

"용기광用其光하여 복귀기명復歸其明"이라고 했는데요 내면의 슬기를 쓴다는 게 무슨 말입니까?

드러나보이는 현상을 헤아리는 슬기가 아니라 보이지 않는 것을 보는 슬기를 말한다고 봐야겠지.

그 슬기라는 것도 道에서 나오는 것 아닙니까?

물론.

감산의 주註를 보니까 여기 '광光'을 道의 용用으로, '명明'을 道의 체體로 풀었더군요.

그것도 좋군, 좋은 관점이야.

그러니까 '광光'을 써서 '명明'으로 돌아간다는 말은 道로써 道로 돌아간다는 말이 되겠네요.

맞아.

기도 드리는 걸 가지고 내 속의 하느님이 바깥의 하느님하고 통화하시는 것이라고 설명하는 말을 들은 기억이 나는데요, 道에 돌아가는 주체가 '나'가 아니라는 그런 얘길 시방 여기서 하고 있는 것 아닐까요?

그래.

결국 道가 道로 돌아가는 것이 되고, 그걸 일컬어 道에 깃든다(襲常)고 말한다는 얘기로군요.

道에 드는 거니까, 道와 일체가 된다는 얘기지.

사실은 들고나고 뭐 그런 게 따로 있는 것도 아니잖아요? 만물이 처음부터 道와 일체 아닙니까?

일체지. 일체인데 일체 아닌 걸로 살아간단 말이야.

자식이 자식으로 살지 않는다는 얘깁니까?

그래, 그런 얘기지.

자식으로 안 살아도 자식은 자식이지요.

아무렴. 그러니까 성인聖人은 아무도 버리지를 않는 거라. 버릴 수가 없는 거지.

53장
사람들은 지름길을 좋아한다

나에게 조금이라도 지혜가 있다면 큰 길을 가되 다만 옆길로 들어설까 그것을 두려워하겠다. 큰 길은 매우 평탄한데 사람들은 지름길을 좋아한다. 조정朝廷은 매우 잘 정돈되어 있지만 밭은 황폐하고 곳간은 비어 있다. 그런데도 호사스런 옷을 입고 날카로운 칼을 차고 음식을 싫도록 먹고 재물이 남아도는 것을 일컬어 도둑의 영화榮華라고 하거니와 이는 道가 아니다.

使我介然有知, 行於大道, 惟施是畏. 大道, 甚夷, 而民好徑. 朝甚除, 田甚蕪, 倉甚虛, 服文采, 帶利劍, 厭飮食, 財貨有餘, 是謂盜夸, 非道哉.

큰 길, 지름길

"사아개연유지使我介然有知면 행어대도行於大道하여 유이시외惟施是畏니라. 대도大道는 심이甚夷하되 이민호경而民好徑이니라. 조심제朝甚除나 전심무田甚蕪하고 창심허倉甚虛로되 복문채服文采하고 대리검帶利劍하고 염음식厭飮食하고 재화유여財貨有餘를 시위도과是謂盜夸니 비도재非道哉니라." 만일 나에게 조금이라도 지혜가 있다면, 여기 '개연介然'이란 조금이라는 뜻이지, 조금이라도 지혜가 있다면 말이야 그러면 큰 길로 가되 오직 옆길로 들어설까 이것을 두려워하느니라.

여기 '시施'가 옆길입니까?

그건 '기울을 이施'로 읽어야 해. 한쪽으로 기울어지는 것을 두려워한단 말이야. 옆길로 빠지는 거라. '지름길 이施'로 읽어도 되지.

오직 곁길로 가는 것을 두려워한다는 말이군요?

그래. "대도大道는 심이甚夷하되" 큰 길은 매우 평탄하되, 사람들은 말이지 "이민호경而民好徑이니라" 사람들은 지름길을 좋아하느니라. "조심제朝甚除나 전심무田甚蕪하고 창심허倉甚虛로되", 조정은 말이지, 정부 관청은 뭐냐 하면 아주 잘 다스려져 있고 깨끗한데 밭은 매우 황폐하고 창고는 텅 비어 있다, 이 말이야. "복문채服文采하고 대리검帶利劍하고" 문채나는 옷을 입고 날카로운 칼을 차고, "염음식厭飮食하고" 음식을 싫도록 먹고, "재화유여財貨有餘를 시위도과是謂盜夸니" 재물이 넘쳐나는 것을 일컬어 도둑의 영화榮華라고 하는데 이는 道가 아니니라.

나에게 만일 조금이라도 지혜가 있다면 큰 길로 가되 다만 지름길로 샐까 그것을 두려워한다는 말이군요?

그래.

여기 '대도大道'는 큰 길이라는 말이지만 뜻은 천지의 道를 모시고 가는 길을 가리키겠지요?

물론. 그런 말이지. 기독교의 말로 하면 하느님과 함께 걷는 길이 되겠지. 그런데 거기서 벗어날까봐 그걸 염려한다는 말이야, 여기서는.

거기서 벗어난다는 건 그러니까 인간의 사욕에 의해서 道를 떠난다는 말이겠지요?

그렇지.

'경徑' 이라는 게 빠른 길, 지름길이니까 뭔가를 남보다 빨리 하려는 욕심이 있을 때 그런 길로 빠지게 되지 않겠습니까?

바로 그 얘길세. 이렇게 하면 이렇게 될 것이니까 이렇게 하는 게 좀 더 효과적이겠다 하고 계산하는 거라. 바로 그런 술수를 부리지 않도록 조심하겠다는 말이지. 요즘 세상이 스피드를 좋아하다 보니까 모든 걸 그 계산에 맞추어서 하지 않는가? 그런데 바로 그런 삶의 자세가 뭐냐 하면 저 자신은 물론이요 남까지 파멸로 이끌어가는 거라. 선 자리에서 자기의 일을 정당하게 하며 道에 따라 걸어가면 그게 곧 세계의 질서를 바로 세우는 것인데, 지름길을 좋아하는 바람에 그 질서를 무너뜨리게 된다 이 말씀이야.

그게 다름 아닌 사욕에서 나오는 것 아닙니까?

그렇지.

욕심이 작위를 낳고

"대도大道는 심이甚夷라", 큰 길은 평탄해서 걷기가 힘들지 않다는 뜻이겠지요?

아주 평탄하다는 말이야.

무슨 뜻인지 알 듯합니다. 道와 함께 걷는 사람은 그 길을 '자기'가 걷는 게 아니니까 힘들 이유가 없지요. 말하자면 무슨 일이든 저절로 되는 거니까요.

그래.

가끔 후배 목사들이 저에게 와서는 도무지 목회가 힘들어서 못해먹겠다고 합니다. 그러면 제가 이렇게 말하지요. 목회를 하는 게 누구냐? 자네냐? 하느님이냐? 만일 자네가 한다면 힘들다고 하는 게 말이 되겠지만 하느님이 목회의 주체시라면 자네가 힘들다고 말할 수 없는 게 아니냐? 설교할 시간이면 성실하게 준비해서 설교하고 사람을 만나야 할 때면 사심 없이 만나고, 자기 능력의 한계 안에서 할 일을 하되 결과에 집착하지 않는다면 힘들 게 하나도 없지 않겠느냐?…… 저 자신도 그러지 못하면서 이렇게 건방을 떨고 있습니다. 대개 보면 저마다 자기가 자기를 힘들게 하는 것 같아요. 제가 저를 짓누르는 거지요. 뭘 꼭 이루겠다는 마음만 먹지 않아도 한결 자유로울 수 있을 텐데요. 왜 사람이 살면서 뭔가를 성취해야만 한다고 주장하고 가르치고 그러는지 모르겠습니다.

얘기 잘했네. 다 욕심 때문이지. 욕심이 작위를 낳고 작위가 생기니까 피곤한 거라. 일을 자기가 만들어가지고 그 일 때문에 괴로워한단 말이야. 인생의 괴로움이라는 게 대개는 그런 거지. 개발이니 진보니 하는 말이 그게 다 듣기에는 그럴듯하지만 사람들을 죄다 뭐냐 하면 돌게 만들거든, 미치게 만드는 거라. 개발이 가져온 게 뭐야? 진보가 뭘 가져왔어? 스스로 망가지고 스스로 괴롭히고……

인간 중심 개발이고 인간 중심 진보니까, 그 바탕부터가 대도大道에서 어긋난 것 아니겠어요? 예수님이, 내 멍에는 쉽고 가볍다고 말씀하시는 게 여기 "대도大道는 심이甚夷"라는 말과 같은 말씀이라고 생각되는군요. 자기를 비우고 道를 좇아서, 하느님을 모시고, 살아가는 게 그게 예수님의 멍에 아닐까요?

바로 말했네. 바로 그걸세. 예수님의 길에는 빠른 길, 지름길, 효과적인 길이 없지. 사욕에서 비롯된 길이 아니거든.

그런데 사람들이 지름길을 좋아하다 보니까 다음에 말하는 현상들이 생긴다는 뜻이군요?

도둑의 영화

조정은 잘 정돈되어 있는데 밭은 황폐하다고 했는데요, 조정이 잘 다스려져 있다는 말이 무슨 뜻입니까?

관청은 으리으리 번쩍거리고 정부 청사는 엄청나게 거대하고 그렇단 말이야. 그런데 뭐냐 하면 들판은 황폐하다는 거라.

그리고 창고는 비어 있고……

그래. 창고는 비어 있는데 벼슬아치들은 말이야, 벼슬아치들은 화려한 옷을 입고 날카로운 칼을 허리에 차고 좋다는 음식을 구역질날 지경으로 먹고 또 쌓아놓은 재산은 넘쳐흘러. 이것이 뭐냐 하면 도둑놈의 영화榮華가 아니냐 이런 말이지.

그런데 그건 道가 아니라는 거군요.

그렇지. 이게 그동안 인류가 오랜 역사에서 경험한 것 그대로 아닌가? 지금도 별로 다를 게 없지. 소위 선진국이라고들 하는 나라 있잖은가? 다른 나라에 비해서 그래도 정부가 비교적 민주적으로 잘 정돈되어 있다고 하는 나라들 말이야.

그런 나라들도 다 이거네요?

이거지. 배경을 전 지구로 확대해 보면 선진국이라는 것들이 바로 여기에서 말하고 있는 '잘 정돈된 조정'과 다를 바 없어.

그렇군요. 그러니까 저 남쪽의 들판은 황폐해 있고 창고는 텅 비어 있는데 북쪽의 이른바 제1세계는 먹을 것이 남아 먹다 버리고 사치스런 옷을 입고 원자탄에 미사일에 번쩍거리고 재물이 흘러넘치고…….

그래. 지금 세계가 바로 그런 질서 아래에서 돌아가고 있잖은가?

한마디로, 도둑놈들의 영화를 많이 누리는 나라를 두고 선진국이라 부르는 거군요.

바로 그 얘길세.

그런데 우리 나라는 그 선진국이 못 돼서 시방 안달을 하지요.

그래. 그러면서 말은 21세기를 준비한다고들 하는데 21세기가 그런 질서 아래에서 계속되어서는 안 되는 거라. 그렇게 되면 인류뿐만 아니라 전 지구의 생태계가 파괴되고 말거든.

"비도非道는 조이早已라", 道 아닌 것은 금방 끝장났다고 했지요.

그래, 그랬지.

54장
몸으로 몸을 보고 천하로 천하를 보고

德을 잘 세우는 사람은 뽑히지 않고 德을 잘 지니는 사람은 벗어나지 않아 자손이 제사를 받들어 끊이지 않는다. 道로 몸을 닦으면 그 德이 곧 참되고 道로 집안을 닦으면 그 德이 곧 남아돌고 道로 마을을 닦으면 그 德이 곧 오래가고 道로 나라를 닦으면 그 德이 곧 풍성하고 道로 천하를 닦으면 그 德이 곧 널리 모든 것에 미친다. 그러므로 몸으로 몸을 보고 집으로 집을 보고 마을로 마을을 보고 나라로 나라를 보고 천하로 천하를 본다. 내가 무엇으로써 천하가 그러함을 아는가? 이로써 안다.

善建者, 不拔, 善抱者, 不脫, 子孫, 以祭祀不輟. 修之身, 其德乃眞, 修之家, 其德乃餘, 修之鄕, 其德乃長, 修之邦, 其德乃豊, 修之天下, 其德乃普. 故以身觀身, 以家觀家, 以鄕觀鄕, 以邦觀邦, 以天下觀天下, 吾何以知天下之然哉, 以此.

道를 모시고 德을 행하는 사람

처음부터 끝까지 한번 읽어보지. "선건자善建者는 불발不拔하고 선포자善抱者는 불탈不脫하여 자손子孫이 이제사불철以祭祀不輟이니라. 수지신修之身이면 기덕내진其德乃眞하고 수지가修之家면 기덕내여其德乃餘하고 수지향修之鄕이면 기덕내장其德乃長하고 수지방修之邦이면 기덕내풍其德乃豊하고 수지천하修之天下면 기덕내보其德乃普니라. 고故로 이신관신以身觀身하고 이가관가以家觀家하고 이향관향以鄕觀鄕하고 이방관방以邦觀邦하고 이천하관천하以天下觀天下하나니 오하이지천하지연재吾何以知天下之然哉아? 이차以此니라."

무슨 말입니까?

"선건자善建者는 불발不拔하고" 德을 잘 세우는 사람은 뽑히지 않고, "선포자善抱者는 불탈不脫하여" 德을 잘 지니는 사람은 벗어나지 않아, "자손子孫이 이제사불철以祭祀不輟이니라" 자손이 대대로 제사를 받들어 끊이지 않느니라, "수지신修之身이면 기덕내진其德乃眞하고" 道로 몸을 닦는다면 그 德은 곧 참되고, 여기 道라는 말 대신 자연自然이라는 말을 써도 좋아, 자연으로써 몸을 닦는다면 말이지 그 德은 곧 참되고, "수지가修之家면 기덕내여其德乃餘하고" 道로 집안을 닦는다면 그 德은 곧 넉넉하고, 道로 마을을 닦는다면 그 德은 곧 오래가고, 道로 나라를 닦는다면 그 德은 곧 풍요롭고, 道로 천하를 닦는다면 그 德은 곧 널리 번지느니라. 그러므로 몸으로 몸을 보고 집으로 집을 보고 마을로 마을을 보고 나라로 나라를 보고 천하로 천하를 보느니라. 내 무엇으로써 천하가 그러함을 아는가? 이로써 아느니라.

말은 그런 말인데, 무슨 뜻인지요?

德을 잘 세우는 사람은 뽑히지 않고 德을 잘 지니는 사람은 벗어나지 않아 자손이 대대로 제사를 받들어 끊이지를 않는다. 이 말은 그러니까 자연의 도리에 맞추어 처신하고 살아가면 자손이 대대로 거역하지 않는다는 뜻으로 읽어야겠지. 덕화德和가 언제까지라도 미치게 되니까 자손이 제사를 받들되 끊이지를 않는단 말이야.

여기 '발拔' 이니 '탈脫' 이니 하는 말이 죽는다는 뜻 아닙니까?

불발不拔이 망가지지 않는다는 얘기니까, 결국은 그런 뜻이 되겠지. 선건자善建者라는 게 뭐냐 하면 道를 모시고 德을 행하는 사람이니까, 평생을 아버지 뜻대로만 살아간 예수님이 바로 선건자善建者요 선포자善抱者 아닌가? 그러니까 영생하시는 거라.

그래서 하느님의 자손들이 끊임없이 그분을 받들어 모시는군요?

그런 얘길세.

몸은 가도 道는 남으니까요.

道로써 닦으면

"수지신修之身이면 기덕내진其德乃眞하고", 道로써 몸을 닦으면 그 德이 참되다고 했는데요.

그럴 수밖에 없지 않겠나?

아까 道로써 닦는다는 말을 자연으로써 닦는다고 해도 좋다고 하셨지요?

그래. 道가 곧 자연이니까.

언젠가 닭한테서 배운 일본인 스승 이야기를 들은 기억이 납니다. 야마기시라는 분이 닭을 치다가 인생의 도리를 깨치셨다더군요. 그렇다면 그의 가르침이 그릇되지 않았겠다고 생각했지요. 사람한테서 배우면 속을 수 있지만 닭은 속이지를 않으니까요.

그렇지.

불가에서 하는, 문자로 배우지 않는다는 말도 이런 뜻일까요?

그 말도 하나의 방편이라, 훌륭한 스승의 좋은 말씀 한 마디를 듣고 그 말씀이 계기가 되어 깨달음을 얻는다면 사람한테서 배운다고 할 수 있겠지. 그런데 문제는 가르치는 사람의 명망이라든가 문자에 대한 암기라든가 그런 것에 매달리고 진실로 자각에 이르지 않을 경우에는 사람의 말이 오히려 장애물이 되는 거라.

언젠가 선생님께서 제 아내에게 이런 글을 써 주셨지요. "심불반조心不反照면 간경무익看經無益이라", 마음으로 돌이켜 살피지 않으면 경經을 읽어도 아무 소용이 없다. 예수님께서도 당신 말씀을 듣고 그대로 행하지 않는 자는 모래 위에 집을 짓는 자와 마찬가지라고 하셨지요. 그런 자에게는 아무리 귀한 말씀이라도 의미가 없지 않겠습니까?

의미가 없지. 그러니까 얼마나 많은 성경 말씀이 시방 사장되고 있는가?

다른 사람도 아닌, 그 말씀을 달달 외고 다니는 사람들에 의해서 말입니다.

그래.

사람한테서 배운다고 할 때 그 사람이 이미 자연과 하나되어 있는 사람이라면 역시 자연한테서 배운다고 말할 수 있겠지요?

그렇지.

그리고, 받아들이는 사람에 따라서 개가 멍멍 짖어대는 소리도 훌륭한 설교가 될 수 있지 않겠습니까?

물론. 그러나 반대로 예수님의 말씀이 터무니없는 잠꼬대로 들릴 수도 있지. 에고가 강하면 강한 만큼 그렇게 되는 거라. 예수님의 훌륭한 말씀을 듣고 그 말씀을 자신의 영리를 위한 도구로 사용한다면…… 오늘 그런 예가 많지 않나? 그런다면 그것도 큰 잘못이지. 그건 아주 크게 잘못 가는 거라. 양무제가 달마에게, 내가 사찰을 많이 지었는데 그게 공덕이 되겠느냐고 하니까 일언지하에 무공덕無功德이라고 하지 않는가?

그러지요. 그래서 달마가 양무제의 미움을 샀다는 말도 있지요.

자신의 공덕을 쌓기 위해서 부처의 말씀을 이용한다면, 그건 아예 아무 공덕도 쌓지 않느니만 못한 거라.

옳으신 말씀입니다. 참으로 깨달은 사람이라면 자기한테 무슨 공이 따라붙는 것 자체를 싫어할 테니까요.

『장자』에 이르셨지. 성인聖人은 무공無功이라고. 저 하늘이, 저 시냇물이 말이야, 자기가 만물을 살린다면서 무슨 공을 내세우던가?

제 생각에 무공無功이란 말은 그 앞에 있는 무기無己라는 말에서 저절로 파생된다고 봅니다. 내가 없는데 어떻게 나의 공이 있겠습니까?

옳은 얘길세. 그런데 사람들은 오늘도 저렇게 공을 다투느라고 야단이구먼.

있지도 않은 그림자를 두고 싸우는 거지요. 다음 구절로 넘어갈까요?

몸으로 몸을 보고

"수지가修之家면 기덕내여其德乃餘하고", 道로써 집안을 닦으면 그 德이 넘쳐흐른다 이 말이야. 道로써 마을을 닦으면 그 德이 오래가고 道로써 나라를 닦으면 그 德이 풍성하고 道로써 천하를 닦으면 그 德이 아니 미치는 데가 없어.

닦는다(修)는 말이 재미있습니다. 때를 닦는다는 말도 되고 길을 닦는다는 말도 되고…… 여기 道로 천하를 닦는다는 말은 道로 천하를 다스린다는 말로 바꿔 읽어도 괜찮겠습니까?

다스린다는 말이 패도霸道를 뜻하지 않는다면 그래도 되겠지.

결국, 무엇을 하든지 道로써 하면 그렇게 된다는 말인데, 여기 道로써 한다는 게 그러니까 자연으로써 한다는 말 아닙니까?

자연이지. 불가에서 말하는 부처님 말씀이 그것이고 기독교에서 말하는 하느님 말씀이 그것이고…… 성경에 하느님은 '스스로 있는 자'라고 하시지 않았나?

"고故로 이신관신以身觀身하고", 그러므로 몸으로 몸을 본다고 했는데요, 이 대목을 잘 모르겠습니다.

무엇을 보는데 보는 나와 보이는 대상을 주객主客으로 나누어놓고 보지 않는단 말이야. 몸이 돼서 몸을 본다는 말이지.

아하, 그런 뜻이군요?

"이가관가以家觀家하고", 집으로 집을 보고, 집이 돼서 집을 본다 이 말이야. 내가 집을 보는 게 아니라 집과 하나로 돼가지고 집을 보는 거라. 마을로 마을을 보고 나라로 나라를 보고, 여기에는 '자기'라는 게 끼어들지를 않는 거지.

그럼 이 말을, 마을이 마을을 본다고 해도 되겠네요?

되지. 가령 예를 들어서 나라를 다스리는데 말이지, 나라를 다스리는데 꼭 어느 일파가 다스려야 되나? 그건 아니잖어? 경륜이 있다고 한다면 적어도 이런 안목이 있어야 하는 거라. 온 국민이 나에게 나라를 다스리라고 해도 말이지, 이 시점에서 내가 나서서는 안 되겠다고 생각하는 그런 안목이 있어야 한단 말이야. 그런 때에 바로 이방관방以邦觀邦이 이루어지는 거라. 이게 안 되니까, 뭐냐 하면 지난 세월 군사 정권이 계속되는 동안 몇 번인가 문민 정부를 세울 수 있는 기회를 놓쳤던 거 아닌가? 저마다 꼭 제가 해야만 한다고 나서서 싸우는 바람에 결국은 군사 정권만 연장시켜 준 꼴이 됐지. 이방관방以邦觀邦을 못한 거야.

그들이 정말로 국민이 무엇을 바라는지 몰랐던 것은 아닌데요.

그렇지, 알았지만 거기에 아욕我慾이 끼어드니까 틀려버린 걸세. 반드시 내가 해야만 한다는 바로 그 생각 때문에, 국민이 뭘 원하는지 뻔히 알면서도 그걸 해내지 못한 거라. 그러나 만일 그들이 자기의 처지에서가 아니라, 나라가 어떻게 돼야 한다는, 나라의 처지에서 문제를 봤다면 그렇게 처리될 수가 없는 거지.

옳습니다.

만일 道로써, 道와 함께 일을 처리한다면 그런 결과가 나올 수 없는 거라. 道로써 내 몸을 보고 道로써 집안을 보고 道로써 마을을 보고 道로써 나라를, 천하를 보면 말이지 그렇게 됐을 적에는 거기에 아무런 아욕이 끼어들 수 없거든.

나와 대상 사이에 간격이 없으니까요.

그래. 서로 다른 것이 아니란 말이야. 그러니까 무슨 판단을 하든지 거기에 '나'라고 하는 놈이 끼어들 틈이 없는 걸세.

없지요.

"오하이지천하지연재吾何以知天下之然哉아? 이차以此니라", 내가 무엇으로써 자연의 그러함을 알겠는가? 뽑히지 않고 벗어나지 않는 것을 보고 안다, 이 말이야.

그렇군요. 우리가 친구를 사귈 때에도 무슨 일을 자기 입장이 아니라 친구 입장에서 판단하고 고민할 필요가 있지 않나 생각됩니다. 그게 바로 친구 사이 아니겠습니까?

그래. 그래야지. 친구도 내 몸인데, 하는 그런 관계에서 봐야겠지. 그러니까 더욱 친구 사이에는 때로 고언을 해줘야 하는 거라. 상대에게 싫은 말도 해줘야 한단 말이야.

자기에게 해주듯이 해야 한다는 그런 말씀이지요?

그래. 자기를 걱정하는 것과 똑같이 친구를 걱정하는 거지.

그러니까 상대의 입장이 된다는 것이 그가 하는 모든 일을 무조건 지지한다는 얘기는 아니겠지요?

아니지.

예수님이 남을 심판하지 말라고 하신 말씀이 바로 이 말씀 아닌가 생각됩니다. 누구를 심판한다는 것은 그 누구를 객관화할 때에 가능하니까요. 나한테 '나'라고 할 것이 따로 없다는 얘기는 내가 모든 것과 하나라는 그런 말 아니겠습니까? 그러니까 둘러 말하면 모든 것이 나라는 얘기가 되지요.

그래.

마이스터 에크하르트Meister Eckhart는 바로 그런 상태를 일컬어, "하느님과 나 사이에 하느님도 개재하지 않는다"고 했더군요.

재미있는 말이구먼.

55장
종일 울어도 목이 쉬지 않는 것은

德을 두터이 지니고 있는 사람은 벌거숭이 아기 같아서 독 있는 벌레도 물지 않고 사나운 짐승도 덤비지 않고 사나운 새도 채가지 않는다. 뼈도 약하고 힘줄도 부드럽지만 움켜쥐는 힘이 단단하고 아직 남녀의 교합을 모르면서 그 자지가 발끈하고 서는 것은 정기精氣의 지극함이요 종일토록 울어도 목이 쉬지 않는 것은 조화의 지극함이다. 조화를 아는 것을 일컬어 참이라 하고 참을 아는 것을 일컬어 깨달음이라 한다. 살려고 애쓰는 것을 일컬어 재앙이라 하고 마음이 기氣를 부리는 것을 일컬어 강强이라 한다. 사물이 강장强壯하면 늙어지니 이것을 일컬어 道가 아니라 한다. 道가 아니면 일찍 끝난다.

含德之厚, 比於赤子, 毒蟲不螫, 猛獸不據, 攫鳥不搏. 骨弱筋柔而握固, 未知牝牡之合而朘作, 精之至也, 終日號而不嗄, 和之至也. 知和曰常, 知常曰明, 益生曰祥, 心使氣曰强. 物壯則老, 是謂不道. 不道早已.

벌거숭이 아기 같아서

"함덕지후含德之厚는 비어적자比於赤子하여 독충불석毒蟲不螫하고 맹수불거猛獸不據하고 확조불박攫鳥不搏하니라. 골약근유이악고骨弱筋柔而握固하고 미지빈모지합이최작未知牝牡之合而朘作은 정지지야精之至也요 종일호이불사終日號而不嗄는 화지지야和之至也라. 지화왈상知和曰常이요 지상왈명知常曰明이니라. 익생왈상益生曰祥이요 심사기왈강心使氣曰强이라. 물장즉로物壯則老니 시위부도是謂不道라. 부도不道는 조이早已니라." 德을 두터이 지니고 있는 사람은 벌거숭이와 같아서 독 있는 벌레도 물지 않고 사나운 짐승도 덤비지 않고 사나운 새도 채가지 않느니라. 뼈도 약하고 힘줄도 부드럽지만 움켜쥐는 힘이 단단하고……

벌거숭이 갓난 아기에 견주어서, 德을 두터이 지닌 사람을 시방 설명하고 있는 거지요?

그렇지. "미지빈모지합이최작未知牝牡之合而朘作은 아직 남녀의 교합을 모르면서 그 자지가 발끈하고 서는 것은, "정지지야精之至也요" 정기의 지극함이요, "종일호이불사終日號而不嗄는 화지지야和之至也니라" 종일 울어도 목이 쉬지 않는 것은 조화의 지극함이다. "지화왈상知和曰常이요", 조화를 아는 것을 일컬어 참이라 하고……

'상常'을 참으로 풉니까?

실재, 리얼리티, 허상(幻)이 아니라 실재.

16장이던가요? 거기서 '상常'을 진여실상眞如實相 곧 하느님으로 읽은 기억이 납니다.

그렇게 읽어도 되지. 조화를 아는 것을 참이라 말하고 "지상왈명知常曰明이니라", 참을 아는 것을 일컬어 밝음이라고 하느니라. 이 말은 16장에도 나오는 말이지.

'밝음'을 '깨달음'으로 바꿔 말하면 어떨까요?

그것 좋군. 그래, 깨달음이라고 읽는 게 낫겠어. "익생왈상益生曰祥이요" 살려고 애쓰는 것을 일러 재앙이라 하고, "심사기왈강心使氣曰强이라" 마음이 기氣를 부리면 일컬어 강强이라 한다. "물장즉로物壯則老니" 사물이 강장해지면 늙으니, "시위부도是謂不道라" 이것은 뭐냐 하면 道가 아니라 그런 말이야. "부도조이不道早已니라", 道가 아니면 일찍 끝나고 마느니라. 이 구절도 앞에 나왔었지.

예. 30장의 결구였지요.

뱀이 뱀을 물지 않는다

아무리 사나운 짐승이라도 저한테 적의를 품지 않는 대상을 공격하는 법은 없다잖는가? 맹수가 나비를 공격하는 광경을 그려볼 수 있겠어? 그 지닌 바 德이 두터운 자는 뭐냐 하면 사심이 없으니까, '나'라고 하는 걸 따로 지니고 있지 않으니까, 그러니까 모든 상대와 하나가 된단 말씀이야.

그렇지요. 그러니 뱀이 뱀을 물지 않는다는 그런 뜻이 되겠군요?

맹수나 사나운 새들이, 벌레까지도, 감히 그를 해치거나 덮치지 못한다는 얘기가 되는 거지. 언젠가 『풀도 생각한다』는 책을 보니까 화분에 심은 화초도 주인이 향심向心을 품고 사랑으로 돌보면 잘 자라고 꽃도 피우는데 자기를 해꼬지할 마음을 품은 사람이 나타나면 몸을 부들부들 떤다더군. 그러니까 위대한 德은 하찮아보이는 풀벌레한테까지도 수미일관首尾一貫으로 미친다는 거라. 德으로써 그런 미물하고 하나로 된다는 얘기를 여기서 아주 적절하게 말하고 있구먼.

갓난 아기들은 쥐나 벌레를 봐도 무서워하지 않지요.

그래.

그러다가 엄마가 곁에서 쥐를 보고 기겁을 하니까, 따라서 아이구 저건 무서운 놈인가 보다, 하고 같이 겁을 내게 되지요.

그래. 그렇게 되는 거라. 전에 형무소에서 보니까 사형수들이 있어. 대개 사형수들이 죽음을 기다리면서 하루하루 살아가는데 혈혈단신 지독한 외로움을 느끼게 마련이지. 그렇게 됐을 적에 뭐냐 하면 형무소에서 주는 밥을 사분지 일쯤 남겨가지고 창가에 새들 먹으라고 놔주기도 하고 또 마루 구석에 쥐를 위해서 놔주기도 하는데 새들이 와서 사형수 어깨에 앉기도 하고 머리 위를 날아다니기도 하고 또 쥐는 사형수 손바닥에 안기기도 하고 그러더라구. 그러니까 세상에 대한 미련도 없고 속기俗氣라고는 털끝만큼도 없는 사형수들한테는 말이지 그런 미물까지도 다 형제요 벗이 되는 거라.

그렇군요. 감명 깊은 얘깁니다. 성경 「이사야서」에 비슷한 예언이 기록되어 있지요. 독사의 굴에서 아이가 놀고 사자와 송아지가 함께 뒹굴게 될 날이 온다고요. 그런데 그런 일이 지금 여기서도 가능하다는 얘기 아닙니까? 경남 어느 암자엔가 독사하고 한 방에서 살아가는 스님이 있다는 말을 들었습니다. 이빨을 뽑거나 한 것도 아닌 완전한 독사인데 한 방에서 살고 있답니다. 낯선 손님이 들어오면 한 구석에 또아리를 틀고 잔뜩 경계하다가 스님이 손님한테 잘 얘기해서 뱀을 두려워하는 마음이 풀어지면 뱀도 경계심을 늦추고 부드러워진다는 거예요. 그 얘길 들으면서 과연 그럴 수 있겠다 싶더군요. 이사야의 예언이 무슨무슨 정치적 변혁의 결과로 장래의 어느 때에 이루어지리라고 보는 시각을 바꾸어 지금 당장이라도 道로써 만물과 합일되면 그 예언이 내 몸에서 성취

된다고 볼 수 있지 않겠습니까?

미래에 어떠어떠한 일이 이루어지리라고 보는 이른바 '진보사관'은 역사를 보는 바른 관점이라고 볼 수 없지. 이제 여기서 우리가 제대로 가면 모든 게 제대로 되는 거라.

역사를 그런 안목으로 보아 막연히 '그 날'을 기다리고만 있다면 그런 날은 영원히 안 오는 거 아닙니까?

안 오지. 일념一念이 만겁萬劫이라는 말 있잖나? 한 생각이 만겁을 간다는 얘긴데 예수님이 지금 여기만 생각하라고 하신 말씀과 같은 뜻이지. 지난날도 생각 말고 내일 걱정도 하지 말고 오늘 하루를 바르게 살라는 말씀이야. '오늘' 안에 다 있다는 거라. 양식도 일용할 양식을 구하라고 하시잖는가?

『월든』에 이런 구절이 있더군요. "영원한 과거와 영원한 미래가 바로 이 순간에 만나고 있다." 이 순간에 그 둘이 다 들어 있다는 말 아니겠습니까?

그래. 이러저러한 역사적 단계를 거쳐 유토피아가 이루어질 것이라고 하는 진보사관에 갇혀 있는 한 결코 유토피아는 오지 않을 걸세.

그게 모두 자연이나 역사를 나와 별개의 것으로 착각하는 데서 온 결과가 아닌가 생각합니다. 혁명이 있다면 그것은 바로 내 몸에서 일어나는 것이어야 하고 역사가 있다면 바로 내 몸에서 이루어지는 것이어야 하는데 그것들을 나와 떨어져 있는, 아니면 떨어질 수 있는 어떤 객체로 보는 거지요. 노자를 읽을 때마다, 읽으면 읽을수록 '나'라는 것이 자꾸만 커져서 우주와 하나로 되는 어떤 그림이 떠오릅니다.

'나'라고 하는 게 어디 따로 있나?

없지요.

없지. 없어. 대아大我에 '나'가 있는 거라. 그 자리에 서면 독충이나 맹수가 덤비지 않는다는 얘기지.

앗시시의 프란체스코가 새들에게 설교를 하고 성난 늑대를 달랬다는 이야기를 저는 사실 그대로라고 봅니다. 나중에 사람들이 꾸민 이야기가 아니라는 생각이 드는 거예요.

만든 얘기가 아니지.

아까 사형수들 얘길 하셨는데요, 그들이 모든 속기俗氣를 버렸다고 하셨지요. 그 말씀이, 내가 뭘 어떻게 해보겠노라는 생각을 모두 버렸다는 뜻 아니겠습니까? 그들이 새나 쥐한테 밥을 주는 것이 그렇게 해서 새나 쥐를 어떻게 해보겠다는 생각에서 나온 행동은 아니지 않겠어요? 그래서, 그들이 완전하게 '자기'를 비우고 새와 쥐를 대했기에 그것들이 품 안에 들어와 안겼겠지요.

바로 그 얘길세. 성철 스님의 법문法門에 이런 유명한 말씀이 있지. "원각圓覺이 보조普照하니 적寂과 멸滅이 둘이 아니다. 보이는 만물은 관음觀音이요 들리는 소리는 묘음妙音이라. 보고 듣는 이밖에 진리가 따로 없으니 아아, 시회대중時會大衆은 알겠는가? 산은 산이요 물은 물이로다." 그 사형수들처럼 속기를 모두 버리고 사심을 모두 비우면 쥐나 새나 모두가 뭐냐 하면 나의 큰 벗이 아닌가?

그렇지요.

그러니까 하느님이 다른 데 계신 것이 아니라 그 쥐와 함께 새와 함께 하느님이 계시잖아? 그걸 얘기하는 거지. 독충이 안 물고 맹수가 짓밟지 않는 건 하느님이니까, 하느님이기 때문에, 그럴 수 없는 거라.

그런데요, 이게 벌레나 맹수니까 그렇지 사람이라면 얘기가 달라졌을 것 같아요. 사람은 말입니다, 사람은 안 그렇거든요. 예수님 같은 성인도, 짐승이나 벌레는 그분을 안 건드렸겠지만 사람들은 결국 죽이지 않았습니까?

그래. 사람이 짐승보다 더 간악하거든. 짐승한테는 '간姦' 자를 붙일 수가 없어. 하긴 어떤 수렵꾼 얘길 읽어보니 어느 지역에 사는 늑대는 아주 간악하다고 했더구먼. 그러나 사람은 늑대보다 몇천 배 더 간악하지. 견줄 게 못 되는 거라.

결국 짐승이 사람보다 더 자연의 도리에 가깝다는 얘기 아니겠습니까? 대개가 생물로서의 본능에 따라 움직일 따름이요 아무래도 의식이니 생각이니 하는 것은 인간보다 못할 테니까요. 반대로 인간은 스스로 자랑스레 여기는 의식이나 의지 때문에 오히려 자연한테서 그만큼 멀어진 거구요.

그래. 바로 그 얘기가 아마 다음다음 장쯤 나올 걸세.

참을 아는 것이 곧 깨달음

"골약근유이악고骨弱筋柔而握固하고 미지빈모지합이최작未知牝牡之合而朘作은 정지지야精之至也요", 뼈가 약하고 힘줄도 부드럽지만 움켜쥐는 힘이 단단하고, 젖먹이 아이들이 그렇지요, 또 아직 남녀의 교합을 모르면서 고추가 발끈하고 서는 것은 정기의 지극함이라 했는데요, 이게 무슨 말입니까? 사실이 그러하다는 건 알겠는데요.

이것저것 다른 데에 분심分心해서 타고난 정기를 흐트러뜨리지 않으니까, 그러니까 부드럽고 약한 것이 한번 잡으면 단단하게 잡고 고추도 빳빳하게 일어선다는 그런 얘기지.

아하, 분심하지 않으니까?

그래. 쓸데없이 이런저런 일로 마음이 분산돼 있지를 않거든. 『논어』에 '주일무적主一無適'이라는 말이 있어. 한 군데 전일專一하여 왔다갔다하지 않는단 말씀이야.

그렇군요.

그리고, "종일호이불사終日號而不嗄는 화지지야和之至也라", 종일을 울어도 목이 쉬지 않는 것은 자연과 지극한 조화를 이루고 있기 때문이라……

젖먹이가 우는 것은 어떤 의도에서, 계산에 따라서 우는 게 아니라 그야말로 자연스런 생리적인 울음이고 그래서 밤새도록 울어도 목이 안 쉰다는 말씀입니까?

그래.

그런데 어른들은 조금만 소리를 질러도 금방 목이 쉬거든요. 그건 그만큼 자연한테서 멀어졌다는 얘기겠지요?

그렇지. 그만큼 자연과의 조화에서 거리가 멀다는 얘기지.

그래서 이 '화和'를 아는 것이 참이라고 하셨나요?

"지화왈상知和曰常이라", 그래 참이지. 자연의 조화를 알면 그게 곧 참이라. 또 그 영원한 것, 한결같은 것, 실재, 리얼리티, 하느님의 말씀을 아는 게 바로 '명明', 깨달음이고.

여기서 안다는 게 물론 머리로 아는 것을 뜻하지는 않겠지요? 조화를 안다는 말은 조화를 이룬다는 말 아니겠습니까?

물론. 그런 말이지. 참을 안다는 말은 참과 하나로 된다는 말이니까.

육신이 늙는 거야 어쩔 수 없지만

그 다음 구절은 반대되는 걸 얘기하고 있는 것 같군요.

그래. "익생왈상益生曰祥이요", 오래 살겠다고 별 좋다는 약 다 갖다 먹는 거 있잖어? 그게 오히려 재앙이란 애길세.

여기 '상祥'을 재앙이라는 뜻으로 읽습니까?

여기서는 '복될 상'이 아니라 '재앙 상'으로 읽어야지. 한 문자에 반대되는 뜻이 두루 들어 있으니, 그래서 한문이 재미있다는 거라. 여기서는 재앙, 화근이라는 뜻이야.

그리고, 마음이 기氣를 부리면 그걸 두고 강强하다고 한다?

그래. 강장强壯한 거지.

말하자면, 어린아이의 부드러운 몸이 어른의 굳어진 몸으로 바뀐다는 거군요.

그렇지. 자랄수록 자연한테서는 멀어지면서 자기 뜻이나 의지로 제 몸을 부리지 않는가?

'기氣'를 몸으로 읽는 겁니까?

몸이지. 일체 만물이 다 기氣니까.

그렇군요. 그래서 사물이 단단하게 굳어지면 그것을 일컬어 늙는다고 하는 거군요.

노자는 언제나 강장한 것을 좋지 않게 보고 있지.

예.

이렇게 늙어지는 것을 일컬어 道가 아니라고 한다는 거라.

道가 어떻게 늙겠습니까? 젊음이니 늙음이니가 없는 게 道인데요.

그래. 道가 아니면 오래가지 못하고 금방 사라지게 돼. 늙으면 죽는 게 당연하지 않나?

그렇지요. 그래도 이 육신이 늙어가는 거야 어쩔 수 없지 않습니까?

몸뚱이야 늙어가고 굳어지겠지만 그렇다고 해서 '사람' 까지 반드시 늙고 굳어진다는 법은 없잖나?

맞습니다. 그래서 예수님이 어린아이가 되라고 하셨지요.

그래. 될 수 있으니까 되라고 하신 거지.

바울로 성인도 자기의 겉 사람은 날마다 굳어지고 썩어가지만 속 사람은 날마다 새롭다고 하셨지요.

시방 이 늙은이(老子)도 바로 그 얘길 하고 있는 걸세.

56장
아는 사람은 말하지 않고

아는 사람은 말하지 않고 말을 하는 사람은 모른다. 구멍을 막아 문을 닫고 날카로움을 무디게 하여 엉클어진 것을 풀고 빛을 감추어 티끌과 하나가 되면 이를 일컬어 道와 하나로 된다고 한다. 가까이 할 수도 없고 멀리 할 수도 없으며 이롭게 할 수도 없고 해롭게 할 수도 없으며 귀하게 할 수도 없고 천하게 할 수도 없으니 그러므로 천하에서 가장 귀한 것이 된다.

知者不言, 言者不知. 塞其兌, 閉其門, 挫其銳, 解其紛, 和其光, 同其塵, 是謂玄同. 不可得而親, 不可得而疎, 不可得而利, 不可得而害, 不可得而貴, 不可得而賤, 故爲天下貴.

현동玄同

이 장도 꽤 많이 알려진 장이지요.

그래. 道와의 동일성을 얘기한 장인데, "지자知者는 불언不言하고 언자言者는 부지不知니라", 아는 사람은 말을 하지 않고 말을 하는 사람은 알지를 못하느니라.

그런데 시방 노자는 말을 하고 있잖습니까?

하고 있지. 여기서 말을 안 한다는 건 말 그대로 벙어리가 된다는 뜻이 아니라 쓸데없는 말을 안 한다는 뜻으로 읽어야겠지.

그렇겠지요. 그러니까 이 말은, 참으로 아는 자는 쓸데없는 말을 하지 않고 말이 많은 자는 참으로 알지 못하는 자라는 뜻으로 새기는 게 좋겠군요.

그렇게 읽으면 오해를 좀 피할 수 있을 걸세. 예수님도 부처님도 벙어리로 사시지는 않지 않았나?

그런데도 부처님은 내가 49년 동안 한 마디도 설한 바 없다고 하시잖았습니까?

바로 그거야. 그런 뜻으로 읽으면 크게 벗어나지 않겠네.

다음 구절은 4장에도 한 번 나왔지요.

"색기태塞其兌하여 폐기문閉其門하고", 구멍을 막고 문을 닫으며, 여기 '구멍 태兌'는 불가에서 말하는 육근六根을 가리킨다고 봐야겠지. 눈, 코, 혀, 귀, 살갗, 생각의 문을 일단 막는 거라. "좌기예挫其銳하여 해기분解其紛하며", 날카로움을 무디게 하여 엉클어진 것을 풀고……

너와 나를 나누고 가르고 쪼개고 그러는 '예銳'를 무디게 하라는 뜻인가요?

그렇지. 대국對局 상태를 무디게 하라는 걸세. 날카롭게 대치하는 상태를 꺾으란 말이야. 예리한 대국이 계속되면 갈수록 일이 엉클어지잖는가? 그게 '분紛' 인데 그걸 풀라는 말이지.

그러니까 좌기예挫其銳하면 해기분解其紛된다는 말인가요?

그래. 그런 다음, "화기광和其光하여 동기진同其塵하면", 그 빛을 짐짓 무광택으로 만들어 티끌과 하나로 되라는 말이야. 빛이 너무 나면 아무도 가까이 안 하거든.

눈이 부시니까요.

그렇지. 그러니까 그 빛을 스스로 감추어서 티끌과 하나로 되라는 걸세. 여기 티끌은 일체 만물을 가리키는데 우리 눈에 하찮아 보이는 그런 모든 것들과 하나로 되면 "시위현동是謂玄同이니라", 이를 일컬어 대도大道와 하나가 된다고 하느니라.

그게 '현동玄同' 이군요?

道와 현묘하게 일체로 된다는 뜻이지. 세속의 티끌과 하나로 되는 게 곧 하느님과 하나로 되는 거라는, 참 대단한 말씀이야.

유수식견唯須息見

"불가득이친不可得而親하고 불가득이소不可得而疎하며", 가까이 할 수도 없고 멀리할 수도 없으며……

뭐가 그렇다는 말씀입니까?

바로 이 道가 그렇다는 말이지. "불가득이리不可得而利하고 불가득이해不可得而害하며" 이롭게 해줄 수도 없고 해롭게 해줄 수도 없으며, "불가득이귀不可得而貴하고 불가득이천不可得而賤하니" 귀하게 해줄 수도 없고 천하게 해줄 수도 없으니, "고故로 위천하귀爲天下貴니라" 그런 까닭에 천하에서 가장 귀한 존재가 되느니라. 道라는 게, 그게 사람이 가까이 간다고 해서 가까워지는 것도 아니요 멀리 한다고 해서 멀어지는 것도 아니요 또 이롭게 해준다고 해서 이로워지는 것도 아니고 해롭게 해준다고 해서 해를 입는 것도 아니거든.

그렇지요. 사람이 귀하게 여긴다고 해서 귀해지는 것도 아니고 천하게 여긴다고 해서 천해지는 것도 아니지요.

그래. 그래서 뭐냐 하면 세상에서 제일 귀한 게 된다 이 말씀일세. 하느님을 또는 부처님을 말이야, 우리가 그분을 귀하게 모신다고 해서 귀해지는 것도 아니고 우리가 그분을 멀리한다고 해서 멀어지는 것도 아니잖는가?

맞습니다. 그러니까 이 말은, 道란 인간의 의지나 작위가 도무지 어떻게 할 수 없는 그런 것이라는 얘기 아니겠습니까?

그렇지.

그러니까 의지나 작위로써 하느님을 어떻게 할 생각 말고, 그분과 하나되는 길은 오히려 문을 닫고 구멍을 막고 날카로움을 무디게 하고 번쩍거리는 것을 감추고, 그러는 데 있다는 말씀이군요.

육근六根이라는 게 그게 감정이 들락거리는 문이거든. 감정이 일어나면 보되 제대로 보지 못하고 듣되 제대로 듣지 못하잖는가?

옳습니다. 그러니까 여기 구멍을 막고 문을 닫으라는 말이 벙어리, 귀머거리가 되라는 말이 아니라, 보되 그 보이는 바에 사로잡히지 말라는 말로 새겨들어야겠군요.

바로 그 얘길세. 감정에 사로잡히지 말라는 얘기야.

보긴 보되 견해를 갖지 말라는 말입니까?

그래.

선생님께서 저에게 처음으로 써주신 글이 『신심명』에 나오는 '유수식견唯須息見'이었습니다.

그랬던가?

제가 보기를 쉬라는 뜻이냐고 여쭈었을 때, 보기를 쉬라는 말이 아니라 판단하고 구분하고 그러기를 그만두라는 뜻이라고 일러주셨지요.

무엇을 보되 사심 없이 보면 그게 곧 식견息見이지. 그래야 사물이 있는 그대로 보이거든. 조금이라도 감정이 섞이면 벌써 대상이 일그러진단 말씀이야. 제대로 보이지를 않는 거라. 그리고 이제 그런 '눈'을 일단 뜨면 말이지, 모든 견해를 여읜 맑은 눈을 뜨면, 보이는 모든 것이 하느님의 얼굴이 되는 거지. 원효대사元曉大師의 오도송悟道頌이 바로 그런 경지를 노래하고 있네.

> 청산첩첩미타굴靑山疊疊彌陀窟이요
> 창해망망적멸궁滄海茫茫寂滅宮이라

첩첩한 청산은 아미타굴이요 망망한 바다는 적멸궁이라. 미타굴은 아미타불이 계신 굴이고 적멸궁은 석가모니불이 계신 궁이지. 보이는 모든 곳이 바로 부처님 자리더라, 이런 얘길세.

예수님도 같은 말씀을 하셨지요. 하늘은 하느님 계신 옥좌요 땅은 하느님이 딛고 서 계시는 발판이라고……

그게 다 맑은 눈 한번 크게 뜨신 분들의 말씀이지.

57장
법이 밝아지면 도적이 많아진다

정도正道로써 나라를 다스리고 기계奇計로써 군대를 부린다 하거니와 무사無事로써 천하를 얻는다. 내 어찌하여 그것이 그러함을 아는가? 이로써 안다. 천하에 꺼리는 것이 많으면 백성은 더욱 가난해지고 문명의 이기라는 게 백성들한테 많으면 나라는 더욱 어지러워지고 사람들이 기교를 많이 부리면 괴상한 물건들이 더 많이 생기고 법이 더욱 밝아지면 도적이 많아진다. 그러므로 성인이 이르기를, 내가 아무 일도 하지 않아 백성이 스스로 교화되고 내가 고요함을 좋아하여 백성이 스스로 바르고 내가 아무 일도 꾀하지 않아 백성이 스스로 부유하고 내가 욕심을 부리지 않아 백성이 스스로 소박하다고 하였다.

以正治國, 以奇用兵, 以無事取天下, 吾何以知其然哉, 以此. 天下多忌諱, 而民彌貧, 民多利器, 國家滋昏, 人多技巧, 奇物滋起, 法令滋彰, 盜賊多有. 故聖人云, 我無爲而民自化, 我好靜而民自正, 我無事而民自富, 我無欲而民自樸.

다스리지 않는 다스림

이 장에서는 무위로 다스리는, 고요함으로 다스리는 것을 얘기하고 있는데……

다스리지 않는 다스림?

그래. 다스리지 않고서 다스리는 거지. 가만히 있으면서 빈틈없이 다스리는 거야. "이정치국以正治國하고 이기용병以奇用兵이나, 이무사취천하以無事取天下하나니 오하이지기연재吾何以知其然哉아? 이차以此니라. 천하天下에 다기휘多忌諱면 이민미빈而民彌貧하고 민다이기民多利器면 국가자혼國家滋昏하고 인다기교人多技巧면 기물자기奇物滋起하고 법령자창法令滋彰이면 도적다유盜賊多有니라. 고故로 성인聖人이 운云하되, 아무위이민자화我無爲而民自化하고 아호정이민자정我好靜而民自正하고 아무사이민자부我無事而民自富하고 아무욕이민자박我無欲而民自樸이라 하니라." 사람들은 정도正道로써 나라를 다스리고 기계奇計로써 군대를 부린다고 하지만 나는 무사無事로써 천하를 얻는다. 내 어찌하여 그것이 그러함을 아는가? 이로써 안다.

여기 '이차以此'에 '차此'는 무엇입니까?

자연의 道지. 자연의 道를 보아 그것이 그러함을 안다, 이 말씀이야.

그러니까 이 '차此'는 뒤의 "천하에……"로 시작되는 문장을 가리킨다고 봐도 되겠군요?

그렇지.

"천하天下에 다기휘多忌諱면", 천하에 꺼리고 못하게 하는 것이 많으면 말이지 백성은 더욱 가난해져. 예법이 좋은 거지만 그게 너무 까다롭고 복잡하면 백성은 그 때문에 가난해지는 거라. 그놈 지키느라고 일을 못하니까. 그 다음, "민다이기民多利器면 국가자혼國家滋昏하고", 문명의 이기라는 게 백성들한테 많으면 나라는 더욱 어지러워진단 말이지. "인다기교人多技巧면 기물자기奇物滋起하고", 사람들이 기교를 많이 부리면 말이지, 재주가 많으면 괴상한 물건들이 많이 생겨. 재주가 많으면 그 기술로 해서 별난 것들이 계속 쏟아져나오지 않는가?

옳습니다. 사람 살아가는 데 꼭 필요한 것도 아닌 물건들이 쏟아져나오지요.

없어도 되는 것들이 자꾸만 만들어지는 거라. 그리고, "법령法令이 자창自彰이면 도적다유盜賊多有니라", 법이 더욱 밝아지면……

법이 더 자세해지고 까다로워진다는 뜻입니까?

그래. 그렇게 되면 말이지 그러면 도둑놈이 많아진다, 이 말이야.

왜 그럴까요? 왜 법이 많아지면 도둑놈이 많아집니까?

법이 까다로워진다는 건 그만큼 법을 어기는 놈이 많다는 얘기 아닌가? 왜 법을 어겨? 근본이 잘못됐거든. 그런데 법으로써 다스리겠다는 건 틀려버린 근본은 그냥 두고 터진 구멍만 막겠다는 거라.

그렇군요.

예를 들어, 시방 공해 문제가 심각하다고들 하는데 공해가 발생하는 근본 원인은 내버려두고 과학 기술이나 법령으로 공해를 없애려고 한다면 그놈의 공해가 없어지겠냐 이 말이야. 오히려 더욱 심해질 뿐이지.

도둑이 도둑질을 하는 이유는 다른 데 있는데 그쪽은 내버려두고 법으로만 도둑을 잡으려고 하니 갈수록 도둑이 많아진다는 얘기군요.

그래.

결국 뭘 자꾸 잘해보려고 할수록 더욱 안 된다는 그런 얘기 같네요. 문자 그대로 익생왈상益生曰祥이지요. 여기 '기휘忌諱'라는 것도 이러면 안 된다 저러면 안 된다 하고 못하게 하는 건데요, 그게 다 딴에는 세상을 더 좋게 만들겠다는 생각에서 나오는 것 아니겠습니까?

그렇지. 그런데 바로 그 생각, 세상을 더 좋게 만들겠다는 생각이 말하자면 작위를 낳고 작위가 탈을 부른다는 얘길세. 55장을 읽을 때 자네가 말했잖는가? 사람이 짐승보다 더 간악한 까닭은 그들보다 더 자연한테서 멀어진 데 있다고. 바로 이 대목하고 연결되는 얘기지. 문명의 이기라든가 기술이라든가 법령 따위가 모두 사람들에게 좋은 것이라고 여겨지지만 그런 것들 때문에 오히려 자연에서 멀어지고 그래서 뭐냐 하면 결과는 갈수록 고약해진다, 이 말이야.

그렇군요. 결국 제 꾀에 제가 넘어간 꼴이네요. 그래서 성인 바울로는 인간의 지혜보다 하느님의 어리석음을 배우라고 하셨지요. 또 세상에서 어리석은 자가 되라고도 하셨구요.

이 현란한 문명 세계에서 자연 속에서 사는 원시인은 바보로 보일 수밖에.

옳습니다. 그런데 바로 그 똑똑한 문명인들 때문에 지구가 깨어지게 됐으니……

병 주고 약 주고

결국, 문명의 이기라는 게 다 병 주고 약 주고 그러는 악순환에서 나오는 거지.

그 약이 또 병으로 되지 않습니까?

그래. 처음 사람들이 기계를 만들었을 때에는 기계가 사람을 위해서 일을 했지만 기계가 자꾸 늘어나고 복잡해지다 보니 어느샌가 사람이 기계의 부속품처럼 됐단 말이야. 기계의 종이 된 거라.

옳습니다. 제가 지난 여름 경기도에 있는 한 정신 병원에 간 적이 있었는데요, 거기서 자신이 알코올 중독자라고 하는 사람을 만났습니다. 그가 하는 말이 술만 안 먹으면 자기를 보고 사람들이 천사라고 하는데 술만 들어갔다 하면 난폭해지고 기물을 부수고 사람들을 때리고 그런답니다. 아주 착해 보였어요.

알코올 중독자가 대개 그렇지.

그런데 그 병원에 있는 며칠 동안 원장실에서 『국역 이상국집國譯 李相國集』을 뒤적거려 봤는데요, 이규보李奎報 그 어른이 아무튼 무척 술을 좋아하셨더군요. 평생을 술독 곁에서 살았다고 말해도 좋을 만한 그런 분인데, 술에 대한 시도 참 엄청나게 많이 썼어요. 그런데 아무리 봐도 그는 알코올 중독자가 아닌 겁니다. 어떻게 하면 이렇게 술독에 빠져 살면서도 술에 중독이 되지 않았을까? 그게 여간 신기하고 감탄스러운 게 아니었습니다. 그러면서 오늘 나는 이 엄청난 기계들의 홍수 속에 사는데 어떻게 하면 기계에 취해서 자기를 잃어버리는 비극을 피할 수 있을까, 생각해 보았지요.

자네가 술 얘기를 하니 생각나는 게 있구먼. 죽산竹山 조봉암曺奉岩 선생이 그분도 두주불사斗酒不辭 대단한 애주가신데 한번은 우리 젊은이한테 술 먹는 비결을 일러주시더라구. 술을 먹되 뭐냐 하면 결코 급히 마시지 말고 첫잔을 입에 넣어 이리저리 굴려서 충분히 맛을 본 다음에 넘기라는 거였네. 그러면 술을 즐기면서 마실 수 있다고 하셨어.

우리가 서구 문명을 받아들일 때에도 그런 식으로 천천히 음미하면서 소화를 시켰다면 이렇게 엉망으로 기술 문명에 취하여 인간성이 파괴되지는 않았을 것이라는 생각이 드는군요.

사람이 기계를 부려야지, 기계가 사람을 부려서는 곤란하잖나?

그렇지요. 그런데 그 비결이 무엇일까요?

빠지지 않는 거야. 기계 문명의 기奇에 빠지지 않는 거라. 눈앞에 아롱진 오색五色에 눈이 멀어서는 안 되지.

그게 바로 앞 장에서 말한 색기태塞其兌하여 폐기문閉其門하라는 얘기 아닙니까?

그래. 육문六門이 육경六境에 사로잡히는 일이 없도록 하라는 얘길세.

그래서 예수님도 늘 깨어 있으라고 하셨지요. 깨어 있다는 건 허깨비(幻)가 아니라 실재(常)를 보고 있다는 얘기 아니겠습니까?

바로 그 얘길세. 하늘이 무너져도 솟아날 구멍이 있다잖는가? 아무리 기계 문명이 홍수를 이루어도 깨달음의 눈을 뜬 자는 거기에 휩쓸려 떠내려가는 법이 없지.

내가 고요함을 좋아하기에

그래서 성인聖人이 말하기를, "아무위이민자화我無爲而民自化하고", 내가 아무 일 않고 가만히 있어도 백성이 저절로 교화가 돼. 왜냐? 백성이 저마다 하느님 아버지를 모시고 있거든. 하느님이 나한테만 아버지가 아니시잖나? 모든 사람에게 그분이 함께 계신다, 이 말이야. 사람뿐만 아니라 하찮은 미물이나 돌멩이까지도 거기에 부처님이 계시거든. 스스로 일러주시는 분을 저마다 모시고 있으니 내가 뭘 일부러 가르쳐 주지 않아도 저절로 교화가 이루어지지 않겠느냐, 이 말씀이지.

여기서, 내가 무위를 해도 백성이 절로 교화된다고 읽는 대신, 내가 무위를 해서 백성이 교화된다고 읽으면 안 될까요? 작위를 하지 않고 무위를 하기 때문에……

그렇게 읽는 게 좋겠군. 그러나 거기에는 함정이 있어. 내가 이러저러

해서 그 때문에 백성이 저러이러하게 된다는 뜻으로 읽으면, 나와 백성을 분리시켜 놓는 결과가 될 수 있거든. 하나는 원인 제공자고 다른 하나는 그 결과가 되는 거지.

아무 일 안 하는 것 자체가 어떤 의도에서 나온 작위일 수 있다는 말씀이지요?

그래. 그래서는 안 되는 거라. 그러나 이런 오해만 피할 수 있다면, 자네 말대로 내가 무위를 해서 백성이 교화된다고 읽는 게 무난하겠네. "아호정이민자정我好靜而民自正하고" 내가 고요함을 좋아하기 때문에 백성이 절로 바르게 되고, "아무사이민자부我無事而民自富하고", 내가 아무 일도 꾸미지 않기에 백성이 절로 넉넉해지고……

여기 무사無事는 무위無爲하고 같은 뜻이겠지요?

같은 뜻이지만 여기서는 특별히 무슨 일을 계획하고 꾸미고 그러지 않는다는 얘길세. 나라에 이걸 해놔라 저걸 해놔라, 전쟁을 해라, 왕궁을 세워라, 자꾸만 이러다 보면 농사철에 농사를 짓지 못하게 되고 그러면 백성은 가난해지잖겠어? 그런 짓을 하지 않으니 반대로 부유해지는 거지. 위에서 나라를 다스리는 자가 뭘 자꾸 일을 꾸미면 그만큼 세금도 내야 하고 부역에도 나가야 하고 그래서 가난해지는 거라. 그런데 그런 일을 꾸미지 않으니 반대로 백성은 넉넉한 살림을 하게 되지. "아무욕이민자박我無欲而民自樸하니라", 내가 욕심이 없으니 백성은 스스로 소박해진다, 허영과 사치를 부리지 않고 소박하게 산다, 이 말이지. 그런데 나라를 다스리는 자가 욕심을 부리고 허영과 사치에 치달으면, 그러면 백성이 소박하게 살 수가 없는 거라. 이 장은 노자의 정치 철학을 잘 나타내주고 있다고 보겠네.

58장
어수룩하게 다스리면 백성이 순하고

어수룩하게 다스리면 백성이 순하고 꼼꼼하게 다스리면 백성이 일그러진다. 화禍여, 복福이 너에게 기대어 있구나. 복이여, 화가 네 속에 엎드려 있구나. 누가 그 끝을 알리요? 바름도 그름도 따로 없다. 바름이 다시 비뚤어짐이 되고 좋음이 다시 요망함이 되니, 사람의 미혹됨이여 참으로 오래되었구나. 이런 까닭에 성인은 스스로 반듯하되 남을 쪼개지 않고 스스로 깨끗하되 남을 상하지 않고 스스로 곧되 뻗대지 않고 스스로 빛나되 빛을 내지 않는다.

其政悶悶, 其民淳淳, 其政察察, 其民缺缺, 禍兮福所倚, 福兮禍所伏, 孰知其極. 其無正耶. 正復爲奇, 善復爲妖, 人之迷也, 其日固久矣. 是以聖人, 方而不割, 廉而不劌, 直而不肆, 光而不耀.

안 다스리는 정부가 가장 낫다

이 장은 앞 장의 내용을 좀더 자세히 설명해 놓은 듯하군요. 다스림이 빡빡하면 백성의 삶이 고달파지고 반대로 다스림이 느긋하면 백성이 순박해진다는 얘기 아닙니까?

그래.

읽어볼까요?

그러지. "기정其政이 민민悶悶하면 기민其民이 순순淳淳하고", 정치가 어수룩하면 말이지, 다스리는 자들이 되바라지게 굴지 않고 대범하게 무위로써 다스리면 백성이 순해진다는 말이야. '민悶'을 '어두울 민'으로 읽어서, 정치가 어둡다는 말은 정치를 일삼아 하지 않는다는 뜻이 되지. 앞에서 다스리지 않는 다스림이라는 말을 자네가 했지? 바로 그걸세. 그러면 백성이 절로 순해진다는 거라.

맞습니다. 밭에서 잡초를 뽑다가도 이놈의 풀이 이토록 질긴 것은 사람이 자꾸만 뽑아내고 못살게 굴기 때문이 아닐까 생각해 본 적이 있습니다.

그래. 그리고 반대로 채소는 사람이 돌봐주니까 그만큼 약해지는 거지.

그렇지요. 이쪽이든 저쪽이든 좌우간에 사람 손이 자꾸 닿으면 뭔가 잘못되고 마는 것 같아요.

그래서, 많이 다스리는 정부보다 적게 다스리는 정부가 낫고 적게 다스리는 정부보다 안 다스리는 정부가 낫다는 말이 나오잖았는가?

소로우가 『시민 불복종』이라는 에세이 첫 구절에서 그런 말을 하지요. 자기는 그 생각을 노자한테서 배웠다고요.

아마도 노자의 사상을 생활에 옮겨 실천한 미국인으로서는 소로우만

한 사람이 드물 걸세.

동감입니다.

그런데 반대로, "기정其政이 찰찰察察하면 기민其民이 결결缺缺이니라", 정치가 빡빡하면 말이지, 정치가 꼼꼼하고 밝으면, 여기서 밝다는 말은 사소한 일까지 죄다 간섭을 하고 빈틈이 없다는 뜻인데, 그러면 백성은 일그러지느니라, 살림살이가 고달파진다는 얘기지. 고달파지니까 자꾸만 잔꾀를 부리게 되고 그러다 보면 사악해지거든. 그래서 정치가 밝으면 백성들 사는 꼴이 어두워지는 거라. 정치하겠다는 사람이 많으면 많을수록 나라가 어지러워진다는 그런 얘기가 되는 거지.

사람의 미혹됨이 오래로구나

"화혜禍兮여 복소의福所倚요 복혜福兮여 화소복禍所伏이니 숙지기극孰知其極이리요", 화禍여, 복福이 너에게 등을 기대고 복이여, 화가 네 속에 엎드려 있으니 누가 그 끝을 알겠는가? 만사가 새옹지마塞翁之馬라, 어디서 어디까지가 복이요 어디서 어디까지가 화인지 알 수 없다는 얘길세.

그것은 복과 화가 서로 한 뿌리에 얽혀 있기 때문일까요?

그렇지. 복은 화 속에 엎드려 있고 화는 복에 기대어 있으니 어느 한쪽을 잡으면 다른 쪽도 잡는 거라, 둘 가운데 하나만 떼어내어 가질 수가 없어.

그러니 구태여 복을 구하는 것도 그리 권장할 일이 못 되겠습니다. 하긴 성서도 복 자체를 구하라는 말은 거의 안 하지요. 이러이러한 자에게 복이 있다는 말은 많습니다만.

복을 구할 것도 화를 피할 것도 없네. 구할 것은 오직 하나, 道를 좇아 살아가는 일이지. 하느님 아버지를 뫼시고 살아가는 게, 그게 인생의 유일한 목표라는 얘길세.

그래도 우리는 거의 본능처럼 그저 무조건 '복'을 구하지요.

그래. 그래서 여기 백성의 미혹됨이 오래라고 하지 않았나? 자기가 구하는 게 어떤 건지도 모르면서 구하는 거야. 박정희 씨가 대통령이 되지 않았다면 부하 총에 맞아 죽지 않았을 것 아닌가? "기무정사其無正耶로다", 바른 것 그른 것이 따로 없도다. 여기 '사耶'를 어조사 야耶로 읽어서 '바름이 없는가?'로 푸는 사람이 있는데 '간사 사耶'로 읽는 게 옳겠네. 정正의 반대말로 읽는 거지. 도대체 이것이 바름이다, 이것이 그름이다 하고 똑떨어지게 말할 만한 것이 따로 없다는 그런 얘기야. 이렇게 읽어야 뒷 구절하고 연결이 잘 되네. "정부위기正復爲奇하고 선부위요善復爲妖하니", 바른 것이 다시 비뚤어진 것으로 되고 좋은 것이 다시 요망한 것으로 되니……

그것은 마치 밤이 낮으로 되고 낮이 밤으로 되는 것과 같군요.

좋은 비유일세. 그러나 밤과 낮이 별개의 것은 아니거든. 그러니 말인즉 정正이 기奇로, 선善이 요妖로 된다고 했지만 그것은 우리 눈에 그렇게 보인다는 거지 여기 정正이 있고 저기 기奇가 있다는 얘기는 아닌 거라.

알겠습니다. 그런데 바로 그 사실을 모르고 사람들이 이건 정正이다, 이건 사耶다 하면서 구분을 하는데 바로 그것이 '인지미야人之迷也'라는 거군요.

그래. 그것이 곧 미혹됨이지. "인지미야人之迷也여 기일其日이 고구의固久矣로다", 사람의 미혹됨이 참으로 오래로구나. 오랜 세월을 미혹된 상태로 살아간다는 그런 말일세.

그러다 보니 미혹된 상태 그것이 곧 건강한 상식처럼 행세하게 됐지요. 하긴 첫 사람 아담이 벌써 그런 미혹에 빠진 것 아닙니까? 선과 악을 알게 하는 나무 열매를 먹었으니까요. 그때부터 이건 선이다, 이건 악이다 하고 구분하게 된 거지요. 선 속에 악이 엎드려 있고 악의 등에 선이 기대어 있는 걸 모르고 말씀입니다.

자네 말을 듣다보니 소동파蘇東坡의 시 한 수가 생각나는군.

> 횡간성령측성봉橫看成嶺側成峰이니
> 원근고저각부동遠近高低各不同이라
> 불식여산진면목不識廬山眞面目은
> 지연자재차산중只緣自在此山中이로다

> 가로 보면 고개요 모로 보면 봉우리
> 멀고 가깝고 높고 낮은 것이 저마다 다르구나
> 여산의 참 모습을 모름은
> 내가 그 산속에 있는 까닭이로다

사람이 미혹에서 벗어나지 못하는 까닭은 정사正邪, 선악이라는 관념의 울에 갇혀 있기 때문이지. 그것들 모두를 있게 하는 道의 뿌리까지 꿰뚫어 들어가지 못한 까닭에, 하느님 아버지와 만나서 하나로 되지 못한 까닭에, 끝없는 미망의 바다를 허우적거리고 있는 거라.

저도 그렇게 말은 합니다만, 여전히 몸은 미망에 빠져 있는 걸 어쩌면 좋습니까?

자네나 나나 그래서 중생 아닌가? 다만, 그래도 그쪽이 사는 길이다 생각하고 끝까지 가서 닿지 못하더라도 가는 데까지 그쪽으로 가보는 거지, 별 수가 없잖아?

여기서 저는 바울로 성인한테 큰 빚을 지고 있습니다. 그분이, 당신도 거기까지 다 가지는 못했지만 그저 가는 데까지 달려갈 뿐이라고 하셨지요. 그 말씀에 큰 위로와 격려를 받게 됩니다.

스스로 반듯하되 쪼개지 않고

"시이是以로 성인聖人은 방이불할方而不割하고", 이런 까닭에 성인은 스스로 반듯하되 쪼개지 않고……

무슨 뜻입니까?

자신은 굽어진 곳 없이 반듯하지만 그 반듯함으로 남을 쪼개지 않는단 말이야. 남을 자기의 잣대로 판단하지 않는다는 그런 뜻이지.

예수님께서도, 당신은 아무도 판단하지 않는다고 하셨지요.

그게 말은 쉬워도 절대 쉽지 않은 일일세. 그 '반듯함'이 온 세상의 굽어진 것을 다 받아안을 만큼 크지 않고서는 안 되거든.

아하, 그래서 큰 반듯함은 구석이 없다고 했군요?

대방大方은 무우無隅라고 했지. 반듯함이 우주보다 크면 거기 무슨 모서리가 있겠는가? 세상 온갖 것 다 품는데. "염이불귀廉而不劌하고", 스스로 깨끗하되 깎아내지 않고, 자기가 깨끗하다고 해서, 청렴하다고 해서 남을 상하게 하지 않는다는 말이지. 깨끗하지만 그 깨끗한 걸로 남에게 상처를 입히는 사람이 있거든. 성인은 그러지 않는다는 얘길세.

그건 그의 깨끗함이 이른바 우리가 더럽다 깨끗하다 하고 구분할 때의 그 깨끗함이 아니라 모든 더러움까지 다 포용하는 그런 깨끗함이기 때문에 가능하지 않겠습니까?

그렇지. 우리가 더럽다고 하는 것의 상대가 되는 깨끗함으로는 남에게 상처를 주기가 쉽지. 『회남자淮南子』의 문장에 "해불양수海不讓水"라는 게 있네. 바다는 모든 물을 가리지 않고 받아들인다는 거라. 아무리 더러운 시궁창 썩은 물도 사양 않고 받아들이지. 그 바다가 얼마나 깨끗한가? 바로 그 깨끗함을 시방 여기서 말하고 있는 걸세.

그런데 바야흐로 인간들은 그 바다의 깨끗함까지 더럽히고 있지 않습니까?

그래. 그러나 이 일이 계속되어 마침내 바다가 더러워지는 일은 없을 것이라고 나는 믿네. 부도不道는 조이早已라, 道에 어긋나는 일이 오래갈 리가 없거든. 조만간 인류사에 무슨 큰 변화가 있을 걸세.

저도 그렇게 믿습니다.

우리가 하느님을 믿는다면 그것도 믿을 수밖에 없지.

"직이불사直而不肆하고" 스스로 곧지만 뻔대지 않고, "광이불요光而不耀니라" 스스로 빛나지만 겉으로 빛을 내지는 않는다는 말이야. 빛나지 않는다는 게 아니라 자기를 빛내려고 무슨 수를 부리지 않는다는 그런 얘기지.

햇빛은 빛을 내되 자신을 드러내지는 않아요. 아직 그 누구도 빛 그 자체를 보지는 못했으니까요.

그게 진짜 빛이지. 환하긴 한데 왜 환한지를 모르는 거라. 갑자기 집안이 달라졌는데 누구 때문인지 사람들이 모르는 거야. 그렇게 성인은 자신을 감춤으로써 드러나는 거지.

너희는 세상의 빛이니 빛의 구실을 다하라는 예수님 말씀이 그러니까 철저히 너 자신을 감추라는 말이 되겠군요.

너를 비우라는 것 아닌가? 너를 비우면 비우는 만큼 네 속에서 빛이 난다는 거라.

그러고 보니 생각나는군요. 제가 어렸을 적에 집에서 호얏불을 썼는데요 호야를 말끔이 닦으면 닦을수록 방안이 환했지요. 결국 '나'를 투명하게 하는 만큼 내가 빛을 낸다는 얘기 아닙니까?

내가 빛을 낸다기보다 내 속에 계신 그분의 빛이 드러난다고 해야겠지.

옳으신 말씀입니다.

59장
하늘 섬기는 데 아낌만한 것이 없으니

사람 다스리고 하늘 섬기는 데 아낌만한 것이 없으니 무릇 아낌을 일컬어 빨리 돌아감이라 한다. 빨리 돌아감을 일컬어 德을 쌓는다고 한다. 德을 거듭 쌓으면 이기지 못할 것이 없고 이기지 못할 것이 없으면 그 끝을 알지 못하고 그 끝을 알지 못하면 이로써 나라를 가질 수 있다. 나라를 가진 어머니는 길고 오랠 수 있으니 이를 일컬어 뿌리 깊고 튼튼하여 길게 살고 오래 보는 길이라 한다.

治人事天, 莫若嗇, 夫惟嗇, 是謂早復, 早復, 謂之重積德. 重積德則無不克, 無不克則莫知其極, 莫知其極, 可以有國. 有國之母, 可以長久, 是謂深根固柢, 長生久視之道.

있으면서 쓰지 않는 것

'색嗇' 자 하나를 제대로 이해하면 이 장이 가리키는 바를 대강 짐작할 수 있을 걸세.

역시 사람 다루고 하늘 섬기는 도리를 말하고 있군요.

"치인사천治人事天에 막약색莫若嗇이니" 백성 다스리고 하늘 섬기는데 아낌(嗇)만한 것이 없으니, "부유색夫惟嗇을 시위조복是謂早復이요 조복早復을 위지중적덕謂之重積德이니라" 무릇 아낌을 일컬어 빨리 돌아감이라 하고 빨리 돌아가는 것을 일러 거듭 德을 쌓는다 하느니라.

여기 '색嗇' 이라는 글자를 보면 구두쇠 생각이 납니다.

인색吝嗇하다는 말을 많이 써서 그렇겠지. 그러나 여기서 말하는 색嗇은 구두쇠가 재물이 아까워서 짜게 구는 것을 얘기하는 건 아닐세.

그렇겠지요.

성인聖人은 무기물無棄物이라, 아무리 하찮은 물건이라도 버리지 않는다고 했는데 그것은 모든 사물이 자기와 일체임을 알기 때문에 아무리 하찮아 보이는 것이라도 함부로 버릴 수가 없는 거라. 제 몸 아끼듯이 아끼는 거니까, 자린고비가 조기 대가리 아끼는 것하고는 다르지.

『노자익』을 보니 소자유蘇子由의 주註에 이렇게 말했더군요. "보통 사람은 반듯하면 쪼개고 깨끗하면 자르고 곧으면 뻗대고 빛이 있으면 빛을 내지만 성인은 반듯하되 쪼개지 않고 깨끗하되 자르지 않고 곧되 뻗대지 않고 빛나되 빛을 내지 않는다. 이를 일컬어 색嗇이라 한다. 무릇 색嗇이란 있으면서 쓰지 않는 것(有而不用者)이다."

앞 장에 나온 성인의 모습에 비추어 아낀다는 게 어떤 것인지 잘 설명했구먼. 그래, 아낀다는 건 있으면서 쓰지 않는 거지. 그래서 옛날 사람들은 농부를 다른 말로 색부嗇夫라고 했어. 아끼는 데야 농사꾼만한 도

사가 없잖아?

옳습니다. 한번은 서울 종로 단성사 앞을 지나는데 웬 시골 아주머니가 쪼그리고 앉아 무엇을 열심히 줍고 있더군요. 뭔가 하고 보니 질금콩이었어요. 어쩌다가 거기 지하철 통풍구 있는 데다가 콩을 엎질렀던 모양입니다. 그걸 하나하나 통풍구 틈새에 박힌 것까지 꺼내어 자루에 담는 것이었어요. 마침 바쁜 길이 아니었기에 쪼그리고 앉아 도와드렸지요. 문경에서 딸네 집에 다니러온 아주머니였어요. 모르긴 하지만 서울에서 낳아 서울에서 자란 여자였다면 통풍구 틈 사이에 박혀 있는 질금콩을 하나하나 주워담는 일은 생각도 못했을 겁니다. 그까짓 몇 푼이나 한다고 창피하게 길바닥에서 그러고 있느냐고 그랬겠지요.

농사꾼한테는 콩알이 그냥 콩알이 아니라 자기의 살과 마찬가지거든. 아끼지 않을래야 아끼지 않을 도리가 없는 거라. 그게 진짜 색嗇이지. 그래서 "부유색夫惟嗇을 시위조복是謂早復이라", 빨리 돌아감이라고 했어. 근본으로 돌아가는 거지.

근본으로 돌아가다

道로 돌아가는 건가요?

그래. 그리로 돌아가면 콩과 내가 둘이 아니거든. 하느님 안에서는 모든 것이 '하나' 아닌가?

여기 '회복할 복復'을 '좇을 복服'으로 표기한 본本도 있더군요.

그것도 말이 되지. 하나로 돌아간다는 말은 하나를 좇는다는 뜻이니까. 예수의 말씀을 좇아서 사는 것이 그게 곧 예수와 하나로 되는 것 아닌가?

그래서 감산은 색嗇을 '성性으로 돌아가는 공부'(復性工夫)라고 했군요.

하늘이 내린 명령을 성性이라 하고 그리로 돌아가서 성性을 좇아 살아가는 것을 道라고 했지.

『중용』의 첫 대목이지요.

그래. 자네가 고대 말한 복성공부復性工夫야말로 모든 종교의 틀이요 알맹이 아니겠나?

예수님 말씀대로, 자기를 부정하고 길이신 그분을 좇아서 살아가는 거지요.

거사귀일去私歸一!

옳습니다. 그런데 물질을 아끼는 것이야말로 그 첩경이라는 말이군요?

물질만 아끼는 게 아니지. 모든 것, 모든 것을 말하자면 함부로 대하지 않는 걸세.

그렇게 아끼는 것이 곧 근본으로 돌아가는 것이요, 또는 근본에 좇아서 살아가는 것이요 그것을 일컬어 '중적덕重積德'이라, 德을 거듭 쌓는 것이라는 얘긴가요?

그래. "중적덕즉무불극重積德則無不克하고", 德을 거듭 쌓으면 이기지 못할 것이 없고, 함덕지후含德之厚는 젖먹이 같아서 맹수도 덤비지 않고 독충도 물지 않는다고 했잖은가? 德이 지극한 사람은 불에 들어가도 타지 않고 물에 들어가도 젖지 않으며 추위와 더위가 해를 끼칠 수 없다는 말이 있네. 그 사람은 아무것하고도 다투지를 않으니 따라서 그를 이길 상대가 없다, 이런 말이야. 그래서 싸우지 않고 이기는 게 가장 잘 이기는 것이라고 했지. 德이 지극한 사람은 "부유부쟁夫惟不爭이라, 고故로 천하막능여지쟁天下莫能與之爭이니라"(22장), 그 무엇하고도 다투지를 않아서 천하에 누구도 그와 다툴 수가 없다고, 그러니까 뭐냐 하면 그를 이길 수가 없다고 하잖았어? 나무를 만나면 나무가 되고 바위를 만나면 바위가 되고 도적놈을 만나면 도적놈이 되는데 무슨 수로 그를 꺾어치울 수 있겠나? 천하에 그를 이길 놈이 없는 거라.

성경 「시편」에도 이런 노래가 있지요.

> 네 발이 헛디딜까 야훼, 너를 지키시며
> 졸지 아니하시리라.
> 이스라엘을 지키시는 이
> 졸지 않고 잠들지도 아니하신다.
> 야훼는 너의 그늘, 너를 지키시는 이
> 야훼께서 네 오른편에 서 계신다
> 낮의 해가 너를 해치지 않고
> 밤의 달이 너를 해치지 못하리라.
> 야훼께서 너를 모든 재앙에서 지켜주시고
> 네 목숨을 지키시리라.

표현은 마치 야훼가 무슨 경호원인 듯이 되어 있습니다만 성서의 종지宗旨가 야훼께 돌아오라는 것임을 염두에 둔다면 결국 이 노래의 참뜻은, 누구든지 야훼께 돌아오는 자는 그를 해칠 자가 없으리라는 데 있다고 보아야겠지요.

자네가 성경을 그렇게 읽으니 재미있구먼. 그래, 모든 것을 근본에서 바라보는 안목이 중요하네. 근본만 잃지 않는다면 성경을 크게 잘못 읽을 염려는 안 해도 될 걸세.

다음 구절로 넘어갈까요?

그러지.

아무나 나라를 다스리는 게 아니지

"무불극즉막지기극無不克則莫知其極하고", 이기지 못할 것이 없으니 그 끝을 알지 못하고……

끝을 모른다는 말이 무슨 뜻입니까?

크게 두 가지로 생각해 볼 수 있겠지. 하나는 끝이 없다는, 무궁하다는 뜻이요, 다른 하나는 뭐냐 하면 그보다 더 높은 데가 없다는, 그러니까 무상無上의 자리에 이른다는 뜻으로 볼 수 있을 걸세. 어떻게 생각하든 그것은 더 말할 것 없이 道의 자리지. 성경이 말하는 '하느님 나라'라고 해도 좋고.

하느님이라는 이름 자체가, 알 수 없는 그 무엇 또는 어떤 분을 가리키는 것이니까요.

그래.

천하에 아무도 그를 이길 수 없다는 말은 아무도 그를 누르거나 가두거나 판단할 수 없다는 얘긴데, 그러니 그가 있는 자리야말로 무궁한 자리, 무상의 자리 아니겠나?

『바가바드 기타』 제2장 71, 72절에서는 그것을 브라흐만과 하나된 경지라고 하는데, 이렇게 말하고 있지요. "모든 욕망을 저버리고, '너'와 '나'라는 생각조차 초월한 사람은 참으로 마음의 평정에 도달한다. 오, 프리타 부인의 아들 아르쥬나여, 바로 이것이 브라흐만(梵)의 경지 Brahma nirvana, 至福다. 이 경지에 도달하면 다시는 미혹함이 없으리

라. 비록 죽는 순간에라도 이것을 깨닫는다면 그 사람은 완전한 열반에 들어가 영원한 평화를 누릴 것이다. 왜냐하면 그는 브라흐만과 하나 되었기 때문이다."

바로 그걸세. "막지기극莫知其極이면 가이유국可以有國이니라", 그 끝을 알지 못할 경지에 이르면 비로소 나라를 가질 수 있느니라. 그런 경지에 이르러서야 참으로 나라를 다스릴 만하다는 얘길세. 아무나 나라를 다스리는 게 아니지.

그러나 어디 세상이 그렇습니까?

그러니까 세상이 이 모양 아닌가?

그렇군요.

그런 경지에서 나라를 다스리는 이는 패권으로 다스리는 게 아니라 섬김과 봉사로, 다스림 없이 다스리지. 백성은 다스림을 받으면서도 제가 다스림 받는다고 생각을 하지 않는 거라.

"백성개왈百姓皆曰 아자연我自然이라", 백성이 모두 말하기를 저절로 그리 되었다고 한다(17장)고 했지요.

그래. 노자의 얘기는, 그렇게 될 때 비로소 나라를 제대로 다스린다고 말할 수 있다는 걸세. 그래서 그런 통치자를 '어머니'라고 부르지.

"유국지모有國之母는 가이장구可以長久니 시위심근고저是謂深根固柢하여 장생구시지도長生久視之道니라", 나라를 가진 어머니는 길고 오랠 수 있으니 이를 일컬어 뿌리 깊고 튼튼하다 하여 길게 살아 오래 보는 길이라고 하느니라.

어머니는 나라를 다스리는 이라기보다 낳는 이라는 뜻을 지닌 말인데요, 그렇다면 나라보다 먼저 있었다는 얘기 아닙니까?

먼저 있었지. 왜 성경에도 있잖나? 천지는 없어져도 하느님 말씀은 영원하다고.

있지요. 하느님 말씀이 그게 노자가 말하는 道 아닙니까?

그래.

그 '어머니'는 뿌리가 깊고 튼튼하다고 했는데, 어머니가 곧 뿌리 아닌가요?

그렇게 볼 수도 있겠구먼. 어머니가 뿌리지. 모든 것이 거기서 나와 거기로 돌아가는……

근본이지요.

그래.

'장생長生'은 알겠는데 '구시久視'는 뭡니까?

눈을 깜박이지 않고 오래 보는 것을 가리키는 말인데 도가에서는 장생의 비결로 삼는다는군. 뜻은 역시 오래 산다는 말로 새기면 될 걸세.

이 '장생長生'이란 말을 잘못 알아들어서 있지도 않은 불로초를 구하거나 단약丹藥을 만드는 데 한평생을 바치는 사람들이 꽤 있었지요.

있었지. 그런 사람들로 말미암아 도가의 맥이 오히려 흐려진 것도 사실이고.

그게 모두 진리를 가리키는 방편일 따름인 '말(言語)'을 제대로 읽지 못하고 거기에 오히려 눈이 멀었기 때문 아니겠습니까?

문자 공부에서 벗어나지 못하면 그럴 수가 있네.

사실 문자란 달을 가리키는 손가락 같아서 때가 되면 사라져야 할 물건이지요. 알 껍질이 언제고 깨어지기 위해서 있듯이, 문자도 부정되기 위해서 존재하는 거라고 봅니다.

그래.

성인 바울로도, 영靈은 사람을 살리고 문자는 사람을 죽인다고 했지요.

그랬지. 그런데도, 한평생 바다에 들어가 모래알 헤아리듯 성경의 문자를 뒤적거리는 사람들이 지금도 있나 보더군.

있지요.

안 된 일일세.

안 된 일입니다.

……

……

우리, 세월을 아끼자구.

60장 작은 물고기 조리듯이

큰 나라 다스리기를 작은 물고기 조리듯 하라. 道로써 천하를 다스리면 귀신이 신통력을 부리지 못한다. 귀신이 신통력을 부리지 못하는 게 아니라 그 신통력으로 사람이 상하지 못한다. 그 신통력이 사람을 상하게 하지 못하는 게 아니라 성인 또한 사람을 상하게 하지 않는다. 이 둘이 서로 상하게 하지 아니하니 그러므로 德이 함께 이에 돌아간다.

治大國, 若烹小鮮. 以道蒞天下, 其鬼不神, 非其鬼不神, 其神不傷人. 非其神不傷人, 聖人亦不傷人. 夫兩不相傷, 故德交歸焉.

자라는 것을 잊지도 말고, 돕지도 말라

"치대국治大國을 약팽소선若烹小鮮이니라. 이도리천하以道莅天下면 기귀불신其鬼不神이니 비기귀불신非其鬼不神이요 기신불상인其神不傷人이어니와 비기신불상인非其神不傷人이요 성인역불상인聖人亦不傷人이니라. 부양불상상夫兩不相傷하니 고故로 덕교귀언德交歸焉이니라."

큰 나라 다스리기를 작은 물고기 조리듯 하라는, 많이 알려진 대목이군요. 오래전에 함석헌 선생이 이 문장으로 강연하는 것을 들은 기억이 납니다.

역시 무위無爲로써 다스리면 무불치無不治라, 다스려지지 않는 게 없다는 노자의 정치 철학을 이번에는 생선 조리는 것에 비유하여 말씀하고 있구먼.

비유가 참 재미있어요.

"치대국治大國을 약팽소선若烹小鮮이니라", 큰 나라 다스리기를 작은 물고기 조리듯이 하라는 얘길세. 여기 일부러 '큰'이라는 형용어를 '나라 국國' 앞에 붙인 것은 별다른 뜻이 있다기보다 뒤에 나오는 작은 물고기의 '작은'이라는 말에 대조해서 그렇게 한 것이라고 봐야겠지. 道의 처지에 서서 보는데 큰 나라 작은 나라가 어디 있겠나?

그래도 뒷장인가요? 대국大國과 소국小國의 관계를 얘기할 때에는 의미가 있지 않습니까?

물론, 있지. 미국이 우리 나라보다 큰 나라 아닌가? 그걸 무시하자는 건 아닐세. 道로 볼 적에 모두가 '하나'라는 말은 그러니까 해와 달의 다름을 무시한다는 그런 얘긴 아니잖는가? 천차만별을 분명히 보면서 그러나 그 차별에 걸려 넘어지지 않고 그것을 넘어서서 모두가 '하나'인 경지에 노니는 것, 그게 우리가 말하는 구원이요 불가에서 말하는 니

르바나란 얘기지.

그러니까 여기서 일부러 '큰 나라'라는 표현을 쓴 것은, 아무리 나라가 크다 하더라도 생선 조리듯이 그렇게 다스리라는 의미를 담고 있다고 보면 되겠군요?

그래. 그런 뜻으로 읽어야지. 큰 나라는 생선 조리듯이 하고 작은 나라는 또 무슨 다른 방식으로 다스리라는, 그런 얘긴 아니니까.

생선 조리듯이 한다는 얘기는 자꾸 뒤적거리지 말고 가만히 둔다는 뜻이겠지요?

나 몰라라 방치해 두는 건 아니지.

물론이지요. 알맞게 물을 붓고 불을 때지 않으면 생선이 조려지지 않을 테니까요.

『맹자』에 아주 그럴듯한 구절이 있어. 물망물조장勿忘勿助長하라는 말이 있지.

아, 그 모포기 뽑는 얘기 말씀입니까?

그래. 농사를 모르는 친구가 논에 나갔다가 모가 잘 자라지 못한다 싶어서 도와준답시고 모포기를 쑥쑥 잡아당겼다는 얘기 끝에 그 말이 나오지. 물망勿忘하고 물조장勿助長하라, 뭐냐 하면 잊어버리지도 말고 자라는 걸 돕지도 말라는 거라. 농사꾼이 모내기를 하고 나서 에라 이제 심어놨으니 제가 알아서 크면 크는 거고 죽으면 죽는 거고 난 모르겠다 하고 내버려두면 되겠어? 그러나 모포기를 잡아당겨서 조장助長을 해도 역시 안 되는 거라.

크는 걸 돕는답시고 죽여놓는 결과를 낳겠지요.

모가 자라는 건 하늘이 하시는 일이거든. 왜 성경에서 예수님도 말씀하시지 않는가? 농부가 씨를 뿌려도 그것이 어떻게 자라는지는 모른다고. 하느님 아버지께서 하시는 일인데 그걸 피조물인 주제에 농부가 어떻게 간섭할 수 있겠어?

예수님이 하늘 나라를 비유해 설명하시면서 그런 말씀을 하셨지요.

자네가 찾아서 읽어볼 수 있겠나?

찾아보지요.…… 여기 있습니다. 「마르코복음」 4장이군요. 예수께서 또 말씀하셨다. "하느님 나라는 이렇게 비유할 수 있다. 어떤 사람이 땅에 씨앗을 뿌려놓았다. 하루하루 자고 일어나고 하는 사이에 씨앗은 싹이 트고 자라나지만 그 사람은 그것이 어떻게 자라는지 모른다. 땅이 저절로 열매를 맺게 하는 것인데 처음에는 싹이 돋고 그 다음에는 이삭이 패고 마침내 이삭에 알찬 낟알이 맺힌다. 곡식이 익으면 그 사람은 추수 때가 된 줄을 알고 곧 낫을 댄다."

예수님은 땅이 저절로 열매를 맺게 한다고 말씀하셨구먼. 그 땅이 곧 하느님 아니신가?

그렇지요.

저절로 자란다는 게 그게 풀이 스스로 자라는 게 아니라 땅이 풀을 자라게 한다는 말이지.

그 땅은 하늘이기도 하지요.

그래. 하늘이 하시는 일을 인력으로 돕지 말라는 말을 장자도 했어.

기억합니다. 인력으로 하늘의 일을 막으려고 하지 말 것이며, 그게 불가능하니까요, 또 잘한답시고 도우려들지도 말라는……

그게 곧, 생선 조리듯이 큰 나라를 다스리라는 얘길세.

『노자익』에는 한비자韓非子가 이런 말을 했더군요. "작은 물고기를 조리면서 자꾸 뒤적거리면 요리를 망친다. 큰 나라를 다스리면서 자꾸 법을 바꾸면 백성이 고달파진다. 이런 까닭에 道를 모시고 나라를 다스리는 임금은 고요함(靜)을 귀하게 여기고 나라의 법을 거듭 고치지 않는다. 그러므로 큰 나라를 다스리는 데 작은 물고기 조리듯이 하라고 말한 것이다."

노자의 큰 믿음

그런데 선생님, 노자가 이렇게 무위로 다스리라는 얘기를 되풀이하는 건 그가 철저히 '인간'을 신뢰했기 때문이 아닐까요? 가만히 두기만 하면 모든 인간이 자연과 하나되어 아무 탈 없이 살아가게 된다는 그런 믿음 말입니다.

인간에 대한 신뢰는 인간보다 道에 대한 신뢰의 다른 표현 아니겠나? 그가 믿은 것은 피조물인 인간이 아니라 그와 만물을 있게 한, 만물의 어미(萬物之母)인 道였지. 기독교식으로 말하면, 그는 사람을 믿은 게 아니라 모든 사람의 아버지인 하느님 그분을 믿은 거라. 바로 그 믿음이 노자에게 무위로써 다스리면 다스려지지 않는 게 없다는 말을 거듭할 수 있게 했다고 보네.

옳으신 말씀입니다. 예수님도 사람을 믿지는 않으셨어요. 그가 믿고 따른 것은 오직 한 분이신 아버지, 만물을 지으시고 돌보시는 하느님이었지요.

그러니까 작은 생선 조리듯이 나라를 다스리라는 말은 뭐냐 하면 그분이 다스리도록 해드리라는 그런 얘기가 되는 거라.

잘한답시고 나서서 이런저런 작위를 벌여서 오히려 일을 그르치지 말라는 말씀이군요?

그래.

『장자』에 보면, 안회顔回가 위衛나라에 가서 그곳의 잘못된 정치를 바로잡아보겠다고 했을 때 중니仲尼가 말리지요. 그래도 안회가 이런저런 정책을 제시하면서 가겠다고 하자 정책이 너무 많아 오히려 쉽지 않다며 반드시 가겠으면 먼저 심재心齋하라고 하지요. 심재가 마음을 텅 비우라는 얘기 아닙니까?

道로 충만케 하라는 얘기도 되지.

그렇지요. '자기'를 비우는 것은 곧 하느님과 하나되어 하느님으로 충만한 것이니까요.

다스리는 자가 먼저 마음을 비우면 아무리 큰 나라라도 잘 유지될 수 있다는 얘길 시방 노자께서 하고 계시는구먼.

우리 나라에도 스스로 마음을 비웠다고 말한 정치가들이 있었지요.

말이야 무슨 말인들 못하겠나?

말씀을 듣다보니 무문선사無門禪師의 게偈가 한 수 생각납니다.

> 춘유백화추유월春有百花秋有月하고
> 하유양풍동유설夏有涼風冬有雪하니
> 약무한사괘심두若無閑事掛心頭면
> 변시인간호시절便是人間好時節이라

봄에는 온갖 꽃 피고 가을에는 달 밝고 여름에는 서늘한 바람 불고 겨울에는 눈 내리니 만약에 쓸데없는 일만 마음에 떠올리지 않는다면 문득 인간 세상 살기 좋은 세월이라는 뜻 아닙니까? 사람이 그 마음에 안 해도 좋을 일거리들을 잔뜩 떠올리는 데 탈이 있지 그것만 하지 않으면 세상 참 살기 좋은 세상이라는 얘기지요.

「창세기」에도 그런 기록이 있지 않는가? 하느님이 지으신 세상은 매우 좋은 세상이었지. 인간이 출현하여 하느님의 명을 어기면서부터 흙까지 저주를 받는 거라.

다음 구절로 넘어가지요.

귀신과 성인이 사람을 상하지 않고

"이도리천하以道莅天下면" 道로써 천하를 다스리면, 그러니까 생선 조리듯이 나라를 다스리면 말이지, 그러면 "기귀불신其鬼不神이니" 귀신도 신통력을 부리지 못해, 귀신이 사람에게 무슨 나쁜 짓거리를 못하는 거라.

귀신 들려서 마을에 못 살고 공동묘지 사이를 헤매던 자도 예수님을 만나서 깨끗하게 됐지요.

그래. 예수님 앞에서는 귀신이 맥을 못 추지 않는가? 그런데 그게 귀신한테 신통력이 없어서가 아니라 道로써 다스리는 통치자 아래서는 모든 백성이 또한 道로써 살아가게 되니까 뭐냐 하면 귀신이 그 신통력을 부려서 해꼬지를 하고 싶어도 그럴 대상이 없게 된다 이 말일세. "비기귀불신非其鬼不神이요 기신불상인其神不傷人이어니와" 그 귀신한테 신통력이 없는 게 아니라 그 신통력이 사람을 상하게 하지 못하는 것이거니와, "비기신불상인非其神不傷人이요 성인역불상인聖人亦不傷人이라" 그 신통력이 사람을 상하게 하지 못하는 것이 아니라 성인 또한 사람을 상하게 하지 않느니라.

여기 '비非'는 귀신의 신통력이 사람을 상하게 하지 못한다는 사실을 부정한다기보다는 뒤의 '역亦'을 연관시켜서, 귀신의 신통력만이 사람을 상하게 하지 않는 게 아니고 성인도 또한 사람을 상하게 하지 않는다는 뜻으로 새겨야 옳지 않겠습니까?

이 대목이 예부터 까다롭고 또 다르게 기록된 본本도 많아서 해석이 구구한 모양인데 자네 말대로 그렇게 읽는 게 무난하겠네.

그래도 귀신이 사람을 상하게 하지 못한다는 얘기는 쉽게 알아듣겠습니다만 성인이 사람을 다치지 않게 한다는 말은 아리송합니다. 성인이 사람을 해칠 까닭이 없잖습니까?

그래서 어떤 이는 '역亦' 자 대신 '지之' 로 돼 있는 본本을 택하여(張天師本, 敦煌本) "그 신이 사람을 상하게 하지 않는 게 아니라 성인이 사람을 상하게 하지 않는 것이다"로 읽기도 하더군. 그냥 참고삼아 알아두게. 그렇게 읽어도 문제는 여전히 남으니까. 여기서는 '역亦' 을 그대로 살려, 귀신뿐만 아니라 성인도 사람을 상하게 하지 않는다는 의미로 새겨두지. 하긴 왜 하늘이 어떤 사람을 벌주었다고 말하지 않는가? 그러나 사실 벌을 받은 사람이 있다면 그건 제가 저를 그렇게 한 것이지 하늘이 그런 것은 아니잖어?

아하, 그런 뜻이라면 조금 납득이 가는군요. 그렇지요. 저는 하느님이 이야기에 나오는 염라대왕처럼 죽은 자들을 하나씩 세워놓고 심판하신다고는 생각하지 않습니다. 심판이 있다면 저마다 제가 저를 심판하는 거겠지요.

그게 바로 '하늘의 심판' 아닐까?

맞습니다. 그러기에 털끝만큼도 착오가 있을 수 없지요.

"부양불상상夫兩不相傷하니 고故로 덕교귀언德交歸焉이니라", 그 둘이 서로 상하게 하지 아니하니 그러므로 德이 함께 이에 돌아가느니라.

둘이란 무엇과 무엇입니까?

귀신과 성인이지. 귀신도 성인도 사람을 상하게 하지 않는다는 그런 말이야.

그래서 德이 이에 돌아간다고 하셨는데 그러면 끝의 '언焉'을 어조사로 보지 않고?……

그래. 앞의 '인人'을 받는 말로 읽어, 모든 德이 결국 백성에게로 돌아간다는 뜻으로 새기지.

옳습니다. 다스리는 자가 있어서 다스림을 받는 자가 있는 게 아니라 그 반대니까요. 대통령이 아니라 국민이 본本 아닙니까?

말을 하자면 그렇지.

61장
큰 나라가 마땅히 아래로 내려가야 한다

큰 나라는 하류라, 천하가 모이는 자리요 천하의 암컷이다. 암컷은 가만히 있음으로써 수컷을 이기고 가만히 있음으로써 아래로 내려간다. 그러므로 큰 나라는 작은 나라 아래로 내려감으로써 작은 나라를 얻고 작은 나라는 큰 나라 아래로 내려감으로써 큰 나라를 얻는다. 그러므로 어떤 나라는 아래로 내려감으로써 얻고 어떤 나라는 아래에 있어서 얻는다. 큰 나라는 남을 함께 기르려고 하는 데 지나지 않고 작은 나라는 들어가서 남을 섬기려고 하는 데 지나지 않으니 두 나라가 저마다 바라는 바를 얻게 된다. 그러므로 큰 나라가 마땅히 아래로 내려가야 한다.

大國者下流, 天下之交, 天下之牝. 牝常以靜勝牡, 以靜爲下. 故大國以下小國, 則取小國, 小國以下大國, 則取大國. 故或下以取, 或下而取. 大國不過欲兼畜人, 小國不過欲入事人, 夫兩者各得其所欲, 故大者宜爲下.

‘웃기는 소리’

이 장을 읽어나가기 전에 먼저 유념해 둘 것이 있네. 노자가 이런 말을 할 적에 세상이 어떠했느냐 하면, 주周나라가 쇠망하여 바야흐로 춘추전국春秋戰國 시대가 비롯되는 참이었다는 사실인데 그러니까 조금이라도 힘센 나라가 저보다 작은 나라를 삼키려고 별별 짓을 다 서슴지 않던 그런 세상이었다는 얘길세. 시방 나라마다 어떻게 해서든지 다른 나라 머리 위로 기어오르려고 야단인 참에 노자의 말인즉, “대국자大國者는 하류下流니 천하지교天下之交요 천하지빈天下之牝이라”, 큰 나라란 강으로 치면 하류라 천하가 모이는 자리요 천하의 암컷이라는 거라.

참으로 엉뚱한 말씀이군요.

약육강식의 논리밖에 모르는 자들이 들을 적에는 엉터리없는 수작이지. 그래서 기가 막혀 웃을 게고, 그런데 뭐냐 하면 그런 자들이 듣고 웃으면 그게 道라는 것 아닌가?

그랬지요. 하사下士들이 듣고 웃지 않으면 道가 아니라고 했지요.

그래 시방 노자 이 늙은이가 ‘웃기는 소리’ 한 마디 하시는 거라.

그러나, 이 장이야말로 인간이 땅 위에서 어차피 겪으며 살아야 할 ‘국제 관계’라는 것을 곰곰 생각하게 하는 매우 현실적이면서, 더욱이 요즘처럼 ‘세계화’라는 것을 정치적 구호로 내세우지 않을 수 없을 만큼 지구가 작아진 시대에는 절박하기까지 한 ‘예언’이라고 생각됩니다.

따지고 보면 대국 소국 나누는 것이 무슨 의미가 있겠냐만, 나누고자 나누는 게 아니라 그것이 우리의 당면 현실인 것 또한 사실이니 일단 큰 나라 있고 작은 나라 있다는 전제 아래 이야기를 풀어나가야 할 걸세.

노자가 시방 그러고 있지 않습니까?

그래.

큰 나라가 큰 나라인 까닭은 다른 나라들보다 '아래'에 있기 때문이라는 게 노자의 독특하고 심오한 생각이지.

우선 그게 당시 사람들 생각하고 반대 아닙니까?

당시 사람들하고만 반대였겠나? 요새 사람들도 마찬가지지. 미국이 우리보다 더 '아래'에서 우리를 떠받들고 있다고 생각할 사람이 얼마나 되겠어? 미국에도 없고 우리 나라에도 없을 걸세. '하류'는 상류의 모든 물이 모이는 곳이고 그래서 상류의 어느 물보다 크고 깊지. 그게 바로 대국인 거라. 사람이고 벌레고 짝짓기를 할 적에 보면 말이지 암컷이 아래에 있잖아? 그러니까 큰 나라가 천하의 암컷이라는 얘기야. 자네 암놈 방아깨비가 제 몸뚱이 절반쯤 되는 수놈 방아깨비를 업고 돌아다니는 것 봤지?

대국이 소국에 대하여 그래야 한다는 말입니까?

그래야 한다는 말이 아니라 그래서 큰 나라라는 말이지.

그런데 현실은 그렇지 않잖습니까?

그러니까 그게 땅덩이는 커도 '큰 나라'가 아닌 거라. 잠시 어거지로 큰 나라 행세를 할는지 모르지만 부도不道는 조이早已라, 불과 얼마 되지 않아 제풀에 무너지고 말잖던가?

맞습니다. 그게 이른바 제국의 운명이었지요.

그래서는 말이지, 저보다 작은 나라를 등에 업고 떠받들어줌으로써 그 작은 나라를 심복心服시키지 못하고서는 말이야, 결코 '큰 나라'로 존재할 수 없다는 게 노자의 가르침이지. 세계 역사가 그의 말이 옳았음을 증명해 주고 있잖어? 큰 놈이 아래로 기어들어 가라는 거라. 그게 자연의 이치에 맞다는 얘기야.

"빈상이정승모牝常以靜勝牡하고 이정위하以靜爲下니라", 암컷은 언제나 가만히 있음으로써 수컷을 이기고 가만히 있음으로써 아래로 내려간다는 뜻입니까?

그래. 고요함이 시끄러움을 이기고 가만히 있는 놈이 움직이는 놈을 이기게 돼 있거든.

옳습니다. 한번은 목욕탕엘 갔는데요, 마침 제가 그날 첫 손님이었어요. 욕탕에 물이 거울처럼 고요한데 제가 들어가니까 출렁거리더군요. 출렁거리는 물결을 보면서 저 물결이 왜 출렁거리나 생각해 보았더니 그게 결국은 제가 들어가기 전의 고요한 상태로 돌아가기 위한 몸짓이더란 말씀입니다. 그래서 혼자 중얼거려봤지요. 모든 동動은 자식이요 정靜은 어미다. 자식이 어미를 이길 수는 없다……

그 둘을 나누어놓고서 생각하는 건 위험하지만 자네가 사물을 그렇게 관찰하고 생각해 보는 태도만큼은 좋구먼. 여기서 '이긴다'는 말은 아군이 적군을 이긴다는 뜻이라기보다는 고요함이 움직임의 근본이 된다는 그런 뜻으로 새기는 게 좋겠네.

알겠습니다.

큰 나라는 암컷이 가만히 있음으로 움직이는 수컷을 이기는 것처럼 정靜으로써 작은 나라를 이겨야 하고, 그러니까 창칼이나 미사일을 가지고 무력을 쓰거나 경제력 따위를 써서 작은 나라를 굴복시켜서는 안 된다는 얘길세. 그리고 가만히 있음으로써 작은 나라 '아래'로 기어들어가야 한다는 거라.

서로 상대의 아래로 내려가서

"고故로 대국大國은 이하소국以下小國하여 즉취소국則取小國하고 소국

小國은 이하대국以下大國하여 즉취대국則取大國이니라", 그러므로 큰 나라는 작은 나라 아래로 내려감으로써 작은 나라를 얻고 작은 나라는 큰 나라 아래로 내려감으로써 큰 나라를 얻느니라. 서로가 '아래'로 내려감으로써 뭐냐 하면 서로를 얻는다는 걸세. "고故로 혹하이취或下以取하고 혹하이취或下而取니라", 그러기에 어떤 나라는 아래로 내려감으로써 얻고 어떤 나라는 아래에 있어서 얻는다.

무슨 뜻입니까?

큰 나라는 작은 나라 아래로 내려감으로써 작은 나라를 얻고 작은 나라는 큰 나라 아래에 있어서 큰 나라를 얻는다는 얘기지. 작은 나라가 큰 나라 '아래'에 있는 거야 새삼 애쓸 것 없이 저절로 그렇지 않어? 그러나 큰 나라는 일부러 작은 나라 '아래'로 내려가지 않으면 안 되거든. 그래서 작은 나라에는 연결사인 '이而'가 붙고 큰 나라에는 '써 이以'를 붙인 거라고, 그렇게 읽는 게 무난하겠네.

어쩌면, 우리의 참된 머리가 되고자 하늘에서 땅 아래로 내려오신 예수님과 그분의 말씀에 딱 일치되는군요.

그렇구먼.

누구든지 머리가 되고자 하는 자는 가장 낮은 자가 되라고 하셨지요.

그래. 아라한이면서도 범부의 자리로 내려오지 않으면 보살일 수 없다고 했어.

그러니까 큰 나라 보고 시방 작은 나라의 보살이 되라는 거군요?

그렇지. 그래야 참으로 작은 나라를 취할 수 있거든.

갈수록, '웃기는 말씀'입니다!

그래서 더욱 엄숙하고 참되고 절실한 얘기지.

큰 나라가 먼저

"대국大國은 불과욕겸축인不過欲兼畜人이요 소국小國은 불과욕입사인不過欲入事人이니", 큰 나라는 남을 함께 기르려 하는 데 지나지 않고 작은 나라는 들어가서 남을 섬기려 하는 데 지나지 않으니……

큰 나라와 작은 나라를 정의한 겁니까?

그렇게도 볼 수 있겠지. 노자가 생각하는 '큰 나라'란 무슨 나라인고 하니 자기네 백성 아닌 다른 나라 백성들까지 함께 기르려고 하는 그런 나라에 지나지 않고 '작은 나라'는 큰 나라에 들어가서 그 나라 사람들까지 섬기려고 하는 그런 나라일 뿐이라는 거라.

도무지 보통 상식으로는 좇아갈 수가 없는 얘깁니다.

그래. 그러나 '큰 나라'는 그래서 큰 나라고 '작은 나라'는 그래서 작은 나라라는 얘길세. 큰 나라 작은 나라 한꺼번에 감싸안는 道의 큰 품을 염두에 두지 않고서는 도저히 납득되지 않는 얘기지.

크든 작든 요컨대 서로 상대를 섬기고 받들기 위해서 존재한다는 말씀입니까?

자네가 하느님이라면 미국이나 우리 나라에 뭐라고 이를 텐가? 미국보고, 네가 힘도 세고 덩치도 크니 한국을 떠받들어주라고 그러지 않겠어? 또 한국한테는 네가 힘도 약하고 덩치도 작으니 미국을 잘 섬기라고 하지 않겠나? 내가 너희를 섬겼듯이 너희도 서로 섬기라고 말일세.

그렇군요.

큰 나라는 작은 나라 백성들을 함께 기르고 작은 나라는 큰 나라 사람들을 섬기고, 이렇게 하면 "부양자夫兩者이 각득소욕各得所欲이라", 두 나라가 저마다 바라는 바를 얻게 되느니라. "고故로 대자의위하大者宜爲下니라", 그러므로 큰 나라가 마땅히 아래로 내려가야 한다, 이 말이야.

어째서 큰 나라가 마땅히 아래로 내려가야 한다는 말로 마쳤을까요? 작은 나라가 어떻게 해야 한다는 말은 없이 말입니다.

작은 나라가 큰 나라 아래로 내려가는 거야, 고대도 말했지만 일부러 말할 것 없잖어? 그러나 큰 나라가 작은 나라 아래로 내려가는 건 얘기가 다르지. 그건 결코 저절로 되는 일이 아니거든.

그렇군요.

그리고 이 일에는, 큰 나라 작은 나라가 서로 섬기면서 평화로이 국제관계를 유지하는데 말이지, 이 일에는 어느 한 쪽이 선수를 쳐야 하는데 그 먼저 나설 나라가 대국이라는 거라. 힘센 놈이 먼저 몸을 굽혀 약한 놈 '아래'로 내려와야 평화가 이루어진다는 얘기지.

옳습니다. 사람과 사람 사이의 관계도 같다고 봅니다. 만일 두 사람이 다투었다고 했을 때 양쪽이 똑같이 노력해서 화해를 한다는 건 말로는 그럴듯해도 현실에서는 그게 그렇게 되지 않거든요. 어느 한쪽이 일방통행으로 자기를 꺾어 상대방 무릎 아래로 들어가기 전에는 안 되는데 그게 약한 쪽일 경우에는 참된 화해가 되기 어렵지요. 힘이 더 센 쪽에서 먼저 사과하고 약한 쪽에 고개를 숙일 때에야 비로소 화해가 이루어질 수 있는 것 아니겠습니까?

그래서 하느님이 사람과 화해하시려고 당신이 먼저 아들을 보내어 사람을 섬기게끔 하지 않으셨나? 하느님이 먼저 사람에게 뭐냐 하면 고개를 숙이신 거라.

정확하게 바로 그 얘기지요.

사람과 사람 사이나 나라와 나라 사이나 자연의 도리야 다를 게 없지.

62장
道는 만물의 아랫목

道라고 하는 것은 만물의 아랫목이니 착한 사람의 보배요 착하지 못한 사람을 지탱시켜 주는 바다. 아름다운 말은 값진 것이 될 수 있고 고상한 행실은 남에게 보탬이 된다지만 사람이 착하지 못하다고 해서 어찌 그를 버릴 수 있겠는가? 그러므로 임금을 세우고 높은 벼슬아치를 두는데 아름드리 구슬을 네 마리 말이 끄는 수레에 앞세워 바치는 것이 가만히 앉아서 이 道를 일러주는 것만 같지 못하다. 예부터 사람들이 이 道를 귀하게 여긴 까닭은 무엇인가? 구하면 얻고 죄를 지었어도 이로써 면한다는 말이 있지 않더냐? 그래서 천하에 가장 귀한 것이 된다.

道者萬物之奧, 善人之寶, 不善人之所保. 美言可以市, 尊行可以加人, 人之不善, 何棄之有. 故立天子, 置三公, 雖有拱璧以先駟馬, 不如坐進此道. 古之所以貴此道者何, 不曰求以得, 有罪以免耶. 故爲天下貴.

깨달은 자는 알아 모시고

"도자道者는 만물지오萬物之奧니 선인지보善人之寶요 불선인지소보不善人之所保니라. 미언가이시美言可以市요 존행가이가인尊行可以加人이나 인지불선人之不善을 하기지유何棄之有리요? 고故로 입천자立天子하고 치삼공置三公에 수유공벽이선사마雖有拱璧以先駟馬라도 불여좌진차도不如坐進此道니라. 고지소이귀차도자古之所以貴此道者는 하何인저? 불왈구이득不曰求以得하고 유죄이면야有罪以免耶아? 고故로 위천하귀爲天下貴니라."

道가 얼마나 귀한 것인지를 말해주고 있군요?

그래. 그게 천하의 보배인데 많은 사람이 알아 뫼시지 못한다 이거야.

그걸 알아 모시는 사람은 선인善人이고 알아 모시지 못하는 사람이 불선인不善人이겠지요? 첫 줄부터 읽어볼까요? 제가 한번 새겨보겠습니다.

그러시게.

"도자道者는 만물지오萬物之奧니" 道라고 하는 것은 만물의 가장 깊숙한 아랫목이니, "선인지보善人之寶요 불선인지소보不善人之所保니라" 착한 사람의 보물이요 착하지 못한 사람의 간직하고 있는 바라.

간직하고 있는 바로 읽어도 괜찮긴 하겠지만 여기서는 오히려 그 사람을 지탱해 주는 것이라고 새기는 게 좋겠네. 道를 알아 모시는 자에게는 보물이 되지만 미처 알아 모시지 못한 자라고 해서 그에게 道가 아니 계신 게 아니라 오히려 그를 존재하게끔 지탱해 준다는 얘기지. 지켜준다고 해도 좋고.

그렇지요. 하느님을 믿는 자나 믿지 않는 자나 상관없이 모두 호흡을 하고 있으니까요. 호흡이 그게 '하느님의 숨' 아닙니까? 지독한 무신론자라 해도 살아 있는 동안은 순간마다 하느님의 숨을 마시고 있거든요.

그래. 그래서 道가 깨닫지 못한 자의 '소보所保'라는 걸세.

『중용』에도 "도야자道也者는 불가수유리야不可須臾離也니 가리可離면 비도야非道也"라고 했지요. 道라는 것은 한 순간도 만물을 떠날 수 없으니 떠날 수 있다면 이미 道가 아니라는 말 아닙니까?

그러니 만물지오萬物之奧라, '오奧'라는 게 본디 집의 서남쪽 구석을 가리키는 말인데 가장 높은 어른이 앉아 계시는 곳이라, 아랫목으로 새겨도 무난하네. 그런데 세상에 가끔 대문이나 마루 없는 집은 있을 수 있지만 안방 없는 집은 없지 않는가? 그러니 道는 만물에 빠짐없이 소존所存한다, 이 말이야.

성인 바울로도 에페소 교회에 보낸 편지에서 비슷한 말을 했지요. "만민의 아버지이신 하느님도 한 분이십니다. 그분은 만물 위에 계시고 만물을 꿰뚫어 계시며 만물 안에 계십니다."

만물을 떠나 道가 어디 따로 계실 곳이 있겠는가?

옳습니다.

그런데 시방 여기서는 그 계신 곳이 만물의 심오한 곳이라, 속을 꿰뚫어보는 눈을 얻지 못한 사람은 道를 알아 모시지 못한다는 사실을 강조해서 얘기하고 있구먼.

깨달은 자는 제 속에 모셔져 있는 道라는 어른을 알아 모시는 자요 그래서 착하지 않을 수 없고 아직 깨닫지 못한 자는 그분을 알아 모시지 못해서 그래서 아직 착하지 못하다는 그런 얘기가 되는군요? 그 다음 구절이 좀 까다로운 모양인데 어떻게 읽어야 할까요?

사람을 어찌 버릴 수 있으랴?

"미언美言은……"에서 시작하여 "……가인加人이나"까지를 속담의 인용이 아닌가 하고 보는 사람들이 있지. 『회남자』에 보면 "군자왈君子曰 미언美言은 가이시존可以市尊이요 미행美行은 가이가인可以加人"이라는 말이 있고 『사기史記』에도 같은 말이 인용되어 있거든. 이렇게 '존尊'을 앞에 붙이고 뒤의 '행行' 앞에 '미美'를 넣으면, 아름다운 말은 높은 자리를 살 수 있고 아름다운 행실은 사람들에게 보탬이 된다는 뜻으로 읽을 수 있는데, 여기 노자에는 '시市'에서 일단 자르고 '미행美行' 대신 '존행尊行'이 되니까 새겨 읽으면, 아름다운 말은 세상에서 값진 것이 될 수 있고 고상한 행실은 남에게 보탬이 될 수 있다는 뜻이 되지. 그러나 어떻게 읽든 대의에서 크게 어긋나는 건 아니니까 너무 따질 것 없네. 말이나 행실이 어디서 나오나? 그게 다 속에 있는 道의 작용 아니겠어? 道에 바탕한 말은 미언美言이 되고 道에 바탕한 행실은 존행尊行이 되는 거라. 그런데 시방 여기서 노자가 정작 말하고 싶은 것은 그 다음에 나오는 "인지불선人之不善을 하기지유何棄之有리요?"라는 한 마딜세. 착하지 못한 사람이라고 해서 어찌 그를 버릴 수 있겠느냐, 이런 말이지. 왜냐하면 그도 역시 속에 道를 모시고 있는 사람이거든. 사람을 버린다는 건 곧 그 속에 모셔져 있는 道를 버린다는 것인데, 그게 道를 모시고 있는 사람으로서 어찌 가능한 일이겠느냐, 이런 말이야.

옳습니다. 그래서 성인聖人은 무기인無棄人이라고 했지요.

그래. 아무리 못된 사람이라 해도 말이지 그를 버릴 수는 없는 거라.

그런데 우리는 어떻습니까? 너무나도 쉽게 아무개는 착한 사람, 아무개는 못된 놈 하고 판단하지요. 그러고는 자기 판단에 따라서 누구는 잡고 누구는 버리고 그러지요.

모두 미망 속에서 헤매고 있는 거지.

그러면 안 된다 생각하면서도 어떤 사람은 반갑고 어떤 사람은 싫고, 그런 저의 감정을 제 힘으로 어떻게 할 수가 없어요.

아직 깨달음의 완성에 이르지 못했으니 어쩌겠는가? 나는 아직 멀었구나 하면서 넘어졌다가 다시 일어나 비틀거리면서 가는 거지. 내가 좋은 친구들을 시내에서 만나 술 한 잔 하고는 道가 어떻고 德이 어떻고 한참 저도 모르는 주접을 떨지 않겠나? 그러고 나서 말이지 원주천 뚝방을 걸어 달빛 그림자 밟으며 집으로 돌아올 적에 말이야, 아이구 내가 이거 오늘도 또 빈 달구지마냥 괜히 시끄러웠구나 하는 생각에 얼마나 참담한지 그 심정을 자네는 모를 걸세. 그렇지만 어쩌나? 울음은 속으로 혼자서 울고 다음날이면 또 친구들 만나러 나가는 거라.

저도 비슷한 심정일 때가 있습니다. 어쩌다가 목사가 되고 보니 말을 많이 하게 되는데 말을 많이 한 날 모임이 끝나고 혼자 남으면 그렇게 허전할 수가 없어요. 무슨 말이 이렇게 많아야 한단 말인가? 무슨 글을 또 이렇게 많이 써야 하는가? 울고 싶을 때가 많습니다. 그러면서도 이게 다 내가 치러야 할 업보거니 생각하며 살아가는 거지요.

비틀거리는 건 좋지만 곁길로 빠지거나 뒤를 돌아보는 건 안 돼! 이 길로 들어섰으니 가는 데까지 곧장 가는 거야.

알겠습니다.

문자 공부만 가지고는 안 되네!

예.

몸과 마음을 항복시켜야 해.

……

道를 모셨으니 몸과 마음을 그분께 항복시켜야 한다구.

예.

사람이고 물건이고 함부로 버리는 건 道를 모신 자의 할 짓이 아닌 거라. 모든 사람, 모든 물건을 받들어 모셔야 한다는 얘길세.

알겠습니다. 애써 보겠습니다.

세상에서 가장 귀한 보물

다음 구절로 넘어가세. "고故로 입천자立天子하고 치삼공置三公에 수유공벽이선사마雖有拱璧以先駟馬라도", 그러므로 천자天子를 세우고 삼공三公을 두는데 아름드리 구슬을 사마駟馬에 앞세워 바친다 하더라도, 여기 삼공三公은 중국의 높은 벼슬인 태사太師, 태부太傅, 태보太保를 말하고 사마駟馬는 말 네 마리가 끄는 수레를 뜻하는데 나라에서 임금을 세우고 높은 벼슬아치를 두게 되면 사람들이 그에게 온갖 보물을 바치거든. 그래서 사마駟馬에 앞세워 아름드리 구슬을 바친다 해도 말이지 "불여좌진차도不如坐進此道니라", 그보다는 자리에 앉아서 이 道를 일러 주는 게 더 낫다, 이 말이야. 여기 '진進'은 '진언進言'으로 새겨.

수많은 보물을 가져다가 임금에게 주는 것이 道에 대한 말씀 한 마디 제대로 들려주는 것만 못하다는 얘기군요? 『금강경』에도 똑같은 말씀이 있지요. 항하恒河의 모래알만큼 많은 칠보七寶로 보시하는 것이 법보시法布施 한 마디만 못하다고요.

그래.

성경에도 천지 만물은 없어지지만 하느님 말씀은 영원하다고 했지요. 그까짓 사라져 없어질 것 산더미처럼 갖다준들 뭐합니까? 여기 영원한 말씀이 있는데요.

바로 그 얘길세.

구하는 자가 얻는다

"고지소이귀차도자古之所以貴此道者는 하何인저?" 옛 사람들이 이 道를 귀하게 여긴 까닭은 무엇인가?, "불왈구이득不曰求以得하고 유죄이면야有罪以免耶아?" 구하면 얻고 죄를 지어도 이로써 면한다고 말하지 않았더냐? "고故로 위천하귀爲天下貴니라" 그래서 천하에 가장 귀한 것이 되느니라. 이렇게 읽으면 됩니까?

그래. 예부터 사람들이 道를 귀하게 여겼는데 까닭은 그것을 구하는 자마다 얻을 수 있고 또 죄를 지은 자라 해도 道를 얻으면 그로 말미암아서 벌을 면할 수 있기 때문이라는 거라.

아무리 귀해도 만일 그것을 얻을 수 없다면 그건 귀한 게 아니지요.

예수님도 구하는 자가 얻는다고 하시지 않았던가? 사실 얻는다는 말을 방편으로 쓰기는 쓰지만 그게 뜻하는 것은 처음부터 자기 속에 있어서 자기를 있게끔 한 그것을 깨달아 알고 그분을 새삼스레 자기 주인으로 모신다는 그런 얘길세.

나보다 더 나와 가까운 분이라고 아우구스티누스가 말했지요.

예수님은 아브라함보다 먼저 계신 분이라고 하셨지.

그 말씀은 당신보다 먼저 계셨다는 뜻 아닙니까?

그래. 나보다 먼저부터 있고 나보다 나중까지 있는 '나', 그 '나'를 찾으라는 얘기라.

누구든지 찾으면 그 '나'를 얻는다는 거군요?

그래서 귀하다는 걸세.

그리고 그 道를 얻기만 하면 죄까지도 모두 지워지고요.

그래. 모두를 참으로 살아 있게 하고 아무리 더러운 허물도 씻어주는 샘물과 같은 거지. 청허선사淸虛禪師의 시에 이런 게 있네.

무궁산하천無窮山下泉이여
보공산중려普供山中侶라
각지일표래各持一瓢來하여
총득전월거總得全月去로다

끝없이 솟아나는 산 아래 샘물이여
산속 중들이 두루 마시는구나
저마다 표주박 하나씩 가지고 와서
옹근 달 얻어 돌아들 가네

서산西山은 과연 큰 시인이셨습니다.

시를 지은 분이 아니라 그 속에서 시가 솟아난 분이었다고 할까? 당신 가슴에 마르지 않는 샘 하나 지니신 분이었지.

그 샘물이 만물의 아랫목에 숨어 있다는 말씀 아닙니까?

그래. 자네 아랫목에도 계시고 내 아랫목에도 계시고.

63장
어려운 일을 그 쉬운 데서 꾀하고

하지 않음으로 함을 삼고 일 없음으로 일을 삼고 맛 없음으로 맛을 삼으니 크고 작고 많고 적음에 원怨을 德으로써 갚는다. 어려운 일을 그 쉬운 데서 꾀하고 큰 일을 그 작은 데서 하니 세상의 어려운 일은 반드시 쉬운 데서 비롯되고 세상의 큰 일은 반드시 작은 데서 비롯된다. 이런 까닭에 성인은 결코 큰 일을 하지 않으니 그래서 큰 일을 이루는 것이다. 쉽게 하는 승낙은 믿기 어렵고 너무 쉬우면 반드시 크게 어려우니 이런 까닭에 성인은 오히려 일을 어렵게 여기는지라, 그래서 끝내 어려움을 겪지 않는다.

爲無爲, 事無事, 味無味, 大小多少, 報怨以德. 圖難於其易, 爲大於其細. 天下難事, 必作於易, 天下大事, 必作於細, 是以聖人終不爲大, 故能成其大. 夫輕諾必寡信, 多易必多難, 是以聖人猶難之, 故終無難.

德으로 원怨을 갚는다

道를 좇아서 말이지, 道의 이치를 따라서 그대로 살아가는 사람은 그 살아가는 모습이 이러이러하다는 그런 얘길세. "위무위爲無爲하고 사무사事無事하고 미무미味無味하니 대소다소大小多少에 보원이덕報怨以德하니라", 하지 않는 것으로 함을 삼고 일없는 것으로 일을 삼고 맛없는 것으로 맛을 삼으니 크고 작고 많고 적음에 德으로써 원怨을 갚는다, 이 말이지.

"대소다소大小多少"를 그렇게 풉니까?

읽는 사람마다 해석이 달라서 난해한 구절로 유명한데, 여기서는 크고 작고 많고 적음을 모두 하나로 보는 道의 관점을 설명한다고 보아 그렇게 새겨두기로 하세.

『노자익』에 보니 편집자 초씨焦氏가 이렇게 읽으셨더군요. "일을 겉모양으로 볼작시면 크고 작은 게 있고 수를 헤아리기로 하면 많고 적은 게 있다. 이렇게 보고 저렇게 헤아리는 데서 원怨이 일어나는 것이다. 다만 道는 모양도 아니고 수도 아닌지라(非形非數), 성인聖人이 이로 더불어 하나가 되어 하지 않음으로 함을 삼고(以無爲爲爲), 일 없음으로 일을 삼고(以無事爲事), 맛 없음으로 맛을 삼아(以無味爲味), 좋아하고 싫어하는 것을 모두 버리고 거룩함과 속됨을 함께 벗어나 담담하게 성택性宅에 머무르니, 크고 작고 많고 적음(大小多少)을 하나로써 보는데(一以視之) 어찌 원怨을 갚겠는가? 오직 德으로써 모두 받아들일 따름이다(惟德以容之而已)."

좋구먼.

그런데 하지 않음으로 함을 삼는다는 말을 문자 그대로 무위도식無爲徒食을 일삼는다는 말로 잘못 알아들어서 고급 룸펜만 되게 하는 수가 있을 텐데요.

그런 게 바로 식자우환識字憂患이라. 무위란 아무것도 하지 않는다는 말이 아니라 일을 하되 인위로 작위로 그러니까 무슨 사욕을 품고서 하지 않고 자연의 이치를 좇아서 한다는 말이거든.

무사無事나 무미無味도 같은 뜻으로 새겨야겠지요?

물론.

왕순보王純甫라는 사람이 이렇게 말했더군요. "사람은 누구나 일을 한다. 성인聖人도 사람이거늘 어찌 홀로 하는 일이 없겠는가? 다만 중인衆人은 유위로써 일을 하고 성인은 무위로써 일을 하므로 여기에서 서로 다른 것이다."

보통 사람은 욕심을 부려 일을 하는데 성인은 뭐냐 하면 아무 욕심 없이 일을 한다는 얘길세.

그러니까 아무리 많은 일을 해도 그게 하나도 카르마(業)가 되지 않는 거지요.

그래.

어느 스님이 카르마를 재미있게 설명했더군요. 똑같이 눈을 깜빡거려도 눈에 티가 들어가서 저도 모르게 깜빡거렸다면 그건 카르마가 아니지만 예쁜 처녀를 유혹해 보려고 깜빡거리면 곧장 카르마가 된다는 거예요.

맞는 얘기지.

그러니까 성인은 아무리 먼 길을 가도 발자취가 남지를 않는다는 것 아닙니까?

그래. 선행善行은 무철적無轍迹이라 했어. 그런 사람에게 크든 작든 많든 적든 무슨 원怨이 있겠나? 있을 리가 없지. 그저 모든 일이 德을 행하는 것일 수밖에 없는데, 그게 밖에서 보면 원수를 德으로 갚는 것처럼 보이는 거라.

아하, 그러니까 '보원이덕報怨以德'이란 말을, 누구한테 원수진 것이 있는데 그것을 오히려 德으로 갚는다는 뜻으로 읽지 않는 겁니까?

말이 그렇게 되면 스스로 어폐가 있잖나? 대체 성인이 누구를 원수로 여긴단 말인가?

그렇지요.

원수를 사랑하라는 예수님의 말씀도 말이지 그 말씀을 하나의 방편으로 알아들어야지, 곧이곧대로 들어서 먼저 누구를 원수로 삼고 나서 그 원수를 사랑하라는 말로 새기면 예수님의 근본 가르침하고는 너무 거리가 멀지 않아?

그렇군요.

다음 구절로 넘어가지. 이번에는 성인이 구체적으로 일을 어떻게 하는지 그것을 설명하고 있구먼.

큰 일 작은 일이 따로 없어

"도난어기이圖難於其易하고 위대어기세爲大於其細하나니 천하난사天下難事가 필작어이必作於易요 천하대사天下大事가 필작어세必作於細니라", 어려운 일을 그 쉬운 데서 꾀하고 큰 일을 그 작은 데서 하니 세상의 어려운 일이 모두 쉬운 데서 비롯되고 세상의 큰 일이 모두 작은 데서 비롯되느니라.

성인에게도 쉬운 일 어려운 일이 따로 있습니까?

그건 아니지. 여기서도 보통 사람들이 쓰는 말을 방편으로 빌어서 성인의 위무위爲無爲와 사무사事無事를 설명하고 있는 걸세.

우리들한테는 큰 일 작은 일이 엄연히 따로 있으니까요.

그래. 깨우친 이는, 그러니까 道에 사로잡혀서 오직 하느님의 명령만 좇아서 살아가는 이는 말이지, 그런 사람은 뭐냐 하면 우리가 보기에 아주 어려운 일을 쉬운 데서 꾀하고 우리가 볼 때 아주 큰 일을 작은 데서 한다, 이 말이야. 왜 그런고 하니 우리가 볼 때 아주 어려운 일도 그 시작을 보면 매우 쉬운 데서 시작되고 말이지 우리가 볼 때 아주 큰 일도 그 시작을 보면 매우 작은 데서 시작이 되거든. 모택동이가 신문에 동지를 찾는다는 광고를 냈을 때 세 명이 찾아왔다는 얘기 있잖나? 그게 중국 땅을 공산 혁명으로 뒤엎은 역사의 시작이었단 말씀이야. 예수님도 하늘나라가 겨자씨 같다고 하셨지. 겨자씨처럼 보이지도 않게 시작하지만 나중에는 온갖 새들이 다 와서 말이지 그 가지에다가 보금자리를 마련하는 거라.

그러니까 이 말씀은 반대로 아주 작고 사소한 일이지만 크고 중요한 일로 여기고 그렇게 한다는 뜻으로 읽어도 되지 않겠습니까?

'대소다소大小多少'를 그렇게 새기는 이도 있더군. 작은 것을 크게 여기고 적은 것을 많게 여기라는 뜻으로 읽는 거야.

사실 큰 일 작은 일이 따로 없다는 말은 모든 것이 큰 일이요 모든 것이 작은 일이라는 뜻 아닙니까?

그래.

어려운 일을 그 쉬운 데서 꾀한다(圖難於其易)는 말은 사소한 일이라고 해서 우습게 여기고 아무렇게나 하지를 않는다는 그런 뜻으로 읽으면 되겠군요?

그런 얘기지.

안창호 선생이 미국에 유학 갔을 때 어느 집 청소부로 들어갔는데 변기를 얼마나 땀 흘리며 열심히 닦았는지 주인이 감동하고 뒤를 적극 밀어주었다는 얘길 어디선가 읽은 기억이 납니다.

성인에게는 아무렇게나 해도 될 '시시한 일'이 없는 거라. 그러니 모든 일에 최선을 다하는 거지.

그게 사실은 만사를 무심으로 하기에 그럴 수 있는 것 아닐까요?

물론! 무심으로 하지 않으면 그럴 수 없고 말고. 비가 장난으로 내리는 것 봤나? 천둥벼락이 심심풀이로 치는 것 봤어? 그럴 수 없는 거라. 왜? 무심이거든. 깨달은 사람은 그러니까 말이지 일부러 큰 일을 찾아 나서거나 뭐 그런 짓을 하지 않는다, 이 말일세.

바로 뒤에 그 말이 나오는군요. "시이是以로 성인聖人은 종불위대終不爲大하니, 고故로 능성기대能成其大니라", 그런 까닭에 성인은 결코 큰 일을 하지 않으니 그래서 능히 큰 일을 이룬다는 뜻이지요?

그래. 7장이지 아마? 성인聖人은 무사無私로 능성기사能成其私한다고 했지.

맞습니다. 사심으로 하지 않기에, '나'를 이루려고 하지 않기에, 능히 나를 이룬다고 했지요.

같은 말일세. 일부러 큰 일을 골라서 하지 않기에 말이지, 작은 일을 큰 일로 여기고 하기 때문에 뭐냐 하면 큰 일을 이루는 거라.

예수님도 어디선가 작은 일에 충성하면 큰 일을 하게 될 것이라고 하셨지요.

그 얘길세.

쉬운 일도 어렵게

밥 먹고 잠자고 사람 만나고 산보하고 똥 누는 이 모든 일이 태산보다 무거운 수행이라는 것 아닙니까?

맞았어. 송 나라 때 선사인 불인료원佛印了圓의 게偈에,

> 도재당인안첩리道在當人眼睫裡거늘
>
> 서래면목지여금西來面目只如今고
>
> 갈음기손상현로渴飮饑飧常顯露를
>
> 하용구구향외심何用區區向外尋이리오

道가 그대 눈썹 안에 있거늘 달마가 동쪽으로 온 까닭을 시방도 묻고 있는가? 목마르면 물 마시고 배고프면 밥 먹는 데서 한결같이 환하게 드러나는데 무슨 일로 구구히 밖을 향해 찾을까? 이런 뜻인데, 목마르면 물 마시고 배고프면 밥 먹는 일이 시시한 일 같지만 천만에 말씀이지. 거기에 바로 불佛이 있고 거기에 하느님이 계시고 거기에 뭐냐 하면 道가 있다는 얘기라. 그러니 건성으로 넘길 '사소한 일'이 어디에 있겠나?

없지요. 말 한 마디도 건성으로 할 수 없는 일이지요.

그러기에, "부경락夫輕諾은 필과신必寡信이요 다이多易는 필다난必多難이니 시이是以로 성인聖人은 유난지猶難之라 고故로 종무난終無難이니라", 쉽게 하는 승낙은 틀림없이 믿기 어렵고 너무 쉬우면 반드시 많이 어려우니 이런 까닭에 성인은 오히려 일을 어렵게 여기는지라, 그래서 끝내 어려움을 겪지 않느니라.

만사를 어렵게 여기고 신중을 기하니 결코 어려움을 당하지 않는다는 얘기군요?

그래. 가볍게 일을 처리하는 법이 없어서 말이지 그래서 결국 어려움을 겪지 않는 거라. 사람이 말을 가볍게 하면 믿음성이 없어 보이지 않는가? 그런데 그게 문제가 아니라 말을 가볍게 하는 자는 일도 가볍게 하고 그러면 결국 뭐냐 하면 일이 어려워지거든.

그래서 道에 좇아서 살아가는 사람은 신중한 모습이 겨울 내를 건너는 것 같고(豫兮若冬涉川) 삼가는 모습이 사방을 두려워하는 것 같다(猶兮若畏四隣)고 했지요.

일용동정日用動靜에 잠깐이라도 함부로 처신할 수가 없지.

여기 끝에 나오는 '유猶'를 '오히려'의 뜻으로 읽지 않고 망설인다는 뜻으로 읽으면 어떨까요?

그래도 되겠구먼. 모든 일을 삼가 조심하면서 어렵게 한다는 뜻이 되니까. 그것도 괜찮겠네.

64장
어지러워지기 전에 다스려라

안정된 것은 가지고 있기 쉽고 아직 드러나지 않은 것은 꾀하기 쉽고 무른 것은 녹이기 쉽고 미미한 것은 흩어버리기 쉬우니 아직 생겨나기 전에 하고 어지러워지기 전에 다스려라. 아름드리 나무도 터럭 끝 같은 싹에서 나고 구층 높은 집도 흙 한 삽에서 올라가고 천릿길도 발바닥 아래에서 시작된다. 하는 자는 실패하고 움켜잡는 자는 잃어버리니 성인은 하지 않아서 실패가 없고 움켜잡지 않아서 잃지 않는다. 사람들이 일함에 있어서 언제나 거의 다 이루어졌을 때 실패하는데 처음처럼 나중에도 신중하면 일에 실패가 없다. 이런 까닭에 성인은 욕심내지 않음을 욕심내고 얻기 힘든 보화를 귀하게 여기지 않으며 배우지 않음을 배우고 뭇 사람이 지나쳐온 데로 돌아가 써 만물의 참모습 되찾기를 돕되 일삼아 나서서 하지 않는다.

其安易持, 其未兆易謀, 其脆易泮, 其微易散, 爲之於未有, 治之於未亂. 合抱之木, 生於毫末, 九層之臺, 起於累土, 千里之行, 始於足下. 爲者敗之, 執者失之, 聖人無爲, 故無敗, 無執, 故無失. 民之從事, 常於幾成而敗之, 愼終如始, 則無敗事, 是以聖人, 欲不欲, 不貴難得之貨, 學不學, 復衆人之所過, 以輔萬物之自然, 而不敢爲.

먼저 마음을 다스릴 것

앞 장에서, 어려운 일을 쉬운 데서 꾀하고(圖難於其易) 큰 일을 작은 데서 한다(爲大於其細)고 했는데 그 말을 좀더 부연 설명하면서 다시 한 번 道로써 살아가는 사람의 일 처리하는 모습을 말해주고 있군요.

여기 마지막 줄, "복중인지소과復衆人之所過하여 이보만물지자연以輔萬物之自然하되 이불감위而不敢爲니라"를 노자가 가르친 인생 철학의 본령이라고 말한 사람도 있더군. 결국 이렇게 저렇게 말을 많이 하지만 그 모든 말이 한두 마디로 수렴되고 요약될 수 있는 거라. 또 그래야만 하는 거고. 예수님도 여러 말씀을 하셨지만 결국은 서로 사랑하라는 말 한 마디 하신 것 아닌가?

그렇지요. 노자의 '한 마디'는 무엇일까요?

무위자연無爲自然이지.

그 한 마디를 알아듣게 하느라고 이런저런 얘기를 들려주시는군요.

그래.

그럼, 어디 첫줄부터 읽어볼까요?

"기안이지其安易持하고 기미조이모其未兆易謀하고 기취이파其脆易破하고……"

기취이파입니까? 제가 가진 책에는 '파破'가 아니라 '녹을 반泮'으로 되어 있는데요?

그렇게 되어 있나? 여기서는 그게 더 문맥에 맞겠군. 그럼 그렇게 읽지. "기취이반其脆易泮하고 기미이산其微易散이니 위지어미유爲之於未有하고 치지어미란治之於未亂이니라."

무슨 뜻입니까?

안정된 것은 지니기 쉽고 아직 드러나지 않은 것은 꾀하기 쉽고 무른 것은 녹이기 쉽다 이 말이야. 그렇잖은가?

아직 단단해지지 않았을 때 녹이기가 쉽다는 말입니까?

그래. 그리고 미미할 때 흩어버리기 쉽고 그러니까 일이 아직 생겨나기 전에 하고, 아직 어지러워지기 전에 다스려라 이런 얘기야.

일을 미리미리 알아서 하라는 얘긴가요?

그 정도가 아니지. 그런 정도의 말이라면 구태여 노자가 힘들여서 할 것도 없지 않는가? 일이 겉으로 드러나기 전에 뭐냐 하면 일에 착수하라는 얘길세.

예를 좀 들어주십시오.

자네가 말을 하잖나? 그 말이 어디서 나오나?

속에서 나오지요.

그 '속'이 뭔가?

마음이라고들 하지요.

좋아. 이게 무슨 말씀인고 하니 자네가 말을 하기 전에 마음을 먼저 다스리라는 그런 말이야.

아하, 수중守中하라는 얘기군요?

바로 그걸세. 희로애락지미발喜怒哀樂之未發을 위지중謂之中이라 하지 않았나? 감정이 아직 밖으로 나오지 않은 것을 '중中'이라고 한다는 말인데 바로 그 중을 먼저 잘 모셔라 이런 말씀이지.

그것이 밖으로 드러났을 때는 이미 늦었고 드러나서 어지러워진 뒤에는 어떻게 할 수가 없으니까 아직 드러나지 않았을 때 그러니까 아직 어지러워지지 않았을 때 다스리라는 얘기군요?

그래. 말을 조심하려고 하기 전에 마음을 잘 닦으라는 거라.

예수님도 그런 말씀을 하셨지요. 착한 사람은 착한 마음이 있어서 착한 일을 하고, 악한 사람은 그 마음에 악이 가득 차 있어서 악을 행한다고요. 말이고 행실이고 다 그 사람 속에 있는 것이 밖으로 나타나는 것이니까요.

속에 道를 잘 모시고 살면 구태여 말이나 행동에 조심할 까닭이 없어.

그게 바로 공자가 나이 일흔에 이르렀다는 경지 아닙니까?

당신 마음이 하고 싶은 대로 하는데 법도를 어김이 없더라는 거지.

노자가 시방 그 경지에 대해서 말씀하고 있는 겁니까?

그렇지.

일이 어지러워지기 전에 다스리라는 말을 들으니까 하느님이 카인에게 하신 말씀이 생각납니다. 카인이 자기 제물은 받아들여지지 않고 아우의 제물은 받아들여졌을 때 몹시 화가 나서 고개를 숙이고 있는데 하느님이 이렇게 말씀하시지요. "네가 만일 마음을 잘못 먹었다면 죄가 네 문 앞에 도사리고 앉아 너를 노릴 것이다. 그러므로 너는 그 죄에 굴레를 씌워야 한다." 결국 이 말씀은 잘못 먹은 마음을 고쳐먹으라는 것 아니겠습니까? 마음을 바로잡으면 그게 곧 문 앞에 도사린 죄가 너를 덮치지 못하게 묶어놓는 것이라는 그런 얘기지요.

자네가 적절한 예를 들었구먼.

움켜잡으면 움켜잡힌다

"함포지목合抱之木도 생어호말生於毫末하고 구층지대九層之臺도 기어루토起於累土하고 천리지행千里之行도 시어족하始於足下니라", 어떤 일이든지 그 시작은 아주 미세하고 또 쉽다는 얘길세. 아름드리 나무도 터럭끝 같은 새싹으로 비롯되고 구층이나 되는 높은 집도 흙 한 삽 놓는 것으로 올라가고 천릿길도 발바닥 아래에서 시작된다는 말이야.

천릿길도 한 걸음부터라는 속담이 있지요.

여기 나온 말들이 모두 속담처럼 사람들 사이에 널리 알려져 있네.

혹시 당시의 속담들을 여기에 옮겨다 적어놓은 것 아닐까요?

그럴 수도 있지. 그러니까 결국 일이 어지러워지기 전에 다스리는 것보다는 말이지 아예 겉으로 드러나기 전에 그 마음을 바로잡는 게 더 낫다는 거라. "위자爲者는 패지敗之하고 집자執者는 실지失之하나니", 일을 억지로 하는 자는, 일을 무위가 아니라 유위로써 하는 자는 실패하고 뭐든지 움켜잡는 자는 말이지 그것을 잃는다, 이 말이야.

똑같은 말이 29장에도 있지요.

그래. 뭐든지 움켜잡는 자는 그것을 잃게 돼. 움켜잡기 때문에 잃는단 말이야. 잡지 않으면 놓칠 게 없잖아?

옳습니다. 뭐를 기대하면 실망하게 되지요. 기대가 없으면 실망도 없잖겠습니까? 사도 바울로가 선을 행하되 낙심하지 말라고 했는데요, 그 말은 선을 행하되 아무 결과도 기대하지 말고 그냥 선을 행하라는 말씀 아니겠어요?

바로 그 얘길세. 선善은 선이니까 행하는 거라. 거기에 무슨 다른 까닭도 조건도 있을 게 없어. 언젠가 차암수정此庵守靜의 선시를 함께 읽은 기억이 나는가? 유수하산비유의流水下山非有意요 편운귀동본무심片雲歸洞本無心이라 인생약득여운수人生若得如雲水면 철수개화편계춘鐵樹開花遍界春이라고 했지.

기억납니다. 사람이 만일 운수雲水처럼 무심하고 다른 꿍꿍이속 없이 그렇게 모든 일을 처리한다면 쇠(鐵)나무에 꽃이 피어 온누리 가득 봄이리라는 내용이었지요.

그래.

사람이 고달프게 살아가는 것은 결국 제가 저를 고달프게 하는 경우가 대부분이 아닐까 싶습니다. 무슨 일을 할 때에도 그 결과를 미리 잔뜩 기대했다가 그게 안 되면 괴로워하거든요.

결과를 내다보는 것까지야 크게 탓할 것 없지. 거기에 스스로 얽매이니까 그게 탈이라는 거라.

그 얽매이는 게 곧 '집執' 이지요?

내가 무엇을 움켜잡으면 말이지 그 순간 그놈한테 움켜잡히는 거라. 돈을 움켜잡잖아? 그 순간 돈이 나를 움켜잡거든.

옳으신 말씀입니다. 그게 돈 아니라 무엇이라도 결과는 마찬가지겠지요?

마찬가지지. 지식을 움켜잡는 순간 지식의 노예가 되는 거라. 권력을 잡으면 권력의 시녀로 되는 거고. 여기엔 예외가 없어.

그러니까 아무것도 잡지 말라는 말씀이군요?

그래서 "성인聖人은 무위無爲라 고故로 무패無敗하고 무집無執이라 고故로 무실無失이니라", 아무것도 일삼아 억지로 하지 않으니까 실패하지 않고 말이지 아무것도 움켜잡지 않으니까 잃어버리는 일이 없다는 그런 얘길세.

지금까지 저는 예수님이 당신 일에 실패하였다고 생각했고 그것이 곧 진짜 성공이었다고 얘기했는데요 이제 생각을 바꿔야겠습니다. 그분에게는 우리가 흔히 말하는 성공이니 실패니 하는 말을 붙여드릴 수 없다는 생각이 드는군요. 그분이 "다 이루었다"라고 하신 것도 당신의 뜻을 다 이루었다는 말씀은 아니잖습니까? 그러니 그걸 성공이라고 할 수 없지요.

그렇구먼. 그분은 이른바 성패를 떠난 경지에서 살아가신 분이니까.

여기 무실無失이라는 말은 무득無得이라는 말을 그 속에 담고 있어서 의미가 있는 것 아닌가요?

그래. 잃는 게 없다는 말은 곧 얻은 게 없다는 말이야. 바로 그게 한문의 묘미이기도 하지. 대大는 그 속에 이미 소小가 들어 있기 때문에 대大고 그 반대도 마찬가질세. 그러니까 어떨 때는 대大를 소小로 새겨야 할 경우도 있어.

말씀을 들으니 언젠가 '다반향초茶半香初' 라는 말 뜻을 선생님께 여쭈었을 때 차(茶)는 처음부터 나중까지 향을 머금고 있다는 뜻으로 풀어주신 기억이 납니다. 그때에도 '초初' 는 '처음에' 가 아니라 '처음부터 나중까지' 로 읽는다고 말씀하셨지요. 그게 한문의 묘미이자 동양의 사고방식이 지니고 있는 독특한 성격 아닐까요?

양극을 하나로 보니 그럴 수밖에 더 있겠나?

다음 구절은 어떻게 됩니까?

거꾸로 살아가기

"민지종사民之從事에 상어기성이패지常於幾成而敗之하니 신종여시愼終如始면 즉무패사則無敗事니라", 사람들이 일을 하는 것을 보면 말이지 일이 거의 다 마무리되는 단계에서 실패하는데 처음에 신중했듯이 나중까지 신중하면 말이야 그러면 일을 실패하지 않느니라, 이런 말이지.

거의 다 이루었다가 망치는 까닭이 끝까지 신중하지 못했기 때문이라는 애깁니까?

그래. 처음에는 큰 욕심 없이 시작해서 일이 제법 잘 되다가 일이 진행되는 과정에 뭔가 눈에 띄는 성과가 나타나면 저도 모르게 욕심이 동하는 거라. 그러면 망치는 거지.

맞습니다. 가끔 먹을 갈아 선생님 말씀대로 '붓장난'을 하지 않습니까? 백지를 앞에 놓고는 늘 마음을 비워야겠다고 생각하지요. 잘 써보겠다는 욕심이 웬만큼 가라앉으면 붓을 들어 써보는데요. 처음 한두 자는 무심으로 써지는 것 같기도 하고 그래서 그런지 써놓고 들여다보면 괜찮다 싶은 마음이 드는 겁니다. 그러면 바로 그 순간 마음에 사邪가 끼지요. 이놈을 제대로 마무리해 보리라, 계속 이 정도로 써야지, 그러면 영락없습니다. 결국 먼저 썼던 것까지 망쳐버리는 거예요. 여기에는 절대 예외가 없더군요. 가끔은 그만 붓을 빨려고 벼루에 물을 부어 먹물이 흐릿해졌을 때 정말 아무 생각 없이 몇 자 써본 것이 그날 쓴 많은 것들 가운데 가장 맘에 드는 경우도 있어요. 여기 노자가 끝까지 신중하지 못해서 다 된 죽에 코 빠뜨리는 격이 된다고 말씀하신 것은, 처음 시작할 때의 그 무욕無欲 무심無心 상태를 끝까지 지키지 못하고 막판에 일의 성사를 내다보면서 욕심이 생기고 그래서 그만 작위를 하게 되어 일을 망치게 된다는 얘기가 아닌가 생각됩니다.

자네 얘기가 재미있구먼. 바로 그걸세. 처음에는 겨울 냇물 건너듯이 삼가 조심하여 사심이 끼어들지 못하게 하다가 일이 거의 완성되어 바야흐로 눈앞에 성과가 보이기 시작하면 말이지 그러면 욕심이 발동하는 거라. 그래서 곱게 욕심 없이 늙기가 쉽지 않다는 것 아닌가?

시작을 참 잘 했다가 끝에 가서 일도 망치고 자기 일생도 그르치는 사람들을 보면 안타깝더군요.

뭐든지 내가 한다는 생각으로 하면 안돼. 처음부터 끝까지 '나'라는 놈이 장난질치지 못하도록 삼가고 또 삼가야 하는 거라. 그래서 "성인聖

人은 욕불욕欲不欲하고 불귀난득지화不貴難得之貨하고 학불학學不學하고 복중인지소과復衆人之所過하여 이보만물지자연以輔萬物之自然하되 이불감위而不敢爲니라", 욕심 안 내기를 욕심내고, 얻기 힘든 보물을 귀하게 여기지 않으며 배우지 않기를 배우고 뭇 사람이 지나친 바로 돌아가서 만물의 참모습을 되찾도록 돕되 나서서 일삼아 하지 않는다는 얘길세.

이 대목에서 소자유의 주를 보니 이렇게 말했더군요. "모든 사람이 제 욕심을 좇는 바람에 물物에 상처를 입힌다. 제가 배운 바를 믿는 통에 이理를 해친다. 성인이라고 해서 욕심이 없는 것은 아니다(聖人非無欲也). 욕심을 내면서 욕심을 내지 않는 것이다(欲而不欲). 그래서 욕심을 내지만 물物에 상처를 입히지 않는다. 배움이 없는 것이 아니다(非無學也). 배우면서 배우지 않는 것이다. 그래서 배웠지만 이理를 해치지 않는다. 이렇게 된 뒤에야 안팎이 맑게 공空하고 막히는 데 없이 무위를 행하여 비로소 만물의 제 모습을 되찾도록 도울 수 있는 것이다."

역시 『노자익』에서 봤는가?

예. 얘기가 나온 김에 같은 책에 있는 유개劉概의 주에는 "사람들이 욕심내지 않는 것을 욕심낸다. 그래서 욕불욕欲不欲이라 한다. 사람들이 욕심내는 것을 욕심내지 않는다. 그래서 불귀난득지화不貴難得之貨라 한다. 사람들이 배우지 않는 것을 배운다. 그래서 학불학學不學이라 한다. 사람들이 배우는 것을 배우지 않는다. 그래서 복중인지소과復衆人之所過라 한다"라고 했더군요.

그것 참 잘 풀었구먼. 바로 그 얘기야. 사람들이 하는 걸 반대로 하면 대개 틀림이 없거든.

예수님이 좁은 길을 가라고 하셨을 때에도 많은 사람이 가는 넓은 길을 택하지 말라고 하셨지요.

그걸세. 그런데 말이지, 그것까지도 "불감위不敢爲라", 무슨 큰 일이나 한답시고 말이야 그걸 일부러 일삼아 나서서 하지를 않는다는 거라.

노자의 가르침이 참으로 간절하시군요.

65장
지혜로써 나라를 다스림은 나라의 적이다

옛적의 道를 잘 실천하는 사람은 백성을 밝게 하지 않고 어수룩하게 하고자 했다. 백성을 다스리기 어려운 것은 백성에게 지혜가 많기 때문이다. 그러므로 지혜로써 나라를 다스림은 나라의 적이요 지혜로써 나라를 다스리지 않음이 나라의 복이다. 이 둘을 아는 것이 또한 법도이니 이 법도를 능히 알면 일컬어 끝없는 德이라 한다. 끝없는 德은 깊고 멀어 현상과 반대되지만 마침내 道와 하나로 되기에 이른다.

古之善爲道者, 非以明民, 將以愚之. 民之難治, 以其智多. 故以智治國, 國之賊, 不以智治國, 國之福. 知此兩者亦楷式, 能知楷式, 是謂玄德. 玄德, 深矣, 遠矣, 與物反矣, 乃至於大順.

지혜 많은 어리석음

이 장은 노자가 우민 정치愚民政治를 말했다 하여 예부터 말이 많은 장인데, 그가 말한 '지智' 가 무엇이고 '우愚' 가 무엇인지만 알면 오해할 건덕지가 없지.

그놈 참 똑똑해, 사리 분별에 영락없어, 어딜 내놔도 제 밥 찾아 먹는 데는 문제가 없어, 이렇게 말할 때 그놈이 여기서 말하는 '지智' 를 지니고 있는 것 아닙니까?

그래. 이를테면 똑똑하고 영리하다는 것 있잖나? 아는 것 많고 손익계산에 빠르고 꾀가 많고 말하자면 그런 것이 여기서 말하는 '밝은 것' (明)이요 '지혜로운 것' (智)이지.

그게 모두 세상 사람들이 칭찬하고 집에서나 학교에서나 어떻게든지 아이들에게 심어주려고 하는 '좋은 것들' 아닌가요?

그렇지. 그런데 시방 노자는 그것과 반대되는 어수룩함(愚)을 덕목으로 삼고 말이지, 道로써 정치하는 사람은 백성을 오히려 어수룩한 바보로 만든다고 하는 거라. 말 그대로 현상과 반대되는(與物反) 얘길 하는 거지.

그가 말하는 '어리석음' 이란 참된 이치를 깨달은 사람만이 도달할 수 있는 그런 경지겠지요?

아무렴. 道와 함께하는 사람, 하느님을 모시고 사는 사람, 그런 사람만이 시방 여기서 노자가 말씀하는 어리석은 사람이 되는 거라.

예수님도 이렇게 말씀하셨지요. "하늘과 땅의 주님이신 아버지, 지혜롭다는 사람들과 똑똑하다는 사람들에게는 이 모든 것을 감추시고 오히려 철부지 어린이들에게 나타내 보이시니 감사합니다. 그렇습니다. 아버지. 이것이 아버지께서 이루신 뜻이었습니다." 사실 당시의 모든 지혜롭다는 자들과 똑똑하다는 자들은 예수님을 알아보지 못했지요. 그를 따른 사람들은 어부나 세리 같은 그러니까 당시 사회에서 무식쟁이 죄인으로 통하던 자들이거나 마리아 같은 창녀였거든요. 그를 따른 사람들 가운데서도 기중 똑똑했던 유다는 끝에 가서 예수를 등지고 말지요.

자네가 적절한 예를 들었네. 예수님이야말로 세상 사람들이 볼 때 어리석은 사람이었지. 그만한 신통력을 지녔으면 돈을 모아도 엄청나게 모았을 게고 사람들이 수천 명씩 그가 가는 곳마다 따라다니며 박수를 칠 때 말이지 그 민중의 힘을 모아서 뭔가 영웅적인 일을 도모할 수도 있었을 텐데 오히려 자기를 왕으로 모시겠다고 하니까 산으로 도망을 치지 않는가?

그를 만나서 인생 행로를 바꿔버린 사람들도 다 마찬가지지요. 베드로가 그렇고 바울로가 그렇고……

그래. 모두 바보 만나 바보 된 사람들이지.

바보들의 집단인가요?

허허, 그래. 바보들의 집단! 요즘 세상에서 그런 집단이 얼마나 아쉬운가?

생각하면 가슴이 저립니다. 지난 생애를 돌이켜보면 얼마나 한사코 똑똑한 놈, 뭔가 큰 일을 하는 놈, 뭔가 사회에 공헌을 하는 놈이 되려고 발버둥치고 애써왔는지요. 허송한 세월만 아깝습니다.

지금은 안 그렇고?

웬걸요? 여전히 그 버릇이 몸에 배어서 부지불식간에 '똑똑한 놈' 되려고 안달이지요.

그러나 그게 옳은 길이 아니라는 걸 알고 있지는 않는가?

알고는 있지요.

그만해도 많이 왔네. 계속 정진하시게.

고맙습니다.

바울로 성인이 그러셨지? 사람의 지혜가 하느님 눈에는 어리석음이라고.

그러셨지요. 자세하게 인용하면 이렇습니다. "하느님께서 하시는 일이 사람 눈에는 어리석어 보이지만 사람들이 하는 일보다 지혜롭고 하느님의 힘이 사람 눈에는 약하게 보이지만 사람의 힘보다 강하다." 그래서 고린토 교회 사람들에게 이렇게 권고하지요. "어느 누구도 자기기만에 빠져서는 안 됩니다. 여러분 중에 혹시 자기가 세속적인 면에서 지혜로운 자라고 생각하는 사람이 있을지도 모릅니다. 그러나 정말 지혜로운 사람이 되려면 바보가 되어야 합니다. 이 세상의 지혜는 하느님이 보시기에는 어리석은 것입니다."

노자의 말씀과 하나도 다를 게 없구먼.

깨달은 사람들의 말씀이야 동서고금에 한결같지 않겠습니까?

그렇지.

도대체 이 둘의 차이가 무엇일까요?

둘의 차이라니?

자타가 지혜롭다고 여기는 진짜 '바보'와 자타가 어리석은 바보라고 여기는 진짜 '슬기로운 자'의 차이 말입니다.

하나는 진짜를 진짜로 보고 다른 하나는 가짜를 진짜로 보는 거지. 사람들이 똑똑하다고, 영리하다고 칭찬하는 사람이 모두 현상의 겉모습만 보는 자들이거든. 현상의 참모습을 본 사람은 그렇게 잇속에 밝고 계산에 빠르고 영리하게 구는 것 자체가 얼마나 덧없는 일인지를 훤히 아는 거라. 스스로 높은 자리에 앉고자 남을 헐뜯고 끌어내리고 그러는 게 말이지, 그게 얼마나 제 얼굴에 먹칠하는 것인지를 뻔히 안다 이 말씀이야.

결국 실재를 깨달은 것과 깨닫지 못한 것의 차이군요?

명위다견교작폐기박야明謂多見巧作蔽其樸也요 우위무지수진순자연야愚謂無知守眞順自然也라고 했네. 아는 게 많고 기교를 부리고 순진함을 엎어버리는 것을 가리켜 명明이라 하고 말이지, 아는 게 없고 참됨을 지키고 자연에 따르는 것을 가리켜 우愚라 한다, 이 말일세.

누군지 명明과 우愚를 간결하게 잘 설명했습니다.

왕王씨라고만 밝혔으니 누군지 알 수는 없지만, 누가 말했느냐가 무슨 문젠가?

옳습니다. 그럼 이제, 본문으로 들어가볼까요?

오늘은 서론이 길었구먼.

세상은 나를 어리석다 욕하지만

"고지선위도자古之善爲道者는 비이명민非以明民하고 장이우지將以愚之니라", 옛적의 道를 잘 닦은 사람은 백성을 지혜롭게 하지 않고 장차 그들을 어리석게 만들려고 했다, 이 말이야. 새겨서 읽자면, 아는 것 많고 배운 것도 많지만 정작 알아야 할 것은 모르는 '헛똑똑이'로 만들려고 하지 않고 말이지 어리석어 보이지만 정말 알아야 할 것을 제대로 아는 진짜 지혜로운 사람으로 만들려고 했다는 거라.

못된 독재자들이 언로를 틀어막고 비틀어 백성을 바보로 만들어 통치하기 쉽게 하려는 이른바 우민 정치하고는 격이 다른 얘기군요.

다르지. 그러니까 뭐냐 하면 백성을 순박하게 만들려고 한다는 걸세. 왜냐하면 백성이 되바라져서 저마다 '자기'를 챙기면 챙기는 것만큼 德으로 다스리는 일이 어렵거든. "민지난치民之難治는 이기지다以其智多니" 백성을 다스리기 힘든 까닭은 그들에게 지혜가 많기 때문이니, "고故로 이지치국以智治國은 국지적國之賊이요 불이지치국不以智治國이 국지복國之福이니라" 그러므로 지혜로써 나라를 다스리는 것은 나라의 적이요, 나라를 해치는 일이란 말이야, 지혜로써 나라를 다스리지 않는 것이 나라의 복이니라. 위에서 꾀를 부려가지고 백성을 다스리려고 하면 말이지 백성도 꾀를 부려서 거기에 응하는 거라. 그러면 결국에 가서 뭐냐 하면 서로 상하간에 적이 되는 거지. 서로 해치게 된다 이 말이야. 가만히 보게. 어느 놈이 나라를 망치는가?

저마다 한다 하는 놈들이지요. 수재라고 소문이 난 놈들, 지혜가 비상하다는 놈들, 사람이건 물건이건 이용해 먹는 데 이골이 난 놈들, 그런 놈들이 나라를 어지럽히지요.

그래. 바로 그 얘길세.

말씀을 듣다 보니 심산心山 김창숙 옹의 노래 한 수가 생각납니다. 아우아자지가我愚我自知歌라는 제목인데요.

세매아태우世罵我太愚나
아탄세다지我歎世多智로다
지자하기교智者何其巧요
교자하기위巧者何其僞인고
지자다귀현智者多貴顯하고
우자다천기愚者多賤棄나

천기고소감賤棄固所甘이요
귀현비소기貴顯非所企로다
아우아자지我愚我自知하노니
하상사어의何傷死於義리오

세상은 나를 어리석다 욕하지만
나는 세상에 지혜 많은 것을 탄식한다
지혜로운 자들은 어찌 그리 간교하고
간교한 자들은 어찌 그리 속이는가
지혜로운 자들은 귀하게 떠받들리고
어리석은 자는 천하게 버림받지만
천하게 버림받음을 오히려 달게 받고
귀하게 드러나는 것을 꾀하지 않노라
내 어리석음을 스스로 아노니
의에 죽는 자, 그 무엇에 상하리?

자유당 시절, 심산 선생이 이승만과 사이가 틀어져서 잠시 대구에 계실 적에 한 번 찾아뵌 적이 있었네. 문자 그대로 요강 하나 놓인 한 평짜리 방, 네모난 창으로 햇살이 비치는데 거기 그렇게 앉아 계시더구먼. 성균관대학교 총장직을 내놓으신 직후였을 거야, 아마. 그 적빈赤貧하신 모습이 지금도 눈에 선하네. 세상은 그분을 어리석은 고집쟁이로 매도했는지 모르지만 백범이 유일하게 무서워한 분이 당신 어머님 말고 심산 아니신가? 참 엄청난 분이셨지.

세상 일 생각하면 가슴만 아프고 온통 아쉬운 일뿐입니다. 어째서 이

나라는 제대로 된 지도자를 끝내 알아 모시지 못하고 간교한 자들의 농간에만 놀아나는 걸까요?

어찌 이 나라만 그러하겠는가?

거꾸로 살아가기

"지차양자역해식知此兩者亦楷式이니 능지해식能知楷式을 시위현덕是謂玄德이니라", 이 두 가지를 아는 것이 또한 법도니,…… 두 가지가 무엇 무엇입니까?

잔꾀로 나라를 다스리는 것이 나라의 적이요 잔꾀로 다스리지 않는 것이 나라의 복이라는 두 가지 사실을 가리킨다고 봐야겠지.

그것을 아는 게 법도란 말입니까?

'해식楷式' 이란 말이 법칙 또는 규정이라는 뜻이니까 나라를 바르게 다스리는 법도로 새기면 될 걸세.

그리고 그것을 능히 알면 일컬어 현덕玄德이라고 한다, 이 말이군요?

그래. 끝없는 德이란 말이지. "현덕玄德은 심의원의深矣遠矣하여 여물반의與物反矣나 내지어대순乃至於大順이니라", 현덕玄德은 깊고 또 멀어서 현상(物)에 반대되지만 마침내 道와 하나됨에 이른다, 이런 말이구먼.

'대순大順' 이 道와 하나된다는 뜻입니까?

그 말 뒤에 '어묘도於妙道' 라는 말이 생략된 걸로 보는 거지. 지극한 道에 크게 따른다는 말이니 결국 道와 하나되는 것 아니겠나?

여기 끝의 '여물반의與物反矣' 에서 '반反' 을 돌아간다는 뜻으로 새겨 "물物과 더불어 근본으로 돌아간다"라는 말로 읽으면 어떻습니까?

그렇게 읽는 이들도 많이 있어. 그렇게 읽어도 좋지. 이렇게 읽으나 저렇게 읽으나, 현덕玄德이 사람들 눈에 보이는 현상계의 흐름을 거스른다는 점에서는 다름이 없으니까. 道로써 살아간다는 것은 쉽게 말해서 세상을 거꾸로 살아간다는 말 아니겠나?

66장
강과 바다가 모든 골짜기의 임금인 것은

강과 바다가 넉넉히 모든 골짜기의 임금이 되는 것은 그것들 아래에 있기 때문이요 그래서 모든 골짜기의 임금이 되는 것이다. 이런 까닭에 성인은 백성 위에 오르고자 할 때에 반드시 말로써 자기를 낮추고 백성 앞에 서고자 할 때에 반드시 몸을 뒤에 둔다. 이런 까닭에 성인은 백성 위에 오르지만 그들이 무거워하지 않고 백성 앞에 서지만 그들이 해를 입지 않는다. 이런 까닭에 온 세상이 그를 기꺼이 받들어 모시되 싫어하지 않거니와 다투지를 않으므로 세상에 그를 상대하여 다툴 자가 없다.

江海所以能爲百谷王者, 以其善下之, 故能爲百谷王. 是以聖人, 欲上民, 必以言下之, 欲先民, 必以身後之. 是以聖人, 處上而民不重, 處前而民不害. 是以天下樂推而不厭, 以其不爭, 故天下莫能與之爭.

바다는 물을 물리치지 않는다

"강해소이능위백곡왕자江海所以能爲百谷王者는 이기선하지以其善下之니라. 고故로 능위백곡왕能爲百谷王이니라", 강과 바다가 넉넉히 모든 골짜기의 왕노릇을 하는 까닭은 말이지 그건 강과 바다가 그 모든 골짜기 아래에 있기 때문에 그래서 넉넉히 모든 골짜기의 왕이 된다는 얘길세.

맨 아래에 있기 때문에 왕이라는 거군요?

그래. 『회남자』에 '해불양수海不讓水'라는 문자가 있다 했지? 바다는 말이야, 바다는 뭐냐 하면 물을 사양하지 않는다는 거라. 더러운 물 깨끗한 물을 가려서 이건 받고 저건 물리치고 그러지를 않기 때문에 바다가 바다다, 이런 말이지.

기를 쓰고 남보다 위로 올라가려고만 하는 세태하고는 도무지 어떻게 대화가 되지 않을 소리만 골라서 하시는 듯합니다.

예수님도 이와 똑같은 말씀을 하시지 않았나?

제자들이 서로 높은 자리에 앉겠다고 다툴 때 그들을 말리며 이렇게 말씀하셨지요. "이 세상의 왕들은 강제로 백성을 다스린다. 그리고 백성들에게 권력을 휘두르는 사람들은 백성의 은인으로 행세한다. 그러나 너희는 그래서는 안 된다. 오히려 너희 중에서 제일 높은 사람은 제일 낮은 사람처럼 처신해야 하고 지배하는 사람은 섬기는 사람처럼 처신해야 한다. 식탁에서 앉은 사람과 심부름하는 사람 중에 어느 편이 더 높은 사람이냐? 높은 사람은 식탁에 앉은 사람이 아니냐? 그러나 나는 심부름하는 사람으로 여기에 와 있다." 또 다른 데서는 아예 나는 섬기러 왔지 섬김을 받으러 온 게 아니라고 직설법으로 말씀하셨지요.

그게 바로 깨우친 성인의 말씀이지. "시이是以로 성인聖人은 욕상민欲上民에 필이언하지必以言下之하고 욕선민欲先民에 필이신후지必以身後之니라", 이런 까닭에 성인은 백성 위에 오르고자 할 때에 반드시 말로써 자기를 낮추고 백성 앞에 서고자 할 때에 반드시 몸을 뒤에 두느니라. 성인이 임금으로 올라앉아 자기를 가리켜 '외로운 자'(孤) 또는 '모자란 자'(寡)라고 부른다 했잖은가? 예수님도 그러셨지, 첫째 되려는 자는 꼴찌가 되라고.

그리고, 당신 말씀대로 사셨지요.

그래.

소자유의 주에 이렇게 말했더군요. "성인聖人은 사람들 위에 오르려고 하지 않는다. 사람들 앞에 서려고 하지 않는다. 한사코 사람들 아래로 내려가고 뒤로 물러선다. 그래서 그 道가 마지못해 위로 오르고 앞에 나서는 것일 뿐이다(其道不得不上且先耳)."

'마지못해'라는 말이 아주 묘미가 있는 말일세. 부득불해서 위로 오르고 앞에 나서고 그런 거라야 진짜다, 이런 말씀이지.

뭘 하든지 마지못해서 하면 큰 탈이 없을 것 같습니다.

그게 곧 예약동섭천豫若冬涉川 아닌가?

선생님, 시방 이 말씀도 마지못해서 하시는 겁니까?

자네가 찾아오니 내가 자네를 막지 못하지 않나?

그렇군요. 그럼 저는 뭘까요? 누가 시켜서 선생님을 찾아뵙는 것도 아닌데요.

그걸 내가 어찌 아나? 자네도 모르게 누가 자넬 부추기고 있는지.

하긴 예수님도 마지못해서 병자를 고쳐주시고 마지못해서 기적도 일으키시고 마지막에는 마지못해서 십자가에 달리셨지요.

바로 그걸세! 예수님이 어떨 때는 병을 고쳐달라고 찾아온 사람한테 노골적으로 거절하신 적도 있지 않던가?

시로페니키아 여자가 왔을 때 그러셨지요. 또 첫 번째 기적으로 기록된 가나의 혼인 잔치에서 물로 포도주를 만든 일도 처음에는 안 하려고 하셨지요.

그래. 그분이 어느 마을에 갔을 때 말이지, 내가 왔으니까 병자를 모두 데려오라고 광고하신 적은 없었지.

맞습니다. 그런데 요즘은 그의 종을 자처하는 자들이 말입니다. 자칭 신유의 종이라고 하면서 자기 피알에 열중하는 모습을 부끄러운 줄도 모르고 내보이더군요.

예수님의 道와는 거리가 한참 먼 자들이구먼. 사람은 말이지, 그저 할 수만 있으면 아래로 아래로 내려가야 해. 한 순간이라도 하심下心을 놓치면 안 돼. 개문류하開門流下라고 했어. 문을 활짝 열고 뭐냐 하면 바닥 놈들하고 나누고 어울려야, 그래야 개인이고 집단이고 오류가 없는 거라. 조선 시대 야운조사野雲祖師의 시에 이런 게 있네.

인아산붕처人我山崩處에
무위도자고無爲道自高로다
범유하심자凡有下心者에
만복자귀의萬福自歸依니라

나와 너 사이의 산이 무너지는 곳에
아무 일 하지 않아서 道는 스스로 높아진다
자기를 한사코 낮추는 자에게
온갖 복이 절로 굴러들어오느니.

우리가 시방 이런 이야기를 나누고 또 자네가 수고해서 책으로 펴내고 하는데 이것도 말이지 이렇게 해서 세상에 무슨 공을 세워보겠다는 그런 속셈이 있어서는 안 되는 거라. 알아듣겠나?

예. 알아듣겠습니다.

아무도 우리 얘기에 귀를 기울이지 않아도 마음에 한 점 거리낌이 없어야 하네. 알아듣겠어?

예, 선생님.

받들어 모시되 싫어하지 않고

"시이是以로 성인聖人은 처상이민부중處上而民不重하고 처전이민불해處前而民不害니라", 이런 까닭에 성인은 백성 위에 올라서지만 그들이 무거워하지 않고 백성 앞에 서지만 그들이 해를 입지 않는다, 이 말이야. 백성이 스스로 그를 자기네 머리 위에 모셨으니 어찌 무겁다고 하겠나? 오히려 그가 자기네 머리 위에 있는 것을 기뻐하고 혹시나 자기네를 떠나시지나 않을까 걱정하지 않겠어? 또 자기들이 스스로 앞에 모셨으니 어찌 거추장스럽다고 여기겠는가? 그가 앞장서시는 것을 다만 고마워하겠지. 세상에서 다스리고 다스림받고 하는 관계가 마땅히 이래야 한다, 이 말씀일세.

성인 쪽에서 보면 마지못해서 백성 위에 오르고 마지못해서 백성 앞에 서는 것이겠지요?

물론! 자의로 그런다면 이미 그건 무위가 아니고 따라서 그건 말이지 아주 못돼먹은 고약한 사기인 거라.

말해 뭣합니까? 요즘에는 교단장 해먹겠다고 나서서 돈까지 물쓰듯

쓰는 자들이 있는데요.

종교가 썩으면 희망이 있네.

무슨 말씀입니까?

더 썩을 게 남아 있지 않다는 얘기니까 그건 뭐냐 하면 새로운 시대가 동튼다는 신호거든. 우리가 역사에서 배운 게 그거 아닌가?

저도 그렇게 생각합니다.

아니면, 총체적인 파국이 오겠지. 이러나 저러나 우리가 미리 절망할 이유는 없네.

이 절망적인 현실이 곧 희망 아닐까요? 간디가 그랬다지요? 우리는 오늘 이 세상의 '어둠'을 '빛'으로 봐야 한다고요.

그래. 그러나 교단장하겠다고 돈 쓰는 목사가 있는가 하면 한편으로 말이지 한사코 민중의 바닥을 기겠다는 목사도 있잖은가? 그런 분들이 있어서 뭐냐 하면 '어둠'을 '빛'으로 볼 수 있는 거라.

옳으신 말씀입니다.

"시이是以로 천하낙추이불염天下樂推而不厭이어니와 이기부쟁고以其不爭故로 천하막능여지쟁天下莫能與之爭이니라", 이런 까닭에 온 세상이 그를 기꺼이 받들어 모시되 싫어하지 않거니와 다투지를 않는 고로 천하에 그와 더불어 다툴 자가 없느니라. 고대 얘기한 대로 백성이 스스로 그를 받들어 모시는 마당에 누가 싫어하겠나?

처음에는 좋아했다가 뒤에 싫증을 내는 수도 있잖습니까?

그건 두 가지 경우 가운데 하나겠지. 민중이 처음에는 속았다가 뒤에 가서 진실을 알게 됐든지 아니면 성인이 타락해서 변질되었든지. 그러나 뒤의 경우는 거의 있을 수 없는 얘길세. 석가가 말년에 가서 변질됐다는 얘길 상상할 수 있나? 예수가 나중에 가서 타락했다는 얘길 상상

할 수 있겠어? 그러니 고대 자네가 말한 경우는 처음부터 백성이 속았다고 봐야겠지. 사실 그런 일은 비일비재 아닌가?

공연히 쓸데없는 질문을 드린 모양입니다.

마지못해서 백성 위에 오르고 앞에 서기는 했지만, 성인은 그 누구와도 다투지를 않아. 이 말은 앞에서도 여러 번 반복된 걸로 알고 있네.

그렇습니다.

천하에 아무와도 다투지를 않는 사람을 말이지, 그 누가 또는 그 무엇이 그를 상대로 해서 다투겠는가? 그럴 사람이 없는 거라.

67장
세 가지 보물

세상 사람들이 말하기를 내 道는 크나 道 같지 않은 듯하다고 한다. 다만 크기 때문에 道 같지 않아 보이는 것이다. 만일 道 같아 보인다면 오래전부터 이미 작았을 것이다. 나에게 보물이 셋 있어서 소중하게 지니는데 하나는 사랑이요 둘은 검소요 셋은 스스로 우쭐대며 사람들 앞에 나서지 않는 것이다. 사랑하기에 용감하고 검소하기에 넓으며 사람들 앞에 스스로 나서지 않기에 뭇 관리의 머리가 된다. 오늘 사랑이 없으면서 용감하려 하고 검소하지 않으면서 넓으려 하고 몸을 뒤에 두지 않으면서 앞에 나서려 하는데 그러면 죽고 만다. 무릇 사랑으로 써 전쟁을 하면 이기고 사랑으로 써 지키면 단단하다. 하늘이 장차 저를 구원하여 사랑으로 써 지켜주리라.

天下皆謂我道大似不肖, 夫惟大, 故似不肖, 若肖, 久矣其細也夫. 我有三寶, 寶而持之, 一曰慈, 二曰儉, 三曰不敢爲天下先. 慈故能勇, 儉故能廣, 不敢爲天下先故能成器長. 今舍慈且勇, 舍儉且廣, 舍後且先, 死矣. 夫慈以戰則勝, 以守則固. 天將救之. 以慈衛之.

너무 커서 안 보여

이 장은 '자慈'라는 한 글자를 중심으로 해서 사람이 살아가는 동안 참으로 소중하게 간직해야 할 세 가지 보물이 어떤 건지, 왜 그것들이 보물인지 말하자면 그런 걸 설명하고 있구먼.

여기 '자慈'를 '사랑'이란 말로 옮기는 게 어떨까요?

유교에서 '자慈'라고 하면 대개 어버이가 자식에게 주는 사랑으로 이해되는데, 노자의 '자慈'는 그보다 좀더 깊고 넓은 의미를 지니고 있다고 보는 게 옳을 거야. 왕원택王元澤이라는 사람은 '자慈'를 인仁의 근본(人之本)이라고 했더구먼.

기독교에서 말하는 이른바 '아가페'를 가리킨다고 보면 어떨는지요?

그게 조건 없는 하느님의 사랑이라는 뜻이라지?

그렇게들 말하지요.

노자가 여기서 말하는 사랑도, 그게 道의 다른 모습이니까, 그런 의미로 봐야겠지. 조건 없는 사랑, 그럴듯하군.

본문으로 들어갈까요?

그러지. "천하개위아도대사불초天下皆爲我道大似不肖라 하니", 세상 모든 사람이 나의 道는 크긴 하지만 道 같지 않은 듯하다고 하는데……

무슨 말입니까?

사람들이 말하기를 노자의 道가 크기는 큰데 어쩐지 道 같지 않아 보인다고 말한다는 거라. 말하는 것을 들어보면 엄청난데 어쩐지 뻥 같다는 거지. 현실감이 느껴지지 않는단 말이야.

장자는 그렇게 말하는 사람들에게, 메추리가 어찌 구만 리 장공을 날아가는 대붕을 알겠느냐고 하지요.

그래. 사람 눈으로 볼 수 있는 것밖에 보지 못하는 사람은 말이지 저

구만 리 장공에서 무슨 일이 일어나고 있는지 알 수가 없는 거라. 육안의 한계라는 게 너무 빤하거든. 자네 시방 내 이마를 보면서 동시에 뒤통수를 보지는 못하잖어? 그게 사람 눈이지. 그런데 뭐냐 하면 자기 눈에 보이지 않는 건 보지 않겠다는 거라. 좁아터진 세계 속에 스스로 갇혀서 살겠다는 거야. 딱한 일이지만 말이지, 요즘 세상에서는 그런 신조로 살아가는 사람이 과학적이요 합리적인 문명인으로 존경받는다, 이 말일세.

톨스토이는 일찍이 그런 것을 가리켜 '과학이라는 미신'이라고 불렀더군요. 그는 그것을 '예고'의 차원에서 말했는데 시방 우리는 그것이 지배하는 세상에 살고 있는 거지요.

그렇게 생각하나? 내 눈에는 다만 그렇게 보일 뿐일세. 아직도 사람들은 눈에 보이지 않는 세상과 연락을 하면서 살고 있지. 그건 아마도 인류가 저 달나라에 가서 살게 돼도 어쩔 수 없을 거야.

동감입니다.

아무튼 한정된 인간의 이목에 갇혀 있으면 말이지, 그러면 道가 보이지 않는 거라. 보이지 않으니까 없다고 생각하는 거지.

그건 道가 너무 커서 안 보이는 거겠지요?

크다고 하는 자네의 말조차도 그게 한 방편일 뿐이네. 道에는 크고 작고가 없거든. 그래도 너무 커서 안 보인다는 표현은 그럴듯해. 그 말은 너무 작아서 안 보인다는 말과 똑같지.

그렇군요.

"부유대夫惟大라, 고故로 사불초似不肖니 약초若肖면 구의기세야부久矣其細也夫인저", 다만 커서 道 같지 않은 듯하니 만일 道같이 보인다면 오래전에 이미 잣달았을 것이다, 이 말이야. 거꾸로 말하면, 사람 눈에 확연히 들어오는 물건처럼 작은 것이었다면 이미 오래전부터 그것이 道로 보였을 것이라는 말일세.

그런데, "이게 道다" 하고 말하면 그건 道가 아니라고 했지요.

바로 그 얘기야. 누구도, "이것이다" 하고 말할 수 없어. 그래서, 바로 그 이유로, 道가 道라는 거라.

바로 그 道를 노자는 자기의 보물로 삼아 지니고 산다는 말이군요?

그런 얘기지.

사랑이라는 이름의 보물

"아유삼보我有三寶하여 보이지지寶而持之니 일왈자一曰慈요 이왈검二曰儉이요 삼왈불감위천하선三曰不敢爲天下先이니라", 나에게 세 가지 보물이 있어서 소중하게 지니는데, 하나는 사랑이요 둘은 검소요 셋은 으스대며 세상 사람들 앞에 나서지를 않는 것이다.

세 가지 보물 모두가 눈에 보이거나 만져지는 '물건'이 아니군요. 보통 사람들이 말하는 금은 패물이 아니란 말씀입니다.

보이는 물건은 말이지 갠지스 강 모래알만큼 많아도 말이야 참된 보물일 수가 없는 거라.

어떤 사람이 꿈을 꿨는데 웬 도사가 나타나서는 아침 해뜰 무렵 어느 나무 아래에 있으면 지나가는 수도승이 있을 테니 그에게 무조건 "그 보물을 주시오" 하고 말하라고 하더랍니다. 과연 나무 아래에서 기다리고 있자니 웬 헐렁한 수도승이 지나가는 거예요. 도사가 시킨 대로, "그 보물을 나 주시오" 하니까 "이것 말이오? 가지시오" 하면서 주먹만한 다이아몬드를 바랑에서 꺼내 선뜻 내주더라는 거지요. "아니 이렇게 귀한 보물을 누군지 알지도 못하는 사람한테 주는 겁니까?" "당신이 금방 달라고 하지 않았나요? 가지시오. 나도 어디서 얻은 거니까." 수도승은 다이아몬드를 내주고 아무 일 없었다는 듯이 가던 길을 가는 겁니다. 보물을 얻은 사람은 온 세상을 다 얻은 기분으로 가슴이 터질 것 같아서 얼른 그 자리를 떠나 한참 동안 정신없이 걸었지요. 온종일 아무것도 먹지 않고 걷다가 돌연 가던 길을 돌이켜 드디어 수도승이 쉬고 있는 여관을 찾아내서는 수도승에게 보물을 되돌려주면서 이렇게 말하더랍니다. "이 다이아몬드를 도로 받으시오" "……?" "이것 말고, 이렇게 귀한 보물을 알지도 못하는 사람에게 선뜻 내줄 수 있는 당신의 그 '부요함'을 주시오."

재미있는 얘기구먼.

앤소니 드 멜로Anthony de Mello라는 인도 태생 신부의 강연에서 들은 얘깁니다. 가톨릭 영성 운동에 많은 몫을 담당한 분이었죠. 아깝게도 일찍 타계하셨습니다만.

바로 그 '부요함', 주먹만한 금덩이를 한낱 돌멩이로 여길 수 있을 만한 부요함이 뭐냐 하면 여기서 시방 노자가 자랑스레 말하고 있는 보물인 거라.

첫째가 사랑인데요, 이 사랑은 요한이 "하느님은 사랑이시다" 하고 말할 때 사용한 그 '사랑'이라는 말과 같은 것 아닐까요? 감산은 이렇게 풀었더군요. "사랑(慈)은 자애로운 어머니가 젖먹이를 기르듯이 만물을 감싸안고 덮어 기르되 빠뜨리는 것이 없다." 언젠가도 말씀드린 기억이 납니다만, 봄날 살아 있는 씨눈마다 어김없이 싹을 틔우는 모습을 보면 뭐라고 설명할 수 없는 손길을 느끼게 됩니다. 하늘처럼 넓고 바늘 끝보다 더 세밀한 손길이지요. 그게 곧 하느님의 사랑 아니겠습니까?

그래. 하늘 그물은 엉성하지만 빠뜨리는 게 없다고 했지.

그리고요, 사랑이신 하느님은 사랑밖에는 아무것도 하실 수 없는 그런 분이라는 생각이 듭니다. 숯불이 적도에서도 뜨겁고 북극의 얼음 벌판에서도 뜨겁듯이 하느님의 사랑은 어디서나 누구한테나 한결같은 사랑이지요.

옳은 얘길세. 장미는 숙녀 앞에서 뿐만 아니라 살인 강도 앞에서도 향기를 뿜는다는 말이 있어.

향나무는 저를 찍는 도끼날에도 향을 묻힌다더군요.

그게 모두 진짜 德이 어떤 것인지를 얘기하는 말들이지. 그게 몇 장이었지? "선자善者를 오선지吾善之하고 불선자不善者를 오역선지吾亦善之하나니 덕선의德善矣라", 착한 사람을 착하게 대하고 착하지 못한 사람도 또한 착하게 대하니 德은 착하기 때문이라고……

그게, 49장이군요. 성인은 고정된 '내 마음'이라는 게 따로 없이 다른 모든 사람의 마음을 자기 마음으로 삼는다는 말 뒤에, 고대 말씀하신 구절이 나옵니다.

자식이 아무리 못된 짓을 해도 그 어머니는 자식을 버리지 못하잖나? 그게 바로 사랑인 거라. 시방 노자는 바로 그 사랑을 가슴에 품고 만물을 대한다, 이걸세.

참, 엄청난 얘기군요.

믿거나 말거나

두 번째 보물인 '검儉'은 무엇입니까?

대개 검소儉素로 읽더군.

감산은 '색嗇' 으로 새겼군요.

있으면서 쓰지 않는 게 색嗇이니까……

물론 구두쇠가 짜게 구는 것과는 다르겠지요?

말할 것 뭐 있나? 여기서 노자가 말하는 검소함이란, 물物의 근본을 알기 때문에 아무리 하찮아 보이는 물건이라도 소중하게 보물 다루듯이 다루면 그 모습이 검소하게 보일 수밖에 없는 거라.

세 번째 보물이 재미있습니다.

"삼왈불감위천하선三曰不敢爲天下先이라", 감히 나서서 천하의 앞장을 서지 않는 것이 세 번째 보물이라는 말일세.

비굴하게 뒷전만 맴돌겠다는 겁니까?

보는 사람에 따라 비굴하게 보일는지 그건 모르겠으나 비굴한 건 아니지. 여기서는 우쭐대며 사람들보다 높은 자리에 오르거나 앞장서려고 하지 않는다는 얘길세.

일등만 살아남는다면서 어떻게든지 남보다 앞설 것을 강요하는 이 '무한 경쟁 시대' 의 선착순 논리로 보면, 말도 안 되는 소릴 하고 있네요.

그래서 사람들이 듣고는 웃어버리잖어?

웃지요. 그런데 그러니까 그게 도리라는 것 아닙니까?

믿거나 말거나지.

예, 맞습니다. 믿거나 말거나지요.

얘기가 되풀이되는 느낌이 있네만, 성인聖人은 '후기신이신선後其身而身先' 이라고 했잖았나? 제 몸을 힘써 사람들 뒤에 둠으로써 결과적으로 뭐냐 하면 사람들이 그를 내세우는 바람에 앞에 서게 된다는 거라. 앞에 서려고 했다가 뒤로 쫓겨나는 것하고는 정반대지.

모세가 그랬잖습니까? 나이 마흔이 되었을 때 스스로 나서서 학대받는 동족을 구원해 보려고 했지요. 그러나 결과는 동족들한테 따돌림을 받고 마침내 사막으로 도피하지 않습니까? 그러다가 다시 사십 년 세월을 보낸 뒤에, 이번에는 한사코 뒤로 빼지만 마지못해서 영도자로 세워지지요. 제가 나서는 게 아니라 세워지는 겁니다.

좋은 예를 들었네. 사막에서 보낸 사십 년이 헛되지 않았구먼.

모세야말로 '불감위천하선不敢爲天下先'이라는 보물을 얻은 사람이었지요.

인류의 진정한 지도자들이 모두 그러시지 않았나?

옳으신 말씀입니다. 우리는 언제쯤 그런 지도자 한번 모셔볼 수 있을까요?

'선착순 논리'가 사라지기 전까지는 기대 않는 게 좋겠네. 모든 가짜와 다툼이 다 거기서 나오니까.

사랑은 두려움을 몰라

이어서, 그러면 위의 세 가지가 어째서 보물인지 그 까닭을 설명하고 있는데, "자고慈故로 능용能勇하고 검고儉故로 능광能廣하고 불감위천하선고不敢爲天下先故로 능성기장能成器長이니라", 사랑인 까닭에 용감할 수 있다는 거라. 용감하다는 건 두려움을 모르는 건데 사랑은 두려움을 없애거든. 온몸이 사랑인 그런 사람은 말이지 어떤 상대방도 다 사랑을 하게 되니까 그러니까 어떤 상대방도 적이 될 수 없는 거라.

인자무적仁者無敵이라고 했지요.

바로 그걸세. 호랑이가 으르렁거려도 성인은 그 호랑이가 두렵지를 않거든. 그러니 태연하게 나아갈 수 있고, 그 모습은 세속에서 보면 용감해 보이지 않겠어?

사자굴 속에서 다니엘이 그랬지요.

사랑의 힘은 정말 엄청난 결세. 우리는 그냥 그렇다고 말을 주고받는 정도에 지나지 않지만 말이야, 많은 성인들이 그걸 우리에게 몸소 보여주고 가시지 않았나?

죽음이 두렵지 않다면 용감하지 않을 수 없겠지요.

용감하지 않을 수 없지, 이차돈이나 스데파노처럼.

그 다음, 검소하니까 능히 넓을 수 있다고 했는데요, 무슨 뜻입니까?

넓다는 건 뭐 거치적거리는 게 없다는 말 아닌가?

그렇지요.

검소한 사람은 자기에게 있는 것으로 충분히 만족하니까, 만족하고 오히려 남으니까 말이지 그 마음에 뭐 걸리는 게 없거든. 어딜 가도 거기가 뭐냐 하면 바로 자기 아버지 집인 거라.

검소의 반대는 사치일 텐데요, 사치하는 사람은 따라서 좁은 세상에서 살고 있는 거군요?

대개 겉을 사치하게 꾸미는 사람은 속으로 자신이 없어. 그래서 꾸미게 되는 거라. 진짜 부자는 말이지, 부자 티를 내지 않지. 유치하거든.

알겠습니다. 그런데 여기 '검고능광儉故能廣'을 어떤 이는 검소하게 살아서 재물에 여유가 많으므로 널리 베풀 수 있다는 말로 새겼던데, 그건 어떻습니까?

뭐 그렇게 읽어도 본 뜻에서 크게 어긋난다고 할 수는 없겠지만, 노자가 말하려 한 바를 제대로 짚은 것이라고는 보기 힘들구먼.

세 번째 보물인 '불감위천하선不敢爲天下先'이 어째서 모든 관리의 우두머리로 될 수 있게 하는지요?

앞에서 자네가 얘기했잖어? 모세가 한사코 뒤로 물러서니까 결국 대탈출의 민족 지도자로 서게 되지 않았나? 그 얘기지. 그런데 세상에서 사람들이 하는 꼴을 보면 말이야 그 반대거든. 사랑 없이 용감하려 하고 검소하지 않으면서 넓고자 하고 물러서지 않으면서 앞장을 서려고 하는 거라. "금사자차용今舍慈且勇하고 사검차광舍儉且廣하고 사후차선舍後且先이면 사의死矣니라", 그러면 결국 죽고 만다, 이 말이야. 사랑 없는 용감이란 사실 두려움의 다른 모양이니까. 겁 많은 개가 요란하게 짖잖아? 그런 가짜 용감은 말일세. 부도不道는 조이早已라, 금방 깨지고 말지. 또 검소하지 않으면 끊임없이 불만과 부족이 쌓이게 마련인데 어떻게 그 삶의 자리나 모습이 넓을 수 있겠나? 맨 거치적거리는 것 투성인데. 그리고 스스로 나서서 앞장서겠다는 놈은 말이지 반드시 얼마 못 가서 본색이 드러나고 그러면 끌어내려지는 거라.

'사랑'의 다른 얼굴들

"부자이전즉승夫慈以戰則勝하고 이수즉고以守則固니라", 무릇 '사랑'으로 싸우면 이기고 지키면 단단하다, 이 말이야.

사랑으로 지킨다는 말이지요?

그래. 여기서는 전쟁을 얘기하고 있는데, 노자도 불가피한 전쟁을 부정하지는 않아. 그러나 어쩔 수 없어서 전쟁을 해도 '사랑'으로 하면 말이지 반드시 이긴다는 거라. 그리고 상대가 쳐들어올 때 사랑으로 지키면 아무도 깨뜨릴 수 없다는 그런 얘길세. 이렇게 '사랑'으로써 모든 일을 하는 자는 "천장구지天將救之니 이자위지以慈衛之니라", 하늘이 장차 저를 구해주리니 사랑으로써 저를 감싸주리라, 사랑을 사랑으로 보답한다고나 할까? 땅의 사랑과 하늘의 사랑이 서로 감싼다고나 할까?

언젠가, 『도덕경』을 성경의 언어로 옮기면 어떻게 될까 생각해 본 적이 있는데요, 요한에게 그 일을 맡겼다면 이렇게 옮겼을 것 같더군요. "사랑을 말로 표현하면 이미 사랑이 아니다." 노자의 '道'를 '사랑'이란 단어로 옮겨본 것입니다. "막힘 없는 큰 사랑이 무너지매 여기저기 막히는 사랑과 의義가 생겨났다."

그럴듯하군. 좋네.

"세상에 사랑이 있으면 군마가 밭을 갈고 세상에 사랑이 없으면 군마가 전쟁터에서 새끼를 낳는다."

좋아.

"사랑은 만물의 아랫목이니 착한 사람의 보배다."

바로 그 '사랑'을 노자는 시방 세 가지 보물에 담아서 얘기하고 있는 걸세.

68장
잘 이기는 자는 적과 맞붙지 아니하고

훌륭한 사관士官은 무용武勇을 앞세우지 아니하고 잘 싸우는 사람은 성을 내지 아니하며 잘 이기는 사람은 적과 맞붙지 아니하고 사람을 잘 부리는 사람은 그 사람 밑으로 내려간다. 이를 일러 다투지 않음의 德이라 하고 이를 일러 사람 부리는 힘이라 하고 이를 일러 하늘의 짝이라 하니 옛날 道의 지극함이다.

善爲士者不武, 善戰者不怒, 善勝敵者不與, 善用人者爲下之. 是謂不爭之德, 是謂用人之力, 是謂配天, 古之極.

잘 싸우는 자는 성을 내지 않는다

道를 지니고 사는 사람의 '다투지 않는 덕'(不爭之德)을, 전쟁터를 배경으로 삼아서 설명하고 있는 것 같습니다.

노자의 말씀은 말이지 세속 사람들이 가진 상식을 거꾸로 뒤집어놓는 것이라고 생각하면 거의 틀림이 없어. 군인은 무용武勇을 주로 삼고 싸움질을 할 적에는 성을 내야 하고, 그래서 일부러 성을 부추긴다지 않는가? 며칠씩 밥을 안 먹이기도 하고 독한 기합을 줘서 잔뜩 화를 돋군 다음에 작전에 내보내는 거라. 그리고 사람을 부릴려면 어떻게 해서든지 그놈 어깨 위에 올라가야 하잖어? 이게 세상의 상식인데 말이야 시방 노자는 여기서 그걸 차례차례 뒤집어놓는구먼. "선위사자善爲士者는 불무不武하고", 훌륭한 사관士官은 말이지 무용武勇을 앞세우지 않는다는 거라. 공을 세울 욕심으로 적진에 뛰어든다든가 함부로 나서지를 않는다, 이 말이야. 옛날 중국에서는 전쟁을 할 때에 전차를 썼는데 보통 수레 위에 갑사甲士가 세 명 탔다더군. 왼쪽 갑사는 활을 잡고 오른쪽 갑사는 창을 들고 가운데 갑사가 말을 몰았는데 전차 뒤를 병졸들이 따랐고 싸움은 주로 그들이 맡았지. 고삐 잡은 갑사가 함부로 무용을 자랑하는 놈 같으면 말이야 좌우 갑사는 물론 따르는 병졸까지 곧장 죽음으로 내몰게 되는 거라.

갑사가 요즘 말로 하면 사관쯤 됩니까?

갑옷 입은 병사란 말이니까, 그쯤 되겠지. "선전자善戰者는 불노不怒하고", 잘 싸우는 자는 뭐냐 하면 성을 내지 않고, 이 말이야. 성을 낸다는 건 이미 자기 감정의 노예가 됐다는 얘기 아닌가? 감정에 사로잡히면 판단력이 무뎌지지. 따라서 보아야 할 것을 제대로 볼 수가 없는 거라. 그러면 백전백패百戰百敗지.

어떤 사람은 화가 날수록 목소리가 착 가라앉고 눈에 빛이 난다더군요.

그래. 그런 사람이 그게 천생 싸움꾼일세. 그런 사람이 권력을 잡으면 천하가 살벌해지는 거라.

노자가 여기서 말하는 게 그런 사람처럼 되라는 건 아니겠죠?

물론! 쉽게 성을 내는 놈은 잘 싸우지를 못한다는 얘길 시방 하고 있는 거야. 제 감정의 노예가 되지 않아야 한다는 얘기지. 자네가 고대 얘기한 그 사람은 성을 내지 않는 사람이 아니라 성을 아주 지독하게 내는 사람이지. 보통 사람과 달리 뱀처럼 차갑고 지독하게 성을 내고 있는 거라.

그럼 그는 선전자善戰者가 아니잖습니까?

아니지. 적어도 여기서 노자가 말하는 선전자善戰者는 아니야. 그런 사람은 모든 싸움에서 이기는 것 같지만 말이지, 그 지독한 성을 내버리지 않는 한 끝내는 그것 때문에 자기 일생을 망치고 말게 되니까 결국은 패배자인 거라.

그러나 이른바 '거룩한 분노' 라는 게 있잖습니까?

그럴듯한 말인데, 정말 조심스럽게 써야 하는 말이지. 우리 같은 사람한테는 아예 써서는 안 될 말이고…… 그 말이 그러니까 분노 없이 분노한다는 건데, 그건 완전히 '자기' 를 비운 성인만이 도달할 수 있는 경지 아닌가?

예수님이 성전에서 장사치들을 몰아내실 때 고대 말씀하신 성내지 않고 성내는 그런 분노의 모습을 보여주신 것 아닐까요?

그래. 그런 거지.

그러니까 우리같이 아직 사심을 여의지 못한 사람은 '거룩한 분노' 라는 말을 입에 담을 자격이 없군요.

없어. 성을 내는 것 자체가 독일 뿐인 거라.

그래도 틈만 나면 화가 솟구치니 어쩝니까?

그걸 왜 나에게 묻나? 나도 자네와 마찬가진 걸. 그러나 전에도 말했지만 위도일손爲道日損이라, 날마다 조금씩이라도 덜면서 가는 거지. 뭐 별 수가 없잖아? 그러다가 때가 익으면 병아리가 알 껍질을 깨고 나오듯이 내 몸에서 모든 사심이 떨어져나가는 그런 순간이 올 수도 있잖겠어? 내 평생에 그 '순간'이 오면 더 좋을 게 없고 안 와도 그리로 나아간다는 사실 하나만으로 또 좋고, 그런 거지.

하긴 내 평생에 그 깨달음을 이루리라고 마음먹는 것도 욕심이고 사심이겠지요?

그래. 사심을 여의면 성내지 않으려고 일부러 애쓸 것도 없어. 그런데 사심을 버리겠다고 마음을 먹는 한, 그게 벌써 유심有心이니까 안 되는 거라.

다음 구절로 넘어가지요.

다투지 않음의 德

"선승적자善勝敵者는 불여不與하고", 적을 잘 이기는 자는 뭐냐 하면 적과 맞붙지를 않는다, 이 말이야. 싸우지 않고서 이기는 거라. 『손자孫子』「모공謀攻」편에 유명한 말이 있지. "백전백승百戰百勝하는 것이 가장 훌륭한 장수가 아니다. 싸우지 않고서 적을 굴복시키는 것이 가장 훌륭한 장수다."

말씀을 듣다보니 생각나는 얘기가 있습니다. 어떤 미국 사람이 일본에 와서 검도를 배웠는데요 일본인 스승을 모시고 자기 나라에 갔다가 하루는 버스를 탔는데 웬 건장한 흑인이 술에 취해서 이 사람 저 사람에게 행패를 부리는 겁니다. 보다 못해 그 미국인 제자가 자리에서 일어나는데 백발의 늙은 스승이 말리더니 내가 가서 달래보겠다고 그러는 거예요. 제자 생각에 저런 정도의 깡패쯤 자기 실력으로도 충분히 제압할 수 있는데 구태여 스승이 나설 것이 뭐 있겠나 싶었지만 스승을 말릴 수도 없고 그래서 지켜보자니, 가냘픈 체구의 동양인이 그 거인한테 가서는 다정한 음성으로, 왜 그러느냐, 하고 묻는 겁니다. 흑인이 눈 아래로 내려다보고는 네까짓 게 다 뭐냐면서 떠다밀었지요. 넘어졌던 스승이 다시 일어나더니 더욱 부드러운 음성으로 도대체 무엇 때문에 화가 나서 이러느냐고 묻는 거예요. 그러자 흑인 녀석이 말하기를, 자기가 오늘 해고를 당했다는 겁니다. 마누라는 사흘 전에 도망을 갔고 직장에서도 쫓겨났고 그래서 술을 먹었다는 거예요. 스승이 그의 옆자리에 앉더니 그렇다고 해서 술을 먹고 아무 상관도 없는 사람들을 괴롭히면 되겠느냐고, 그러지 말고 부인을 찾을 일과 새 직장 마련할 일을 생각해 보자고, 마치 할아버지가 손자 달래듯이 달래더라는 겁니다. 그러니까 그 흑인 녀석이 스승의 가슴에 얼굴을 묻고 울더라는 거예요. 흑인을 달래어 잠들게 한 다음 스승은 제자 곁으로 오더니 아무 일 없었다는 듯 앉아 있는 겁니다. 미국인 제자는 바로 이거로구나 하고 깨달았지요. 자기가 나섰더라면 완력으로 그를 제압할 수는 있었겠지만 지금 스승이 했듯이 그를 잠재우기까지는 못했을 것이라는 생각이 들었던 겁니다. 자기가 그를 굴복시킬 수는 있었을지 모르나 심복心服시킬 수는 없었을 것이고, 이게 바로 道의 경지에 오른 스승과 아직 술術의 차원에 머물러 있는 자기의 차이라는 것을 깨달은 거지요.

재미있는 얘길세. 그 일본인 스승은 과연 칼을 가지고 道의 경지에 이른 사람이구먼.

"선용인자善用人者는 위하지爲下之니라", 사람을 잘 쓰는 자는 그 사람 아래로 내려간다, 이런 말이지요?

그래. 자기가 부리는 사람들 위로 올라가는 게 아니라 아래로 내려간단 말이야. "강과 바다가 모든 골짜기의 임금인 까닭은 그것들 아래에 있기 때문이라"고 했지. 이게 진짜배기 윗사람의 모습인 거라.

예수님이야말로 그 모습을 제대로 보여주셨지요.

제일 아래 바닥까지 내려간 사람이 제일 높은 데 오를 수 있는 것 아닌가?

그게 말은 쉬운데요, 사실은 거의 불가능하지 않습니까?

보통 사람의 인력으로는 불가능하지. '나'라는 놈을 완전히 여의지 못한 상태에서는 다른 사람 아래로 기어내려간다고 해봤자 그게 뭐냐 하면 그냥 제스추어밖에는 안 되는 거라. 저도 속이고 남도 속이는 거지.

감산 스님이 이렇게 말씀하셨군요. "물物을 보고 대對로 삼지 않으면 일부러 아래로 내려가고자 하지 않아도 스스로 내려간다(不期下而自下矣)." 누구를 대하든 어느 것을 대하든 그것을 나와 동떨어진 것으로 상대화하지 않으면 일부러 아래로 내려가려고 애쓰지 않아도 저절로 내려가게 된다는 말 아니겠습니까?

일부러 내려간다는 말은 내려가기를 일삼아서 한다는 얘긴데 그렇게 되면 그게 갈데 없이 유위有爲가 되는 거라. 그건 아니지.

하늘의 道에 짝함

"시위부쟁지덕是謂不爭之德이요 시위용인지력是謂用人之力이요 시위배

천是謂配天이니 고지극古之極이니라", 이를 일러 다투지 않음의 德이라 하고 사람을 쓰는 힘이라 하고 하늘을 짝함이라 하니 옛날 道의 지극함이니라, 이런 말일세.

'배천配天' 이란 말을 좀 설명해 주시지요.

하늘의 짝이 된다는 말이야. 그러니까 뭐냐 하면 하늘의 道에 짝한다는 거라. 하늘은 말이지 저 높은 데 있지만 사실은 땅 아래에서 땅을 받치고 있거든. 지구의를 보라구. 그렇잖은가? 하늘이 땅 아래에 있잖어? 이걸 옛날 사람들이 요즘 사람들 알고 있는 방식으로 알지는 못했겠지만 그래도 하늘이 땅 아래에 있음으로써 모든 것이 안정되고 태연할 수 있다는 사실은 알고 있었지. 그래서 『주역』에 보면 하늘(乾)이 위에 있고 땅(坤)이 아래에 있는 괘卦를 '비否' 라고 했거든. ䷋ 가 그것인데 이 괘를 '천지비괘天地否卦' 라 해서 모든 것이 막히고 뒤집히는 형상으로 풀었어. 반대로 하늘이 아래에 있고 땅이 위에 있는 괘를 '지천태괘地天泰卦' (䷊)라고 했지. 땅이 위에 있고 하늘이 아래에 있으면 모든 것이 안정되고 제대로 어울리고 태연하다는 거라. 땅이란 놈은 그 기운이 아래로 내려오고 하늘은 그 기운이 위로 오르거든. 그러니까 하늘이 아래에 있고 땅이 위에 있어야 두 기운이 서로 만나서 온갖 조화를 이루게 되는 거지. 반대로 하늘이 위에 있고 땅이 아래에 있으면 말이지 두 기운이 제각각 등을 지고 멀어지니까 거기서 무슨 조화가 이루어지겠어?

그야말로 세속의 상식을 완전히 뒤집어버리는군요?

그래서 노자는 사람들이 귀하게 여기는 것을 천하게 보았고 사람들이 천하게 여기는 것을 귀하게 보았다고 하지 않는가?

그것이 곧 옛날 道의 지극함이라는 애깁니까?

그래.

'옛날의 道' 가 무슨 뜻입니까?

참된 道라는 뜻으로 읽으면 되겠지. 중국 문학에서 '옛적' (古)이라는 말은 본디의 순수함을 가리키는 말로 통하니까. 또 최상이라는 뜻도 되고……

69장
적을 가볍게 여기는 것보다 더 큰 화가 없으니

병서에 이르기를 나는 감히 나서서 주인이 되지 않고 나그네가 되며 감히 한 치를 나가지 않고 뒤로 한 자 물러선다고 했다. 이를 일러, 나아감 없이 행진하는 것이요 팔뚝 없이 휘두르는 것이요 적 없이 나가 싸우는 것이요 병기 없이 병기를 잡는 것이라고 한다. 적을 가볍게 여기는 것보다 더 큰 화가 없으니 적을 가볍게 여기면 내 보물을 잃게 된다. 그러므로 무기를 들고 서로 싸우는 데는 슬퍼하는 자가 이긴다.

用兵有言, 吾不敢爲主而爲客, 不敢進寸而退尺, 是謂行無行, 攘無臂, 仍無敵, 執無兵. 禍莫大於輕敵, 輕敵幾喪吾寶. 故抗兵相加, 哀者勝矣.

팔뚝 없이 팔뚝을 휘두르고

이 장 역시 전쟁을 예로 들어 다투지 않는 德과 '사랑'(慈)이라는 보물의 가치를 설명하고 있다고 보겠네. "용병用兵에 유언有言하되" 여기 용병은 병법兵法을 다룬 병서兵書인데 그 병서에 이르기를 뭐라고 했느냐 하면, "오불감위주이위객吾不敢爲主而爲客하고 불감진촌이퇴척不敢進寸而退尺이라 하였으니" 나는 스스로 나서서 주인이 되지 않고 나그네가 되며 스스로 한 치를 나아가지 않고 뒤로 한 자 물러선다고 했다, 이 말이야. 한 마디로 싸우되 마지못해서 싸운다 이 말이지. 주인이 된다는 건 적극적으로 앞장선다는 얘기고 나그네가 된다는 건 소극적으로 꽁무니를 뺀다는 얘기니까, 나그네가 되고자 한다면 앞으로 한 걸음 나아가기보다 뒤로 열 걸음 물러서는 게 더 쉽지 않겠나?

그러니까 성인은 무슨 일을 해도 마지못해서 하듯이 그렇게 한다는 말이군요?

바로 그걸세. 일이 코앞에 닥치고 역사가 등을 떠밀고 그래서 어쩔 수 없이 나서는 거라. 대통령도 그렇게 마지못해서 되어야 그게 진짜 대통령이지. 선생도 마찬가지고. 세상 모든 일이 다 그래. 부득이해서 하는 거라야 그게 진짜거든. 제가 스스로 나서서 하는 건 말이지 그건 道하고 거리가 멀어.

예수님이 십자가를 지신 것도 마지못해서 지신 것 아닙니까?

물론! 그렇지 않다면 그건 가짜지. 석가도 깨달음을 얻은 뒤 한 주간이나 머뭇거리지 않는가? 그러다가 보살의 간청에 마음이 움직였단 말이야. 그리고 평생 입을 열어 수많은 가르침을 베풀었으면서도 나는 설한 바 없노라고, 누구든지 내가 한 말에 걸려 넘어지지 말라고 간절히 말씀하셨잖는가? 그게 바로 마지못해서 움직이는 모습이란 얘길세. 전쟁터에 나가서도 마지못해서 싸우다보니 어찌 되겠어? "시위행무행是謂行無行이요 양무비攘無臂요 잉무적仍無敵이요 집무병執無兵이니라", 이를 일러 나아감 없이 행진하는 것이요 팔뚝 없이 휘두르는 것이요 적 없이 나가 싸우는 것이요 병기 없이 병기를 잡는 것이라고 하느니라.

무슨 뜻입니까?

몸은 앞으로 행진을 하지만 마음은 오히려 뒤로 물러서니까. 그러니까 뭐냐 하면 적진에 얼마만큼 전진을 했어도 그걸 좋아하거나 자랑하지 않는단 말이야. 행진을 할 때 팔을 휘두르기는 하지만 팔뚝 없는 놈이 휘두르는 것같이 휘두르고 나아가 적과 싸워도 말이지 상대를 적으로 여기지를 않는 거라. 또 병기를 잡긴 하지만 그걸 함부로 휘두르지 않는다는 얘기지. 이게 모두, 무슨 일을 할 때 그 일을 제가 스스로 꾸며서 작위하지 않고 거울이 물건을 비추듯이 그저 무심으로 응대하는 성인의 모습을 그려 보여주고 있다고 하겠네.

그것은 주어진 일을 회피하거나 무시하는 것과 다르겠지요?

물론이지! 성인은 때로 은둔하지만 그것을 목적으로 삼지는 않아. 나가서 적과 싸울 때는 일어나 전쟁터에 뛰어드는 거라. 그런데 그걸 뭐냐 하면 무심으로, 아무런 적극적 의지 없이, 맹물처럼 담백하게 처리하고 나아간다 이 말일세. 서산 스님이 국난을 당하자 떨쳐 일어나 적진에 뛰어들지 않는가? 그런 거지. 그러다가 전쟁이 끝나니까 언제 그랬더냐 싶게 다시 묘향산으로 돌아가 앉아 계시는 거라. 그게 바로 무기 없이 무기를 잡고 팔뚝 없이 팔뚝을 휘두르고 나아감 없이 나아가는 것 아니겠어? "화막대어경적禍莫大於輕敵이니 경적輕敵이면 기상오보幾喪吾寶니라", 적을 가볍게 여기는 것보다 더 큰 화가 없으니 적을 가볍게 여기면 십중팔구 내 보배를 잃을 것이다, 이 말이야. 여기 '보寶'는 앞의 67장에서 말한 삼보三寶를 가리키는 걸로 보면 되는데 특히 '사랑'(慈)을 가리킨다고 보는 게 좋겠군. 적을 가볍게 여기면 마구 쳐들어가서 싸우지 않겠어? 그러면 말이지, 그러면 아군이 죽든지 적군이 죽든지 죽는 놈들이 많아질 테고 그건 결국 '사랑'을 잃어버리는 것일 따름이라는 그런 얘길세.

싸우기 싫은데 마지못해서 싸우는 사람이라면 될 수 있는 대로 적군과 부닥뜨리지 않으려고 애쓰겠지요.

그래. 어떤 일을 해도 성인은 말이지 그 일을 가볍게 여기지 않는 거라. 가볍게 여기면 함부로 하게 되거든. 그건 道를 모신 자의 처신이 아니야. 앞에 겨울 냇물 건너듯이 삼가라는 말이 있었지? 바로 그게 도인道人의 태도지. "고故로 항병상가抗兵相加에 애자승의哀者勝矣니라", 그러므로 무기를 들고 서로 싸우는 데에서는 슬퍼하는 자가 이기느니라. 사람 목숨 뺏는 것을 즐거워하는 자보다 그것을 슬퍼하는 자가 전쟁에서 승리한다, 이 말이야.

그럴 수밖에 더 있겠습니까? 한 쪽은 道를 따르는 자요 다른 쪽은 道를 거스르는 자인데, 道를 따르는 쪽이 이길 수밖에요.

옳은 얘길세. 인류 역사에 침략군이 저항군을 이긴 예가 없지. 물론 짧은 안목으로 보면 일시적으로 승리하지만 그게 뭐냐 하면 결코 승리가 아니거든. 반드시 패망하고 만단 말이야. 가깝게는 독일과 일본이 그랬고 지난번에는 소련이 아프가니스탄에서 그랬잖어?

예수님도 일찍이 말씀하셨지요. 칼을 쓰는 자는 칼로 망한다고요.

영락없는 말씀일세.

『노자익』에 보니 소자유의 주가 짧으면서도 핵심을 집어낸 것 같더군요. 읽어볼까요?

그러시게.

"주主는 전쟁을 꾸미는 자요 객客은 적군을 맞이하는 자다. 앞으로 나가는 것(進者)은 싸움에 뜻이 있는 것이요 물러서는 것(退者)은 싸움에 뜻이 없는 것이다. 참으로 싸움에 뜻이 없는지라, 비록 병영에 몸을 담고 있지만 팔뚝 없이 팔을 휘두르는 것 같고 적 없이 나가 싸우는 것 같고 무기 없이 무기를 잡는 것 같으니 어찌 용병의 허물이 있겠는가? 성인은 자慈로써 보물을 삼는다. 적을 가볍게 여기면 싸움을 가볍게 여기고 싸움을 가볍게 여기면 사람 죽이는 일을 가볍게 여긴다. 그래서 보물을 잃게 되는 것이다. 두 편이 맞붙어 싸우는데 나는 마지못해서 나왔으므로 마음이 슬프다. 슬픈 마음을 보이게 되면 하늘과 사람이 그를 돕는다. 이기고 싶어하지 않는다 해도 이기지 않을 수 없는 것이다(雖欲不勝不可得也)."

70장
내 말은 매우 알기 쉽고 행하기 쉬우나

내 말은 매우 알기 쉽고 행하기 쉬우나 세상 사람들이 그것을 능히 알지 못하고 행하지 못한다. 말에는 근본이 있고 일에는 주인이 있는데 다만 그것을 알지 못하여 그런 까닭에 나를 알지 못한다. 나를 아는 자 드물고 나를 본받는 자 적으니, 이러하므로 성인은 누더기 속에 옥을 품고 있는 것이다.

吾言甚易知甚易行, 天下莫能知莫能行. 言有宗, 事有君, 夫惟無知, 是以不我知. 知我者希, 則我者貴矣. 是以聖人被褐懷玉.

아주 쉬워서 오히려 어려운 말

"오언吾言은 심이지甚易知하고 심이행甚易行이나 천하막능지天下莫能知하고 막능행莫能行이니니라. 언유종言有宗하고 사유군事有君이로되 부유무지夫惟無知라, 시이是以로 불아지不我知니라. 지아자희知我者希하고, 칙아자귀의則我者貴矣니 시이是以로 성인聖人은 피갈회옥被褐懷玉이니라." 이렇게 읽으면 될까요?

그래.

내 말은 매우 알기 쉽고 행하기 쉬우나 세상 사람들이 능히 알지 못하고 행하지 못한다는 말씀인가요?

그렇지. 노자의 말씀이 어디 어려운 데가 있는가? 고등 교육을 받지 못하면 무슨 말인지 알아들을 수 없는 그런 말씀이 있는가 말일세.

고등 교육을 많이 받을수록 알아듣기 힘든 말씀이지요.

그 얘길세. 예수님 설교 말씀도 그렇잖아? 씨 뿌리는 사람 이야기를 듣고 말이지 그게 도대체 무슨 말인지 알아듣지 못한 사람은 없거든. 그런데도 그게 무슨 얘긴지 그걸 알아듣는 자가 드물더라, 이런 얘기야. 그리고 말이지 어린애들처럼 아직 배운 데 없고 그래서 무식한 자들은 그분의 말씀을 알아듣는데 많이 배웠다는 식자층으로 올라갈수록 못 알아듣는 거라.

그들의 '지식'이 훼방을 놓아서 그런 것 아닙니까?

그래. 눈에 낀 비늘처럼 된 거지. 자기가 뭘 안다고 생각하는 바로 그게 탈이 되어서 정말 알아야 할 것을 모르게 만드는 거라.

'지식'을 쌓아두지 말아야 하는 까닭이 바로 거기 있군요?

쌓이는 거야 어쩌겠나? 문제는 그 놈한테 꽁꽁 묶이는 게, 그게 탈이지. 성철 스님이 공부하는 사람들한테 책 많이 읽지 말라고 하셨다지?

그러셨다더군요.

그 말을 곧이곧대로 들으면 큰일 날 소리지. 그렇게 말씀하신 당신은 오히려 책 많이 읽은 스님으로 유명하잖은가? 많이 읽지 말라는 말은 그렇게 읽어서 알게 된 문자 지식에 사로잡히지 말라는 말씀으로 새겨들어야 하지 않겠어?

제 경험으로도 몇 번인가 아, 이건 그분의 말씀이구나 하고 느껴진 그런 '말씀'을 마음으로 들은 기억이 나는데요, 그 말씀이란 게 언제나 아주 짧은 한 마디 또는 두 마디로 끝나고 또 아주 단순하더군요. 군에서 제대를 앞두고 뇌막염 후유증으로 말도 잘 못할 때였어요. 이런 몸으로 사회에 나아간들 무엇을 할 것이며 어떻게 살아갈 것인가 하고 잔뜩 고민하는 중이었는데, 어느 날 저녁 천지를 주홍색으로 물들이는 엄청나게 짙은 노을 속에서 "이현주, 네가 네 꺼냐? 왜 네가 걱정해?" 하는 음성을 들었습니다. 간단한 한 마디였는데 제 몸 안에 있던 모든 두려움과 근심을 씻은 듯이 사라지게 했지요. 지금도 그 순간을 잊을 수 없습니다. 하느님의 말씀은 논리도 아니요 설명도 아니라는 생각이 드는군요.

좋은 경험을 했네. 자네 말이 맞아. 진리의 말은 언제나 단순하지. 그리고 뭐냐 하면 쉬워. 무식한 놈은 알아듣지 못할 그런 말이 아닌 거라.

그런데 왜 세상 사람들이 알아듣지 못하고 또 그대로 하지 못하는 걸까요?

자네 생각에는 왜 그렇다고 보나?

말은 어떤 뜻을 담게 마련인데 그 뜻을 새겨듣지 못하고 따라서 그냥 말에만 매달리기 때문이 아닐까요?

알아들을 줄을 몰라서 못 알아듣는다, 이 말인가?

예.

노자의 설명도 비슷하구먼. "언유종言有宗하고 사유군事有君이로되 부유무지夫惟無知라, 시이是以로 불아지不我知니라", 말에는 종宗이 있고, 여기 종宗은 근본이라는 뜻일세, 그리고 말이지 일에는 그 일을 처음부터 끝까지 주관하여 다스리는 군君 그러니까 임금이 있다, 이 말이야. 그런데 그걸 모르는 거라. 이런 까닭에 "불아지不我知니라", 나를 모르느니라.

말을 듣기는 듣되 그 말에 담겨 있는 뜻을 모른다는 말인가요?

노자 그분 말 속에 담겨 있는 게 뭐겠나? 道 아니겠어? 그걸 들어야 하는데 말이지 그걸 담고 있는 틀인 '말'에 걸려가지고 말이야, 그래서 뭐냐 하면 실컷 듣고도 무슨 말인지를 모르는 거라.

『법보단경法寶壇經』의 머리말 부분에 나오는 한 마디가 생각납니다. "묘도妙道는 허현虛玄하여 불가사의不可思議니 망언득지忘言得之여야 단가오명端可悟明이리라", 묘한 道는 텅 비고 깊어서 머리로 이해할 수 없으니 그 말을 버리고 뜻을 얻어야 비로소 깨달음이 밝아지리라.

그래. 그런데 사람들은 말을 버리고 뜻을 얻는 대신 오히려 말에 사로잡혀 그 뜻을 잃어버리고 말거든. 노자의 말을 타고(乘) 道에 이르러야 하는 건데 그걸 못해. 그래서 쉬운 말인데도 알아듣지 못하는 거라.

알아듣지 못하니까 그대로 행하지도 못하겠지요.

말에 근본(宗)이 있듯이 일에도 주인(君)이 있어. 역시 道라고 해야겠지. 그걸 잡지 못하니까 말이지 맨날 뭐냐 하면 죽을 둥 살 둥 뭘 하긴 열심히 하는데 말짱 헛일이 되고 말아. 주인을 딱 만나기만 하면 아주 쉬운 일인데 그걸 못한다, 이 말이야.

예수님도 내 멍에는 쉽고 편하다고 하셨지요.

쉬운 일이지. 주인만 제대로 만나면 쉬운 일이야. 사람이고 가축이고 아니면 하다못해 도끼자루조차도 말이지 주인을 잘 만나면 힘들 것이 하나도 없거든.

맞습니다. 철수가 쓰는 칼은 아주 잘 들지요. 그런데 저는 칼을 갈면 갈수록 더 안 든단 말씀입니다. 철수가 칼 가는 걸 보면 아무렇게나 마구 가는 것 같은데요 그게 아주 정확하게 갈려서 빈틈이 없거든요. 역시 한평생 칼로 그림 그리는 화가는 다르더군요. 그러니 같은 칼이지만 철수를 만나면 일을 쉽게 할 것이고 저를 만나면 신세가 고되지 않겠습니까?

바로 그걸세. 사람이 제대로 임자(君)를 만나지 못해서 그래서 쉬운 일을 쉽게 하지 못하는 거라.

누더기 속의 옥

"지아자희知我者希하고 칙아자귀의則我者貴矣니" 나를 아는 자 드물고 나를 본받는 자 적으니, "시이是以로 성인聖人은 피갈회옥被褐懷玉이니라" 이런 까닭에 성인은 누더기 속에 옥玉을 품느니라, 이런 말인데……

선생님 책에는 '칙아자귀의則我者貴矣'로 되어 있습니까?

그래.

제 책에는 '칙아귀의則我貴矣'로 돼 있군요.

그렇게 돼 있는 본도 있더군. 그러면, 나를 아는 자가 드물어서 그래서 내가 귀하다는 말이 되는데 그것도 말이 훌륭하게 되지만 여기서는 역시 노자 당신의 道를 세상 사람들이 알아보지 못하고 따라하지 못한다는 사실을 얘기하는 게 본지本旨라고 보아, '칙아자귀의則我者貴矣'로 읽는 게 더 무난하겠네.

알겠습니다.

지난번에 자네가 말했지? 노자는 세속의 상식을 완전히 거꾸로 뒤집은 분 같다고. 바로 그걸세. 그래서 세상에는 그의 말을 제대로 알아듣는 사람도 드물고 그러니까 따라서 그를 본받는 자도 역시 드물 수밖에.

알아주는 자 없고 따르는 사람 없어서 외로우니까 그 모습이 마치 누더기를 걸친 초라한 나그네 같지만 그러나 속에는 옥구슬을 지니고 있다는 얘긴가요?

피갈회옥被褐懷玉이라! 그런 말이지. 한편, 성인은 자기가 지니고 있는 옥을 겉으로 드러내어 뽐내지 않고 누더기 속에 감춘다는 그런 의미로 읽을 수도 있네.

화광동진和光同塵이군요!

그래. 속에 보배가 있기 때문에 말이지 사람들이 겉모습만 보고 손가락질하며 웃어도 말이야 그게 하나도 노엽거나 분하거나 그러지를 않는 거라.

바울로 성인은 질그릇 같은 우리 속에 엄청난 보화가 담겨져 있다고 했지요.

보화가 바로 예수님 아닌가?

맞습니다.

그리스도인이 모름지기 피갈회옥被褐懷玉이어야 할 터인데 오히려 화려한 의상 속에 사리사욕만 가득 차 있다면 그런 엉터리가 어디 있겠나?

드릴 말씀이 없습니다.

71장
병을 병으로 알면 병을 앓지 않는다

알면서 모르는 것이 최상이요 모르면서 안다 함이 병이다. 다만 병을 병으로 알면 이로써 병을 앓지 않는다. 성인은 병을 앓지 않으니 그 병을 병으로 알기 때문이다. 그래서 병을 앓지 않는 것이다.

知不知上, 不知知病, 夫惟病病, 是以不病. 聖人不病, 以其病病, 是以不病.

알면서 모른다

이 장은 우리가 무엇을 안다는 게 과연 무엇인지, 그 '안다'는 것이 어째서 병이 되는지, 그런 걸 얘기하고 있구먼.

나는 내가 모른다는 사실을 안다고 말했다는 소크라테스가 생각납니다.

그게 '지知'의 최상이라는 얘길세.

토마스 아퀴나스Thomas Aquinas도 우리가 하느님에 대해서 가질 수 있는 최고의 인식은, 그분은 알 수 없는 분이라는 인식이라고 했다지요.

뭘 좀 깨달았다는 분들은 죄다 그렇게 자신의 '부지不知'에 도달하는 거라.

'무지無知'가 아니라 '부지不知'군요?

그래. 성인도 무지를 말하지만 그것은 아상我相에 눈이 멀어 실재(常)를 알아보지 못하는 그런 무지하고 다르지. 여기서 말하는 '부지不知'는 죄다 알면서 '나는 모른다'고 하는 거라.

왜 알면서 모른다고 하는 겁니까?

실제로 모르니까.

그럼 아는 게 아니잖아요?

알긴 알지.

그런 말이 어디 있습니까?

뭘 좀 알잖아? 그런데 '아, 내가 뭘 알았다!' 하고 말하면 말이지 그 순간에 그 알았다고 생각한 놈이 사라져버리거든. 아니면 일그러지거나, 도가道可道는 비상도非常道라고 하지 않았던가?

아, 그러니까 알긴 알지만 그걸 말로 표현하지 않는단 말이군요?

말로 표현하느냐 않느냐는 상관없어. 스스로 '알았다!'고 생각하거나 느끼기만 해도 이미 그건 아니올시다란 얘길세.

아슬아슬합니다.

뭘 좀 알았다고 깨닫는 순간에 이미 그 '깨달음'에서 떠났어야 하는 거라. 그 경지를 구차하게 말로 표현하자니 '알면서 모른다'고 할 수밖에 없잖아?

그게 바로 '지부지知不知'인가요?

그래.

어떤 책에서 읽었는데요, 우리 눈도 물상을 보면서 동시에 안 본다더군요. 무슨 말인고 하니, 물상이 망막에 비치는 것과 동시에 사라진다는 겁니다. 만일 사라지지 않으면 방금 전에 보았던 것이 지금 보고 있는 것에 겹쳐서 그 잔상 때문에 도무지 사물을 볼 수가 없다는 거예요. 방금 본 여자 얼굴이 망막에서 사라지지 않고 있으면 지금 보고 있는 나무하고 겹쳐서 뭐가 뭔지 모르지 않겠습니까? 이 동시 백지화 때문에 우리 눈이 사물을 제대로 볼 수 있다는 겁니다. 그걸 "보면서 안 본다"고 표현했더군요.

아주 적절한 예를 생각해 냈구먼. 바로 그 얘길세. 보면서 안 보니까 보는 거고 알면서 모르니까 참으로 아는 거라. 그래서 "지부지상知不知上이라", 알면서 모르는 것이 최상의 앎이라고 했지. 그런데 반대로 "부지지不知知는 병病이라", 쥐뿔도 모르면서 뭐냐 하면 아노라 하고 아는 척한단 말씀이야. 그게 병이라는 거라. 한번은 시내에 나갔다가 어느 필방에서 있었던 일인데 웬 사람이 낡은 서찰을 보여주면서 좀 읽어달라고 부탁을 해. 그래서 쭉 살펴보았더니 거기 몇 자는 초서로 갈겼는데 도무지 모르겠단 말이야. 할 수 있나? 이 자, 이 자는 무슨 자인지 모르겠소, 하면서 아는 대로만 대충 읽어드렸지. 그런데 한 구석에서 자초지종을 쭉 구경한 중학생쯤 될까 한 녀석이 뭐라고 한 마디 하는데 말이지 뭐라고 하는고 하니 "에이, 그런 것도 모르면서 무슨 서예가예요?" 그러더란 말이야. 순간 얼굴이 화끈했지만, 모르는 걸 모른다고 하지 그럼 안다고 하느냐? 하고 대답했지. 필방을 나와서 혼자 생각해 보니, 이거 내가 아무개 서예가라는 허명을 뒤집어쓰고 있는 게 아닌가 반성도 되면서 한편으로는 모르는 문자를 아는 척해서 얼버무릴 수도 있었는데 그래도 아는 척하지 않기를 참 잘했구나, 다행이다, 이런 생각이 드는 거라. 만일 아는 척했다면 중학생 녀석한테서 그런 맹랑한 소리를 듣지는 않았겠지만 그건 결국 거기 있던 사람들 모두를 속인 거고 그보다 먼저 나 자신을 속인 거란 말이야. 사람을 속인 것은 곧 하늘을 속인 것이고, 여기서 온갖 탈(患)이 생겨나지 않겠나?

그래서, 모르면서 아는 척하는 것이 병이라고 했군요?

병이지. 병은 사람을 죽이거든. 모르면서 아는 척하는 놈들 때문에 이 사회가 병들고 세상이 죽어가는 거라.

병을 병으로 알면

그런데 다음 구절은, 병이 병 아닐 수 있다는 얘기 아닌가요?

"부유병병夫惟病病이라, 시이是以로 불병不病이니라", 다만 병을 병으로 알면 병을 앓지 않는다는 얘길세. 모르면서 아는 척하는 게 병인데 자기가 시방 모르면서 아는 척하고 있다는 사실을 안다면 그때에는 그 아는 척하는 짓을 그만두지 않겠나? 그러면 병이 아닌 거지.

자연 치유법을 얘기하는 어떤 분의 말을 듣자니까, 우리가 '무슨 병 무슨 병' 하고 말하는 병은 병이 아니고 증세일 뿐이라고 하더군요. 예를 들어 생활 환경이 나쁘고 음식이 불결하면 복통이 나는데 복통은 증세일 뿐이고 진짜 병이라고 할 수 있는 것은 나쁜 환경과 불결한 음식을 개선하지 않는 그것이 진짜 병이라는 애깁니다.

그럴듯한 애길세. 몸에 열이 나면 열나는 것 자체가 병이 아니라 열나게끔 한 그 무엇이 병이라는 애기 아닌가?

맞습니다. 그러기에 열을 떨어뜨리는 쪽으로 처방을 할 게 아니라 무엇이 열을 나게 하는지 그것을 찾아내어 그 원인을 없애주는 처방을 해야 한다는 거지요.

그거야 상식 아니겠어?

그런데 그분 애기는 이 상식이 서양 의학에서는 잘 통하지 않는다는 겁니다. 예를 들어, 몸에 열이 나는 것은 자기 몸의 이상을 스스로 고치기 위해서 열이 나는 거니까 오히려 열을 더욱 잘나게 도와줘야 하는 건데 병원에서는 우선 얼음으로 열을 떨어뜨리는 일부터 한다는 거지요. 비유하면 아군을 도와야 할 터인데 오히려 박멸한다는 겁니다.

글쎄, 그렇게 말할 수 있는 일면도 있기는 하겠지만 몸에 나는 모든 열이 다 그런 것이라고는 말할 수 없지 않겠나? 뭔가, 이럴 수도 있다, 이럴 수도 있지 않을까, 뭐 이런 투로 말하는 건 좋지만 뭐든지 단정해서 이건 이렇다 저건 저렇다 하고 말이지 단정해서 끝내버리는 말투는 좋지 않구먼. 그게 바로 '부지지不知知' 일 수 있거든.

알아듣겠습니다. 요는 지적인 겸손을 말씀하시는 거군요?

알면서 "모르겠습니다" 하고 짐짓 모르는 척하라는 게 아닐세. 그건 또 다른 위선일 수 있어. 지적으로 겸손하게 굴라는 차원도 아니지. 자기가 안다고 생각한 것이 결코 완전한 앎이 아니라는 사실을 깨달아 알라는 거야.

사람이 왜 모르면서 아는 척할까요? 그게 병이라는 사실을 알면서도 말입니다.

알긴 알되 몸으로 알지 못하고 머리로만 알거든. 그러니 아는 것하고 하는 것하고 따로따로 놀 수밖에. 모르면서 아는 척하는 이유야 다른 데 있겠나? 사람들 앞에서 자기가 유식하다는 것을 드러내려는 그런 속셈 때문 아니겠어?

왜 유식을 드러내려고 할까요?

온 세상이 유식한 놈을 떠받들고 상을 주고 그러잖아?

그 안다고 하는 것이 사실은 제대로 아는 것도 아닌데 그런단 말씀이지요?

그래, 온 세상이 병든 거라.

깨달은 사람이라면 그에게는 유식을 자랑할 '자기'도 없지 않습니까?

없지.

결국은 사람이 진리를 깨닫지 못한 데서 이런 모든 병통이 생겨나는 거군요?

진리를 알면 자유롭게 된다고 예수님이 그러셨지. 병을 병으로 안다는 말은 병의 근원을 안다는 말이고 그건 곧 진리를 바로 보았다는 얘기 아니겠어?

그 병의 근원이란 곧 '나' 아닙니까?

바로 그걸세. 그래서 "성인聖人은 불병不病이니 이기병병以其病病이라", 성인은 병을 앓지 않으니 그 까닭은 병을 병으로 알기 때문이란 말이야. "시이是以로 불병不病이니라", 이런 까닭으로 병을 앓지 않느니라. 진리를 알면 병한테서도 자유거든.

72장
사람들이 위엄을 두려워하지 않으면

사람들이 위엄을 두려워하지 않으면 큰 위엄이 닥친다. 그 머무는 곳을 좁다 여기지 말고 그 사는 바를 싫어하지 말아라. 다만 싫어하지 않기에 이로써 싫지 않게 되는 것이다. 이런 까닭에 성인은 스스로 보되 그 보는 바를 드러내지 않고 스스로 사랑하되 그 사랑하는 바를 귀하게 여기지 않는다. 그러므로 저것을 버리고 이것을 잡는다.

民不畏威, 大威至矣. 無狹其所居. 無厭其所生. 夫惟不厭, 是以不厭. 是以聖人, 自知不自見, 自愛不自貴, 故去彼取此.

겁 없는 사람들

"민불외위民不畏威면 대위지의大威至矣니라", 사람들이 위엄威嚴을 두려워하지 않으면 말이지 그러면 큰 위엄이 닥친다, 이 말이야.

여기 '위威'는 무엇이고 '대위大威'는 무엇입니까?

앞의 것은 임금의 위엄이고 뒤의 것은 하늘의 위엄이라고 푸는 사람도 있더군. 딱히 그렇게 나눠놓고 볼 건 없다고 생각하네. 공자님은 『논어』「계씨季氏」편에서 군자가 두려워할 것이 세 가지 있으니 하나는 천명이요 둘은 德 있는 사람이요 셋은 성인의 말씀이라고 하셨지. 이어서 소인小人은 천명을 몰라 두려워하지 않고 德 있는 사람에게 버릇없이 굴고 성인의 말씀을 모독한다고 하셨어. 사람들이 이렇게 마땅히 두려워할 것을 두려워하지 않으면 말이지 그 결과로 더 크게 두려운 일이 닥친다는, 그런 얘기라고 봐야겠지.

제 생각에는 요새 사람들이야말로 겁 없이 사는 사람들 같습니다. 만고에 겁나는 게 없어요.

그래. 그렇게 됐더군.

이게 모두 신을 죽여버리고 그 자리에 인간 자신을 세운 결과 아닐까요? 인간이 바야흐로 신이 된 거지요.

그러나 인간은 신이 아니잖어?

옳습니다. 그러니까 이 겁 없는 인간들은 결국 제가 만든 '환상' 위에서 예약된 죽음을 향해 춤을 추면서 달려가는 거지요.

자네 표현이 그럴듯한데 조금 말재주를 부리는군.

죄송합니다.

말은 될 수 있는 대로 소박하게 하는 게 좋지.

어찌 말만 그렇겠습니까?

그래. 생각도 행동도 그저 단순 소박해야 하네.

유념하겠습니다.

아무튼지 자네 말대로 요즘 사람들은 전보다 훨씬 더 겁이 없어진 것 같아. 내 생각에는 그게 모두 갈수록 자연에서 멀어지게 하는 현대 문명 탓이 아닐까 하네.

자연한테서 멀어진다는 건 결국 자기의 뿌리한테서 멀어진다는 얘기겠지요?

그런 뜻이지. 하느님한테서 멀어지는 거라. 道를 멀리 벗어나는 거고.

그런데 왜 그것이 겁을 없게 만드는 걸까요?

자네하고 내가 시방 '겁이 없다'는 말을 했는데 그 말의 뜻을 먼저 생각해 보는 게 좋겠군. 겁이 없다는 말이 무슨 말인가?

함부로 산다는 말 아닐까요?

삼가는 법 없이, 닥치는 대로 되는 대로 그렇게 마구 살아간다는 말인가?

예.

그래. 그러니까 그건 뭐냐 하면 자기의 삶을 포기한 거라. 삶에 대해서 이미 죽어 있는 거야. 송장이 뭘 겁내겠어? 겁날 게 없지.

그렇군요.

그런데 바로 그런 생활 태도가 말이지, 그게 훨씬 더 큰 엄청난 위엄을 초래한다는 것 아닌가? 사람들이 자연을 함부로 대하고 이건 뭐 오늘 하루 살다가 죽으면 그만이라는 듯이 세상 천지에 겁날 게 없다는 듯이 그렇게 되는 대로 살아가는 바람에 시방 지구 전체가 몸살을 앓고 있지 않어? 몸살 정도가 아니지.

옳으신 말씀입니다. 이대로 가면 틀림없는 파멸인데도 그걸 뻔히 내다보면서 브레이크 고장난 자동차를 타고 내리막길을 달리는데 그 안에서 먹고 마시고 즐기고 떠들고 노래하고 야단이지요. 뭘 믿고 그러는지……

믿긴 뭘 믿나? 아무것도 믿지 않으니까 그러는 거지.

그러니, 그 자동차를 어쩔 수 없이 함께 타고 있는 저는 어찌 하면 좋습니까?

차에서 내리면 되지 않겠어?

어떻게 내리지요?

사람들 살아가는 방식하고 정반대로 살아가는 수밖에, 다른 수가 없잖나?

제가 그런다고 해서 이 자동차가 파멸을 피하겠습니까?

못 피한다면? 그러니까 자네도 그들처럼 차라리 파멸로 가는 행진을 즐기겠다는 건 아니겠지?

물론입니다.

바로 그 얘길세. 지구가 머잖은 장래에 핵폭발로 조각이 날는지 그건 모를 일이야. 그러나 내일에 무슨 일이 일어날 것인가 때문에 말이지 오늘 내가 마땅히 살아야 할 삶의 길을 바꾸거나 포기해서는 안 되는 거라. 그건 道를 좇아서 살아가는 사람의 길이 아니거든.

그래도 문득문득 온 세상이 썩었는데 나 혼자 뭘 중뿔나게 잘난 척하겠다는 건가 하는 생각이 납니다. 병일까요?

병이지. 그걸 병인 줄 알면 돼. 결과를 미리 내다보고 일에 착수하는 것, 이게 모두 뭐냐 하면 자본주의 물질문명에 오염된 현대병이라는 걸세. 사람은 그저 천명에 순順하여 살아가면 돼. 나중에 어찌 될까 미리 걱정하지 말고. 그게 바로 '오늘'에 '영원'을 사는 것 아니겠나?

알겠습니다.

싫어하지 않으면 싫어하지 않게 된다

그럼 어떻게 해야 하느냐? "무협기소거無狹其所居하고 무염기소생無厭其所生이니라", 그 머물러 있는 곳을 좁다 하지 말고 그 사는 바를 싫어하지 말아라, 이 말이야.

사는 바를 싫어한다는 말이 무슨 뜻입니까?

여기 '소생所生'을 대개, 살아가는 수단 그러니까 생업 정도로 풀더군. 자기 직업을 싫어하지 말라는 얘기가 되지. 뭐냐 하면 자기가 살고 있는 자리를 좁다 하지 말라는 말이나 생업을 싫어하지 말라는 말이나 그게 그러니까 자신의 처지에 만족하라는 얘기 아니겠어?

지금 살고 있는 자리에 만족하지 못하니까 다른 데를 찾아 헤매게 되고 지금 하는 일에 만족하지 못하니까 계속 다른 일거리를 찾게 되고, 그래서 결국은 파멸로 가는 자동차에서 뛰어내리지 못한다는 말이 되는 겁니까?

바로 그런 행동이, 그러니까 그렇게 다른 일을 찾아 헤매는 일이 곧 지구를 파멸로 몰고 가는 원동력이라는 얘기지. 저 엄청나게 쏟아져나오는 자동차를 보라구. 저게 모두 불가피한 필요 때문에 부득이해서 만들어내는 게 아니잖어? 사람 살아가는 데 아무 상관도 없는, 아니지 상관이 없는 게 아니라 오히려 해가 되는 허영심 때문에 계속 뭐냐 하면 이른바 신형 모델이 쏟아져나오는 거라. 집도 마찬가지고 옷도 마찬가지고 다 그 모양이거든. 있는 것으로 만족할 줄을 몰라서 그래서 계속 필요하지도 않은 것들을 만들어내게 되고 결국 그 바람에 지구 생명이 엄청난 '대위大威'에 시방 직면하게 된 거지. 그러니까 그 엄청난 위엄에서 피할 수 있는 길은 저마다 저 살고 있는 곳을 좁다고 여기지 않고 자기 하는 일을 싫어하지 않는 거기에 있다는 걸세.

그러면, 무협기소거無狹其所居하고 무염기소생無厭其所生하는 비결은 무엇일까요?

역시 道를 깨치는 수밖에. 문 밖을 나서지 않고 천하를 안다 하지 않았어? 자기 안방이 우주거든. 선승들이 몇 년씩 대문을 잠그고 문밖 출입을 않아도 말이지 갑갑해하거나 병이 나거나 그러지 않는 것은 그 안에서 우주를 노닐고 있기 때문 아니겠나? 그리고 道와 함께하면 제가 하는 일이 모두 하느님 일인데 싫증낼 까닭이 없잖아? 이치가 그런 거라.

"부유불염夫惟不厭이라 시이是以로 불염不厭이니라" 했는데요, 무슨 뜻입니까?

노자를 읽는 사람마다 이 대목에서 풀이가 다르더군. 내 생각에는, 스스로 싫증내지 않으면 싫증나지 않는다는 말로 읽는 게 어떨까 싶네. 모든 것이 마음에서 나온다고 하지 않던가? 내가 스스로 좋아하다 보면 말이지 그것이 절로 좋아지는 경우가 있거든. 스스로 하는 '불염不厭'이 저절로 되는 '불염'을 가져다준다고 할까?

스스로 알되 드러내지 않고

"시이是以로 성인聖人은 자지부자현自知不自見하고 자애부자귀自愛不自貴하니 고故로 거피취차去彼取此니라", 이런 까닭에 성인은 스스로 알되 스스로 드러내지 않고 또 뭐냐 하면 스스로 사랑하되 스스로 귀하게 여기지를 아니하니 그러므로 저것을 버리고 이것을 취한다, 이 말이야.

무슨 뜻입니까?

성인은 말이지 누가 안 가르쳐줘도 스스로 알아. 그러나 그 아는 바를 드러내어 뽐내는 일이 없어. 그냥 자기가 알고 있는 것을 그대로 살아가는 거라. 그걸 구태여 자랑스럽게 드러내어 광고하지 않는단 말이지.

『금강경오가해金剛經五家解』에 보니까 야보冶父선사의 이런 게偈가 있더군요.

방복은명주蚌腹隱明珠요
석중장벽옥石中藏碧玉이라
유사자연향有麝自然香이어늘
하필당풍립何必當風立이리오

조개 속에 진주가 숨어 있고
돌 속에 푸른 옥이 감추어져 있다
사향을 지녔으니 절로 향이 풍길 터
구태여 바람 앞에 서 있을 게 무엇이랴

좋구먼. 뭔가 진짜를 지닌 사람은 될수록 그걸 감추는 법이지. 하다못해 골동품이나 다이아몬드 패물도 그러잖는가? 아무리 감추어도 속에서 나오는 향을 숨길 수 없는데 무엇 때문에 그걸 꺼내서 자랑을 해? 일부러 드러내 자랑하면 그건 벌써 진위가 수상쩍은 거라.

요즘 같은 광고 시대에 또 '웃기는 소리'를 하시는군요?

하는 수 없잖어? 그리고 또 성인은 스스로 사랑하되 뭐냐 하면 그 사랑하는 걸 귀하게 여기지 않는다는 얘길세. 그냥 사랑할 뿐이야. 누가 사랑하라고 해서 사랑하는 것도 아니고 스스로 사랑해야겠다고 생각해서 사랑하는 것도 아니지. 유수하산비유의流水下山非有意라, 흐르는 물이 산 아래로 내려가는 것은 무슨 속셈이 따로 있어서가 아니라고 했잖았나? 그거지. 그거야. 그냥 사랑하는 거라.

하느님이 우리를 사랑하시듯이요?

그래. 하느님은 당신이 바로 사랑 자체니까 그냥 사랑하시는 거지.

사랑 말고는 하느님이 하실 수 있는 게 없지요.

말 되는군. 그러니까 뭐냐 하면 그 사랑하는 대상을 따로 귀하게 여기지 않는다는 그런 말이야.

그 말씀은 어떤 대상이 사랑스러워서, 귀해서 사랑하는 게 아니란 뜻입니까?

그런 뜻도 되지. 하느님한테는 모든 것이 다 같지 않겠어? 소중한 것이 따로 없는 거라. 확연무성廓然無聖이 불지佛地라고 달마가 말했지. 깨친 세계, 그 거칠 것 없이 넓은 세계에서는 따로 이것이 거룩하다고 말할 게 없단 말이야. 부처의 땅에서는 모든 것이 다 거룩하니까.

깨우친 사람은 모든 것을 사랑하지만 그 사랑이 어떤 의도가 없이 완전 무위로 하는 사랑이기 때문에 사랑하는 대상을 따로 귀하게 여기지 않는다는 말이군요?

그래.

그래서 저것을 버리고 이것을 잡는다고 했는데요, 저것은 무엇이고 이것은 무엇입니까?

여러 가지로 읽을 수 있겠지. 자네 스스로 생각해 보게나. 자네라면 어떤 것을 버리고 어떤 것을 잡겠는가?

73장
하늘 그물은 성기어도 빠뜨리는 게 없다

억지로 하는 데 용감하면 죽고 억지로 하지 않는 데 용감하면 산다. 이 둘은 혹 이롭고 혹 해롭거니와 하늘이 미워하는 바를, 그 까닭을 누가 알겠는가? 이런 까닭에 성인도 오히려 어렵게 여긴다. 하늘의 道는 싸우지 않고서도 잘 이기고 말하지 않고서도 잘 응하며 부르지 않아도 스스로 와 있고 느릿느릿한데도 계획에 빈틈이 없다. 하늘 그물은 넓어서 성기어도 빠뜨리는 게 없다.

勇於敢則殺, 勇於不敢則活. 此兩者, 或利或害, 天之所惡, 孰知其故. 是以聖人, 猶難之. 天之道, 不爭而善勝, 不言而善應, 不召而自來, 繟然而善謀. 天網恢恢, 疎而不失.

억지로 하는 데 용감하면

"용어감즉살勇於敢則殺이요 용어불감즉활勇於不敢則活이니라", 억지로 하는 데 용감하면 죽고 억지로 하지 않는 데 용감하면 산다, 이 말이야.

여기 '날랠 감敢'을 억지로 하는 것으로 풉니까?

뭐가 앞을 가로막고 있는 데 그 놈을 무릅쓰고 하는 거라.

道를 좇아서 일하는 것과는 정반대군요?

그래. 도인道人은 무엇이든지 억지로는 하지 않는 법이야. 그게 아무리 자기와 모든 사람에게 이利를 보장해 준다 하더라도 말이지.

마지못해서 하는 것과 억지로 하는 것은 어떻게 다릅니까?

여기서 억지로 한다는 말은 하기 싫은 걸 억지로 한다는 뜻이 아니라 안 되는 걸 억지로 한다는 뜻이니까, 그러니까 마지못해서 하는 것하고는 정반대가 되겠지.

그런데, 그렇게 억지로 하는데 겁이 없으면 죽인다는 말입니까?

여기 '살殺'은 죽인다로 읽어도 되겠지만 죽는다로 읽는 게 뒤의 '활活'하고 짝이 맞겠지. 뭐가 안 되게끔 돼 있는 걸 말이지 어떻게든 성취해 보겠다는 욕심에서 억지를 부리잖아? 그러면 결국 깨지는 거라.

반면에 억지로 하지 않는 데 용감하면 산다고 했는데요, 억지로 하지 않는 데도 용기가 필요합니까?

필요하지. 더욱이 요즘 같은 성공병 전염 시대에는 무슨 일을 억지로 하지 않는 게 여간 힘든 일이 아닌 거라. 모든 일을 오직 순리로 진행한다고 생각해 봐. 아마 직장에서 쫓겨나기 십상일 게야.

그래도 그렇게 하면 산다는 거군요?

그렇지. "차양자此兩者는 혹리혹해或利或害하니 천지소오天之所惡를 숙지기고孰知其故리오?" 위의 두 가지는 말이지, 그러니까 어떤 사람은 억지를 부리는 데 용감하고 어떤 사람은 억지를 부리지 않는 데 용감하고 그런데 말이야, 반드시 누가 이利를 얻고 누가 해를 입는다고 단정해서 말할 수가 없다, 이 말이야.

그건 좀 이상하지 않습니까? 당연히 억지를 부리는 자는 해를 입고 그렇지 않은 자는 이利를 보아야 하는 것 아닌가요?

그게 우리 생각으로는 마땅히 그래야 하지만 말이지 세상 일을 잘 살펴보라구. 어디 우리가 마땅하다고 생각하는 대로 돌아가는가? 오히려 그와 반대로 되는 경우가 더 흔하지. 착한 사람이 일찍 죽는가 하면 누가 봐도 악독한 짓을 하는 친구가 오래 사는데다가 재물도 많고 건강하고 온갖 복을 다 누리잖어?

맞습니다.

그래서 "혹리혹해或利或害하니 천지소오天之所惡를 숙지기고孰知其故리오?" 혹은 이롭고 혹은 해로우니 하늘이 미워하는 바를, 누가 그 까닭을 알겠느냐? 하늘이 아무개를 미워하는지 아닌지 미워하면 그 까닭이 어디 있는지, 그걸 알 사람이 없다는 거라.

성경에도 바울로 성인이 로마에 있는 신자들에게 보낸 편지에서, "오! 하느님의 풍요와 지혜와 지식은 심오합니다. 누가 그분의 판단을 헤아릴 수 있으며 그분이 하시는 일을 이해할 수 있겠습니까?" 이렇게 말하고 나서 이사야의 말씀을 인용하지요. "누가 야훼의 뜻을 좌우할 수 있었으며 좋은 의견으로 그를 가르칠 수 있었느냐?" 「이사야서」의 이 구절 앞에는 또 이런 말이 있습니다. "누가 바닷물을 손바닥으로 되었느냐? 하늘을 장뼘으로 재었느냐? 땅의 모든 흙을 말로 되었느냐? 산을 저울로 달고 언덕을 천평으로 달았느냐?" 요컨대 인간의 능력으로는 하느님이 하시는 일을 알 수도 없고 이해할 수도 없고 미리 점치거나 판단할 수는 더욱이 없다는 겁니다.

바로 그 얘길 시방 노자께서 하고 계시는 걸세. "시이是以로 성인聖人이 유난지猶難之니라", 그래서 성인이 오히려 그것을 어렵게 여긴다, 이 말이야. 성인이 그럴진대 보통 사람이야 말할 게 뭐 있느냐는 얘기지.

새지 않는 그물

하늘 뜻 헤아리는 것을 어렵게 여긴다는 말씀이지요?

그래. 인간의 경험이나 지혜로는 도무지 알 수 없는 게, 그게 하늘의 경륜이라는 말이야. 그런데 그 하늘의 경륜은 어떠한고 하니, "천지도天之道는 부쟁이선승不爭而善勝하고" 하늘의 道는 싸우지 않고서도 잘 이기고, "불언이선응不言而善應하며" 말하지 않고서도 잘 응하며, "불소이자래不召而自來하고" 부르지 않아도 스스로 오고, "천연이선모繟然而善謀하느니라" 느릿느릿하면서도 빈틈 없이 짜여 있느니라. 하늘이 누구와 맞서서 다투는 걸 봤어? 그런 일은 있을 수 없지. 그런데도 누가 하늘을 이겼나? 아무도 하늘을 이긴 놈은 없는 거라. 또 공자님 말씀대로 하늘이 무슨 말을 하던가? 아무 말 없지. 그런데도 사시四時가 행언行焉이요 백물百物이 생언生焉이라, 봄 여름 가을 겨울은 영락없이 제 길을 가고 온갖 생물이 하늘의 명을 좇아 태어나거든. 누가 일부러 부르지 않아도 하늘은 스스로 거기 벌써 와 있고 하늘이 일하는 모양은 답답할 지경으로 더뎌서 느릿느릿 마치 아무 일도 안 하는 것 같지만 말이야 그렇지만 그 계획에는 빈틈이 없어. 그게 하늘의 道라는 얘길세.

정말로 답답하게 여겨질 때가 많습니다. 하느님이 살아 계신다면 어째서 저런 일이 일어나게 그냥 두실까 싶은 그런 일이 일어날 때마다 하느님이 과연 살아 계신 건지 의심까지 하게 되거든요.

그래서 성급한 인간들이 스스로 하느님 노릇을 대신할 생각을 하고 말이지 자기네가 하느님의 뜻을 실천한다면서 온갖 터무니없는 짓을 하는 거라.

그 결과로 생겨난 것들 가운데 대표적인 게 십자군 전쟁을 비롯한 이른바 종교 전쟁 아니겠습니까?

그래.

얼마 전에 어떤 사람이, 학생들이 자기를 배척하는데도 굳이 교수로 취임하겠다고 고집하는 바람에 시끄러운 학내 분규 사태가 번진 일이 있었어요. 제가 어느 사석에서, 그 친구는 배알도 없나? 자기한테 배우지 않겠다는 놈들한테 굳이 너희를 가르쳐야겠다고 고집을 부린단 말이야, 했더니 그 자리에 있던 후배가, 형님 정말로 배알이 없는 건 아무개가 아니라 하느님이요, 하는 겁니다. 듣고 보니 정말 하느님이야말로 그런 분이라는 생각이 들더군요.

인간의 사사로운 정하고는 너무나도 까마득하게 차원이 다른 분이시지. 그래서 천지불인天地不仁이라, 천지는 자애롭지 않다고 하지 않았던가? 나쓰메 소세끼夏目漱石의 어느 소설에 "칙천거사비인정則天去私非人情"이란 말이 나오네. 하늘을 본받아 '나'를 버리고 사람의 감정에 사로잡히지 말라는 뜻인데, 사람의 감정만큼 변덕스러운 것도 사실은 없거든. 그러니 그걸 갖고 어떻게 감히 하느님의 경륜을 저울질하거나 진단할 수 있겠느냐, 이 말이야.

그러니 결론은 모든 일을 하늘의 경륜과 처분에 맡기자는 얘기가 되는 겁니까?

말하자면 그런 얘기지. "천망天網은 회회恢恢하여 소이불실疎而不失이니라", 하늘 그물은 코가 넓어서 성기어도 빠뜨리는 게 없느니라. 사람이 만든 법망은 촘촘해서 도무지 물샐틈없어 보이지만 말이지 언제나 보면 빠져나갈 놈 죄다 빠져나가잖어? 사람이 하는 짓이 늘 그런 정도지. 반면에 하늘의 법망은 그 코가 너무 넓어서 뭐 어디 걸릴 데가 없어 보이지만 말이야 그런데 그 있는 것 같지도 않은 하늘 그물에서 빠져나갈 자가 없거든.

사람으로서 이런 '하늘'을 닮을 수 있을까요?

있지. 인법지人法地요 지법천地法天이라고, 사람은 땅을 본받고 땅은 하늘을 본받았다 했으니 사람이 제 본디 모습으로 돌아만 가면 이미 하늘을 닮아 있지 않겠어? 예수님이야말로 그 모범이시지. 그분이 부활하신 뒤에 승천하셨다는 얘기는 결국 뭐냐 하면 '하늘'이 되셨다는 얘기 아닌가?

74장
백성이 죽는 것을 겁내지 않는데

백성이 죽는 것을 겁내지 않는데 어떻게 죽이는 것으로 그들을 겁줄 수 있겠는가? 백성으로 하여금 죽음을 두려워하게 하고 나서 못된 짓 하는 자를 잡아다가 죽이면 누가 감히 그런 짓을 하랴? 언제나 죽이는 일을 맡은 자가 죽이는 법이니, 무릇 죽이는 일 맡은 자를 대신해서 죽이는 것을 일컬어 큰 목수 대신 나무를 벤다고 하거니와 큰 목수를 대신해서 베는 자는 손을 다치지 않는 경우가 거의 없다.

民不畏死, 柰何以死懼之. 若使民常畏死, 而爲奇者, 吾得執而殺之, 孰敢. 常有司殺者殺, 夫代司殺者殺, 是謂代大匠斲, 夫代大匠斲者, 希有不傷手矣.

잘못된 바탕

역시 앞 장 내용을 이어, 백성을 다스리고 벌주고 하는 일은 하늘만이 완벽하게 할 수 있는 일이고 이른바 그것을 대신한다고 하는 위정자들이 잘못될 가능성을 지적했다고 보면 되지요?

그렇지. 이 장은 독립된 두 이야기가 한 자리에 수록되어 있다고 보는 게 좋겠구먼. 민불외사民不畏死에서 숙감孰敢까지를 그 중 하나로 보고 나머지를 다른 하나로 보는 거야. 굳이 연결하면 연결이 안 될 것도 없지만 말이지, 백성이 죽음을 두려워하지 않는다는 이야기가 바로 다음 장에 나오거든.

동감입니다. 그럼, 첫 번째 이야기부터 읽어볼까요?

"민불외사民不畏死에 내하이사구지奈何以死懼之리오? 약사민상외사若使民常畏死하여 이위기자而爲奇者를 오득집이살지吾得執而殺之면 숙감孰敢이리오?" 백성들이 죽는 걸 겁내지 않는데 어떻게 죽이는 걸로 그들을 겁줄 수 있겠느냐, 백성들로 하여금 보통 때에 죽는 걸 겁내게 만들어놓고 그런 다음에 못된 짓 하는 자를 잡아다가 죽인다면 누가 감히 못된 짓을 하겠느냐? 이런 말이구먼.

백성이 왜 죽는 걸 겁내지 않을까요?

이판사판이라는 말들 하잖어? 세상이 막돼가니까 죽기 아니면 살기라는 마음으로 겁 없이 일을 저지른단 말이야.

그래서 죽는 걸 두려워하지 않는다는 얘기군요?

다음 장에, 왜 백성이 죽음을 겁내지 않는지 설명이 나오네. 한마디로 위에서 다스리는 자들이 잘못해서 그런 일이 생긴다는 거라. 노자는 철저하게 세상이 잘못된 원인을 통치자들한테서 보거든. 사실이 그렇지 않는가? 아래 백성들이 잘못해서 망한 나라가 세상에 있어?

없지요.

스스로 자기를 뽐내고 남의 어깨 위에 올라가기를 좋아해서 말이지 그래서 결국 '출세'를 한 소위 똑똑한 놈들이 나라를 망치잖어?

맞습니다.

그자들이 그게 부도不道라, 그래서 덩달아 나라까지 뭐냐 하면 조이早已하는 거지.

정치가 어지러워지니까 백성이 죽는 걸 겁내지 않게 되었고 그런 마당에서는 사형이니 뭐니 암만 엄하게 해봤자 말짱 헛일이라는 얘기군요?

바로 그 얘길세. 노자가 이 글을 남길 무렵은, 아직 장자의 시대만큼 심하게 되지는 않았지만, 혹독한 형벌로 백성을 엄하게 다스리는 법가法家의 통치술이 유행하기 시작한 때였지. 시방 노자는 그런 통치술의 무용함과 근본적인 잘못을 지적하고 있는 거라.

백성으로 하여금 죽는 걸 겁내지 않고 함부로 죄를 짓게 만들어놓고서 벌을 내려 사형에 처한다고 한들 그게 무슨 소용이 되겠느냐는 얘기가 되겠습니다.

그래. 그러니까 위에서 정치를 잘해서 백성을 정상이 되게 한 다음에 잘못한 놈을 벌주면 감히 누가 다시 못된 짓을 하겠느냐, 이런 말일세.

결국 또 근본으로 돌아가는군요.

모든 일을 그 자리에서 보는데, 근본의 자리에서 하느님의 자리에서 보는데, 그런데 달리 어떻게 말할 수 있겠나? 어떤 일이나 사물이나 사건이나, 항상 저 깊은 근본에서 보는 거라. 바탕에 서서 보는 거지. 바탕이라는 게 그게 더 내려갈 데가 없는 밑바닥 아닌가?

그리고 더 올라갈 데가 없는 꼭대기지요.

물론! 거기가 '종宗'인 거라. 모든 일을 그 자리에서 보면 말이야 잘

못 볼 수가 없지.

두 번째 이야기로 넘어갈까요?

하늘을 대신한다는 자들

"상유사살자살常有司殺者殺이니", 언제나 죽이는 일을 맡은 자가 죽이는 법이니……

'사살자司殺者' 가 죽이는 일을 맡은 자란 말입니까?

그래.

그게 누굽니까?

사람 살리고 죽이고 하는 게 누군가? 하늘이지. 중국 사람들은 인간의 수명을 관장하는 별이 있다고 보고 그 별 이름을 '사명司命' 이라고 했어. 여기 '사살司殺' 을 그것과 같다고 보는 게 좋겠네. 사람 죽이는 일은 하늘이 맡아서 하는 것인데 "부대사살자살夫代司殺者殺을 시위대대장착是謂代大匠斲이라 하거니와 부대대장착자夫代大匠斲者는 희유불상수의希有不傷手矣니라", 무릇 죽이는 일 맡은 자를 대신해서 죽이는 것을 일컬어 큰 목수를 대신해서 나무를 벤다고 하거니와 큰 목수를 대신해서 베는 자는 손을 다치지 않는 경우가 거의 없다, 이런 말이야.

여기 '사살자司殺者' 인 하늘을 대신해서 죽이는 자를 사형 집행인으로 보면 될까요?

망나니쯤이야 그게 어디 '칼' 이지 '사람' 인가? 교도소에서 교수형을 집행하는 하급 관리에 지나지 않는데.

결국 임금이 되는군요?

그렇게 봐야지. 그들 스스로 제가 하늘을 대신한다고 하지 않던가?

요즘 말로 하면 민심의 대변자요 국민의 대표라는 자들이 그들이지요.

그래. 그들이 감히 '하늘'의 일을 대신한다고 하는데 말이지 그러다가 결국 제 몸에 상처를 입히지 않을 수 없게 된다는 그런 얘길세. 노자의 사형 폐지론이라고나 할까?

그러고 보면 백성이 죽음을 겁내지 않는다는 얘기하고 연결이 잘 되는 것 같습니다. 요컨대, 바탕은 엉망으로 해놓고 사형 제도쯤으로 뒷수습을 한다는 게 말이 안 된다는 얘기 아닙니까?

그렇구먼. 그렇게 연결하니까 또 좋네.

75장
백성이 굶는 것은 세금을 많이 걷기 때문이다

백성이 굶주리는 것은 위에서 세금을 많이 거두기 때문이다. 그래서 굶주리는 것이다. 백성을 다스리기 어려운 것은 위에서 유위有爲로 다스리기 때문이다. 그래서 다스리기 어려운 것이다. 백성이 죽음을 가벼이 여기는 것은 위에서 어떻게든 살려고 하기 때문이다. 그래서 죽음을 가벼이 여기는 것이다. 삶으로써 아무 일도 하지 않는 것이 삶을 귀하게 여기는 것보다 낫다.

民之飢, 以其上食稅之多, 是以飢, 民之難治, 以其上之有爲, 是以難治. 民之輕死, 以其上求生之厚, 是以輕死. 夫惟無以生爲者, 是賢於貴生.

위에서 꾀를 부리면 아래에서도 부린다

"민지기民之飢는 이기상식세지다以其上食稅之多라, 시이是以로 기飢니라. 민지난치民之難治는 이기상지유위以其上之有爲라, 시이是以로 난치難治니라. 민지경사民之輕死는 이기상구생지후以其上求生之厚라, 시이是以로 경사輕死니라. 부유무이생위자夫惟無以生爲者는 시현어귀생是賢於貴生이니라."

"민지기民之飢는 이기상식세지다以其上食稅之多라", 백성이 굶주리는 것은 위에서 세금을 많이 뜯어먹기 때문이라. "시이是以로 기飢니라", 이런 까닭에 굶주린다는 말인가요?

그래. 위에서 나라를 다스리는 자들은 백성이 생산한 것을 먹고 살게 돼 있잖아? 저들이 뭐냐 하면 논에 나가 모내기를 하거나 산에 가서 나물을 뜯거나 물에 들어가 고기를 잡거나 그러지는 않는단 말이야. 그들이 나라를 경영한다고 하면서 법도 만들고 전쟁도 꾸미고 말이지 그러는 동안 백성은 일을 하는 거라. 그러면서 세금이라는 이름으로 생산한 것들 가운데 일부를 걷어다가 소위 윗사람들을 먹여살리는 거지. 어차피 윗사람 아랫사람이 이렇게 서로 어울려 살리고 살고 그러는 게 세상이거든.

윗사람이니 아랫사람이니 하는 말 자체가 어쩐지 마음에 들지 않습니다.

그건 그래. 사람이면 같은 사람이지 위아래가 어디 있는가? 그러나 얘길 쉽게 하자니 흔히들 말하는 대로 그런 단어를 빌려다가 써보는 걸세. 맹자가 이런 말을 했지. "무군자막치야인無君子莫治野人이요 무야인막양군자無野人莫養君子라", 야인野人을 다스리지 않는 군자君子 없고 군자를 먹여살리지 않는 야인이 없다는 말인데 둘이 서로 한 뿌리에서 나와 함께 살아갈 수밖에 없는 공동 운명체라는 뜻 아니겠나? 그런데 말이지 이 둘의 관계가 정상이면 좋은데 말이야. 위에 있는 자들이 욕심을 부려서 세금을 너무 많이 거두면 결국에 가서 뭐냐 하면 백성이 굶게 된다, 이거야. 대원군이 처음에는 제법 정치를 하는 듯싶더니만 경복궁 짓느라고 너무 많은 세금을 거두고 고된 부역을 시키는 바람에 결국 나라의 기반이 흔들리게 되지 않았어? 비록 제 배 채우고 제 몸 호사하려는 천박한 사리사욕을 부리지 않는다 하더라도 뭔가 엄청난 일을 제 손으로 이루어보겠다는 욕심이 있으면 결과는 마찬가진 거라. 그게 바로 무위 아닌 유위로써 다스리는 자의 비극이지. 위에서 지혜를 짜내어 재간을 부리면 부릴수록 백성만 죽어나는 거야.

그렇게 되면 더욱 다스리기 어렵게 되겠지요.

그래. 난치難治가 되는 거지. "민지난치民之難治는 이기상지유위以其上之有爲라, 시이是以로 난치難治니라", 백성을 다스리기 어려운 것은 위에서 유위로 다스리기 때문이니 그래서 다스리기 어렵다, 이 말이지.

『노자익』의 '소주蘇註'에 이랬군요. "위에서 유위로 백성을 이끌면 백성 또한 유위로 이에 응한다. 고로 일이 많고 다스리기가 어려운 것이다." 위에서 꾀를 부리면 아래에서도 꾀를 부린다는 얘기 아닙니까?

그래. 그러니까 세상은 갈수록 복잡해지고 다스리기가 어려워지는 거지.

반대로 "아무사이민자부我無事而民自富하고 아무욕이민자박我無欲而民自樸이라", 위에서 일을 많이 꾀하지 않으면 백성은 절로 넉넉해지고 위에서 욕심을 내지 않으면 백성은 절로 순박해진다고 했지요.

그것이 성인이 다스리는 방식이지.

다음은, 백성이 죽는 걸 겁내지 않게 되는 까닭을 설명하는 대목입니다.

백성이 죽는 걸 겁내지 않는 까닭

"민지경사民之輕死는 이기상구생지후以其上求生之厚라, 시이是以로 경사輕死니라", 백성이 죽는 걸 겁내지 않는 것은 위에서 어떻게든 살려고 하기 때문에 그래서 백성이 죽음을 가볍게 여긴다는 얘길세.

윗사람들이 지나치게 기름진 삶을 살려고 한단 말입니까?

그렇지. 앞에서, 그게 53장이던가? 논밭은 황폐한데 조정은 번듯하고 창고는 텅 비었는데 빛나는 옷 입고 시퍼런 칼 차고 게워낼 지경으로 먹어대고 그러고도 재물이 남아도는 '도적의 영화'를 누린다고 했잖어? 위에서 그러고들 있는데 백성인들 착실하게 일해서 먹고살 기분이 나겠나? 에라, 한탕해서 나도 한번 질탕하게 먹고 입고 써보자, 그러지들 않겠느냔 말일세.

지난번 세상을 떠들썩하게 한 '지존파' 사건이 그런 것 아니겠습니까? 서초동 야타족들을 죽이지 못한 게 한이 된다고 내뱉듯이 던진 그들의 말에 동감을 느끼는 사람들이 많이 있었다더군요.

위에서 한탕주의로 나가면 아래도 한탕주의로 나갈 수밖에 더 있겠어? 쿠데타라는 게 그게 목숨 걸고 하는 것 아닌가? 그만큼 죽는 걸 겁내지 않았다는 얘기지. 위에서 죽는 걸 겁내지 않고 한탕 치는데 백성인들 어쩌겠나? 역시 죽는 것쯤 우습게 여기고 어떻게든지 한탕 쳐볼 궁리를 하는 거라.

죽는 걸 겁내지 않는다는 얘기는 지난번에도 했습니다만, 인생에 대해서 포기한 상태로 뭐든지 한번 되든 안 되든 저질러보자는 그런 태도를 암시하는 말이겠지요?

삶에서 이미 죽어 있는 상태지. 아무런 희망이 없을 때 사람은 죽는 걸 두려워하지 않고 뭐든지 하게 되는 거라.

그게 모두 위에서 나라를 다스린다는 자들이 탐욕에 눈이 멀어 지족하지 않고 게걸스럽게 '도적의 영화'를 누리는 바람에 빚어지는 결과지요. 역시 '소주'에 보니 이렇게 말했군요. "위에서 이욕利欲으로 백성을 이끌면 백성 또한 어떻게든 살고자 다툰다. 그래서 죽음을 무릅쓰고 이익을 구하는 일에 싫증내지 않는다. 귀생貴生이 극에 이르면 반드시 죽음을 가벼이 여기게 된다(貴生之極 必至于輕死)."

익생왈상益生曰祥이라고 하지 않았나? 지나치게 삶을 도모하는 게 곧 재앙인 거라.

사람이 살면서 죽음의 자리로 가는 것도 그 원인은 '생생지후生生之厚'에 있다고 했지요.

그래. 반대로, 천지가 장구한 것은 그것이 스스로 살고자 하지 않기(不自生) 때문이라는 말씀도 있었지.

예수님도 똑같은 말씀을 하시지 않았습니까? 누구든지 살고자 하는 자는 죽을 것이며 죽는 자는 살 것이라고……

진리를 깨우친 분들의 말씀이야 동서고금에 다를 바가 없지.

삶으로써 하는 일 없는 것이

"부유무이생위자夫惟無以生爲者는 시현어귀생是賢於貴生이니라", 무릇 삶으로써 하는 일 없는 것이 삶을 귀하게 여기는 것보다 나으니라.

삶으로써 하는 일 없다는 말이 무슨 뜻입니까?

내 이 한 목숨 붙어 있는 동안 뭘 꼭 이루어야겠다 생각하고 그 일에 매달리는 게 삶으로써 일을 하는 것 아니겠어? 그러니까 그렇게 살지 않는다는 거라. 그냥 살아가는 거야. 자기의 '삶'을 가지고 말이지 무엇인가를 도모하지 않고서 말이야. 그냥 단순 소박하게 살아가는 것이 뭐냐 하면 삶을 귀하게 여겨 알뜰살뜰 애지중지하는 것보다 낫다, 이런 말일세.

바꿔 말하면 무위자연의 道를 좇아서 그냥 순순히 살아가는 것이 인생의 거창한 목적을 세우고 자기 한 목숨 어떻게든지 지켜보려고 애쓰는 것보다 낫다는 말이군요?

그래.

이 대목에서 이식재李息齋의 주를 읽어볼까요?

그러시게.

"위에서 많이 거두면 아래는 가난하다. 위에서 유위有爲하면 아래는 어지럽다. 이는 어쩔 수 없는 이치다. 내 삶을 두터이 하고자 욕심을 부리면 다른 사람의 삶을 돌아볼 수 없다. 나는 후厚하고 저는 박薄하거늘, 저가 어찌 죽음을 가벼이 여기지 않겠는가? 성인의 삶이란 마지못해서 살아가는 삶이다. 자기의 삶을 가지고 아무 할 일이 없다는 듯이 그렇게 살아간다. 어찌 자기의 삶을 두터이 하려고 남의 삶을 빼앗을 수 있으랴? 이를 일컬어 삶을 귀하게 여기는 것보다 낫다고 하는 것이다."

좋구먼.

오늘 얘기는 여기서 마칠까요?

그러지.

오늘은 시 한 수 들려주시지 않습니까?

시보다 노래를 한 곡 부르지. 자네도 아는 노랠 테니 내키거든 따라서 부르시게.

눈을 감고 걸어도

눈을 뜨고 걸어도
보이는 것은 초라한 모습
보고 싶은 얼굴

거리마다 물결이
사람들의 발길이
머물다 사라져간
허황한 거리에

눈을 감고 걸어도
눈을 뜨고 걸어도
보이는 것은 초라한 모습
보고 싶은 얼굴

자네한테도 보고 싶은 얼굴이 있나? 역시 초라한 모습이겠지?

76장
사람이 살아 있으면 부드럽고 약하다가

사람이 살아 있으면 부드럽고 약하다가 죽으면 단단하고 강해지며 만물 초목이 살아 있으면 부드럽고 연하다가 죽으면 바싹 말라 단단해진다. 그러므로 단단하고 강한 것은 죽음의 무리요 부드럽고 약한 것은 삶의 무리다. 이런 까닭에 군대가 강하면 이기지 못하고 나무가 강하면 꺾이나니 강하고 큰 것은 아래에 있고 부드럽고 약한 것은 위에 있다.

人之生也柔弱, 其死也堅强, 萬物草木之生也柔脆, 其死也枯槁. 故堅强者死之徒, 柔弱者生之徒. 是以兵强則不勝, 木强則共, 强大處下, 柔弱處上.

"선생님, 마음이 아픕니다"

선생님, 오늘은 제 맘이 많이 아픕니다.

무슨 일이 있었는가?

후배가 교통 사고로 크게 다쳐서 의식 불명인 것을 봤거든요. 중앙 경계선을 넘어와서 후배 차와 충돌한 택시의 젊은 기사가 끝내 시체로 되어 응급실에서 실려나가는 것도 보았습니다.

마음이 아프겠군.

자동차만 없다면 이런 일이 없었을 것 아닌가 하는 한심한 생각도 들더군요.

자동차가 없다면 자동차 사고야 없겠지만, 사람 사는 세상에 가슴 아플 일이야 왜 없겠나? 그게 다 사람들 살아가는 모습이지. 여기저기에서 고통스러운 일, 영문을 알 수 없는 일이 벌어지는 거라.

살아 있는 게 이게 살아 있는 게 아니라는 느낌이 듭니다.

그래. 더욱이 요즘은 현대 문명 덕분에 말이지 정말로 살아 있는 것 자체가 아슬아슬한 줄타기처럼 느껴지지. 언제 어떤 일이 닥칠는지 누가 아나?

참 고생하면서 공부했고 또 지금도 고생하면서 가난한 목사 노릇을 하고 있는 후배거든요. 저 모양으로 끝내 깨어나지 못한 채 죽는다면, 겨우 이렇게 되려고 그 고생을 했나 싶은 게 너무나도 억울하고 허무해서요……

인생무상人生無常이야! 누구한테나 '죽음'은 그 전에까지 있었던 모두를 허무한 것으로 돌려버리지. 그 '허무'를 극복해야 하네.

그것을 어떻게 극복할 수 있을까요?

언제나 말이지, 그 사람이 언제나 '오늘'에서 '영원'을 산다면 말이야, 그러면 언제 어떻게 죽어도 그에게는 허탈해 할 건덕지가 없지 않겠어? 내 생각에는 그게 비결일세.

순간순간을 만족하면서 살아가라는 말씀인가요?

어제도 내일도 없이 그렇게 '영원한 오늘'을 사는 거라.

그런 말씀을 듣고 보니 신학생 때 읽은 폴 틸리히의 '영원한 지금'이라는 설교가 생각나는군요. 그분도 비슷한 말씀을 하셨지요.

우리가 쉽게 '내일을 위해서' 어쩌고 하는 말을 하는데 말이지 그 말에 사실은 무서운 함정이 있는 거라. 그 말에 홀려서 '오늘'을 희생하거나 엄벙덤벙 살아가게 된다면 그건 제대로 사는 게 아닐세. 왜냐하면, 있는 건 '지금' 뿐이고 어제나 내일이 사실 따로 있는 게 아니거든. 조선조 말기를 살았던 학명鶴鳴이라는 선사가 계신데 그분의 시에 이런 게 있네.

망도시종분양두妄道始終分兩頭라
동경춘도사년류冬經春到似年流나
시간장천하이상試看長天何二相고
부생자작몽중유浮生自作夢中遊로다

이 시를 부산에 계시는 삼락자三樂子 석정石鼎 스님께서 이렇게 옮겨 놓으셨구먼.

묵은 해니 새 해니 분별하지 말게
겨울 가고 봄이 오니 해 바뀐 듯하지만
보게나 저 하늘이 달라졌는가
우리가 어리석어 꿈속에 사네

자네 후배라는 그 친구, 시방 의식 불명이라니 참 안됐네만 그래서 지난날 그가 겼었던 모든 순간들이 다 무의미하고 허무해지는 건 아니잖는가? 나름대로 그때그때 기쁨도 있었고 슬픔도 있었고 뭐냐 하면 지난 모든 순간들이 나름대로 제 '의미'를 지니고 있지 않느냐, 이런 얘길세.

선생님 말씀 알아듣겠습니다. 저도 병원에서 돌아오면서 집사람하고 말을 나누었습니다. 결코 무엇 무엇을 하겠노라고 미리 계획을 세우지도 말고 지난날에 대해서 후회하거나 미련을 두거나 하지도 말자고요. 그저 날마다 그날 하루의 삶을 제대로 살아가는 것에 인생의 의미와 목적을 두자고, 그렇게 얘기했습니다.

문자 그대로 하루살이 인생을 사는 걸세.

그게 이른바 '종말론적 삶'이지요.

맞네. 날마다 오늘이 끝날이라는 그런 마음으로 살면 말이지, 그러면 살아가는 동안 일일시호일日日是好日이라, 날이면 날마다 좋은 날인 거라.

내일에 대한 희망을 갖는 것도 소용없는 것일까요?

그렇게까지 얘기하면 과장을 하는 거지. 고대 내가 말하기를 어제와 내일이 없다고 했지만 그게 왜 없어? 있지. 있지만 말이야 문제는 거기에 얽매이지 말라는 걸세. 얽매이지만 않으면 그건 없는 거나 마찬가지거든. 내일에 희망을 갖는 거야 당연히 그래야지. 그러나 그 희망에다가 뭐냐 하면 오늘의 인생을 담보하지 말라는 거라.

알겠습니다.

자네 마음이 아프다고 했지?

예.

아프지 않을 때까지 아파하게. 안 아프려고 애쓰지 말고. 알아듣겠나?

예.

자네의 아픈 마음, 바로 그 아픔이 자네의 지금을 영원한 것으로 만들고 있는 걸세. 아프면 아파하라고. 때가 되면 아픔이 가시게 될 거야. 왜냐하면 말이지, 아프다는 것도 역시 인간이 지니고 있는 정情에 불과하거든. 정이란 것은 무슨 계기로 말미암아 생겨나는 것이고 생겨난 모든 것은 반드시 사라지게 마련이라. 혹시 자네의 아픈 마음에 위로가 될까 싶어서 생각나는 선시 한 수 또 읊어보겠네. 당나라 때 마조馬祖의 법을 이어받았다는 방거사龐居士의 시지.

단자무심어만물但自無心於萬物이면
하방만물상위요何妨萬物常圍繞리요
목우불파사자후木牛不怕獅子吼하니
흡사목인견화조恰似木人見花鳥로다

오직 무심으로 만물을 대하면
그 어떤 물건이 나를 거슬러 에워싸리요?
나무 소가 우는 사자 겁내지 않음이
나무 사람이 꽃과 새를 보는 것과 같구나

고맙습니다. 읊어주신 방거사의 그윽하고 무심한 마음이 가슴에 와서 닿기는 합니다만 아직 거기는 제가 서 있는 경지가 아닌 듯합니다.

그건 나도 마찬가질세. 다만, 이치가 그렇다는 거지. 그리고 그 경지에 뭐냐 하면 자네가 나나 가까이 가보려는 것 아닌가?

그렇지요.

여기 '무심으로 대한다'는 말은 기독교의 말로 하면 '아버지의 마음'으로 대한다는 그런 얘기야. 결코 만물에 대한 외면이나 무관심이 아닐세.

알고 있습니다.

자네가 아픔을 이겨 자네나 후배 친구에게 소중한 양약이 되었으면 좋겠구먼.

됐습니다, 선생님. 마음이 많이 안정되었습니다. 그럼, 오늘 본문으로 들어갈까요?

그러지.

살아 있을 때는 부드럽다가

"인지생야유약人之生也柔弱이다가 기사야견강其死也堅强하고 만물초목지생야유취萬物草木之生也柔脆다가 기사야고고其死也枯槁니라", 사람이 살아 있으면 부드럽고 약하다가 죽으면 단단하고 강하며 만물 초목이 살아 있으면 부드럽고 연하지만 그게 죽으면 바싹 마른다 이 말이야.

살아 있을 때는 부드럽다가 죽어 시체가 되면 단단하게 굳어진다는 얘기군요?

그래. 누구든지 쉽게 경험으로 알 수 있는 것을 끌어다가 유약柔弱이 강강剛强을 이긴다는 노자 철학의 중심 주제를 설명하고 있는 걸세.

강해야 산다는 이른바 생존 경쟁 원리를 정면으로 부정하는군요.

차라리 세태 전반에 대한 부정이라고 봐야겠지.

죽음에 가까울수록 단단하게 굳어지는 것은 인체나 초목뿐만 아니라 사상도 그런 것 같습니다. 아무리 그럴듯한 이데올로기라도 일단 굳어지면 이미 생산적인 작용하고는 거리가 멀어지거든요.

사상도 그렇고 종교도 마찬가지지.

물론입니다.

자기가 지니고 있는 교리와 다른 것을 배우거나 가르치기를 허용하지 않고 나아가서 정죄하는 종교인이 있다면 그는 이미 시체나 마찬가진 거라.

여기서 부드럽다는 건 무엇이며 단단하다는 건 무엇일까요?

부드럽다는 건 그건 그만큼 '자기'를 고집하지 않는다는 것 아니겠나? 반대로 단단하다는 건 벌써 그만큼 굳어진 '나'를 지니고 있는 거지.

말씀을 듣자니 얼마 전 비가 오는데 굴뚝에서 곧장 하늘로 올라가는 연기를 보면서 내려오는 비와 올라가는 연기가 서로 다투거나 상대를 훼방하지 않고 하나가 되어 그럴듯한 풍경을 만들어내는 게 참 아름답다고 느꼈어요. 연기의 부드러움에다가 빗방울과 빗방울 사이의 여백이 있어서 결국 상충되는 두 흐름이 서로 맞서 다투지 않고 오히려 보기 좋은 조화를 이루는구나, 사람도 저런 부드러움에 저런 공백의 여유를 지닌다면 도무지 다툴 일이 없을 텐데, 하는 생각을 해봤습니다.

재미있구먼.

결국 또 같은 얘기로 돌아갔군요. '나'를 비워라, 그만큼 산다, 이것 아닙니까?

道가 하나요 한결같은데 뭐 달리 말할 게 없잖어?

"고故로 견강자堅剛者는 사지도死之徒요 유약자柔弱者는 생지도生之徒니라. 그러므로 단단하고 강한 것은 죽음의 무리요 부드럽고 약한 것은 삶의 무리다, 이 말입니까?

그래. "시이是以로 병강즉불승兵强則不勝하고 목강즉공木强則共하나니 강대強大는 처하處下요 유약柔弱은 처상處上이니라", 이런 까닭에 군대가 강하면 이기지 못하고 나무가 강하면 꺾이나니 강하고 큰 것은 아래에 있고 약하고 부드러운 것은 위에 있다, 이런 말이야.

여기 '공共'이 꺾인다는 뜻입니까?

그게 본本에 따라서 '꺾일 절折'로 된 곳도 있고 '쪼갤 석析'으로 된 곳도 있고 그런 모양인데 유월兪樾이라는 사람은 베껴쓰는 과정에서 절折을 공共으로 잘못 썼을 것이라고 했더군. 별로 중요한 대목이 아니니까 '꺾인다'로 새겨두세. 태풍이 불 때 부드러운 나무는 잘 꺾이지 않지만 강하고 단단한 나무일수록 잘 부러지지 않던가? 사람도 마찬가지지. 위기가 닥칠 때 '나'를 고집하고 나서는 사람일수록 쉽사리 다치게 마련인 거라.

무한하게 부드럽다는 말은 어떤 대상 앞에서도 그에 맞서 싸울 '나'가 없다는 말 아닐까요?

그래. 그러나 그렇게 해서, 결코 사라지거나 꺾이지 않는 '나'를 언제까지나 유지하는 거지.

예수님 말씀대로, '나'를 비워 '나'를 얻는 거군요.

막강한 군대마다 깨졌다

바로 그거지. 자연이 그래. 그래서 무궁한 조화 속에서 사라지지 않고 영원히 존재하는 거라. 어린아이일수록 방금 자연에서 나왔으니까 자연처럼 주장할 '나'가 따로 없어. 그래서 부드럽고 여리지. 그러다가 자라는 동안 자연한테서 차츰 멀어지니까 그만큼 굳고 단단해지다가 자연에서 극도로 멀어지면 송장이 돼서 단단해지는 거야. 군대도 마찬가지지. 그보다 더 강한 군대가 없다는 말이 바로 '막강한 군대' 인데 세계 역사상 막강한 군대치고 전쟁에서 지지 않은 군대가 있었나? 로마 군대도 가장 막강해졌을 때 스스로 무너졌고 무적을 자랑하던 나폴레옹 군대도 깨졌고 영국의 무적 함대도 간디의 단식을 깨뜨리지는 못했지. 미국도 베트남에서 패전했고 일본의 황군도 결국은 깨지지 않았나? 막강한 군대는 막강하기 때문에 깨지게 돼 있단 말이야. 그게 道의 이치란 건데, 천하에 누구도 道의 이치를 어길 수는 없거든.

"강대强大는 처하處下요 유약柔弱은 처상處上"이란 말은 어떻게 새겨야 합니까?

강대한 것은 아래에 있고 부드러운 것은 위에 있다는 말인데 나무를 보면 단단하고 굵은 밑둥이 아래에 있고 잔가지와 잎들은 위에 있지 않나? 그런 얘기지.

여기 아래에 있다느니 위에 있다느니 하는 말의 뜻이 무엇인지, 그걸 여쭙는 겁니다.

임금이 위에 있고 신하가 아래에 있잖어? 하늘은 위에 있고 땅은 아래에 있듯이 약한 것이 하늘이요 강한 것이 땅이라는 얘기 아니겠나?

그러니까 약하고 부드러운 것이 강하고 단단한 것을 지배한다는 뜻인가요?

자네의 '지배' 라는 말이 다스리지 않는 다스림을 뜻한다면 그렇게 말해도 되겠지. 땅이 하늘에서 왔듯이 모든 강하고 단단한 것이 부드럽고 약한 데서 왔거든. 엔트로피 법칙처럼 이것도 거꾸로 거슬러올라가는 법은 없는 거라. 사용 가능한 에너지가 사용 불가능한 에너지로 바뀔 수는 있지만 사용 불가능한 에너지가 사용 가능한 에너지로 바뀔 수는 없듯이 말일세. 약한 것이 강한 것으로 바뀔 수는 있지만 반대로 단단하고 강한 것이 약하고 부드러운 것으로 바뀌지는 않는다는 얘기야. 죽어서 다시 나면 되겠지만.

그러니까 결국 약弱이 강強의 종宗이고 따라서 처상處上이란 얘기로군요?

그렇지.

장군들이 들으면 매우 화가 날 얘기를 또 하셨습니다.

화낼 사람들이 어찌 장군들뿐이겠나?

77장
남는 것을 덜어 모자라는 것을 채운다

하늘의 道는 마치 활에 시위를 얹는 것과 같구나. 높은 데는 누르고 낮은 데는 들어올리고 남은 것은 덜고 모자라는 것은 채운다. 하늘의 道는 남는 것을 덜어 모자라는 것을 채우나 사람의 道는 그와 같지 않아서 모자라는 것을 덜어 남는 것을 떠받든다. 누가 능히 남는 것으로써 천하를 받들 것인가? 다만 道를 모신 자라야 그럴 수 있다. 이런 까닭에 성인은 일을 하고 자랑하지 않으며 공을 이루고 그 자리에 있지 않으니 이야말로 자기의 잘난 것을 드러내지 않고자 함이 아닌가?

天之道, 其猶張弓乎. 高者抑之, 下者擧之, 有餘者損之, 不足者補之. 天之道, 損有餘而補不足, 人之道則不然, 損不足以奉有餘, 孰能有餘以奉天下, 唯有道者. 是以聖人, 爲而不恃, 功成而不處, 其不欲見賢耶.

높은 데는 누르고 낮은 데는 들어올려

'손유여이보부족損有餘而補不足' 이란 말로 세상에 널리 알려진 장이구먼.

남는 것을 덜어서 모자라는 것을 채운다는 뜻입니까?

그렇지. 그게 곧 하늘의 道인데 누가 이 하늘의 道로써 천하를 경영할 것인가, 한탄조로 묻고 있는 걸세.

처음부터 읽어주시지요.

"천지도天之道는 기유장궁호其猶張弓乎로다", 하늘의 道는 마치 활에 시위를 얹는 것과 같구나, 이런 말이야. 활에 시위를 얹으려면 풀어서 두었을 때의 모양을 완전히 뒤집어 높은 데를 낮추고 낮은 데를 높여야 하는데, 하늘의 道가 꼭 그와 같다는 거라. "고자억지高者抑之하고 하자거지下者擧之하여 유여자손지有餘者損之하고 부족자보지不足者補之니라", 높은 데는 누르고 낮은 데는 들어올려 남는 것은 덜고 모자라는 것은 채우느니라.

이 대목을 읽자니 이렇게 시작하는 성경에 나오는 '마리아의 노래' 가 생각나는군요. 그 다음 중간 구절은 유명합니다.

> 내 영혼이 주님을 찬양하며
> 내 구세주 하느님을 생각하는 기쁨에
> 이 마음 설레입니다.
> ……
> 주님은 전능하신 팔을 펼치시어
> 마음이 교만한 자들을 흩으셨습니다.
> 권세 있는 자들은 그 자리에서 내치시고

보잘것없는 이들을 높이셨으며
배고픈 사람은 좋은 것으로 배불리시고
부요한 사람은 빈손으로 돌려보내셨습니다.

남미의 해방군들이 그 노래를 좋아했다더군.

그만큼 집권 세력은 싫어했겠지요.

그래. 그래서 천지도天之道와 인지도人之道가 서로 어긋나는 거라. 하늘의 道는 말이지 차면 기울고 기울면 차고 그러지 않는가? 영락이 없거든. 그래서 언제나 '균均'을 유지하지. 요새 지구에 기상 이변이 생겨서 미국에서는 수십 명이 얼어죽고 또 구라파는 홍수로 난리가 나고 그런가 하면 수십 년 만의 가뭄으로 먹을 물도 없고 그런다지 않는가? 그게 결국 뭐냐 하면 인간에 의해서 깨어진 균형을 되찾기 위한 '가이아'의 몸부림 아니겠어? 파도가 출렁거리는 것도 모두 '균'을 유지하기 위한 몸짓인 거라. 그게 하늘의 道지. 그런데 인간의 道는 오히려 지구 생태계의 균형을 자꾸만 허물고 있잖어?

그것이 결국 무사無私와 유사有私의 차이에서 비롯된다고 소자유는 설명하고 있더군요. "하늘은 사私가 없다. 고로 균均하다. 사람은 사私가 많다. 고로 불균不均하다."

정확한 표현일세. 공자도 "모자라는 것을 걱정하지 않고 고르지 못한 것을 걱정한다(不患寡而患不均)"고 하셨지.

사람이 사욕을 불러서 하늘의 道를 거역하면 결과는 균형이 깨어지는 걸로 나타나겠지요.

오늘 저렇게들 걱정하고 있는 '공해'가 바로 그것 아닌가?

도둑이 제 발 저린 셈이겠지.

무사無私면 곧 균均이요

"천지도天之道는 손유여이보부족損有餘而補不足이나 인지도즉불연人之道則不然하여 손부족이봉유여損不足以奉有餘니라", 하늘의 道는 남는 것을 덜어서 모자라는 것을 채우지만 사람의 道는 그렇지 못하여 모자라는 것을 덜어서 남는 것을 받드느니라. 말하자면 빈익빈貧益貧 부익부富益富를 한다는 얘길세.

다윗 왕 이야기에 그런 비유가 나오지요. 다윗이 왕권을 남용하여 부하를 없애고 그 아내를 차지했을 때 나단이라는 예언자가 나타나서, 어떤 성에 가축이 많은 부자와 새끼 양 한 마리밖에 없는 가난한 사람이 살았는데 부자가 자기 집에 온 손님을 대접하느라고 가난한 집 새끼 양을 빼앗아다가 잡았다는 얘길 들려줍니다. 다윗이 이야기를 듣고, 그런 고약한 놈이 어디 있느냐, 당장 잡아다가 양을 네 배로 갚게 하라고 야단을 치자 나단이 정색하고서는 당신이 바로 그 사람이라고 말하거든요.

그래. 그게 바로 인지도人之道라. 적은 자의 것을 빼앗아다가 더 많은 놈한테 바치는 거지. 오늘 이 타락한 자본주의라는 게 꼭 그 모양 아닌가? 사람들이 사욕을 비우지 않는 한 그런 일은 어떤 모양으로든 지속될 걸세.

"무사無私면 곧 균均이요 유사有私면 곧 불균不均"이라고 했지요.

옳은 얘기야. 천무사복天無私覆이라고 했어. 하늘은 어떤 것을 사사로이 덮지 않는단 말이지. 모든 것을 가리지 않고 덮어주는 거라. 그게 곧 무위로써 덮어주는 것이요 그게 곧 하늘의 道라, 이런 말이지. 그런데 인간은 어떤가? 사私를 비우지 못하니까 어떤 것은 맘에 들고 어떤 것은 안 들고 그러니 뭐냐 하면 취사선택을 하게 되고 결과적으로 자연의 균형이 깨지는 걸세.

자연 자체가 균형이니까 인간이 무슨 짓을 하든 '자연의 균형'이 무너지는 건 아니잖겠습니까?

그건 자네 말이 옳아. 인간들이 아무리 자연의 법칙을 어겨서 지구 온난화 현상을 촉진시킨다 해도 말이지 그래서 빙하가 녹고 기상 이변이 생기고 하는 것까지 막을 수는 없거든. 자연은 그런 뜻에서 태초로부터 여태까지 단 한 번도 한 순간도 그 '균형'을 잃은 적이 없는 거라. 앞으로도 없을 거고. 그러나 그렇게 인간들이 자연의 균형을 어지럽힌 탓에 인간 자신이 죽게 되었다, 이 말이야. 자연이 균형을 잃지 않기 때문에 인간이 못 살게 된다는 그런 얘기지.

왜 인간이 사욕을 버리지 못하는 걸까요?

무명無明 때문이야. 깨닫지를 못해서, 실재를 보지 못해서, 그러니까 진리를 몰라서 그래서 사私라는 감옥을 벗어나지 못하는 거라.

깨닫는다는 게 도대체 뭡니까?

기독교에서는 그걸 거듭난다(重生)고 하지? 새 사람이 되는 것 말일세. 그러니까 다르게 사는 거지, 깨닫기 전하고.

어떨 때는 뭘 좀 깨달은 것 같다가도 순식간에 모든 것이 도로아미타불이 되곤 하는데요, 그런 건 어떻게 봐야 할까요?

깨달음으로 가는 길에 서 있는 사람이 그렇다고 봐야겠지. 자네는 꿈을 꿀 때 이건 꿈이야 하면서 꾼 적이 없는가?

있습니다.

비유하자면 그런 상태에 있는 게 아닐까? 나도 잘 모르겠네.

깨달음에 이르지 않고서는 아직 무엇이 깨달음인지 모르겠지요?

깨달은 이들도 그것을 설명하지는 못한다더군. 알고 보니 아는 게 없더라는 그런 얘기가 될까?

얻고 보니 그게 얻은 것이 아니라 처음부터 지니고 있던 것이더라는 얘기는 어디선가 읽은 기억이 납니다.

그래. 말하자면 그런 거겠지.

일부러 하지 않는다

"숙능유여이봉천하孰能有餘以奉天下리오? 유유도자唯有道者니라", 누가 능히 그 남는 것으로써 천하를 받들 수 있을까? 다만 道를 지닌 자만이 그럴 수 있다, 이런 말이야. 도대체 누가 남아돌아가는 자들의 것을 덜어서 모자라는 자들을 채워주는 그런 정치를 펼 수 있겠는가? 오직 하늘의 道로써 다스리는 자만이 그런 일을 할 수 있다는 거라. 한때 공산주의가 그 일을 감당하겠다고 나섰는데 구호나 표어는 그럴듯했지만 결국 실패하고 말았지. 왜냐하면 그 일을 무사無私 무위無爲로 해야 하는데 그러지를 못했거든. 아무리 좋은 목적을 가졌어도 억지가 작용하면 그건 이미 부도不道라, 일찍 끝장나고 마는 법일세. 하늘은 말이지, 절대로 억지를 부리지 않아. 무슨 일을 일부러 꾀하지 않는다는 얘기야. 사私가 없거든. 사私가 없다는 얘기는 모든 것을 전체로, 그러니까 옹근 것으로 본다는 얘기지. 어떤 것도 전체로부터 떨어뜨려놓고 보지를 않는 거라. 왜냐? 전체에서 떨어져 존재하는 게 없으니까.

『노자익』에서 여길보呂吉甫 씨도 그런 말을 하고 있군요. "무릇 하늘의 道는 일부러 높은 것을 누르고 낮은 것을 높이고 그러지를 않는다. 무위로 물物의 자연에 맡길 뿐이다. 그러면 높은 것은 남아돌아 덜어지지 않을 수 없게 되고 낮은 것은 모자라서 들어올려 보태지지 않을 수 없다. 만滿은 손損을 부르게 마련이요 겸謙은 익益을 받게 마련이다."

일부러, 고의로 하지 않는다는 게 아주 중요하네. 그것이 천지도天之道와 인지도人之道를 구분하는 잣대거든. 만일 공산주의가 목적을 위해서 수단을 가리지 않는다는 말만 하지 않았더라면 나는 틀림없이 젊은 나이에 코뮤니스트가 됐을 걸세.

물리학자 하이젠베르크도 그런 말을 했더군요. 아끼던 제자 가운데 하나가 나치 친위 대원이 되어가지고 스승인 하이젠베르크에게, 어째서 선생님은 모든 구악을 통쾌하게 일소하는 나치에 동조하지 않느냐고 물었을 때, 나는 어느 개인이나 단체가 무엇을 약속하느냐보다 그 약속을 이루기 위해 무엇을 어떻게 하느냐에 더 깊은 관심이 있는데 나치는 그 점에서 믿을 수 없기 때문이라는 것이 그의 대답이었지요.

예수님은 돌멩이로 떡을 만들라는 유혹자의 꾐에 넘어가지 않으셨지. 그건 벌써 자연을 어기는 일이고 무위가 아니거든.

사실은 돌로 떡을 만들 수 없으셨던 것 아닙니까?

그렇지. 하늘이 무위를 포기할 수는 없으니까.

道는 자연을 본받는다(道法自然)고 했지요.

그래. 그 '자연'이 뭔가? 하느님 아닌가?

맞습니다.

하느님이 하느님을 등질 수는 없잖아? "시이是以로 성인聖人은 위이불시爲而不恃하고 공성이불처功成而不處하나니 기불욕현현야其不欲見賢耶인저?" 이런 까닭에 성인은 무슨 일을 하고 자랑하지 않으며 공을 이루고 그 자리에 있지 않으니 이는 자기의 잘난 것을 드러내지 않고자 함이 아니겠는가? 이런 얘길세. 이 대목은 윗부분과 잘 연결이 안 되는 것 같아서 뒷사람들이 잘못 편집한 게 아닌가 그렇게 보는 사람들도 있는 모양이네만, 뭐 그래도 좋고, 연결해서 읽으면 연결 안 되는 것도 아니지.

하늘의 道로 나라를 다스리는 사람은 다만 무위無爲 무사無私로 일을 하니까 사람들이 그를 알아볼 수 없다는 뜻 아닐까요?

눈이 있는 자들이야 알아보겠지.

예수를 알아본 자들이 소수지만 있었듯이 말이지요.

78장 바른 말은 거꾸로 하는 말처럼 들린다

세상에 물보다 더 부드럽고 약한 게 없지만 단단하고 강한 것을 치는 데는 물을 이길 만한 것이 없다. 무엇으로도 물의 성질을 바꿔놓을 수 없기 때문이다. 약한 것이 강한 것을 이기고 부드러운 것이 단단한 것을 이긴다는 사실을 모르는 사람이 없지만 능히 그대로 하지는 못한다. 이런 까닭에 성인이 이르기를, 나라의 허물을 받아들이는 사람을 일러 사직社稷의 주인이라 하였고 나라의 상서롭지 못한 일을 받아들이는 사람을 일러 천하의 왕이라 하였으니, 바른 말은 거꾸로 하는 말처럼 들린다.

天下莫柔弱於水, 而攻堅强者, 莫之能勝, 以其無以易之. 弱之勝强, 柔之勝剛, 天下莫不知, 莫能行. 是以聖人云, 受國之垢, 是謂社稷主, 受國之不祥, 是謂天下王. 正言若反.

물보다 더 부드럽고 약한 게 없지만

"천하天下에 막유약어수莫柔弱於水로되 이공견강자而攻堅强者는 막지능승莫之能勝이니 이기무이역지以其無以易之니라. 약지승강弱之勝强하고 유지승강柔之勝剛을 천하막부지天下莫不知언마는 막능행莫能行이니라. 시이是以로 성인聖人이 운云하되 수국지구受國之垢를 시위사직주是謂社稷主라 하고 수국지불상受國之不祥을 시위천하왕是謂天下王이라 하였으니 정언正言은 약반若反이니라." 세상에서 부드럽고 약하기로 하면 물보다 더 부드럽고 약한 게 없지만 말이지 단단하고 강한 것을 치는 데는 물을 이길 만한 게 없다는 얘길세. 그리고 그것이 왜 그런고 하니 무엇으로도 물의 성질을 바꿔놓을 수 없기 때문이라는 거라.

물의 어떤 성질입니까?

부드럽고 약한 성질이지. '자기'의 고정된 모습을 따로 지니지 않는 것도 포함될 게고, 철저한 무아無我로써 아무도 변질시킬 수 없는 자아를 유지하는 거야.

무슨 뜻입니까?

물은 따로 고정된 제 모양을 가지고 있지 않거든. 그러니까 무아지. 그러나 세상의 그 어느 것도 물의 성질을 바꾸거나 다른 것으로 변질시킬 수는 없어. 그래서 물은 언제 어디서나 변함없는 물이라는 얘길세.

그렇게 부드럽고 약한 것이 물인데 바로 그 성질 때문에 강한 것을 치는 데는 물보다 더 나은 게 없다는 뜻입니까?

그래. 세상에 있는 여러 가지 물질 가운데서 물은 대상의 모양에 따라 굽기도 하고 곧기도 하고 모나기도 하고 둥글기도 하고 그러지 않는가? 그만큼 '나'가 약하다는 얘기지. 그런데 그 약한 물이 말이야, 산더미 같은 빙산을 떠다니게 하고 큰 바위를 뚫고 계곡을 파내고 그러거든. 유약

柔弱이 강강剛强을 이기는 거라. 이 말은 앞 장에서 이미 여러 번 했지?

예. 여러 번 나왔습니다.

"약지승강弱之勝强하고 유지승강柔之勝剛을 천하막부지天下莫不知언마는 막능행莫能行이니라", 약한 것이 강한 것을 이기고 부드러운 것이 단단한 것을 이긴다는 사실을 온 세상 사람이 다 알고 있건만 말이지 그대로 하지는 못한다는 얘길세.

그대로 하지 못한다는 말이 그러니까 스스로 약하고 부드러운 자가 되어 처신하지 못한다는 뜻이겠지요?

그래. 저마다 뭐냐 하면 좀더 강한 자, 단단한 자가 돼야겠다고 야단들 아닌가? 스스로 약해지려는 자는 없거든. 있어도 아주 드물지.

여기서 강하다는 건 말하자면 자신의 '에고'가 강하다는 말 아닙니까?

그렇지. 누가 봐도 말이야 자신의 정체성이 뚜렷하고 분명해서, 아 저 분은 저런 분이구나, 하고 대번에 알아볼 수 있는 그런 사람이지. 그리고 그 정체성을 절대로 바꾸지 않는 거라.

쇠하고 물하고 싸우면 쇠가 물을 이기지 못하고 반대로 물이 쇠를 이긴다는 사실을 사람들이 죄다 알고는 있으면서 스스로 물이 되려고 하지는 않는다는 얘기군요.

왜 그렇다고 생각하나?

안다고 생각하지만 사실은 몰라서가 아닐까요? 진짜로 안다면 왜 이기는 쪽이 되려고 하지 않겠습니까?

그래. 그렇게 볼 수도 있지. 무엇을 머리로만 인식하는 것은 아직 아는 게 아니니까. 지知와 행行이 합일될 때에 비로소 그 지知를 지知라고 할 수 있다는 게 양명陽明의 주장이지.

결국 다시 '깨달음'의 문제로 귀결되는군요.

'깨달음' 이야말로 세상 사람들의 모든 문제를 풀 수 있는 황금 마스터 키가 아닐까?

안목이 짧은 것도 이유가 될 수 있다고 생각합니다.

그런가?

짧은 안목으로 보면 물이 쇠를 이기는 게 보이지 않거든요. 오히려 그 반대 현상만 보이지요. 물이 쇠를 이기는 데는 장구한 시간이 걸리지 않습니까?

그래.

그 시간을 참으면서 기다리지 못하는 거지요. 조급해서 말입니다.

자신의 생애가 70년쯤으로 한정돼 있다고 착각하기 때문에 그런 것 아닐까?

선생님께서 제게 주신 동그라미 그림의 화제畵題가, '아버지 어머니가 나시기 전을 보라' 입니다.

그랬던가?

그게 부모미생전본래면목父母未生前本來面目을 보라는 불경의 말을 옮기신 거지요?

그래.

예수님이 바리사이파 사람들과 이야기를 나누시다가, 내가 아브라함보다 먼저 있었다고 하셨을 때, 그때 말씀하신 것이 바로 당신의 '부모미생전본래면목' 아닙니까?

시원을 알 수 없는 데서 비롯되어 끝을 알 수 없는 데로 이어지는 그런 '몸' 이지.

자기 자신의 몸을, 고대 말씀하신 그 영원한 몸과 하나로 보는 안목을 지녔다면 당장 눈앞에서 벌어지는 현상에 눈이 머는 일은 없겠군요.

바로 그 얘길세. 그런 '눈'을 뜬 사람이라면 말이지 물이 쇠를 이기는 모양이 한눈에 다 들어오지 않겠어?

그러니 저절로 약한 자, 부드러운 자가 되어 처신하겠지요.

당연히 그렇게 되겠지.

사도 바울로는 자기가 자랑할 것이 딱 하나 있는데 그건 자신의 나약함이라고 했습니다.

진짜배기 나라의 주인

"시이是以로 성인聖人이 운云하되, 수국지구受國之垢를 시위사직주是謂社稷主라 하고 수국지불상受國之不祥을 시위천하왕是謂天下王이라 하였으니 정언正言은 약반若反이니라", 이런 까닭에 성인이 이르기를, 나라의 허물을 자기 몸으로 받아들이는 자를 일러 사직社稷의 주인이라 하고 나라의 상서롭지 못한 것을 자기 몸으로 받아들이는 자를 일러 천하의 왕이라고 하였으니 제대로 된 말은 거꾸로 하는 말같이 들린다, 이런 말이구먼.

나라의 허물(國之垢)이란 말이 무슨 뜻입니까?

'구垢'가 여기서는 더러운 때를 가리킨다고 보는 게 좋겠군. 몸에 묻은 때 있잖은가? 진짜배기 나라의 주인은 말이지 그 나라의 빛나는 모습, 영광 뭐 이런 걸 뒤집어쓰고 높은 자리에 앉아서 아랫사람들한테 손이나 흔들어주는 그런 사람이 아니고 오히려 나라의 온갖 더러운 부분, 욕된 것들을 자기 몸으로 떠안는 그런 사람이 뭐냐 하면 진짜배기 사직의 주인이라는 얘길세. 또 나라의 상서롭지 못한 일을, 온갖 불행한 일들을 떠맡아 뒤집어쓰고 가는 사람 있잖어? 바로 그 사람이 천하의 왕이다, 그런 말이야.

이 말을 구태여 '국가'에 한정하지 말고 집안이나 회사나 학교 따위에 연관해서 말해도 되지 않을까요?

물론이지.

그 집안의 모든 허물을 뒤집어쓴 사람, 그 회사의 불행한 일을 떠맡은 사람, 그런 사람이 바로 그 집안의 가장이요 회사의 사장이라는 얘깁니다.

좋구먼.

예언자 이사야가 노래한 '고난받는 종'의 모습이 생각납니다.

찾아서 읽어보시게.

> 늠름한 풍채도 멋진 모습도 그에게는 없었다.
> 눈길을 끌 만한 볼품도 없었다.
> 사람들에게 멸시를 당하고 퇴박을 맞았다.
> 그는 고통을 겪고 병고를 아는 사람,
> 사람들이 얼굴을 가리우고 피해갈 만큼
> 멸시만 당하였으므로 우리도 덩달아 그를 업신여겼다.
> 그런데 실상 그는 우리가 앓을 병을 앓아주었으며
> 우리가 받을 고통을 겪어주었구나.
> 우리는 그가 천벌을 받은 줄로만 알았고
> 하느님께 매를 맞아 학대받는 줄로만 여겼다.
> 그를 찌른 것은 우리의 반역죄요
> 그를 으스러뜨린 것은 우리의 악행이었다.
> 그 몸에 채찍을 맞음으로 우리를 성하게 해주었고

그 몸에 상처를 입음으로 우리의 병을 고쳐주었구나.
……
그는 온갖 굴욕을 받으면서도
입 한 번 열지 않고 참았다.
도살장으로 끌려가는 어린 양처럼
가만히 서서 털을 깎이는 어미 양처럼
결코 입을 열지 않았다.
그가 억울한 재판을 받고 처형당하는데
그 신세를 걱정해 주는 자가 어디 있었느냐?
그렇다, 그는 인간 사회에서 끊기었다.
우리의 반역죄를 쓰고 사형을 당하였다.
폭행을 저지른 일도 없었고
입에 거짓을 담은 적도 없었지만
그는 죄인들과 함께 처형당하고
불의한 자들과 함께 묻혔다.

이렇게 더러운 이름을 쓰고 욕된 죽음의 길을 걸어간 '고난의 종' 한테 야훼 하느님은 다음과 같은 약속을 하시는 겁니다.

그 극심하던 고통이 말끔히 가시고
떠오르는 빛을 보리라.
나의 종은 많은 사람의 죄악을 스스로 짊어짐으로써
그들이 떳떳한 시민으로 살게 될 줄을 알고
마음 흐뭇해하리라.

> 나는 그로 하여금 민중을 자기 백성으로 삼고
> 대중을 전리품처럼 차지하게 하리라.
> 이는 그가 자기 목숨을 내던져 죽은 때문이다.

민중을 자기 백성으로 삼고 대중을 차지하게 한다는 말은 곧 그를 왕으로 높이 세운다는 말 아니겠습니까?

그래. 말 그대로 사직의 주인이요 천하의 왕으로 삼는다는 말이지.

전통적으로 기독교는 이사야의 이 예언을 예수님과 연결해서 읽고 있지요.

뭐 꼭 예수 그분한테만 연결시킬 이유는 없지 않겠어?

동감입니다.

세상이 아직 망하지 않은 것은 어딘가에 그런 사직주社稷主와 천하왕天下王이 존재하기 때문이라고 하겠네. 자네가 성경 말씀을 적절하게 잘 인용했구먼.

제일 낮은 자리에 내려간 자가 가장 높은 자리에 앉는다는 말을 한 셈이니 결국 약반若反이군요.

그래. 언제나 정언正言은 약반若反이라, 바른 말씀은 세속의 말을 거꾸로 뒤집어놓은 것처럼 들리게 마련일세.

79장
큰 원망을 풀어준다 해도

큰 원망怨望을 풀어준다 해도 찌꺼기 원망이 남아 있으니 어찌 일을 잘 했다고 할 수 있겠는가? 이런 까닭에 성인은 빚문서를 지니고 있으면서 독촉을 하지 않는다. 德이 있는 사람은 문서를 맡고 德이 없는 사람은 어떻게든지 빚을 받아낸다. 하늘의 道는 누구를 골라서 친하지 않기에 언제나 착한 사람과 함께한다.

和大怨, 必有餘怨, 安可以爲善. 是以聖人, 執左契而不責於人. 有德司契, 無德司徹. 天道無親, 常與善人.

좋은 것도 없느니만 못하다

옛날 속담에 "좋은 것도 없느니만 못하다"는 게 있지? 아무리 좋은 것도 없는 것보다는 못하다는 얘긴데 뭐든지 있으면 그 때문에 반드시 궂은 일이 생기게 마련이거든. 아무리 좋은 일도 하지 않는 것보다는 못하다는 말도 되지. 무슨 일을 아무리 좋게 해도, 그 일 때문에 어딘가 걸리는 데가 있는 거라. 이치가 그렇잖은가?

그래서 큰 원한을 풀어준다 해도 차라리 처음에 원한 관계를 맺지 않느니만 못하다는 그런 얘깁니까?

그래. 이 장에서 시방 노자가 말씀하시는 건 유위와 무위의 질적인 차이라고 할까, 그런 걸 말씀하고 있다고 하겠네. "화대원和大怨이라도 필유여원必有餘怨이니 안가이위선安可以爲善이리오?" 큰 원망을 풀어주어도 반드시 찌꺼기 원망이 남는 법이니 어찌 일을 잘 했다고 할 수 있으랴, 이런 말이야.

원수를 사랑하는 것보다는 아예 원수를 맺지 않는 게 낫다는 말이군요?

그래. 누구하고도 원怨이 맺어지지 않도록 하라는 거라.

어떻게 그럴 수 있을까요?

철저히 무사無私하고 무위無爲하면, 그러면 세상에 누구하고 원怨을 맺을 수 있겠나?

그렇군요.

예수님이 마지막에 못박히면서 자기 손에 못을 박는 병사들한테까지 모조리 뭐냐 하면 해원解怨하시잖는가? 철저히 당신의 '나'라는 게 없이 사신 분이니까, 그러니까 뭐냐 하면 한 오라기만큼의 원망도 맺지 않고 그렇게 가시는 거라.

여기서 노자가 말하는 것은 예를 들어, 어떤 큰 나라가 작은 나라를 억지로 삼키고 그러느라고 많은 사람을 죽여놓고는 뒤에 가서 무슨 위령제를 지낸다느니 보상을 한다느니 하면서 원망을 풀어준답시고 온갖 프로그램을 진행해도 처음에 억지를 부려 삼키는 짓을 하지 않느니만 못하다는 그런 얘기군요?

1980년 5월 광주 유혈 참사를 저질러놓고서는 나중에 가서 원혼을 달랜다느니 무슨 무슨 운동이라는 그럴듯한 명칭을 붙인다느니 유족한테 보상금을 준다느니 해봤자 아무래도 찌꺼기 원망은 남게 되어 있는 거라. 그러니 원망받을 짓을 해놓고서 그것을 풀어준다는 게 말이지, 그걸 어찌 잘한 일이라 할 수 있겠나?

옳으신 말씀입니다.

"시이是以로 성인聖人은 집좌계이불책어인執左契而不責於人이니라", 이런 까닭에 성인은 좌계左契를 잡되 사람을 독촉하지 않느니라.

'좌계'가 무엇입니까?

옛날에는 누가 빚을 낼 때 뭐를 얼마나 무슨 조건으로 빚집니다, 어떻게 갚겠습니다, 하고 나무에다 문서를 쓴 다음 그걸 두 쪽으로 나누어 물주가 왼쪽을 갖고 오른쪽을 빚진 자가 가졌다더구먼. 그 왼쪽 문서가 그게 좌계지.

그러니까 요즘 말로 하면 차용 증서쯤 되는군요?

그래. 그런데 문제는 그 '좌계'를 가지고 있으면서도 빚진 자에게 어서 약속대로 갚으라고 재촉하지를 않는 거라.

갚을 수 있거든 갚고 없거든 말라는 걸까요?

그런 태도로 있는 거지. 도무지 빚진 자에게 말하자면 '빚쟁이 노릇'을 하지 않는 거야. 갚으라 말라 말이 없어!

예수님도 그렇게 가르치셨지요. 누가 꿔달라고 하면 꿔주되 돌려받을 생각을 하지 말라고요.

반드시 돌려받지 않겠다고 하는 것도 옳지 않네.

그렇겠지요. 거기 벌써 유심有心이 작용한 거니까요.

그래.

은혜를 베푸는 건 좋으니 조금이라도 무슨 속셈을 품고서 베풀면 안 돼. 그건 차라리 베풀지 않느니만 못한 거라. 장자가 말하기를 "적막대어덕유심賊莫大於德有心이라", 어떤 마음을 품고서 유심으로 德을 베푸는 것보다 더 큰 적이 없다고 했어.

왼손이 하는 일을 오른손이 모르게 하라는 말씀이군요.

바로 그 얘길세. 그러지 않으면 德을 베풀고 원怨을 풀고 어쩌고 하는 것이 모두 '잘하는 짓'이 아니라는 거라.

은혜를 베푸는 일조차 억지로는 안 해

"유덕有德은 사계司契하고 무덕無德은 사철司徹이니라", 德을 참으로 베푸는 자는 그냥 증서만 잡고 있는데 德이 없는 자는 뭐냐 하면 반드시 채권을 행사하여 집달리를 시켜서라도 빚을 받아낸다. 이런 말일세.

'철徹'이 무슨 뜻입니까?

주周나라가 세금을 거둘 때 추수한 곡물의 십분지 일을 거두었는데 그 일을 맡은 사람을 '사철司徹'이라고 했다더군. 때가 되면 에누리 없이 철저하게 받아냈던 모양이라. 어떤 사람은 '계契'를 문서 거래로 풀고 '철徹'을 현물 거래로 풀던데, 그렇게 읽어도 괜찮겠지.

무위로써 베푼 德은 베풀었지만 베푼 것이 없으니까 사실로도 받아낼 것이 없지 않습니까?

그렇지. 그러니까 말하자면 무용지물이 된 증서만 한 장 들고 있는 거라.

그렇군요.

"천도天道는 무친無親하여 상여선인常與善人이니라", 하늘의 道는 따로 누구를 골라서 친하지 않으므로 늘 착한 사람과 함께하느니라.

따로 누구를 골라서 친하지 않는다면서 왜 착한 사람과 함께합니까? 착하지 못한 사람하고도 함께해야 하지 않나요?

하늘은 무사無私라, 사私가 없기 때문에 누구는 취하고 누구는 버리고 그럴 수가 없어. 그래서 뭐냐 하면 어쩔 수 없이 착한 사람하고만 함께 한다, 이런 말일세.

글쎄 그 말에 어폐가 있지 않습니까?

해가 모든 사람한테 똑같이 비추잖는가?

그렇지요.

그러나 갑은 알몸으로 햇살을 받는데 을은 양산을 펼쳐쓰고 있네. 햇빛이 누구하고 함께 있을 수 있겠나?

아하, 그런 뜻입니까?

착한 사람은 착하기 때문에 햇빛이 자기 몸에 와닿도록 하는 거고 착하지 못한 사람은 착하지 못한 까닭에 햇빛이 제 몸에 와서 닿지 못하도록 막는 거라.

그러니까 천도天道는 철저히 무사무위無私無爲인 까닭에 은혜를 베푸는 일조차도 결코 억지를 부리지 않는다는, 그런 말씀이군요?

바로 그 얘길세.

참, 무서운 말씀입니다.

에누리가 없지. 오늘은 시간이 좀 남았으니 추사秋史 선생의 시나 한 수 감상해 볼까?

좋습니다.

탄탄흉중절원친坦坦胸中絶怨親하니
금생고락시전인今生苦樂是前因이로다
증문천고모니불曾聞千古牟尼佛
선도당년해기인先度當年害己人이라

대장부 넓은 가슴에 원수 있고 친한 자 있을까
오늘의 즐거움과 괴로움이 모두 전생의 인과로다
듣자니 옛날 옛적 석가모니 부처께서는
당신 해친 자를 먼저 건지셨다 하더라

80장
작은 나라 적은 백성

나라는 작고 백성은 적어서 열 사람 백 사람 몫을 할 만한 그릇이 있어도 부릴 데가 없고 백성으로 하여금 죽음을 무겁게 여겨 먼 데로 옮겨다니지 않게 한다. 배나 수레가 있어도 탈 일이 없고 갑옷 입은 군대가 있어도 진陣을 벌일 일이 없다. 백성으로 하여금 노끈을 매듭지어 쓰게 하고 그 음식을 달게 먹으며 그 옷을 아름답게 입으며 그 거하는 곳에서 평안하며 그 풍속을 즐기게 한다. 이웃 나라가 서로 바라보고 닭과 개 울음소리가 서로 들리지만 백성은 늙어서 죽도록 서로 오가지를 않는다.

小國寡民, 使有什佰之器而不用, 使民重死而不遠徙. 雖有舟輿, 無所乘之, 雖有甲兵, 無所陣之. 使民復結繩而用之, 甘其食, 美其服, 安其居, 樂其俗. 隣國相望, 鷄犬之聲相聞, 民至老死, 不相往來.

자동차를 타고 컴퓨터를 써도 좋은데

이 장을 읽자면 눈물이 나려고 합니다.

그런가?

노자가 그리는 유토피아가 너무나도 절실하게 아쉽고 그래서 그만큼 까마득하게 느껴지고 그런 문장을 남길 때 노자의 심정은 또 얼마나 간절하고도 한편으로 절망적이었을까, 아무튼 여러 가지 상념이 떠오르면서 자꾸만 눈물이 나는군요.

사람이란 게 무슨 큰 일을 이룰 수 있을 것 같지만 말이야 사실은 무력하기 짝이 없어. 몸에서 힘을 빼고 당장 뭔가 이루어야 한다는 마음이 있거든. 그것도 다 지우게나. 자네가 며칠 전에 말했듯이 인생 별 건가? 하루살이 인생이지. 본문으로 들어가 보세. "소국과민小國寡民하여" 나라는 작고 백성은 적어서, "사유십백지기이불용使有什佰之器而不用하고" 열 사람 백 사람 몫을 할 인재가 있어도 쓰지를 않고 말이지, "사민중사이불원도使民重死而不遠徙니라" 백성으로 하여금 죽음을 무겁게 여겨서 멀리 가지 않게 하느니라, 이런 말이군.

여기 '십백지기什佰之器'를 열 사람 백 사람이 들어 쓸 도구로 읽으면 어떻습니까?

그렇게 읽을 수도 있지. 요즘 말로 하면 불도저나 포크레인 같은 것을 말이지 있어도 쓰지 않는다는 거라. 그런 걸 사용할 만한 무슨 큰 공사를 따로 벌이지 않는다는 말이야.

백성이 죽음을 무겁게 여기면 왜 멀리 가지 않습니까?

집 떠나 멀리 가면 위험하잖아? 죽을 수도 있거든. 그래서 죽음을 겁내지 않고 아무 일이나 마구 하는 그런 백성이 아니라, 전 장에서 그런 사람들 얘기했지? 그런 백성이 아니라 죽음을 두려워하여 함부로 처신하는 일이 없게 한다는 말일세. "수유주여雖有舟輿라도 무소승지無所乘之하고" 배와 수레가 있지만 그것을 탈 일이 없고, "수유갑병雖有甲兵이라도 무소진지無所陣之니라" 갑옷 입은 병사가 있어도 그들을 진陣치게 할 일이 없느니라. "사민부결승이용지使民復結繩而用之하고" 백성으로 하여금 옛날처럼 다시 노끈을 꼬아 사용하게 하고, 옛날에 아직 문자가 없었을 때에는 노끈으로 매듭을 맺어가지고 의사를 전달하기도 하고 계약을 맺기도 하고 그랬다는 거라. 시방 노자는 문자 이전의 세계로 돌아가자는 얘길 하고 있는 걸세.

요즘 말로 하면 문명 이전의 시대라고 하겠군요?

그래. 인간의 지혜가 출현하여 대위大僞가 생기기 이전, 대도大道가 폐廢하여 인의仁義가 생기기 이전으로 돌아가자는 얘기지.

그게 가능한 일일까요?

문자 그대로 읽으면 불가능하겠지만 말이야, 노자의 깊은 속을 헤아리면 가능하다고 봐야지. 노자의 주장은 무슨 타임머신을 타고서 저 먼 태고로 날아가자는 얘기가 아니잖아? 그런 유치한 얘길 이렇게 늘어놓고 있다면 그건 벌써 제 정신이 아니지.

그럼, 도대체 다시 노끈을 꼬아 사용하자는 얘기는 뭡니까?

자동차를 타도 좋고 컴퓨터를 써도 좋은데 뭐냐 하면 그런 것들에 홀려서 말이지 사람으로 하여금 道를 떠나게 하는 그런 문명을 거부하고 무위자연의 道로 돌아가자는 얘기 아니겠나? 잃어버린 낙원을 되찾자는 얘기는 그게 그러니까 등지고 떠난 아버지 품으로 돌아가자는 얘기거든. 탕자가 지친 몸으로 아버지 집에 돌아가듯이 말일세.

알겠습니다.

낭비를 부추기는 세상

"감기식甘其食하고 미기복美其服하고 안기거安其居하고 낙기속樂其俗이니라" 음식을 달게 먹도록 하고 옷을 예쁘게 입도록 하고 집에 평안히 거하게 하고 풍속을 즐기게 하느니라. 앞줄의 '사민使民'을 이 문장에까지 연결해서 백성으로 하여금 그렇게 하도록 한다는 말이야. 지금 먹는 음식에 만족하여 달게 먹도록 하고 지금 입는 옷에 만족하여 예쁜 옷이라고 여기고 입게 하며 지금 사는 집에 만족하여 평안히 살게 하고 지금 풍속을 있는 그대로 즐기도록 그렇게 한다, 이 말이지.

위에서 욕심을 부리지 않으면 백성은 저절로 소박해진다(我無欲而民自樸)고 했지요.

그랬지. 내면으로 만족하게 되면 말이지 밖으로 무엇을 구하러 나갈 필요가 없는 거라.

사람이 눈(眼)을 위주로 해서 살지 않고 배(腹)를 중심으로 해서 살면 그렇게 되겠지요. 배는 나물국이 들어가든 고깃국이 들어가든 마찬가지니까요.

맞는 얘길세. 그래서 성인聖人은 위복爲腹하되 불위목不爲目이라고 하지 않았나?

제가 살아가는 모양을 들여다봐도 말씀입니다. 뭐가 그렇게 많이 주렁주렁 달려 있고 쌓여 있는지요. 살아가는 데 없어서는 안 되는 그런 물건은 정말이지 아주 조금만 있으면 되는데 말입니다. 그게 다 어떻게 해서 생긴 것들인지, 버리자니 버리는 것도 수월찮겠다 싶습니다.

쉬운 일이 아니지, 아니고말고.

죽으면 어차피 버릴 수밖에 없는 것들인데요.

그래. 그러니까 지금 가지고 있는 것들을 버릴 수 있으면 그게 참 좋겠지만 말이지, 그렇게는 못하더라도 말일세, 시방 있는 것으로 만족을 하고 다른 걸 더 구하거나 사거나 얻으려고 그러지만 않아도 괜찮은 거라. 지금 먹는 음식을 달게 먹고 지금 사는 집에서 평안히 살고 지금 입는 옷을 예쁜 옷으로 여기고 그러라는 것이 뭐냐 하면 지금 형편에서 지족하라는 얘기 아니겠나?

욕심 낼 만한 물건을 눈에 띄지 않게 하면 절로 그렇게 되지 않을까요?

"불현가욕不見可欲하여 사민심불란使民心不亂하라"는 말이 있었지. 그게 바로 그 말일세.

그런데 시방은 온통 피알 시대라, 얼마나 많이 선전을 해댑니까?

제대로 살아가기 참 어렵게 만드는 시대지.

그 요란하게 선전해 대는 것들이 사실 살아가는 데 반드시 있어야 할 필수적인 물건들은 아니거든요. 죄다 한 마디로 '낭비'를 부추기고 있는 것 아닙니까?

맞는 얘길세.

어떤 형광등 만드는 회사 사람 말이, 지금 우리 나라에도 5년쯤 쓸 수 있는 등을 만들 기술이 있답니다. 그러나 등 한 개로 5, 6년 쓰게 만들면 회사가 문을 닫게 된다는 거예요. 그래서 5, 6개월 쓰면 갈아야 하게끔 그렇게 만든다는 겁니다. 회사가 망하는데 어떡하느냐는 거예요.

그래서 결국은 아까운 자원만 없어지고 늘어나는 건 썩지도 않는 쓰레기뿐이지. 그건 道가 아닐세. 道가 아니면 금방 끝나게 돼 있어. 엄청난 소비를 조장하고 또 그 낭비에 기초를 둔 오늘의 '문명'은 조만간 무너지고 말 걸세.

이미 무너지고 있지 않습니까?

그래. 여기저기서 무너지는 모습이 드러나기 시작했지. 처치 곤란한 쓰레기가 산처럼 쌓이는 것도 그 징조들 가운데 하날세. 쓰레기 얘기가 나왔으니 생각나서 하는 말인데, 얼마 전에 일본에서 손님이 한 분 오셔서 좀 만나고 싶다는 거라. 그래 서로 연락이 돼서 이분이 여기까지 오셨단 말이야. 시내에 모시고 나가서 점심 식사를 대접하는데 손님들이 여기저기 앉아서 음식을 먹고 나가고 그러지 않는가? 이분이 일본에서 공장을 운영하며 미국 항공 우주국에 무슨 부품을 납품하시는데 말이지 한번은 주문했던 물량보다 좀더 많은 물량을 보내줄 수 없겠느냐는 저쪽의 요구에 그걸 거절하셨다는 거라. 계획했던 것보다 더 많은 물량을 공급하면 돈은 더 벌어들일 수 있겠지만 처음 계획이 수정되는 데 따라서 물건의 질이 떨어질 우려도 있고 또 노동자들한테 무리한 작업을 요구해야 하기 때문에 그럴 수 없다고 했다는 거야.

그분 참 괜찮은 사람이군요. 요즘 같은 세상에 그런 사장이 있다니요.

훌륭하신 분이지. 그런데 말이야, 이분이 식당에서 손님들이 먹다가 남긴 음식물을 가리키면서 아주 조심스럽게 말하기를 뭐라고 하는고 하니, 대단히 송구스런 지적이 되겠습니다만 한국에 와서 느낀 것 가운데 하나가 한국인들이 음식을 너무 많이 남기고 그것을 지체없이 쓰레기로 버리는 것 같다는 거라. 말하자면 음식 낭비가 좀 심한 듯하다는 그런 말이었어.

아닌 게 아니라 그건 매우 심각한 현실이지요.

나도 동감이라고 했네. 그러나 내 생각에는 우리가 음식을 낭비하는 것이 사실이고 그래서 빨리 습관을 고쳐야 하는 것도 사실이지만 말이야, 당신네 일본인들이 낭비하는 것에 견주면 오히려 약과라고 대답했지. 그랬더니 이분이 매우 뜻밖이라는 얼굴로 쳐다보는 게야. 그래서 내가 말했지. 당신들이 끊임없이 새 모델이라고 선전하면서 말이지 자동차나 오디오 시스템 따위를 내놓는데 그게 뭐냐 하면 디자인 정도 바꾸거나 몇 가지 기능을 첨부하거나 해서 내놓는 건데 내가 보기에는 새 모델이 나올 적마다 전 세계에서 아직 얼마든지 더 쓸 수 있는 엄청난 제품들이 마구 쓰레기장에 던져지고 있거니와 이 낭비를 조장하는 데 당신들이 큰 역할을 하고 있지 않느냐고 그랬지.

통쾌하게 한 마디 하셨군요.

뭐 일부러 그런 것은 아니었지만 그분이 아주 심각한 얼굴로 듣더니 고개를 끄덕이면서 부끄럽다고 그러시더군.

이런 모든 현상이 다 현실에 만족하지 못하는 데서 나오는 증세 아니겠습니까?

그래. 그래서 시방 노자는 백성에게 지금 가진 것으로 만족할 수 있도록 그렇게 가르치고 이끌어가겠다는 이야기를 하고 있는 걸세.

그게 다 소국과민小國寡民이어야 될 수 있는 얘기 아닐까요?

그렇지. 나라가 크고 백성이 많으면 그만큼 자족하면서 살아가기가 힘들게 되니까.

슈마허E.F. Schumacher가 『작은 것이 아름답다』에서 노자의 이상향을 경제학 술어로 번역한 것 아닌가 싶군요.

그렇게 볼 수 있지.

닭과 개의 울음소리가 서로 들려도

마지막 문장은 노자의 유토피아를 매우 함축적으로 그리고 시적으로 묘사한 느낌이 듭니다.

"인국隣國이 상망相望하고 계견지성鷄犬之聲이 상문相聞이로되 민지노

사民至老死토록 불상왕래不相往來니라", 이웃 나라가 서로 바라보고 닭과 개의 울음소리가 서로 들려도 백성들은 말이지 늙어서 죽도록 서로 왔다갔다 하지를 않는다, 이 말이지. 모두가 뭐냐 하면 저 있는 데서 만족하니까, 뭐 더 구할 게 없으니까 말이야. 구태여 이 나라 저 나라로 돌아다닐 이유가 없는 거라.

이런 나라가 과연 오늘 이 땅에서 이루어질 수 있을까요?

자네는 예수님이 말씀하신 하느님 나라가 과연 오늘 이 땅에서 이루어질 수 있다고 보나?

어떤 사람한테는 가능하다고 봅니다.

노자가 말씀하신 하느님 나라, 道의 나라도, 어떤 사람한테는 가능하지 않겠어?

지금 여기 나에게 있는 것으로 만족할 줄 안다면 물건을 구하러 밖으로 멀리 돌아다닐 리가 없고, 그런 사람이라면 늙어 죽을 때까지 노자의 이상향에서 살 수 있겠지요.

바로 그 얘길세!

그런 사람이라면 지구를 빙빙 돌면서 여행을 해도 역시 자기 마을 밖을 나가지 않고 살아가는 그런 사람이라고 할 수 있지 않을까요?

道와 더불어 사는 사람에게는 시공간이 더 이상 아무 장벽이 될 수 없으니까, 백 리 천 리를 가도 그냥 그 자리요 천 년 만 년 세월이 흘러도 여전히 그때요, 그런 거지.

道로써 살아가는 사람이라면 서울 종로 한복판에서도 얼마든지 도연명陶淵明의 「도화원경桃花源境」을 살 수 있다는 그런 말씀입니까?

그래. 복사꽃은 결국 사람들 마음에 피는 꽃이거든. 도시를 떠나 산촌으로 들어가는 것이 곧 사람답게 사는 길이라고 보는 건 너무 치졸해.

그건 아니잖는가? '도시'를 거부하자는 말은 옳지만 그 말을 문자 그대로 이해해서는 곤란하지.

하느님께서도 도시를 떠나라는 말씀을 하시긴 합니다만 동시에 도시를 살리려고 애쓰시지요. 거기도 사람 사는 곳이니까요. 거대한 도시 니느웨를 파멸에서 건지시는 하느님에 대한 얘기가 「요나서」 아닙니까?

그래. 그러나 거기에는 반드시 전제되는 게 있지. 도시에 사는 사람들 모두가 크게 회개하여 돌아서지 않으면 말이지 결국은 뭐냐 하면 소돔과 고모라 짝이 될 수밖에 없는 거라.

오늘은 그만하지요. 자꾸만 가슴이 떨리고 손발이 저려서 더 이상 말씀을 드릴 수가 없습니다.

두려워 말게. 세상이 내일 끝장난다 해도 오늘 나는 사과나무를 심겠다고 말한 사람이 있잖아? 자네가 홀로 지구의 운명을 어깨에 질 수는 없어. 자네는 자네한테 지워진 멍에만 지고 가란 말이야. 그걸로 만족하라구. 자네는 말이지, 이 우주의 크기에 견주면 바닷가의 모래알 하나보다도 더 작은 존재라 이 말일세.

고맙습니다, 선생님.

81장
믿음직한 말은 아름답지 못하고

믿음직한 말은 아름답지 못하고 아름다운 말은 믿음직하지 못하다. 착한 사람은 말을 잘하지 못하고 말을 잘하는 사람은 착하지 못하다. 아는 사람은 아는 게 많지 않고 아는 게 많은 사람은 알지 못한다. 성인은 쌓아두지를 않는지라 있는 것으로 남을 위하되 자기는 더욱 있게 되고 있는 것으로 남에게 내어주되 자기는 더욱 많아진다. 하늘의 道는 이로움을 주되 해를 끼치지 않고 성인의 道는 하되 다투지를 않는다.

信言不美, 美言不信. 善者不辯, 辯者不善. 知者不博, 博者不知. 聖人不積, 旣以爲人. 己愈有, 旣以與人, 己愈多. 天之道, 利而不害, 聖人之道, 爲而不爭.

넓이보다는 깊이

드디어 『도덕경』의 마지막 장을 읽게 되었습니다.

그렇게 됐구먼.

하지만 내용으로야 어찌 '마지막 장' 이라는 게 있겠습니까?

물론이지. 道를 얘기하는데 어디가 시작이고 어디가 끝이겠어? 어디선가 노자께서도 말씀하시지 않았나? 道는 앞에서 맞아들이되 머리를 볼 수 없고 뒤를 따라가되 꼬리를 볼 수 없다고……

14장이었지요. "영지迎之에 불견기수不見其首요 수지隨之에 불견기후不見其後"라고 했습니다.

그래. 머리도 꼬리도 없는 물건을 두고 얘길 하는 마당에 무슨 첫 장이 어디 있고 끝 장이 또 어디 있겠는가?

물론입니다. 그럼, 읽어보실까요?

"신언信言은 불미不美하고 미언美言은 불신不信이니라", 이 말씀은 달리 해석할 것도 없지 않는가? 우리가 늘 경험하는 거니까 말이야. 믿음직한 말은 아름답지 않고, 여기 '미언美言' 이란 말은 알속이 없고 겉만 번지르르한 그런 말을 가리킨다고 봐야겠지.

구역질나는 말이지요. 가끔 라디오에 말 잘하는 사람이 나와서 눈곱만큼도 진정이 들어 있지 않은 말을 입술 끝으로 늘어놓는 것을 듣자면 정말로 구역질이 납니다.

안 들으면 되잖나?

차를 타고 있을 때 거기 라디오에서 나오는 소리는 어쩔 수 없잖습니까?

그래. 그것 참 어떨 때는 괴롭더구먼.

속이 없는 말일수록 겉꾸밈이 요란하지요.

말이나 사람이나 똑같으니까. 빈 수레가 소란하다는 말도 있잖어?

다음의 "선자善者는 불변不辯하고 변자辯者는 불선不善"이라는 말은 무슨 뜻입니까?

착한 사람은 말이 많지 않고 말이 많은 자는 착하지 않다는 거라. 여기서 착하다는 말은 윤리적인 뜻이라기보다 그 사람의 인격이 제대로 돼 있는 걸 의미한다고 봐야 할 게야. 훌륭한 사람쯤으로 새기면 좋겠네. '변辯'은 말을 잘한다 또는 많이 한다는 뜻으로 새겨두지. 대변大辯은 약눌若訥이라고 했잖은가? 역시 앞의 문장과 마찬가지로 말로써 말이 많은 자는 훌륭한 참된 인격자일 수 없다는 얘기가 되겠구먼. "지자知者는 불박不博하고 박자博者는 부지不知니라", 아는 사람은 이것저것 많이 알지 않고 이것저것 많이 아는 자는 아무것도 모르는 자다. 이런 얘길세.

옳습니다. 만물 박사로 통하는 사람치고 도리를 제대로 깨우친 경우가 거의 없지요. 이것도 우리가 경험으로 다 알고 있는 얘기 아닙니까?

웬 잡다한 지식을 백과사전처럼 지니고 있으면서 온통 가는 데마다 그 지식을 늘어놓느라고 정신없는 그런 친구가 있지.

있지요. 참 안돼 보이더군요. 저렇게 많은 걸 알고 또 외우느라고 얼마나 수고가 많았을까, 이런 생각이 들면서 불쌍해 보이는 거 있잖습니까?

사람이 살아가는 데 정작 긴요한 지식은 말일세, 그건 넓이에 있지 않고 깊이에 있거든. 뭘 여러 가지로 많이 알아서 제대로 사람답게 살아갈 수 있는 게 아닌 거라. 한 가지를 알아도 깊이 알아야 그 지식이 뭐냐 하면 모든 것의 근원인 道에 가서 닿게 된단 말씀이야.

저도 가끔 그런 얘길 합니다. 성경을 여기저기 많이 읽으려고 하지 말고 책 한 권을 여러 번 읽으라고 권하지요. 성경 퀴즈 대회에 나가서 해박한 지식을 뽐내는 것도 좋지만 그건 오히려 성경에서 더 멀어지게 할 위험이 있으니 한 구절만이라도 그 한 구절에 깊이 들어가서 거기에 사로잡혀 살아가는 게 그게 성경을 잘 읽는 거라고요. 사실 경전의 한 마디 말씀만으로도 한 사람을 너끈히 거듭나게 할 수 있잖습니까?

물론이지. 『육조단경六祖壇經』에 보면 혜능惠能이 『금강경』의 '응무소주이생기심應無所住而生其心'이라는 한 구절을 듣고 크게 발심發心했다는 얘기 있잖은가? 바로 그거야. '말씀' 한 마디를 깊이 뚫고 들어가면 거기서 온 우주를 껴안고 있는 대반야大般若와 만나게 되는 거라.

이것저것 집적거리다보면 그런 데 시간과 정성을 쏟느라고 끝내 '깊이'의 세계에는 닿지 못하겠지요.

그래. 그래서 박자博者는 부지不知라, 많이 아는 자는 알지 못하는 자라고 한 걸세.

이것저것 많이 알려고 하는 게 나쁜 겁니까?

나쁘다기보다는 어리석다고 해야겠지. 아무리 애써도 그렇게 해서 알게 된 지식에는 한계가 있거든. 알면 아는 것만큼 모르는 게 더 늘어나지 않아? 그러니 결국 뭐냐 하면 처음부터 가능하지도 않은 일에 아까운 시간과 정력을 소모하는 거라. 이왕 아는 것에 욕심을 내려면 말이지, 박학한 지식을 탐낼 게 아니라 심오한 지식을 탐내는 게 더 지혜롭다는 그런 얘길세. 이 땅의 어느 지표에서든지 깊게 깊게 들어가면 결국 지핵地核에 이르지 않겠나? 그 지핵은 말이지 사실상 지구의 모든 표면과 '하나'거든. 거기에 닿기만 하면 더 이상 육지도 바다도 따로 없는 거라. 하물며 대륙이 어디 있고 섬이 어디 있는가? 그 자리에만 서면 존재하는 모든 것이 다 내 몸이더라, 이런 말일세.

노자는 그 지핵을 일컬어 道라고 하는 걸까요?

道라는 이름으로 부를 수 있는 어떤 것이라고 해야겠지.

틸리히가 말하는, 우리가 하느님이라는 이름으로 부르는 그 무엇이군요?

그래.

그렇지만 그 깊은 알속(核)에 도달하겠다는 욕심도 그게 욕심인 만큼 버려야 하는 것 아닌가요? 불가에서 부처 되겠다는 욕심을 경계하듯이 말입니다.

옳은 얘길세. 깨닫고 말겠다는 욕심도 좋은 물건 소유하겠다는 욕심과 같은 차원으로 내려오면 그게 아주 고약해지지. 폭력으로 폭력을 없애겠다는 것과 다를 바가 없으니까.

역시 여기서도 욕심 없이 욕심부리라는 모순된 말을 하는 수밖에 없겠습니다.

다른 수가 없잖아?

내어줄수록 더욱 풍성해진다

"성인聖人은 부적不積하여 기이위인旣以爲人이나 기유유己愈有하고", 성인은 말이지 뭘 쌓아두지를 않아. 이건 내꺼다 하고 제 등 뒤에 감출 줄을 모르는 거라.

내 것이 없으니까요.

그렇지. '나' 가 없는데 어떻게 '내 것' 이 있겠나? 그래서 도무지 쌓아두지를 않기 때문에 말이야, 이미 자기한테 있는 것으로 남을 위해서 뭘 하지만 말이지 그렇게 해서 그의 '나' 가 없어지는 게 아니라 계속 있더라, 이런 말일세.

부유불거시이불거夫惟不居是以不去로군요?

그래. 여긴 내 자리다 하고 거기를 차지하고 앉아 있지를 않으니까 그러니까 뭐냐 하면 바로 그 때문에 그가 언제까지나 그 자리에 남아 있더라, 이거야.

죽으면 산다는 바로 그 이치 아닙니까?

바로 그거지.

오래전에 식구들하고 둘러앉아 저녁을 먹는데 갑자기 전등이 나갔어요. 그래서 촛불을 켜는데 먼저 초 한 자루에 불을 당긴 다음 그걸로 다른 초에 불을 붙였더니 그때 다섯 살인가 여섯 살인가 되었던 큰 아이가 신기하다는 듯이 촛불을 가리키며 "아빠, 왜 불이 저리로 갔는데 그냥 있는 거야?" 하는 겁니다. 이쪽 불이 저쪽 불로 갔는데 어째서 그냥 있느냐는 거예요.

재미있는 얘기구먼. 그래, 그게 바로 기이위인既以爲人이나 기유유己愈有일세. 나를 남에게 주었는데 오히려 나는 더욱 풍성하게 남아 있는 거라. 저쪽 촛대로 옮겨가 있는 불도 그게 다름 아닌 '나'니까.

다음 구절도 같은 의미 아닙니까?

"기이여인既以與人이나 기유다己愈多니라." 같은 말이지. 이미 있는 것으로 남에게 주지만 내 것은 더욱 많아진다는 뜻일세. 내 것으로 창고에 쌓아두었던 것을 꺼내서 주는 게 아니거든. 그런 거라면 마땅히 줄어야 하지 않겠나? 그런데 이건 옹달샘이 온갖 생물한테 물을 주는데 그 때문에 옹달샘 물이 마르지를 않는 것과 같은 거라.

맞습니다. 샘물도 퍼서 쓰지 않으니까 말라버리고 말더군요. 얼마 전에 외갓집 있던 마을에 우연히 들렀더니 외갓집 있던 곳에는 이미 집이 허물어진 지 오래 되었고 제가 어렸을 적에 퍼서 먹던 커다란 샘은 움푹 파인 웅덩이로 되었는데 물이 한 방울도 없었습니다. 20년 세월에 그렇게 변했더군요.

이미 있는 것으로 남에게 준다고 했는데 그 주는 것이 하나도 자기의 것이 아니란 말일세. 옹달샘에 고인 물이 그게 어디 옹달샘 것인가?

대지의 것이지요.

사람이 재물을 쓰는 것도 그래야 하네. 자기 것이 어디 있어? 없지. 죄다 뭐냐 하면 하느님이, 대지가, 값도 없이 주시는 것 아닌가? 그걸 말하자면 내 몸을 통해서 끊임없이 흐르게 하는 거라.

이 말씀을, 헌금 많이 하면 더 많은 물질로 보상받는다는 식으로 풀면 곤란하겠군요.

곤란하지. 그래서 말씀을 새겨들으라는 거야. 그런 식으로 풀다보면 늘어나는 건 다만 욕심뿐이니까, 그건 참 곤란할 정도가 아니라 고약한 일일세.

하늘의 道는 이롭게 하되 해를 끼치지 않고

"천지도天之道는 이이불해利而不害하고 성인지도聖人之道는 위이부쟁爲而不爭이니라", 하늘의 道는 이롭게 하되 해를 끼치지 않고 성인의 道는 끊임없이 뭔가를 하지만 다투지를 않는다, 이 말이야. 세상 사람들이 뭘 하는 걸 보면 말이지 누군가를 이롭게 하면 그만큼 누군가를 해롭게 하는 거라. 왜 그러냐 하면 무사無私로써 하지를 않기 때문이지.

『노자익』 '소주蘇註'에 이런 말이 있군요. "세勢는 사람을 이롭게 할 수 있다. 그러니 사람을 해롭게 할 수 있다. 힘은 그것으로써 일을 할 수 있다. 그러니 그것으로써 다툴 수 있다. 이롭게 할 수 있고 해롭게 할 수 있지만 일찍이 해롭게 한 바가 없다. 일할 수 있고 다툴 수 있지만 일찍이 다툰 적이 없다. 이로써 하늘과 성인이 사람을 크게 넘어서서 만물의 근원이 되는 것이다(天與聖人大過人而爲萬物之宗也)."

간단한 말로 근본을 잘 짚으셨네. '나' 라고 하는 괴물만 없으면 말이지 무슨 일을 하든지 그게 상대방에게 이利가 될 뿐 결코 해害를 끼칠 수는 없는 거라.

벼락에 맞아 어떤 사람이 죽었습니다. 그것도 해를 입힌 게 아닌가요?

그렇게 해서 죽은 것이 그에게 이가 되는지 해가 되는지, 그걸 누가 판단하는가?

……

자네의 질문은 결국 사는 게 이요 죽는 건 해라는 생각에서 나온 것 아니겠나?

옳습니다.

바로 그 생각이 터무니없는 착각이요 모든 오해의 바탕이라는 걸 노자께서 누누이 이르셨지. 익생왈상益生曰祥이라, 한사코 삶을 꾀하는 것이 곧 재앙이란 말까지 하시잖았나? 내가 만일 진실로 한 오라기 사심 없이 자네를 죽인다면 말일세 그렇다면 그건 자네한테 해를 끼치는 게 아니란 말이야.

알아듣겠습니다.

성인聖人의 道는 무사無私요 무위無爲라, 그래서 모든 일을 하되 다투지를 않네. '쟁爭' 은 '경競' 에서 나온다고 하지. '경' 은 누가 앞서는지를 다투는 거니까 둘이 한 방향으로 나란히 서서 하는 거고 '쟁' 은 둘이 마주 보고 하는 거라. 선두를 다투다보면 결국 맞상대해서 싸우게 된다.

이 말일세. 그런데 성인은 만사를 부득이해서, 마지못해서 하니까 누구와 앞을 다툴 일이 없고 그러니까 아무하고도 마주서서 싸울 까닭이 없어. 그래서 뭐냐 하면 세상에 그 누구도 성인이 하는 일을 막거나 꺾거나 그럴 수가 없다는 얘길세.

이천에 있는 어떤 여관 벽에 이런 글씨가 걸려 있더군요.

> 여인불경심상정與人不競心常靜이요
> 위공무사몽역한爲公無私夢亦閒이라
>
> 남과 더불어 다투지 않으니 마음은 늘 고요하고
> 사심 없이 일을 하니 꿈자리마저 한가롭다

좋네. 누군지 노자를 제대로 읽으신 분이 쓰셨나보구먼.

무위당 장일순 선생 약력

무위당无爲堂 장일순張壹淳 선생님은 1928년 9월 3일에 원주시 평원동 406번지에서 6남매 중 차남으로 태어나셨습니다. 1940년, 원주국민학교를 졸업하시고, 같은 해 천주교 원동 교회에서 영세를 받으신 바 세례명은 요한이셨습니다.

1940년에 서울에 유학하시어 배재중학교를 졸업하셨으며 1944년, 배재고등학교를 졸업하시고, 서울공전에 입학하셨으나 미군 대령의 총장 취임을 반대했다는 이유로 제적을 당하셨습니다.

1946년에 서울대학교 미학과에서 수학하시던 중, 6 · 25 동란으로 학업을 중단하시고 고향으로 돌아오셨습니다. 1953년에는 25세의 젊은 나이로 도산 안창호 선생이 설립하셨던 평양 대성학원의 맥을 계승하여 민족 양심을 키우시고자 이곳 원주 땅에 대성학원을 설립하시고, 5년간 이사장직과 최초 성육 교장으로 봉직하셨습니다.

1956년, 선생님은 혁신 정당에 참여하시고 국회의원에 입후보하셨으나 뜻을 이루지 못하셨습니다. 1960년에 선생님은 진보적 사회 개혁을 실현시키려 두 번째로 국회의원에 입후보하셨으나, 온갖 정치적 박해와 보수 성향의 주민 의식으로 다시금 낙선의 고배를 드셨습니다.

1961년에 5 · 16 군사 반란이 일어나, 평소 선생님께서 주창하셨던 평화 통일론이 죄가 되어 서대문형무소와 춘천형무소에서 3년간 옥고를 치르셨습니다. 1963년, 3년간 옥고를 치르시고 대성학원 이사장으로 취임하셨으나, 복귀 6개월 만에 '한일굴욕외교 반대투쟁'에 연루되었다 하여 이사장직을 박탈당하셨습니다.

1964년 이후 선생님은 초야에 묻혀 포도 농사에 전념하셨으나 끝내 실패한 농사꾼이 되셨습니다. 선생님은 1963년 출옥 이후부터 1969년까지 사회안전법에 묶여, 공 · 사의 모든 활동에서 철저한 감시와 불이익을 당하시며 서도書道에 전념하시는 은둔 생활을 하셨습니다.

선생님은 어린 시절에 할아버지 장경호 선생에게서 붓글씨와 서화를 익히시는 한편, 당대 유학의 대가이신 차강此江 박기정 선생의 지도를 받으셨습니다. 선생님의 호號가 원래는 호암湖岩이었으나, 1960년대에는 청강靑江으로, 1970년대에는 무위당无爲堂, 1980년대에는 일속자一粟子로 바꿔 사용하셨습니다. 1960년대 청강靑江은 박정희를 용서한다는 뜻으로 사용하셨고, 1970년대 무위당无爲堂은 우주의 도리에 의해 움직이는 새로운 인간 시대를 염원하여 사용하셨으며, 1980년대 일속자一粟子는 좁쌀 한 알에도 하늘과 우주가 숨쉬고 있음과 자신을 낮추어 작은 생명의 씨앗이 되시고자 사용하셨던 것입니다.

1971년 10월에 선생님은 이미 세상을 떠나신 지학순 주교님과 함께 이 나라 사회 정의 구현을 촉구한 가두 시위에 참여하시어, 박정희 군부독재의 부정 부패를 폭로하시고 반독재 민주화 투쟁의 불꽃을 점화시키는 역할을 하셨습니다. 1973년 2월에는 그해 8월에 엄습한 이 고장 대홍수 피해로 폐허가 된 농촌과 인권 사각 지대인 광산촌을 살리시고자, 고 지학순 주교님을 도와 재해대책사업위원회를 발족하는 데 일조하셨습니다.

선생님은 1972년 유신 이후부터 1979년 박정희 몰락까지 정치 · 경제 · 사회 · 문화 · 노동 · 농민 운동 등 제반에 걸쳐 반유신 저항 운동의 막후 지도를 하여오셨으며, 특히 민청학련사건으로 연루된 민족 양심 세력을 구출하기 위한 지학순 주교님과의 연대 역할은 참으로 눈물겨운 고통이었습니다. 또한 선생님은 더불어 함께 사는 사회 건설을 위해 1968년, 신용협동조합운동과 1983년, 소비자협동조합운동의 정착에 이어 1986년, 한살림운동을 비롯하여 죽어가는 모든 생명을 살리는 운동에 심혈을 기울이셨습니다.

1983년에 선생님은 이 나라 민족 통일을 염원하시며 민족 양심 세력을 결집시켜 통일을 성취하시고자 민통련을 발족시키는 데 큰 역할을 하셨습니다. 1983년 10월 29일에는 한살림운동을 창립하시고 초대 회장에 박재일 선생, 연구 위원장에 김지하 시인을 모시어 본격적인 생명 사상 실천 운동을 전개하셨습니다. 생명 사상의 실천 모체인 한살림운동을 활성화하고자, 서울 인사동의 그림마당 '민'의 전시회에서 각계 각층의 호응으로 기금을 조성하신 바 있습니다. 그동안 선생님께서는 가난한 이웃과 고통받는 양심 세력을 돕기 위하여 수많은 서예 작품을 제공하여 주셨으며, 여섯 번에 걸친 개인 전시회를 가지신 바 있습니다.

1989년, 동학 2대 교주이시며 이 나라 민중 해방 운동의 선구자이신 해월海月 최시형 선생이 이곳 원주 땅에서 관군에 붙잡혀가심을 현세와 후세에 기리고자, 그 현장인 원주군 호저면 송골에 기념비를 쓰시고 세우셨습니다.

선생님께서는 지난 30년간 암울했던 세월을 가슴속 깊이 간직한 뜨거운 태양의 열기로 추위와 고통에서 떨고 있던 불우한 이웃과 민족 양심들을 녹여주시고 살아오시다가 1991년 6월 14일, 병마를 얻어 원주

기독병원에서 수술을 받으시고 투병 생활을 계속하시면서 1992년 6월, MBC 현장 인터뷰 '이 사람' 프로에 출연하시어 수많은 시청자들에게 생명의 고귀함과 인륜 도덕의 회생을 호소하시기도 하셨습니다. 같은 해 7월과 10월에는 연세대학교 서울과 원주 캠퍼스에서 3천여 후학들에게 생명 사상을 고취하는 특강을 하시기도 했습니다.

1993년 3월, 선생님의 병세가 호전될 즈음 선생님은 노자의 『도덕경』을 우리 모두의 귀감이 되도록 오늘날에 맞게 풀이하여 이현주 목사와 함께 책으로 엮어 『노자 이야기』 첫째 권과 둘째 권을 세상에 내놓으셨습니다. 그러나 1993년 12월에 갑자기 병세가 악화되어 마지막 셋째 권을 마무리짓지 못하셨습니다. 그동안 미망인 이인숙 여사의 극진한 간호와 주위의 수많은 사람들의 애틋한 간병과 기도로 호전되던 병세가 악화되어 9월에 원주 기독병원에 재입원하셨으나, 차도가 없어 10월 13일 서울 세브란스병원으로 이송 치료를 받으셨습니다. 세브란스병원에서 치료를 받으시던 11월 13일에는 민청학련운동계승사업회로부터 투옥 인사들의 인권 보호와 석방을 위해 노력하신 공로를 담은 감사패를 받으시기도 하셨습니다.

1994년 2월 14일, 2개월간의 세브란스병원 치료를 마치시고 병세가 다소 호전되어, 다시금 원주 기독병원으로 옮겨 치료를 받으시면서도 지학순 주교님의 기념 사업회 결성을 촉구하시는 일에 진력하셨으며, 마침내 기념 사업회가 결성되고 순조롭게 출발되었음을 기뻐하시던 중 병세가 악화되어 동년 5월 22일, 67세를 일기로 삶을 마감하시고, 하느님 곁으로 떠나셨습니다.

선생님께서는 67년의 생애 동안 정신적 선배로, 사상적 큰 스승으로 우리 모두의 가슴속 깊이 자리해 주시며 또한 헤아릴 수 없이 수많은 민족 양심들을 키우시며 반독재 민주화 투쟁의 동반자 역할을 함께하여 오셨습니다. 선생님은 이 세상에 부인 이인숙 여사와 아드님 3형제를 남기셨습니다.

* 정리: 선종원
* 위의 장일순 선생님 약력은 장례식장에서 낭독된 전문으로, 『노자 이야기』 초판본에 실린 것입니다.